DEUTSCH-JÜDISCHE AUTOREN DES 19. JAHRHUNDERTS

SCHRIFTEN ZU STAAT, NATION, GESELLSCHAFT

WERKAUSGABEN, BAND 1

ELIAS GRÜNEBAUM

DIE SITTENLEHRE DES JUDENTHUMS ANDERN

BEKENNTNISSEN GEGENÜBER

DEUTSCH-JÜDISCHE AUTOREN DES 19. JAHRHUNDERTS

SCHRIFTEN ZU STAAT, NATION, GESELLSCHAFT

FÜR DAS DUISBURGER INSTITUT FÜR SPRACH- UND SOZIALFORSCHUNG SOWIE DAS SALOMON LUDWIG STEINHEIM-INSTITUT FÜR DEUTSCH-JÜDISCHE GESCHICHTE AN DER UNIVERSITÄT DUISBURG-ESSEN

HERAUSGEGEBEN VON MICHAEL BROCKE, JOBST PAUL UND SIEGFRIED JÄGER

ELIAS GRÜNEBAUM

DIE SITTENLEHRE DES JUDENTHUMS ANDERN BEKENNTNISSEN GEGENÜBER

NEBST DEM GESCHICHTLICHEN NACHWEISE
ÜBER DIE ENTSTEHUNG UND BEDEUTUNG
DES PHARISAISMUS UND DESSEN VERHÄLTNISS
ZUM STIFTER DER CHRISTLICHEN RELIGION

SYNOPTISCHE EDITION DER AUSGABEN VON 1867 UND 1878

HERAUSGEGEBEN VON CARSTEN WILKE

BÖHLAU VERLAG KÖLN WEIMAR WIEN   2010

Die Edition wird gefördert durch Evonik Industries AG, Essen (vormals RAG),
durch den Stifterverband für die Deutsche Wissenschaft e. V., Essen,
und durch die Rothschild GmbH, Frankfurt am Main.

Der vorliegende Band wurde gefördert durch die Sparkasse Südliche Weinstraße
und die Sparkassen-Stiftung Südliche Weinstraße, beide in Landau in der Pfalz.

Bibliografische Information der Deutschen Nationalbibliothek:
Die Deutsche Nationalbibliothek verzeichnet diese Publikation in der
Deutschen Nationalbibliografie; detaillierte bibliografische Daten sind
im Internet über http://dnb.d-nb.de abrufbar.

© 2010 by Böhlau Verlag GmbH & Cie, Köln Weimar Wien
Ursulaplatz 1, D-50668 Köln, www.boehlau.de

Satz: SatzWeise, Föhren
Druck und Bindung: MVR-Druck GmbH, Brühl
Gedruckt auf chlor- und säurefreiem Papier
Printed in Germany

ISBN 978-3-412-20316-0

Inhalt

Einleitung

Die Erben der Pharisäer –
Elias Grünebaum und sein Entwurf einer gemeinsamen
Geschichte von Judentum und Christentum [1]

von Carsten Wilke

Mit Erschrecken nahmen deutsch-jüdische Zeitgenossen in der zweiten Hälfte des
19. Jahrhunderts den Tatbestand wahr, dass die bürgerliche Gesellschaft die Hoffnung
auf ein gleichberechtigtes Zusammenleben ethnisch-religiöser Gruppen und den unbeschränkten Austausch zwischen ihnen nicht nur uneingelöst ließ, sondern ihren Gegen-
sätzen eine nicht mehr geahnte Schärfe verlieh. Gegen den liberalen Staatsgedanken der
Aufklärung brach sich ein Modell der christlichen Nation Bahn, das in der ideologischen
Abgrenzung vom Judentum und in der sozialen Ausgrenzung von Juden einen Teil seines
Selbstverständnisses fand. Es wird im geschichtlichen Rückblick den deutschen Juden
oftmals vorgeworfen, sie hätten sich mit einem imaginären Vaterland identifiziert und
vor den neuen Wellen der ihnen geltenden Feindschaft die Augen verschlossen – die
Texte dieser Buchreihe zeigen im Gegenteil, wie bewusst sie sich dieser Herausforderung
sowohl auf politisch-ideologischem als auch auf kulturell-identitärem Gebiet stellten. Ihr
Welt- und Geschichtsbild eines allgemeinen Kulturfortschritts, an dem sie als überzeugte
Liberale festhielten, musste komplexer gestaltet werden, um die erlebte Enttäuschung
verarbeiten zu können. Minderheitliches apologetisches Interesse zwang dabei zu dem
widersprüchlichen Unterfangen, die Wertvorstellungen der umgebenden, christlichen
Gesellschaft in kritischer Brechung zu verinnerlichen: Es galt, an das integrative Potenzial
ihrer religiösen Werte zu appellieren und zugleich deren ausgrenzende Wirkungen einer
ideologischen und historischen Kritik zu unterwerfen.

Diese Doppeltendenz durchzieht die *Sittenlehre des Judenthums anderen Bekenntnissen
gegenüber*, ein 1867 und 1878 in zwei Versionen erschienenes religionsgeschichtliches
Werk des Rabbiners Elias Grünebaum aus Landau in der damaligen bayerischen Rheinpfalz.[2] Es begann als Widerlegung von zwei Absätzen, die ein katholisch-theologisches

---

1   Eine erste Version dieser Einleitung wurde am 9.12.2007 anlässlich des 200. Geburtstags von Rabbiner Elias Grünebaum in Landau/Pfalz, Kulturzentrum Altstadt, vorgetragen.

2   Grünebaum, Die Sittenlehre des Judenthums andern Bekenntnissen gegenüber. Nebst dem geschichtlichen Nachweise über Entstehung und Bedeutung des Pharisaismus und dessen Verhältniß zum Stifter der christlichen Religion, Mannheim 1867; 2. Aufl. Straßburg 1878. Die erste Auflage war Ende März 1867 noch ungedruckt; zwischen Januar und Mai 1867 erschien ein
auszugsweiser Vorabdruck der ersten Abteilung in *Ben-Chanaja* Jahrg. 1867, Sp. 5–6, 71–76, 192–
197, 275–277, 301–306, 335–337. Die zweite, vom Drucker auf 1878 vordatierte Ausgabe war im
September 1877 »bereits im Buchhandel«; siehe Archives de l'Alliance Israélite Universelle (Paris),

Lehrbuch dem Talmud widmete, und endete als eine halbtausendseitige Rundumschau über die jüdisch-christliche Auseinandersetzung. Die erste Auflage der *Sittenlehre* erschien am Vorabend der 1871–79 hervorgebrochenen Bewegung von Rohling, Stoecker und Marr, der letzterer den Namen »Antisemitismus« geben sollte. Im Vortrab des Rassenhasses zeigt sich – dem Autor im geradezu prophetischen Vorausblick, uns im Rückblick – die fast einstimmige theologische Ächtung des Judentums, die Katholiken und Protestanten, Pietisten und Liberale, Ultramontane und Kulturkämpfer vereinte, eine Ächtung, die sich in fußnotenschweren Universitätsarbeiten ebenso äußerte wie in Predigten und Bistumsblättern.

Im christlichen historischen Selbstverständnis, das seinerseits in dem polemischen neutestamentlichen Bild von Pharisäern und Juden wurzelt, sieht Grünebaum die tiefere Basis der judenfeindlichen Gesinnung; in der Hinterfragung dieser Vorurteile durch historisch-kritische Gegenüberstellung von Evangelium und Talmud sucht er das Heilmittel. Nicht auf politisch-rechtliche Ideen, sondern auf die Religionsgeschichte beruft sich Grünebaum zur Kritik der fatalen jüdisch-christlichen Gegensatzkonstruktion. Sein Entwurf einer religiös pluralistischen Gesellschaft, zentrales Anliegen der jüdischen Liberalen, umgeht die politisch kompromittierte Argumentation über die Gleichheitsidee der Französischen Revolution, unterwirft sich den von Mehr- und Minderheit festgehaltenen historischen Auffassungen kollektiver Identität und lotet innerhalb dieser Vorstellungen Möglichkeiten der gegenseitigen Anerkennung aus.

Dass Grünebaums *Sittenlehre* die politische Schlagkraft religiöser Gedächtniskomplexe darzulegen und selbst zu nutzen versucht, macht das besondere Interesse des Werkes aus. Dieses Spiel auf zwei Registern ist zugleich der Grund dafür, dass die *Sittenlehre* bei Theologie- wie Sozialhistorikern gleichermaßen in Vergessenheit geraten ist. Einerseits war Grünebaum in seinen religionswissenschaftlichen Auffassungen weitgehend ein Epigone Abraham Geigers; er wird in Susannah Heschels wichtiger Monographie über dessen neues Bild des Christentums daher nur im Nebensatz einer Fußnote abgehandelt.[3] Andererseits konnte der verdienstvolle biografische Aufsatz von Uri Kaufmann, der das Augenmerk den gemeindepolitischen Aktivitäten des pfälzischen Rabbiners widmet, auf die Diskussion der *Sittenlehre* mit ebenso gutem Recht verzichten.[4] Die vorliegende Edition, bewusst in der Grauzone zwischen Theologie und Politik angesiedelt, soll zur Wiederentdeckung eines Autors und seines Hauptwerks einladen. Sie sieht ihre Aufgabe nicht darin, Grünebaums religionsgeschichtliche Argumentationen mit den Mitteln heutiger

---

Archives historiques, Pologne IVB, Brief Grünebaums an Rabb. Moritz Landsberg, 18.9.1877. Die Neuauflage erschien also noch vor der Gründung der ersten antisemitischen politischen Vereinigung, der »Christlich-Sozialen Partei« durch Hofprediger Adolf Stoecker im Januar 1878.

3 Susannah Heschel, Abraham Geiger and the Jewish Jesus, Chicago 1998, S. 271.

4 Uri R. Kaufmann, »Zu den geistigen Kämpfen unter den pfälzischen Juden: Die Position des Bezirksrabbiners Elias Grünebaum (1807–1893)«, in Pfälzisches Judentum gestern und heute. Beiträge zur Regionalgeschichte des 19. und 20. Jahrhunderts, hrsg. v. Alfred H. Kuby, Neustadt a.d. Weinstraße 1992, S. 25–32; lt. S. 27 seien Äußerungen Grünebaums zum Antisemitismus nicht bekannt.

wissenschaftlicher Kenntnis im Einzelnen auf ihre sachliche Stichhaltigkeit zu prüfen.[5] Sie soll vielmehr im Werk Spuren eines Zeithintergrunds aufzeigen, der ganz wie der gegenwärtige durch eine unterschätzte Verschachtelung religiöser und politischer Problematiken gekennzeichnet ist.

Der Autor

Der Zunft akademischer Theologen und Historiker, gegen deren Lieblingsthesen Elias Grünebaum Einspruch erhob, stand er selbst institutionell sehr fern. Als Bezirksrabbiner in der Provinzstadt Landau über die lange Zeit von 1836 bis zu seinem Tod im Jahr 1893 betrieb er Wissenschaft nur in seinen freien Stunden. Die doppelte Leistung hat sein Zweibrückener Amtskollege Israel Mayer gewürdigt: »Die Arbeitsfülle, welche der große Sprengel dem *Rabbiner* aufbürdete, pflichtgetreu bewältigend, war er durch sein reiches Wissen und die Tiefe der Auffassung berufen, einzutreten in den Freistaat der *Gelehrten*, mitzuwirken am Aufbau der Wissenschaft des Judentums, der Wissenschaft überhaupt«.[6] Gerade in ihrem Abseits, das diese Rabbiner- und Gelehrtenpersönlichkeit nie verlassen konnte, kommt ihr eine besondere Dynamik zu.[7] Aus dem frommen Landjudentum des pfälzischen Berglands fand Grünebaum in seiner Studienzeit zu einem sogar nach reformjüdischen Begriffen extremen Universalismus, der nach Kalifornien, wohin die meisten seiner Kinder später auswanderten, besser zu passen scheint als in die konservative Pfalz. Mit messianischer Begeisterung warf sich Grünebaum in die »Zustände und Kämpfe« seiner Zeit: in den innerjüdischen Kampf um eine Reform des Kultus und die Anpassung an die Umwelt, in den politischen Kampf um Emanzipation und eine staatlich ermächtigte Rabbinerhierarchie, in den gesellschaftlichen Kampf um ein modernes Ende

---

5 Als Beispiele für heutige Erörterungen über das Judentum Jesu siehe Peter J. Tomson, »If this be from heaven …« Jesus and the New Testament authors in their relationship to Judaism, Sheffield 2001; Hubert Frankmölle, Der Jude Jesus und die Ursprünge des Christentums, Mainz 2003; Martin Hengel und Anna Maria Schwemer, Geschichte des frühen Christentums, 1: Jesus und das Judentum, Tübingen 2007; Tom Holmén, Jesus from Judaism to Christianity: continuum approaches to the historical Jesus, London 2007; Peter Schäfer, Jesus im Talmud, Tübingen 2007; Craig A. Evans (Hrsg.), Encyclopedia of the historical Jesus, New York 2008.

6 Rede zum 50jährigen Amtsjubiläum des Bezirksrabbiners Dr. Elias Grünebaum in Landau, gehalten in der Synagoge in Landau am 25. Juni 1886 von Dr. I. Mayer, Bezirksrabbiner in Zweibrücken, Landau 1886, S. 6; Exemplar im StadtA Landau/Pfalz, A I 203, Nr. 3.

7 Als biografische Darstellungen siehe neben dem zitierten Aufsatz vor allem Meyer Kayserling, Bibliothek jüdischer Kanzelredner. Eine chronologische Sammlung der Predigten, Biographieen und Charakteristiken der vorzüglichsten jüdischen Prediger, Bd. II, Berlin 1872, S. 174–205; Adolf Brüll, »Grünebaum, Elias«, in: Allgemeine deutsche Biographie, Bd. 49, Leipzig 1904, S. 596–597; Christine Kohl Langer, »Beliebter und geachteter Rabbiner: 100. Todestag von Elias Grünebaum«, in: Die Rheinpfalz, Jahrg. 49, Nr. 223 vom 25. 9. 1993; Carsten Wilke, »Grünebaum, Elias«, in: Biographisches Handbuch der Rabbiner, hrsg. v. Michael Brocke und Julius Carlebach, Teil I, München 2004, Bd. I, S. 386–388.

der Geschichte durch die unaufhaltsam fortschreitende Einigung der Menschheit unter Überwindung von Gewalt und religiösen Spaltungen.

Elias Grünebaum war ein Händlerssohn aus Reipoltskirchen bei Kusel, im damaligen französischen Département Donnersberg. Er kam zur Welt am 10. September 1807, in jenem Jahr, in dem der Große Sanhedrin auf Geheiß Napoleons die religiöse Modernisierung des Judentums einleitete. Seine Eltern Benjamin Abraham und Hanna Eli wählten auf Anordnung eines napoleonischen Dekrets am 1. November 1808 den Familiennamen »Grünenbaum«. Welchen Preis die Emanzipation hatte, erfuhr Elias schon als Kind: Sein zum Dienst in der *Grande Armée* eingezogener Vater fiel in Russland, als Elias sechs Jahre alt war; und seine Mutter zog zu ihrem seinerseits verwitweten Schwager Isaak Felsenthal nach Münchweiler an der Alsens.[8] Wie manch anderen jüdischen Waisenjungen schickte man ihn zum Talmudstudium, damit er sich zunächst von den Stipendien und Freitischen frommer Gönner ernähren und eines Tages vielleicht eine Lehrer- oder Rabbinerstelle finden könne. Von 1823 bis 1831 studierte Elias bei den letzten westdeutschen Talmudgrößen in Mainz, Mannheim und Frankfurt am Main; nebenbei bemühte er sich um den Erwerb der Gymnasialkenntnisse, welche die neuen bayerischen Regierungsverordnungen von angehenden Rabbinern verlangten. Ein externes Abitur in Speyer eröffnete ihm das Universitätsstudium, zunächst für zwei Semester in Bonn (1831–32), sodann für vier weitere in München (1832–34). Da die Mittel seines Stiefvaters beschränkt waren, gestalteten sich die Lehrjahre in der Fremde als eine wahre »Dornenbahn« für ihn, wie er sich später erinnerte. »Und, gelobt sei Gott, der mir die Kraft hiezu verlieh, nicht umsonst habe ich gerungen, nicht umsonst meine Jugendkraft so mancher Zerstörung ausgesetzt.«[9]

Eine gewisse Distanz zum traditionellen Judentum hat Grünebaum wohl schon vor seinem zwanzigsten Jahr ausgebildet. Es fällt auf, dass er in Mannheim den Lehrveranstaltungen des streng orthodoxen Jakob Ettlinger fernblieb und auch keiner seiner Frankfurter Mentoren ihm die rabbinische Ordination verlieh; das Rabbinatsdiplom erhielt er erst 1832 von seinem Ortsrabbiner in Münchweiler. Seine kritische Sicht der religiösen Überlieferungen festigte sich offensichtlich während seines Bonner Jahres durch seine Freundschaft mit Abraham Geiger.[10] Dass er schon wenig später in München dem romantischen Pantheismus der jüdischen Schelling-Hörer begegnete,[11] könnte gewisse schwärmerisch-utopische Züge seines geschichtstheologischen Denkens erklären, die ihn deutlich von Geiger unterscheiden. Anders auch als Geiger und die meisten preußischen Rabbinatskandidaten hielt Grünebaum es nicht für nötig, sein Studium mit einer wissenschaftlichen Arbeit und dem Doktorat der Philosophie abzuschließen. Denn es gab in Bayern bereits ein eigenes Staatsexamen für den Rabbinatsdienst, das vor Professoren und einem amtierenden Rabbiner abgelegt werden musste. An der größten und anspruchsvollsten

---

8 Diese und eine Anzahl der folgenden Angaben zu Grünebaums Biographie teilte mir freundlicherweise Herr Werner Bischoff aus Althornbach nach eigenen Forschungen mit.

9 Brief aus Hoppstädten, 31. Jan. 1836; Landesarchiv Speyer, H3 Nr. 8132/II, fol. 101v.

10 Israelitische Annalen (IA) 1840, S. 166–167.

11 Carsten Wilke, Den Talmud und den Kant: Rabbinerausbildung an der Schwelle zur Moderne, Hildesheim 2003, S. 426–427.

Rabbinerprüfung der bayerischen Geschichte, die 1834 in Bayreuth über mehrere Tage stattfand,[12] nahm Grünebaum teil und errang unter sechzehn Kandidaten die beste Note – eine Zwei. Er kehrte sodann nach Münchweiler zurück.

Seine für bayerische Verhältnisse sehr modernistischen Überzeugungen hielt er vor der Öffentlichkeit und sogar vor seinem Stiefvater verborgen. Er war noch im Frühjahr 1835 so wenig als Verächter des traditionellen Judentums bekannt, dass die sehr konservative Gemeinde in Zweibrücken ihn zu ihrem Rabbiner wählte, und zwar in der Hoffnung, wie Grünebaum selbst schrieb, »in mir einen Finsterling zu finden«.[13] Im selben Jahr schuf Geiger, nun Rabbiner in Wiesbaden, der jüdischen Reformbewegung ihr erstes Organ: die *Wissenschaftliche Zeitschrift für jüdische Theologie.* Grünebaum schrieb ab Mai Korrespondentenberichte aus der Pfalz und verkündete darin unmissverständlich, »daß das religiöse Leben [...] unter den Israeliten [...] in einen kalten Mechanismus, der weder im Gefühle noch im Verstande gegründet ist, so zu sagen erstorben ist«.[14] Seine recht plötzlich offenbar gewordene Frontstellung gegen die herkömmliche jüdische Orthopraxie irritierte die Zweibrückener; er selbst entschloss sich nach längerem Zögern, die angebotene Anstellung abzulehnen. Im September übernahm er für ein Jahr die schlecht dotierte Stelle des Landesrabbiners im Fürstentum Birkenfeld, dessen Regierung einen reformistischen Kurs in der jüdischen Gemeinde begünstigte. Dazu hatte er sich mit vier Konkurrenten einer neuen langen Klausurprüfung zu unterwerfen, da die Behörden des Duodezstaates die bayerischen Examina nicht anerkannten.

Die Jüdische Gemeinde in Landau zählte eine stärkere modernistische Fraktion, die soeben dem konservativen Rabbiner Hirz Kahn mit einer diffamierenden Pressekampagne über die traditionellen Begräbnisriten zur Niederlegung seines Amtes genötigt hatte.[15] Dennoch hatten die Juden des großen Sprengels, dem nicht weniger als 24 tendenziell konservative Landgemeinden angehörten, nicht einen der neuen geprüften Kandidaten, sondern einen ansässigen frommen Weinhändler anzustellen gewünscht.[16] Als ihnen dies seitens der Behörden verweigert wurde, einigten sie sich auf den geprüften, aber orthodoxen Kandidaten Moses Seligmann. Grünebaum erhielt das Rabbinat nur deswegen, weil ein Regierungskommissär in Speyer ihn im Juli 1636 autoritär einsetzte: kein Einzelfall zu jener Zeit, in der die meisten bayerischen Kreisregierungen mit allen Mitteln fortschrittliche Rabbiner fördern zu müssen glaubten.[17]

Grünebaum enttäuschte die staatlicherseits in ihn gesetzten Erwartungen nicht. Um die Zeit seiner Amtsaufnahme in Landau verkündete er in Geigers Zeitschrift die beiden Rabbinern gemeinsame Ansicht vom Judentum als Modernisierungsprozess, wonach jenes »in allen seinen Institutionen *den grundwesentlichen Charakter an sich trägt, daß es in immer fortschreitender Entwicklung, in immer größerer Perfection* dem Geiste des Betrach-

---

12 Wilke, Den Talmud und den Kant, S. 454–455.
13 Landesarchiv Speyer, ebd., fol. 101r.
14 Wissenschaftliche Zeitschrift für jüdische Theologie (WZJT) 1835, S. 262–264 (zit. S. 262); siehe weitere Berichte S. 435–437; 1836, S. 156,386.
15 Arnold, Landau, S. 27–33.
16 Stadtarchiv Landau/Pfalz, A I 203, vom 11. Juli 1836.
17 Kaufmann, S. 27.

tenden sich zeigt«.[18] Seine These vom Wesen der Offenbarung als »Geist der Vollendbarkeit – Perfektibilität«, die er gegen die Offenbarungslehre von Salomon Ludwig Steinheim auch philosophisch verteidigte,[19] sollte ihn über sein ganzes Leben begleiten. Sie nimmt eine Position vorweg, die vierzig Jahre später die Extremisten des amerikanisch-jüdischen Reformlagers zu ihrer berühmten *Pittsburgh Platform* machen sollten.

Aus seiner Antrittsrede als Landauer Rabbiner machte Grünebaum 1836 das militante Manifest seiner religiösen Aufklärung. Der friedliche Mittelweg in einer unruhigen Zeit, in der »oberflächliche Neuerungssucht und lichtscheue Glaubenswuth« in der Synagoge miteinander fochten,[20] lag für ihn eindeutig auf dem Terrain der Reform. Grünebaum verteidigt »das helle Gebäude wahrhafter Religion des Geistes und des Herzens« gegen orthodoxe »Irreführer« und »Wahngläubige«, die er mit dem christlichen Pharisäerstereotyp brandmarkt: »Götzendienst des Buchstabens«, »Anbetung der Formen«, »Werkheiligkeit«.[21] Vor dem »Kampf des Lichtes mit der Finsternis« gebe es kein Ausweichen.[22]

Der junge Rabbiner verehelichte sich 1837 mit Johannetta Straus aus Otterberg, die ihm zwölf Kinder gebar. Seinen traditionellen rabbinischen Aufgaben als Gesetzesgutachter kam er zeit seines Lebens nach, freilich meist in einem erleichternden Sinn.[23] Doch sollte nach seiner Auffassung ein zeitgemäßes religiöses Wissen durch Schule und Predigt, das religiöse Gefühl durch geistlichen Gesang und eine feierliche Gottesdienstordnung befördert werden. Kaum ein Jahrzehnt im Amt, beglückwünschte sich Grünebaum 1841 zu den rasanten Fortschritten seiner Arbeit: »Es gibt wohl kein Land,« schrieb er über die Rheinpfalz, »in welchem in den letzten zwölf Jahren im israelit. Schulwesen mehr geschehen sein möchte, als bei uns«.[24] Nicht weniger als fünfzig jüdische Schulen entstanden zu dieser Zeit in der Pfalz.[25] Durch seine Erfolge ermutigt, bewarb sich Grünebaum um das renommierte Rabbinat in Frankfurt am Main.[26] Wohl eigens für diese Bewerbung hatte er den Tübinger Doktortitel in Abwesenheit erworben. Als Dissertation reichte er vier Kapitel aus einem Buchmanuskript über die Prophetie in der jüdischen Religionsphilosophie ein, das nie zur Vollendung gelangen sollte.[27] Auch seine Reform des Landauer jüdischen Gottesdienstes scheiterte an beharrlichen Widerstand, zumindest

---

18 »Der Grundzug der Liebe und dessen Entwickelung im Judenthume«, WZJT 1836, S. 285–303; siehe S. 296–299.
19 WZJT 1839, S. 88–114, Zitat S. 111.
20 Grünebaum, Rede, gehalten bei dem Antritte seines Amtes als Rabbiner des Gerichtsbezirks Landau in der Synagoge zu Landau, Karlsruhe 1838, S. 5.
21 Ebd., S. 6.
22 Ebd., S. 9.
23 So veröffentlichte er ein Gutachten »Die Castration der Zug- und Mastthiere«, JZWL 1868, S. 34–40.
24 IA 1841, S. 11.
25 Zustände und Kämpfe der Juden, mit besonderer Beziehung auf die baierische Rheinpfalz, Mannheim 1843, S. 64.
26 Allgemeine Zeitung des Judenthums (AZJ) 1841, S. 715–716.
27 Diese Station seiner Biographie und die einschlägigen Akten waren bislang unbekannt; auch sie erfuhr ich von Herr Werner Bischoff.

bis zum Bau der neuen Synagoge, wie sich der in Landau geborene Rabbiner Cäsar Seligmann erinnert: »Alles schrie bei den Responsen der Gemeinde laut durcheinander«.[28]

Das modernistische Credo vom »Wechsel der Form bei der Ewigkeit der Idee«[29] arbeitete Grünebaum in einem Gutachten zugunsten Geigers aus, in dem er Beispiele für die Veränderlichkeit des jüdischen Gesetzes von der Tora über die Propheten zum Talmud und den mittelalterlichen Erklärern nachweist. Unabänderlich fest stünden nur die drei Glaubensinhalte: Gott, Vorsehung und Offenbarung;[30] denn läge dem Judentum ein statischer Gesetzesgedanke zugrunde, hätten biblische Institutionen wie Polygamie oder Schwagerehe nie abgeschafft werden können. Gegen die Lehre vom Offenbarungscharakter der talmudischen Überlieferung betont Grünebaum, »daß das rabbinische Gebot eben menschliche und nicht göttliche Satzung ist«.[31] Die Bezeichnung »mündliche Tora«, die die antiken Pharisäer ihren Traditionen gaben, besage für ihn wie für Geiger nichts anderes als »die lebendige Fortbildung des schriftlichen Gesetzes und dessen Anwendung für das Leben nach der Einsicht der religiösen Behörden, im Gegensatz von sadducäischer Oede, welche das Gesetz in starrem Stillstande absterben läßt«.[32]

Der Hinweis auf die »religiösen Behörden« ist wichtig für das Denken Grünebaums. Für ihn nämlich ergänzten sich das Streben nach radikaler Reform und das nach geistlichen Institutionen, die sie durchführen sollten. Seine ambitionierten Ziele vertraute er einer anonymen Broschüre an, die er unter dem Titel *Zustände und Kämpfe der Juden, mit besonderer Beziehung auf die baierische Rheinpfalz* 1843 in Mannheim drucken ließ. Er schrieb gegen die rechtlichen und gesellschaftlichen Beschränkungen, denen die pfälzischen Juden noch unterlagen; zugleich schlug er radikale innere Reformen des jüdischen Gottesdiensts vor, der fast komplett ins Deutsche übertragen und von unzeitgemäßen Elementen gereinigt werden solle. Um diese eingreifenden Schritte zu koordinieren und zu autorisieren, solle man jüdische Landes- und Bezirksbehörden, ja sogar eine gesamtdeutsche Rabbinersynode schaffen.[33]

Eine während der 1850er Jahre erstarkte strenggläubige Opposition ließ dergleichen Reforminitiativen in erbitterten Grabenkämpfen stecken bleiben. Die Zeitschrift *Jeschurun*, das Blatt der Orthodoxen, behauptete 1855, Grünebaum suche unbotmäßige altgläubige Landgemeinden kurzerhand aufzulösen.[34] Als die innergemeindlichen Konflikte im Jahr 1857 ihren Höhepunkt erreichten, erwog der umstrittene Rabbiner, in die USA auszuwandern. Ermutigt hatte ihn sichtlich das Vorbild seines drei Jahre zuvor emigrierten Cousins Bernhard Felsenthal (1822–1908), eines rabbinischen *selfmade man*, der vom Schullehrer und Bankangestellten schließlich zu einem der angesehensten Reformrabbi

---

28 Caesar Seligmann, Erinnerungen, hrsg. v. Erwin Seligmann, Frankfurt/M. 1975, S. 56.
29 Rabbinische Gutachten über die Verträglichkeit der freien Forschung mit dem Rabbineramte, hrsg. v. Wilhelm Freund, Bd. II, Breslau 1843, S. 99.
30 Rabbinische Gutachten, S. 111.
31 Rabbinische Gutachten, S. 105.
32 Rabbinische Gutachten, S. 108.
33 Zustände, S. 35.
34 AZJ 1855, S. 344.

ner der USA aufstieg. Stellenangebote in San Francisco und New York zog Grünebaum ernstlich in Betracht, verwarf die Auswanderungspläne aber schließlich. [35]

Als er 1862 ein weiteres Memorandum zu einer Synagogenverfassung publizierte, musste er dem reaktionären Umschwung Rechnung tragen. Macht im Gemeindeleben forderte er nun ausgerechnet mit dem konservativen Argument ein, dass die Rabbiner vermöge ihrer religiösen und wissenschaftlichen Bildung der »stabile«, die Vorstände der »bewegliche« Faktor im Gemeindeleben zu sein hätten. [36] Eine Alternative zur Modernisierung gebe es nicht, da sich die naive Überlieferungstreue der alten Zeit nicht mehr nachkünsteln lasse. »Ob es gut sei, daß jene Unmittelbarkeit aufgehört und dem Verstandesdenken auch in der Religion Platz gemacht, [...] haben wir hier nicht zu untersuchen. Es ist eine Thatsache«. [37] Von der neuen Orthodoxie sprach Grünebaum daher nur als von »der finstern Clique, die von der Verleumdung und von der Zwietracht lebt« und sich von der alten jüdischen Frömmigkeit »wie die Lüge von der Wahrheit« unterscheide. [38]

Wie demokratisch sich indes der Wettbewerb zwischen den religiösen Strömungen in der Praxis gestaltete, zeigte 1867 eine erstaunliche Szene bei der Einweihung der Synagoge in Bad Neustadt an der Weinstraße. Wiewohl diese Gemeinde zum Sprengel von Dr. Adolf Salvendi gehörte, des orthodoxen Rabbiners von Bad Dürkheim, folgte sie der Reformrichtung Grünebaums und hatte eine Orgel in die neue Synagoge eingebaut. Zur Einweihungsfeier lud man kurzerhand beide Rabbiner zu einer Art Predigtduell. Salvendi sprach lange gegen liturgische Reformen, woraufhin Grünebaum die Kanzel bestieg, das orthodoxe Judentum als »abgestorbenes Ceremonienwesen« verdammte und eine allgemeine Vaterlands-, Menschen- und Gottesliebe verfocht, die die »Grenzen des Confessionellen« hinter sich lassen solle. Die Gemeinde kürte ihn erwartungsgemäß zum Sieger des Schlagabtauschs. [39]

Das Streben der Reformer nach einer überkonfessionellen, universalen Religionsauffassung näherte sie im Prinzip dem christlichen Allgemeingültigkeitsanspruch an. Doch je universalistischer sie dachten, desto mehr stellte die minderheitliche Lebensform ein Legitimationsproblem – in Grünebaums Biographie sehr konkret angesichts der Heirat seiner jüngsten Tochter Ernestine mit einem Christen, der er öffentlichen Beteuerns seine Einwilligung verweigerte (das Paar musste zur Trauung 1874 nach Amerika reisen), mit der er sich aber im Nachhinein abfand. Und je universalistischer er und seine Gesinnungsgenossen dachten, desto mehr litten sie an den christlichen Versuchen zur Beherrschung von Politik, Recht und Gesellschaft, die im Schlagwort vom »christlichen Staat« ihre Devise fanden. Die 1867 erschienene *Sittenlehre* trägt bereits deutliche Spuren der Verunsicherung, bleibt aber um nichts weniger im optimistischen Horizont einer Epoche der stürmischen Industrialisierung, deren jüdisch-universalistisches Credo Grünebaum in

---

35 Der israelitische Volkslehrer 1858, S. 31–33.
36 Grünebaum, Israelitische Gemeinde, Synagoge und Schule in der baierischen Pfalz. Eine geschichtliche Beleuchtung ihrer gesetzlichen Zustände seit dem Beginne dieses Jahrhunderts, nebst dem Entwurfe einer Synagogen-Verfassung, Landau 1861, S. 41.
37 Israelitische Gemeinde, S. 10.
38 AZJ 1855, S. 396.
39 AZJ 1867, S. 475.

eine kühne Gleichung fasste: »Der Messias ist die Personification der Idee des Fortschritts«.[40] Er musste es selbst gegen Ende seines Lebens mitansehen, dass der Fortschritt den Judenhass nicht besiegt hatte, ja dieser unter dem Kaiserreich in ungeahnter Stärke hervorbrach. Laut klirren in den Religionen die alten Ketten des Separatismus (S. 361), schrieb er in der zweiten Auflage, erschienen 1878 im Schatten des Kulturkampfs; und während ihn eine »schaudererregende, tägliche Judenhetze« umbrandet (S. 419), löst er die kognitive Dissonanz mit seinem Fortschrittsglauben dahingegend auf, dass er nur umso hoffnungsvoller die Emanzipation der Juden im Kaiserreich als Auftakt einer Endzeit radikaler Assimilation begrüßt: »Die Schranke des nationalen Israel ist niedergerissen, die jahrtausendjährige Nacht des Kämpfens und Ringens hat ihr Ende erreicht, der Morgen ist herangebrochen, *alle Menschen sind Israel, d.h. Gottesbekenner und Gotteskämpfer für Gerechtigkeit, Wahrheit und Liebe*« (S. 34–35). Der Kern der messianischen Verheißungen, so schreibt Grünebaum am Ende wie am Anfang seiner Laufbahn, liegt »in dem ewigen Fortschritt der Menschheit zur allgemeinen Brüderlichkeit und sittlichen Vollendung« (S. 301).

Grünebaum, der bis zu seinem Tod am 25. September 1893 im Amt blieb, schien die erfolgreiche Integration des Judentums in die mittelstädtische Bürgerlichkeit selbst zu verkörpern. Er besaß ein repräsentatives Haus an der Ringstraße, gehörte zu den Honoratioren der Stadt und zelebrierte gegen Ende seines Lebens zwei Höhepunkte seiner Laufbahn: Am 5. September 1885 leitete er die festliche Einweihung der neuen Landauer Synagoge; und am 25. Juni 1886 beging er sein eigenes 50. Dienstjubiläum, von den städtischen Autoritäten geehrt und vom bayerischen König mit dem Michaelsorden zweiter Klasse ausgezeichnet. Doch eine gärende Furcht mischte sich fortan in die Hoffnungen. Inmitten der Festansprache zur Synagogeneinweihung überlässt er sich plötzlich der Schreckensvision, das neue Gebäudes werde Zuflucht für Schutzflehende in einer künftigen Zeit sein, in der »die bösen Geister [...] des Wahnes oder Vorurteils [...] die verschiedenen Bekenntnisse Deines heiligen Namens gegeneinander aufreizen«. Gleich nach dieser düsteren Ahnung verkündet er aufs Neue das vertrauensvolle liberale Credo: »Judentum ist Menschentum, und dieser Geist muss im Gotteshause gepflegt werden«.[41]

Kontext der *Sittenlehre*

Grünebaum verfocht in seiner pfälzischen Amtswirksamkeit die Gründung jüdischer Schulen schon deswegen, weil die Lehrpläne und Bücher der öffentlichen »die entschiedenste confessionelle Färbung« aufwiesen.[42] So vermag es nicht zu erstaunen, dass er, der in der Anpassung des Judentums an die christliche Umwelt dermaßen weit zu gehen bereit war, sich auch intensiver auf die Kontroverse mit ihr einließ als die meisten seiner

---

40 *WZJT* 1837, S. 193.
41 Zwei Synagogen-Einweihungs-Reden von Bezirksrabbiner Dr. E. Grünebaum zu Landau, Landau [1885], S. 3, 14.
42 Israelitische Gemeinde, S. 21; Kaufmann, S. 28.

orthodoxen Kollegen. Die *Sittenlehre* entstand in Reaktion auf eine antitalmudische Auslassung des Münchner Benediktinerabts und Theologieprofessors Daniel Bonifaz von Haneberg (1816–1876). Die *Einleitung ins Alte und Neue Testament*, die dieser 1850 in erster und 1863 in dritter Auflage veröffentlicht hatte, war keineswegs als Angriff auf die Juden konzipiert, sondern geradezu als Verteidigung der Bibel (auch und gerade des Alten Testaments) gegen religionskritische Angriffe. Sogar im Kapitel über die pharisäische Lehre gibt sich Haneberg vorurteilslos: Wie er betont, »war weder das ganze Wesen der pharisäischen Schule schlecht, noch fehlte es an edlen Anhängern«. [43] Doch die katholisch-konfessionelle Parteilichkeit des Autors schlägt dann doch in den gehässigen Inkonsequenzen vieler seiner Urteile durch. Wo das Judentum an der Unwandelbarkeit der Offenbarung festhält, begehe es einen »Grundirrtum«; wo es die Offenbarung hingegen weiterentwickelt, da züchte es »Schmarotzerpflanzen kleinlicher Menschenbemühung am Gotteswerke«. Die biblische Orthopraxie wird verteidigt, denn »das Sinnliche kann das Abbild des Geistigen sein«; die rabbinische indes sieht Haneberg »knechtisch an sehr lästige Übungen äusserlicher Art gebunden«. [44] Die sorgfältige massoretische Fixierung des Bibeltexts gilt von Haneberg als »Bemühungen einer kindischen Kritik«; und natürlich übernimmt sein Bild des Pharisäertums die neutestamentliche Auffassung »von der vorherrschenden Heuchelei dieses Systems«. Hauptsächlich aus dem rabbinischen Gedanken einer besonderen Heiligkeit des Landes Israel schließt er auf »die hochmüthige Verachtung, womit der spätere Pharisäismus auf allen nicht Jüdische herabblickt«. Die Nichtisraeliten seien in der Auffassung der Talmudisten unrein und – so ein angebliches Talmudzitat – »werden nicht Menschen, sondern Vieh geheissen«. [45] Dementsprechend, so Haneberg, sei auch die rabbinische Ethik aufgebaut, die wichtige moralische Prinzipien in den Beziehungen mit Nichtjuden systematisch außer Kraft setze. Die Tendenz gipfele in dem »feindseligsten aller pharisäischen Grundsätze [...], welcher bis zur Stunde sprichwörtlich unter den Juden geblieben ist in der Formel: ›Den Besten unter den Nichtisraeliten sollst du tödten, der Besten unter den Schlangen sollst du das Haupt zertreten‹«. [46]

Es ist nicht leicht zu rekonstruieren, warum diese seit mehr als einem Vierteljahrhundert im Druck vorliegende Stelle aus einer Bibelkunde für katholische Theologen den Landauer Rabbiner zur Feder greifen ließ, und zwar noch bevor der Autor 1872 durch seine Berufung zum Bischof in Speyer der ranghöchste katholische Geistliche in Grünebaums Amtsbezirk wurde und mit dem Rabbiner anscheinend auch persönlich zusammentraf. Offenbar stand dieser nicht in einer spezifischen ideologischen oder persönlichen Opposition zu Haneberg, sondern behandelte dessen Text stellvertretend für eine ganze Literatur katholischer und protestantischer Autoren über die Entstehungsumstände des Christentums. Zwei konvergierende Entwicklungen der damaligen wissenschaftlichen Forschung hatten das herkömmliche Verständnis der Beziehungen von Christen-

---

43   Haneberg, Geschichte der biblischen Offenbarung als Einleitung ins Alte und neue Testament, 3. Aufl. Regensburg 1863, S. 539.
44   Haneberg, 3. Aufl., S. 107, 146.
45   Haneberg, S. 536.
46   Haneberg, S. 537.

und Judentum ins Wanken gebracht: die Forschungen über den historischen Jesus und die historiographische Neubewertung der Pharisäer.

Seitdem 1835 David Friedrich Strauß sein Bahn brechendes *Leben Jesu* veröffentlichte, rissen die text- und redaktionsgeschichtlichen Forschungen über die neutestamentlichen Schriften eine immer größere Kluft zwischen dem Jesus der Geschichte und dem Christus des Dogmas auf. Unvereinbar kontrastierten die beiden religionsgeschichtlichen Wurzeln des Christusgestalt: die jüdische Messiaserwartung und der heidnische Gottessohnmythos. Die intensive Beschäftigung mit Jesus von Nazareth in den Jahren 1863 und 1864 schlug sich in drei Aufsehen erregenden Büchern christlicher Autoren nieder: die *Vie de Jésus* des Franzosen Ernest Renan, *Das Charakterbild Jesu* des Heidelberger Theologen Daniel Schenkel und eine neue, »für das Volk bearbeitete« Ausgabe von Strauß' *Leben Jesu*. Diese liberalen christlichen Autoren deckten die mythische Umdeutung der Jesusgestalt schonungslos auf und verlegten die eigentliche Bedeutung seiner Person auf seine Sittenlehre. Wie nah viele zentrale Jesuslehren rabbinischen Aussagen sind, hatten christliche Talmudforscher wie John Lightfoot freilich schon seit dem 17. Jahrhundert konstatiert. Doch gerade weil sie ihren Religionsstifter entmythologisiert hatten, schreckten die Denker des 19. Jahrhunderts davor zurück, ihn seinem jüdisch-pharisäischen Hintergrund zurückzugeben. In dem Maße, in dem der Inkarnationsmythos verblasste, musste die intellektuelle, psychologische oder auch rassische Einzigartigkeit Jesu in einen grellen Gegensatz zu ihrem jüdischen Umfeld gebracht werden. So haben diese liberalen, historisch-kritischen Theologen die altbackene, feindlich verzerrte Sicht des pharisäischen Judentums nicht nur getreu reproduziert, sondern noch mit besonderer Vehemenz ausgestattet. Jesus, den der alte Kirchenglaube als Gott unter den Menschen glänzen ließ, erhielt seine Originalität nun in säkularisierter, historisierter Form zurück: als vollkommener Sittenlehrer unter degenerierten Juden, deren Rückständigkeit und moralische Perversion es in den ärgsten Farben auszumalen galt. Wo Jesus als Mensch und nicht als Gott gegen sein Volk spricht, hatten die Juden nicht nur des Glaubens an das Mysterium, sondern auch aller ethischen Maßstäbe bar zu sein. Historiographische Judenfeindschaft war das vorrangige Mittel zur Legitimierung des Christentums.[47]

Der neue Blick auf den historischen Jesus zeitigte eine prompte Reaktion bei den beiden führenden jüdischen Geschichtsschreibern, die beide in Breslau wirkten. Noch 1856 hatte Heinrich Graetz im dritten Band seiner Geschichte der Juden nur eine kurze Anspielung auf Jesus gewagt, »dessen Leben und Wirken aufzuklären nicht unbedingt die Aufgabe der jüdischen Geschichte ist«.[48] Seiner zweiten Auflage hingegen fügte er

---

47 Als Beispiele heutiger kritischer Auseinandersetzung mit diesen Sichtweisen siehe Robert Heiligenthal, Der verfälschte Jesus: eine Kritik moderner Jesusbilder, 2. Aufl., Darmstadt 1999; Christoph D. Müller, »Die Pharisäer: zu einem Klischee christlicher Predigtpraxis«, in: Antijudaismus – christliche Erblast, Stuttgart 1999, S. 127–142; Wolfgang Fenske, Wie Jesus zum »Arier« wurde: Auswirkungen der Entjudaisierung Christi im 19. und zu Beginn des 20. Jahrhunderts, Darmstadt 2005.

48 Heinrich Graetz, Geschichte der Juden von den ältesten Zeiten bis auf die Gegenwart, Bd. III, Leipzig 1856, S. 260.

1863 eine detaillierte Darstellung der Anfänge des Christentums an.[49] Sein Kollege und Rivale Abraham Geiger hatte in seinem Hauptwerk *Urschrift und Übersetzungen der Bibel* 1857 eine völlige Neueinschätzung der pharisäischen Bewegung formuliert. Gegen die aristokratischen, klerikal-konservativen Sadduzäer vertraten die Pharisäer das demokratische Prinzip allgemeiner Priesterschaft, ausgedrückt in einer auf individuelle Gesinnung und persönliche und familiäre Integrität gestützten Religion. In seiner Vorlesungsreihe *Das Judenthum und seine Geschichte* ging Geiger 1864 einen provokanten Schritt weiter: Eben diese pharisäische Ethik habe den wesentlichen Lehren des historischen Jesus zur Grundlage gedient. »Er war ein Jude, ein pharisäischer Jude mit galiläischer Färbung, ein Mann, der die Hoffnungen der Zeit theilte und diese Hoffnungen in sich erfüllt glaubte. Einen neuen Gedanken sprach er keineswegs aus, auch brach er nicht etwa die Schranken der Nationalität [...] Er hob nicht im Geringsten irgend etwas vom Judenthum auf, er war ein Pharisäer, der auch in den Wegen Hillel's ging, nicht auf jedes einzelne Aeußerliche den entschiedensten Wert legte«. Die Trennung vollziehe sich allmählich; vorweg genommen ist sie durch den Einfluss nichtpharisäischer jüdischer Parteien auf Jesus, namentlich der messianisch-revolutionären Zeloten aus Galiläa und der asketisch-schwärmerischen Essener in der judäischen Wüste; sie vollendet sich aber erst in dem von Paulus und dem Johannesevangelium entwickelten Erlösermythos. Paulus, nicht Jesus sei der Stifter des Christentums gewesen; dessen neuer Gegensatz zum pharisäischem Judentum wurde eine weitere Generation später von den Evangelisten bis in die Stifterzeit zurückdatiert, ja aus politischen Rücksichten überhaupt erst konstruiert.[50]

Auf christlich-theologischer Seite galten die Argumentationen von Graetz und Geiger als Ausgeburten jüdischer Geltungssucht und Parteilichkeit. Dennoch entfesselten diese Thesen eine lange theologische Kontroverse, die gewissermaßen drei Akte durchlief: Den ersten, zu Geigers Lebzeiten, hat Susanah Heschel in ihrem Buch *Abraham Geiger und der jüdische Jesus* beleuchtet.[51] Hierher gehörte Grünebaums *Sittenlehre*, die Geiger als popularisierende Aufarbeitung seiner eigenen Ideen mit praktisch-apologetischer Tendenz anerkannte und würdigte.[52] Der zweite Akt der Kontroverse war eröffnet, als seit 1874 eine neue Generation protestantischer Theologen, vor allem Julius Wellhausen, Emil Schürer und Wilhelm Bousset, sich anhand von Quellenstudien um die historische Absegnung des kirchlich-traditionellen Pharisäerbilds bemühten. Die immens wirkungs-

---

49 Graetz, Geschichte der Juden, op. cit., 2. Aufl., Bd. III, Leipzig 1863, S. 222–251. Einen separaten Nachdruck unter dem Titel »Das Leben Jesu« kündigt der Wiener Verlag Czernin seit 2004 an.

50 Geiger, Das Judenthum und seine Geschichte, Bd. I, 2. Aufl., Breslau 1865, S. 116–148; Zitat S. 117.

51 Deutsche Übersetzung unter dem Titel *Der jüdische Jesus und das Christentum*, Berlin 2001. Vor Heschel wurde Geigers Neubeurteilung der Pharisäer und ihre Rezeption beleuchtet von Gösta Lindeskog, Die Jesusfrage im neuzeitlichen Judentum: ein Beitrag zur Geschichte der Leben-Jesu-Forschung, Uppsala 1938, S. 141–143; Hans Liebeschütz, Das Judentum im deutschen Geschichtsbild von Hegel bis Max Weber, Tübingen 1967, S. 119–125; Hans-Joachim Bechtold, Die jüdische Bibelkritik im 19. Jahrhundert, Stuttgart 1995, S. 243–266.

52 So Geiger, »Die neuesten Fortschritte in der Erkenntniß der Entwickelungsgeschichte des Judenthums und der Entstehung des Christenthums«, Jüdische Zeitschrift für Wissenschaft und Leben (JZWL) 1867, S. 261.

mächtige Vorlesung Adolf von Harnacks über *Das Wesen des Christentums* läutete 1899/ 1900 den dritten Akt der Kontroverse ein. Verteidiger des jüdischen Pharisäerbildes waren diesmal Ismar Elbogen, Leo Baeck, Joseph Eschelbacher und Martin Schreiner.[53] In Replik auf die »Gießener Mischna« von 1912 mit ihrer antirabbinischen Tendenz befand Viktor Aptowitzer im Rückblick, es seien »die Verdikte über das Judentum gerade bei den radikal-liberalen Theologen am schärfsten. Sie wollen gleichsam das, was ihnen an positivem Christentum abgeht, durch positiven und unbedingten Antijudaismus ersetzen«.[54]

Indem er Geiger verteidigte, wählte Grünebaum seine drei christlichen Gegner mit Bedacht, offensichtlich auch aus einer regionalen Perspektive. Neben Haneberg, dem bayerischen Ultramontanen, argumentiert er gegen zwei protestantische Professoren der Nachbarländer, beide aus reformiertem und radikal-liberalem Lager: Eduard Reuß (1804– 1891) in Straßburg und Daniel Schenkel (1813–1885) in Heidelberg, der als einflussreichster Kirchenmann Badens galt. Alle drei bedenkt er mit höflicher Ehrung, bevor er ihre vorurteilsbelasteten Entgleisungen über das Judentum rügt. Erst in der zweiten Auflage präsentiert er als christlichen Verbündeten den jungen Heidelberger Theologen Heinrich Julius Holtzmann (1832–1910), und das ungeachtet dessen arroganter, mit judenfeindlichen Floskeln durchsetzten Rezension von Geigers Vorlesungen, die 1865 eine heftige Reaktion des Angegriffenen nach sich gezogen hatte.[55] Holtzmann hatte immerhin in seiner Schrift *Judenthum und Christenthum* (1867) die Stichhaltigkeit von mancher von Geigers Argumentationen anerkannt, darauf allerdings mit dem Versuch reagiert, die hellenistischen Wurzeln von Jesuslehre und Urchristentum herauszuarbeiten.[56] Grünebaum, der mit Holtzmann im Briefwechsel stand, geht auf dessen lange Kontroverse mit Geiger nicht ein und zitiert ihn nur, wenn er seine Sicht teilt. Der Rabbiner zeigt sich hier in der Position des Schwächeren: Er hatte beschwichtigend auch gegen Gegner vorzugehen, wohingegen ein christlicher Theologe gegen Geigers Thesen selbst dann polemisieren zu müssen glaubte, wenn sie in der Sache teilte. Die christliche Deutungshoheit auf dem Gebiet musste gegen den Rabbiner verteidigt werden. Und so genügten trotz aller Akkommodationsbemühungen Grünebaums schon Thematik und Tendenz seines Buches, um diese Hoheit herauszufordern.

---

53 Siehe die forschungs- und theologiegeschichtlichen Darstellungen von Roland Deines, Die Pharisäer: ihr Verständnis im Spiegel der christlichen und jüdischen Forschung seit Wellhausen und Graetz, Tübingen 1997; Hans-Günther Waubke, Die Pharisäer in der protestantischen Bibelwissenschaft des 19. Jahrhunderts, Tübingen 1998; Christian Wiese, Wissenschaft des Judentums und protestantische Theologie im wilhelminischen Deutschland – ein Schrei ins Leere?, Tübingen 1999.

54 Viktor Aptowitzer, »Christliche Talmudforschung«, Monatsschrift für Geschichte und Wissenschaft des Judentums 57 (1913), S. 1–23, 129–152, 272–283.

55 Holtzmanns Rezension von Das Judenthum und seine Geschichte, Bd. I, erschien in: Protestantische Kirchenzeitung 1865, Nr. 10, S. 225–237; Geigers Replik »Offenes Sendschreiben an Herrn Professor Dr. H. J. Holtzmann« in: Das Judenthum und seine Geschichte, Breslau 1865, Bd. II, S. 185–203.

56 Eckhard Lessing, Geschichte der deutschsprachigen evangelischen Theologie von Albrecht Ritschl bis zur Gegenwart, Bd. I, 1870–1918, Göttingen 2004, S. 177–178.

Inhalt der *Sittenlehre*

Die *Sittenlehre* erschien 1867 zu einer optimistischen Zeit, in der die liberale Strömung politisch dominierte, die Gleichberechtigung der Juden unmittelbar bevor stand, religiöse Feindseligkeit auf dem Rückmarsch schien und jener Seitenhieb in einem alten katholischen Lehrbuch die ihm gezollte Aufmerksamkeit, so konnte es scheinen, nicht verdient hatte. Doch Grünebaum hatte ein richtiges Gefühl für die Gefahren, die diese christliche Abgrenzungstheologie noch barg. Unter den Umständen von Reichsgründung, Vatikanischem Konzil und beginnendem Kulturkampf veröffentlichte 1871 ein obskurer westfälischer Professor der katholischen Theologie, August Rohling, unter dem Titel *Der Talmudjude* eine Sammlung gefälschter, entstellter und tendenziös ausgelegter Zitate, die in kirchlichen Kreisen eine immense Verbreitung fand. Dass judenfeindlich theologisierende Hetzartikel alsbald auch in pfälzischen Wochenblättern erschienen, traf Grünebaum besonders. Er fügte seinem Buch zahlreiche Zusätze hinzu, behielt aber die Struktur seiner Darstellung bei.

In der Sittenlehre erklärt Grünebaum den Wortlaut, Sinn und historischen Kontext der von Haneberg verunstalteten talmudischen Textstellen. Sein beschränktes exegetisches Anliegen hinter sich lassend, versuchte er auf einer grundsätzlichen moraltheologischen Ebene »den noch lange nicht überwundenen, aus der einseitigen und ungerechten Auffassung des Judenthums immer auf's Neue ihre Nahrung schöpfenden Vorurtheilen« entgegen zu treten. Er sucht den frontalen Kampf mit drei ideologischen Gemeinplätzen auf, die der christlichen Theologie seit ihren Ursprüngen lieb und teuer waren (und es weithin bis heute geblieben sind):

1) Der christliche Gott sei ein liebender, nachsichtiger Vater, der jüdische ein eifernder, jegliche Verfehlung über mehrere Generationen unbarmherzig ahndender Rächer.

2) Die christliche Gesinnung entspringe sittlicher Verantwortung, die jüdische einem mechanischen Gehorsam für ein Gesetz voller Äußerlichkeiten.

3) Die christliche Hoffnung richte sich auf den Erwerb geistiger Vollendung und die Verwirklichung universaler Werte zum Besten der Menschheit; die jüdische Hoffnung gelte der Befriedigung persönlicher und nationaler Interessen auf Kosten der gehassten und verachteten Nichtjuden.

Woher, so fragt Grünebaum, stammen diese antijüdischen Stereotype, die christliche Theologen »tausendmal schon von den Kanzeln herab verkündigt und verzückten Zuhörern als hohe Weisheit gepredigt« hätten? (S. 183) Die zentrale literarische Quelle dessen, was später Antisemitismus heißen sollte, ortet Grünebaum in der Polemik des Evangeliums gegen die Pharisäer. Es sei »die unrichtige Auffassung dieser Aussprüche ein Hauptgrund der Vorurtheile gegen Juden und Judenthum« (S. 225). Dies veranlasst ihn, nunmehr als Religionsgeschichtler zur »Besprechung des Pharisaismus in seiner wahren Bedeutung und geschichtlichen Entwicklung« anzusetzen, wobei das »Verhältniß zum Stifter des Christenthums« behandelt und die neutestamentlichen Texte über die Pharisäer beleuchtet werden.[57]

---

57 Sittenlehre, S. III.

Hierher der nach chronologischer Ordnung dreiteilige Aufbau der Schrift: Der erste Teil des Buches bespricht die universalistische Ethik der Bibel, der zweite ihre Wirkung auf die Geschichte des Judentums in der Antike, einschließlich des frühen Christentums. Der dritte belegt die entsprechenden Werte des rabbinischen Judentums aus zahlreichen Zitaten vom Talmud bis in die Gegenwart; er erklärt schließlich Wortlaut, Sinn und Entstehungskontext von neun scheinbar widersprechenden Talmudpassagen, darunter den von Haneberg herangezogenen.

Schon in den fünf Mosesbüchern ist, wie die Heilsverheißung an Abraham zeigt, Israels Erwählung nicht ein Privileg im egoistisch-nationalen Interesse, sondern ein Auftrag, ein ethischer Beruf zum Wohl der Menschheit. Die Erwähltheit der Juden ist keine theologische Wahnidee, sondern eine religionsgeschichtliche Tatsache: Die Prinzipien der Einheit von Gott und der Menschheit, die Gebote der Rechtlichkeit und Nächstenliebe erlangten ihre Weltgeltung dank der jüdischen Treue zur biblischen Offenbarung. All dies hatte auch Haneberg zugestanden, ja gegen die Religionskritiker besonders betont, doch fügte er hinzu, dass die Juden seit dem Aufstieg des Pharisäertums ihre eigenen universalen Prinzipien verraten hätten. Hier setzt Grünebaums Protest an: Vom Menschheitsgedanken der Tora zur der messianischen Ethik der Propheten über die griechisch beeinflusste Weisheit der Apokryphen bis hin zur Gebotspraxis der Pharisäer bestehe eine Kontinuität und ein Fortschritt; auch im Judentum sei der »Mosaismus« allmählich zur »Weltreligion« geworden.[58] Grünebaums Werk ist über weite Strecken eine Anthologie talmudischer Aussprüche, in denen die Gebotserfüllung auf Gottes- und Menschenliebe, Reinheit der Intentionen, Aufrichtigkeit und Gefühlstiefe gegründet wird. Die neutestamentliche Karikatur von borniert, egoistischer, gesinnungsloser Gesetzestreue der Pharisäer hat mit dem historischen Vorbild kaum eine Ähnlichkeit; im Gegenteil, die im Talmud überlieferten Maximen der Pharisäer drücken mit ihrer ernsten Moral, ihrer Rechtlichkeit und milden Menschenliebe eben das aus, was als christliche »Sittlichkeit« so gern beansprucht wird. Grünebaum betont auch den emotionalen Aspekt, die »Gemütlichkeit«, die sich in der Institution der häuslichen Sabbatfeier bündelt und Familiensinn einbegreift, eheliche Treue, Respekt vor den Eltern, Wohltätigkeit gegenüber den Armen und Pietät für die Toten. Selbst bürgerliche Werte wie Patriotismus, Arbeit (S. 428–434) und Selbstbeherrschung sind als Teil dieser Sittlichkeitsauffassung in den rabbinischen Quellen gepriesen. Sätze Jesu wie »Der Sabbat ist für den Menschen, nicht der Mensch für den Sabbat da« stammen wortwörtlich aus dem Aphorismenschatz der Pharisäer (S. 209).

Grünebaums Geschichtskonstruktion

Natürlich sprechen sich in der jüdischen Literatur auch nationale und partikularistische Tendenzen aus, doch erbrachten und erbringen diese im höheren Interesse eine relative,

---

58 Das entscheidende Moment sei bereits das Babylonische Exil, wo »an die Stelle der starren Nationalität die Idee der *Religion* überhaupt zu treten begann, die *Jeden* aufnahm, der sich ihr aufrichtig anschloß« (S. 56).

defensive Leistung innerhalb ihres jeweiligen Zeithorizonts. Dem Historismus Rechnung tragend, bekennt sich Grünebaum zu einer »*geschichtliche[n]* Auffassung, die wir auch in den religiösen Dingen als die Grundlage und die nothwendige Bedingung jeder wahren Erkenntniß betrachten. Auch die Religion ist Geschichte, und Geschichte ist überall das ewige Werden der Erscheinungen, nicht das todte Sein«. Produkt der Geschichte ist für Grünebaum demnach auch die Offenbarung, die nur mehr metaphorisch als göttlich gilt; denn in ihr sei »der Menschengeist, der gleichsam selbst zum Schöpfer sich erhob, als unmittelbarer Ausdruck des Göttlichen hervorgetreten« (S. VI-VII).

Grünebaum fügt das nachbiblische Judentum und sein Wertesystem in eine von ihm konstruierte Entwicklungsgeschichte der Menschheit ein, deren Weg von der heidnischen Naturvergötterung zu einer zukünftigen Menschheitsreligion der »sittlichen Heiligung« führt. Bei der Darstellung dieses Kulturfortschritts folgt Grünebaum der von Hegel aufgebrachten Mode, verschiedene Entwicklungsstufen im dialektischen Fortgang aneinander zu ketten. Doch anders als bei Hegel und seinen Nachfolgern wird hier keineswegs der Orient durch das griechisch-römische Altertum und dieses wiederum durch das christliche Europa überwunden.[59] »Wahres« Christentum und »wahres« Judentum sind zeitlich und räumlich nicht fixiert; es sind in gewissen Grenzen prinzipielle Schöpfungen, welche die Rückständigkeit aller »Übergangsepochen« *in sich* zu überwinden haben. Erst nach dem Durchgang durch diese Etappen wird ein idealer ethischer Monotheismus der »geistigen Heiligung« erreicht sein. Der Durchzug der Menschheit durch diese Phasen macht das Wesen der Weltgeschichte aus.

1) Heidentum und Gewaltherrschaft. Die erste dieser Etappen ist das Heidentum, das Grünebaum als ein nahezu absolutes Böses mit einer Herrschaft natürlicher Triebhaftigkeit und Aggressivität gleichsetzt. Als Student hatte er bei dem berühmten Friedrich Gottlieb Welcker in Bonn klassische Philologie und Archäologie betrieben, Veranstaltungen zur griechischen Literaturgeschichte und der Poetik des Aristoteles belegt: Umso mehr erstaunt sein Urteil über die klassische Antike als »die dunkelsten Jahrhunderte der Geschichte« (S. 88). Die *Sittenlehre* behandelt die griechisch-römische Kultur als Gruselkabinett monomanischer Cäsarentyrannei, blutdürstiger Grausamkeit und sexueller Perversion. Der Landauer Rabbiner übernimmt ganz wie Heinrich Graetz die talmudischen Vorstellungen über »das völlig verderbte, entsittlichte Heidenthum«, das »keinerlei religiöses Gefühl, kein höherer Gedanke … mehr beseelte« und dessen Anhänger »zugleich Mord, Raub, Plünderung und Unzucht für gestattet hielten« (S. 435). Grünebaum bemüht sich bezeichnenderweise, das Heidentum zum Synonym gleichzeitig für Aberglauben und Unglauben zu machen. Dass ein Heide demnach ein Fanatiker und ein Hedonist gleichzeitig gewesen sein soll, mag psychologisch wenig schlüssig erscheinen, doch kommt es Grünebaum in erster Linie darauf an, ihn als einen Triebmenschen darzustel-

---

59   Siehe Georg Wilhelm Friedrich Hegel, Philosophie der Geschichte, Stuttgart 1961, S. 61: »Die Weltgeschichte ist der Fortschritt im Bewußtsein der Freiheit […], und zwar zunächst in der Form, daß die Orientalen nur gewußt haben, daß Einer frei, die griechische und römische Welt aber, daß einige frei sind, daß wir aber wissen, alle Menschen an sich, das heißt der Mensch als Mensch sei frei, ist auch zugleich die Einteilung der Weltgeschichte.«

len, der »in seinen heidnischen Vorurtheilen und in seiner Vergötterung des blos praktischen Lebens und des äußern Sinnengenusses … für den Monotheismus und die von ihm in gewissem Grade von Urbeginn an geforderte Askese gar kein Verständniß« hatte (S. 85–86).

Der Landauer Rabbiner steht hier in einem deutlichen Gegensatz zu seinem Vorbild Abraham Geiger, welcher die Verachtung seiner Zeit für »orientalische Anschauungen« in Gesellschaft und Kultur teilte, allerdings für die Gottesvorstellungen eine einzige Ausnahme machte, während er von der griechischen Kultur, wiederum mit der alleinigen Ausnahme ihrer Götterbegriffe, mit höchster Bewunderung sprach. Geiger würdigte insbesondere ihre ethischen Werte von Maßhaltung, Tugend, Schicklichkeit und Harmonie:[60] »Die moderne Bildung hat religiös sich an den jüdischen Monotheismus, wissenschaftlich und künstlerisch sich an das Griechenthum angelehnt, das Specifisch Christliche entweder ignorirt oder geradezu abgewiesen«.[61]

Grünebaums Bruch mit diesem säkularen Geschichtsbild, seine Barbarisierung der antiken Kultur und seine romantische Aufwertung des Orients sind eklatant. Im Gegensatz zum zeitgenössischen Wertschema benutzt die *Sittenlehre* die Begriffe »Asien« und »Orient« nie, »Europa« hingegen meistens in einem pejorativen Kontext.[62] In einer hypothetischen »orientalischen Philosophie«, die sich Grünebaum als ein im monotheistischen Gedanken gründendes Einheitsdenken vorstellen will, habe der für die griechische Kultur so fatale Widerspruch zwischen Vernunft und Religion nie bestanden: Das orientalische Denken ist nicht unphilosophisch, sondern geradezu das Vorbild einer harmonischen Vernunftreligion. Man könnte die Frage stellen, »ob nicht die sogenannte Offenbarung, die ja ohnehin im Orient ihren Ursprung hat, im Grunde ein *orientalisches Philosophem* sei«.[63]

Grünebaum führt nichts weniger als eine Rebellion gegen das edle Trugbild des europäischen Klassizismus, dem das Altertum als »eine höhere, breitere, hellere, leidenschaftslose Welt« (Goethe) gegolten hatte.[64] Christen wie Neuhumanisten pflegten Alexander und den Caesaren noch bei ihren Gemetzeln und Massenversklavungen zu applaudieren;[65] und es bedurfte eines jüdischen Denkers, um in einer geradezu postkolonialen Sicht die Partei des Subalternen, des unterdrückten Orient zu vertreten. Talmud und Midrasch erweisen sich als Dokumente für die Erfahrung und Empörung jener, die

---

60 Geiger, Bd. I, S. 14–19 über die Griechen, S. 47 u. ö. über die »orientalischen« Elemente der Bibel.

61 Geiger, »Offener Brief«, in: Das Judenthum, op. cit., Bd. II, S. 189.

62 Siehe den Index am Schluss dieser Edition.

63 WZJT 1839, S. 91–92.

64 Das Wort ist von Eckermann über den zweiten Teil des *Faust* überliefert; siehe Goethes Gespräche, hg. F. W. v. Biedermann, 1890, S. 22.

65 Haneberg erzählt die römische Unterwerfung Palästinas sichtlich nicht aus der Perspektive der Juden (und des Evangeliums), sondern im süffisanten Ton der Eroberer: »Es galt jetzt, den unruhigen Geist der Juden mit der ganzen Kraft der unmittelbaren Römerherrschaft zu zügeln […] Und mit Recht hatte Augustus gerade jetzt einen der ausgezeichnetsten Männer nach Syrien und Palästina geschickt, welche das römische Reich damals aufzuweisen hatte […] in einzelnen Theilen kostete es Kampf […] Die Entschiedenheit, mit der Quirinus auftrat, scheint die Juden auf längere Zeit zahm gemacht haben; wenigstens übten die ersten fünf Prokuratoren ihr Amt ohne grosse Schwierigkeit« (2. Aufl., S. 527–528).

sich auf der anderen Seite von Schlachtfeld, Sklavenmarkt und Zirkusarena befunden hatten. Dieser ikonoklastische Blick auf die Antike, ihrer lieblichen *humanitas* beraubt, besitzt eine Reihe von Parallelen in jenem dritten Viertel des 19. Jahrhunderts, als Gustav Droysen zufolge die Historiker gegen die Philologen um ein wirklichkeitsgetreueres Bild kämpften. Die europäischen Nationalisten nahmen Partei für ihre barbarischen Ahnen, Karl Marx reduzierte die edle Antike kurzerhand auf eine »Sklavenhaltergesellschaft«, wenig später legte Friedrich Nietzsche ihre »dionysische« Irrationalität bloß.

Bei Grünebaum führt dieser Ikonoklasmus allerdings zurück zu einer exklusiven jüdisch-christlichen Selbststilisierung. Die durch Assyriologie und biblische Mythenforschung eingeleitete Revolution, die zu seiner Zeit die Trennlinie zwischen Poly- und Monotheismus in Frage stellte, hat er nicht zur Kenntnis genommen.[66] Vielmehr steht er ganz im Banne der konfessionellen Apologetik seiner christlichen Zeitgenossen: Wie diese das Judentum schwärzten, um Jesus desto mehr glänzen zu lassen, so schwärzt er das Heidentum, um das mosaische Gesetz zu verherrlichen und einzelne anstößige Bestimmungen darin zu entschuldigen.

Von den christlichen Geschichtsklitterungen unterschied sich die seinige allerdings darin, dass seine heidnische Negativfolie in der Gegenwart keine verwundbaren Vertreter mehr zählte. Statt aktuelle Kampfpositionen zu legitimieren, sollte Grünebaums monströses Porträt des antiken Heidentums vor allem eine jüdisch-christliche Einigung stiften, indem es den gemeinsamen Hass auf einen Popanz in der Vergangenheit lenkt, dem anders als den Begriffen »Orient«, »Pharisäer« und »Judentum« keine moderne Präsenz mehr zukommt. Niemand war angegriffen durch das erschreckende Fazit, in dem Grünebaums Bild des Altertums gipfelt: »Sie [die antiken Heiden] waren völlig zum Thier herabgesunken, gegen welche auf jede Weise sich zu schützen die Pflicht der leiblichen und *sittlichen* Selbsterhaltung forderte« (S. 435).

2) Moses und die priesterliche Theokratie. Das legitime Recht der Selbstverteidigung gebot die »gewaltsame Ausscheidung alles Fremden und Heidnischen« bis hin zu den biblischen Ausrottungsgesetzen gegen Götzendienst und Götzendiener, zu Esras Zwangsscheidungen von Mischehen und zu der ganz allgemeinen Tendenz, mit der die rabbinische Gebotspraxis »das gesetzliche Judenthum als eine unübersteigliche Mauer zwischen Juden und Heiden aufführe«.[67] Aber Moses bekämpfte das Heidentum vor allem, indem er Tempelkult, Priesterherrschaft und Opferwesen zentralisierte. Das von ihm eingesetzte Priestertum verwirklichte den mosaischen Monotheismus und seine Sozialdisziplinierung in Form einer national beschränkten, politischen Religion, eines theokratischen Tempelstaats. Um den heidnischen Triebmenschen zu bezwingen, musste der priesterliche Machtmensch auf den Plan treten. Es war dies das geringere Übel, doch gleichwohl – ein Übel. Denn Grundbestandteile der priesterlichen Moral sind »ihre Herrschsucht, ihr Eigennutz, ihre Tücke« (S. 283). Ursprünglich ein Bollwerk gegen das Heidentum, paktier-

---

66 Alexander Kohut, Über die jüdische Angelologie und Dämonologie in ihrer Abhängigkeit vom Parsismus, 1866; Eberhard Schrader, Die Keilinschriften und das Alte Testament, 1872; Ignaz Goldziher, Der Mythos bei den Hebräern und seine geschichtliche Entwicklung, 1876.

67 Sittenlehre, S. 15, 36, 64.

te diese Elite zur hellenistischen Zeit mit den Griechen: Diese historische Beobachtung, die in den Makkabäerbüchern ihre Basis findet, legitimiert ein wiederum widersprüchliches Feindbild, das gleichzeitig Separation und Assimilation, eben Verrat ausdrückt (S. 87). Wie gegen das Heidentum den Einen Gott, so verrieten die hierarchischen Ansprüche des Priestertums die Eine Menschheit (S. 88–89). Doch sind beide Feindbilder durchaus von unterschiedlichem Charakter. Der Heide ist nur mehr eine historische Fiktion; der Priester droht immer noch, sei es in Gestalt »der combinirten Priester- und Herrschergewalt des finstern Fanatismus des Mittelalters« (S. 283), die die Menschheit Jahrhunderte lang in Rohheit und Unwissenheit gehalten habe, oder als »die herrschsüchtige, ultramontane Jesuitenpartei« im Kulturkampf der Gegenwart (S. 419).

3) Pharisäer, »Formalismus« und Demokratie. Gegen die Priester, ihr elitäres Kastensystem und ihre Partei, die adligen Sadduzäer, verteidigten die gesetzestreuen Pharisäer den »demokratischen Grundsatz von dem allgemeinen Priesterthum, von der gleichen Berechtigung und Heiligkeit Aller« (S. 149). Durch die demokratische Revolution der Pharisäer wurde die Gesetzespraxis den Priestern entwunden, wurden die Reinheitsvorschriften in das häusliche Leben eines jeden übertragen. Für Bibel und Talmud gilt gleichermaßen, dass »alle seine, oft selbst übertriebenen, minutiösen äußern Gesetze, wie wir ebenfalls nachweisen, ganz besonders nur eine Mauer bilden sollten, um die immer auf's neue hereinbrechenden Fluthen des von verderbtem Priesterthum sogar begünstigten Heidenthums und seiner ›Schandthaten‹ abzuhalten« (S. X). Trotz dieser politischen Zweckgebung ist dem »Formalismus« seine religiöse Tiefendimension nicht abzusprechen. Ein ethischer Geist belebt nach der unermüdlich erhobenen Forderung von Pharisäern und Rabbinen die scheinbar auf Abläufe purer Gesten reduzierte Gebotspraxis.

Nur bei einzelnen »falschen Pharisäern«, dessen Verirrungen der Talmud selbst geißelt, führe die Orthopraxie zu heuchlerischer Veräußerlichung des Zermoniells, willkürlicher Auferlegung asketischer Erschwerungen, Abspaltung von der Gemeinde und Verketzerung Andersdenkender; und in diesem Licht, das dem christlichen Pharisäerstereotyp genau entspricht, sieht Grünebaum seine Feinde unter der modernen Orthodoxie, denen er Spaltungswillen und an einer Stelle sogar Sabotage der Emanzipationsbemühungen nachsagt (S. 302). [68] Grünebaum hält sich vor interner Polemik auch in diesem an ein christliches Publikum gerichteten Werk nicht zurück, womit er seiner Sache vermutlich mehr geschadet als genützt hat. Denn seine Ausfälle gegen die Neuorthodoxen bedienen genau die christlichen Stereotype, die er zu bekämpfen vorgibt. Er nimmt als Reformrabbiner keinen Anstand, sich öffentlich zu distanzieren von »der maßlosen Ausdeutung und Erweiterung des Gesetzes bis in die minutiösesten Formen und die verzweigtesten Lebensverhältnisse hinein, wodurch sie der Bewegung im Leben ein Bleigewicht an die Ferse hingen bis auf unsere Zeit« (S. 219). Aus eigener Erfahrung meint er zu wissen, »wie noch heute die niedrigste Heuchelei sich hinter die Fratze des übertriebensten For-

---

68   Über den hier gemeinten Abraham Moses Levin und seine Gesinnungsgenossen, eine sehr kleine Gruppe, schrieb Hans-Joachim Schoeps, »Jüdische Anhänger der Konservativen Partei Preußens«, Zeitschrift für Religions- und Geistesgeschichte 24 (1972), S. 337–346.

malismus oft versteckt«. Auch dieses Feindbild erweist sich als spannungsreich aus den Vorstellungen düsterer Askese und verschmitzten Eigennutzes zusammengesetzt.

Allgemein mögen die Pharisäer und ihre jüdischen Erben in der Sorge um die Zeremonialvorschriften zu weit, in deren erleichternder Anpassung an die Lebenserfordernisse nicht weit genug gegangen sein. Dennoch muss das abschließende Urteil über sie positiv ausfallen. Hätten sie nämlich ihre viel geschmähte »*Abschließung* vom Heidenthum« (S. 145) nicht betrieben, so wären »die Lehren von dem einig einzigen Gott und dem allgemeinen Priesterthum« (S. 173) auch im Judentum verloren gegangen und »es hätte von ›Aposteln‹ zur Verkündigung jenes Gedankens an die Heidenwelt unter welcher Form [auch] immer keine Rede sein können« (S. 148).

4) Jesus, der messianische Pharisäer. Der religionsgeschichtliche wie der moraltheologische Befund rechtfertigen Grünebaums Vorstellung einer fundamentalen Werte- und Interessengemeinschaft, die das Ur- oder besser Proto-Christentum des ersten Jüngerkreises in die pharisäische Bewegung einband. Die Debatten Jesu mit den Vertretern der letzteren im Evangelium kreisen nie um die grundsätzliche Alternative von Gesetz und Gnade, sondern gelten allerlei untergeordneten »casuistischen Streitigkeiten« über Krankenheilung und Ährenausraufen am Sabbat. Welche Einigkeit über die Grundsatzfragen von Glaube, Sittenlehre und Gesetz bestand (S. 240), zeigt das in Markus 12 dargestellte Gespräch, wo Jesus mit einem Pharisäer überein kommt, dass Gottes- und Menschenliebe das Wesen des Gesetzes seien. Hierher die Hauptthese, am Ende der Zweiten Abteilung ausformuliert: Nach der Betrachtung der rabbinischen Quellen »wird uns bis zur Evidenz klar, daß alles Nachtheilige, was in den neutestamentlichen Schriften von dem Pharisaismus berichtet wird, so weit es überhaupt eine historische Berechtigung hat, nur von dem *falschen* Pharisaismus gelten kann, daß dagegen Jesus selbst wenigstens, sowohl in Bezug auf den Glauben wie auf das Sittengesetz, bis auf den einen Punkt, den in seiner Person sich verkörpernden Messianismus, in voller Uebereinstimmung mit den Pharisäern stand.« (S. 238)

Nicht seine ethischen Gedanken machten, so Grünebaum, die Originalität des Mannes Jesus aus, sondern seine Person, sein volkstümliches Wort, seine überwältigenden rhetorischen Gaben auf dem Gebiet der rabbinischen Gattung der Aggada (S. 245). Hinzu kamen einige vermutlich von der Essenersekte beeinflusste asketische Lehren über Besitz-, Ehe-, Eid- und Gewaltverzicht (S. 239) und das von den Evangelisten zum Teil zensierte, doch stellenweise noch offensichtliche politisch-messianische Schwärmertum des Lehrers aus Nazareth und seiner Jünger. Sehr ausführlich zeigt Grünebaum schließlich, dass Jesus keineswegs wegen einer Übertretung oder gar Infragestellung des mosaischen Gesetzes von den Pharisäern und dem Hohen Rat (Synhedrion) verurteilt worden sei. Der Befund des Neuen Testaments ist eindeutig: »*Jesus wurde von den Hohepriestern angeklagt und von Pontius Pilatus aus politischen Gründen verurtheilt*« (S. 282). Die Schuld an seiner Verurteilung und Hinrichtung trugen Priester, die ihm sein geschäftsschädigendes Einschreiten gegen ihre Verkaufsbuden auf dem Tempelberg übel nahmen, und Heiden, für die Jesus als Messiasprätendent ein politischer Aufrührer war. Noch in seinem Tod als Gegner der Priester und Heiden erweist sich Jesus als Pharisäer.

5) Paulus und die Dogmatik als Neo-Mythologie. Vor der Herausforderung, den exklusiven priesterlichen Monotheismus zu demokratisieren, sollten Juden- und Christentum unterschiedliche Wege einschlagen. So wie mosaische Priesterschaft und rabbinischer Formalismus notwendige Stationen bei der Überwindung des Heidentums auf dem Weg zur ethischen Menschheitsreligion waren, so hat auch die paulinische Sünden- und Gnadenlehre, auf der die Dogmatik des späteren Christentums fußt, eine analoge historische Funktion. Sie hat durch ihren mythologischen Zauber die Heiden für den Monotheismus gewonnen: Gerade aus jüdischer Perspektive würdigt Grünebaum diese missionarische Leistung als »ebenso kühn und groß, wie sie weltbeherrschend und beglückend wirkte« (S. 226). Er überlegt, wie es im Mittelalter Moses Maimonides tat, »daß der geschichtliche Beruf des Christenthums nicht sowohl in der Aenderung der Glaubens- und Sittenlehre der Bibel, welche sein Stifter sicher nie beabsichtigt hat, als gerade in der Verbreitung ihrer Grundlehren unter den Heiden, wesentlich besteht« (S. 79).

Doch diese Weltgeltung der christlichen Botschaft war erkauft mit einem theologischen Bruch zwischen Christen- und Judentum. Mit den Lehren vom geopferten Messias, von der Ursünde und Gnade verließ Paulus »die Grundlehre des Judenthums, wonach Jeder durch seine selbsteigene Thatkraft, sein eigener Erlöser werden muß« (S. 231). Unbiblisch ist vollends der paulinische Begriff des erlösenden Glaubens an den Christus. In biblischer Auffassung ist »Glaube« *(emunah)* eine Treue zu Gott, die auf Natur- und Geschichtserfahrung beruht, »nicht eine spekulative metaphysische Ueberzeugung, eine Ueberzeugung a priori, die kennt der Morgenländer überhaupt nicht« (S. 230).

Wenn Grünebaum als Inhalt der Religion »in der Lehre der göttlichen Weisheit, nicht des Gesetzes schnürende Fessel« begriff,[69] so klingt das sehr christlich, doch vor die Wahl gestellt zwischen den Prinzipien von Gesetz und Liebe, jener Wurzel des jüdisch-christlichen Gegensatzes, bezog er schon in einem Aufsatz von 1836 klar Partei zugunsten des Rechtsprinzips. Ohne Paulus und das Christentum zu nennen, distanzierte er sich von der blinden Willkür des verabsolutierten Liebesprinzips und zeigte, wie im Judentum die Liebe stets nur ein begleitendes, assistierendes Prinzip der Gerechtigkeit ist.[70]

Sogar die friedensbemühte *Sittenlehre* greift bei dieser Frage zu antichristlicher Polemik. Die Erbsünden- und Gnadenlehre, deren Saat Paulus streute und die bei Augustinus aufging, verriet das mosaische Prinzip der menschlichen Freiheit und fiel in uralte heidnische Schicksalsvorstellungen zurück. Sie habe »alle Willensfreiheit aufgehoben und damit in weiterer Folge nothwendig auch alles Verdienst für die guten und allen Tadel für die bösen Handlungen [...] und den Menschen zum geistigen Sclaven (servum arbitrium) herabgedrückt, alle sittliche Kraft gebrochen und eine Passivität, die zur Ertödtung führt, begünstigt« (S. 231). Wenn Grünebaum die Inkarnationslehre mit dem Zeusmythos vergleicht (S. 234), zieht er als Gewährsmann ausgerechnet Holtzmann heran, der gegen Geiger die paganisierenden Tendenzen des Christentums betonte und nachwies, »wie im Laufe der ersten Jahrhunderte die Glaubenslehre des Christenthums auf der Unterlage des griechischen Durchschnittsbewußtseins auferbaut« wurde.

Das Primat des Glaubens musste »mit nothwendiger Consequenz zu dem Begriff der

---

69 Zustände, S. 61.
70 Siehe WZJT 1836, S. 292.

allein selig machenden Kirche führen« (S. 231). Aus diesem Grund wurde das Kirchen-christentum weitaus intoleranter, als es die meisten heidnischen Herrscher jemals gewesen waren. Die persischen Zoroastrier, der »große, freie Geist« Alexander und seine ptolemäischen Nachfolger ließen den Juden »völlig gleiche Rechte mit den griechischen Einwohnern« (S. 127); und auch die einzige Anspielung der *Sittenlehre* auf den Islam stellt ihn in dieselbe tolerante orientalische Tradition (S. 418). Der christliche Judenhass sei im Mittelalter viel weiter gegangen als jemals in der heidnischen Antike (S. 86)

6) Die moderne Verschmelzungsvision. Die Hegel-Schule nahm am Ende jeder historischen Stufe eine Phase der Dekadenz an: Das biblische Israel entarte demnach zum Pharisäismus, das Griechentum zum Hellenismus. Auch Grünebaums Geschichtskonstruktion nimmt die Entartungsvorstellung auf, kehrt aber die Wertungen um. Das Heidentum hat seine Dekadenzform im römischen Weltreich, das Priestertum im mittelalterlichen Kirchenregiment, der Gesetzesformalismus in der jüdischen Neuorthodoxie und die paulinische Dogmatik in der lutherischen Lehre vom *servum arbitrium* und der alleinigen Rechtfertigung durch den Glauben. Rom, Mittelalter und Luthertum, kurz alles, was exaltierte klassische, romantische und hegelianische Begeisterung zu Menschheitsgipfeln erklärte, zeigen sich in Wahrheit als Abgründe der Barbarei. Die verlorene Zeit einer besseren menschlichen Kultur, von der die an der Moderne verunsicherten Menschen des 19. Jahrhunderts sehnsuchtsvoll träumten, hat es nie und nirgends gegeben. Erst die Zukunft soll zu »dem goldnen Zeitalter des Gottesreiches, der allgemeinen Gerechtigkeit und Bruderliebe« führen (S. 75). Auf einer messianischen Zukunftsstufe wird ein reiner ethischer Monotheismus die jüdische Zeremonialpraxis und die christliche Gnadenwahl gleichermaßen in eine universale Religion der »geistigen Heiligung« und des »allgemeinen Priesterthums« transzendieren.

Paulus konnte Götzendienst und Unsittlichkeit der Heiden nur besiegen, indem er seine Botschaft den mythologischen Vorstellungsweisen des Durchschnittsheiden anpasste. Mit seinem Sieg über das Heidentum, der sich in der Moderne vollendet, hat diese paganisierende Verkleidung der Jesuslehre ihre Schuldigkeit getan. Eine höhere religiöse Stufe eröffnet sich, auf der sich das Christentum seinen jüdischen Wurzeln wieder annähern wird. In Zukunft werden der Christ das Dogma und der Jude die Halacha abrüsten; es »wird in der reinen, Gott in seiner absoluten Einheit und Geistigkeit und den Menschen in seiner unbeschränkten sittlichen Freiheit verkündenden alten Lehre die Versöhnung der Geister sich vollziehen, wie sie schon heute unter allen Denkenden so herrliche Triumphe gefeiert hat« (S. 236).

Dass eine religiöse Kultur sich auch und gerade durch Pflege ihrer historischen Besonderheiten erhält, gerät Grünebaum nicht ganz aus dem Blick. Es erweist sich an den »eigentlich jüdisch-nationalen Vorschriften, die aber alle zugleich auch jene eigentlichen Ziele der Gottesoffenbarung beständig gegenwärtig zu erhalten und zu fördern bestimmt waren: den Tempelabgaben, den Tempel- oder Wallfahrtsfesten, dem Sabbath, dem Brachjahre, der Enthaltung von unreinen Speisen, der Fernhaltung von ehelichen Verbindungen mit den Heiden« (S. 117). Aber die ganz auf ethische Grundhaltungen reduzierte Religionsauffassung des Autors kann Nationalbewusstsein und Separatgesetze Israels nie prinzipiell, sondern stets nur als vorläufige, relative Maßnahmen zur Überwindung von

Heiden- und Priestertum rechtfertigen. Sie muss wünschen, dass das religiöse Gefühl nach dem Sieg über diese beiden Feinde sich universalistisch entgrenze und »jeder, die Menschen trennende Partikularismus auch auf diesem Gebiete [...] endlich zu Grabe getragen werde« (S. 361). Gemäß seiner Identifikation der Religionslehren mit denen der universalen »Humanität«, »Sittlichkeit« und »allgemeinen Menschenliebe« konnte Grünebaum sich das Ziel der Geschichte nicht anders als eine ideologische und soziale Vereinigungsutopie vorstellen, welche die Religionsgemeinschaften in Individuen zersprengen und die »Schätzung des Menschen nur nach seinem innerem [!] Werthe« (S. 361) möglich machen solle. Als Belohnung für den Aufbau einer egalitären Gesellschaft verspricht Grünebaum leichten Herzens das Verschwinden der jüdischen Gemeinschaft. Sogar die von den ärgsten Judenfeinden wie Richard Wagner formulierte Vision vom »Untergang« des Judentums erscheint unter der Feder des Rabbiners; »das *nationale* Israel selbst wird untergehen in der Menschheit« (S. 114).

In der Auffassung eines heutigen Lesers kam der Autor den Anpassungsforderungen der christlichen Mehrheit damit ungebührlich weit entgegen, und zwar so weit, dass er seine eigene Argumentation sabotiert. Die Hinordnung des Judentums auf sein Aufgehen in einer künftigen ethischen Universalreligion, eine Entgrenzung der eigenen Werte, macht die Haltung zum Christentum zum Stolperstein für jüdische Identität in der Moderne. Einerseits reduziert Grünebaum die Funktion des jüdischen Gesetzes, ja überhaupt der jüdischen Besonderheit auf die notwendige Abgrenzung von einer unsittlichen, heidnischen Umwelt; aber andererseits beteuert er im Einspruch gegen die feindliche Rede von der andauernden jüdischen Xenophobie, dass das moderne Judentum die Christen nicht für Heiden halte.

Nur die Unvollkommenheit der Welt rettet also das Judentum einstweilen vor seinem Untergang. Zwischen den Vorstellungen einer gemeinsamen Vergangenheit und Zukunft entwirft Grünebaums weit gespanntes historisches Narrativ die prekäre Möglichkeit einer Gegenwart, in der Judentum und Christentum zwar vorläufig getrennt erscheinen, jedoch nicht als Feinde, sondern als Verbündete – ganz wie Grünebaum auch seine Religionslehrer anwies, »in der Geschichte die väterliche Lenkung Aller zum Guten« zu zeigen.[71] Die Geschichte, wie Grünebaum sie schreibt, zeigt zwei verwandte und verbündete Religionen mit gemeinsamen Wurzeln und Werten, von denen die eine auf ihr Alter, die andere auf ihre Wirkung stolz sein könne.

Wirkung und Aktualität

Durfte dieses Angebot einer gegenseitigen respektvollen Anerkennung unter der Fernperspektive der Verschmelzung auf Akzeptanz seitens der Christen hoffen? Die Antwort ist ein eindeutiges Nein. Nicht der liberalste christliche Theologe ging auf das angebotene Koexistenzmodell ein; es wurde vielmehr als gewaltige Provokation empfunden. Erst recht ungestüm waren die Reaktionen unter der christlichen Orthodoxie. Grünebaums

---

71 Zustände, S. 61.

Werk hat, wie der Autor schrieb, »in dem pfälzischen ultramontanen Lager ungeheuer gezündet. Ihr Organ ›Der christliche Pilger‹ [das Bistumsblatt aus Speyer] ist mit wahrer Berserkerwuth darüber hergefallen«. Neben der Darstellung des Priestertums, der These der religiösen Fortentwicklung und dem ungünstigen Bild der christlichen Gnadenlehre provozierte die beabsichtigte Versöhnung der Bekenntnisse durch gleichberechtigte Anerkennung. Auf protestantischer Seite argwöhnte die *Neue Evangelische Kirchenzeitung*, der Autor wolle Proselyten für das Judentum anwerben. Eine giftige Besprechung im *Pfälzischen Sonntagsblatt* sah in der *Sittenlehre* »eine Verherrlichung des Judenthums und die frechste Beschimpfung Jesu Christi des göttlichen Stifters des Christenthums«. Pfälzische katholische Priester wüteten gegen Grünebaum in ihren Predigten. Nicht, dass man ihn zu widerlegen suchte. Dem pfälzischen Klerus genügte, so Grünebaum, »die kühne Frechheit, mit welcher man sich über alles von jüdischer Seite Kommende den Stab zu brechen sich angewöhnt hat«.[72] Der Hauptadressat der *Sittenlehre*, Bischof von Haneberg, gab 1876 eine komplett revidierte vierte Ausgabe seiner Einleitung heraus, in der er nirgends auf die Kritik des Rabbiners einging, seine judenfeindlichen Auslassungen vielmehr Wort für Wort ohne jegliche Veränderung nachdrucken ließ.

Sogar in dem Blatt *Die Bauhütte*, Organ der deutschen Freimaurerlogen, wurden Grünebaum parteiliche Beschönigung der jüdischen Lehren und ungenügende Kenntnis der christlichen vorgeworfen, so dass sich der Autor zu einer Entgegnung veranlasst sah.[73] Als unrabbinisch rügte auch das Organ der jüdischen Orthodoxie, der in Mainz erscheinende *Israelit*, wiederholt Grünebaums liberale Haltung zu religiösen Fragen und den eigenen Familienverhältnissen. Dem Hauptstrom der deutsch-jüdischen Presse erschien sein Werk indes nicht kontrovers; die Reaktionen begrenzten sich auf kurze wohlwollende Anzeigen und eine Besprechung, die David Rothschild, ein mit Grünebaums befreundeter Reformrabbiner im nahen Alzey, in *Die Gegenwart* (Berlin) und erneut in *Der israelitische Lehrer* (Mainz) veröffentlichte. Rothschild fasste klar den Gegenwartsstandpunkt auf, für den der Autor seinen Nachweis der historischen Gemeinsamkeiten zwischen Juden- und Christentum fruchtbar machen wollte: „Zwar ist noch lange nicht an eine vollständige Vereinigung beider Religionen und an ein Aufgehen derselben in einander zu denken, aber es ist doch nothwendig, sich des Ursprungs und der Ziele beider Religionen bewußt zu werden, um ihre Stellung und ihre Bewegungen in derselben zu begreifen und richtig zu beurtheilen".[74]

Jahre vor dem Ausbruch der großen antisemitischen Welle erkannte der Landauer Rabbiner ihre Vorläufer in der judenfeindlichen Dogmen einer christlichen Moderne, die sich von ihren eigenen biblischen Wurzeln entfremdete. Hier schließt die rhetorische Frage an, ob und wozu die christliche Theologie einen solchen Antijudaismus eigentlich brauche. »Ist überhaupt die weltgeschichtliche Mission des Christenthums, das Heiden-

---

72 JZWL 1868, S. 73–74, 228–229; vgl. Heschel, S. 271. Von den erwähnten beiden Regionalzeitungen lässt sich heute kein Exemplar mehr auffinden.
73 R. S. [vermutlich Rudolf Seydel] in *Die Bauhütte: Zeitschrift für deutsche Freimaurerei*. Hrg. vom Verein Deutscher Freimaurer. Jg. 1868, S. 86–87, 124–126.
74 *Der Israelitische Lehrer* Jg. 1868, S. 49–51, 65–67; Zitat S. 51.

thum mit seiner sittlichen Versunkenheit zu besiegen, nicht bedeutend genug, daß es zu seiner Erhebung der Herabziehung der alten Gotteslehre bedarf«? fragte er in der zweiten Auflage (S. 29).

Seine eigene Antwort lässt er stellenweise erahnen: Was die ritualisierte und institutionalisierte Judenfeindschaft der Theologen stützen soll, ist der christliche Herrschaftsanspruch, nicht der christliche Glaube, denn dieser hätte eine derart zweifelhafte Legitimation nicht nötig.[75] Im Gegenteil, mit der Diffamierung der jüdischen Religion und Ethik, die den Ausschluss ihrer Bekenner von der gesellschaftlichen Macht rechtfertigen soll, tun die christlichen Theologen nicht allein einer fremden Religion Unrecht, sondern sabotieren auch ihre eigene. Wer ein Monopol auf Liebe und Toleranz beansprucht, wird lieblos und intolerant gegen die, denen er die Liebes- und Toleranzfähigkeit abspricht. Der christliche Theologe bemüht sich, so Grünebaum, »das Christentum auf Kosten des Judenthums zu erheben oder vielmehr letzteres zur Verherrlichung des erstern recht tief herabzudrücken, ohne vielleicht zu bedenken, daß mit der Zerstörung des Grundes auch der darauf ruhende Bau dem Zusammensturze verfällt, daß ›wenn der Stützende strauchelt, der Gestützte fällt *und insgesammt sie untergehen*«« (S. 182).

Der groß angelegte Versuch einer Konfliktlösung zweier Religionsgemeinschaften durch die Konfrontation ihrer gegenseitigen Erinnerungen und die Erarbeitung eines gemeinsamen Gedächtnisses macht Grünebaums *Sittenlehre* zu einem bemerkenswerten Unterfangen. Mit der Kühnheit antiker Synkretismen und der Verhandlungsklugheit moderner internationaler Schulbuchkommissionen entwirft er einen Frieden zwischen kollidierenden religiösen Ursprungsmythen, Selbst- und Fremdbildern. Seine Lösung ist implikationsreich für andere, auch gegenwärtige kulturelle Konflikte; übertragen lässt sie sich nicht. Denn sie trägt das Wasserzeichen des Jahrtausende alten jüdisch-christlichen Gegensatzes und seines Platzes in der Weltgeschichte: Der bilaterale Friedensvertrag benötigt die Idee eines abwesenden gemeinsamen Vorgänger-Feindes, des Heidentums, und könnte weder Hinduismus noch Taoismus noch andere polytheistische oder dualistische Religionen einbeziehen. Und da er alles signifikante kulturgeschichtliche Geschehen sich an einem Moment der Spätantike vollenden lässt, hätte dieses Narrativ schwerlich mehr als eine sekundäre Position für den Islam übrig, der doch erst zu einer Zeit erschien, als seine beiden Mutterreligionen ihre Dogmatik und Moral gefunden hatten. Indes, Grünebaums Bemühung um einen doppelperspektivischen Blick auf die Genesis des Christentums aus und neben dem Judentum weist gerade in deren Einzigartigkeit auf Strategien kultureller Konfliktlösung hin. Sie wurzelte in der Bereitschaft, disparate historisch-symbolische Vorstellungsweisen zu kennen und in Entsprechung zu bringen, in dem eklektischen Vorgehen, mit Mitteln der Geschichtswissenschaft und des Geschichtenerzählens gemeinsame Erinnerungen und Zukunftsvisionen zu erfinden; und letzten Endes in einer schwachen Hoffnung, Legitimität könne geteilt werden, bevor noch der Mächtigere sie mit Gewalt festschreibe.

---

75 Geiger stichelte öfters, dass die Vertreter des Christentums eine Ahnung von der religionsgeschichtlichen Dürftigkeit ihrer Religion haben müssten, wenn sie sich so beharrlich auf Kosten der jüdischen Tradition zu profilieren suchten; siehe Heschel, S. 196, 208, 225.

Editoriale Bemerkungen

Dank zweier Großprojekte zur Digitalisation historischer Bücher ist der Frakturdruck von Grünebaums *Sittenlehre* nunmehr vollständig und gratis im Internet zugänglich. Grafisch ist die zweite Auflage seit 2007 auf der Seite der Staats- und Universitätsbibliothek Frankfurt zu lesen;[76] eine grafische Digitalisierung der ersten Auflage und eine auch durchsuchbare der zweiten liefert die Seite *Google Books*.[77] Einen fotomechanischen Nachdruck auf Anfrage bietet der Verlag BiblioBazaar in Charleston, N.C. seit November 2008 an.[78]

Die vorliegende Edition behebt den Mangel einer Printausgabe in Antiquaschrift. Ziel war überdies eine synoptische Darstellung der beiden Ausgaben durch die Benutzung einer unterschiedlichen Schriftfarbe für die zwischen 1867 und 1878 hinzugekommenen Ergänzungen. Die Edition gibt ohne Kürzungen noch Eingriffe in die originale Orthographie und Absatzteilung die Abteilungen 1, 2 und 4 der zweiten Auflage wieder, die auf den drei Abteilungen der ersten Auflage aufbauen. Die in der zweiten Auflage eingeschobene Abteilung 3, bestehend aus zwei rechtsgeschichtlichen Exkursen über den Status der Sklaven und der Proselyten im rabbinischen Recht, wurde aus Platzgründen ausgelassen. Sie kann außer in den oben genannten digitalen Ausgaben auch auf der Seite *compact memory* nachgelesen werden.[79]

Um die drei übrigen Abschnitte ungekürzt wiedergegeben zu können, wurde davon abgesehen, einen Textkommentar mit Erläuterungen zu den zahlreichen von Grünebaum erwähnten biblischen und rabbinischen Personen und Sachverhalten zu verfassen. Wichtiger als eine solche Zusammenstellung von Handbuchwissen erschien ein vollständiger und übersichtlicher Abkürzungs- und Zitatindex, mit deren Hilfe der Leser Grünebaums Zitierweise verstehen und die von ihm herangezogenen Textstellen, exegetischen und philologischen Problematiken mit Schriften der christlichen und jüdischen Zeitgenossen in Bezug setzen kann. Der Index erfasst Stellen in den biblischen und rabbinischen Büchern, sodann die Zitate griechisch-römischer, jüdischer und christlicher Klassiker sowie schließlich in einem separaten Verzeichnis mit ausführlicheren biobibliographischen Angaben die von Grünebaum erwähnten Autoren seiner eigenen Zeit. Als letzten Anhang enthält diese Veröffentlichung einen alphabetischen Index ausgewählter Begriffe des Werkes, für den vor allem Anspielungen auf das politisch-soziale Vokabular aufgegriffen sind. Diese editorialen Zugaben zum Text wollen vor allem den weiten thematischen Horizont von Grünebaums theologisch-politischer Reflexion aufzeigen und zu weiteren Nachforschungen auf diesem Gebiet anregen.

---

76 http://www.judaica-frankfurt.de/content/titleinfo/181855.
77 http://books.google.com/books?id=LX5AAAAAIAAJ.
78 ISBN-10: 0559550332; ISBN-13: 978-0559550331.
79 JZWL 1870, 43–57; 1871, 164–172; 1872, 26–45: digitale Reproduktion http://www.compactmemory. de.

Dokumente

01. Daniel Bonifaz von Haneberg, *Geschichte der biblischen Offenbarung*, 3. Aufl. Regensburg 1863 (Auszüge)

S. 3–4:
»Vom Thierdienste der Egyptier bis hinab zu der Naturphilosophie Epikurs ist auf geistigem Gebiete von den alten Völkern nichts Wichtiges erlebt worden, was nicht das Volk Israel hätte miterleben müssen. Die Berührung mit so verschiedenen Völkern und so mannigfachen Arten der Cultur und Religion giebt der Geschichte des Volkes Israel von *aussenher* eine Vielseitigkeit, womit im ganzen Alterthume nichts verglichen werden kann. Von *innen* wird diese Geschichte belebt durch den natürlichen Reichthum an geistigen Gaben, welcher dieses Volk bis zur Stunde auch in den Augen seiner Feinde auszeichnet. Alle Leidenschaften, alles Ringen und Streben im Guten wie im Bösen stellt sich auf dem Grunde des hebräischen Volkslebens in den klarsten, schärfsten Umrissen dar. Würden wir dieses Volk auch für sich ohne seine Offenbarung, bloss in seiner allgemein menschlichen Erscheinung, auffassen, so würden wir es wegen seiner geistigen Begabtheit als Mustervolk gelten lassen müssen. Es mag sein, dass einzelne Fähigkeiten unter andern Völkern des Alterthums weiter ausgebildet wurden, als bei den Hebräern, das reine Denken bei den Griechen, die Kunst des Herrschens bei den Römern, aber eine solche Vereinigung *aller* Tüchtigkeiten, welche der Mensch darstellen kann, möchte wohl nirgends gefunden werden, wie im hebräischen Volke. [...] So verdiente die Geschichte dieses Volkes als Muster aller menschlichen Bildung erwählt zu werden.«

S. 43–47:
»Allerdings tritt am israelitischen Volk einem fremden Beobachter nichts so schnell und so stark in die Augen, als der Geist der *Ausschliesslichkeit*. Dieser war von den Zeiten, da die Römer mit demselben in nähere Berührung kamen, bis jetzt ein Hauptgrund des Hasses, welcher diese Nation überall hin begleitet hat. Man setzte und setzt immer diesen Hass zuerst bei den Juden voraus und traut ihnen zu, dass sie es nie redlich und brüderlich mit einem andern Volke meinen können. Tacitus leitet den Hass, welchen die Israeliten gegen alle andern Menschen hegten, von dem mosaischen Gesetze her [...]

Allerdings ist die dritte grosse Thatsache, welcher wir in dieser Schrift begegnen, die *Auserwählung Abrahams*, eine Bevorzugung seiner Nachkommen, womit zugleich die Ausschliessung aller andern Menschen ausgesprochen scheint. Die ausgezeichnete Stellung, welche dieser Patriarch einnimmt, und der Segen, welcher auf seine Nachkommen gelegt wird, scheint den pharisäischen Adelstolz der spätern Juden zu begründen und zu heiligen. Aber dieser Schein wird sogleich zerstört, sobald man vernimmt, in welcher Art Abraham und das von ihm stammende zahlreiche Geschlecht auserwählt ist. Er ist auserkoren und soll Stammvater eines in ihm und mit ihm erwählten Volkes werden, *damit alle Nationen gesegnet würden.* [...] Der katholische Grundsatz, dass auch die Heiden nicht ohne göttliche Gnade sind und dass die höchsten Gnaden der Religion für alle Menschen bestimmt seien, ist demnach in den entscheidendsten Augenblicken der mosaischen Offenbarung auf's Deutlichste ausgesprochen. Wenn daher der heilige Petrus später die apostolische Thätigkeit mit dem Grundsatze zurechtführt: »In jeglicher Nation ist jeder Mensch Gott willkommen, welcher ihn fürchtet und tugendhaft lebt« (Akt. 10,35), so ist damit nur bestätigt, was schon in der israelitischen Offenbarung deutlich gelehrt war und war einzig der Pharisäismus verlernen konnte. [...]

Die ganze Auszeichnung des Volkes Israel vor andern Nationen besteht darin, dass es ein priesterliches Volk ist. Wie der Priester mit der Verkündung der Religionswahrheiten und der Ausübung heiliger Handlungen vorzugsweise betraut ist, so verwaltet das Volk Israel die Lehre von Gott und die von Gott geordneten heiligen Handlungen. Aber nicht für sich allein lehrt und weiht der Priester, ja möglicher Weise für sich selbst ohne allen Erfolg – so bewahrt Israel die Offenbarung ebensowenig für sich allein, als die Hoffnung des Erlösers.

Die Frucht und Segen der Auserwählung Abrahams fällt in die Zukunft, und in dieser Zukunft sollen alle Nationen an dem Segen, welcher sich im Stamme Abrahams ausbildet, Theil nehmen.

Allerdings bleibt für die ganze Zeit der Vorbereitung dieses Segens für den erwählten Stamm Abrahams ein grosser Vorzug, indem eben er der Vermittler des Völkersegens ist und die Lehre von Gott und der Würde des Menschen bewahrt. [Anm. Rom. 3,2]

S. 535–537:

»[Die Pharisäer] wirkten als Lehrer des rechtgläubigen Judenthums; sie zeigten den Weg zur vollkommenen Ausübung des mosaischen Gesetzes, oder zur Frömmigkeit (perischuth), aber die Anweisung zur Gerechtigkeit nach dem Gesetze, welche sich aus ihrer Schule entwickelte und die pharisäische genannt werden muss, hemmte den Gang der religiösen Entwicklung des Volkes durch viele Verkehrtheiten, wenn auch das viele Gute, was an dieser fromm eifernden Richtung war, nicht zu verkennen ist. Wir wollen versuchen, die Richtung der Pharisäer zu charakterisiren.

§ 85. Die *Pharisäer* treten zuerst in den makkabäischen Kämpfen auf,[1] sie haben den äussern Krieg innerlich zu vollenden gesucht. Haben nämlich die Hasmonäer mit dem Schwerte die Zumuthung zurückgewiesen, die Einerleiheit der neuesten griechisch-heidnischen Bildung mit dem Wesen der hebräischen anzuerkennen, so thaten es die Pharisäer in der Lehre. Israel ist nach ihnen wesentlich von allen Völkern verschieden. *Ausschliessung* aller nicht hebräischen Einflüsse ist das Erste, was am Pharisäismus hervortritt. Sogar das Land, in welches Gott sie eingeführt hat, ist durch innere Heiligkeit von den auswärtigen Gegenden verschieden. »Jose Ben Joeser von Zereda und Jose Ben Johanan von Jeru-

---

1 Jos. Antiq. XIII. c. 5, § 9. Unter Jonathan (159–141 v. Chr.). Pharisäer heisst »fromm«, s. Buxtorf, lex chald. פרוש separatus, abstinens, Phariseus vitae sanctitate cultu et moribus ab aliis hominibus separatus.

salem haben den maassgebenden Ausspruch gethan, dass aller Boden, worauf die Nicht-israeliten wohnen, unrein mache.«[2] Später, jedoch noch etwa zehn Jahre v. Chr., wurde angenommen, dass auch die Luft über dem Heidenlande religiös unrein sei.[3]

Auf dieser Grundanschauung ruht die hochmüthige Verachtung, womit der spätere Pharisäismus auf alles nicht Jüdische herabblickt. Scheinbar wird allerdings einmal die Lehre von der verunreinigenden Kraft alles Heidnischen zurückgenommen, doch ist damit die Verachtung nur gesteigert. Nach der Ansicht des Simon B. Jochai verunreinigen die Gräber der Nichtisraeliten nicht, weil (Ezech. 34, 31., vgl. 28.) geschrieben steht: Ihr meine Schaafe, Schaafe meiner Weide, ihr seid Menschen. Ihr werdet Menschen genannt, die Völker der Welt aber werden nicht Menschen, sondern Vieh geheissen.[4] So befremdet es uns nicht, in dem auf Simon B. Jochai zurückgeführten Sohar zu finden: Die Nicht-israeliten stammen vom bösen Prinzip her.[5] Nur im Lande Israel lässt sich die Schechinah nieder, wesshalb das Targum Jonathan bei Ezechiel (1, 3.) einflickt, zuerst habe dieser Prophet im heiligen Lande die Sehergabe erhalten;[6] ja die eigentliche Offenbarung der Schechinah ist auf Jerusalem beschränkt; zwar erhält Ezechiel am Flusse oder Canale Kebâr Inspirationen, aber das ist eben einer von den Paradiesströmen, welche das Privilegium der Heiligkeit haben, obwohl nur für Zeiten der Noth.[7]

§ 86. Mit dieser dogmatischen Ausschließlichkeit geht die praktische Hand in Hand; nicht nur ist der Wein und das Brod der Heiden wenigstens eine Zeit lang für unrein erklärt worden, man soll Nichtisraeliten nicht vom Tode retten,[8] man darf ihnen die Worte des Gesetzes nicht anvertrauen, und ein Nichtjude, der im Gesetz studirt, hat den Tod verschuldet.[9] Allerdings wird nebenbei von Frommen der Welt gesprochen, aber die mildernde Anschauung, welche dadurch sich geltend machen möchte, ist durch den feindseligsten aller pharisäischen Grundsätze wieder niedergehalten, welcher bis zur Stunde sprichwörtlich unter den Juden geblieben ist in der Formel: »Den Besten unter den Nichtisraeliten sollst du tödten, der Besten unter den Schlangen sollst du das Hirn zertreten.«[10]

Wir brauchen auf diese Einzelheit kein Gewicht zu legen, wie denn auch edlere Pharisäer es nie gethan haben werden, und können überhaupt manche im Talmud geäusserte Ansicht ähnlicher Art als ledigliche Frucht der *spätern* Zeit gelten lassen; jedenfalls sehen wir aber im ältern Pharisäismus das Bestreben, Gottes Wirkung auf Erden ausser dem

---

2 […] Schabbath f. 15. a.

3 Ebend. c. 2. Verbot, die griechische Sprache zu lernen. Baba kama. 83 a. Sotah 49. a.

4 Baba mez. f. 114. 2. S. Mischnah, Niddah. X. 4. Sohar III. p. 175. ed. Sulzb.

5 I. S. 114 Sulzb. מסטרא מסאבא אית לון נשמתין

6 Vergl. Sohar I. f. א׳׳ס. Amst. III. ק׳׳ל und קל׳׳א Crem. (קי׳׳ז und קי׳׳ח Sulzb.).

7 Sohar I ד׳׳פ b. Amst. u. f. Jonas ist aus Palästina geflohen, um in den Ländern der Heiden gleichsam gegen die Einwirkung der Inspiration isolirt zu sein.

8 Aboda 13, 2. הגוי ... לא מעלין ולא מורידין

9 Chagiga f. 13, 1. אין מוסרין דברי תורה לגוי Sanhedrin f. 59, 1. גוי שעוסק בתורה חייב מיתה Vgl. Sohar III. קי׳׳ז bes. קי׳׳ח ed. Sulzb.

10 טוב שבגוים הרוג טוב שבנחשים רצץ את מוחו. Nach Tosefoth zu Aboda Sarah f. 26. c. 2. oben kommt der erste Theil dieser Formel (auf כותי bezogen) im Traktate Soferim vor.
Im Sohar III. p. 22. ed. Sulzb. wird derselbe Grundsatz ausgesprochen.

Kreise Israels zu läugnen. Nahe lag es, die Ausdehnung der göttlichen Wirksamkeit in dem Sinne zu läugnen, dass Gott nach der sinaitischen Offenbarung nicht wesentlich Neues mehr wirken und lehren könne.

2. Brief von Rabbiner Dr. Elias Grünebaum an das Zentralkomité der Alliance Israélite Universelle, 31.03.1867

(Quelle: Paris, Archives de l'Alliance Israélite Universelle, Archives historiques, Allemagne XXI B 118)

Landau (Baviére-Rhénane), 31. März 1867

An das hochverehrliche Comité de l'Alliance Israelite Universelle, Paris!

Der ergebenst Unterzeichnete wolle geneigtest Entschuldigung finden, wenn er folgendes ergebenstes Ansuchen dem hochverehrlichen Comité der Aliance Isr. Universelle unterbreitet.

Ich beabsichtige ein Buch zu veröffentlichen, das den Titel führt:

»Die Sittenlehre des Judenthums andern Bekenntnissen gegenüber.
Nebst
dem geschichtlichen Nachweise über Entstehung und Bedeutung des Pharisaismus und dessen Verhältnisse zum Stifter der christlichen Religion«.

Das Buch zerfällt in drei Abtheilungen. In der ersten wird die umfassende Sittenlehre des *biblischen* Judenthums in der vorgegebenen Richtung nachgewiesen. In No. 1.3.6. der Zeitschrift »Ben Chananjah« von diesem Jahre ist ein Theil dieser Abtheilung abgedruckt, und darf ich daher hochverehrliches Comité darauf hinweisen.

Die zweite Abtheilung behandelt den Pharisaismus im Allgemeinen, seine geschichtliche Entstehung, seine Bedeutung und seinen sittlichen Gehalt überhaupt. Da die Angriffe gegen den Pharisaismus und gegen das Judenthum überhaupt besonders aber aus den neutestamentlichen Schriften ihre Nahrung schöpfen, so war eine Besprechung des Verhältnisses desselben zum Stifter der christlichen Religion, besonders der Nachweis der Wurzeln von dessen Sittenlehre im ächten Pharisaismus – ein falscher wird zugegeben – geboten, sowie daß Anklage und Verurtheilung nicht von diesem ausging. Doch alles, ohne das christliche Dogma hereinzuziehen, da überall nur *Versöhnung*, und Klarlegung der *geschichtlichen* Thatsachen Ziel de Verfassers war.

Die dritte Abtheilung endlich hat die Sittengesetze des Thalmuds speziell gegen Nichtisraeliten, wie die erste die biblische, zum Gegenstande. In der durchaus nicht apologetischen, sondern auf die zum Angriffe noch in der neuesten Zeit dienenden gegentheiligen Ausspüche herangehenden Behandlung wird nicht bloß der reiche positive Gehalt nach dieser Richtung, sondern auch die scheinbaren Gegensätze werden im Lichte der *historischen* Auffassung, so hoffe ich, eine vollkommn befriedigende Erklärung finden.

Ein hochverehrliches Comité hat es sich zur Aufgabe gemacht, nicht bloß jedes wissenschaftliche Streben auf dem Gebiete des Judenthums, sondern ganz besonders die Bestrebungen zu unterstützen, welche geeignet sind, dem immer noch an vielen Orten noch nicht ganz besiegten Vorurtheile gegen Juden und Judenthum entgegen zu treten, und dem Bestreben aller wahrhaft Denkenden unserer Zeit, eine *Versöhnung* der Gemüther herbei zu führen, schon so große Dienste geleistet, daß der ergebenst Unterzeichnete wagt, in dem, wenn auch bescheidenen, Bewußtsein, daß sein Buch diesen hohen Zielen zu dienen nicht ganz ungeeignet sein dürfte, Ein hochverehrliches Comité ergebenst zu bitten:

hochdasselbe wolle durch die Zeichnung einer angemessenen Anzahl von Exemplaren geneigtest das Werk fördern.

Die Quellen werden unter dem Texte angegeben und daher das Buch auch für jeden gebildeten Laien zur Lektüre geeignet sein.

Das Buch wird 20 Druckbogen in angemessener Ausstattung umfassen und höchstens 5 Franken kosten.

In der Hoffnung geneigter Gewährung zeichnet
Eines hochverehrlichen Comités

ergebenster
Bezirksrabbiner Dr. Grünebaum.

Die Sittenlehre des Judenthums andern Bekenntnissen gegenüber

Nebst dem geschichtlichen Nachweise über Entstehung und Bedeutung des Pharisaismus und dessen Verhältniß zum Stifter der christlichen Religion

von Dr. E. Grünebaum, Bezirksrabbiner zu Landau

[Mannheim, J. Schneider, 1867]

Zweite, sehr vermehrte Auflage.
Straßburg. Schneider's Buchhandlung 1878
Buch- und Steindruckerei von J. Schneider in Straßburg.

Elias Grünebaum

|III| Vorwort zur ersten Auflage.

Die nachfolgenden Blätter wollen aus dem unerschöpflichen Gebiete der Wissenschaft des Judenthums eigentlich nur den Einen Punkt, den ihr Titel angibt: die Sittenlehre andern Bekenntnissen gegenüber, beleuchten. Die Besprechung des Pharisaismus in seiner wahren Bedeutung und geschichtlichen Entwicklung ergab sich dabei als nothwendiges Supplement zur richtigen Würdigung der unsern speziellen Gegenstand behandelnden Aussprüche. Ebenso hat unsere Besprechung desselben in seinem Verhältniß zum Stifter des Christenthums nur den Zweck, die Vorurtheile, die gerade durch die neutestamentlichen Schriften, oder vielmehr durch die gewöhnliche Auffassung derselben in dieser Beziehung genährt wurden, auf ihren wahren Werth oder vielmehr Unwerth zurückzuführen. Es ist uns mit Einem Worte darum zu thun, von ganz unbefangenem Standpunkte aus unsern Gegenstand zu beleuchten und zu diesem Zweck auch den Inhalt des Pharisaismus nach der von uns angegebenen Richtung bis auf den Grund und nach dem innern Zusammenhang mit seinem ganzen Ziele nachzuweisen. Unsere Arbeit hat daher allerdings zunächst einen rein wissenschaftlichen Zweck, um den objectiven |IV| Inhalt im Gegensatz zu den vielen falschen, aus Mangel an Kenntniß der Quellen entstandenen Auffassungen wenigstens nach dieser einen Richtung festzustellen; aber sie will damit zugleich, wir wollen es nicht leugnen, den, noch lange nicht überwundenen, aus der einseitigen und ungerechten Auffassung des Judenthums immer auf's Neue ihre Nahrung schöpfenden Vorurtheilen gegen die Juden entgegentreten. Sie hat auch das Leben im Auge, eine sittlich-praktische Aufgabe, um ihrerseits mit den vielen freien Geistern in unserm Vaterlande an der endlichen Zerstörung der Scheidewände, welche der Fanatismus des Mittelalters aufgerichtet, mitzuarbeiten, den Separatismus zu brechen, der noch wie ein Alp auf dem biedern Herzen unseres Volkes lastet, und das Band der Einheit und der Liebe um Alle zu schlingen, die in demselben unversieglichen Borne der Gotteserkenntniß ihre tiefste geistige und sittliche Beseligung schöpfen.

Wir haben uns daher mit Absicht jeder Kritik des neutestamentlichen Schriftthums enthalten. Zu unserm Zwecke genügte es, das Gegebene in sein wahres Licht zu setzen, ihm durch Vergleichung der Quellen seine rechte Stellung in Bezug auf unsere Aufgabe anzuweisen. Eben deshalb haben wir uns auch von jeder Polemik gegen irgend eine Auffassung dieses Schriftthums, namentlich in seinem Verhältnisse zum Judenthume, in den so sehr verschiedenen christlich-theologischen Richtungen unserer Zeit enthalten. So viele Blößen sich auch die größten Heroen der Wissenschaft auf diesem Gebiete gegeben; so wenig gerechtfertigt das Urtheil vieler in Wissenschaft und Charakter achtenswerthesten Männer gerade dem Judenthum gegenüber auch ist: wir haben alles dieses absichtlich nicht in den Kreis unserer Besprechung gezogen. Mögen diese Männer |V| auch vielfach apologetisch für ihre Kirche geschrieben und [möge] in dem Zwecke größerer Verklärung ihres Inhalts manches Urtheil gegen das Judenthum seinen Grund haben; mögen sie selbst manches mit der Muttermilch eingesogene Vorurtheil noch nicht ganz haben aufgeben können: wir sind überzeugt, daß diese Urtheile dennoch großentheils in der Mangelhaftigkeit der Kenntniß des für die Meisten so schwierigen, ja absolut unzugänglichen nachbiblischen jüdischen Schriftthums ihre wahre Ursache haben, und daß daher jene Männer, wenn es unserer Arbeit gelingen sollte, ihre Aufmerksamkeit auf sich zu lenken, auch ohne daß wir ihren irrigen Ansichten ausdrücklich entgegen treten, manchen Irrthum in Bezug auf das von uns speziell behandelte Gebiet berichtigen möchten. Auch würde eine solche Polemik von unserm praktischen Zweck uns nur entfernt haben. Die nichttheologische Welt kümmert sich wenig darum und würde wohl höchstens nur den Riß beachten, ohne den Streitgegenstand in seinem Wesen zu begreifen. Wir aber wollen nur versöhnen. Allen ohne Ausnahme in Liebe und Treue die Bruderhand reichen.

Daß wir unsererseits nicht eine Apologie des Thalmudismus im Auge hatten, sondern seinen Inhalt, so weit er uns hier berührt, rein objectiv aufzufassen suchten, dürfte schon durch die eine Thatsache klar werden, daß wir *alle* thalmudischen Aussprüche, welche mit den erhabenen sittlichen Principien der h. Schrift im Widerspruch zu stehen scheinen, in den Kreis unserer Behandlung zogen, auch diejenigen, welche in der neuern Zeit, wenigstens unsres Wissens, nicht *ausdrücklich* zum Gegenstande von Angriffen gegen die pharisäische Sittenlehre gemacht wurden. Aber wir haben durch Feststellung des wahren Sinnes dieser Stellen und den historischen |VI| Nachweis ihres Zusammenhangs mit ihrer Zeit sie in das rechte Licht zu setzen gesucht. Es ist das die *geschichtliche* Auffassung, die wir auch in den religiösen Dingen als die Grundlage und die nothwendige Bedingung jeder wahren Erkenntniß betrachten. Auch die Religion ist Geschichte, und Geschichte ist überall das ewige *Werden* der Erscheinungen, nicht das todte Sein. Das eben ist die große Sünde, die man von israelitischer wie von nichtisraelitischer Seite gegen das Judenthum sich zu Schulden kommen ließ: daß man Alles, was zu irgend einer Zeit auf seinem Boden entsprossen ist, nicht in seinem geschichtlichen Werden, das allein Bedeutung und Werth bestimmen kann, sondern als ein todtes Sein, als ein starres Gesetz aufgefaßt hat, als wäre es ewig damit verwachsen gewesen. Ohne dieses Verfahren hätte sich dort gar manches Glied an den Riesenleib des Ritualismus nicht ansetzen, hier mancher Vorwurf in Bezug auf das Sittengesetz gegen andere Bekenntnisse von vorn herein keinen Boden finden können. Unserer Zeit war es vorbehalten, so manchen Fehler in dieser Richtung wieder gut zu machen. Wie auf dem Gebiete der Naturwissenschaften so Großes, bisher Ungeahntes ist geleistet worden, weil man sich mit der bloßen Erkenntniß des Seienden nicht begnügte, sondern gleichsam hinabstieg in die geheime Werkstätte der Natur, um sie in ihrem verborgenen Schaffen zu belauschen, und die Ursachen der Dinge, ihr Werden, ihre Geschichte zu erfassen, so hat man auf allen Gebieten des menschlich geschichtlichen Lebens dieses Werden aufgesucht, und dort wie hier den Gottesgeist erkannt, der »über den Wassern webet«, wie er tief im Herzen *aller* Menschen seine Wohnung hat aufgeschlagen. Das Gottesbewußtsein ist zur Thatsache geworden, der Menschengeist, der gleichsam |VII| selbst zum Schöpfer sich erhob, als unmittelbarer Ausdruck des Göttlichen hervorgetreten, und diese Ueberzeugung, die immer mehr zum Durchbruch kommen muß, wird und muß auch immer mehr zur Würdigung Aller durch Alle, zum Rechte und zur Liebe Aller gegen Alle führen. Der Boden besonders, auf dem unsere Wiege hat gestanden, die Sprache, in welcher der Gottesgedanke sich gleichsam zuerst in uns hat verkörpert, sie werden die Bande unlösbarer Einheit um *Alle* weben. Das Wort des Propheten unter unsern Dichtern wird zur Wahrheit:

> »Wir wollen sein ein einig Volk von Brüdern,
> In keiner Noth uns trennen und Gefahr.«

Der Verfasser.

|VIII| Vorrede zur zweiten Auflage.

Die zweite Auflage des vorliegenden Buches, die wir hiermit der Oeffentlichkeit überge-
ben, erfordert einige nähere Erörterungen. Zuerst haben wir zu erklären, worin sie sich
von der ersten unterscheidet. In dieser Hinsicht wollen wir vor Allem erwähnen, daß wir
zum Behufe der Begründung der biblischen Sittenlehre andern Bekenntnissen gegenüber
eine ausführlichere Besprechung der *prophetischen* Schriften nach dieser Richtung eingefügt haben, woran sich dann bei einzelnen Propheten, wie Ezechiel, dem zweiten Jesaias,
einige andere Erörterungen von selbst reihen.

Als weitere Ergänzung und zum Beweise der auch später ganz in demselben Geiste
forterhaltenen Sittenlehre, der ununterbrochenen Kette der in der Schöpfungsgeschichte
schon hervortretenden uralten Ueberlieferung von dem Einen Gotte und der Einem Men-
schenpaare entstammten Menschheit, der durch Israels Erzvater weiter gepflanzten, alle
Menschen umfassenden, unbeschränkten Gerechtigkeit und Liebe (1 Mos. 18, 19), die den
Weg Gottes bilden (das.), ein Sittengesetz, wie es eben dem alleinigen Gottesbegriffe
allein angemessen ist, und mit Nothwendigkeit sich aus |IX| demselben ergeben und zu
immer größerer Klarheit entwickeln mußte, zum Beweise dieser auch später geltenden
und mit aller Kraft fortwirkenden Sittenlehre verbanden wir weiter mit den kanonischen
h. Schriften die *apokryphischen* Bücher, so weit wir es für unsere Aufgabe angemessen
hielten. Dieser Nachweis war uns um so wichtiger, als es dadurch von vornen herein schon
klar werden mußte, daß auch die thalmudischen Lehrer, deren Koryphäen zum Theil
noch in weit ältere Zeit zurückragen, und also der Thalmud überhaupt in seinem *wesent-*
lichen Inhalte, gleichsam in seinem *Gesammtgeiste* kein anderes Sittengesetz haben *konnte*,
wenn die Geschichte nicht auf den Kopf gestellt werden sollte, wenn aus gegebenem
Grunde nicht ganz entgegengesetzte Erscheinungen hervortreten, aus edeln Wurzeln
nicht Giftpflanzen entsprießen sollten, und daß es daher auch von vornen herein feststehen müsse: daß einzelne anders lautende Aussprüche entweder ganz besondern allgemeinen oder persönlichen Verhältnissen ihre Entstehung verdanken und daher nur
scheinbar der Gesammtlehre entgegen stehen, daß sie daher mit Unrecht ihrer speziellen
Beziehung entkleidet und verallgemeinernd zum Widerspruche verwerthet werden, oder
daß sie, wo dies nicht der Fall ist, in der That einem durch die Trauer der Zeiten verdüster-
ten, misanthropischen Geiste entsprungen sind und daher für den, durch die größten, in
den trübsten Zeiten ihren klaren Blick bewährenden Lehrer dargestellten Gesammtgeist
des Thalmuds völlig ohne Bedeutung sind. Jene Aussprüche würden dann sich selbst richten und bei keinem vorurtheilslosen Kenner des thalmudischen Schriftthums weitere Beachtung in Anspruch nehmen dürfen. Es sind Erscheinungen, die überall sich finden, bei
allen Völkern und Bekenntnissen und die bei einem Jahrtausend |X| angehörenden, von
Tausenden von Männern gepflegten Schriftthume nicht Wunder nehmen können. Wenn
ferner, wie unsere geschichtliche Auseinandersetzung unwiderleglich nachweist, der Pharisaismus, d. i. seine im Thalmud enthaltene Lehre, nur eine *Fortführung* des von *Esra*

begonnenen Baues, nur eine weitere Entfaltung der von diesem Restaurator des mosaischen Gesetzes so reichlich ausgestreuten Saaten und sein Streben daher wesentlich auf die Erhaltung des Gottesgedankens und des in ihm gegebenen umfassendsten Sittengesetzes im Gegensatz zum Heidenthum und seiner Sittenlosigkeit gerichtet war; wenn alle seine, oft selbst übertriebenen, minutiösen *äußern Gesetze*, wie wir ebenfalls nachweisen, ganz besonders nur eine Mauer bilden sollten, um die immer auf's neue hereinbrechenden Fluthen des von verderbtem Priesterthum sogar begünstigten Heidenthums und seiner »Schandthaten« abzuhalten: so würden die Pharisäer mit sich selbst, mit ihrer eigensten Aufgabe in Widerspruch getreten sein, wenn sie den Hauptinhalt des bis dahin gelehrten und tradirten Judenthums, und als solcher galt immer das mit dem Gottesgedanken nothwendig gegebene, umfassendste Sittengesetz, ganz besonders auch gegen den Nebenmenschen, selbst gegen den Heiden, wie es auch ausdrücklich von ihnen anerkannt und ausgesprochen wurde, verläugnet hätten.

Daher ist auch der Vorwurf, daß unsere Besprechung des Pharisaismus mit unserer eigentlichen Aufgabe: der Sittenlehre des Judenthums andern Bekenntnissen gegenüber nicht in Verbindung stehe, völlig ungerechtfertigt. Im Gegentheil jene Auseinandersetzung bildet den Urgrund, das wesentlichste Moment unseres Nachweises. Ohne jene könnte man den Aussprüchen der großen Lehrer, welche das unbeschränkteste Sittengesetz unwiderleglich lehren, |XI| andere, entweder aus dem Zusammenhange herausgerissene Aussprüche, die man oft sogar, dem Procrustesbett seiner Judenfeindschaft sie anpassend, bald zu verstümmeln, bald auszudehnen keinen Anstand nahm und mit welchen man daher selbstverständlich alles beliebige scheinbar zu belegen vermochte,[1] triumphirend entgegenstellen. Die nachgewiesene Entwickelung und *geschichtlich* nothwendige Aufgabe des Pharisaismus und die nicht minder nachgewiesene Erkenntniß und Erfüllung jener Aufgabe durch denselben weist aber solchen scheinbar entgegenstehenden Aussprüchen die gebührende Bedeutung an.

Als weitere *Ergänzung* der Sittenlehre des Judenthums andern Bekenntnissen gegenüber haben wir ferner die ganze dritte Abtheilung: Die Sklaven und Fremden (Proselyten) nach rabbinischen Gesetzen eingefügt. Sie liefern den Beweis, wie der Thalmud keinem Menschen gegenüber den sittlichen Gedanken verläugnete und wie dieser bei jeder drohenden Verdunkelung sich immer wieder hindurcharbeitete.

Daraus allein kann und darf auch das Verhältniß des Stifters der christlichen Religion zu dem Pharisaismus beurtheilt und begriffen werden, ein Verhältniß, das eben in den religiös-sittlichen Gesetzen seine tiefsten Wurzeln geschlagen, in ihnen die innigsten Berührungspunkte bot. Der Pharisaismus, wie er in den neutestamentlichen Schriften geschildert wird, war von jeher der, wenn auch nicht immer zugestandene Ausgangspunkt der Vorwürfe |XII| gegen die Pharisäer, d. i. gegen den Thalmud, das Werk der Pharisäer und das Judenthum, das aus ihm seine Nahrung zog.

---

1   Treffend bemerkt Hr. Rabb. Dr. Bloch in seiner Brochüre: Prof. Rohling's Falschmünzerei auf thalmudischem Gebiete, daß man auf diese Weise behaupten könnte, Schiller fordere zum Diebstahl auf. Sagt er doch: »Ja, wer auch nur *eine* Seele sein nennt auf dem Erdenrund! und wer's nie gekonnt, der stehle« –

Die Anklage und Verurtheilung Jesu sollte von den Pharisäern ausgegangen sein.

Zu jener Zeit aber, da alle Geltung des aus ihnen gebildeten Synedriums nur noch auf das *religiöse* Leben der Israeliten sich erstreckte, hätten Anklage und Verurtheilung durch dieses nur aus *religiösen* Gründen geschehen können. Es mußte daher die Frage: ob solche Gründe in der That der Anklage und Verurtheilung Jesu zu Grunde lagen, zu Grunde liegen konnten, d.h. ob das von Jesus gelehrte Sittengesetz mit dem pharisäischen in Widerspruch stehe, und letzteres daher, wie man behauptet hat, unvollkommen sei, einer ausführlichen Untersuchung unterzogen werden, und es hängt also auch die Behandlung jener Frage mit unserer Aufgabe: der Erforschung der rabbinischen Sittenlehre innig zusammen.

Dies ist aber auch der einzige Grund, warum wir die Anklage und Verurtheilung Jesu so ausführlich behandelt haben, nicht die Widerlegung des Vorwurfes, der den Juden aus jenem Ereignisse in spätern Jahrhunderten gemacht und zur Inscenirung der grausamsten Judenhetzen verwerthet wurde. Diese traurigen Zeiten liegen Gottlob! weit hinter uns. Kein Gebildeter will die heutigen Juden noch verantwortlich machen für eine That, die ihre Väter vor nun fast neunzehn Jahrhunderten hätten begehn können und – mit der Dummheit und dem blinden, böswilligen Fanatismus ist jeder Kampf ja vergebens. Außerdem muß angesichts der Verfolgungen der Waldenser und Albigenser, der Hugenotten und Puritaner, der Hunderttausende, die der Glaubenswuth in den Inquisitionskerkern |XIII| und auf Scheiterhaufen in grauenerregender Weise, gegen welche selbst der römische Kreuzestod zurücktritt, zum Opfer gefallen sind, angesichts der Verurtheilung des Huß zu Constanz, des Feuertodes Servets durch den *Reformator* Calvin zu Genf der Vorwurf speciell jüdischen Fanatismus alle Bedeutung verlieren, ganz abgesehen davon, daß Dr. Philippson schon vor länger als 10 Jahren das Unhaltbare jener Annahme aus politischen und historischen Gründen nachgewiesen hat. Wir wollten bloß das Sittengesetz des Pharisaismus auch nach dieser Richtung *positiv* klar legen. In demselben Grunde wurzelt auch unsere Widerlegung der Einwürfe einiger christlichen Gelehrten: der Herren v. Haneberg, Reuß, Schenkel gegen das rabbinische Sittengesetz. Es war uns dabei durchaus nicht um eine Abwehr feindseliger Angriffe zu thun, wie solche allerdings gerade in unserer Zeit wieder in giftigen Pamphleten hervortreten.[2] Odi profanum vulgus et arceo!

Bei jenen Männern aber kann von gewöhnlichem Judenhasse nicht die Rede sein, nicht bloß bei v. Haneberg und Reuß, sondern auch bei Schenkel. An ihnen, wie an der Wissenschaft würden wir uns zu versündigen fürchten, wenn wir solche Motive ihren Annahmen unterlegen |XIV| wollten. Es kann vielmehr nur eine leicht begreifliche Verkennung der jüdischen Lehre sein, welche es verdient, ihr durch *positive* Nachweise die

---

2 Es sind die sonderbaren Heiligen des St. Bonifaciusvereins zu Paderborn: Rohling, Rebbert u.A., aber auch auf protestantischer Seite: Wilmans u.A. Sie Alle fanden ihre Abfertigung in Rabb. Dr. Bloch's: Prof. Rohlings Falschmünzerei und in verschiedenen Schriften des jungen, rüstigen und strebsamen Rabbiners Dr. Schreiber zu Elbing. Indirekt sind übrigens solche Angriffe gegen das Judenthum schon in dem von umfassendstem theologischen und philosophischen Wissen zeugenden Werke von Rabb. Dr. Joseph Aub in Berlin: »Grundlage zu einem wissenschaftlichen Unterrichte in der mosaischen Religion« widerlegt.

Mittel zur Sichtung und Klärung der Irrthümer zu bieten. Schon vor 10 Jahren haben wir in der ersten Auflage dieses Buches (S. 71 ff.) geschichtlich nachgewiesen und es wurde in neuester Zeit von Herrn Prof. Schleiden bestätigt, daß alle großen Herrscher den kleinlichen religiösen Fanatismus verachteten und daher auch gegen die Juden gerecht und tolerant waren. Dasselbe gilt aber mehr oder weniger von *allen* Menschen: der geistig hervorragende, edle Mann ist über jene Engherzigkeit erhaben, nur die Schwachköpfe oder von Natur boshafte Menschen sind die Pfleger solcher traurigen Auswüchse der Finsterniß.

Unser Streben aber zur Berichtigung der Irrthümer sonst ausgezeichneter Männer auf diesem Gebiete, besonders in Bezug auf Jesu Verhältniß zu den Rabbinen darf uns nicht als Anmaßung gedeutet werden. Bedeutende christliche Gelehrte haben dem Juden das Recht zugesprochen, seine Kräfte zur Mitarbeit hier einzusetzen. Dieses Recht aber ist in der That um so unanfechtbarer, als die Einwürfe gegen das Judenthum, auch wo sie ohne alle Gehässigkeit gegen die Juden geltend gemacht werden, in der Regel, so ganz besonders von Schenkel, als Gegensatz gegen die christliche Lehre auftreten, und in ihrem tiefsten Grunde in der Verkennung des innern Geistes des jüdisch-religiösen Lebens zur Zeit der Entstehung des Christenthums wurzeln, in der Verkennung der dasselbe gerade in jener Zeit so tief bewegenden Kräfte, die oft in dem Boden eines umfassenden, schwerverständlichen Schriftthums versteckt liegen und nur mühsam aufgefunden werden können. Wie der griechische Mythus die Venus der Tiefe des |XV| Meeres entsteigen läßt und damit die große Wahrheit andeutet, daß keine bedeutende Erscheinung von der Oberfläche des gewöhnlichen Lebens sich abhebt, sondern aus den gährenden Elementen tief im Innersten der weltgeschichtlichen Werkstätte sich herausarbeitet, so muß auch, um die Zeit der Entstehung des Christenthums, und vielleicht dieses selbst, dieses weltgeschichtliche Ereigniß, so viel als möglich ganz und klar zu erkennen, in den Schacht der Vergangenheit hinabgestiegen werden, um dort die zerstreuten Quellen der jüdisch-religiösen Gährungselemente jener Zeit aufzusuchen, was nicht ohne umfassende Kunde jener Quellen geschehen kann. Daher haben, wie bereits bemerkt, die bedeutendsten Männer der Wissenschaft die Beihilfe von jüdischer Seite geradezu bedingungslos anerkannt.

So sagt der gelehrte Verfasser des Aufsatzes: »Die Resultate der jüdischen Forschung über Pharisäer und Sadducäer[«] in der protestantischen Kirchenzeitung vom Jahr 1862 [3]:

> »Es läßt sich die neutestamentliche Zeit nicht verstehen, ohne ein bis auf das Einzelnste sich erstreckendes Verständniß des jüdischen Wesens in jener Periode. Dies Verständniß ist aber ganz hauptsächlich aus der ältern thalmudischen Literatur zu gewinnen, die bis jetzt nur unsere Rabbinen mit Leichtigkeit zu manipuliren verstehn. Wir werden daher zur Füllung einer sehr wesentlichen Lücke ihrer nicht entrathen können.«

In ganz ähnlicher Weise sprach sich s. Z. Herr Prof. Holtzmann brieflich gegen uns aus.

Wenn wir uns aber bei der Resutation der Annahmen Schenkels in Bezug auf das

---

3   [Adolf Hausrath, *Die Resultate der jüdischen Forschung über Pharisäer und Sadducäer*, PKZ 9 (1862), 967–978.]

Judenthum etwas stark ausgesprochen haben, so geschah dies nicht, weil wir denselben als gewöhnlichen Judenfeind, als Ritter des St.-Bonifaciusvereins zu Paderborn in dieser Hinsicht ansahen, sondern |XVI| weil Herr Schenkel seine Ansichten so ganz apodiktisch ohne einen Schatten von Beweis aufstellt, und weil er die Pharisäer geradezu als den Typus der Jesuiten, oder, um mit dem Verfasser des oben berührten Aufsatzes zu reden, »als die Kreuzzeitungsleute von Jerusalem« ansieht, die Alles für erlaubt hielten in majorem dei gloriam, wieder ohne einen Beweis auch nur zu versuchen, bloß zum Zwecke der Erhöhung des Christenthums auf Kosten des Judenthums, also auf seinem Standpunkte wirklich – in majorem dei gloriam.

Also mit den gewöhnlichen Judenfeinden haben wir es nicht zu thun, so sehr wir uns allerdings der Hoffnung hingeben, daß unsere Schrift dazu beitragen möchte, eingewurzelte Vorurtheile zu berichtigen, und zur Versöhnung der Gemüther, zum friedlichen Zusammenwirken lange getrennter Glieder unseres geeinigten großen Vaterlandes beizutragen. Nur mit dem Verfasser einer Reihe von Aufsätzen im Pfälzischen Kurier vom Monat April v. J. unter der Ueberschrift: »Kreuzige, kreuzige ihn!« wollen wir uns ausnahmsweise ein wenig befassen, obgleich derselbe ohne Zweifel zur allergewöhnlichsten Sorte von Judenfeinden gehört, einmal weil er seine Expektorationen in einem vielgelesenen pfälzischen Blatte veröffentlichte und damit offenbar den Samen confessioneller Zwietracht in unserer bis jetzt von dieser Giftpflanze ziemlich verschonten gesegneten Pfalz ausstreuen wollte, und sodann, weil seine Aufsätze die Antwort auf eine, wie wir später hörten, von einem hochgeachteten christlichen Gelehrten, der hier, wie immer, nur Toleranz und Versöhnung angestrebt hat, herrührende Abhandlung in demselben Blatte über die Kreuzigung Christi sein sollte. Ob dies überhaupt der Ton ist, welcher den mit wissenschaftlichem Ernste geschrie- |XVII| benen Aufsätzen gegenüber angeschlagen werden durfte, mag billig bezweifelt werden.

Keinesfalls erscheint es angemessen, solche wichtige, so tief in das Culturleben eingreifende Fragen in dieser witzig sein sollenden Feuilletonmanier zu behandeln, wie sie sich überhaupt mit Heine'schen Reminiscenzen nicht erledigen lassen. Daß wir es aber mit einem ganz gewöhnlichen Judenfeinde zu thun haben, muß auf den ersten Blick klar werden. Wie der erste, alte *Haman* tritt er gleich mit der angeblichen besondern Racen- und Volksthümlichkeit der Juden auf, nur mit dem Unterschiede, daß er diese Eigenthümlichkeit sogar »*liebt*« – das Wort ist ja so geläufig – als »ein specifisches Nationalfragment«,

> »wie ihm neben dem *Pferd und der Eiche das Kameel und die Palme* immer einen pittoresken, hochinteressanten Anblick gewähren, als eine charakteristische semitisch-orientalische Farbennüance in unserem japhetisch-occidentalen Leben und Treiben, also schon *von rein malerischem* Standpunkte aus« (sic!).

Wie poetisch, tief gemüthlich! Man sieht, der Mann hat nicht umsonst seinen Heine gelesen. Aber der alte Haman war ehrlicher, er schämte sich doch, Liebe zu den Juden zu heucheln, wenn auch nur wie zu einer fremden Thierrace; er sprach offen seinen Haß gegen dies fremde Volk »mit seinen besondern Religionsgesetzen« aus. Und wahrlich! dieser offen auftretende Haß war nicht so verletzend, wie diese *Liebe*, die uns mit gnädigen Fußtritten wie ein Thier tractiren möchte. Und ein solcher Mann wagt es, am Ende seiner Invectiven in hochmüthigem Selbstbewußtsein an die Juden die Aufforderung zu richten, *Menschen* zu sein. Und dem alten Haman war es am Ende nicht zuzumuthen, die culturhistorische Bedeutung |XVIII| der Juden und ihres Glaubens zu erfassen, sich in den nicht allzufern von einander liegenden Urgrund der jüdischen Moses- und der altpersischen Zoroasterlehre zu vertiefen.

Der Verfasser jener Aufsätze aber gerirt sich als »Schriftkundiger« und von ihm dürfte man daher billig erwarten, daß die Juden und ihre Bedeutung in der Weltgeschichte etwas mehr als ein Kameel-Interesse für ihn haben sollten. Aber freilich, um diese Bedeutung ganz und klar zu erkennen, muß, wie bereits bemerkt, besonders auch die Zeit umfassend erkannt und vorurtheilslos gewürdigt werden, in welcher Jesus unter den Juden aufgetreten ist, und muß zu diesem Zwecke zu den oft verschütteten Quellen derselben hinabgestiegen und mit hingebender Anstrengung daraus geschöpft werden.

Doch der Verfasser spricht ja wirklich, als läge ihm das ganze jüdische Schriftthum von den ältesten Zeiten bis auf die mittelalterlichen Kabbalisten: den »Sch'loh« und »Zeror Hamor« offen vor. Aber gerade das zur Schautragen seines Wissens mit solchen Schriften, die auch größeren christlichen Gelehrten unzugänglich sind, wie allerdings auch Anderes, auf das wir noch später kommen, liefert den sichern Beweis, daß derselbe wenig oder nichts von diesem umfassenden Schriftthum verstehe, sondern, wie alle Judenfeinde unserer Zeit seine Weisheit aus dem Sammelsurium des Eisenmenger geschöpft hat. Dies bestimmt uns aber, zur nähern Einsicht in die Natur dieses Verfahrens etwas ausführlicher, als wir es im Laufe unserer Erörterungen selbst zu thun Gelegenheit hatten, über den Gesammtinhalt des Thalmuds uns auszusprechen. Daß der Thalmud zwei wesentlich verschiedene Bestandteile umfaßt, nicht systematisch getrennt, sondern in einander geschoben, ohne Scheidung und Sichtung: den |XIX| eigentlich *gesetzlichen* Theil (Halacha) und einen andern unter dem Namen *Agada*[4] bekannt, haben wir in unserem Buche schon bemerkt. Was nun zuerst die Agada betrifft, so enthält sie neben den herrlichsten Sittensprüchen, die freilich zum Gesetze erhoben sind und daher streng genommen wieder zur Halacha[5] gehören, wovon einen kleinen Theil die Jedem zugänglichen »Sprüche der Väter« bieten, Erfahrungen und Lebensregeln, deren tiefe, oft erprobte Wahrheiten Niemand verkennen kann,[6] ferner geschichtlich sehr wichtige, zur Vergleichung und Ergänzung anderweitiger Quellen höchst schätzenswerthe Daten, tiefe und schöne Gleichnisse, allerdings auch wunderliche Erklärungen von Schriftstellen, Sagen, Legenden, Allegorien und Hyperbeln, die zum Theil wohl nur Bilder tiefer Lehren sein sollen, aber Unverstand oder Bosheit wörtlich nehmen kann,[7] astrologische Deutungen, Geister- und |XX| Ge-

---

4   אגדה, אגדתא, הגדה »Sagen, Legenden, Erzählungen, öffentliche Vorträge, s. Rapap. Er. Mil. s. v.
5   S. Maim. die ersten Abschnitte des Misch. Thora.
6   Es sind ganze Sammlungen solcher Sprüche von Dukes, Wälder u. A. mit Uebersetzung und Erklärung erschienen.
7   S. Maim. Einleitung in Misch. Synh. X. cf. Cosri III, 72. Vgl. Rap. l. l. Aus diesem Grunde will dieser letztere die Abneigung so vieler Thalmudisten gegen solche agadische Darstellungen erklären, weil der Unverstand sie wörtlich nehmen könnte. Er fügt hinzu, daß man deshalb auch dem Verfasser der unter dem Namen En Jacob bekannten Sammlung und Zusammenstellung der gan-

spenstergeschichten, welche von den bedeutendsten Rabbinen für Märchen erklärt wurden.[8]

Die Discussionen aber über die eigentlichen *Gesetze*, nicht über die Sittengesetze, die niemals einer Discussion unterlagen, bieten anerkanntermaßen so viele Schwierigkeiten, daß sich nur sehr wenige christliche Gelehrte in ihre verschlungenen Gänge noch gewagt haben. Sie umfassen alle Theile des menschlichen Wissens, natürlich auf dem den Verfassern bekannten Standpunkte, bieten aber in Bezug auf einzelne Zweige, wie z. B. in den juristischen Theilen eine Fülle tiefster Gedanken, wahrhaft staunenswerther Geistesschärfe.

Allein der Thalmud ist in einer so abstrusen, schwer verständlichen Form abgefaßt; er hat bei jeder einzelnen Frage zu deren vollem Verständniß die Kenntniß so vieler andern, die oft nur in sehr losem Zusammenhange mit der verhandelten Frage stehen, zur Voraussetzung und ist daher auch für den Kenner großentheils nur mit Hilfe ebenso schwer verständlicher Commentare zu erfassen, daß er auch dem begabten Geiste, der sich nicht von früher Jugend an damit beschäftigt hat, ein versiegeltes Buch bleibt, zu dessen Inhalte er nicht durchzudringen vermag. Es ist daher leicht begreiflich, daß auch Eisenmenger, wenn es auch nicht in seinem Plane gelegen hätte, die Juden als geistig und sittlich verkommen zu denunciren, in die reichen Schätze des Wissens und der sittlichen Gedanken, die in diesem halachischen Theile aufgehäuft sind, und welche, wie wir schon vor 34 Jahren nachwiesen, in den finstersten Zeiten des Mittelalters geistige Regsamkeit und |XXI| sittliche Kraft unter den Juden erhielten,[9] sich nicht zu vertiefen wagte, und wir können ihm dies nicht zur Sünde anrechnen: Ultra posse nemo tenetur. Das aber war und bleibt ewig eine aller Wahrheit, allem Rechte, aller Menschlichkeit Hohn sprechende Sünde von ihm, daß er auch aus dem agadischen Theile entweder nur das Gerölle, und zwar das allergröbste zusammenhäufte, um Juden und Judenthum dem Hohne und der Verachtung preiszugeben, die zahlreichen Perlen aber zur Seite liegen ließ; daß er ferner die in so natürlicher, gerechter Verbitterung gegen das unmenschliche Rom und das entsittlichte Heidenthum ausgesprochenen, allerdings von Haß und Verachtung zeugenden Stellen aus ihrem Zusammenhang herausriß und, wie eben dieses Verfahren schon beweist, im Widerspruch mit dem Ausdruck und der Geschichte, als gegen Christen und Christenthum gerichtet, darstellt. Ja, Eisenmenger ging noch weiter: er wärmte alle, damals schon längst, auch von christlicher Seite, widerlegten Märchen vom Gebrauch des Christenblutes zur Mazzabereitung, von Brunnenvergiftung und Anderm, was Alles der mittelalterliche Fanatismus zur Beschönigung seiner Raub- und Mordgier und zur Aufstachelung der Massen erfunden hat, wieder auf.

Und aus diesem hundertfach widerlegten Werke Eisenmengers, das außer dem

---

zen Agada im Thalmud die Abfassung seines Werkes z. Z. übel genommen habe. Und in der That, ohne dieses Ende des 15. Jahrhunderts erschienene Buch hätte auch Eisenmenger Ende des 17. Jahrhunderts sein »entdecktes Judenthum« nicht entdeckt, und vieler, angeblicher »Weisen« Weisheit wäre ausgegangen und vieler Klugen Verstand hätte sich »verkrochen«, und selbst unter den Juden würden viele Ignoranten sich nicht als Thalmudgelehrte geriren können.

8 R. Sch'rira Gaon, R. Hai Gaon u. A., s. die Biographieen von Rapaport.

9 S. S. 416 ff. d. B.

Judenhasse auch vom gemeinsten Eigennutze dictirt ward – es ist erwiesen, daß er die Unterdrückung seines Buches für eine gewisse Summe an die Juden in Frankfurt verkaufen wollte[10] – schöpften |XXII| von jeher und schöpfen noch heute alle Judenfeinde, die Heiligen von Paderborn sowohl, wie die aufgeklärten Haman's, zu welchen letztern eben der Verfasser der Aufsätze im Pfälzer Kurier gehört, alle ihre Weisheit; aus diesem längst verfallenen Arsenale holen sie ihre verrosteten Waffen und drücken sie dem unwissenden Volke in die Hände, wo sie leider! noch immer tödtlich verwunden können und – sollen. – Zum Beweise aber, daß dem Verfasser das jüdische Schriftthum völlig fremd ist, wollen wir Einiges aus seinen Aufsätzen einer nähern Prüfung unterziehen. Der Verfasser bemerkt z.B., die Verurtheilung Jesu sei auf Grund des »mosaischen Gesetzes« erfolgt, das gegen Jeden die Todesstrafe ausspreche, der sich erkühnte, das Bekenntniß und den bestehenden Cultus zu modificiren.« Wir sehen ab von dem »Hochgenusse«, mit welchem der Verfasser die Juden das Blut der Gotteslästerer trinken läßt« (sic!). Diese zarte Darstellung gehört zu dem Tone, in welchem die Aufsätze geschrieben sind. Ueberdies haben wir in unserm Buche nachgewiesen, wie selten und schwer man sich überhaupt zu einem Todesurtheile entschloß, was wahrlich nicht von Hochgenuß, Blut zu trinken zeugt. Aber seine Prämisse ist an und für sich in ihrer Allgemeinheit, wornach die bloße *Lehre* (»Versuch«), ferner die Aufforderung zu irgend welcher »Modification« des Cultus, also nicht bloß zum Götzendienste, der keine »Modification«, sondern im Umsturz des ganzen religiösen Gebäudes, eine Vernichtung der ganzen Offenbarung wie des wesentlichen Fundaments des ganzen Staats- und socialen Lebens gewesen wäre, die Todesstrafe nach sich zog, ebenso falsch, wie der Schluß geschichtlich unbegründet ist. Was das Erstere betrifft, so hätte sich der Verfasser schon aus den mosaischen Büchern selbst Belehrung holen können, daß |XXIII| der Verführer (Mesith, Maddiach), zum wirklichen *thatsächlichen* Abfall auffordern mußte:

> »Laßt uns fremden Göttern nachfolgen!«
> »Laßt uns gehn und andern Göttern dienen«[11]

Diese Bestimmung hat aber auch der Pharisaismus festgehalten. Die Lehre war auch ihm frei, und nur die Aufforderung zur That war ihm strafbar, wie wir dies in unserm Buche nachgewiesen haben. Nur der, welcher die *ganze* Offenbarung oder das *ganze* mündliche Gesetz überhaupt läugnete, war, außer dem Gotteslästerer, und dem, der aus *Trotz* ein Offenbarungsgesetz übertrat, den auch das mosaische Gesetz verurtheilt, der Strafe unterworfen.[12] Daß aber Jesus nicht zum Götzendienste aufgefordert, bezw. sich selbst für einen Gott erklärt, noch Gott gelästert, oder die Offenbarung, oder auch nur das mündliche Gesetz in seiner Gesammtheit[13] an und für sich geläugnet, oder ein Offenbarungs-

---

10 Grätz, Geschichte der Juden, Band X. S. 305 ff.
11 Deut. 13, 3. 7.
12 S. Maim. Mischna Comm. Synh. XI. v. d. Mörder c. 410.
13 Wir haben in unserm Buche darauf hingewiesen, daß der Ausspruch: »Alles, was zum Munde hinein geht, macht den Menschen nicht gemein (Matth. 15,10. Marc. 7,18.), d.h., wie der Zusatz bei Matth. beweist, keine Sünde sei, nicht von Jesus herrühren könne, einmal weil ja sonst auch Völlerei und Schlemmerei erlaubt wäre, und sodann, weil ja selbst später noch den aus dem Hei-

gesetz aus *Trotz* übertreten habe, wird auch der Verfasser jener Aufsätze zugeben müssen, und es steht demnach fest, daß auch seine Schlußfolgerung, Jesus sei aus diesem Grunde vom jüdischen Gerichte zum Tode verurtheilt worden, falsch sein müsse.

|XXIV| Wahrhaft widerlich klingt aber das Tam, Tam, Tam, womit der Verfasser die Juden zur Execution zusammen trommeln läßt, wie auch sein Mangel an Wissen im grellsten Lichte dabei erscheint. »Heraus«! läßt er den Trommler rufen, [»]nieder mit dem Jeschu … dem Ello joschia, dem Olenubeschabeach«. So ernste Fragen in solchem Tone zu besprechen: das ist uns doch noch nie vorgekommen, auch nicht bei den erbittertsten Judenfeinden. Was er mit dem Elljoschia meint, den er für Jesus substituirt, gestehen wir nicht zu wissen. Mit dem Olenubeschabeach meint er wohl den Anfang eines mit Alenu Leschabeach beginnenden Gebetes, den er wohl mit dem sinnlosen Fehler irgendwo in lateinischen Lettern gedruckt fand. Dieses Gebet aber ist eines der schönsten der jüdischen Liturgie. Es spricht dem Herrn des Weltalls Lob und Dank aus. (»Herr Gott, dich loben wir«) für die Gnade der Offenbarung seines heiligen Namens, im Gegensatz zu der Finsterniß der Heiden, ferner die Anerkennung Gottes als des Einzigen und die Hoffnung, daß diese Erkenntniß sich über die ganze Erde verbreite, und das »Gottesreich« (מלכות שדי) hergestellt werde. Solche Gebete und Lieder aber, ganz ähnlichen Inhalts, finden sich ebenso in der christlichen Kirche. Es ist der Dank und die Hoffnung, die in dem Propheten und in den Psalmen überall sich aussprechen;[14] es ist die Sehnsucht nach der Erfüllung des schon dem Erzvater verheißenen Segens. Wenn es nun an sich ein Widersinn ist, »nieder mit dem Olenuleschabeach« zu sagen, so wird die Beziehung zu Jesus, die in diesem Gebete dem Verf. vorgeschwebt zu haben scheint, es nicht |XXV| begreiflicher machen. Der Inhalt des ganzen Gebetes zeigt deutlich, daß es nur gegen den Götzendienst gerichtet ist. Ebenso dürfte das aus der Zeit, in welcher, und dem Orte, wo das Gebet entstanden ist, klar hervorgehen. Es soll von dem Lehrer Abba Areka in Persien (gegen Ende des II. Jahrh.) verfaßt sein, wo das Christenthum noch wenig in jenen Gegenden, vielleicht gar nicht verbreitet war. Allein einige jüdische Renegaten zu Eisenmengers Zeit haben den Unsinn ausgeheckt, vielleicht absichtlich ihre neuen Glaubensgenossen mystificirt, daß das Wort eines Satzes in diesem Gebete, der übrigens nicht einmal darin steht, von dem sie aber behaupteten, ihn in alten Handschriften gefunden zu haben, dem *Zahlenwerth* des Namens (Wortes) »Jesu« (ישו) gleichkomme.[15] Und aus diesem Grunde will der Verfasser das Gebet auf die Schädelstätte führen und kreuzigen lassen. Risum teneatis amici! Oder sollte er den Alenu leschabeach wirklich für einen Götzen gehalten haben, wie den Baal, den Molech, die er unmittelbar vor dem Alenu leschabeach auf den Richtplatz citirt.

Der Verfasser wärmt auch den alten Kohl von der Auserwähltheit Israels wieder auf,

---

denthum übergetretenen Christen die Theilnahme an Götzenmahlen (1 Cor. 8.), sowie der Genuß von Blut und Erstickten (Ap.-Gesch. 15, 20) verboten war.

14 Jes. 2, 2–4; 56, 6. 7; 60, 1–3; Ps. 96 u. f.

15 שהם משתחוים להבל וריק sie bücken sich vor Eitelm und Leerem. Das Wort וריק hat zufällig den Zahlenwerth des Wortes ישו Jesu und deshalb soll das Gebet gegen Jesus gerichtet gewesen sein. Es ist zu dumm, als daß es nicht eine Mystification gewesen sein sollte. Das Schönste ist aber noch, daß der Ausdruck Jesu (ישו) nie bei den Juden im Gebrauch war, sondern ישי oder ישוע.

um daran wieder seine Liebenswürdigkeiten gegen die Juden zu knüpfen, die ihm deshalb ebenso dünkelhaft wie blutdürstig sind. Wäre *er* aber in der theologischen Literatur nur halb so viel |XXVI| bewandert, wie er es in der schöngeistigen zu sein scheint, so würde ihm die Bedeutung der »Auserwähltheit Israels« klar sein, und wie damit so gar nichts Gehässiges und Stolzes, sondern ganz einfach eine geschichtliche Thatsache ausgedrückt wird. Und hier hätte er nicht einmal das ihm freilich völlig unzugängliche jüdische Schriftthum nöthig gehabt, protestantische und katholische Theologen hätten ihn darüber belehren können.[16]

Es ist einmal so: Israel war von der Vorsehung »auserwählt«, den reinen Gottesgedanken der Welt zu verkünden und durch die Jahrtausende der Geschichte hindurchzutragen. In *diesem* Sinne ist Israel der »auserwählte Knecht«, »der erstgeborne Sohn« Gottes, der »Priester« der Völker«. Mit Recht sagt Steinheim in seinem Buche: Die Offenbarung nach dem Lehrbegriffe der Synagoge S. 59[17]: »Jedes Mitglied (Israels) ist, sei es, wo es sei, schon durch sein bloß persönliches Dasein ein Theil jener großen uralten Missionsanstalt, die noch beständig unter der unmittelbaren Direction desselben unsichtbaren Oberhauptes besteht, das sie einstmalen vor etwa drei Jahrtausenden in Mesopotamien gestiftet und gegründet hat, und deren erster Missionär der ehrwürdige Stammvater Israels, dessen erster Priester und erstes Opfer Abraham war.« Und diesen *geschichtlichen* Beruf, der Israel von dem Lenker der Geschichte geworden, für den es Jahrtausende geduldet und gelitten, will man ihm zum Vorwurf machen? –

|XXVII| Was nun den angeblichen Dünkel der Juden betrifft, von welchem der Verfasser der Aufsätze spricht, so tritt darin auch nach einer andern Seite sein verblendetes Vorurtheil zu Tage. Es mag allerdings auch unter den Juden dünkelhafte Menschen gegeben haben und noch geben, durch äußere Stellung und Besitz im Leben »auserwählt« unter ihren Glaubensgenossen; es mag solches in einer Zeit des Uebergangs aus dem Drucke und der Zurücksetzung des Mittelalters in die freie Bewegung der Gegenwart, wo aber doch noch so Viele unter jener Zurücksetzung zu leiden haben, sogar in auffallenderer Weise, wir können das zugeben, als bei Christen hervortreten. Was hat das aber mit der »Auserwähltheit« Israels zu thun? Ist es nicht viel mehr die Schuld derer, die so lange in dem Juden den Menschen verkannt, ihn Jahrhunderte als Paria behandelt haben? Gerade gebildete Christen sollten von Erscheinungen, die auf dem Kerbholz der Schuld der Christen gegen das Menschenthum im Juden so tief eingeschnitten sind, um so weniger sprechen, als noch heute das sociale Leben an so manchem Ueberreste jener *christlichen* Exclusivität (Auserwähltheit), gewiß zum Schmerze aller edlen Menschen, ohne Unterschied des Bekenntnisses, kranket. Mancher Jude wäre längst daran zu Grunde gegangen, wenn nicht der Balsam der Wissenschaft seine wunde Brust geheilt hätte. Wie mancher gebildete Jude mochte, auf der einen Seite von jener Zurückstoßung gefoltert, auf der andern vom Wahn und Vorurtheil, von Tücke und Bosheit, die ihre vergifteten Pfeile in sein innerstes Herz schleuderten, gekränkt und verfolgt, in tiefem Kummer, der

---

16 Wir verweisen ihn nur auf Gerlach und Haneberg.
17 Frankfurt a.M., Verlag von Siegm. Schmerber 1835. Wir haben das Buch in Geigers: Wissensch. Zeitschrift für jüdische Theologie Band IV, Jahrg. 1839, ausführlich besprochen.

wie ein Wurm an seinem Lebensmark naget, mit dem heiligen Sänger trauernd ausgerufen haben: »Wäre deine Lehre nicht mein Trost, |XXVIII| ich würde längst in meinem Elende vergangen sein.« (Ps. 119, 92.)

Und wohl dem, der das vermochte! Aber solchen Erscheinungen gegenüber, die sich täglich wiederholen, den Juden besondern Dünkel vorwerfen, heißt bittern Hohn zur tödtlichen Kränkung fügen, ist wenigstens nicht Zeichen nobeln, edlen Sinnes.

In diesem humanen, zum Frieden und zur Versöhnung der Gemüther anregenden Tone, wie es nach der wahrscheinlichen Lebensstellung des Verfassers doch seine Pflicht wäre, geht es fort. Es würde ein Leichtes sein, ihm Schritt vor Schritt entgegen zu treten und seine Aufstellungen zu widerlegen. Allein wir denken, das Herangebrachte sei genug, um solches Verfahren zu kennzeichnen. Nur eins können wir uns nicht versagen, noch zu besprechen. Es ist dies die Vergleichung des herrlichen Psalmes 83 von Assaph mit dem französischen Revolutionsliede der Marseillaise. Nach dem, was dem Verfasser von diesem Psalm anzuführen beliebt, sollte man allerdings glauben, er spräche von Haß gegen fremde Nationen wie das französische Lied gegen die heimathlichen Tyrannen. Aber gerade das Gegentheil ist wahr: es ist die tiefste elegische Trauer um die Leiden, die Israel von dem Hasse *anderer* Nationen zu erdulden hatte, es ist die glühende Bitte des Menschen und Patrioten um die Hülfe Gottes gegen die gottlosen Feinde, die keine Schonung, kein Erbarmen kennen. Wir wollen die den Anführungen des Verfassers vorhergehenden Verse zur Belehrung derjenigen, die den Psalm nicht kennen, welche der Verfasser wohl auch im Auge hatte, hierhersetzen; und auch jene werden sich leicht ihr Urtheil bilden.

|XXIX| »Herr, so beginnt der Psalm, schweige nicht
Sei nicht ruhig, nicht stille, Gott!
Sieh wie deine Feinde toben,
Wie deine Hasser das Haupt erheben.
Schmieden heimlich Ränke wider dein Volk,
Nachschlagen wider deine Geschützten.
Sie sprechen: »Wohlan, wir rotten sie aus,
Kein Volk mehr!
Der Name Israels werde nimmer gedacht.«
So haben sie im Rath beschlossen,
In ihrem Bunde wider dich.
Edoms und Ismaels Hütten,
Moab und die Hagrim (ein arab. Volk Ges.)
Philistäer sammt Zor's (Tyrus) Bewohnern.
Ihnen trat auch Assur (Assyrien) bei,
Ward den Söhnen Lot's (Amon und Moab) zum Arme.«

Dann folgen die vom Verfasser der Aufsätze angeführten Worte, d. i. ein Gebet des glühenden Patrioten: daß Gott Hilfe senden möge gegen diese grausamen Feinde, wie er es in uralter Zeit in ähnlicher Lage gethan.

Herder[18] sagt von den Assaph'schen Liedern:

---

18   Vom Geiste der Ebräischen Poesie, II. Theil, S. 275, Ed. Wien und Prag 1819.

»In Lehrpsalmen übertrifft Assaph den David: seine Seele war nicht so zart, aber leiden-schaftsloser, freier. Die besten Psalmen sind nach einem schönen Entwurfe angelegt und auch seine Nationallieder sind vortrefflich; kurz er verdient den Namen eines Weissagers d. i. eines Gottesweisen auf der Harfe.«

So Herder! Anders urtheilt der Weise des pfälzischen Kuriers: ihm ist der tief empfunde-ne Psalm Assaph's nichts als die – jüdische Marseillaise! So verblendet Vorurtheil ...

|XXX| Wir aber haben keinen andern Wunsch, als daß unsere Arbeit, außer ihren wissenschaftlichen Zwecken, auch practisch zur Zerstreuung der Vorurtheile, zur Versöh-nung und Einigung der Gemüther, zur allgemeinen Gerechtigkeit und Bruderliebe auf dem festen Grunde des Gottesglaubens und der in ihm wurzelnden allgemeinsten den *ganzen* Menschen in allen seinen Bestrebungen und Aeußerungen beherrschenden Sitt-lichkeit beitragen möchte.

Landau (Pfalz), Juli 1877.

Der Verfasser.

|XXXI| Inhaltsverzeichniß.

Dritte Abtheilung.

|1| Erste Abtheilung.
Die heilige Schrift.

[Der Pentateuch]

Daß die heilige Schrift die volle Gleichheit des Gesetzes in Bezug auf Juden und Nicht-juden, d. h. auch die damaligen Heiden lehrt, und zwar nicht bloß in Rücksicht auf das Sittengesetz, sondern sogar in Rücksicht auf die das Seelenheil fördernde religiöse Uebung; daß sie also ein *nationales* Israel auch in letzterer Hinsicht nicht für die *Berechti-gung*, sondern nur für die *Verpflichtung* zur Kenntniß und Uebung der g. Lehren und Gesetze, und in Bezug auf den *Beruf* zu deren Erhaltung und Verbreitung anerkennt: also *alle* Menschen ohne Ausnahme zu jener Kenntniß und Uebung, oder, um uns eines heute geläufigen Ausdrucks zu bedienen, zur Seligkeit berufen, tritt dem vorurtheilslosen For-scher aus ihrem ganzen Inhalte klar entgegen. Schon die Eine Thatsache, welche sie an die Spitze stellt: daß Gott *alle* Menschen nach seinem Ebenbilde erschaffen, schneidet jedem Gedanken an eine Verschiedenheit des Verhältnisses zwischen Gott und Menschen oder der Menschen untereinander von vornen herein alle Begründung ab. Aber auch später, als die Stammesunterschiede sich geltend machen, wird Israels Erzvater, Abraham, berufen nicht bloß zum Segen seines Hauses, sondern »aller Geschlechter der Erde.« Sogar ein sehr frommer christlicher Geistlicher der |2| sonst die Erfüllung alles geistigen, wahrhaft reli-giösen und sittlichen Lebens erst durch seine Kirche verkündet findet, muß hier die um-fassende Liebe in den g. Offenbarungsurkunden zugeben.

> »Diese Offenbarung und Verheißung (eines unendlich reichen Segens), sagt Otto v. Ger-lach [1], welche den Abram aussondert und einen Vorzug ihm gibt vor allen Menschen seiner Zeit als Gottes auserwähltem Liebling, wird nur deshalb ihm zu Theil, damit durch ihn und seine Nachkommen Gott dem ganzen menschlichen Geschlechte dieselbe Gnade, seiner Er-kenntniß und Gemeinschaft, schenkte. Bei der ersten Beschränkung seiner Gnade auf ein ausgewähltes Geschlecht kündigt Gott zugleich ihre unendliche Allgemeinheit nach Breite, Länge und Tiefe an; schon die erste Offenbarung Jehova's an den Stammvater zeigt, wie das Alte Testament von einem jüdischen Nationalgott, dem die übrige Welt fremd wäre, nichts weiß.«

In keinem andern Sinne ist der Ausspruch 2 Mos. 19, 5. zu fassen: »Werdet ihr meiner Stimme gehorchen und meinen Bund halten: so sollt ihr mein Eigenthum sein aus allen Völkern, denn mein ist die ganze Erde.« Auch hier macht jener fromme Theologe die schöne Bemerkung:

> »Erhaben ist es, wie in diesen Worten gerade auf Gottes Eigenthumsrecht an der ganzen Erde die Wahl der Kinder Israel gegründet wird. Dem Volke wurde dadurch die heidnische Vor-

---

1   zu 1 M. 6, 12.

stellung von einem Volksgott, dessen Macht auf sein Land und Geschlecht beschränkt ist, gänzlich benommen; wie denn diese Allgewalt an der ganzen Erde so eben sich an den Egyptern erwiesen hatte; und zugleich wurde dadurch angedeutet, daß die besondern Vorzüge Israels in Beziehung ständen auf das Heil der ganzen Welt. Ist Gott Herr der ganzen Welt, wählt sich aber ein besonderes Eigenthum von allen Völkern aus, so kann er nur die Absicht haben, durch dies auserwählte Volk für Alle zu sorgen.«

Israel hat eben den *Beruf*, der ihm durch die von seinen Vätern ererbte Erkenntniß Gottes allein unter allen Völkern werden |3| *konnte*[2], der *Heilsverkünder*, der *Priester* zu sein, der die göttliche Botschaft zu allen Völkern zu tragen berufen ist, an dem *Heile* selbst sollen alle Menschen Theil nehmen. Die Bestimmung zur Erkenntniß und Verehrung Gottes durch Uebung seines heiligen Willens ist die gleiche für alle Menschen[3].

Wie aber Gerlach auf protestantischer Seite, so spricht sich auf katholischer Seite der eben so gelehrte als fromme v. *Haneberg* aus, dessen gewichtiges Zeugniß wir um so mehr hier anführen, als es neue Belege für den Universalismus in den ältesten jüdischen Urkunden beibringt[4].

Schon darin, daß v. Haneberg die freie Sittlichkeit, die sittliche Bildung des Menschen schon in der Schöpfungsgeschichte ausgesprochen findet, ist jener Universalismus anerkannt. Denn jede Beschränkung auf dem sittlichen Gebiete wäre unsittlich; jeder Separatismus nach dieser Richtung, und stände er innerhalb des von ihm gezogenen Kreises noch so hoch, wäre eben doch nur eine Beschränkung der Sittlichkeit, ein Widerspruch in sich selbst, eine unsittliche Sittlichkeit.

Doch v. Haneberg spricht sich ganz offen und unzweideutig in diesem Sinne aus.

|4| »Gott wollte und will, sagt derselbe, keineswegs die Uneinigkeit, sondern die Einheit der Menschheit. Darum ließ er in seiner Offenbarungsurkunde nicht nur die Erinnerung an die Abstammung von Einem Menschen aufbewahren, sondern auch die Lehre von der einstmaligen Einheit der Sprache unter allen Menschen.«

Ebenso ist die Völkertafel nach Noe »ein Zeugniß für die ursprüngliche Gleichberechtigung aller Völker.« Schon dieser Umstand, daß in der Völkertafel die Gleichberechtigung aller Völker der Erde unmittelbar vor der Grundlegung des engern religiösen Berufes der Nachkommen Abrahams ausgesprochen ist, könnte hinreichen, die Erwählung Abrahams und seiner Nachkommen gegen den Vorwurf feindseliger Ausschließlichkeit zu schützen.

---

2   In diesem Sinne ist es auch zu verstehen, daß sich Moses in seiner ersten Sendung an Israel als den Gesandten »des Gottes ihrer Väter« ankündigen mußte, 2. M. 3, 15. Jes. 12, 4. 5 u. s. Buch Tobi[t] 13, 3. 4.

3   Deshalb, und nur deshalb wird Israel »der erstgeborne Sohn Gottes« genannt (2 M. 4, 22.), d. h. nicht blos, weil es Gott zuerst unter allen Völkern erkannt, sondern weil es den Beruf hatte, der dem Erstgebornen überall zugewiesen war, der Priester des Hauses, hier der Welt zu sein und alle Menschen zur Erkenntniß Gottes zu führen. Zugleich erscheint Gott schon hier in diesem ersten Grunde der g. Offenbarung als der *Vater* aller Menschen: Israel ist der *erstgeborne Sohn*, in dem angegebenen Sinne, *alle* Menschen müssen also *Gottes Kinder* sein, cf. Jir. 31. 9.

4   Geschichte der bibl. Offenbarung als Einleitung ins alte und neue Testament. Regensburg, 1863, 3. Aufl.

Doch diese Erwählung Abrahams selbst ist v. Haneberg der vollgiltigste Beweis für den universalistischen Geist in den Offenbarungsurkunden. Mit der Auserwählung Abrahams, bemerkt er, scheint zugleich die Ausschließung aller andern Menschen ausgesprochen zu sein. Aber dieser Schein wird sogleich zerstört, sobald man vernimmt, in welcher Art Abraham und das von ihm stammende zahlreiche Geschlecht auserwählt ist. Er ist auserkoren und soll Stammvater eines in ihm und mit ihm erwählten Volkes werden, *damit alle Nationen gesegnet werden.* Diese Begründung der besondern Stellung des jüdischen Volkes als der Nachkommen des auserwählten Abraham macht es unmöglich, der Urkunde der mosaischen Offenbarung einen Geist der Ausschließlichkeit zuzutrauen. Nicht nur nach rückwärts, hinsichtlich der Abstammung sind alle Menschen gleichgestellt, sondern auch für die Zukunft; das, was unter besonderm Schutze Gottes aus Abrahams Stamme kommen muß, soll für alle Nationen ohne irgend eine Ausnahme sein. Diese Wahrheit schien so wichtig, daß es dem Verfasser der h. Urkunde nicht genug war, sie einmal auszusprechen, wie es Gott nicht genug hatte, sie dem |5| Patriarchen einmal mitzutheilen. »Es sollen gesegnet werden durch Dich alle Familien des Erdbodens« (Gen. 12,2.), sagt Gott zu Abram gleich am Anfange seiner Berufung. Bei der Zerstörung Sodom's sagte Gott: »Sollte ich vor Abraham verbergen, was ich thue? Und Abraham soll doch werden zu einem großen und mächtigen Volke und in ihm werden gesegnet alle Völker der Erde.« (Das. 18,17 ff.) Bei der Hinführung Isaaks zum Opfer: »Bei mir habe ich geschworen … daß ich Dich segnen werde und mehre[n] Deinen Samen wie die Sterne des Himmels … und es sollen gesegnet werden durch Deine Nachkommenschaft alle Nationen der Erde.« (Das. 28,14.) Ebenso geschieht es, da Jakob bei Bethel auf der Fluchtreise ruht: »Gesegnet sollen werden durch Dich alle Geschlechter der Erde und durch Deine Nachkommen« (Das. 28,4.)

> »Wie die drei Patriarchen Abraham, Isaak und Jakob als die Grundsäulen der israel. Kirche gelten, so ist auch die an sie ausgesprochene Verheißung, daß alle Völker an dem aus ihnen kommenden Segen theilnehmen sollen, ein Grundsatz der israel. Religion. Wie sie durch die Berufung auf den Gott Abrahams, Isaaks und Jakobs die Thatsache einer Auserwählung bekennt, so auch einen Erfolg derselben, von dem alle Völker genießen sollen.«

Dieser wichtige Grundsatz wird bei jedem neuen Akte der Offenbarung, ja auch in Zwischenzeiten neu aufgefrischt; im nämlichen Augenblicke, da das Volk Israel am Sinai den Bund mit Gott schließt und die ganze Höhe seiner Auszeichnung mit den Worten ausgedrückt wird: »Es sei ein priesterliches, königliches Volk, Gottes Eigenthum, wird sogleich beigefügt: »Mir gehört die ganze Erde« – (Ex. 19,15.). Noch bedeutsamer ist die Zeit der förmlichen Empörung des Volkes gegen Gott in der Wüste. Nach dieser lauten und ausdrücklichen Lossagung von jedem Zusammenhange mit Gott zeigt sich, daß die Stellung der Nation zu Gott nicht wesentlich von |6| der Lage anderer Völker verschieden sei [5], denn die göttliche Gerechtigkeit will die ganze Nation fallen und aus Moses, als

---

5 Dasselbe tritt auch bei den Rabbinen hervor, worauf wir hier schon aufmerksam machen wollen. In Mechilta Mas.-Schir., Pr. 5 wird bemerkt, daß Gottes Gerechtigkeit wie Gnade sich bei *allen* Menschen gleichmäßig offenbare. Den Menschen der Sündfluth habe er in seiner Gnade 120 Jahre Zeit zur Besserung gegeben, und erst als dies nicht geschah, sie dem Verderben geweiht. Ebenso

einem neuen Stammvater, das Volk der Verheißung entstehen lassen (Num. 14,12.) Und auch nachdem auf Moses Fürbitte hin die Verzeihung gewährt, also die Auserwählung neu bestätigt ist, spricht Gott die denkwürdigen Worte: »Ich verzeihe nach Deinem Worte, aber so wahr ich lebe, voll der Herrlichkeit des Ewigen ist die ganze Erde.« (Das. v. 21.)

> »In dem Augenblicke«, fährt v. Haneberg fort, da »Moses vor seinem Hinscheiden im Segen über die Stämme des erkorenen Volkes die ganze Bedeutung der besondern israelitischen Offenbarung erheben wollte, sagte er: »Er (Gott) trägt Liebe zu den Völkern, all' ihre Heiligen sind in Deiner Hand (Deut. 33,3.) Daß die Auserwählung Abrahams keine Verwerfung der Nichtabrahamiden in sich schließt, könnte schon die Erscheinung des Melchisedek beweisen. Dieser Priester Gottes gibt dem Stammvater des jüdischen Volkes den Segen, empfängt von ihm den Zehnt, obwohl er wahrscheinlich dem Stamme der Chamiten angehört; die Verschwägerung Mosis mit einem Midianitenpriester: die schwere Züchtigung seiner Schwester über ihren pharisäischen Eifer gegen die Mohrin (Num. 12, 1), welche Moses geheirathet hatte … sind ferner Belege dafür, daß der israelitischen Religion der Geist der Verwerfung anderer Nationen fremd sei.«

|7| Soweit v. Haneberg. Wenn derselbe diese Grundsätze, wie Gerlach, für das Christenthum verwerthet und vielleicht nur deshalb so entschieden betont, weil er in diesem bereits die *Erfüllung* der uralten Verheißung finden will, so ändert dieses nichts an dem Werthe und der bezeugten Wahrheit dieser Grundsätze. Wir haben es hier eben nur mit diesen Grundsätzen zu thun, die unbestritten Gott als den Herrn und den fürsorgenden Vater *aller* Menschen verkünden und alle ohne Ausnahme zu seiner Erkenntniß und Verehrung berufen.

Diese Grundgedanken sind von allen neueren christlichen Forschern anerkannt. Folgende Stelle aus Weber und Holtzmanns Geschichte des Volkes Israel mag zum Beweise hier aufgenommen werden.

> »Wenn es sich wirklich so verhält«, heißt es da Bd. II. 14, »daß die Gerechtigkeit des Einen Gottes den innersten Kern des alttestamentlichen Glaubens ausmacht … so kann diese Religion auch nicht grundsätzlich schlechthin volksthümlich, beschränkt national und particularistisch sein, sie kann sich nicht von Haus aus jeder Verallgemeinerung der in ihr enthaltenen religiösen Wahrheiten entgegenstellen, denn »der Glaube an die Einheit Gottes und der Glaube an die Gleichheit aller Menschen und ihrer sittlichen Aufgaben bedingen sich gegenseitig«[6] …

Moses hatte gewagt was Niemand wagte, auch noch Jahrhunderte nach ihm: er hatte die Verehrung des Einen Gottes zur Volksreligion gemacht. Nicht ein aristokratisches Vorrecht der Weisen und der Priester sollte dieser Gottesglaube sein, sondern Gemeingut des Volkes; damit aber war das ganze Volk zur Würde eines Priestervolkes erhoben. Priesterlich steht aber dieses Volk nur da, wenn seine eigentliche Mission dahin geht, das eigne geistige Eigenthum zu vermitteln an die Völker, die noch außer dem Heiligthum

---

sei es bei den Sodomiten und Egyptern geschehen, und ganz ebenso geschah es mit Israel. Deshalb stehe zweimal Deine Rechte 2 Mos. 15,6. Du reichst uns Deine Rechte in Gnade, und Deine Rechte ist auch nach allen Menschen ausgestreckt וימינך פשוטה לכל באי עולם.

6 Ausspruch Zeller's.

stehen, an die ganze Menschheit … Der Gott, welcher mit seinem Werderuf Luft- und Lichtreich schafft, die Himmelskörper scheidet, |8| Sonne, Mond und Sterne um die dunkle Erde kreisen läßt ist für die Welt, für die ganze Menschheit da, deren älteste Traditionen und Mythen sich auch mannigfach berühren mit dem, was weiter von den trotzigen Göttersöhnen, vom großen Verderben und von der Vertilgung des Menschengeschlechts durch die Fluth berichtet wird. Schon von hier an ruht die alttestamentliche Geschichte auf dem Begriffe des Bundes Gottes. Derselbe wird zu allererst nicht etwa mit dem israelitischen Volke allein, sondern mit der ganzen Familie Noah's berichtet. (Gen. 6,18; 9,9.)

Die Restrictionen, die auch hier im Interesse der Verherrlichung des Christenthums gemacht werden, finden doch in den angeführten allgemeinen Sätzen ihre eigentliche Bedeutung.

Als weiteres Zeugniß des universalistischen Geistes, der sich in den mosaischen Schriften kundgibt, möchten wir jedoch schließlich noch auf das Bündniß hinweisen, das Moses vor seinem Tode zwischen Gott und dem Volke schließt, in welches er ausdrücklich auch den »Fremden« aufnimmt[7].

Diese Grundgedanken von der Gleichheit aller Menschen vor Gott treten aber auch in den einzelnen *Gesetzen* der mosaischen Lehre klar hervor.

Es soll zwar nicht geläugnet werden, daß hier noch der Nationalismus vorherrscht. Die Sendung Moses fand zunächst blos an das *nationale* Israel statt. Ein vorurtheilsloses, gründliches Forschen wird aber zugeben, daß diese Begrenzung |9| stattfinden *mußte*. Der Gottesgedanke und die mit ihm in Verbindung gebrachten Lehren und Gesetze mußte zuerst in dem Volke, das von seinen Vätern her zu dessen Verständniß und Bethätigung fähig war[8], feste Wurzel schlagen, wenn er Eigenthum der Welt werden sollte. Es war die natürliche Entwicklung von dem Einen, den Gott erwählt, Abraham, auf dessen Familie, von dieser auf das von ihr entstandene Volk und von diesem erst in immer größeren Kreisen auf die Menschheit. Aber, und darauf kommt es hier allein an, die Verpflichtung zu diesen Gesetzen (subjectiv) war allerdings zunächst dem nationalen Israel blos aufgegeben, allein die Verpflichtung der Uebung derselben gegen Andere (objectiv), natürlich blos der Sittengesetze, der Gesetze des Rechtes und der Liebe hatte gegen alle Menschen ohne Ausnahme volle Geltung.

Der Dekalog stellt die Verbote des Meineids, des Raubes, des Diebstahls, des falschen Zeugnisses, des Gelüstens nach fremdem Eigenthum ganz allgemein auf (über den in den beiden letzten Aussprüchen vorkommenden Ausdruck Rëa für Nebenmenschen werden wir später sprechen). Eben so allgemein sind die bald darauf folgenden ausführlicheren Gesetze über die äußeren Rechtsverhältnisse[8] gehalten:

---

7   Von diesem Sinne ist folgender Ausspruch der Rabbinen Sifre zu 5 M. 33,2. »Gott gab die Offenbarung nicht in Einer Sprache, sondern in der hebräischen, römischen, arabischen und syrischen, (damit alle Völker sie verstehen); er offenbarte sich Israel nicht von Einer Seite, sondern von den vier Weltseiten (damit sie alle sehn); er offenbarte sich nicht blos Israel, sondern allen Völkern, zuerst bot er die Offenbarung den Söhnen Esau's (Seir) an, aber sie verweigerten ihre Annahme, dann den Ismaeliten (Paran), aber auch sie wollten sie nicht u.s.w.

8   2 Mos. 21,12; 22,7.

»Wer einen Menschen (איש) schlägt, daß er stirbt, soll des Todes sterben. Wer aber nicht aufgelauert hat, sondern Gott hat es ihm unter die Hand geschickt, so werde ich dir einen Ort einrichten, wohin er fliehen soll. So aber Jemand an seinem Nächsten frevelt und ihn umbringt mit List, von meinem Altare weg sollst du ihn führen zum Tode«.

Dieselben Gesetze werden 3 M. 24, 17. ff. zum Theil wiederholt und hier heißt es noch bestimmter: »Wenn Jemand »irgend einen Menschen« erschlägt«[9] und dann wird zum Schlusse v. 21. feierlich wiederholt: »Ein Rechtsgesetz[10] sei |10| für euch, für den Fremden wie für den Einheimischen: denn ich bin Gott, euer Herr.«

Wir wollen hier gleich im Anfange erklären, daß dieser letztere Ausdruck, der merkwürdigerweise gerade bei Rechts- und Sittengesetzen fast überall vorkommt, entweder allein: ich bin Gott, oder mit dem Zusatze: euer Herr, offenbar nichts Andres sagen will, als daß Gott, der Herr der ganzen Welt, gleichsam von Natur und seinem Wesen nach in Bezug auf Recht und Liebe keine Unterscheidung zwischen Israel und den anderen Völkern zulassen kann, unter welcher Voraussetzung wir nichts dagegen haben, wenn man auch die Erklärung der Rabbinen: daß Gott wahrhaftig sei, den Gerechten zu belohnen und Vergeltung an dem Frevler zu üben, damit verbinden will.

Von der bewundernswerthen Höhe des sittlichen Begriffs in dem Mosaismus überhaupt, ebenso wie von der völligen Gleichheit der Rechtsgesetze in Bezug auf alle Menschen ohne Unterschied liefert auch 2 Mos. 5, 21. ff. einen sprechenden Beweis.

> »Wenn Jemand sündigt und eine Untreue begeht an *Gott*, daß er dem Nächsten ableugnet ein anvertrautes Gut oder ein Darlehn oder etwas Geraubtes, oder er vorenthält seinem Nächsten den Lohn, oder er hat Verlorenes gefunden und läugnet es ab und schwört auf eine Lüge, von irgend etwas, was der *Mensch* thut, sich damit zu versündigen: wenn er also sündigt und sich verschuldet, so erstatte er … und bringe Gott sein Schuldopfer.«

Hier wird also das Gesetz nicht blos ganz allgemein gehalten: wer immer verschuldet, in irgend etwas, was der *Mensch* thut, und gegen wen er sich verschuldet[11], es wird diese Allgemeinheit ferner nicht bloß eben dadurch außer allen Zweifel gestellt, daß das Vergehen als Vergehen gegen *Gott* bezeichnet wird, als den Herrn Aller, sondern es erscheint das Recht ausdrücklich nicht als ein bloßes Gesetz, es erhält vielmehr, indem dessen Uebertretung als eine Untreue gegen Gott bezeichnet wird, und der Uebertreter aus |11| diesem Grunde außer der völligen Wiedererstattung und den auf die einzelnen Vergehen gesetzten Strafen in Bezug auf den Menschen, die bei Diebstahl bis auf's Vier- und Fünffache geht, sogar Gott ein Schuldopfer bringen muß, um seine That desto tiefer als Sünde gegen Gott seinem Gedächtnisse einzuprägen, eine unerschütterliche Grundlage, welche die Heiligkeit der gesellschaftlichen Ordnung in einer Weise feststellte und erhielt, die jede rohe Leidenschaft im Keime ersticken, jede Beschwichtigung des Gewissens durch Vorurtheile und persönlichen Haß unmöglich machen mußte. Jedes Vergreifen an dem Ei-

---

9   כל נפש אדם ...

10   משפט.

11   את עמיתו s. weiter.

genthum irgend eines Menschen, mochte er Israelite sein oder nicht, jede offene Plünderung wie jede geheime Zerstörung, war ein Raub, eine Untreue an *Gott*.

Eben so allgemein, Freund und Feind, Einheimische und Fremde umfassend, sind die schönen Vorschriften[12]:

»Du sollst kein falsches Gerücht aufnehmen (Onk. LXX. Rabb.; die Vulg. ausbreiten ne efferto), Du sollst deine Hand nicht bieten dem Frevler, um Zeuge zu sein der Ungerechtigkeit. Du sollst nicht der Menge folgen zum Bösen. Du sollst bei einem Rechtsstreite keinen Ausspruch thun, um dich der Menge anzuschließen, das Recht zu beugen. Auch den Armen sollst du nicht begünstigen in seiner Rechtssache. Wenn Du den Ochsen deines Feindes oder seinen Esel, der irre geht, triffst, bringe ihn demselben zurück. Wenn du den Esel deines Hassers erliegen siehst unter seiner Last, und du wolltest unterlassen, es ihm leichter zu machen … mache es ihm leichter mit ihm, u. s. w.«

Mit diesem bedingungslosen, gegen Fremde und Einheimische zu übenden, allgemeinen, in Gott wurzelnden Rechte möchten wir sogar die räthselhaften »Urim und Thumim« in Zusammenhang bringen. Sie sind am Schmucke »des Rechtes« (חשן המשפט) befestigt, heißen selbst »Licht und Recht« oder »Offenbarung und Wahrheit« (LXX. Δήλωσις καὶ ἀλήθεια), und sollen, »zum beständigen Andenken vor Gott«, von dem Hohen- |12| priester getragen werden. Letzterer war aber, in gewisser Hinsicht, der Vertreter des ganzen Volkes vor Gott[13]. Es dürfte daher die Annahme nahe liegen, daß sie in der beständigen Mahnung daran, daß das Recht in Gott wurzelte, seine Verletzung eine Sünde gegen Gott, und von Allen und gegen Alle zu üben sei, oder in der umfassendern Bedeutung, daß der ganze Inhalt der Offenbarung, die ganze göttliche Wahrheit für Alle sei, ihre wesentlichste Bedeutung haben sollten. Vielleicht hängt auch ihre Aufgabe: in wichtigen Angelegenheiten durch sie die Entscheidung des Hohenpriesters einzuholen, damit zusammen, indem sie daran erinnern sollten, daß das Gelingen ihrer Unternehmungen von der Beobachtung des durch sie dargestellten allgemeinen göttlichen Rechtes, oder im andern Sinne der ganzen göttlich offenbarten Wahrheit abhängig sei. Ja, fast möchten wir sogar behaupten, daß es dem mosaischen Gesetze noch mehr um die Einschärfung des Rechtes Fremden gegenüber, als gegen die Israeliten zu thun war. Dieß beweist die allgemeine Wiederholung des Verbots jedes Drucks, jeder Täuschung in Wort und That (2 Mos. 22, 19, 23, 9. u. s. w.) gegen den Fremden nach fast allen Rechtsgesetzen. Die g. Offenbarung hat damit offenbar die vorausgegangenen Gesetze den Fremden gegenüber dem Volke noch einmal besonders an's Herz legen wollen, um jeder andern, in Vorurtheilen wurzelnden Deutung entgegen zu treten. Aber nicht blos in Bezug auf die Rechtsgesetze herrscht im Mosaismus zwischen Israeliten und Fremden völlige Gleichheit; auch Liebe und Wohlthätigkeit sollten gegen Alle in gleicher Weise geübt werden.

---

12 2 M. 23, 1–5.

13 3 M. 4, 3 wo die Schuld des Hohenpriesters eine Verschuldung des ganzen Volkes genannt wird. Das. v. 13. ff. bei Versündigungen der ganzen Gemeinde, wo diese aber doch zugleich durch ihre Aeltesten sich selbst vertritt, also das eigentliche Mittleramt wieder ferne gehalten wird. Vgl. 4 M. 15, 25, wo wohl auch der gesalbte Priester gemeint ist, besonders aber am Versöhnungstage 3 M. c. 16. Vgl. zweite Abtheilung.

|13| Schon die tief gemüthliche Begründung bei dem Verbote der Rechtsverletzung gegen Fremde, 2 Mos. 23,9: »Ihr wisset, wie es dem Fremden *zu Muthe* ist: denn ihr seid selbst Fremde gewesen im Egypten-Lande«, zeigt auf's Klarste, daß das Gesetz selbst das Recht auf das Gefühl der Liebe und Theilnahme gründen wollte.

Das Gefühl das in diesem Gedanken wurzelt, hat sich auf späte Zeiten vererbt. So heißt es in den phokylodäischen Versen des jüdisch-alexanderischen Dichters:

> »Fremdlingen unter den Bürgern erweiset gleichmäßige Ehre,
> Denn wir irren umher allesammt, unstetigen Lebens,
> Und es bietet kein Land den Sterblichen sichern Boden.«[14]

Im 5 Mos. 10,19 wird geradezu die Liebe gegen den Fremden von Israel gefordert, und diese Liebe nicht blos mit ihrer Erinnerung an das eigene Fremdsein in Egypten, sondern noch damit begründet, daß Gott Aller Gott und Herr ist und auch den Fremden liebt und ihm Brod und Kleidung gibt, ja, es wird die Pflicht der Liebe gegen den Fremden mit der Ehrfurcht und Liebe, die wir Gott schulden, in Verbindung gebracht.

> »Und nun Israel! was fordert Gott, dein Herr, von dir, als daß du fürchtest Gott, deinen Herrn, in allen seinen Wegen wandelst, und ihn liebest und dienest Gott, deinem Herrn, mit deinem ganzen Herzen und deiner ganzen Seele; daß du beobachtest die Gebote Gottes und seine Gesetze, die ich dir heute gebiete zu deinem Wohle. Siehe, Gottes, deines Herrn ist der Himmel und der Himmel Himmel, die Erde und Alles, was darin ist. Allein deine Väter begehrte |14| Gott, daß er sie liebte, und so erkor er ihren Samen nach ihnen, euch, aus allen Völkern, wie diesen Tag. So beschneidet denn die Vorhaut eures Herzens und seid nicht mehr hartnäckig. Denn Gott, euer Herr, er ist Gott der Götter und Herr der Herren, der Mächtige, der Starke, der Geehrfürchtete, der nicht begünstigt das Ansehen und nicht nimmt Bestechung; der da übet Recht gegen Waise und Wittwe, und *liebt* den Fremden, und gibt ihm Brot und Kleidung. Und so *liebet* ihr den Fremden, denn Fremde waret ihr im Lande Egypten. Gott, deinen Herrn, sollst du fürchten, ihm sollst du dienen, und an ihm sollst du hangen und bei seinem Namen schwören.«

Alle thatsächlichen Liebespflichten waren darum gegen den Fremden geboten, alle Liebesanstalten waren für ihn, wie für den Israeliten geöffnet, alle Unterstützungen der Armen, für die das mosaische Gesetz so reichlich sorgt, mußten ihm gleich wie den israelitischen Armen gereicht werden. Das Gesetz 3 M. 25. 35., mag man die Worte erklären, wie man wolle: daß man den Israeliten als einen Fremden unterstützen solle (LXX.) oder mit den Rabbinen und Accenten den letzten Theil des Verses von dem vorhergehenden trennen und die Unterstützung des Fremden besonders darin empfohlen sehen[15], gebietet jedenfalls, auch dem Fremden Aushülfe zu gewähren, wenn er herabgekommen. Die Früchte auf den Ecken der zu erntenden Felder, die Nachlese auf den Feldern und in

---

14 Möchte dieser schöne Gedanke aus uralter Zeit heute noch allgemeine Anerkennung finden und der Wurm, Mensch, der selbst »Fremdling ist auf Erden wie alle seine Vorfahren« würde es nicht wagen, von Toleranz, *Duldung* Andersgläubigen gegenüber zu reden, oder gar kühn und herausfordernd »als übe er damit Gerechtigkeit und verlasse das Recht seines Gottes nicht«, Intoleranz zu üben und zu predigen.

15 Deut. 10, 12–20.

Weinbergen gehörten dem Fremden, wie dem israelitischen Armen.[16] Besonders die Stelle, 3 M. 19, 9. ff. die von so tiefer Gemüthlichkeit, von so zarter Sorgfalt gegen jeden Unglücklichen zeugt, und die darin enthaltenen Pflichten wieder auf die Ehrfurcht gegen Gott, den Herrn, gründet, der eben Gott und Herr aller Menschen ist, und darin, außer ihrer ganz allgemeinen Fassung, den Beweis ihrer Allgemeingültigkeit in sich trägt, verdient es, |15| daß wir sie zur Vervollständigung unseres Bildes ganz hierher setzen; auch deßhalb, weil sie am Schlusse ausdrücklich die Liebe gegen den Nebenmenschen als ganz allgemeine Pflicht aufstellt.

»Wenn ihr erntet die Ernte eures Landes, so sollst du die Ecke deines Feldes nicht ganz abernten, und die Nachlese deiner Ernte sollst du nicht nachlesen. Und deinen Weinberg sollst du nicht nachlesen, und die Einzeltrauben deines Weinbergs sollst du nicht ablesen, dem Armen und dem Fremden sollst du sie überlassen. Ich bin Gott, euer Herr … Du sollst dem Tauben nicht fluchen und einem Blinden keinen Anstoß in den Weg legen (was sich nach der Ueberlieferung auf jede Schädigung eines in einer Sache Unwissenden durch Rath oder That, auf jede Benützung unverschuldeter Hülflosigkeit bezieht) und fürchte dich vor deinem Gott. Ich Gott …
Du sollst nicht als Verläumder umhergehen unter deinem Volke, stehe nicht (ruhig) bei dem Blute deines Nächsten. Ich Gott. Du sollst deinen Bruder nicht hassen in deinem Herzen; zurechtweisen sollst du deinen Mitmenschen (עמיתך), damit du nicht seinetwegen eine Sünde tragest. Du sollst dich nicht rächen, und nicht Zorn halten gegen die Söhne deines Volkes[17]. Du sollst deinen Nebenmenschen lieben, wie dich selbst, ich bin Gott.«

Auch die Asylstädte[18], die den Unschuldigen vor der Familienrache und vor jeglicher Gewalt schützend aufnahmen, standen dem Fremden wie dem Einheimischen offen[19]. In einigen Stellen wird der Fremde ausdrücklich genannt, in andern im allgemeineren Ausdruck Rëa. Das mosaische Gesetz |16| konnte eben die bei allen alten Völkern bestehende, als höchste Pflicht der Gerechtigkeit und der Familienliebe geltende Blutrache, die dem nächsten Verwandten oblag – er war der »Löser des Blutes« (גואל הדם) bei dem Todschlag eines Verwandten, wie der Löser eines durch Armuth verkauften Grundstückes – nicht aufheben, es suchte sie daher wenigstens so viel als möglich zu verhüten.

Das Gesetz trat hier blos reformatorisch auf, indem es einerseits durch Beschränkung der Asylplätze – es waren außer dem Tempel (dem Altare) nur sechs Städte im ganzen Lande – und Anordnung einer sofortigen Untersuchung über Schuld oder Unschuld des Flüchtlings, den bei andern Völkern und noch im Mittelalter mit den Asylplätzen für alle möglichen Verbrechen getriebenen Mißbrauch kaum möglich machte, – der vorsätzliche Mörder mußte selbst vom Altare weggenommen und dem Tode überliefert werden – andererseits dem wirklich Unschuldigen Asyle eröffnete, in welche er auf gebahnten Wegen, die immer, wie das Gesetz ausdrücklich bestimmte, in gutem Zustande erhalten wer-

---

16 3 M. 19, 9 ff. 23, 22.
17 Wir werden später sehen, daß sogar dieser Ausdruck, was hier aus dem Zusammenhange schon hervorgeht, ausdrücklich von *allen* Bewohnern des Landes gebraucht wird.
18 2 M. 21, 13. 4 M. c. 35. Deut. 4, 41–43. 19, 1–13. Jos. c. 20.
19 2 M. 21, 13. 4 M. c. 35.

den mußten, ohne Schwierigkeit fliehen konnte. Und auch diese Wohlthat genoß der Fremde ganz gleich wie der Israelite. Es wurde also damals noch nicht eine Feindseligkeit der Heiden gegen den Israeliten und ein in diesem Grunde wurzelnder freiwilliger Todschlag ohne persönlichen Haß vorausgesetzt, was denn auch umgekehrt wieder auf den Geist der mosaischen Gesetze schließen läßt, und für ihre Auffassung nach dieser Richtung von Bedeutung ist. Solche Verfolgungen und Todschläge ohne persönlichen Grund, aus Fanatismus und religiösen Vorurtheilen, werden erst das Produkt anderweiter »civilisatorischer« Thätigkeit: weder das alte Heidenthum noch der Mosaismus kannten sie. Das Gesetz des Erlaßjahres in Bezug auf Darlehen 5 M. 16, 1–12, dieser weitere herrliche Ausfluß der thätigen Liebe und Fürsorge für die Armen im mosaischen Gesetze, umfaßt wieder den im Lande wohnenden Fremden und beweist zugleich, da hier der |17| Ausdruck »Bruder« gebraucht wird, daß auch jener unter dieser Bezeichnung verstanden wird.

Daß der Fremde Ger (גֵר) inbegriffen ist, beweist einmal, daß nur der Ausländer (נָכְרִי) ausdrücklich ausgeschlossen wird; ferner, daß es am Ende ausdrücklich noch einmal heißt: außer deinem armen Bruder »und« »den Dürftigen in deinem Lande« d.h. jedem dürftigen Einwohner[20]. Auch das von so tiefer Liebe, von so umfassender, wahrhaft rührender Humanität zeugende Darlehensgesetz[21] umfaßt theils eingeschlossen in der ganz allgemeinen Fassung, wie in der ersten Stelle, theils ausdrücklich, wie in der zweiten, den Fremden wie den Israeliten. Es ist daher schon in diesem Falle unbegreiflich, wie das Vorurtheil so geblendet sein konnte, in der Stelle Deuter. 21, 23, den Nichtisraeliten von der Wohlthat des Gesetzes ausgeschlossen zu sehen, wenn man auch nicht einsah, daß unter Nochri (נכרי) nur der *Ausländer* verstanden werde, wie aus 2 M. 2, 22. 18, 3 unwiderleglich hervorgeht[22].

Indessen auch abgesehen davon, ist der Vorwurf der Härte, den man daraus gegen den Mosaismus entnehmen wollte, unbegreiflich. Daß von *Wucher*, wie es Luther nach der Vulgata übersetzt hat, nicht die Rede sei, leuchtet an sich ein, besonders wenn man den Begriff übermäßigen Zinsnehmens mit diesem Worte verbindet. Denn dann müßte das Zinsennehmen, sofern es billige Grenzen nicht überschreitet, auch von dem Israeliten gestattet gewesen sein, was nach 3 M. 25, 36. 37., wo das Gesetz auch auf Naturalien ausge-|18|dehnt wird, nicht angenommen werden kann, da das Wort Tarbith (תרבית), wie dessen Wurzel beweist, *jede Vermehrung des Kapitals, jeden Zuschuß über dasselbe* verbietet. Die Zusammenstellung der Worte Neschech (נשך) und Tarbith (תרבית) mag vielleicht darin ihren Grund haben, daß der erstere Ausdruck auf Zins von Geld, der letztere auf Zuschuß bei Früchtedarlehen in Gebrauch war. Daran aber kann kein Zweifel sein, daß, zwischen Geld- und Früchtedarlehen kein Unterschied war, und bei dem erstern wie bei dem letztern *jeder* Zuschuß über das Kapital, also jeder Zins, verboten war[23].

---

20 Targ. Jon. u. LXX.

21 2 M. 22, 24–26; 3 M. 26, 35, 38.

22 Der Gegensatz zwischen גר und נכרי in diesem Sinne tritt auch 5, 14. 22 hervor; s. Ibn Esra z. St. בארצך לנר אשר בשעריך ואינו מתיהד . . או מכור לנכרי, שאינו דר בארצך. »Dem *Fremden* (Ger), der *in deinen Thoren* ist, und sich nicht zum Judenthume bekennt, oder verkaufen dem Ausländer (Nochri), *der nicht in deinem* Lande wohnt«.

23 Die LXX übersetzen נשך τόκος, was offenbar (v. τίκτω) *Alles* begreift, was das Kapital einbringen

Gesetzt also auch, der im Lande wohnende Fremde wäre, in Widerspruch übrigens mit dem ausdrücklichen Gesetze[24], von dieser Wohlthat ausgeschlossen gewesen, so könnten wir immer noch den Vorwurf nicht begreifen, den man daraus hernehmen wollte. Das Gesetz in seinem positiven Sinne, d.h. in dem Verbot *alles* Zinsnehmens ist ein Ausfluß solcher, man möchte sagen, exorbitanten Liebe, daß es überhaupt nur in jenen ganz einfachen Verhältnissen, wo vom Handel noch keine Rede war, möglich sein konnte, und liegt vielleicht ein Grund darin, daß das Deuteronomium, als die Philister und Tyrier, die den Handel vermittelten, thatsächlich gegen die ursprüng- |19| liche Intention, in Kanaan blieben, die Ausnahme dem Ausländer, d.h. dem einem andern Staatsverbande Angehörigen gegenüber aufgenommen hat. Es wäre daher kein Wunder und am allerwenigsten dem Gesetze ein Vorwurf daraus zu machen, wenn es nur dem zur Erfüllung des Gesetzes, also zur Gegenseitigkeit verpflichteten Israeliten, nicht dem Fremden gegenüber gegolten hätte, was aber auf Grund der absoluten Gleichheit des Gesetzes durchaus nicht der Fall war. Es läßt sich annehmen, daß der Fremde, wie bei allen *Rechtsgesetzen*[25], seinerseits auch zur Beobachtung dieses Gesetzes *im Lande* verpflichtet war. Das Umgekehrte würde den Grundsatz der Gleichheit umstoßen. *Wie gleichen Pflichten gleiche Rechte entsprechen müssen, wenn dem einfachsten Rechtsbegriffe nicht Hohn gesprochen werden soll, so wäre es umgekehrt auch unbillig, gleiche Rechte ohne Erfüllung der ihnen entsprechenden Pflichten beanspruchen zu wollen.* Entweder, oder ... ein drittes gibt es nicht. Und alle diese Gesetze sind im Deuteronomium wiederholt und in der Weise ausgedehnt, daß der Fremde sogar zu den Familienmahlen gleich den Leviten zugezogen werden solle. Gewiß auch ein Zug inniger Liebe, wie man ihn vergeblich irgend anderswo suchen wird. »Welchen Geist heiliger, brüderlicher Liebe und fester Verbindung aller Glieder und Klassen des Volkes mußte dieses Gesetz nähren« ruft hier O. v. Gerlach aus[26].

Aber selbst in *religiöser* Hinsicht, d.h. in Bezug auf die Heilsmittel, gab es keinen wesentlichen Unterschied zwischen dem Israeliten und dem Fremden. Es bestand jedoch kein Zwang gegen diesen. Er durfte mit einigen Einschränkungen, von denen wir gleich sprechen werden, ganz seiner Gewohnheit gemäß leben. Allerdings finden wir erst im Deuteronomium[27] |20| den Fremden von dem Verbote der Speisegesetze ausdrücklich ausgenommen. Allein schon früher[28] richten sich die Gebote blos an Israeliten und dürfen wir um so sicherer annehmen, daß jene Erlaubniß im Deuteronomium nicht der spä-

---

konnte, *jede* Frucht, *jedes* Einkommen aus demselben. Interessant ist der schöne Ausspruch eines Thalmudlehrers: »Siehe doch die Blindheit der Wucherer! Schimpft Einer den Andern, so geht er auf das Leben auf ihn los, und diese Wucherer bringen Zeugen, Schreiber, ... und schreiben und unterzeichnen: Der N.N. hat den Gott Israels verläugnet.« Treffend war auch die Antwort, welche R. *Jehuda* einem Heiden gab, der ihm wegen seines guten Aussehens die höhnische Bemerkung machte: »Du siehst wie ein Wucherer oder Schweinszüchter aus«. »Beides, antwortete er, ist den Juden verboten«. ביהודאי תרוייה אסירי (Ned. 49 b).

24   3 M. 25, 35 ff.
25   2 M. 22, 20.
26   Vgl. Deut. 14, 29; 24, 19–22; 26, 12, 13.
27   14, 21.
28   3 M. 6. 11.

tern Unterscheidung zwischen dem Proselyten der Gerechtigkeit (גר צדק) der sich ganz dem Judenthume angeschlossen und dem Beisaß – Proselyten (גר תושב), der sich blos dem Götzendienste entzogen und die Verpflichtung der sogenannten Noachidischen Gebote übernehmen mußte[29], ihren Ursprung verdankt. Ueberall wo die Verpflichtung des Fremden für ein Gebot gefordert wird, ist dies im mosaischen Gesetze ausdrücklich ausgesprochen. Das Verbot, Götzen zu opfern, ist ausdrücklich auch auf den Fremden ausgedehnt[30]. Das Verbot der Arbeit am Sabbath, der als Zeichen der Anerkennung Gottes als Schöpfer und Weltregierer gleichsam die öffentliche positive Protestation gegen den Götzendienst sein sollte, ist schon im Dekalog ausdrücklich auch für den Fremden gegeben[31].

Das ganze israelitische Staatswesen beruhte eben auf dem Monotheismus. Den Götzendienst im Lande auszurotten, war daher eine seiner ersten Verpflichtungen; er durfte im heiligen |21| Lande, auch von dem Fremden nicht geduldet werden[32]. Daher wurde auch Gotteslästerung an Fremden wie an Einheimischen bestraft[33]. Auch das Verbot des Blutgenusses für den Fremden[34] scheint uns mit dem Verbote des Götzendienstes in Zusammenhang gebracht worden zu sein, obgleich es ursprünglich[35], wie die jüdischen Erklärer[36] es überhaupt auffassen, in der Erziehung des Menschen zur Gesittung seinen alleinigen Grund haben mochte, da das Essen des Blutes oder des Fleisches, das noch lebt in seinem Blute, des noch nicht verbluteten Thieres[37], Blutdurst zu nähren allerdings geeignet sein dürfte. Die Beziehung des Blutverbotes zum Götzendienste im eigentlichen Mosaismus beweist schon der Zusammenhang, in welchen es unmittelbar, sogar durch das Vav copulativum mit dem Verbote, anders als vor der Thüre des Heiligthums zu opfern,

---

29 Th. b. Ab., Sar. 64, b.

30 3 M. 17. 9.

31 S. über diesen innigen Zusammenhang des Sabbathgesetzes mit dem Verbote des Götzendienstes weiter bei den Propheten. Der Talmud in der Baraitha Kherit. 9, a gestattet dem Fremden (Ger Toschabh.) das Arbeiten am Sabbath für sich selbst, jedoch nur wie den Israeliten an Halbfeiertagen, d.h. durchaus nothwendige Arbeiten, nach R. Akiba sogar nur wie an Feiertagen selbst, d.h. nur solche, die zur Speisebereitung nöthig sind, nach Andern aber sogar wie an Werktagen, jedoch nur für *sich* selbst; für seinen israelitischen Herrn ist sie ihm wie diesem unbedingt verboten. Es scheint also hier besonders nach der letzteren Ansicht das Arbeitsverbot am Sabbath für den Fremden besonders zum Behufe der Erholung und wesentlich für seinen Herrn angesehen worden zu sein. Dagegen scheint in der Baraitha Jeb. 48 b dem Fremden die Arbeit am Sabbath unbedingt verboten, gleich dem Israeliten, und zwar, wie Raschi dorten bemerkt, weil die |21| Uebertretung des Sabbathgesetzes dem Götzendienste gleich geachtet werde, im Gegensatze zu dem harmonistischen Versuche der Tosaphot in der ersteren Stelle. In Meich. Mischp. cap. 20 ist nur R. Akibas Ansicht aufgenommen, daß aber die Bibel keinen Unterschied macht, scheint zweifellos. Ihr war eben der Sabbath ein Zeichen der Anerkennung Gottes, also der Abläugnung des Götzendienstes.

32 2 M. 23, 24. 32.

33 3 M. 24, 16.

34 3 M. 17, 19, wofür schon 7, 27. כל נפש.

35 1 M. 9, 4.

36 Ibn Esra, Nachmen, Chinnuch.

37 בשר בנפשו דמו LXX. κρέας ἐν αἵματι ψυχῆς. Vgl. Ibn Esra 3 M. 17, 7.

um den Götzendienst zu verhüten, gebracht ist. Ebenso spricht für die ganz besondere Bedeutung des Blutverbotes die so häufige Wiederholung desselben im Gesetze. Das Blut, das an den Altar gesprengt wurde, war eben das hauptsächlichste Sühnemittel[38] und jeder Genuß desselben wurde als Ent- |22| weihung des Göttlichen, als eine Art Götzendienst betrachtet. Schon Maimonides[39] setzt das Blutverbot in Verbindung mit dem Götzendienste, weil es nämlich die Heiden bei ihren Götzendienstopfern genossen, und sich dadurch in Kontakt mit der Geisterwelt hätten setzen wollen. Er erklärt damit die allerdings auffallende Erscheinung, daß außer bei dem Götzendienste nur noch bei dem Blutverbote die Drohung im Gesetze stehe: Ich werde mein Angesicht wider diese Person wenden[40]. Aus denselben Gründen wurde auch dem Fremden, wie dem Einheimischen, geboten, das Blut eines auf der Jagd geschossenen Thieres mit Erde zu bedecken. Entweder weil das Auflecken des Blutes von einem andern Thiere zu befürchten stand, was als Entweihung betrachtet wurde[41], oder weil vielleicht gerade dieses Blut zu götzendienstlichen Bräuchen diente[42]. Nach Maimonides (l. l.) haben die Heiden zu diesem Zwecke das Blut in Gefäßen oder in Gruben, die sie in die Erde gemacht, gesammelt, was aber die verschiedenen Vorschriften bei im Hause geschlachteten oder auf dem Felde durch das Geschoß erlegten Thieren nicht erklären würde. Jedenfalls hing das Blutverbot mit dem Götzendienste zusammen, und war *deshalb* auch dem Fremden verboten. In allem Andern war dem Fremden sein religiöses Verhalten freigestellt. Er durfte sich, sobald er dem Götzendienste und dessen Bräuchen entsagt hatte, dem gottes- |23| dienstlichen Leben völlig anschließen, ohne daß sonst weiter die Beobachtung einer religiösen Vorschrift von ihm gefordert wurde. Nur das Peßachopfer durfte er erst dann mitfeiern, wenn er sich vorher der Beschneidung unterzog. Aber das ist eben das Eigenthümliche dieses Opfers, daß *kein* Unbeschnittener, auch kein Israelite als solcher, davon genießen durfte[43]. Es sollte eben auch ein Zeichen des besondern göttlichen Bündnisses mit Israel sein, und daher nur von dem genossen werden, der dieses Bündniß völlig über sich nahm[44]. Aber es stand dem Fremden biblisch sicher frei, keinen Theil an diesem Opfer zu nehmen, und sich dadurch der Beschneidung, wie jedem andern Gebote, nicht unterziehen zu müssen.

---

38   3 M. 17, 11. findet darin auch Nachmanides den Grund des Blutverbotes. Sonst stimmt dieser Erklärer überhaupt mit dem Verstandes-Rationalismus des Chinnuch in derartigen Geboten überein, s. denselben Vers vom Blute. Die Speisegesetze beruhen ihm ebenfalls in dem natürlichen Grunde, daß die Nahrung auf das geistige Leben des Menschen von Einfluß sei, s. 3 M. c. 11 und Deut. 14, 2, 8. So |22| ist ihm das Verbot des Kochens des Fleisches in der Muttermilch in der Härte und Lieblosigkeit gegründet (s. dagegen Mischna Meg. 4, 9.) s. auch Nachm. 5 M. 12, 22. – Vgl. Ap. Gesch. 15, 20, wo den Heiden außer der Unzucht und dem Götzendienst nur noch der Blutgenuß und das Erstickte (letzteres wohl auch wegen des Mangels der Verblutung) verboten ist, ein Beweis, daß Blutgenuß und Götzendienst auch bei den späteren Juden noch in Verbindung gebracht wurden.

39   More III, 46; vgl. 3 M. 17, 7; Deut. 32, 17; conf. Odys. XI.

40   3 M. 17. 10. 20, 3.

41   S. O. v. Gerlach z. St. conf. Nachm. Deut. 12, 22.

42   2 M. 12, 48. – Vgl. Ibn Esra loc. l. V. 13.

43   2 M. 12, 48.

44   S. Chinuch. Die Rabbinen verstehen sogar unter dem Fremden hier den isr. Gottesläugner, der sich in Glauben und Leben Gott »entfremdet«. Mech. Bo. c. 15, Maim. von dem Pesachopfer. X, 9. 8.

Ebensowenig war es ihm aber auch untersagt, an irgend einer andern religiösen Handlung theilzunehmen. Von einem solchen Verbot, oder dem Verbote, das Gesetz zu studiren, findet sich in der ganzen Bibel keine Spur.

Die letztere Auseinandersetzung würde uns schon der Nothwendigkeit überheben, die Auffassung des Fremden (גֵּר) in der Bibel und besonders in den mosaischen Büchern als eines solchen, der zum Judenthum übergetreten, als einen Irrthum hier nachzuweisen. Allein dennoch wollen wir, um jedem Mißverständnisse vorzubeugen, den biblischen Begriff des Wortes hier kurz erörtern, und damit zugleich den Nachweis der Begriffe des Rëa (רֵעַ) und Amith (עָמִית), welche in diesen Gesetzen immer wiederkehren, verbinden. Jener Irrthum entstand durch die Verwechslung des biblischen Begriffes jenes Wortes mit dem Begriff, den das spätere Judenthum häufig damit verbindet, indem es wenigstens in gewissen Fällen, wie bereits erwähnt, zwischen den zum Judenthum völlig über- |24| getretenen Ger (גר צדק) und dem, welcher nur dem Götzendienste entsagte, und die sogenannten Noachidischen Gebote erfüllte (גר תושב), einen Unterschied macht. Wort und Sache beweisen für die Bibel, daß an diese Unterscheidung noch nicht gedacht ward.

Was zunächst das Wort betrifft, so nennt sich Abraham bei den Chittiten einen Fremden גר, ebenso Moses unter den Midianiten, und von beiden wird nicht behauptet werden wollen, daß sie ihre religiösen Ueberzeugungen aufgegeben und sich dem Heidenthume angeschlossen hätten. Die Begründung der Ausdehnung der Gebote des Rechtes und der Liebe auf die Fremden wird häufig daher genommen, daß die Israeliten selbst »Fremde«, »Gerim« in Egypten gewesen. Diese Begründung allein schneidet jede Beschränkung des Wortes nach irgend welcher Richtung mit Nothwendigkeit ab. Denn welchem Lande, welchem Volke der Fremde auch angehörte, welches auch die Vorschriften seines Glaubens sein mochten, nach keiner dieser Richtungen konnte er Israel mehr fremd sein, als es die Israeliten in Egypten waren (das Verbot des Götzendienstes hat, wie wir nachgewiesen, einen andern Grund). Allein auch die Sache selbst führt zu demselben Ergebnisse. Die Gesetze, welche 2 Mos. 21,12 ff. ganz allgemein gehalten sind, und daher irgend welche Beschränkung nicht zulassen, ebenso wenig, wie die entsprechenden des Dekalogs werden 3 M. 24,22 für den Fremden wie für den Einheimischen mit dem allgemeinen Satz: »Ein Recht sei für euch, für den Fremden, wie für den Einheimischen« geschlossen. Es wäre daher sicher ein Widerspruch mit dem Sinne des Gesetzes, wollte man den Begriff des »Fremden« Ger in irgend welcher Weise beschränken. Ja, wir sind sogar der Ueberzeugung, daß es für die Verpflichtung zu diesen allgemeinen Rechtsgesetzen gegen den Fremden nicht einmal des Aufgebens des Götzendienstes von seiner Seite bedurfte. Wer sich im Lande niederlassen wollte, der mußte allerdings den Götzendienst und was damit zusammenhing, aufgeben, weil |25| eben die Ausübung des Götzendienstes und der ihm eigenthümlichen Sitten im Lande nicht geduldet werden sollte. Aber Gewalt und Unrecht war unbedingt gegen *jeden Menschen* verboten, wie der Ausdruck 3 M. 24,17: wer »irgend einen Menschen[45] erschlägt«, in Verbindung mit der allgemeinen Fassung dieser Gesetze unwiderleglich beweist. Diesem aus der Sache erwiesenen Begriff des Wortes »Fremder« גר, nach welchem er entweder den Fremden ganz

---

45 כל נפש אדם.

bedingungslos, selbst den durchreisenden Fremden, der seinem Glauben in keiner Weise entsagt hatte, oder den im Lande sich niederlassenden Fremden, der höchstens dem Götzendienste mit seinen ihn kennzeichnenden Bräuchen, d.h. der thatsächlichen Uebung derselben entsagen mußte, bezeichnet, kann kein Widerspruch entgegengesetzt werden. Ja, noch mehr, aus 4 M. 15,26 geht sogar hervor, daß der Fremde, natürlich hier der, welcher sich im Lande niedergelassen und dem Götzendienste entsagt hatte[46], unter dem Ausdruck »Volk« mitbegriffen wurde, so daß also dieses Wort (hebr. »Am«) nicht etwa, wie man gewöhnlich glaubt, blos die Israeliten, sondern *alle Bewohner des Landes*, so weit sie dem Götzendienste entsagen, umfaßt: »Es wird vergeben der ganzen Gemeinde der Söhne Israels *und dem Fremdling*, der in ihrer Mitte wohnt; denn es war bei dem *ganzen Volke* ein Versehen.« Nach den Accenten in 3 M. 25,35 muß man sogar annehmen, daß auch mit dem Worte »Bruder« (אח) der Fremde wie der Israelite bezeichnet wird, denn da muß der Vers übersetzt werden: »Wenn dein Bruder verarmt und seine Hand wanket, so greife ihm unter die Arme, Fremdling wie Beisasse, daß er bei dir lebe.« Dann heißt es wieder V. 36: »Nimm von ihm (also vom Fremden wie vom Einheimischen) nicht Zins und Ueberschuß, daß dein *Bruder* lebe bei dir.« In demselben Gesetz, das, wie bereits nachgewiesen, *Alle* umfaßt, |26| wird 2 M. 22. 24 der Ausdruck: »Mein Volk« (עמי) gebraucht, wie ja auch Jes. 19,25 die Egypter genannt werden[47] und es ist also auch hier wieder der Fremde im Lande mit den Israeliten unter dem »Volke« begriffen, wie 4 M. 15,26 und Deut. 23,21, wo ausdrücklich nur der Ausländer (נכרי) d.h. der nicht im Lande Wohnende dem »Bruder« (אחיך) entgegengesetzt wird.

Was nun den Ausdruck Rëa, Nebenmensch, Nächster, betrifft, so tritt, wo möglich, noch klarer seine Bedeutung als *jeden Menschen umfassend*, hervor. Zuerst wieder die bestimmte Bedeutung des *Wortes* anlangend, so werden ausdrücklich die Egypter den Israeliten gegenüber[48] also genannt. Auch Jehuda's Genosse, Chira aus Adullam, wird[49] dessen Rëa genannt, und er kann sicher nicht als ein Glaubens- oder Familiengenosse desselben gelten. Aber auch außerdem kann es keinem Zweifel unterliegen, daß die Bibel *unter Rëa eben blos den Nebenmenschen, wer er immer sei, ohne allen Nebenbegriff wie etwa die Glaubens- oder Stammgenossenschaft, verstanden hat.* Die babylonischen Thurmbauer stellt die h. Schrift als ein Gemisch von Menschen dar, die aus allen Gegenden des Morgenlandes zusammengeströmt waren, und will damit das Vorhandensein einer gemeinschaftlichen Ursprache beweisen und sie nennt den Einen in Bezug auf den Andern Rëa. Wenn aber gar 1 M. 15,10 die verschiedenen Stücke desselben Thieres oder Jes. 34,14.15 ein Satyr und Raubvogel in Beziehung zu einander mit dem Namen Rëa bezeichnet werden, so kann es doch gar keinem Zweifel unterliegen, daß eben nur die Dinge derselben *Gattung*, also auch ein *Mensch* im Verhältniß zum andern *Menschen* ohne allen Unterschied nach irgend welcher accidentiellen Richtung, unter dem Wort Rëa verstanden werden, und daß daher der neunte und zehnte der zehn Aus- |27| sprüche, wie die Vorschrift 3 M. 19,18: »Du sollst

---

46 Nach der Tradition handelt es sich hier überhaupt um ein götzendienerisches Vergehen.

47 s. weiter.

48 2 M. 11,3.

49 1 M. 38,12,20.

deinen Nächsten (Rëa) lieben, wie dich selbst,« kurz alle Rechts-, Sitten- und Liebesgesetze, in welchen überall dieser Ausdruck gebraucht wird, deßhalb nicht etwa bloß den Israeliten bezeichnen, sondern umgekehrt gerade auch deßhalb, weil dieser Ausdruck gebraucht wird, ganz allgemein in Bezug auf alle Menschen ohne Unterschied gefaßt werden müssen.

v. Haneberg, der in seiner Gesch. der Offenbarung so entschieden den Universalismus der altbiblischen Urkunden anerkennt, will dennoch in seinem Buche: »Die religiösen Alterthümer der Bibel« (S. 142 ff.) das Wort Rëa beschränkend blos auf Israeliten angewandt wissen. Wir müssen aber trotzdem unserer obigen, sprachlich und sachlich bezeugten Darstellung treu bleiben. Mit dem Talmud, den v. H. heranzieht, haben wir es hier nicht zu thun, wir kommen später darauf zurück, sondern nur mit der Bibel. Diese aber gebraucht das Wort zweifelsohne ganz allgemein.

Ebenso müssen wir entschieden der Annahme entgegentreten, als lehre die Bibel nicht Liebe, ja sogar Haß gegen *Feinde.* Das Gebot der Vertilgung der götzendienerischen Kananiten im gelobten Lande erklärt v. H. selbst so genügend und dem wirklichen Verhältnisse entsprechend, daß er darin keinen Widerspruch gegen das Gebot der allgemeinen Menschenliebe finden kann. Israel ward eben der Beruf, oder sagen wir lieber die geschichtliche Aufgabe von der Vorsehung, den Segen Abrahams, d.i. die Erkenntniß Gottes zu erhalten und zu verbreiten. Deßhalb und nur deßhalb sollte es »abgesondert« leben und war es »der Antheil des Ewigen« und nur in diesem Sinne sind die Stellen 4 M. 23, 9 ff., Deut. 22, 9 zu erklären, ganz wie der ähnliche Ausdruck 2 M. 19, 5. Es durfte daher auch nicht gleich im Anfange, ehe dieser Glaube bei ihm selbst feste Wurzel geschlagen, wie das goldene Kalb und die Geschichte mit den Moabiten und ihren Baalsopfern 4 M. 28. 2. 3 beweisen, mitten unter Götzen- |28| dienern wohnen. Ob die Art, wie dieser Zweck erreicht werden sollte, die richtige war, haben wir dem Offenbarungsgläubigen gegenüber nicht zu besprechen; wir haben keine Theodicee zu schreiben. Wer aber nur menschliche Geschichte darin sieht, dem ist sie ohnedies durch die alten rauhen Volkssitten erklärlich. Bei jenen alten Völkern gab es im Kriege eben nur Sieg oder Vertilgung, ein Drittes war gar nicht denkbar. Indessen hat die Wirklichkeit, wie der Verlauf der Geschichte beweist, dem Vorsatze doch nicht entsprochen.

Doch die mosaischen Bücher geben noch einen ganz andern Grund an für die Austreibung und Vernichtung der Kananitischen Völkerschaften. Es war ihre gräuelhafte Unzucht, ihre blutschänderische Versunkenheit, so daß das Land, wie die Schrift sich drastisch ausdrückt, »seine Bewohner ausspie.«

Aber gerade hier zeigt sich die vollendetste Gerechtigkeit, die völlige Gleichheit Israels in dieser Hinsicht mit den entartetsten heidnischen Völkern, indem ihm ganz dasselbe Schicksal angedroht wird, wenn es in solche Laster versinke. »Verunreinigt euch nicht durch all dieses (die blutschänderischen Gräuel), denn durch all dieses verunreinigten sich die Völker, die ich vor euch hertreibe. Da ist das Land unrein geworden und ich suche die Schuld heim an ihm und das Land speit seine Bewohner aus. So beobachtet ihr meine Satzungen und meine Rechte und thut nicht von allen diesen Gräueln, der Einheimische oder Fremdling, der sich aufhält in euerer Mitte [50], denn all diese Gräuel übten die Be-

---

50 Auch hier ist also dem Fremdling unzüchtiges Leben verboten, das offenbar mit dem Götzen-

wohner dieses Landes, die vor euch, und das Land ward verunreinigt. *Damit das Land euch nicht ausspeie, wenn ihr es verunreinigt, wie es ausgespieen das Volk vor euch [51]«*.

|29| Der Weltenlenker (Hab. III, 6) findet es bisweilen seinem Plane angemessen, die entarteten Völker mit dem »Stabe des Wehes« (Sach. II, 7) zu leiten und weiß am besten, wem er die Zuchtruthe in die Hand gibt. Jedenfalls blieb gerade Israel weniger denn irgend ein Volk auf Erden davon verschont.

Es ist zu verwundern, daß ein Mann wie v. H. dies übersehen konnte.

Aber auch der Kampf Israels gegen die Amalekiten beweist sicher eben so wenig für ein »Gebot des Hasses« gegen Feinde. Amalek bildete eben eine Ausnahme, wie 2 M. 17, 15, 5 M. 25, 18, 19 zeigen und ist vielmehr gerade ein Beweis dafür, daß gegen andere auswärtige Völkerschaften keine Feindseligkeit geübt werden sollte. Es ist daher sicher falsch, daraus ein Gebot des Hasses gegen Feinde überhaupt oder gar gegen den einzelnen »Feind« herleiten zu wollen, abgesehen von der Frage, ob der »eifernde« Prophet und Priester Samuel die mosaischen Ausdrücke nicht allzuwörtlich genommen und in der That zu weit gegangen sei? –

Ist überhaupt die weltgeschichtliche Mission des Christenthums, das Heidenthum mit seiner sittlichen Versunkenheit zu besiegen, nicht bedeutend genug, daß es zu seiner Erhebung der Herabziehung der alten Gotteslehre bedarf und in den höchsten sittlichen *Principien* Gott gleichsam, wie doch auf jenem Standpunkte angenommen werden müßte, mit sich selbst in Widerspruch gebracht werden muß?

Unsere Erklärung des Wortes Rëa tritt aber auch aus der Sache selbst klar hervor. Eine gesunde Exegese kann nicht zweifeln, daß in dem neunten und zehnten Ausspruche die Sache an sich, rein objectiv, ganz ebenso wie die vorhergehenden Verbote des Mords, Ehebruchs und Diebstahls verboten werden sollte. Dasselbe Gesetz, das 2 M. 21, 14 den wissentlichen Todschlag des Rëa mit dem Tod bestraft, heißt 3 M. 24, 21: »wer einen Menschen erschlägt.«

|30| Das Gesetz 3 M. 19, 3: »Du sollst deinem Rëa den Lohn nicht vorenthalten«, wird Deut. 24, 14 ausdrücklich auch in Bezug auf den Fremden wiederholt. Ebenso verhält es sich aber auch mit »Amith« (עמית), das (mit עם zusammenhängend) dem Wortsinne nach doch eher noch eine beschränkende Bedeutung zuließe: es wird ganz wie Rëa, und mit letzterem parallel in der allgemeinsten Bedeutung von »Nebenmenschen« gebraucht. Das Gesetz 2 M. 22, 6 ff., das von der Veruntreuung anvertrauten Gutes handelt, spricht von diesem Vergehen gegen den Rëa, während das seinem wesentlichen Inhalte nach gleiche Gesetz 3 M. 5, 11 ff. von dem Amith spricht und V. 22 sogar geradezu »Mensch« (אדם) dafür setzt.

Nur das Rechtsverhältniß der Sklaven fordert noch besondere Besprechung, da dieses in Bezug auf Israeliten und Heiden allerdings verschieden erscheint: der israelitische Sklave war im siebenten Jahre seiner Knechtschaft von Rechtswegen frei. Bei dem heid-

---

dienste in Verbindung stand, wie die oben angeführte Geschichte der Moabiten und das ganze Alterthum beweist.

51   3 M. 18, 24–28. Dieselbe Drohung ist Cap. 20, 22. mit Nachdruck wiederholt.

nischen Knechte war dies nicht der Fall. Er *durfte* sogar den Kindern vererbt und immer in Knechtschaft gehalten werden [52].

Wir sagen *durfte*, wie der natürliche Zusammenhang zeigt: der israel. Knecht durfte nicht in ewiger Knechtschaft gehalten werden, der heidnische Knecht durfte es, wie es selbst eine große Autorität im Talmud auffaßt. Daß es ein *Gebot* sein sollte, wie allerdings andere Talmudisten es erklären [53] und Maimonides daher in seine Gesetzessammlung aufnahm [54], ist offenbar gegen den Context der Schrift. Ebenso wäre es falsch, aus dem Verbote: gegen den israel. Knecht mit Härte zu verfahren (das. V. 46), das Gegentheil in Bezug auf den heidnischen Sklaven zu folgern. Jener Ausdruck hier |31| will offenbar nur wiederholen, was bereits vorher geboten ist, nämlich den israel. Knecht überhaupt nicht als *Sklave* zu behandeln, was natürlich bei dem heidnischen nicht der Fall war. Um jedoch dieses ganze *Verhältniß* zu begreifen und namentlich den allerdings bedeutenden Unterschied, den das Gesetz zwischen dem israel. Knechte und dem heidnischen Sklaven macht, richtig zu beurtheilen, ist es nothwendig, den Grundgedanken des Mosaismus in Bezug auf Israel selbst im Auge zu behalten. Dieser bestand darin, daß mit Ausnahme der Priester und Leviten, die aber wieder nur, wohl auch um einen allgemeinen Gottesdienst für das ganze Volk, eine Gesammtvertretung in der Stiftshütte oder im Tempel um so leichter einzuführen, die Stellvertreter der Erstgebornen wurden [55], gar keinen Unterschied in der gesellschaftlichen Stellung der Einzelnen im Volke anerkannte. *Das ganze Volk war heilig, Gottes* Knechte und sollte und durfte daher in ein knechtisches Verhältniß zu Menschen gar nicht treten [56].

Es sollte ein freies Volk von Brüdern sein mit dem für Alle gleichen Berufe vom Niedrigsten bis zum Höchsten, vom Aermsten bis zum Reichsten, im Dienste Gottes und dessen Erkenntniß und Verehrung zum Segen der Menschheit zu leben [57].

Trefflich drücken sich die Alten darüber aus: »Mein Eigenthumsbrief ist der erste von allen [58].

|32| Und dennoch konnte das Gesetz die Sklaverei im jüdischen Staate, selbst für die Israeliten, nicht ganz aufheben: es mußte wenigstens die freiwillige Knechtschaft bis zu einem gewissen Punkte, d.h. mit der Beschränkung auf eine gewisse Zeit, zulassen; wer diese Zeit freiwillig überschritt, mußte, um jede Uebereilung von Seiten des Knechtes,

---

52 3 M. 25,39–46.

53 Gittin 38 b.

54 Von den Sklaven 9,6. Wir werden jedoch die rabbinischen Gesetze über die Sklaven in einem eigenen Abschnitt ausführlich be- |31| handeln, um dieses wichtige, mit unserer Aufgabe in innigem Zusammenhange stehende Verhältniß völlig klar zu machen.

55 Ein gewisser Ueberrest des egyptischen Kastenwesens mochte auch im Interesse des religiösen Lebens beibehalten worden sein. S. zweite Abtheilung.

56 3 Mos. 25,42.55.

57 Diese völlige Gleichheit vor dem Gesetze hat unter den Rabbinen R. Akiba am consequentesten durchgeführt. Andere wollten die Beschimpfung eines Menschen nach dessen Stande verschieden bestrafen. Er sagte: »Auch der Aermste ist hier gleich; denn Alle sind freie Menschen.« B. Kam. VIII, 6.

58 שטרי קדם עליהם ראשון. Mech. z. St.

oder eine Ueberredung, einen moralischen Zwang von Seiten des Herrn zu verhindern, die feierliche Erklärung seines Entschlusses vor dem öffentlichen Gerichte abgeben [59] und sich es überdies gefallen lassen, daß hier öffentlich ein bleibendes Zeichen seiner Knechtschaft an seinem Leibe gemacht wurde [60]: offenbar, um eine längere Knechtschaft so viel als möglich zu erschweren [61]. Außerdem, daß ein Israelite sich aus Armuth freiwillig an einen im Lande wohnenden Fremden verkaufen durfte [62], wurde der Dieb, wenn er das Gestohlene nicht wieder erstatten konnte, zum Sklaven verkauft [63] und, wohl erst später, vielleicht auch mißbräuchlich (2 Kön. 4,1.), für eine Schuldforderung vom Gläubiger als Sklave genommen. Erwägt man aber die außerordentliche Milde, die das Gesetz in dieser Beziehung verordnete, indem es ausdrücklich befahl, nicht mit Strenge über den Sklaven zu herrschen, ja das eigentliche Sklavenverhältniß völlig aufhob, und den israelitischen Sklaven nicht |33| als Leibeigenen, sondern wie einen Taglöhner zu behandeln gebot, so möchte dieses Verhältniß unserem heutigen Gefängnißwesen gegenüber nicht allzuhart erscheinen. In Bezug auf andere Völker hätte natürlich die Aufhebung der Sklaverei noch weniger durchdringen können. Es war dieses Institut zu sehr mit dem Bewußtsein *aller* alten Völker verbunden. Aber auch hier tritt das Gesetz außerordentlich mildernd ein und bewährt seinen auch sonst überall hervortretenden, reformatorischen Charakter. Auch der nichtisraelitische Sklave genoß nicht nur den Schutz seines Lebens gleich jedem Andern, sondern er ward auch gegen Beschädigungen geschützt [64]; auch ihm mußte die Sabbathruhe, gleich jedem Israeliten, gegönnt werden, wie schon der Dekalog gebietet; auch er mußte zu den Familien-Opfermahlzeiten zugezogen und gleichsam als Familienmitglied behandelt werden [65]. Auch der heidnische Sklave, der seinem Herrn entlaufen war, durfte nicht ausgeliefert werden, es war ihm vielmehr im ganzen Lande überall freies Niederlassungsrecht gewährt, und er durfte nicht gekränkt werden [66].

Nach allem Diesem bedarf es keines weitern Nachweises mehr in Bezug auf die *Natur* des Rechtes und der Liebe, die in den mosaischen Büchern herrscht: sie ist ebenso hehr und heilig und rein und vollendet, wie allgemein und umfassend.

59 Mechiltha »Er muß sich zuerst mit seinen Verkäufern (wegen eines Diebstahls) berathen.«
60 2 M. 21,6.
61 »Das Ohr, welches am Sinai gehört hat: Du sollst nicht stehlen, werde durchbohrt, da es stahl«; »das Ohr, welches gehört hat: Meine Knechte sind Israel, soll durchbohrt werden, da dieser sich selbst zum Knechte verkaufte.« (Mech. z. St. Tos. B. Kama c. 7. Th. Kid. Fol. 22, b.) Auch sonst wird bekanntlich im Morgenlande das Durchbohren des Ohres vom Gerichte als Strafe angewendet, s. auch Chiskuni z. St.
62 3 M. 25,4. ff.
63 2 M. 22,2.
64 Das. 21,26,27.
65 Deut. 12,18; 16,11.
66 Das. 23,16,17. Alles dieses ausführlich in dem besondern Abschnitt.

[Die Propheten]

Was aber in den mosaischen Schriften zunächst nur an das *nationale* Israel gerichtet ist, als Träger und Vermittler des einheitlichen Gottesgedankens und der in ihm ruhenden ewigen Sittengesetze, aber schon mit dem ausdrück- |34| lichen Berufe, die Boten Gottes für die Menschheit zu sein und den Segen Abrahams für »alle Völker der Erde« unverfälscht zu erhalten, das schauen die *Propheten* in ihren herrlichsten Gesichten als die Herrschaft Gottes auf Erden, als das Messiasreich in seiner schönsten Erfüllung »am Ende der Tage.«

> »Da wird feststehen der Berg des Gott geweihten Hauses, als der Berge Haupt, und wird überragen die Höhen und es werden zu ihm strömen alle Völker. Und viele Völkerschaften werden gehn und sprechen: »Kommt, laßt uns hinaufwallen zu dem Berge Gottes, zum Hause des Gottes Jakobs, daß er uns belehre über seine Wege und wir wandeln in seinen Steigen.«

> »Denn von Zion geht die Lehre aus, und das Wort Gottes aus Jerusalem. Und richten wird er unter den Völkern, zurecht weisen viele Völkerschaften, und sie schmieden ihre Schwerter zu Pflugschaaren und ihre Speere zu Sicheln; nicht erhebt Volk gegen Volk ein Schwert und nicht lernen sie fürder den Krieg.«[67].

> Es ist die Zeit, in der sie nicht freveln und nicht verderben auf meinem ganzen heiligen Berge, denn voll ist die Erde der Erkenntniß Gottes, wie Wasser den Meeresgrund bedeckt.«[68].

Es ist die schöne Zeit der vollendeten Ausbreitung und Entwicklung des Gottoffenbarten Geistes der Wahrheit und Gerechtigkeit: »Gott wird König sein auf der ganzen Erde, an jenem Tage wird Gott der Einzige sein und sein Name der Einzige[69]. *Ein Gott und Eine Menschheit:* Das ist die Quintessenz des prophetischen Gedankens, der in der Zukunft sich verwirklichen, in den mosaischen Büchern aber schon als das Ziel der Gottesoffenbarung verkündigt wird.

Die Schranke des nationalen Israel ist niedergerissen, die jahrtausendjährige Nacht des Kämpfens und Ringens hat |35| ihr Ende erreicht, der Morgen ist herangebrochen, *alle Menschen sind Israel, d.h. Gottesbekenner und Gotteskämpfer für Gerechtigkeit, Wahrheit und Liebe.*

Wenn die Propheten diese herrliche Zeit, in welcher ihnen allerdings auch die Befreiung Israels vom schweren Drucke als ein glänzender Lichtpunkt am Himmel der Zukunft erscheint, den Verhältnissen, in denen sie leben, entsprechend, an das Auftreten eines starken und gerechten Königs aus dem Stamme Davids knüpfen; so wird dieser David'sche Sprößling nicht blos die Befreiung Israels, sondern der Menschheit bewirken, die Aera des ewigen Friedens, das goldene Zeitalter allgemeiner Gotteserkenntniß, allgemeiner Menschenliebe einleiten. *Es ist der tiefe, durch die jahrtausendjährigen Thatsachen*

---

67   Jes. 2,2–4, cf. Micha 4,1–7.
68   Jes. 11,9.
69   Sech. 14,9.

der Geschichte bewährte Gedanke, daß religiöse und politische Befreiung Hand in Hand gehen und der Sieg des freien Gedankens nach einer Richtung, sowie die Befreiung eines Gliedes, wie ein elektrischer Funke, durch die ganze Kette des Staats- und Menschenlebens sich ergießt.

Doch hören wir, wie der Prophet sich selbst in dieser Weise ausspricht.

»Und ein Reis, heißt es Jes. c. 11., entsprießt dem Stamme Isai's, und ein Sprößling bricht aus seinen Wurzeln hervor. Und es ruhet auf ihm der Geist Gottes, der Geist der Weisheit und der Einsicht, der Geist des Rathes und der Stärke, der Geist der Erkenntniß und der Furcht Gottes. Er ist begeistert von der Gottesfurcht, er richtet nicht nach Augenschein, nicht nach dem Gerücht des Ohres entscheidet er. Er richtet die Armen mit Gerechtigkeit, entscheidet mit Biederkeit den Gebeugten im Lande, züchtigt das Land mit der Geißel seines Mundes und mit dem Hauche seiner Lippen tödtet er den Bösewicht. Und es wird das Recht der Gurt seiner Lenden, die Treue seiner Hüften Gurt (seine Stärke beruht im Rechte und in der Treue, nicht in Macht und Gewalt). Es weilet der Wolf bei dem Lamme, es lagert der Tiger neben dem Böcklein, und Kalb und junger Leu und |36| Mastthier zusammen, ein kleiner Knabe leitet sie. Und Kuh und Bärin weiden, bei einander lagern ihre Jungen, und der Leu, wie das Rind, frißt Stroh. Es spielt der Säugling auf dem Loche der Natter, in die Höhle des Basilisken steckt das entwöhnte Kind seine Hand (ungefährdet wird der Schwächste neben dem Stärksten und Gefürchtesten wohnen). Sie thun kein Leid und richten nicht Verderben an auf meinem ganzen heiligen Berge; denn *voll ist die Erde der Erkenntniß Gottes, wie Wasser den Meeresgrund bedeckt.*«

Klarer und schöner noch ist der herrliche Doppelgedanke von dem *Berufe* Israels und der *Bestimmung* aller Menschen ausgesprochen Jes. 42, 1–8.

»Siehe, mein Knecht (Israel), den ich festhalte, mein Erkorner, an dem meine Seele Wohlgefallen hat: meinen Geist habe ich auf ihn gelegt, auf daß er das Recht den Völkern verkünde. Er schreiet nicht und erhebt seine Stimme nicht laut, läßt sie auf der Straße nicht hören. Ein geknicktes Rohr zerbricht er nicht, dunkelnden Docht löscht er nicht aus: zur Wahrheit führt er das Recht. Es dunkelt nicht und bricht nicht, bis er auf der *Erde* das Recht hat eingesetzt und die *Eilande* seiner Lehre harren. Also spricht der Allmächtige, Gott, der die Himmel erschaffen und sie ausspannt, die Erde ausgebreitet mit ihren Sprößlingen, der Odem gibt dem Volke auf ihr, und Geist denen, die auf ihr wandeln, ich, Gott, habe dich berufen zum Heile, ich habe dich erfaßt an deiner Hand, ich habe dich bewahret und habe dich eingesetzt *zum Bündnisse der Völker, zum Lichte der Nationen,* zu öffnen blinde Augen, aus dem Kerker herauszuführen den Gefesselten, aus dem Gefängnisse die im Finstern Weilenden. Ich, Gott, das ist mein Name, und meine Ehre lasse ich keinem Andern, meinen Ruhm nicht den Götzenbildern« (es ist Israels *Beruf,* alle Völker zur Gotteserkenntniß, zu Recht und Sittlichkeit zu leiten, und der Menschheit *Bestimmung,* dieses erhabene Ziel zu erreichen).

|37| Doch nicht bloß einzelne, mehr ideale Aussprüche der Propheten, der ganze Inhalt ihrer erhabenen Verkündigungen, jede Seite der uns von ihnen aufbewahrten Schriften legt Zeugniß ab von dem umfassenden Gottesgeiste, der sie beseelt. Wir müssen uns jedoch gleich von vornen herein dagegen verwahren, als nähmen wir bei den Propheten ein völliges Abstreifen des *nationalen* Sinnes an und als seien wir der Ansicht, daß sie *bloß* in *allgemein menschlichen* Ideen lebten und wirkten. Ihr *tiefstes* Weh empfinden sie vielmehr

bei der sittlichen Versunkenheit und dem drohenden Verderben *ihres* Volkes. Wenn aber der tieffühlende Jeremias sein von dem gewaltigsten Schmerze durchwühltes Herz ob der Schmach seines Volkes und Vaterlandes in ergreifenden Worten zu erleichtern sucht; wenn ähnliche Regungen auch bei den übrigen Propheten hervortreten – wer wollte das patriotische Gefühl, das hier unwiderstehlich zum Durchbruche kommt, nicht vielmehr achten und bei dem Abscheu, der die gotterfüllten Männer bei der sittlichen Versunkenheit ihres Volkes erfaßt, und schonungslos zum Ausbruche kommt, sogar bewundern, statt es zu tadeln und beschränkten Particularismus darin zu finden? Man müßte gegen alles menschliche Regen abgestumpft sein, oder auch bei den Propheten eine grob sinnliche, starre, auch auf die Worte sich erstreckende Inspiration annehmen, wie es selbst die Talmudisten nicht thun, welche die Verschiedenheit der Sprache bei Jesajas und Amos damit erklären, daß jener am Hofe gelebt, wohl selbst ein Königssohn, dieser ein einfacher Landmann gewesen; dann aber müßte man den inspirirenden Gott selbst anklagen. – Allein darauf kommt es hier auch nicht an, es genügt, daß bei den Propheten für das Sittengesetz der glänzendste Universalismus unleugbar hervortritt. Sie verkünden ihrem Volke für seinen Verfall dasselbe Verderben wie andern Völkern und diesen wie jenen die göttliche Gnade und Barmherzigkeit bei sittlicher Wiedererhebung.

Dieser Gedanke ist zwar nach der einen Seite, in Bezug |38| auf die göttliche Gerechtigkeit nicht neu. Er tritt, wie wir bereits nachgewiesen haben, schon in den mosaischen Schriften in seiner ganzen Schärfe hervor, wie in den Thatsachen so in der Lehre. »Gott ist der Richter der ganzen Erde, der Gerechtigkeit (gegen Alle) üben muß;« er ist »der Hort, dessen Wirken untadelig ist, dessen Wege *alle* gerecht sind, ein Gott der Wahrheit, ohne Unrecht.« Allein bei den Propheten erscheint die fortgeschrittene Entwicklung dieses Grundgedankens in wahrhaft großartiger Weise nach den verschiedensten Richtungen. *Sie sind nicht, wie Moses, bloß an Israel gesandt, sie sind vielmehr die Boten Gottes an alle Völker;* sie sind solche nicht bloß zur Verkündigung seiner strafenden Gerechtigkeit bei dem sittlichen Verderben, sondern auch der Gnade und Barmherzigkeit bei ihrer Besserung. Doch uns dünkt, daß diese großartige Entwicklung bei den Propheten sich auch darin zeigt, daß sie überall gegen die äußere Werkheiligkeit, gegen die Heuchelei, die ihre Sittenlosigkeit unter der Hülle eines strengen Formalismus zu verdecken sucht und durch solchen selbst gut zu machen wähnt, schonungslos auftreten. Das Schiboleth wahrer Frömmigkeit ist ihnen vielmehr außer der Entfernung vom Götzendienste nur noch strenge Zucht und Sitte, Wahrheit, Gerechtigkeit und Liebe. Darin aber liegt das unwidersprechlichste Zeugniß für ihren universalistischen Geist. Denn sind nicht die Israel gebotenen Ceremonien, sondern der Glaube an Gott und die Uebung seiner Sittengesetze Bedingung der göttlichen Gnade, so muß folgerichtig »aus jeglicher Nation jeder Mensch Gott willkommen sein, der ihn fürchtet und tugendhaft ist.«

Suchen wir uns nun das Alles im Einzelnen klar zu machen. Wir wollen dabei in möglichst chronologischer Folge vorgehen und beginnen daher mit dem Buche *Jona.* Wir anerkennen zwar die gewichtigen kritischen Bedenken gegen das hohe Alterthum dieses Buches; allein der Prophet selbst, in dessen *Namen* uns dies schriftliche Denkmal aufbewahrt ist, |39| gehört jedenfalls zu den ältesten. Nach diesem wird nun der Prophet sogar *nur* an ein fremdes Volk gesandt, um ihm die göttliche Strafe wegen seines Sittenverfalls zu verkünden. Aber nicht allein diese Sendung an sich, sondern mehr noch daß Gott »ihre Werke sah, daß sie umgekehrt von ihrem bösen Wandel«, und sie deßhalb in seiner Gnade und Barmherzigkeit vom Verderben rettet, ja daß Gott selbst es ausspricht, wie er sich der Erhaltung dieser heidnischen Stadt gleichsam freut: das Alles zeigt uns den großen universalistischen Gedanken, der in der kindlich naiven Erzählung als der innere Kern derselben wohl zur Darstellung zu bringen beabsichtigt wird.

Amos. Der unbeschränkte Universalismus tritt bei diesem Propheten merkwürdigerweise, sogar in *der* Art hervor, daß er den fremden Völkern den Untergang wegen ihrer Härte und Grausamkeit nicht blos gegen Israel, sondern wieder gegen andere Völker im Namen Gottes verkündet. So wird gegen Syrien das Strafgericht Gottes wegen seiner Grausamkeit gegen Gilead, worunter wohl nicht allein die ostjardenischen Israeliten zu verstehen sind, in glühenden Farben geschildert, das den Philistäern, Tyriern, Edomiten, Ammoniten prophezeihte Verderben, scheint zwar nur wegen ihrer Grausamkeit gegen die Israeliten begründet zu werden, was jedoch nicht ganz sicher ist, da wenigstens der Bruderbund der Tyrier sich auch auf andere Völker beziehen kann. Dagegen wird Moab die göttliche Strafe ausdrücklich *nur* wegen seiner ausgesuchtesten Grausamkeit gegen den König von Edom in voller Vernichtung treffen. Nicht minder zeigt sich der universalistische Geist in dem ganz unvermittelten Uebergang zu den Strafreden gegen Juda und das Reich Israel wegen ihres Götzendienstes, ihrer Verachtung der göttlichen Satzungen und ihrer Sittenlosigkeit, die sogar mit denselben Worten: Daß Gott es nicht zurücknehme, wie gegen die andern Völker eingeleitet werden, und tiefer und bitterer noch als gegen diese, macht sich die Anklage gegen Israel Luft. *Gott* |40| *zürnt Israel, dem sein Gesetz geworden, mehr als den gesetzlosen Heiden.*

> »Versammelt euch auf den Bergen Schomrons und seht mächtige Verwüstung darin und die Unterdrückten in ihrer Mitte. Sie wissen nicht, rechtschaffen zu handeln, sie häufen Raub und Erpressungen in ihren Schlössern an« (3, 9, 10).

> »Sie verkehren das Recht in Wermuth und legen in den Staub die Gerechtigkeit« (5,7,1).

> »Sie hassen den, der am Thore zurechtweiset, sie verabscheuen den, der von Unschuld predigt. Darum weil ihr den Armen tretet und das mühsam erworbene Körnlein ihm abnehmt« … (Das. 10, 11.)

> »Suchet das Gute und nicht das Böse u. s. w.«

> »Höret dies, die ihr den Armen verschlinget und den Gebeugten im Lande zu Grunde richtet. Ihr sprechet: Wann wird der Neumond vorbei sein, daß wir Korn verkaufen, der Sabbath, daß wir den Speicher öffnen können, verkleinern die Epha, vergrößern den Schekel (den Preis) und berücken mit falscher Wage (8, 4).«

So sehen wir den Propheten immer gegen Unrecht und Lieblosigkeit und gegen die äußere Werkheiligkeit, die für die innere sittliche Hohlheit genug thun soll, schonungslos ankämpfen. Selbst die scharfe Geisel, die er gegen den gedankenlosen Götzendienst führt, scheint nur für diese höchsten sittlichen Gedanken geschwungen zu werden. Treue gegen Gott hatte eben nothwendig Sittlichkeit im Gefolge, Götzendienst: Unrecht, Gewalt und Sittenlosigkeit.

Hosea. Nach der gewaltigsten Straf- und Drohrede gegen Israel wegen seines Abfalls zum Götzendienste wird seine Wiedervereinigung mit Gott unter dem Bilde einer Wiederverlobung dargestellt, in folgenden schönen Worten: »Ich werde dich mir verloben auf ewig; *ich verlobe dich mir durch Recht und Gerechtigkeit, durch Liebe und Barmherzigkeit; ich verlobe dich mir durch Treue und daß du den Ewigen erkennest* (2, 21. 22). Ebenso wird die Entfernung von Gott in der Mißachtung dieser Tugenden dargestellt: »Höret das Wort Gottes, Söhne Israels! |41| denn einen Streit hat Gott mit den Einwohnern des Landes: Es ist keine Wahrheit, keine Liebe, keine Erkenntniß Gottes im Lande« (4, 1).

In noch weit stärkeren Ausdrücken und in der, dem Propheten eigenen, schwungreichen Sprache, wird die in dem Götzendienste wurzelnde Unzucht und Sittenlosigkeit und der äußere Formeldienst, der mit Opfern Gott zu versöhnen glaubt, gegeißelt (Cap. 5). Er spricht es ausdrücklich im Namen Gottes aus: »*Liebesthaten*[70] *habe ich gefordert und nicht Schlachtopfer, Erkenntniß Gottes mehr als Brandstücke*« (6, 6).

Bei aller unnachahmlichen Gluth des Eifers gegen den Götzendienst, die den Propheten auszeichnet, treten doch immer wieder die Sittenlosigkeit und das Unrecht als die verabscheuenswerthesten Bilder in dem wahrhaft großartigen Gemälde auf. »Ein leerer Weinstock war Israel, er (Gott) setzte ihm Früchte an; aber je mehr seine Früchte, desto mehr Altäre machte es. Getheilt ist ihr Herz, jetzt sollen sie es büßen (10, 1. ff.)« »Säet Gerechtigkeit, erntet Liebe, macht urbar euere Aecker, denn es ist Zeit, Gott zu suchen« (daselbst V. 12. ff.). Und noch zum Schluß, nachdem die lebendigsten Bilder der Drohung für den Abfall, Tod und Verderben den Abgefallenen vor die Augen gestellt worden, schließt der Prophet mit den Worten: »Wer weise ist, der prüfe das, wer verständig ist, der merke es: *Gerade sind die Wege Gottes, Gerechte wandeln darin, nur die Missethäter straucheln darin.*«

Joel. So allgemein die Verkündigungen dieses Propheten auch gehalten und so wenig bestimmte Sünden des Volks auch |42| angegeben sind, welche die verkündeten Unglücksfälle herbeiführen sollen, so tritt doch auch in ihm der allgemeine prophetische Charakter in Bezug auf die Heiligung durch innere Sittlichkeit und der Universalismus des Gottes- und Sittlichkeitsgedankens klar hervor.

> »Kehret zurück zu mir mit ganzem Herzen«, ruft er im Namen Gottes, »*zerreißt euer Herz und nicht eure Kleider* und kehret zurück zu Gott, denn gnädig und barmherzig ist er, langmüthig und von unendlicher Liebe und läßt des Uebels sich gereuen. Wer Einsicht hat, der kehret ein und bereut *und läßt Segen hinter sich zurück* (2, 13 ff.)«

> Dann aber wird Gott seinen Geist ausgießen über *alles* Fleisch ...... *Jeder*, der den Namen Gottes anruft wird entrinnen, denn auf dem Berge Zion und in Jerusalem wird Rettung sein, spricht Gott für die Uebriggebliebenen, die Gott ruft« (Cap. 3).

---

70 Dies ist die Bedeutung von חֶסֶד, während die bloße Liebe, als *Gefühl* אהבה heißt. Daher עושה חסד und sogar אהבת חסד (Micha 6, 8.) *Liebe* zum Wohlwollen, zu Liebesthaten, sie nämlich von *Herzen* üben, nicht bloß als äußeres *Gesetz*. Ueber die Bedeutung von משפט, חסד, צדקה, [*sic*, statt צדקה] und deren Unterschied s. Maimon. More III, 53.

Wir kommen nun zu *dem* Propheten, der sowohl wegen der unerreichten Herrlichkeit seiner Diktion, wie des strahlenden Glanzes seines Geistes, von jeher als der hervorragendste und bedeutendste der Propheten nach Moses anerkannt wurde. Man begreift sogleich, daß wir von *Jesaias* reden. Abgesehen von dem zweiten Theile, von Cap. 40 bis Ende, über dessen spätere Abfassung heute kein Zweifel mehr obwaltet und dessen hochsittlichen universalen Inhalt, wir noch besonders besprechen werden, weht uns in dem Buche des ersten Jesaias der Hauch des Göttlichen in seiner höchsten Weihe an. Wenn von irgend einem Propheten, so gilt von Jesaias die längst erkannte Wahrheit, die ein geistreicher neuerer Forscher [71] mit den Worten aussprach:

> »das Prophetenthum bildet in der israelitischen Religion die fortbildende Kraft gegenüber dem zur Starrheit und Aeußerlichkeit geneigten Priesterthum und Gesetzwesen. In ihm tritt der Subjektivismus belebend und |43| zum Fortschritt treibend hervor, während die großen einmal gegebenen Ideen der Religion diese selbst vor Ausschreitungen bewahren«.

Gleich im ersten Kapitel begegnen wir schon einer der nach Form und Inhalt großartigsten Strafreden des Propheten. All' die herrlichen Ideen, die ihn bewegen, erscheinen hier schon gleichsam wie in einem Brennpunkt gesammelt. Er tritt seinem Volke in einer Weise entgegen, wie es schärfer gegen kein heidnisches geschah. Es ist ihm ein [»]schuldbeladenes Volk«, es sind »ausgeartete Kinder,« die unter das Thier herabgesunken seien, das doch seinen Herrn kenne, der ihm Nahrung reicht. Er nennt die Fürsten Sodomsfürsten, das Volk Amorasvolk und tritt gegen das äußere Formelwerk ohne innern, sittlichen Gehalt in der schärfsten Weise auf. »Wozu mir die Menge eurer Schlachtopfer, ruft Gott, ich bin satt der Brandopfer von Widdern und des Fettes der Mastkälber, das Blut von Farren und Schaafen und Böcken mag ich nicht … ich dulde nicht Frevel und Festesfeier.« Selbst das Gebet ohne sittliche Heiligung mag Gott nicht. »Waschet euch, reinigt euch, schaffet weg eure bösen Thaten aus meinen Augen, hört auf zu freveln, lernt Gutes thun, trachtet nach Recht, helft dem Unterdrückten, sprecht Recht der Waise, führt den Streit der Wittwe.« Daß hier von irgend welcher nationalen Beschränkung der Tugendübung nicht die Rede sein könne, liegt klar zu Tage. Es ist wesentlich derselbe Gedanke, den wir bei dem Propheten Hosea mit den Worten ausgedrückt finden: Liebeshandlung verlangt Gott und nicht Opfer, wo an eine partikularistische Beschränkung in Bezug auf die Forderung Gottes an die Menschen und die verdienstlichen Liebeswerke dieser sicher nicht gedacht werden kann; es ist derselbe Gedanke, den Jesaias selbst anderwärts mit den Worten ausdrückt: »Dieses Volk naht sich mir mit dem Mund, ehrt mich mit den Lippen, sein Herz aber ist fern von mir,« was er geradezu eine Thorheit nennt, denn weiter will er nichts sagen, wenn er gleich darauf als Strafe Gottes verkündigt, »daß die Weis- |44| heit der Weisen schwinde, die Vernunft der Vernünftigen sich verstecke.« Es ist derselbe Gedanke, der sich so oft in dem Propheten ausspricht, und den er weiter in den Worten zusammenfaßt: »Sprecht von dem *Gerechten*, daß er es gut habe, er genießt die *Frucht seiner Werke*, wehe dem Frevler, nach dem Verdienst seiner Hände wird ihm geschehen« (3,10). Es ist die Gerechtigkeit, die Sittlichkeit, welche einerseits allein den Ausschlag

---

71   Noeldeke: Die alttestamentliche Literatur S. 206.

giebt, und andererseits umfassend und allgemein ist, also von Jedem geübt, den Lohn, von Irgendwem mit Füßen getreten, die Strafe nach sich zieht. Auch »Zion wird nur erlöst durch Recht und die zu ihm zurückkehren durch Gerechtigkeit und Liebe[72]«.

Es kann daher keinem Zweifel unterliegen, daß der Prophet, sowohl der Uebung wie dem Lohne für die von ihm gelehrten hohen Tugenden, keinerlei Schranken setzen wollte, wie ja gleich nach der ersten Strafrede gegen die eigenen Großen, gegen welche überhaupt so viele Strafreden als die Unterdrücker des niedern Volkes gerichtet sind, gleichsam um den Gedanken an jegliche Beschränkung von vornherein abzuweisen, die liebliche Hoffnung ausgedrückt wird, daß die Lehre Gottes einst überall ihre Stätte aufschlagen und Bruderliebe und Frieden und Gerechtigkeit und Wahrheit in der ganzen Menschheit herrschen werde. »Der *Mensch* wird gebeugt, ruft der Prophet dann allen Uebelthätern in gleicher Weise zu, der Mann wird erniedrigt und die Blicke der Stolzen senken sich, und erhaben steht Gott der Herr im Gericht, und der heilige Gott wird geheiligt durch die Gerechtigkeit.«

Bei allen Strafverkündigungen gegen Israel gibt der Prophet als Grund an, »daß sie die Lehren des Gottes, der Heerschaaren verschmäht und das Wort des heiligen Israels |45| verworfen haben.« Wer aber *darin* die *Strafe* für das Böse begründet findet, der muß nothwendig auch die *Liebe* und *Gnade* gegen *Alle*, den Lohn der Befolgung der Heilswahrheiten, und damit das Heil für *Alle* anerkennen. Das Erste, was der Prophet in jener merkwürdigen Vision nach dem Tode Usia's hörte, war der Engelruf: »Heilig, heilig, heilig, ist der Gott Zebaoth, die ganze Erde ist voll seiner Herrlichkeit.« Die Paraphrase bei Jonathan des verstärkenden dreimalig »heilig«[73], die auch in das tägliche Gebet überging, drückt, wenn sie auch ursprünglich ein Protest gegen das Christliche Τρισάγιον sein sollte, doch den Gedanken des Propheten, treffend aus: »Heilig ist Gott in des Himmels Höhen, heilig auf Erden, heilig in aller Ewigkeit«. Wo daher auch der Prophet den *fremden* Völkern die Strafe Gottes verkündet, geschieht dies allerdings zunächst für ihre erbarmungslose, hämische Bosheit gegen Israel, aber es bricht sich doch der universalistische Gedanke Bahn durch allen besondern Patriotismus, ist es doch gleich wie bei Israel, die Bosheit und Grausamkeit an sich, ohne Rücksicht auf den, gegen welche sie sich kehrten, der Hochmuth, der über *Alle* sich erhebt, die Gott bestraft[74]. Und umgekehrt wird den Sündern in Israel ebenso die Strafe verkündet, und nur Tugend und Sitte, Recht und Liebe kann auch hier zum Heile führen.

> »Es bangen die Sünder in Zion, die Heuchler erfaßt Zittern. Wer von uns kann wohnen bei zehrendem Feuer? Wer von uns kann wohnen bei ewigen Gluthen? Wer in Gerechtigkeit wandelt und aufrichtig redet, wer ungerechten Gewinn verschmäht, wer seine Hände zurückzieht von der Bestechung, wer sein Ohr verstopft, daß er den Blutanschlag nicht hört, wer sein Auge verschließt, daß er das Böse nicht schaue – der wird auf Höhen wohnen,

---

72   Beides umfaßt das Wort צדקה, wie überhaupt die biblische Gerechtigkeit, weßhalb es so oft in Verbindung mit משפט vorkommt. Ueber die Bedeutung von צדקה, חסד, משפט [*sic*, statt צדקה] und deren Unterschied s. Maimon. More III, 53.

73   6,3 vgl. Jer. 22,29.

74   2,12 ff. 10,12–15; 13,11 ff. vgl. die herrliche Strafrede gegen den König von Babel 14,4 ff.

Felsenburgen sind |46| sein Schutz, sein Brod ist ihm gewährt, sein Wasser unversiegbar. Den König in seiner Schöne sehen deine Augen, des Landes Weite«[75].

Der Sprößling aus dem Hause David's, auf den der Prophet die Hoffnung für die Verjüngung seines Volkes und der ganzen Menschheit setzt, muß daher, wie wir bereits oben nachgewiesen, seine Herrschaft auf »Gerechtigkeit und Liebe« gründen. Der »Geist Gottes ruht auf ihm, der Geist der Weisheit und Einsicht, der Geist des Rathes und der Stärke, der Geist der Erkenntniß und der Furcht Gottes,« und all diese Größe wurzelt wieder nur in der Tugend und Sittlichkeit, in der Gerechtigkeit und Liebe, die er in seinem Volke und durch dasselbe in der ganzen Welt schaffen und verbreiten wird[76].

Es kann daher an dem universalistischen Geiste des Jesaias nicht gezweifelt werden, besonders wenn man noch weiter Stellen wie 15,5, wo sein Herz über das Unglück Moabs weint, und andere, wo er die Bekehrung anderer Völker zu Gott und damit ihre Wiederherstellung hoffend, ausspricht, in Betracht zieht. Ganz besonders tritt hier das 19. Kapitel hervor, wo Egypter und Assyrer ganz neben Israel gestellt und von Gott als sein Volk gesegnet werden. »Gesegnet sei mein Volk, die Egypter, und meiner Hände Werk, die Assyrer, und mein Erbe Israel.«

Wohl hat man gerade dieses Kapitel als unecht erklären wollen, und zwar gerade wegen dieser allgemein menschlichen Gesinnung, die man dem feurigen Patrioten absprach. Allein sicher mit Unrecht. Mögen auch die Verse 18–21 später zu Gunsten des Oniastempels überarbeitet worden sein, im Ganzen trägt die Prophetie die Spuren der Echtheit so zweifellos an sich, und stimmt mit der Geschichte Egyptens zur Zeit des |47| Jesaias so sehr überein, daß der Zweifel an ihr, oder gar die bestimmte Verneinung derselben nicht gerechtfertigt erscheint[77].

Micha geißelt das äußere Formelwerk ohne sittlichen Inhalt nicht minder gewaltig, als sein großer Zeitgenosse und empfiehlt ebenso wie dieser, als das einzige Mittel der Rettung, als einzige Bedingung der Annäherung zu Gott, die *innere* Erhebung durch Gerechtigkeit, Wahrheit und Liebe. Er ruft Wehe über die, welche »Unrecht ersinnen und Böses stiften,« über die, »denen es obliegt, das Recht zu erkennen, aber Feinde sind des Guten und Freunde des Bösen«, über die Häupter, die nach Bestechung richten, die Priester die blos um des Geldes willen lehren, die Propheten, die um Sold weissagen,« und dennoch in dem Genüge, das sie in ihrem äußern Formelwerk finden … sich hochmüthig rühmen: »Ist nicht Gott in unserer Mitte? Uns kann kein Uebel treffen!« »Um Euretwillen ruft ihnen der Prophet zu, wird Zion wie ein Feld gepflügt, Jerusalem zum Steinhaufen, der Tempelberg zu einem waldigen Hügel werden«[78]. Dann folgt als tröstendes Lichtbild ganz wie bei Jesaias, die Verkündigung der schönen Zukunft, in welcher Gott als Herr der Welt erkannt und in sittlicher Verjüngung, in Frieden und gegenseitiger Liebe alle Menschen geeinigt werden. Die ganz gleiche Zeichnung dieses herrlichen Zukunftgemäldes bei verschiedenen Propheten scheint sogar auf eine alte Ueberlieferung zu deuten, die im

---

75   33,15 ff.
76   cf. 9,5–7; c. 11; 16,5; 32,1. ff. 33,5. 6. ff.
77   s. Knobel, der Prophet Jesaia z. St.
78   c. 1–3.

Volke gelebt, und würde ein beredtes Zeugniß für den echten Volksgeist ablegen, wie er sich im Lichte der Gottesoffenbarung gebildet. »Mögen« (bis zur Erfüllung der Weissagung) ruft der Prophet »alle Nationen wandeln im Namen ihrer Götter, wir wandeln im Namen Gottes unsers Herrn, immer und ewig«[79], und wollen unserm Berufe nimmer untreu werden.

|48| Wohl nirgends in dem ganzen prophetischen Schriftthume wird der Grundgedanke von der Verwerflichkeit des blos äußern Formeldienstes und von der Vereinigung aller Menschen in Gott durch Sittlichkeit, Gerechtigkeit und Liebe bestimmter und entschiedener ausgesprochen als bei Micha. Mit unübertrefflicher Ironie läßt er das zur Versöhnung mit Gott endlich geneigt scheinende Volk die Frage erheben: »Soll ich mit Brandopfern vor ihn treten, mit jährigen Kälbern? Soll ich meinen Erstgebornen hingeben für meine Missethat, die Frucht meines Leibes für die Sünde meiner Seele?« Und er geißelt diese Aeußerlichkeit mit dem tiefernsten Prophetenworte: »Es ist dir kund gethan, *Mensch*, was gut ist und was Gott von dir fordert: *Nur* Recht üben, Liebe zu Liebesthaten (d.h. selbst diese aus Liebe zum Guten, mit innerer Herzensfreudigkeit ohne äußeren Gesetzeszwang üben), und in Demuth wandeln vor Gott, deinem Herrn«[80]. Bündiger kann wohl der innere, alle Menschen umfassende, religiöse Gedanke, losgelöst von allem Separatistischen, von allen confessionellen Formen, wie er sich auch ausdrücklich an den *Menschen*, als solchen, wendet, nicht ausgesprochen, nicht schärfer und entschiedener betont werden.

Nachum, der vor der Zerstörung Niniveh's, also jedenfalls vor 625 vor der gew. Zeitrechnung lebte[81], hat in der Prophetie, die wir allein von ihm besitzen, und eben gegen Niniveh gerichtet ist, auch gegen diese Heiden die göttliche Strafe nur als gegen »Feinde *Gottes* verkündet[82]. Niniveh |49| ist »blutbefleckt, ganz von Trug und Gewaltthat voll, das Rauben hört nicht auf in ihm[83]. Wohl zeigt sich in den gewaltigen Schilderungen von Niniveh's völliger Vernichtung das Behagen des feurigen Patrioten an dem Untergange der Feinde seines Volkes und Vaterlandes. Dennoch wird auch diesen Heiden gegenüber die Langmuth Gottes gepriesen, der »Schutzwehr ist am Tage der Noth und *die* kennet, die sich bei ihm bergen«[84], immer und überall, nur über die unverbesserlichen Frevler seine Zornesgluth ausgießend, und bricht sich also auch hier der universalistische prophetische Gedanken ungehindert Bahn.

Jeremias. Seine Zeit trifft mit den religiös und sittlich verderbtesten Zuständen seines Volkes und der nahen Auflösung des Reiches zusammen. Wir begreifen es daher, wenn das vom glühendsten Patriotismus erfüllte, so tief und schmerzlich ergriffene Herz des Propheten, seine nächste Aufgabe darin findet, *sein* Volk religiös und sittlich zu erheben

---

79 c. 4, 4–5.
80 c. 6, 5–8. s. oben bei Hosea über die Bedeut. des hebräischen חסד
81 Dies beweist, daß die Sendung Jona's, nach dessen Verkündigung sich Niniveh wieder erhob, während die Stadt bei Nachum schon dem Untergange geweiht ist, wirklich stattfand, wenn auch die sagenhafte Ausschmückung derselben späterer Zeit angehört.
82 1, 2.
83 3, 1.
84 1, 2.7.

und dadurch vom drohenden Untergange zu erretten. Dennoch tritt bei ihm der von allen Schranken der Nationalität befreite universalistische Gedanke in höchster Reinheit hervor. Schon die herrliche Weihe zu seinem Berufe setzt ihn gleich im Anfange zu einem *»Propheten der Völker«* ein[85]. Er wird »über die Völker und die Königreiche« bestellt, »auszuroden und einzureißen, zu vernichten und zu zerstören, zu bauen und zu pflanzen«[86], *»Ueberall,* wohin Gott ihn sendet«[87], soll er dem sittlichen Verfall entgegenarbeiten und damit die Verjüngung, die Erhaltung der »Völker und Königreiche« bewirken. Er läßt daher *alle* in ihrer sittlichen Ver- |50| sunkenheit den »Zornesbecher aus der Hand Gottes trinken«, sowohl »Jerusalem und die Städte Juda's«, als Pharao, den König von Egypten, und alle die Völker, die fernen und die nahen«, sobald sie der Gewaltthat und dem Unrecht sich hingeben«[88]. Dieser Gedanke tritt selbst da hervor, wo der Prophet in seinem tiefsten Schmerze über das von fremden Völkern seinem Volke zugefügte, furchtbare Leid die Strafe Gottes auf die unversöhnlichen Feinde herabruft. Nur gegen die, »welche Gott nicht kennen und seinen Namen nicht anrufen«, welche sich in maßlosem Dünkel »über Gott selbst erheben«, richtet sich das strafende Wort des Propheten, dabei aber *Allen* nach ihrer Läuterung und Erhebung die Rückkehr zur alten Herrlichkeit im Namen des Allvaters verkündend[89].

Jeremias nimmt auch den Kampf gegen das selbstsüchtige, hochmüthige Priesterthum wieder auf, das als Repräsentant und Förderer bloß äußerer Werkheiligkeit, die innere Religiosität, die Sittlichkeit im Volke untergräbt, den wir bereits bei Micha hervortreten sahen. Es ist gleichsam die erste Etappe auf dem langen Kriegszuge gegen ein, seines hohen Berufes vergessendes, verderbtes Priesterthum, den wir erst in der zweiten Abtheilung vollständig zeichnen können. Obgleich selbst Priester, tritt er rücksichtslos gegen die Priester auf, die darum auch gleich den falschen Propheten nach seinem Leben trachteten[90]. Dem gottgesandten Propheten hatte eben bloß Wahrheit und Recht Geltung, für die er überall furchtlos in die Schranken tritt, ohne Rücksicht auf Nation und Stellung. »Die Priester, ruft er im Namen Gottes, sprechen nicht: Wo ist Gott? Die die Lehre handhaben sollen, kennen sie nicht; die Hirten fallen von mir ab«. Doch der Kampf gegen bloße Aeußerlichkeit in |51| der Religion ohne innere Heiligung tritt bei Jeremias ganz offen und selbstständig auf. Das Schärfste, was in dieser Beziehung von irgend einem Propheten gesagt wurde, ist wohl cap. 7 des Jeremias. Nicht bloß gegen den Tempel, auch gegen die Opfer, da, wo sie als Ersatz für innere Heiligung dienen sollen, spricht sich der Prophet noch schärfer als selbst Jesaias aus, was um so mehr in die Wagschale fällt, wenn wir die so ganz entgegengesetzte Art der beiden Propheten ins Auge fassen: dort bei Jesaias die mächtige Gewalt der Rede, die wie ein Bergstrom herniederstürzt, Alles fortreißend, was ihm in den Weg tritt, hier bei Jeremias die zart besaitete Seele, die jedes

---

85   1, 5. 7.
86   v. 10.
87   v. 7.
88   c. 25. 46–50.
89   Vgl. 10, 25; 13, 17; 14, 17 ff. 15, 10; 18, 7. 48, 26. 29. 30. 49, 39; 50; 14 u. s.
90   c. 26.

harte Wort selbst tief und schmerzlich empfindet. Jeremias ist wohl der erste, der die Thieropfer überhaupt höchstens nur als vorübergehende Form des Cultus betrachtet.

> »So spricht Gott der Heerschaaren«, lautet seine desfallsige Verkündigung, »füget nur Ganzopfer an Schlachtopfer und esset Fleisch. – Ich redete *nicht* zu euern Vätern und gebot ihnen *nicht*, da ich sie aus Egypten führte, in Betreff von Schlacht- und Ganzopfern. Sondern das gebot ich ihnen: Höret auf meine Stimme, und ich werde euch ein Gott sein, und ihr sollt mir ein Volk sein, und wandelt in dem Wege, den ich euch gebiete«[91].

Etwas milder über die Opfer überhaupt, aber ebenso deren Mißbrauch tadelnd, spricht sich der Prophet c. 6,16–29 aus. Nachdem er seinen Schmerz über den Verfall Israels und das Verderben, das deshalb hereinbricht, in ergreifenden Worten ausgesprochen, »weil es Gottes Wort nicht geachtet und seine Lehre verworfen hat«, nachdem er es aufgefordert hat, »nach den alten Pfaden zu sehn, welches der Weg des Guten sei, damit sie Ruhe für ihre Seele finden«, ruft er ihnen im Namen Gottes zu: »Wozu mir Weihrauch |52| von Sch'wa und feines Gewürze aus fernem Lande? Euere Ganzopfer sind euch nicht zur Gnade und euere Schlachtopfer sind mir nicht angenehm.« Was aber dem Propheten der »Weg Gottes«, der Weg des Guten, was ihm der vorzüglichste, der wesentliche Inhalt des Glaubens ist, darüber spricht er sich an vielen Stellen aus. Es ist allerdings zunächst der Glaube an den einig-einzigen Gott selbst, aber als die *Lehre* dieses Gottes, als das, was sich allein als seinen *Dienst*, als seinen Weg kennzeichnet, nennt er immer und überall nur die höchsten *sittlichen* Wahrheiten, ohne Einschränkung und ohne Begrenzung: Recht und Gerechtigkeit, Treue und Wahrheit.

> »Zieht doch umher in den Straßen Jerusalems, ruft er wehmüthig, wenn ihr Einen findet, der Recht übt, Wahrheit suchet, und ich will ihr vergeben, spricht Gott.« »Wer mich doch in die Wüste versetzte, ruft er ein andermal tief und wehmüthig, in die Herberge der Wanderer, ich verließe mein Volk, ich ginge weg von ihm ... Sie spannen ihre Zunge, ihren Bogen der Lüge, und nicht für die Wahrheit sind sie stark im Lande ... O, hüte sich doch der Freund vor dem Freunde, verlaßt euch auf keinen Bruder! Denn jeglicher Bruder hintergeht, jeglicher Freund geht als Späher umher. Einer täuscht den andern, und Niemand redet Wahrheit ...[92].

Ueberall ist ihm nur die Uebung der höchsten Tugenden die Bedingung der Rettung seines Volkes von dem Untergange.

> »So spricht Gott, übet Recht und Gerechtigkeit, rettet den Beraubten aus der Hand des Unterdrückers, *Fremdling*, Waise und Wittwe höhnet und beraubt nicht ... Nur wenn ihr also thut, werden durch die Pforten dieses Hauses Könige eingehn, welche auf dem Throne Davids |53| sitzen«[93].

Ganz wie bei Jesaias wird der künftige König aus Davids Geschlechte seinen Beruf allein

---

91 7,21–23.

92 6,28. vgl. 6,7; 13,14. ff. 9,1ff. Diese letztern Klagen mögen allerdings nicht ohne Seitenblicke auf seine traurigen Erfahrungen mit seinen eigenen Landsleuten gesprochen sein, die ihm nach dem Leben standen, 11,22.

93 22,1.

in der Uebung des Rechts und der Gerechtigkeit und sogar seinen Namen nur darin finden [94], d. h. er wird seine ganze Persönlichkeit an die Erfüllung dieser Aufgabe setzen müssen. Das Herrlichste, was man von dem neu erstandenen Jerusalem rühmen wird, besteht darin, daß man sagen wird: »Gott segne dich, Wohnung der Gerechtigkeit, heiliger Berg« [95]. Dabei ist es überall die *in dem Herzen wurzelnde* Gerechtigkeit, die mit der *Gesinnung* gepaarte Tugend, nicht blos von außen kommendes *Gesetz*, die Werth bei dem Propheten hat. In dem neuen Bunde, den Gott mit Israel nach dessen Läuterung in fremdem Lande schließt, wird er ihm seine Lehre ins *Innere* legen und in das *Herz* ihm schreiben.« »Es wird nicht mehr eines den Andern *lehren*: Erkenne Gott! sondern Alle werden ihn (von selbst) erkennen« [96]. Und dieser Segen wird nicht ein Vorzug Israels sein, er wird die ganze Menschheit umfassen. »(Gott) groß im Rathschluß, mächtig in der Ausführung, dessen Augen geöffnet sind über alle Wege der *Menschenkinder*, einem *Jeden* nach seinem Wandel, nach der Frucht seiner Werke zu vergelten« [97]. Also für Alle das gleiche Sittengesetz, Allen die gleiche Strafe für dessen Uebertretung, Allen der gleiche Lohn für dessen Beobachtung.

Zephania, unter dem Könige Josias, also zum Theil wohl noch vor Jeremias. Auch bei diesem Propheten ist es allerdings zunächst der Götzendienst, gegen den er auftritt, aber zugleich auch besonders die Recht- und Sittenlosigkeit, die damit verbunden sind. Er forderte das Volk auf, demüthigen Herzens Gott zu suchen. Auch bei ihm werden die fremden Völker die Feinde seines Vaterlandes, die Strafe Gottes für ihre Gewaltthat erleiden, aber besonders dafür, daß sie *gehöhnt* |54| haben »das Volk des Gottes der Heerschaaren [98], weil der Feind sprach: »Ich bin es und außer mir keiner«, [99] also immer wieder der sittliche Gedanke. Israel selbst geht zu Grunde, »weil es der Stimme Gottes nicht gehorchte, keine Zucht annahm …, weil seine Fürsten brüllende Löwen, seine Richter Abendwölfe sind …, seine Propheten, leichtfertige Männer, Männer der Treulosigkeit sind, weil seine Priester das Heilige entweiht, das Gesetz gekränkt haben … Gott ist gerecht, »er duldet kein Unrecht« [100], darum ist sittliche Wiederherstellung der ganzen Welt die Hoffnung des Propheten, und zeigt sich hierin, wie in der Strafe, welche das Unrecht überall gleich trifft, der reine universalistische sittliche Gedanke.

>»Vom Feuer meines Eifers«, spricht Gott«, wird aufgezehrt die ganze (sündige) Erde, *dann*
>*wandle ich den Völkern die Lippe zu einer lautern um, daß sie alle den Namen Gottes anrufen und*
>*ihm einmüthig dienen,«* dann wird auch Israel sich nicht mehr überheben auf dem heiligen
>Berge, es wird ein gebeugtes, demüthiges Volk zurückbleiben, das vertraut auf den Namen
>Gottes, und dieser Ueberrest wird kein Unrecht thun und in seinem Munde wird kein Trug
>sich finden.« [101]

---

94 23,5. 6.

95 31,23.

96 31,34.

97 32,19.

98 2,10.

99 2,15.

100 3,2–5.

101 3,11 ff.

Nicht minder deutlich und lebendig tritt dieser Gedanke hervor bei *Habakuk*. Er lebte zur Zeit der Chaldäerkriege. Seine Klage ist wieder, daß er Gewalt und Unrecht schauen muß, daß Zank und Hader um ihn her sich erhebt. Darin erkennt er die Ohnmacht, zu welcher die Gotteslehre bei dem Volke gesunken: daß das Recht nicht zu dem Siege gelangt … Alle Welt aber muß sich unterordnen den Gottesrechten – »schweiget, (beugt euch) vor ihm alle Erdbewohner«, ruft er ergriffen aus[102]. Das Walten Gottes lebt in der ganzen Menschengeschichte. Der Prophet hat seinen Ruf allüberall und zu allen |55| Zeiten vernommen … »Die Bahnen der Weltgeschichte sind sein«[103]. Darin wurzelt des Propheten Hoffnung in der gegenwärtigen Noth; er wird auch den Feind seines Volkes vernichten, der da jubelt in seinem Uebermuth, »als gälte es, den Armen zu zerschmettern.«

Die kurze Prophezeihung *Obadia's* fordert für uns um so weniger eine besondere Besprechung, als ihr Inhalt ganz dem Orakel in Jeremias Kap. 39 entspricht. Nur dürfte die Bemerkung am Platze sein, daß auch hier Edom nicht wegen seiner Eigenschaft als heidnisches Volk Verderben verkündigt wird, sondern wegen seines Uebermuthes und seiner Schadenfreude an den Leiden Israels, die sittlich um so verwerflicher sind, und als solche vom Propheten hervorgehoben werden, als es damit die natürlichen Gefühle gegen den *Bruder* verläugnet.

Gehen wir nun zu *Ezechiel* über, der seine Thätigkeit, wenn auch zum Theil gleichzeitig mit Jeremias, bereits aus Babylonien heraus entfaltet, wohin er 598 mit Jojachin abgeführt worden war, so treffen wir bei ihm nicht blos ganz denselben Gedankengang, dieselbe umfassende Höhe in Bezug auf die Ideen der Sittlichkeit, wie bei den übrigen Propheten, sondern wir sehen ihn auch gegen das Ende seiner Thätigkeit einen merkwürdigen Schritt vorwärts thun, einen Schritt, der einen Wendepunkt in der Geschichte des Judenthums bezeichnet. Die Idee des *nationalen* Israel hat in dem Exil, wie es scheint, einen gewaltigen Stoß erlitten. Die mosaische Lehre mochte wohl in der näheren Berührung mit den Eingebornen Anhänger gewonnen haben, besonders durch den Ernst und die Würde der Exulanten, welche ja in Babylon zunächst nur aus den hervorragendsten Männern bestanden. Diese hatten sich überdies durch die Einwirkung von Männern wie Ezechiel, und aus der Ferne durch den auch in Baby- |56| lonien hochgerühmten Propheten Jeremias[104] hier eine neue Heimath gegründet und waren dadurch in einen um so innigeren Connex mit den Eingebornen getreten. So kam es, daß an die Stelle der starren Nationalität die Idee der *Religion* überhaupt zu treten begann, die *Jeden* aufnahm, der sich ihr aufrichtig anschloß. Diese Idee, die weit über den Mosaismus hinausging, und von der Entwicklung des Letztern nicht blos zur größern Innerlichkeit, möchten wir sagen, wie wir sie bei allen Propheten finden, sondern auch nach außen von einem bloß nationalen Cultus zur Weltreligion Zeugniß ablegt, diese Idee, welche bei den Talmudisten unangefochten als eine tiefwirkende Thatsache auftritt, und später, von Paulus in ihrer äußersten Consequenz erfaßt, ihre weltumgestaltende Wirkung entfaltete, hat bereits im babylonischen Exil und schon bei Ezechiel die ersten Wurzeln geschlagen.

---

102 Hab. 1. 2- 4.
103 3,1–6.
104 Jer. c. 29.

Fassen wir aber zunächst das ins Auge, worin sich Ezechiel mit allen übrigen Propheten in voller Uebereinstimmung befindet, so sehen wir allerdings, wie auch er sich vor
allem und zwar fast ausschließlich gegen den Götzendienst wendet. Es mußte ihm eben
besonders darum zu thun sein, die Giftwurzel zu zerstören, aus welcher in seinem Vaterlande alles Unheil hervorgewachsen war. Und wenn er das sittliche Leben, das ebenfalls so
tief gesunken war, wieder aufbauen wollte, so mußte er nothwendig den reinen Gottesgedanken, welcher allein dessen unzerstörbaren Grund bildet, wieder zur Herrschaft zu
bringen suchen. Dennoch bricht auch bei ihm sehr oft der sittliche Gedanke an und für
sich selbst hervor. Schon in der sinnigen Weihe, die er zu seinem Berufe als Prophet
erhält, wird er als »Wächter« aufgestellt, welcher »den *Frevler* von seinem boshaften We-
ge abmahnen und den *Gerechten* in seiner Gerechtigkeit stärken soll« [105]. In der |57| schau-
erlichen Ankündigung des Unglücks, das sein Vaterland für seine Sünden treffen werde,
wird ausdrücklich hervorgehoben: »Der Uebermuth hat Blüthe getrieben, die Gewalt ist
zur Zuchtruthe der Bosheit geworden«, d. h. ihre Ungerechtigkeit hat das Unglück verschuldet [106]. Ganz ebenso gibt der Prophet auch sonst denselben Grund für den Untergang
an: »Das Land geht zu Grunde, ob der Gewaltthat seiner Bewohner.« Das Höchste und
Schönste aber, was wir in dieser Beziehung bei dem Propheten finden, ist ohne Zweifel
das 18. Kap. seines Buches, in welchem aber auch zugleich Ideen entwickelt werden, die
weit über die Tradition der jüdischen Lehre hinausgehen und wie in dem angedeuteten
Verhältniß anderer Völker zum Judenthum eine ganz neue Stufe der Auffassung betreten
sehen.

Der Dekalog lehrt ausdrücklich, daß Gott die Sünde der Väter auch an den Kindern
ahndet, wenn auch allerdings die göttliche Gnade überwiegend ist, indem der Lohn für
das Gute bis in das tausendste Geschlecht, die Strafe für das Böse nur bis in das vierte
Geschlecht reicht. Dagegen spricht es Ezechiel ebenso klar und bestimmt aus und wiederholt es mit Nachdruck: »Die Seele, die sündigt, *die* soll sterben; ein Sohn soll *nicht* tragen
die Schuld des Vaters« [107].

Alle Erklärungen zur Ausgleichung des Propheten mit dem Dekalog können keine
Befriedigung gewähren [108], sowohl |58| die thalmudische, welcher die Commentatoren
folgen, daß die Strafe den Kindern für die Sünden der Eltern nur für den Fall angedroht
werde, wenn die Kinder die Sünden der Eltern wieder begehen, wie auch Onkelos sowohl
im Dekalog wie 3 M. 23, 39 ergänzend hinzufügt, womit aber doch die Strafe auch für die
Schuld der Eltern nicht aufgehoben wäre, als die, welche einen Unterschied macht zwischen dem Unglück, das einmal als Strafe für die Sünden der Eltern eingetreten ist und

---

105 3, 17 ff. vergl. 2, 3.

106 7, 10. 11.

107 Ez. 18, 20.

108 Dagegen findet Deut. 24, 16 »Eltern sollen nicht getödtet werden um der Kinder willen, und Kinder sollen nicht getödtet werden um der Eltern willen« seine einfache Erklärung in der aus dem
Zusammenhange ersichtlichen Auffassung des Samuel b. Meïr und Ibn Esra's, daß es sich hier um
das *menschliche Strafgericht* handle, welches nur die *persönliche* Schuld des Angeklagten ins Auge
fassen dürfe, ein Grundsatz, der, so einfach und natürlich er auch ist, leider, wenigstens moralisch,
auch in orthodoxen Kreisen nicht immer beachtet wird.

nun auf natürlichem Wege fortbesteht, so lange sie Gott nicht wieder auf eben so natürlichem Wege entfernt, wie er sie ursprünglich verhängt hat[109], da auf diesem Standpunkte, wonach das Unglück nur eine Strafe Gottes für die Sünde ist, dasselbe mit dem Aufhören der Sünde ganz ebenso von Gott weggenommen werden müßte, wie er es verhängt hat. Oder sollten die Worte so aufzufassen sein, daß es sich bloß von den *natürlichen* Folgen *gewisser* Sünden, z. B. von Erbkrankheiten in Folge von Ausschweifungen, Armuth in Folge von Verschwendung der Eltern handelt, wie Andere annehmen? In diesem Falle würde man die g. Offenbarung etwas sehr Triviales sagen lassen. Ein Blick auf die Worte Ezechiels zeigt, daß er ganz unbedingt, auch bei den Gottlosesten, nur die *eigene* Sünde, nicht die der Väter von *Gott* bestrafen läßt. »Die Seele, die sündigt, *die* soll sterben«[110]. Mag nun allerdings nach dem Dekalog die Sünde der Väter nur dann an den Kindern geahndet werden, wenn auch diese gottlos sind, und also die Worte: »bei denen, die mich hassen« (לשׂנאי) auf die Kinder, nicht auf die Eltern bezogen werden, immerhin wird doch, in diesem Falle wenigstens, wie bereits bemerkt, auch die Sünde der Eltern an den Kindern und Enkeln bestraft. Und dieser Gedanke hatte sich in dem Volke eingelebt und wurde schon bei Jeremias in dem Sprich- |59| worte laut: »Die Väter haben Herlinge gegessen und die Zähne der Kinder werden stumpf«[111] und wird in den Klageliedern[112] mit dürren Worten ausgesprochen: »Unsere Väter haben gesündigt und sind nicht mehr und wir müssen ihre Schuld tragen« (sind damit belastet, סֵבֶל Last). Erst für die Tage der *Zukunft*, wenn Jerusalem »Wohnung der Gerechtigkeit«, »heiliger Berg« genannt wird, wenn die allgemeine Wiederherstellung stattgefunden, verkündigt Jeremias die Aufhebung dieses Grundsatzes. Ezechiel dagegen, der auch jenes Sprichwort anführt, proklamirt sein Ende sofort. Was Jeremias für die Zukunft ahnet, als einen Fortschritt, der durch die *allgemeine*, wahre Erkenntniß und Verehrung Gottes bedingt wird, das spricht Ezechiel kühn und offen, als einen in dem Wesen Gottes nothwendig und immer wurzelnden Grundsatz aus, und scheint daher auch hierin, wie in so manchem Andern, einen ganz neuen, von der bisherigen Tradition verschiedenen Standpunkt einzunehmen. Nur dadurch läßt es sich erklären, daß der Prophet den Gedanken so breit schlägt, und offenbar mit besonderem Behagen dabei verweilt.

Den in Babylonien Herangewachsenen und von dem Götzendienste fern Gebliebenen mußte die Fortdauer des Exils, das einmal als Strafe Gottes für die begangenen Sünden galt und von allen Propheten dargestellt wurde, jetzt nach eingetretener Besserung wenigstens eines großen Theils nicht mehr gerechtfertigt erscheinen und es wurden deshalb Klagen laut. Diesen erwidert der Prophet: Noch ist die *Gesammtheit* nicht reif zur Gründung eines neuen Gottesreichs, und darum muß die Erlösung sich noch verzögern. Dennoch ist die Klage unbegründet und das Sprichwort von dem Stumpfwerden der Zähne der Kinder durch die Herlinge, welche die Eltern gegessen, unwahr. Jeder *Einzelne*, der

---

109 Mos. Mendelssohn zu 3 M. 26, 38.

110 היא תמות mit Nachdruck hervorgehoben.

111 Jer. 31, 29.

112 5, 7.

sich zu Gott |60| und seinem Sittengesetze erhebt, wird leben, möge auch sein Vater noch so sehr dem Verderben verfallen gewesen sein.

»Wenn Einer gerecht ist und Recht und Gerechtigkeit (Liebe צדקה) übt, auf den Bergen nicht ißt (dem Götzendienst im Lande sich nicht hingibt), seine Augen nicht erhebt zu den Götzen des Hauses Israel (auch nicht in Gedanken sich sehnet nach den früher von Israel verehrten Götzen), keiner Unsittlichkeit fröhnt, *Niemanden* übervortheilt, das Verpfändete zurückgibt, keinen Raub begeht, sein Brod dem Hungrigen gibt, den Nackten mit einem Kleide bedeckt, um Zins nicht leiht und Ueberschuß nicht nimmt, vom Unrecht seine Hand zurückzieht, wahrhaftiges Urtheil fällt zwischen Einem und dem Andern, in meinen Satzungen wandelt und meine Rechte beobachtet, daß er Treue übe: der ist ein Gerechter, leben wird er, ist der Spruch Gottes.
Der Prophet fährt fort: »Zeugt dieser aber einen gottlosen Sohn, der eine von diesen Gottlosigkeiten übt … der wird nicht leben, er hat solche Gräuel verübt, er wird sterben.«
Und umgekehrt, zeugt dieser wieder einen Sohn, der alle Sünden seines Vaters gesehn, sie aber nicht übt … »der soll nicht sterben durch die Schuld seines Vaters; leben soll er« …
Die Seele, welche sündigt, wiederholt der Prophet nun mit Nachdruck, *die* soll sterben. Ein Sohn soll nicht tragen die Schuld des Vaters … Die Gerechtigkeit des Gerechten, kommt *ihm* heim, und der Frevel des Frevlers kommt *ihm* heim [113].

Hiermit im Zusammenbang steht, daß der Prophet an einer andern Stelle ein sündiges Land durch die Gerechtigkeit Einzelner nicht vom Untergange retten läßt, und wären diese selbst wie Daniel und Job (14, 13–20) im Widerspruch mit 1 M. 18, 24, wo in solchem Falle selbst die gottlosen Sodomiten gerettet worden wären. Jeder steht für sich ein im |61| Guten wie im Bösen: das ist der Grundsatz, den er rücksichtslos ausspricht.

So sehen wir also zwei neue große Gedanken in der religiösen Entwicklung in die Erscheinung treten, ohne daß der innerste Grundgedanke der Offenbarungslehre alterirt wurde.

Die alte Lehre von der Belohnung des Guten und der Bestrafung des Bösen durch Gott bleibt unerschütterlich feststehen. Aber es muß im Guten wie im Bösen die *eigene* freie That sein. Und diesem neuen, großen, religiös-sittlichen Gedanken setzt der Prophet die Krone auf, indem er für die Restauration Israels die Schranke des *nationalen* Israel durchbricht. Bei der neuen Vertheilung des Landes werden auch die *Fremden* (Gerim) Antheil am heiligen Lande erhalten [114]. Allerdings versteht der Prophet unter diesen Fremden keine Heiden. Es werden solche sein, in welche Gott »seinen Geist gegeben, daß sie nach seinen Satzungen wandeln und seine Rechte thun« [115]. Aber das eben ist es ja: aus dem nationalen Israel wird ein Menschheit-Israel. Und in der That! wenn der Begriff Israel in diesem Sinne gefaßt wird: als Bezeichnung der Treue gegen Gott und des Wandels in seinen Satzungen (ϑέμιστες), so bildet er eben in seiner weltumfassenden Bedeutung zugleich die Bezeichnung für das Messias-, das Gottesreich.

---

113 Diesen Widerspruch zwischen Ez. und dem Dekalog erkennt der Thalmud Makkhot 24 an und hebt noch andere hervor.

114 c. 47, 27.

115 c. 36, 27. Auch das Targum hat hier לניורא די יתעירון, während es da, wo es heidnische Fremde bezeichnet, דירין hat.

Werfen wir nun zum Schlusse noch einen prüfenden Blick auf den 2. Jesaias, so sehen wir, wie der prophetische Gedanke von dem Wesen der Religion als Erkenntniß Gottes und Beobachtung der Sittengesetze, sowie von dem Berufe Israels und der Erweiterung des nationalen Israel zu einem Menschheit-Israel zu immer lichterer Klarheit sich durchgebildet hat.

|62| Gleich im Anfange zeichnet daher der Prophet die Macht Gottes in der Natur und der Geschichte und die Nichtigkeit der Götzen mit jener Kraft und zugleich lieblichen Anmuth, wie sie ihm eigen sind. Diesem allmächtigen und zugleich väterlich liebenden Gott soll Israel vertrauen und freudig folgen. »Er (der zweite Jesaias) war«, sagt v. Haneberg, »der gewaltige Herold des Gottvertrauens, und es gibt wenige Bücher der Welt, worin der Mensch durch den Hinblick auf Gott so freudig emporgerichtet wurde, wie durch die Aussprüche dieses Propheten«. Israel ist ja Gottes »Knecht«, sein »Auserwählter«, dem er von jeher seinen Schutz so sichtbar angedeihen ließ, und dem es daher auch für die Zukunft vertrauen und seine Erlösung von ihm hoffen soll. Aber es ist der »Knecht«, der »Auserwählte« Gottes *nicht bloß für sich*, sondern zum Heile aller Völker, wie die bereits angeführte Stelle 42,1–8 schon beweist. Daß aber sowohl in dieser Stelle, wie 41,8. 9. 42,19. 44,1. 2. 21. 45,4. 48,20. und namentlich auch 52,13 mit Kapitel 53 unter dem »Knechte Gottes« Israel verstanden werden muß, und zwar das *ganze* Israel, nicht bloß die Frommen, wie zum Theil ältere und neuere Erklärer annehmen, während allerdings an andern Stellen bloß der Prophet darunter verstanden werden muß, dürfte doch so ziemlich klar sein. Der Prophet hat eben Israel als *Ganzes* im Auge, in dessen geschichtlichem Berufe, die Lehre Gottes unter die Völker zu verbreiten, wobei es auf die Abtrünnigen gar nicht ankam und ihn außerdem die Hoffnung erfüllte, und er gerade darauf hinwirkte, daß auch diese zu Gott zurückkehren werden. Gerade in diesem Berufe Israels wollte er einen idealen Antrieb zur Rückkehr auch der Schlaffen und Gleichgültigen in das heilige Land finden, wo nur, getrennt von den Heiden, die Unterlage zur Erfüllung dieses Berufes geschaffen werden konnte und dem materiellen Vortheile, der sie in Babylonien festhielt, ein Höheres entgegenstellen. Nur in der Verkennung dieses hohen Zieles findet die immer schärfere Sprache des |63| Propheten gegen diese Lauen, die er »Missethäter«, »Verstockte«, »Gottlose« nennt, ihre Erklärung. Der Einwand, daß 52,13. mit Kapitel 53 sich deßhalb nicht auf ganz Israel beziehen könne, weil dann dieses für die Missethat der *Heiden* Strafe tragen müßte, und dieser Gedanke für das theokratische Nationalbewußtsein nicht möglich gewesen wäre [116], muß jedenfalls seine Lösung finden, einmal weil doch 52,14. 15 ausdrücklich von den Heiden spricht, und die Pronomina in Kapitel 53 »unser Gericht«, »wir sahen ihn«, sich am einfachsten auf die unmittelbar vorhergehenden Subjekte beziehen, und überhaupt kaum den Prophet bezeichnen können, wenn er auch im Namen aller andern Propheten sprechen wollte, was an sich unzulässig erscheint. Warum sollte der Prophet, der hier, wie überall, von jener großen Zukunft spricht, in welcher auch die Heiden zu Gott zurück gekehrt sind, diese nicht auch zu der Einsicht gelangen lassen können, daß Israel um seines Berufes willen Elend und Leid ertragen mußte, bis auch sie zur Gotteserkenntniß gelangt sind; daß es jahrtausendjäh-

---

116 S. Knobel l. l. zu 52,13.

rige Nacht des Wahnes hindurch für seinen Israel-Beruf kämpfen und leiden mußte, bis die Morgenröthe der Gotteserkenntniß anbrechen und der Sonnenglanz der Wahrheit nach und nach alle Welttheile erleuchten werde? Damit steht auch nicht in Widerspruch, daß den Heiden die Strafe Gottes für ihr Verfahren gegen Israel selbst von unserm Propheten verkündigt wird (41,11 u. s.) und sie selbst eine Art Sühne für Israel bilden sollen (43,3). In letzterer Stelle handelt es sich eben um die Erlösung Israels, die durch Cyrus bewerkstelligt werden soll[117]. Zu diesem Zwecke mußte Cyrus die fernsten Völker besiegen und nur in diesem Sinne erscheinen sie als Sühne, als Lösegeld (כֹפֶר) für Israel. Und dennoch ist die Erlösung Israels selbst nicht |64| der alleinige Zweck, sondern die Erlösung der Menschheit vom Götzendienste[118].

Und hat die Geschichte den Worten, welche unser Prophet den Völkern in den Mund legt, nicht Recht gegeben? Mußte Israel nicht in der That von dem Wahne der Völker unsägliches Leid tragen, ihre Seelenkrankheiten, ihre Sünden tausendfach büßen? Mußte es selbst nicht ihre äußern Leiden büßen, wenn Unglück hereinbrach, oder wenn aus dem fernen Indien die Pest eingeschleppt wurde? Philippson[119] faßt es so auf:

> daß der Prophet »die gegenwärtige Erniedrigung Israels für *nothwendig* zur Erfüllung jenes Berufes erklärte, weil die Erhöhung dieses erniedrigten, die Verherrlichung dieses vernachlässigten Volkes den Völkern die Erlösungskraft des Einigen, den Israel anbetet, so klar, so überraschend vor Augen stellen wird, daß sie sich zum Ewigen bekennen werden.«

Immerhin kann es keinem Zweifel unterliegen, daß sowohl 52,14.15 wie 53,1.4–6 von den heidnischen Völkern und 52,13 wie 53,2.4.5.7 ff. von dem ganzen Israel zu verstehen sind, und daß dieses deshalb der »Knecht Gottes«, sein »Auserwählter« genannt wird, nicht bloß weil es selbst zu seinem Dienste, sondern auch *dazu* berufen ist, der Bote Gottes an die Menschheit zu sein, auf daß aus dem nationalen Israel ein Menschheit-Israel werde.

In diesem Zusammenhange begreift es sich auch, daß der Prophet, wie Jeremias c. 17 und Ezechiel wiederholt, im Gegensatz zu allen andern Gesetzen, die sie außer dem Sittengesetz nicht berühren, so großen Werth auf den Sabbath legt, daß er ihn eine Wonne nennt, und die höchste Seligkeit an ihn knüpft, 58,13.14, und daß er die »Söhne der Fremden«, die sich Gott anschließen, »ihm zu dienen, den Namen Gottes zu lieben und ihm Knechte zu sein«, den Sabbath beobachten |65| läßt und diesen als Zeichen der Verbindung mit Gott bei Allen darstellt (56,6.[120]) Der Sabbath hatte eben seinen wesentlichen Grund in der Anerkennung Gottes als Schöpfers und Herrn der *Welt*, welche in ihrer Ganzheit zu Gott herangezogen werden sollte: Er ist der *Weltengott*[121], *und sollte als solcher von aller Welt anerkannt werden.*

Der vollendetste Universalismus tritt bei unserm Propheten auch darin hervor, daß er im Unterschied von dem ersten Jesaias und Micha die Völker nicht bloß zur Anerkennung Gottes und seiner Sittengesetze (das sind die ארחות und דרכי אל Jes. 2,3. Micha 4,2.), son-

---

117 c. 45.
118 45,14 ff.
119 Israel. Bibel II. S. 882.
120 Vgl. Philippson l. l. I. S. 416. s. weiter.
121 So möchte ich das עולם 40,28. auffassen, wie es freilich nur nach Koh. 3,11. vorkommen mag.

dern auch zum Opfern auf dem Altare Gottes gelangen läßt, also auch in der äußern Cultusform das nationale Israel in ein Menschheit-Israel aufgehen läßt. »Mein Haus«, spricht Gott, »soll ein Bethaus werden für alle Völker« (56,7.), es soll auch in den äußern Cultusformen kein Unterschied mehr bestehen. Cap. 66, 20., wo derselbe Gedanke wiederkehrt, nennt er zum Zeichen der vollkommenen Gleichheit alle Völker die Brüder Israels. »Alle euere *Brüder* aus allen Völkern werden Gaben bringen [122] ... wie die Söhne Israels Gaben bringen in *reinen Gefäßen* in das Haus Gottes.« Sie werden also heilig, priesterlich rein sein wie Israel und keine Verunreinigung der heiligen Gefäße mehr bewirken. Der Prophet fügt sogar hinzu: daß »Gott auch von ihnen, von allen Völkern« Priester und Leviten nehmen werde. Ob der Prophet hier wirkliche Priester und Leviten meint und damit in Gegensatz zum mosaischen Gesetze tritt, das allen Nichtpriestern und -Leviten die Ausübung des heiligen Dienstes wiederholt verbietet |66| (4 M. 1, 5. u. s.), wie es allerdings 56, 5 mit Deuter. 23, 2 in Widerspruch steht, möchten wir doch nicht behaupten. Er könnte darunter nur den Beruf zum Dienste Gottes, ganz wie Israel den Beruf hat, und deshalb »ein Reich von Priestern« genannt wird (2 M. 19, 6), verstanden haben. Das aber steht im Zusammenhange mit dem Vorhergehenden fest, daß das »und auch von ihnen«, nicht bloß auf Israel, wie viele Erklärer annehmen, sondern auch auf die »Völker« sich bezieht. Alle, die »Völker« wie Israel, sollen zur Erkenntniß und Verehrung Gottes gelangen. Allerdings werden sie nicht alle zugleich und auf einmal zu dieser Erkenntniß gelangen, wie ja auch 2, 14. 56, 6 und auch die Ausdrücke in den uralten Propheten Jes. 2, 3. 4. Micha l. l. beweisen und die Geschichte und ihre Entwickelung bewährt hat, und findet darin das: »und auch von ihnen«, wenn auch der Dienst Gottes im Allgemeinen, nicht der Priesterdienst verstanden wird, seine genügende Erklärung.

Was aber den andern Beweis für den Universalismus der Propheten, nämlich ihr Absehen von den äußern israelitischen nationalen Gesetzen bei ihrem Feuereifer für die Anbetung Gottes (daher der Sabbath siehe oben) und das Sittengesetz betrifft, so darf es uns nicht Wunder nehmen, wenn unser Prophet die *Gesetze* wieder mehr hervorhebt. Der Prophet wollte ja seine Zeit und Glaubensgenossen zur Rückkehr nach Jerusalem, zum Wiederaufbau des Tempels, zur Bildung eines neuen Gottesstaates ermuntern, und ist dies der wesentliche Inhalt seines Wirkens: er wollte die zerfallene Religionsgemeinde auch materiell wieder aufrichten. Dazu genügte aber dem gesammten Volke gegenüber nicht bloß Ideelles, es bedurfte äußerer, gleichsam materieller, handgreiflicher Vereinigungspunkte, *Merkzeichen* der *gleichen*, einheitlichen Gottesverehrung (אותות הברית) in dem neu zu gründenden Gemeinwesen. Es ist daher um so höher anzuschlagen, und beweist den prophetischen Gedanken von der Heiligkeit des *Menschen* |67| als solchen um so mehr, daß der Prophet die bloß äußere Werkheiligkeit, den heuchlerischen Hochmuth, der so oft mit seinem Formalismus sich brüstet, als hätte er damit »Gerechtigkeit geübt und das Recht seines Gottes nicht verlassen«, in einer Weise geißelt, wie es kein anderer Prophet schonungsloser und eindringlicher that.

---

122 S. Geiger, Jüd. Zschr. Jhg. 1867. S. 284. Ich glaube nicht, daß es dazu der Elision des את bedarf. S. Ges. Wb. את II, 2.

»Rufe aus voller Kehle, halte nicht zurück; gleich der Posaune erhebe deine Stimme und sage meinem Volke seine Missethat, dem Hause Jakobs seine Sünden. Da suchen sie mich Tag für Tag und verlangen meine Wege zu wissen[123], gleich einem Volke, das Gerechtigkeit geübt und das Recht seines Gottes nicht verlassen, fragen sie nach den Vorschriften der Gerechtigkeit, die Nähe Gottes begehren sie. Warum fasten wir und du siehst es nicht, kasteien uns und du merkst es nicht!

Siehe! an euerm Fasttage geht ihr dem Geschäfte nach, und all' euern Erwerb treibt ihr ein. Siehe! zu Streit und Hader fastet ihr, und zu schlagen mit frevler Faust. Fastet nicht wie jetzt, damit gehört werde in der Höhe eure Stimme. Ist das ein Fasten, das ich verlange? Ein Tag, wo sich der Mensch kasteiet? Soll er gleich dem Schilf sein Haupt krümmen, und auf Sack und Asche sich lagern? Das willst du ein Fasten nennen, einen Tag Gott wohlgefällig? Siehe! das ist ein Fasten, an dem ich Wohlgefallen habe: Löse die Fesseln der Bosheit, sprenge die Bande der Unterjochung, entlasse die Unterdrückten zur Freiheit und jegliches Joch zerreiße. Brich dem Hungrigen dein Brod, umherirrende Arme bringe in dein Haus, siehst du einen Nackten, so bekleide ihn, dem, der deines Fleisches ist[124], entziehe dich nicht. Dann wird gleich dem Morgenroth dein Licht anbrechen …«

|68| Der Prophet wollte hier sicher nicht gegen die religiösen Werke überhaupt auftreten, das wäre ein Widerspruch gegen seine sonstigen Bestrebungen. Aber er eifert gegen die äußere Werkheiligkeit, ohne innere, sittliche Heiligung. Es wäre überhaupt falsch, wenn man annehmen wollte, die Propheten seien gegen alles äußere Gesetz und namentlich gegen äußern Cultus gewesen. Sie hätten damit einerseits das mosaische Gesetz aufgehoben, was sie sicher nicht wollten, wie noch der letzte Prophet, Maleachi, zu dessen Erhaltung auffordert, und würden andererseits den bestimmten Glauben zu einem bloßen Ideale verflüchtigt haben, der im Kampfe mit dem Götzendienst sich nimmer hätte erhalten können. Sie wollten dasselbe aber nur als *Mittel* für die *innere, sittliche Heiligung* und verwarfen die Formen, wo sie das nicht waren oder gar zum Gegentheil führten. Diese *sittliche* Heiligung war ihnen das *Ziel*, das alle Menschen zu erreichen fähig und berufen sind. So tritt uns der prophetische Gedanke auch nach dieser Seite in dem letzten der großen Propheten noch einmal in seiner vollen Herrlichkeit im reinsten Glanze strahlend entgegen.

[Die Schriftwerke]

Ganz ebenso wie in den Propheten wird die allgemeinste Gerechtigkeit und Liebe, und zwar in der erhabensten Weise, hehr und heilig und herrlich, in allen übrigen Büchern der h. Schrift gelehrt. Es ist derselbe, die ganze Welt umfassende Gottesgeist, der alle in

---

123 S. Th. Sota 22,6., wo unter den falschen Pharisäern auch der aufgezählt wird, welcher spricht: »Sage mir meine Pflicht, daß ich sie übe.«

124 Offenbar ist בשר hier gleichbedeutend mit Mitmensch über- |68| haupt (s. Ges. s. v.) nicht bloß Verwandter (Raschi), was im Widerspruch mit dem unmittelbar Vorhergehenden stände. Dieselbe Bedeutung 4 M. 16,22; 27. Deut. 5,26. Jes. 49,26; 66,24 u. s. Das Suffix hier will das Wort eben nur auf den *Menschen* beschränken, im Gegensatz zu andern Stellen, wo es *alles* Lebende bedeutet, wie 1 M. 6,13. 7,26 u. s.

gleicher Weise durchdringt. Wenn der Psalmist (94,15) das schöne Wort spricht: »Zur Gerechtigkeit muß das Recht (Gericht) zurückkehren, und ihm folgen *Alle*, die redlichen Herzens sind«, so hat er damit nur kurz den ganzen Inhalt seiner Gesänge nach dieser Richtung hin wiederholt.

|69| Den herrlichen Psalm 15. kann keine vernünftige Exegese anders als ganz allgemein, von *allen* Menschen auffassen. Wir wollen ihn hier ganz hersetzen, und überlassen es Andern im Widerspruch mit dem klaren Buchstaben und mit dem Geist der h. Schrift, die Befähigung zur Seligkeit von dem Bekenntniß gewisser bestimmter Formen abhängig zu machen.

> »Wer darf, o Herr, in deinem Zelte wohnen?
> Wer auf deinem heiligen Berge ruhen?
> Der redlich wandelt, Recht ausübt,
> Von Herzen Wahrheit redet,
> Mit seiner Zunge nie verläumdet,
> Nie seinem Nächsten[125] Böses thut,
> Nie seinen Nebenmenschen schmäht,
> Verächtliche nicht achtet,
> Die Gottesfürchtigen ehrt,
> Zu seinem Schaden schwört und hält,
> Wer ohne Zinsen[126] Geld ausleiht,
> Und Unschuld unbestechlich schützt:
> Wer dieses thut, wird ewig bleiben.«

Nicht nach seinem Glauben, oder vielmehr seiner Glaubensform, sondern »nach seiner Gerechtigkeit, nach seiner Hände Reinheit«, fleht der Psalmist um Vergeltung bei Gott[127]. Gott schaut ihm vom Himmel herab auf die *Menschenkinder*, ob sie der *Vernunft* gehorchen, ob sie Gott im *Herzen* fühlen[128].

Auch in den Psalmen ist es das höchste Sitten- nicht das Ritualgesetz, das zum Wohlgefallen bei Gott, also zur Seligkeit führt, und tritt auch darin, wie bei den Propheten, der unbeschränkteste universalistische Geist auf. Gleich die ersten Worte des Psalmisten, die gleichsam als Einleitung und als |70| der herrschende Grundgedanke gelten, legen Zeugniß von diesem Geiste ab. Wem verkündet er Heil (Seligkeit[129])? Dem, der nicht kommt in den Rath der Frevler (improborum), nicht betritt den Weg der Gottlosen[130], nicht sitzt,

---

125 רֵעֵהוּ s. oben.

126 Mendelss. Wucher, נֶשֶׁךְ s. oben.

127 Ps. 18,21.

128 Ps. 14,2. Vgl. auch Ps. 24. c. Ps. 12,82,101 u. s.

129 S. d. Com. über die Bedeutung von אשרי LXX μακάριος ἀνήρ vgl. οἱ μάκαρες. Vulg. beatus. Also jedenfalls auch die höhere Glückseligkeit, »beatus sine virtute nemo esse potest«.

130 Die Pielform חִמֵּא ist wohl zu unterscheiden von Kal חָמָא, sie bezeichnet den verhärteten, gottlosen Bösewicht. So heißen die Sodomiten חַטָּאִים. Ebenso Amalek, 1 Sam. 15,18. Die Piel-Form, wie die arabische II. Form, das Iterative, Frequentative. In diesem Sinne muß auch 1 Kön. 1,21 והייתי אני ובני שלמה חטאים verstanden werden: »Ich und mein Sohn S. werden als unversöhnliche Sünder (Kronprätendenten) dem Tode geweiht sein« (nicht dem Thron fehlen, wie Jon. und die Comm. anneh-

wo Spötter sitzen.« »Wer ist der Mann«, ruft der Psalmist an einer andern Stelle[131], »der Lust zum Leben hat, der Tage liebt, Gutes zu sehn? Bewahr vor Bösem deine Zunge, deine Lippen vor betrüglich Reden; weich vom Bösen, thue Gutes, suche Frieden und jag' ihm nach.« Doch der Psalmist spricht sich ja in den herrlichen Psalmen 50 und 51 ausdrücklich ebenso wie die Propheten gegen den äußeren Formalismus aus und dringt auf innere Heiligung. Setzen wir die betreffenden Stellen nach Mendelsohns Übersetzung hierher:

»Ich straf' dich nicht (spricht Gott) ob deiner Opfer
Dein Altar raucht ja stets vor mir.
|71|. Ich mag kein Rind aus deinem Hause,
Aus deinen Hürden keine Böcke;
Denn mein sind alle Thiere des Waldes,
Mein auf Bergen das Vieh nach Tausenden.

————————

Bring nur Gott Dank zum Opfer

————————

Aber zum Verruchten sagt Gott:
Was schwatzest du von meiner Lehre,
Führst meinen Bund in deinem Munde?
Und du hassest alle Zucht,
Wirfst meine Worte hinter dich.
Siehst du einen Dieb, du bist sein Freund,
Und Ehebrecher sind dein Umgang,
Lässest deinen Mund zum Bösen aus,
Deine Zunge schmiedet Arglist,
‚Sitzest da, verläumdest deinen Bruder,
Heftest deiner Mutter Sohn Schandfleck an.

————————

Wer Dank mir opfert, ehrt mich,
Wer Acht auf seinen Wandel hat,
Dem zeig' ich göttlich Heil.«

Und Psalm 51:

»Erschaffe, Gott! in mir ein reines Herz

Und gib mir einen neuen Biedersinn.

————————

Denn Opfer willst du nicht, ich gäbe sie,
Das Opfer, das dir wohlgefällt, ist ein gebrochner Sinn,
Ein gebrochnes, ein zerschlagnes Herz,
O Gott! verschmähst du nicht.«

———————————————

men: den Thron nicht besitzen, was sich, wenn Adonia König wird, von selbst versteht). Auch die Stelle im Thal. Ber. 10, a. ist nur in diesem Sinne zu verstehen. Es muß gelesen werden: מי כתיב חטאים חטאים כתיב (nicht חֲטָאִים Sünden, wie Raschi annimmt), *diese* können gebessert und gerettet werden, was in der That geschah. Das ועוד שפיל לסיפי' דקרא ist späterer Zusatz.

[131] 34, 13.

In den *Sprüchen Salomo's* wird die Tugend gepriesen, das Laster in allen seinen Gestalten dem Abscheu empfohlen; irgend welche Beschränkung dieser herrlichen Weisheitsregeln auf gewisse Glaubens- oder Volkskreise könnte nur der größten geistigen Beschränkung selbst in den Sinn kommen. Furcht Gottes ist dem Dichter der Erkenntniß Anfang [132], wo immer |72| sie sich findet, die Thoren, in, allen Kreisen, verachten Weisheit und Zucht. Er empfiehlt Liebe und Wahrheit, auf daß wir Gunst und Wohlgefallen in den Augen Gottes und der *Menschen* finden [133]. Ihm ist Gott dem Menschen gegenüber, wie ein *Vater*, der dem Sohne wohl will: er züchtigt ihn für seine Thorheit, aber diese Züchtigung selbst ist nur ein Ausfluß seiner Liebe [134].

> Weigere *Niemanden* eine Wohlthat, wenn du die Macht hast, sie zu thun. Sprich nicht zu deinem Nächsten (רֵעֶךָ): »Geh und komme wieder, morgen will ich geben, wenn du heute hast.«

> »Hadere nicht mit einem *Menschen* ohne Ursache, wenn er dir nicht Böses zugefügt« [135].

> »Heil dem *Menschen*, ruft die Weisheit, der auf mich hört, zu wachen an meinen Thüren Tag für Tag, zu wahren die Pforten meiner Eingänge. Denn wer mich gefunden, hat Leben gefunden, *und hat Gnade gewonnen von Gott«* [136].

> »Dem *Menschen* wird nach seinem Thun vergolten« [137].

Auch in diesen Sprüchen ist die Moral übrigens ebenso erhaben, wie allgemein.

> »Verrücke nicht alte Grenzen, dringe nicht in das Feld der Waisen, ihr Annehmer ist stark, er wird ihren Streit führen gegen dich. Führe dein Herz der Zucht zu, deine Ohren den weisen Sprüchen [138].

> Gerechtigkeit erhöht ein Volk [139].

> Wahrheit besteht ewig [140].

> Beneide nicht die Frevler – denn es gibt eine Zukunft, deine Hoffnung wird nicht abgeschnitten [141].

> Wahrheit kaufe, und verkaufe sie nicht, Weisheit, Zucht und Einsicht [142].

---

132 Ps. [fälschlich statt: Spr.] 1, 7; 9, 10.
133 3, 2. 4.
134 3, 2.
135 das. v. 27. 28. 30.
136 8, 34, 35: 12, 2.
137 24, 12.
138 23, 10 ff.
139 14, 34.
140 12, 19. 4.
141 23, 17. 18. 24, 5. 14.
142 23, 22.

Sei nicht ohne Ursache (d.h. ohne daß deinen Nächsten eine Schuld trifft; Comm. LXX ψευδὴς, aus Rache, wie das Folgende zeigt) Zeuge wider deinen Nächsten …, sprich nicht: Wie er mir gethan, will ich ihm thun, ich will jedem vergelten nach seinem Thun«[143].

Kurz das ganze Buch legt Zeugniß ab von der umfassendsten Moral- |73| lehre ebenso wie von den erhabenen Grundsätzen, die im Judenthum wurzelten.

Nicht minder könnten wir das ganze Buch *Job* ausschreiben, um auch hier dieselben Grundsätze überall nachzuweisen. Es genüge das herrliche Kapitel 31, das offenbar als das Sittengesetz der Frommen überhaupt gelten soll. Nachdem in den ersten Versen Sittlichkeit und Zucht als Forderung des gerechten Gottes hingestellt wird, heißt es weiter:

»Wenn ich verachtet hätte das Recht meines Knechtes und meiner Magd in ihrem Streite mit mir: was würde ich thun, wenn Gott aufstände, und was erwiderte ich ihm, wenn er's rügte? Hat er sie nicht geschaffen, wie er mich geschaffen, und sie gebildet in gleichem Schooße? Versagte ich den Armen ein Verlangen und ließ ich die Augen der Wittwen schmachten? Und aß ich meinen Bissen allein, und aß die Waise nicht davon? Sie wuchs mit mir auf als hätten wir Einen Vater, und von Mutterleibe an leitete ich sie. Konnte ich Verlassene sehen ohne Kleid, und ohne Bedeckung den Dürftigen? Segneten mich nicht vielmehr seine Hüften, und erwärmte er sich nicht von der Wolle meiner Heerde? Erhob ich gegen eine Waise meine Hand, weil im Gerichtshof mir Alles zugethan war: so fiele aus dem Blatte meine Schulter, und mein Arm bräche von der Röhre ab. Denn ich scheuete das Unheil des Allmächtigen, und wenn er sich erhöbe, ich hielt' es nicht aus. Hätte ich das Gold gemacht zu meiner Zuversicht und zum seinen Erz gesprochen: »Du, mein Vertrauen; hätte ich mich gefreut, daß groß geworden mein Gut, und daß Fülle erworben meine Hand; hätte ich die Sonne gesehen in ihrem Glanze, und den Mond, wenn er prächtig wandelt (wenn ich glänzend emporgestiegen), und es wäre bethört worden mein Herz und mein Mund hätte geküßt meine Hand (in übermüthiger Selbstzufriedenheit), auch das wäre strafbares Verbrechen; denn ich hätte geläugnet Gott in der Höhe. Hätte ich mich gefreut, ob dem Fall meines Hassers, und gejauchzt, daß ihn Unglück getroffen – doch nie gewöhnte ich |74| meinen Mund, zu sündigen, fluchend sein Leben zu verwünschen, – würden dann meine Hausgenossen nicht gesagt haben: »Wer uns von seinem Fleische gäbe! wir würden dessen nicht satt!« »Draußen durfte kein Fremdling übernachten, meine Thür öffnete ich dem Wanderer. Hätte ich, wie Menschen zu thun pflegen, verhehlet meine Schuld, verborgen in meinem Busen meine Missethat: ich müßte scheuen vor der Menge, der Verächtlichste der Geschlechter würde mich schrecken, verstummen müßte ich, nicht vor die Thür dürfte ich treten. Wer mir nur gäbe Einen, der mir zuhörte! Hier *meine* Urkunde – der Allmächtige rufe mir es zu – und hier die Schrift, die mein Gegner verfaßt hat. Gewiß! auf meine Schultern hätte ich ihn gehoben, ich hätte ihn mit Kronen geschmückt für mich; jeden meiner Schritte hätte ich ihm angesagt, wie einem Fürsten wäre ich ihm genaht. Wenn mein Land geschrieen hätte über mich, und seine Furchen hätten geweint über mich; wenn ich ohne Entgelt des Landes Kraft gegessen, und den Eigenthümern Seufzer ausgepreßt, o, so möchten Dornen aufgeh'n statt Waizen und Lolch statt der Gerste«!

Ueberall in diesen Büchern begegnen wir dem strengsten, unbeugsamen Rechte, der ungetheiltesten, erhabensten Menschenliebe, die nicht in süßlichen Worten, sondern in

---

143 24,28. 29.

thatsächlicher Uebung gegen Groß und Kein, gegen Sklaven wie gegen Herren allein ihr Genüge findet.

Nachdem die h. Schrift Gott als die höchste Gerechtigkeit und Liebe darstellt[144], nachdem er in ihr nicht bloß Schöpfer und Weltregierer ist, sondern sein Verhältniß zu den Menschen als das des Vaters zu den Kindern bezeichnet und er mit dem Namen Vater[145] überall genannt wird, und zwar nicht bloß im |75| Sinne des Erzeugers, sondern des liebevollen Führers und Erbarmers (Ps. 103, 113); nachdem sie Gott den Menschen gegenüber als die höchste Liebe und Gnade in seiner leiblichen und geistigen Führung, in seiner väterlichen Fürsorge für alle Bedürfnisse, in seiner liebevollen Erlösung aus allem Drucke, in seiner gnadenvollen Vergebung der Sünden, in seinem höchsten Geschenke: der Offenbarung, fort und fort thatsächlich walten läßt, und die Menschen, als göttliches Ebenbild auffordert, sein Wirken sich zum Muster zu nehmen, heilig zu sein, »d. h. das Gute zu lieben und zu üben, wie Gott heilig ist«, »in seinen Wegen zu wandeln«, d. h. »gerecht, liebevoll und barmherzig zu sein, wie er es ist«: so ist die ganze große, umfassende Sittenlehre ohne alle Einschränkung nur die nothwendige Consequenz dieser Grundsätze und irgend welcher Zweifel völlig unzulässig, irgend welches Makeln an dieser erhabenen Lehre entweder Zeugniß der tiefsten Ignoranz, oder der eigenen tiefsten Unsittlichkeit, die sich nicht scheut, der Lüge und der Verleumdung dem bessern Wissen zum Trotze aus niedrigen Rücksichten zu dienen.

Gott ist der Schöpfer und Erhalter aller Wesen; er ist der Vater *aller* Menschen. Er ist selbst die höchste Gerechtigkeit, die höchste Liebe, und will, daß alle Menschen diese Tugenden thatsächlich unter einander üben, das Gegentheil wäre nicht bloß ein Verbrechen gegen die Menschen, es wäre eine Versündigung gegen Gott. Die Menschen schreiten auch ewig fort, bis daß Gott und sein Namen Einer sein wird bei *allen* Menschen und Erkenntniß Gottes die Erde füllet, wie Wasser den Meeresgrund bedecket. Aus dem ehernen Zeitalter des Unrechts, der Gewalt und des Hasses gehn sie immer mehr dem goldnen Zeitalter des Gottesreiches, der allgemeinen Gerechtigkeit und Bruderliebe entgegen: das ist der große, herrliche Inhalt der Bibel.

[Die Apokryphen]

Aber nicht bloß in der Bibel, auch in den *Apokryphen* finden wir denselben universalistischen Geist, ein Beweis, daß |76| es der Geist war, der im Judenthum überhaupt lebte und einen Grundzug seines ganzen Wesens bildete.

Das *Buch der Weisheit*, wohl das älteste auf diesem Gebiete, das jedoch nicht über 200 vor der gewöhnlichen Zeitrechnung zurückverlegt werden darf[146], bietet die nächste

---

144 2 M 22, 26. 34, 6. Deut. 4, 81. Ps. 103, 8; 112, 4. und sonst oft.

145 Deut. 14, 1. 32, 6; 2 Sam. 7, 14. 1 Chr. 17, 13. 22, 10. Jes. 63, 16. 64, 7; Jir. 3, 4. 19. 31, 9; Hos. 11. 1. Mal. 1, 6. 2, 10. Ps. 89, 27. 103, 13; Spr. 3, 12; Job. 34, 36 u. s. w.

146 S. Gutmann, die Apokryphen des A.T. Die eben so vorurtheilslosen als gründlichen Forschungen Gutmann's, der die ältern prüfte und sichtete, und seine wortgetreue Uebersetzung legen wir hier überall zu Grunde.

Fortleitung der h. Schriften in der spätern Zeit, in dem eigentlichen Judenthum, wie es sich seit Esra entwickelt hatte.

Gleich im Anfange wendet sich der Verfasser an die Beherrscher der *Erde* und fordert sie auf, »Gerechtigkeit zu lieben und Rechtschaffenheit und Einfalt des Herzens zu suchen«[147]. Die Menschen sind *alle gleich*, nur die Weisheit gibt einen wahren Vorzug[148]. *Alle hat Gott zum Sein erschaffen, alle Geschlechter der Erde zum Heile bestimmt*«[149]. Die Weisheit ist dem Verfasser der Inbegriff aller Tugenden. »Sie ist die Künstlerin in allen Dingen.« »In ihr ist ein Geist, der da verständig, heilig … das Gute liebend … menschenfreundlich ff. ist.

Das herrliche, c. 180 v. d. gew. Zeitrechnung verfaßte Buch *Sirach* empfiehlt die Barmherzigkeit gegen alle Welt in feurigen, vom höchsten Edelsinne zeugenden Worten[150]. Auch ihm ist die Weisheit der einzige Vorzug des Menschen. »*Es ist nicht recht, den verständigen Armen zu verachten, und es geziemt sich nicht, einen reichen Sünder zu ehren*«[151]. Er tritt gegen den Hochmuth in die Schranken und empfiehlt allen Menschen Bescheidenheit[152]. |77| »Welches Geschlecht ist ehrenwerth? das Geschlecht des Menschen (σπέρμα ἀνθρώπου). Welches Geschlecht ist ehrenwerth? die den Herrn fürchten. Welches Geschlecht ist ehrlos? das Geschlecht der Menschen. Welches Geschlecht ist ehrlos? die die Gebote übertreten (ἐντολάς)«[153]. Gottes Barmherzigkeit erstreckt sich über Alle. »Die Barmherzigkeit des Menschen erstreckt sich auf seinen Nächsten; die Barmherzigkeit des Herrn über alles Fleisch. Er warnt, züchtigt, belehrt und leitet; wie der Hirt seine Heerde[154]. *Er richtet auch die Heiden nur nach ihren Thaten und vergilt ihre Werke nach ihren Gesinnungen.* Selbst da, wo er die Schale seines Zornes auf die Feinde seines Volkes ausgießt und ein brünstiges Gebet für ihre Vernichtung zu Gott emporsendet, fleht er, »daß sie Gott erkennen sollen, gleich wie auch wir erkannt haben, daß kein Gott außer Dir ist, o Herr!«[155] *Darum warnt er auch vor Rachsucht, Zorn und Hader gegen irgend einen Menschen und vor der bösen Zunge, vor dem Ohrenbläser und Doppelzüngigen, wo sie sich finden.* »Vergib deinem Nächsten die Beleidigung, dann werden dir auf dein Gebet auch deine Sünden vergeben werden. Der Mensch verharret im Zorn gegen den Menschen und doch erwartet er Heilung vom Herrn …[156].

Das Buch *Baruch*, welches nach den gründlichsten Forschungen jedenfalls nach Daniel, also in einer verhältnißmäßig späten Zeit verfaßt wurde, stellt als Bedingung der Wiederkehr einer glücklichen Zeit Gottesfurcht und *Gerechtigkeit* gegen alle Menschen auf. »Umhülle dich mit dem Gewande der Gerechtigkeit«, wird dem Volke zugerufen,

---

147 c. 1. cf. c. 6.
148 c. 6,7. c. 8. ff.
149 1,14. σωτήριοι αἰ γενέσεις τοῦ κόσμου.
150 c. 4. c. 7,32–36. 148. 17,17. u. s.
151 8,22. c. 9.
152 10,19 ff.
153 10,19 [richtig: 10,23].
154 18,13.
155 32,18. 19. 33,5.
156 c. 28. »Deinen Nächsten« τῷ πλησίον σου.

»und setze die Krone der Herrlichkeit des Ewigen auf dein Haupt; denn Gott wird *Allen, die unter dem Himmel sind,* deinen Glanz zeigen« [157], und zwar, wie das Nachfolgende zeigt, den |78| Glanz, der durch Gottesfurcht und *Gerechtigkeit gegen alle Menschen,* um Israels Haupt strahlet. »Dein Name«, heißt es weiter, »wird von Gott auf immer genannt werden: *Friede der Gerechtigkeit und Ruhm der Gottesfurcht.*«

Da, wo *Pseudoesra* (dessen späte Abfassungszeit feststeht), die Wahrheit preiset, sagt er: »Bei ihr (der Wahrheit) ist keine Parteilichkeit und *kein Unterschied,* sondern sie thut, was recht ist und bleibt ferne von *allem* Unrechten und Schlechten.«

So sehn wir den prophetischen Geist der Wahrheit, Gerechtigkeit und Liebe für Alle und gegen Alle bis in die zweite Hälfte des zweiten Jahrhunderts v. d. gew. Zeitrechnung im jüdischen Schriftthume ungeschmälert walten. Es muß dies klar und entschieden fest gehalten werden; es ist der Grund, auf welchem die Beurtheilung der daran sich anschließenden, zum Theil schon früher im jüdischen *Leben* sich gleichmäßig ausprägenden Entwicklung beruht und beruhen muß, wenn wir selbst gerecht und wahr sein und am Geiste der Vergangenheit uns nicht versündigen wollen.

---

[157] C. 5, 2. 3.

|79| Zweite Abtheilung
Der Pharisaismus

[Talmud- und pharisäerfeindliche Vorurteile]

In Bezug auf die heiligen Urkunden sind heutzutage die Akten fast geschlossen. Alle *ernsten, redlichen Männer der Wissenschaft*, welcher Richtung und welcher Kirche sie auch angehören, erkennen ihre ganze herrliche Größe in Hinsicht auf reinste Sittlichkeit, umfassendste Gerechtigkeit an. Wo es nicht der Fall ist und soweit es nicht der Fall ist, geschieht es nur zu dem Zwecke, um der »neuen Botschaft« Raum zu größerer Vollendung zu verschaffen. Man konnte oder wollte nicht einsehen, daß der geschichtliche Beruf des Christenthums nicht sowohl in der *Aenderung* der Glaubens- und Sittenlehre der Bibel, welche sein Stifter sicher nie beabsichtigt hat, als gerade in der *Verbreitung* ihrer Grundlehren unter den Heiden wesentlich besteht [1].

|80| Allein, so sagt man, die Quellen des *heutigen* Judenthums sind nicht blos die heiligen Schriften, auch der Thalmud gilt ihm als »untrüglicher Quell« der Wahrheit, und dieser – und das sagen nicht blos Judenfeinde – ist schlammig von sittlichem Gifte gegen andere Völker und Bekenntnisse. Was nun die erstere Behauptung an sich betrifft, so ist hier nicht der Ort, die Frage zu erörtern, in wie weit das Judenthum überhaupt den Thalmud als *Quell* der Wahrheit anerkennt. In keinem Falle ist er demselben in *allen* Stükken ein solcher Quell, oder gar »untrüglicher Quell«, und wir sind daher um so weniger verpflichtet, für *alle* seine Aeußerungen in die Schranken zu treten.

Wenn wir aber auch auf eine umfassende Erörterung dieser Fragen hier nicht eingehen können, so müssen wir doch Einzelnes zur Stütze unserer Behauptung bemerken: »Der Thalmud ist das Werk von *Menschen*, von Menschen überdies, welche unter der Herrschaft der traurigsten Eindrücke schreiben. Es ist daher nicht zu verwundern, wenn dieses Werk das Siegel seines Ursprungs an sich trägt. Mag man über dasselbe urtheilen, wie man wolle, das jüdische *Gesetz*, das in den mosaischen Büchern enthalten, in den thalmudischen Traditionen erklärt und entwickelt ist, kann dadurch keinen Abbruch erleiden, daß neben weisen und vernünftigen Lehren einige Rabbiner der menschlichen Schwäche ihren Tribut zahlend, andere aufstellten, die es weniger sind« [2]. Tritt dieselbe Erscheinung ja auch bei rituellen Bestimmungen hervor. Mit dem Verluste der Volksfrei-

---

1   Diese Aufgabe des Christenthums erkennt schon der große Lehrer Maimonides an, und seine desfallsige Aeußerung v. d. Königen IX, 4. Ed. Amsterdam, ist merkwürdig genug: »Das Christenthum und der Mohamedanismus«, sagt er, »haben ihren weltgeschichtlichen Beruf in der Anbahnung des messianischen Reiches, daß alle Menschen Gott verehren. לישר דרך למלך המשיח לעבוד את ה' ביחד כיצד כבר נתמלא כל העולם כולו מדברי משיח ומדברי התורה ומדברי המצות ופשטו דברים אלו באיים רחוקים. »Schon ist durch sie die Lehre vom Messias und die Kenntniß der Thora und Gebote nach den fernsten Inseln gedrungen.«

2   Bédarride, les Juifs en France etc., Paris, Michel Levy, 1867.

heit, besonders seitdem in Rom und Konstantinopel das Christenthum den Thron bestiegen und die Verfolgung der unglücklichen Juden den hartnäckigsten Charakter angenommen hatte, war auch der Geist verfinstert, war bodenlose Auslegung der alten Gesetze, maßlose Erweiterung derselben an der Tagesordnung und was das traurigste war – erhielt einen stagnirenden Charakter. Was früher momentane Anordnung ge- |81| wesen, Ansicht oder Auslegung der hohen Schulen, die von spätern Behörden aufgehoben, denen von andern Schulen widersprochen werden konnte, gestaltete sich nun zur eisernen Fessel, die Niemand mehr zu lösen wagte. Der Zeiten Noth und Barbarei, die selbst Griechen und Römer zu Bettlern machte, sagt der gelehrte und geistreiche Dr. Zunz, übte auf die unglücklichen Juden den gleichen Einfluß. [3]

Indessen, welches Gewicht auch Einzelne, die der Zeiten Beziehungen und Bildungen nicht kennen, denen die Geschichte und ihre Entwicklung ein versiegeltes Buch ist, auf die Aussprüche der Thalmudisten ohne Unterschied legen mögen, niemals wurde denselben eine Gleichberechtigung mit den biblischen Schriften zugesprochen. Der Thalmud selbst erkennt dies an, indem er als Regel aufstellt: daß mosaische Vorschriften in zweifelhaften Fällen erschwerend, rabbinische dagegen erleichternd zu beurtheilen seien [4].

In dem Gottesdienste wird der Pentateuch der versammelten Gemeinde mit den Worten vorgezeigt: »*Das* ist das Gesetz (die Thora), die Moses den Kindern Israels vorgelegt« [5].

In den Aufstellungen der Grundlehren des Glaubens, bei Maimonides sowohl wie bei Albo, wird nur das durch Moses gegebene Gesetz als göttliche Offenbarung und daher als durch Menschen unabänderlich angenommen.

Jedenfalls aber, und das müssen wir immer betonen, muß festgehalten werden, daß auch die mit dem umfassendsten Rechte, der allgemeinsten Menschenliebe, wie sie Bibel, Vernunft und Gewissen fordern, scheinbar in Widerspruch stehenden |82| Aussprüche einzelner Thalmudisten nur aus ihrer Zeit heraus, aus den bestimmten, aus den Quellen zu ermittelnden Beziehungen zu denen, in Betreff derer sie ausgesprochen wurden, und den, auch großentheils erkennbaren Verhältnissen des Autors allein begriffen und beurtheilt werden können und dürfen. Wer sich in die, allerdings nicht immer auf der Oberfläche sichtbaren, sondern unter manchem Gerölle verborgenen Quellen nicht vertiefen, und dabei den klaren, von vorgefaßten Meinungen ungetrübten, objectiv geschichtlichen Blick nicht bewahren kann, der sollte sich bescheiden, in diesen Dingen ein Urtheil abzugeben. Nichts ist gefährlicher, als die gerade dem Judenthum gegenüber leider! noch immer so häufig beliebte Weise, aus einzelnen, aus dem Zusammenhange herausgerissenen Aussprüchen, oder auch aus den Aussprüchen wohl auch fanatischer, durch den harten Druck verbitterter Männer, à la Eisenmenger, Schudt und Consorten, die häufig noch die einzigen von Vielen benutzten Quellen bilden, über den Geist vergangener Geschichtsepochen sich zu unterrichten. [6]

---

3   Aus meiner schon vor länger als 30 Jahren in dem Werke: »Geschichte der Menschheit und der Kultur«, Erste Ausgabe, von G. F. Kolb im Auszuge erschienenen Abhandlung über den Thalmud.

4   ספק דאוריתא לחומרא ספק דרבנן לקולא

5   Bédarride, l. l.

6   Letzteres wird namentlich in neuerer Zeit von unwissenden Fanatikern wieder praktizirt, denen

»Ohne sie« (die genaue Kenntniß der Quellen und ihrer Beziehungen), sagt der gelehrte sel. Mich. Sachs[7], »können leicht einzelne Stellen zu einer polemischen Bedeutung verallgemeinernd verbraucht werden, denen eine ganz bestimmte Zeit und eine fest ausgeprägte geschichtliche Umgebung ihr Dasein und ihre Färbung gegeben«. Dabei vergißt man, daß man es hier mit einem jahrtausendjährigen Schriftthum zu thun hat, und daß es gewiß eben so leicht und noch leichter wäre, wenn man die Schriften irgend eines Volkes oder irgend einer Kirche während eines so langen Zeitraums, und zwar in der böswilligen Absicht, die feindseligen Aeußerungen gegen andere |83| Völker oder andere Bekenntnisse zusammenzustellen, durchstöbern wollte, noch eine ganz andere Sammlung zuwege zu bringen, daß es aber gewiß nicht minder unrecht wäre, aus solchen Aeußerungen Einzelner auf den wahren Geist des Volkes oder des Bekenntnisses zu schließen.

Jedenfalls aber finden wir im Thalmud, und das ist es, was ihm immer seine hohe Bedeutung bewahren wird, neben historischen und culturgeschichtlichen Bemerkungen und Thatsachen, die wir sonst vergeblich suchen würden, die aber zur Aufhellung der geistigen Entwicklung des Menschengeschlechts von großer Wichtigkeit sind, neben dieser hochanzuschlagenden Ausbeute finden wir einen reichen Schatz der Ueberlieferung, wie das Leben die mosaischen Gesetze nach den jeweiligen Bedürfnissen, bald nach strengern, bald nach mildern Grundsätzen, entwickelt und in sich aufgenommen hat[8] und erblicken in ihm daher ein sicheres Zeugniß von der ewigen Productivität des religiösen Geistes auch auf jüdischem Boden im Gegensatz zu der ertödtenden Stagnation des Karaismus, obgleich auf der andern Seite nicht übersehen werden darf, daß der Thalmud, wie bereits bemerkt, später selbst von diesen schönen Grundsätzen wieder abfiel und in dem Streben, das äußere Gesetz zur festen, allgemeinen, das ganze Leben durchdringenden Geltung zu bringen, im Widerspruch mit der sonst flüssig gewesenen *mündlichen* Lehre, die Aussprüche früherer Lehrer wieder als starre Gesetzesnorm annahm, von welcher nicht abgewichen werden dürfe, wodurch zu der neuen Formenverknöcherung und Vergötterung, die gerade in unserer Zeit sich wieder breit macht, der Grund gelegt wurde. Wir sehen aber auch ferner im Thalmud die schärfsten Geister ringen in gewaltigem Kampfe um Erhaltung des religiösen Lebens zu einer Zeit, |84| da äußere Verfolgung und innerer Zwiespalt, oder, was das Gefährlichste von Allem war, innerer Abfall und Liebäugeln mit dem Heidenthum selbst Alles: Gott und Wahrheit und Sittlichkeit zu zerstören drohte. Wir sehen in ihm das biblische, wahrhaft demokratische Prinzip auf religiösem Gebiete gegen alles kastenmäßige Abschließen hochmüthigen Priesterthums und vornehmer Geschlechter sich hindurch ringen und endlich bleibend zum Siege geführt. Wir finden endlich in seinem *Gesammtinhalte*, also nicht bloß bei einzelnen Lehrern, was man hier und da als Ausnahme noch zugibt, einen so tiefen sittlichen Ernst, wie kaum in einem anderen Werke des Alterthums. Und wenn wir festhalten, was wir nachgewiesen,

---

selbst Eisenmenger noch nicht genug that, und die daher auch noch diesen zu ihren finstern Zwecken und gottlosen Hetzereien verstümmeln.

7   Beiträge zur Sprach- und Alterthumsforschung II. S. 144.
8   Von dieser Entwicklung auch nach mildern Grundsätzen liefern besonders auch die Aussprüche des großen Lehrers R. Akiba wichtige, unmittelbar in das Leben eingreifende Beispiele, s. Frankl *Hodogedica* in Mischn. S. 118.

daß nicht bloß in den biblischen Schriften, sondern auch in den spätern (den Apokryphen) der Geist der Wahrheit, Gerechtigkeit und Liebe für alle und gegen alle Menschen bis in die zweite Hälfte des zweiten Jahrhunderts vor d. gew. Zeitrechnung im jüdischen Schriftthum ungeschmälert gewaltet hat, so werden wir schon von vornen herein zu dem Schlusse gelangen müssen, daß auch im Thalmud, wie auf diesen Grund bereits hingewiesen wurde, wenigstens in seinen bedeutendsten Gesetzeslehren, in seinem wesentlichen Gesammtinhalte, jene sittlichen Gedanken ihren vollen Ausdruck finden müssen, wenn diese Lehren nicht in offnen Widerspruch mit derselben Lehre treten wollten, welche zu erhalten und fortzuleiten sie sich ausdrücklich zur Aufgabe gemacht; wenn nicht der ganze Bau, der bis zu ihrer Zeit von Jahrhundert zu Jahrhundert fortgeführt ward, auf einmal gewaltsam abgetragen werden sollte, was aller geschichtlichen Entwicklung Hohn sprechen würde und an und für sich eine Unmöglichkeit war. Deshalb halten wir uns verpflichtet, wenigstens auf diesem einen, wichtigsten Gebiete des *sittlichen* Lebens dem unsittlichen Herausreißen einzelner mißverstandener Stellen, die dann später, oft in gutem Glauben als sichere Quellen benutzt wurden und zu den ungerechtesten Urtheilen Veranlassung gaben, entgegen zu treten, und dadurch |85| einerseits den wirklichen Inhalt der Aussprüche jener Männer wissenschaftlich hier festzustellen, anderseits durch die Sichtung und historische Einordnung ihrer Ansichten ihre Namen vor ungerechter Verunglimpfung zu schützen.

Ehe wir jedoch die einzelnen Aussprüche in's Auge fassen, ist es nothwendig, uns ein klares Bild von den Männern überhaupt zu verschaffen, von welchen jene Aussprüche ausgegangen sind. Man bezeichnet sie gewöhnlich mit dem Namen *Pharisäer* und stellt sich darunter »Heuchler, werkstolze, pfäffische Pietisten«[9] vor, *die Alles in die äußere Form setzten, ohne auf sittliche Prinzipien das geringste Gewicht zu legen*[10]. Sie werden ferner als eine geschlossene Gesellschaft, als eine Sekte betrachtet, die Gerechtigkeit und Liebe höchstens gegen ihre Mitglieder gekannt, alle andern Menschen aber, wenigstens die Nichtisraeliten, gar nicht als Menschen betrachtet, gegen welche man auch Pflichten habe. Die Juden überhaupt also, welche den Grundsätzen der Pharisäer folgen, so schließt man weiter, kennen diese Pflichten, die sie zwar untereinander strenge ausüben, gegen Andersgläubige gar nicht, und man kommt so mit dem Urtheil des im Nationalhaß großgezogenen Römers zusammen, der es einerseits nicht verwinden konnte, daß das kleine Volk der Juden Rom's gewaltigen Legionen so lange widerstand[11], und der anderseits in

---

9 Selbst Prof. Ed. Reuß in Straßburg in Herzog's *Real-Encyclopädie für prot. Theologie und Kirche*, Art. Pharisäer, nennt dieses Urtheil, an das man sich von den Evangelien her gewöhnt, »ein ganz verzeichnetes, völlig karrikirtes«, stellt aber dennoch am Ende die Pharisäer wieder mit den Jesuiten zusammen. So sehr wirkt das von Jugend auf eingesogene Vorurtheil selbst auf die klarsten Geister. Wir werden später auf diese Abhandlung zurückkommen.

10 S. Schenkel, »Charakterbild Jesu«.

11 Augebat iras quod soli Judaei non cessissent. Tac. Hist. V. 10. »Es vermehrte den Haß, daß die Juden allein nicht weichen wollten.« – Apud ipsos fides obstinata, misericordia in promptu, sed adversus omnes alios hostile odium. Das. V. 5. »Gegen sich selbst |86| von unverbrüchlicher Treue, immer bereiter Barmherzigkeit, sind sie gegen alle Andere von feindlichem Hasse erfüllt.« Die Römer schienen es nicht zu fassen, daß nur ihnen der so gerechte Haß galt.

seinen |86| heidnischen Vorurtheilen und in seiner Vergötterung des bloß praktischen Lebens und des äußeren Sinnengenusses theils für den Monotheismus und die von ihm in gewissem Grade von Urbeginn an geforderte Askese gar kein Verständniß, theils, aus völlig unwahren Berichten schöpfend, ganz falsche Vorstellungen von den jüdischen Lehren und Satzungen hatte [12]. Ja, man ging zum Theil noch weiter. Der auch bei den Heiden, bei allem Hasse gegen das *Volk* als solches, wenigstens von den Einzelnen geltende Grundsatz: Jeder gilt für unschuldig, bis das Gegentheil erwiesen ist, galt oft nicht mehr vom Juden: er mußte sich erst als ehrlicher Mann legitimiren. Und wie ein Gespenst aus der Nacht des Mittelalters spukt heute noch das Vorurtheil gegen Juden, das jedenfalls auch aus dem Vorurtheil gegen das Judenthum seine Nahrung zieht. Die Kenntniß des Pharisaismus aus seinen eigenen Quellen wird auch nach dieser Richtung eine heilsame, den Denkenden aller Bekenntnisse willkommene Klärung des Urtheils bewirken.

Der Ursprung der Pharisäer nun, und auf das richtige *historische* Verständniß des Begriffs dieses Namens kommt es vor Allem an, reicht bis zu den Zeiten Esra's, also ein halbes Jahrtausend vor der gewöhnlichen Zeitrechnung hinauf. Außer dem positiven Aufbau des neuen theokratischen Staatslebens galt es schon damals, zwei Feinde dieses Baues abzuwehren und sie mit aller Consequenz und Ausdauer fern zu halten. Diese Feinde waren die heidnischen Völkerschaften von |87| außen, deren beständige Befehdungen nur durch ein compactes nationales Bewußtsein und den das ganze Volk in gleicher Weise durchdringenden, von Begeisterung getragenen religiösen Sinn abgewehrt werden konnten, und sodann die noch gefährlicheren Feinde im Innern, welche sich den Heiden und ihren Sitten zuneigten. Diese Zwecke glaubte man am besten zu erreichen, wenn man das gesetzliche Judenthum als eine unübersteigliche Mauer zwischen Juden und Heiden aufführe, um den Gottesgedanken im Volksbewußtsein fortwährend zu nähren und ihn, unberührt von dem Heidenthume, in seiner vollen Reinheit zu erhalten. Und wenn man bedenkt, wie in den langen Jahrhunderten von der Gesetzgebung am Sinai bis zur Zerstörung des ersten Tempels der Götzendienst, trotz der Todesstrafe, die Moses darauf gesetzt, bei den Israeliten nie ganz besiegt werden konnte: der strenge Dienst des einigen Gottes, der abstracte Gottesbegriff selbst konnte den sichtbaren, die Natur in ihren Schrecken und in ihren wohlthätigen und lieblichen Erscheinungen darstellenden Götzenbildern gegenüber, mit ihrem sinnlichen Cultus, ihren aufregenden Göttermahlen bei dem noch rohen, sinnlichen Volke nie tief genug Wurzel schlagen [13]; wenn man ferner bedenkt, wie in späterer Zeit gerade das Priesterthum, gegen dessen Verderbtheit schon

---

12 S. Tac. l. l. c. 4. Jos. c. Ap. II., 13 u. s. w. Vgl. Buch der Weisheit 2,12,16. »Lasset uns dem Gerechten (Israel) nachstellen, weil er uns beschwerlich ist und unsern Werken entgegenarbeitet … Es ist uns zuwider, wenn wir ihn nur anschauen, weil sein Leben verschieden ist von dem der Uebrigen.« So schon der alte *Haman* zum persischen Könige. Esth. 3, 8.

13 Der Thalmud bringt eine Sage von einem israelitischen Könige, der einem spätern Gelehrten im Traume erschien und ihm eine casuistische Frage löste, und auf dessen Verwunderung: Wie konntet ihr bei solchem Wissen dem Götzendienste fröhnen! die Erklärung gab: Hättest du zu meiner Zeit gelebt, du würdest der Priesterin die Schleppe des Kleides nachgetragen haben. Die Antwort des israel. Königs lautet wörtlich: »Wärest Du … Du würdest dein Kleid zwischen die Zähne genommen haben und dem Götzen nachgelaufen sein«.

die Propheten eifern, und selbst das Hohepriesterthum mit dem jüdischen Patriziat an der Spitze des Abfalls stand: so wird man die Riesenarbeit und die unerschütterliche Kraft *jener* Männer bewundern müssen, die, vor keinem Hindernisse und keinem Opfer zurückschreckend, lange Jahrhunderte hindurch den Kampf bestanden, bis die Aufgabe in *der* Weise gelöst war, daß der |88| Gottesgedanke so fest und so tief in Aller Herzen sich gesenkt hatte, daß keine Gewalt der Erde und keine Lockung der Macht ihn je wesentlich auf die Dauer zu erschüttern vermochte.

> »Verachtet und gemieden von Menschen, mit Schmerzen und Leiden vertraut; jenem gleich, vor dem man das Antlitz verhüllt; geplagt, von Gott geschlagen und niedergebeugt; verwundet, zermalmt, bedrängt, ergaben sich die Träger des höchsten Gedankens der Menschheit nicht, thaten nicht auf ihren Mund, wie ein Lamm, das zur Schlachtbank geführt wird, und wie ein Schaf vor seinen Scheerern verstummt«[14].

Und diese Riesenarbeit vollzog eben in späterer Zeit, wie wir sehen werden, die von Esra begonnene Thätigkeit fortsetzend, der *Pharisaismus*, und rettete jenen heiligen Gedanken durch die dunkelsten Jahrhunderte der Geschichte.

Wir sagten, daß ein verderbtes Priesterthum an der Spitze des Abfalls gestanden, und daß der Kampf auch gegen dieses sich wenden mußte. Um diese Seite des Kampfes und ihren Zusammenhang mit der andern Seite: dem Kampfe um den Gottesgedanken, in ihrem innersten Wesen zu begreifen, ist es nöthig, die tiefsten Wurzeln dieser Kämpfe nach beiden Seiten bloß zu legen. Wir werden dann zu der Einsicht gelangen, daß es sich auch nach dieser zweiten Richtung nicht um einen Streit um politische Herrschaft, sondern um die Erhaltung eines zweiten Grundgedankens der göttlichen Offenbarungslehre handelte und daß der politische Streit, der allerdings später sich damit verband, doch wieder eben in dem Streite um diesen erhabenen Gedanken der g. Offenbarung seinen Grund hatte. Bei dem Gottesgedanken galt es den Einen, freien Gott (die Naturverehrung kennt nur die Nothwendigkeit, die ἀνάγκη auch in Gott oder den Göttern); bei dem Kampfe gegen das Priesterthum galt es die Eine, vor dem Rechte gleiche, freie Menschheit: *Ein einiger, freier Gott, und Eine, freie, auch* |89| *in der Sittlichkeit freie Menschheit: das sind die Angelpunkte der göttlichen Offenbarungslehre*, wie wir sie bereits in den Propheten nachgewiesen, und die immer mehr jedem Unbefangenen klar entgegentreten und zur Grundlage der religiösen Ueberzeugung werden; das sind aber auch die Angelpunkte, um die sich die wichtigsten spätern Kämpfe innerhalb des Judenthums bewegen.

Die zweite große Grundlehre der Offenbarung ist also die Lehre von der Einen, freien Menschheit, oder, um es mehr biblisch auszudrücken, von dem *allgemeinen Priesterthum*.

[Das vorexilische Priestertum]

Im Heidenthum und besonders bei den Egyptern waren die Priester eine abgeschlossene Kaste und nahmen die höchste Rangordnung im Staate ein; sie waren der Brennpunkt,

---

14 Jes. c. 53.

von welchem aus die Strahlen in das ganze Staatsleben ausströmten, das Herz und die Seele der zu Mose's Zeit bereits zu hoher Culturstufe gelangten innern und äußern Entwicklung in Egypten. Alles, was dem geistigen Leben im Staate diente und es förderte, gehörte der Priesterkaste an: die Priester verrichteten nicht bloß die gottesdienstlichen Funktionen, sie waren auch die Staatsdiener, die Richter, die Aerzte, die Baumeister. Egypten war daher das Land, in welchem eine Theokratie, eine Götterregierung, in weit ausgebildeterem Maße als je bei den Israeliten herrschend war. Dabei beruhte, was nicht übersehen werden darf und von großer Wichtigkeit ist, das ganze Wirken der Priester auf einer *geheimen* Weisheit, die Niemanden außer der streng abgeschlossenen Kaste zugänglich war. Dadurch wurde dem eigentlichen Volke für alle Zukunft jede Theilnahme an der Leitung des Staatslebens abgeschnitten, und es war damit zugleich von aller geistigen Thätigkeit, von aller inneren Bewegung und allem selbstständigen Fortschritte für immer ausgeschlossen.

Ja, die Priesterkaste zerfiel wieder gleichsam in mehrere Kasten, je nach dem höhern oder niedern Dienste, welcher ihnen oblag. In ihren Händen war auch ein großer Theil des |90| Grundbesitzes und außerdem wurde noch ihr Unterhalt aus öffentlichen Mitteln bestritten[15]. Es scheint nicht, daß Joseph der eigentliche Urheber der Einrichtungen war, die ihm in dieser Beziehung zugeschrieben werden. Ein Theil derselben, wie die Abgabe des fünften Theils vom Ertrage des Bodens an den König, wird schon in dem biblischen Berichte selbst als bereits bestehend vorausgesetzt[16]. Der König muß ferner schon vor Joseph einen sehr großen Theil des Grundes und Bodens in Besitz gehabt haben, sonst hätte Joseph die ungeheuren Vorräthe, die nicht bloß für Egypten, sondern auch für die angrenzenden Länder ausreichten, und die, wie es scheint, von den königlichen Gütern kamen, nicht anzusammeln vermocht. Allerdings war noch ein Theil des Landes in den Händen freier Landbauern; von einem großen Theile aber waren sie sicher schon vor Joseph nur Pächter. Indem Joseph das bereits vor ihm bestehende Verhältniß nur ausdehnte[17], hat er sicher zugleich mehr Ordnung und gesetzliche Regel in das Verhältniß gebracht, und wurde dadurch und durch die Städtegründung, der auch von den Egyptern als solcher anerkannte Wohlthäter des Landes[18]. Der völlige Verlust des Eigenthums mag wohl die Abhängigkeit von dem Könige gesteigert haben, nach dem bestehenden Verhältnisse kaum aber wesentlich, nicht aber die Abgabenlast, die nach wie vor den Fünften des Ertrags betrug, |91| eine Abgabe, die überdies bei der außerordentlichen Fruchtbarkeit des Landes nichts besonders Drückendes hatte. Eine eigentliche Sklaverei des Volkes kann demnach unter dem Ausdruck: daß sie sich zu Knechten Pharao's an Joseph verkauften, nicht verstanden werden. Es sollte damit nur das Abhängigkeitsverhältniß ausgedrückt

---

15 1 Mos. 47, 22.

16 1 M. 41, 34. וחמשׁ s. Ges. Wb. Vulg. LXX. in Uebereinstimmung mit den jüdischen Erklärungen außer Raschi noch Onkelos. Die Bemerkung R. Sam. b. Meïrs. daß in gewöhnlichen Jahren der Zehnt abgegeben wurde, widerlegt sich schon durch den spätern ersten und zweiten Zehnt.

17 Die griechischen Schriftsteller berichten auch das Wesentliche dieser Einrichtungen und führen sie auf den König Sesostris, d. i. Sethos I. zurück, unter welchem freilich Joseph gewirkt haben soll. (S. Herzog, Enc. Art. Egypten.)

18 1 Mos. 47, 22. 25.

werden, die völlige Hingabe unter die Leitung Pharao's, etwa in ähnlicher Weise, wie die Israeliten später unter Gottes Leitung, und Pharao wurde ja ohnedies als der Stellvertreter des Osiris, als dessen Fleischwerdung verehrt.

Nur das Land der Priester konnte Joseph nicht kaufen: sie waren fast nur dem Range nach von Pharao unterschieden, der immer zur Priesterkaste gehören mußte und zugleich der Oberpriester war.

Den Priestern in Egypten waren aber auch ihren großen Vorrechten gegenüber gewisse Einschränkungen auferlegt, in Bezug auf den Genuß von Speisen und Getränken und die ehelichen Verbindungen.

Es kann nun keinem Zweifel unterliegen, daß der Mosaismus ein gewisses Spiegelbild der egyptischen Priesterverhältnisse bietet und nach dieser Seite hin dadurch erst sein volles richtiges Verständniß findet. Auch im Mosaismus nehmen die Priester eine hervorragende Stellung ein; sie haben auch in ihm, je nach den Diensten, die ihnen oblagen, verschiedene Rangstufen: der gesalbte Priester oder Großpriester [19], gewöhnliche Priester, Leviten.

Sie waren auch in gewisser Hinsicht die Vermittler zwischen Gott und dem Volke. Sie bezogen von dem Volke ihren Unterhalt. Es waren ihnen endlich auch in Bezug auf Verehelichung und das übrige Leben (Reinheitsgesetze) gewisse |92| Beschränkungen auferlegt. Darum wurde den Priestern, nämlich aus Reinheitsgründen, Gefallenes und Zerrissenes noch einmal besonders verboten [20].

Und dennoch! welche ganz außerordentliche, tief in das gesellschaftliche und Staatsleben eingreifende, ja dieses auf ganz andern Grundlagen aufbauende Unterschiede fanden zwischen dem mosaischen und egyptischen Priesterstande statt.

Zunächst trat an die Stelle des Königs Gott selbst: ihm allein gehört das Land, *seine Knechte waren Alle* [21]. Diesem Könige mußten eigentlich die Abgaben entrichtet werden, und zwar, wie in Egypten, etwa der fünfte Theil des Ertrags, wovon die eine Hälfte (der Zehent), wie dorten, zur Unterhaltung der Priester hier der Leviten [22], die andere, und dies sollte nicht bloß eine Erleichterung sein, indem die Eigenthümer sie selbst genossen, *sondern wohl auch eine beständige Erinnerung an das allgemeine Priesterthum des ganzen Volkes*, zu Opfermahlzeiten vor dem Heiligthum und je im dritten Jahre wieder zur Unterstützung der Leviten und Armen verwandt werden mußte [23]. Die *Vermittlung* der Priester zwischen Gott und dem Volke beschränkte sich auf den Opferdienst, und selbst hier hatten sie keinerlei *gesetzgeberische* Gewalt, sie waren vielmehr nur die *Boten* |93| des Vol-

---

19   3 Mos. 4, 3. 5. 4 Mos. 35, 55. 28. Es kommt übrigens nicht darauf an, ob die Benennungen spätern Ursprungs sind, die Sache bestand jedenfalls: Aron, Elasar, Pinehas. Vgl. auch 2 Mos. 29, 30.

20   3 Mos. 22, 8. Darin findet dieser Vers, für den die gesuchtesten Interpretationen gemacht wurden, seine einfache Erklärung. Indessen wird derselbe Grund für dieses Verbot auch für die übrigen Israeliten angegeben. 2 M. 22, 30. 3 M 17, 15. Vielleicht hatte das Verbot auch für die übrigen Israeliten darin seinen Grund, daß sie eben »ein Reich von Priestern und ein heiliges Volk« sein sollten. S. weiter.

21   3 Mos. 25, 23. 42. 55.

22   3 M 27, 30 ff. 4 M. 18, 21, ff.

23   Deut. 14, 22. 29.

kes[24], um die durch die Sünde entstandene Entfremdung von Gott wieder ausgleichen zu helfen, aber nur nach den von Gott selbst gegebenen Gesetzen. Den Begriff der eigentlichen *Vermittlung* und Repräsentation des Volkes bei Gott ist dem Mosaismus, mit Ausnahme des hohepriesterlichen Dienstes in einzelnen bestimmten Fällen, völlig unbekannt. Es heißt wohl im Gesetz[25], daß die Priester die Sünden des Volkes übernehmen sollen, was allerdings eine wirkliche Vermittlung anzudeuten scheint, weßhalb sie wohl auch gewisse Opfer selbst verzehren mußten[26]; aber es darf nicht übersehen werden, daß der Opfernde bei seinem Opfer selbst gegenwärtig sein und seine Hand auf dasselbe legen mußte, zum Zeichen, daß er es *unmittelbar* selbst darbringe, und es mußten daher, wo das Opfer für die ganze Gemeinde zu bringen war, deren Aelteste als ihre Stellvertreter dabei erscheinen und die Hand auf das Opfer legen[27]; dabei wurden immer den Opfern entsprechende Gebete von den das Opfer Darbringenden gesprochen[28]. Die Priester waren also auch bei dem Opfer nicht |94| eigentliche Vermittler, noch weniger aber die Herren selbst in ihrem beschränkten Wirkungskreise: *sie* konnten keine Sünden vergeben, sie waren selbst im Tempel nur die Diener des Volkes, wie sie in der That genannt werden[29]. Selbst der Hohepriester war nicht unfehlbar. Dies wurde ihm an dem wichtigsten Tage des Jahres, dem Versöhnungstag, dem einzigen Tage, an welchem er bei den Opfern und dem ganzen Ritual in der That als Vermittler des Volkes erscheint, recht lebhaft ins Gedächtniß gerufen. Er mußte, ehe er die Sühne für das Volk vornahm, für sich und sein Haus, d.h. die ganze Priesterschaft[30] opfern, und sich und seine Genossen als Sünder gleich dem ganzen Volke öffentlich bekennen. Und sehr bezeichnend ist das ihm später vorgeschriebene Gebet: »O Gott, ich habe gefehlt, gefrevelt und gesündigt vor Dir, ich und mein Haus, die Söhne Arons … O, Gott, verzeih die Fehler, Frevel und Sünden, durch welche ich gefehlt, gefrevelt und gesündigt habe, ich und mein Haus …« Wie absichtlich und stark ist hier die Sündhaftigkeit auch des Hohepriesters hervorgehoben, um ihn ja als sündhaften Menschen gleich dem ganzen Volke erscheinen zu lassen, und

---

24 Ihr Dienst war gewissermaßen entsprechend dem spätern Vorbeter in den Synagogen שליח צבור (Bote der Gemeinde), und da die Gebete nach dem Thalmud überhaupt an die Stelle der Opfer traten, so gibt die Stellung der letztern rückwärts wieder um so mehr Aufschluß über die der Priester im Tempel.

25 3 M. 10, 17. 4 M. 18, 19.

26 Vgl. auch 2 M. 29, 33. 3 M. 6, 19.

27 3 M. 4, 15.

28 Diese Gebete kommen im mosaischen Gesetze nur bei dem Schuldopfer und bei dem Opfer des Hohepriesters am Versöhnungstage vor, hier zweimal: für sich und sein Haus, dann für das Volk (3 S. 5, 5; 16, 21. 4 M. 5, 7. Luther's Uebersetzung der ersteren Stelle ist mir unverständlich, LXX und Vulgata scheinen es facultativ zu nehmen, aber nach c. 16 sicher unrichtig). Die Ueberlieferung schreibt bei dem Ganz-, Schuld- und Sündopfer Buß- und Sühngebete und bei dem Friedensopfer Lobgebete vor und legt ein sehr wesentliches Gewicht |94| darauf, s. Th. Joma Fol. 36, b. Toseph. Men. c. 10. Maim. v. d. Opferbereitung 3, 14. 15. Auch das herrliche Gebet im mosaischen Gesetze nach dem Abschluß der Zehntenabgaben im dritten Jahre Deut. 26, 13. darf hier nicht übersehen werden.

29 Deut. 18, 5. 2 Chr. 13, 10 u. s. w.

30 S. Raschi zu 3 M. 16, 11.

seine Mittlerschaft nicht an seine, gleich jedem Menschen sündhafte Person, sondern an seine Dienstverrichtungen für das Volk und im Namen des Volkes zu knüpfen. Ueberhaupt war das spätere Judenthum auf's Entschiedenste gegen jede Mittlerschaft zwischen Gott und dem Menschen, der vielmehr auch im moralischen Leben überall für sich allein selbst einzutreten habe. Der berühmte Lehrer Hillel drückte dies in dem kurzen Satze aus: »Wenn ich nicht selbst |95| für mich sorge, wer denn?[31] Es mußten deshalb in späterer Zeit auch *immer* Stellvertreter des *ganzen* Volks[32] im Tempel weilen, und wurden abwechselnd dahin gesandt, um das Volk bei dem Opfer in seiner Gesammtheit zu vertreten und den Gedanken der Vermittlung durch die Priester ferne zu halten.

Im Mosaismus war den Priestern nur noch das *Lehramt* übertragen[33], wie dies bei einem bloß für den Ackerbau bestimmten, ohnedies wohl noch zu jener Zeit auf niederer Culturstufe stehenden Volke kaum anders möglich war. Sie hatten aber auch hier nur *die* Lehre zu lehren, die Gott ganz Israel *öffentlich* gegeben, keine geheime, keine ihnen allein zugängliche, oder auch nur von ihrer willkürlichen Erklärung abhängige[34]. Mit der fortschreitenden Cultur des Volks wurde ihnen dieses Amt immer mehr entwunden, wie wir später sehen werden. Und auch im Mosaismus schon sollten die eigentlichen Lehrer und Leiter des Volkes auf dem geistigen Gebiete nicht die Priester, sondern die Propheten sein, die ihnen Moses, gleich ihm, d. h. als Erhalter und Fortleiter seiner Lehre, verheißen hatte.

Was aber das eigentliche Staatsleben betrifft, so wurde dieses im Mosaismus dem Priesterstande, jedenfalls als Stand, *ganz* entzogen. Moses selbst mit den aus allen Stämmen gewählten Aeltesten hat es verwaltet. Ebenso geschah es mit |96| dem Richteramte[35], welches Moses zuerst allein führte, dann aber, als seine Kräfte nicht mehr ausreichten, »tüchtige, charakterfeste, unbestechliche, nach allen Seiten unparteiische Männer« neben sich dafür bestimmte[36], die später sogar vom Volke selbst gewählt wurden[37] und welchen immer wieder die Anweisung gegeben ward, daß auch sie nicht *Gesetzgeber* seien, sondern nur zur Anwendung des von Gott offenbarten Gesetzes auf die im Leben vorkommenden Fälle »nach gleichem Rechte für Alle, nach Wahrheit und Unparteilichkeit, ohne Menschenfurcht, ohne Rücksicht auf Armuth oder Reichthum« berufen seien[.][38]

Auch in den übrigen geistigen Thätigkeiten stand der Priester nicht über dem Volke. Die einzige Stelle[39], in welcher dem Priester gewisse Funktionen bei vorkommendem Aussatze übertragen werden, beweist durchaus nicht, daß ihm etwa der *ärztliche* Beruf anheimgegeben war. Dieser vielfach ausgesprochenen Annahme widerspricht schon die

---

31 Spr. d. Väter. Hillel war überhaupt einer der ersten und entschiedensten Kämpfer gegen priesterliche Vorrechte und für das allgemeine Priesterthum, und scheint auch dieser Ausspruch in diesem Princip und im Widerspruch gegen priesterliche Vermittlung seine Pointe zu haben.

32 אנשי מעמד s. Raschi Tan. Mischna Fol. 26, a.

33 3 M. 10, 10. 11. Deut. 33, 10 u. s w.

34 l. m. l. Mal. 2, 7. Ez. 44, 23.

35 2 M. 24, 14. 4 M. 11, 24. Deut. 15 ff. u. s. w.

36 2 M. 18, 21.

37 Deut. 1, 13.

38 Deut. 1, 13–17.

39 3 M. c. 13 ff.

Thatsache, daß nur diese eine Krankheit der Respicienz der Priester unterlag. Daß die genauesten Zeichen derselben angegeben werden, ihr Verlauf und ihre verschiedenen Abstufungen, liefert sogar den Beweis, daß selbst in dieser Krankheit den Priestern nicht als Aerzten eine selbstständige Kenntniß derselben, also überhaupt medicinische Kenntnisse zu erwerben aufgegeben war. Der Aussätzige wird vielmehr als *unrein* bezeichnet, die Unreinheit aber schloß von dem Betreten des Heiligthums aus, dessen Ueberwachung vor unreiner Berührung dem Priester überwiesen war, und der daher darüber, und wohl nur darüber zu entscheiden hatte, ob die angegebenen Zeichen Reinheit oder Unreinheit, also Zutritt oder Ausschließung vom Heiligthum |97| bedingen [40]. Die eigentliche Behandlung und Heilung dieser wie anderer Krankheiten konnte also recht wohl andern dazu befähigten Personen anheimgefallen sein.

Wir sagten aber, daß auch selbst das eigentliche Lehramt schon im Mosaismus nicht den Priestern allein, und in seinem innersten geistigen Wesen vielleicht gar nicht, son-

---

40 S. Kosri 2, 58. Ein neuerer Forscher, der Arzt Dr. Sigmund Finaly in Pest, will in den in unserer Stelle geschilderten Krankheitsformen gar nicht den Aussatz, sondern Sexualkrankheiten, ähnlich den vorher und nachher im Gesetze beschriebenen, erkennen, wodurch die Aufgabe der Priester hier ohnedies blos dem oben bezeichneten Gebiete angehören würde; s. »Ben Chananjah« 1866, Nr. 39. Später war sogar ein eigener Arzt für die im Tempel fungirenden Priester angestellt (Schek. V, 1), was den Beweis liefert, daß der Priester selbst mit dem ärztlichen Beruf nichts zu thun hatte.

Durch einen zufälligen Umstand kam mir Geiger's Abhandlung: »Sadducäer und Pharisäer« im zweiten Bande der jüd. Zeitschrift für Wissenschaft und Leben erst nach Vollendung meiner Arbeit zu Gesichte. Hier wird nun zum Nachweise, daß der große Lehrer Hillel es war, der gegen die Anmaßung der Priesterpartei ganz besonders aufgetreten, unter Andern die merkwürdige Bestimmung Hillel's angeführt, wonach der Priester nicht einmal die Reinheit oder Unreinheit bei dem Aussatze selbstständig zu bestimmen hatte, sondern daß dies durch einen *Gelehrten* in Israel geschehe, und der Priester *nach dessen Weisung* nur das Wort: »rein« oder »unrein« auszusprechen habe, wornach also selbst in diesem einen Falle seine Mitwirkung auf ein Minimum reducirt war, wohl blos aus dem angegebenen Grunde. Wir werden auf diese Abhandlung auch später in den Noten aufmerksam zu machen haben.

Auch Hillel's Schüler R. Jochanan b. Sacchai setzt diesen Kampf fort und tritt mit Bitterkeit gegen das anmaßende Priesterthum auf. Vgl. Schenkel 1, 4, wo er sie, da sie sich der Abgabe des halben Schekel entzogen, »Sünder« heißt und ihnen den Vorwurf macht, daß sie die Bibelverse zu ihrem eigenen Vortheile auslegen. Dabei heißt *es* jedoch (das. 1, 3), daß man die Priester nicht, wie die andern Israeliten, pfände »um des Friedens willen«, also offenbar, weil man Streit |98| vermeiden wollte, den die Priester in ihrer Herrschsucht nicht scheuten. Sifra Par. Negaïm 1, 9. Mischna Neg. 3, 1. In einer Boreitha Schek. 6, a wird eine ihrer Form nach sehr alte Halacha (s. Frankl *Hod.* in Misch. S. 13) durch Rabbi Akiba dahin erklärt, daß der Priester die Kenntniß der verschiedenen Arten des Aussatzes besitzen müsse, wogegen nach Sifra l. l. die Erklärung des Priesters so sehr Form war, daß er dem Gelehrten nur nachzusprechen hatte, ohne selbst irgend ein Verständniß davon haben zu müssen. Die Erklärung Arach. 3. a, daß der Priester die Entscheidung der Gelehrten in ihren Gründen begreifen mußte, steht nicht im Einklang mit dem Ausdruck in Sifra. Es scheint vielmehr, daß R. Akiba die alte Halacha durch Annahme einer früheren Praxis, wornach der Priester selbst die Entscheidung traf und dazu selbständige Sachkenntniß besitzen mußte, erklären will, daß diese aber nach und nach so weit sich änderte, daß er nur noch ganz formell zugezogen wurde, und wir hätten hier einen neuen Beweis von dem Kampfe und der Entwicklung auf diesem Gebiete und von dem ewigen Flusse in den ritual-gesetzlichen Vorschriften.

dern den Pro- |98| pheten überwiesen war[41]. Diese Bestimmung war von außerordentlicher Wichtigkeit; sie drückte nicht blos dem Mosaismus seinen ganz besondern Charakter auf, sondern rettete ihn auch in den höchsten Gefahren vor dem Untergang. Die Priester *konnten* zwar Richter, Propheten und Schriftgelehrte werden, und sie wurden es; aber es stand ihnen zu einem *geistigen* Berufe außer ihrer Bedienstung bei den Opfern irgend welche höhere *Berechtigung*, als jedem Andern aus dem Volke, nicht zu. Ob sie als *Könige* gewählt werden konnten, möchten wir nach dem ganzen Geiste des Mosaismus bezweifeln, und scheint uns daher das Königthum der Hasmonäer wenigstens mit diesem ursprünglichen Geiste in Widerspruch zu stehen, und |99| auch darin vielleicht der Schlüssel zu liegen zu der so frühe hervortretenden Opposition der Pharisäer gegen die Herrschaft dieses Hauses[42], die nach allem Vorangegangenen jeden Patrioten mit Begeisterung hätte erfüllen müssen. Die durchgreifende Sorgfalt des Mosaismus, eine geistliche Hierarchie abzuwehren, spricht außer andern wichtigen Bestimmungen, trotzdem daß sie das Gesetz nicht ausdrücklich ausschließt[43], dagegen. Gerade dieser vollendete Gegensatz gegen die in Egypten waltende Priesterherrschaft und das egyptische Kastenwesen – Akkerbauer und Handwerker waren bei Moses auch die Krieger – will sicher mit den Worten: »*Ihr sollt mir ein Reich von Priestern und ein heiliges Volk sein*«[44], ausgedrückt werden. Wir wollen damit nicht leugnen, daß mit diesem Ausspruche zugleich der Beruf Israels in der Weltgeschichte: der Träger des Gottesgedankens und sein Bote an alle Völker der Erde zu sein, ausgesprochen werden soll. Dieser Gedanke ist in der Berufung Abrahams und seiner Nachkommen: ein Segen für alle Völker der Erde zu werden; ferner in dem Namen Israel: Gotteskämpfer, der offenbar seinen geschichtlichen Beruf ausdrücken sollte, endlich in der mit jenem Ausspruche verbundenen Erwähnung *aller* Völker: daß sie auch Gottes seien, zu deutlich ausgesprochen[45]. Aber es kann auch nicht geleugnet werden, daß *hier zunächst* nur der Gegensatz zwischen Egypten, woher sie kamen, und wo die Priester eine *über* dem Volke stehende Kaste bildeten und *allein* als heilig betrachtet wurden, hervorgehoben und damit schon *vor* der Gesetzgebung ein Grundsatz, auf dem der ganze Bau wesentlich ruhte, ausgesprochen werden sollte.

Und selbst in ihrem beschränkten und eng und scharf be- |100| grenzten Berufe war die Stellung der Priester viel mehr eine dem Volke untergeordnete, als übergeordnete. Persönlich wurden sie, wie wir bereits gesehen, die *Diener* des Volkes genannt. Die Priester und Leviten sollten aber auch allein aus dem ganzen Volke kein Grundeigenthum besitzen. Auch darin dürfte ein sicherer Beweis liegen, daß der Mosaismus *die weltliche Herrschaft* auch des Hohenpriesters fern halten wollte. Als weltlicher Herrscher konnte ihm kaum der Besitz von Grundeigenthum gewehrt werden. Priester und Leviten waren

---

41 S. Kosri 2, 28 ff. Vgl. Jer. 18,18. Ez. 7,26, wo außerdem schon den »Aeltesten«, den »Weisen«, also wohl einer bestimmten Klasse der »Rath« (עֵצָה), also der eigentliche Unterricht, Belehrung, neben der Tora, der bloßen Mittheilung des geschriebenen Gesetzes, welche den Priestern vindicirt ist, zugeschrieben wird.

42 S. weiter.

43 Deut. 17, ff. 18,15 ff.

44 2 Mos. 19,6. vgl. 2 Makk. 2,17. Jal. Khi Thissa, s. weiter.

45 S. oben die Ausführungen von Hanebergs.

vielmehr im ganzen Lande zerstreut, und außer den, letztern zugewiesenen, Asylstädten, deren Ertrag wohl zugleich für den Unterhalt der dahin flüchtenden unfreiwilligen Mörder dienen sollte, und außerdem noch von zweiundvierzig Plätzen mit sehr kleinen Bezirken für den ganzen Stamm Levi, die unter allen Stämmen zerstreut lagen, an welchen aber die mit den eigentlichen Priesterdiensten Betrauten nicht einmal participirten, und eben so wenig der Hohepriester: »Du sollst«, sprach Gott zu Aron, »in ihrem Lande nichts besitzen; ich bin dein Theil und dein Erbgut unter den Söhnen Israels«[46], waren sie auf die Opfergaben und die Zehnten angewiesen, und konnte daher unter diesen Verhältnissen um so weniger von irgend welcher Priesterherrschaft die Rede sein, als es den Eigenthümern frei stand, einen großen Theil der Gaben den ihnen beliebigen, im Lande zerstreuten Priestern zu geben[47], wodurch der Einzelne immer genöthigt war, sich die Gunst des Volkes möglichst zu erhalten.

Und dennoch fanden selbst diese geringen Ueberreste des egyptischen, dem Volke bis dahin fremden, priesterlichen Kastenwesens schon unter Moses solchen heftigen Widerspruch, daß sich unter dem Rufe: »Die ganze Gemeinde ist heilig«[48], die vor- |101| nehmsten Männer, »Fürsten der Gemeinde« wider Moses und Aron zusammenrotteten. Nur die erprobte, gewaltige Energie Mose's konnte einen Aufruhr des ganzen Volkes für den Augenblick, aber auch nur für den Augenblick verhindern; aber indem er dieses that, hat er zugleich wieder, wie es scheint, sowohl zur Beruhigung des Volkes als den Priestern selbst gegenüber, letzteren auf's neue ihre sehr begrenzte bevorrechtete Stellung angewiesen: daß sie sich auf die gottesdienstliche Opfervermittlung beschränke. Und doch beruhigte sich das Volk nicht. Eine instinktartige Furcht, daß aus dem unscheinbaren Keime sich doch eine Priesterherrschaft nach egyptischer Weise entwickeln könne, oder die Anleitung einsichtsvollerer Männer, denen der ganze Fluch dieser Herrschaft in dem sonst gesegneten Egypten nicht entgangen war, führte gleich des andern Morgens einen blutigen Aufstand wider Moses *und Aron* herbei, der nur mit der höchsten Anstrengung niedergeschlagen werden konnte. Vierzehntausend siebenhundert Männer fielen in dem Kampfe.

Nur mit Hilfe eines Wunders konnte neuen Aufständen vorgebeugt werden, eines Wunders, das aber auch wieder zugleich sinnbildlich die Beschränkung des Wirkens der Priester auf das Heiligthum dauernd festhalten sollte. Das Volk fügte sich in das, was es nicht ändern konnte, vielleicht auch beruhigt durch das letztere Zeichen[49].

Wie begründet die Befürchtung des Volkes war, lehrt die Geschichte nur allzudeutlich. Mit blutigem Griffel hat sie die Thaten eines herrschsüchtigen Priesterthums in ihre ehernen Tafeln eingegraben und das abschreckende Zeugniß geliefert, daß gerade dieses an dem wiederholten Untergange des Reiches schwere Mitschuld trifft. Moses, dem die Schrift das Zeugniß gibt, daß er der bescheidenste und demüthigste von allen Menschen

---

46 4 M. 18, 20.

47 S. Th. B. Kama 110 b. Cholin 133, b. cf. Maim. v. d. Erstlingsfrüchten cp. V. d. Hebe IV, 2. Th. Men. 36, b. u. s. Tur Jore dea c. 331.

48 4 M. 16, 3. Also nicht blos die Priester, wie in Egypten.

49 4 M. 17, 6 f. und bes. auch v. 25. 27. 28.

auf dem Erdboden war[50], hat den kein Hinderniß scheuenden |102| Ehrgeiz nicht genug in Rechnung gebracht; er ahnte nicht, daß Diejenigen, die er vorzugsweise als Wächter der Offenbarungslehre eingesetzt, vor Allem ihren Geist zu zerstören bereit sein würden. Vom Standpunkte der g. Offenbarungslehre muß dabei noch bemerkt werden, daß zum Besten des so leicht vom rechten Wege abirrenden und in der völlig freien Bewegung zur Abschüttelung aller Autorität geneigten Volkes, die göttliche Weisheit einen blos dem Göttlichen zu leben und in seinem Dienste zu wirken berufenen, besondern Stand für nöthig erkannte, daß aber eben dieser Stand, da Gott bei der menschlichen Willensfreiheit und zur ungehemmten Entwicklung der menschlichen Kräfte das Böse überhaupt zuläßt, seine berechtigte Stellung, wie dies in allen Kreisen menschlicher Thätigkeit leicht geschieht, im Laufe der Geschichte mißbraucht hat.

Fast ein halbes Jahrtausend, während der ganzen Richterzeit bis auf David, konnten die Priester zu keiner besondern Stellung im Staate gelangen. Die Unsicherheit der Verhältnisse, verbunden mit dem ewigen Wechsel des Stiftszeltes, wodurch der Gottesdienst niemals concentrirt werden konnte, gab dem Ehrgeize von dieser Seite keinen Spielraum. Aber nachdem David der heiligen Lade ein, wenn auch noch einfaches, doch sicheres und beständiges Heiligthum angewiesen, scheint das Priesterthum schon einen gewissen Einfluß errungen zu haben. Schon in dem Kampfe Davids mit seinem Sohne Absalon spielen die Priester eine gewisse Rolle[51], die sich bei dem Ableben Davids schon zu einem nicht unbedeutenden politischen Einfluß entwickelt hatte[52]. Der Priester Zadok salbte auch Salomo zum Könige[53], was früher durch Samuel, den Propheten geschah und demgemäß jetzt durch den Propheten Nathan hätte geschehen sollen. Für den Beistand, den jener Priester |103| dem König Salomo bei seiner Thronbesteigung leistete, wird derselbe jedenfalls vom König begünstigt, nachdem der Priester Ebiathar, den David früher ausgezeichnet hatte, wegen seines Zusammengehens mit dem Kronprätendenten Adoniah, verbannt worden war[54], und nach einem spätern Berichte[55] wurde Zadok sogar zum Priester *gesalbt*, oder zum »gesalbten Priester« (כהן המשיח), d. h. zum Hohepriester eingesetzt[56]. Damit war auf's neue eine Würde in's Leben gerufen, die einem ehrgeizigen Priester keine geringe Handhabe zur Erringung bedeutenden Einflusses bieten mußte. Das Volk wird denen, welche an der Spitze seines religiösen Lebens stehen, besonders wo dieses so concentrirt ist und gleichsam in Einer Hand ruht, wie jetzt in dem theokratischen jüdischen

---

50   4 M. 12. 3.

51   2 Sam. 15, 24 ff.

52   1 K. 7. 8. 32. 34. 39.

53   1 Kön. 1, 39.

54   1 Kön. 2, 22. 26. 27. 35.

55   1 Chr. 29, 22.

56   cf. Hor. III, 4. Die große folgenwichtige Bedeutung dieser Erhebung des Zadok und mit ihm seiner Nachkommen, wie dies in der Chronik vielfach hervortritt, für die Entwickelung des priesterlichen Einflusses hat Geiger in seinem eben so geistreichen wie von umfassendster Gelehrsamkeit zeugenden Werke: Urschrift und Uebersetzungen der Bibel (Breslau, Verlag von Julius Hainauer, 1857) scharfsinnig nachgewiesen und eine Masse davon abhängiger Redactionsänderungen und Erklärungen der Bibel daran angeknüpft.

Staate in der des Hohenpriesters, immer große Verehrung zollen und ihren Winken gerne Folge leisten. Und wenn auch im Augenblicke bei der Eifersucht des Königthums auf seine ungetheilte Gewalt und der Wachsamkeit der von glühender Gottbegeisterung erfüllten großen Propheten für die Reinhaltung des mosaischen Geistes, eine Wachsamkeit, die ebenso nach innen, wie gegen den Götzendienst nach außen, gerichtet war, der Moment zu entscheidendem politischen Einflusse wie zu ausländischen Verbindungen und dadurch hervortretenden Gefährdung des göttlichen Offenbarungsgedankens noch nicht gekommen war, so ist jener Einfluß doch unter den spätern, besonders schwachen, Königen zu |104| einem sehr bedenklichen herangewachsen. Der Priester Jehojada entthronte geradezu die Königin Ataliah, befahl ihren Tod[57] und hob seinen Zögling Joas auf den Thron; ebenso gaben die Priester auch jetzt schon immer mehr die traurigsten Beispiele des Abfalls von ihrem heiligen Berufe und charakterloser Nachgiebigkeit gegen die jeweiligen gottlosen Könige. Besonders gegen das Ende des Staatslebens trat das Verderben der Priester in grellster Weise hervor[58] und mußten, wie wir sahen, schon damals die Propheten, »das nimmer rastende Gewissen des Volkes«, wie ein geistreicher Gelehrter[59] sie nennt, mit aller Entschiedenheit gegen sie auftreten.

[Die persische Epoche]

Ganz anders gestaltete sich aber noch dieses Verhältniß nach der Rückkehr aus der babylonischen Gefangenschaft. Selbst Serubabel, obgleich aus Davidischem Geschlechte, war nur Pascha des *persischen* Königs, während die Priesterdienste von dorther nicht beeinflußt werden konnten. Dazu kam aber, daß die junge Kolonie, eben weil sie staatlich eine Selbstständigkeit nicht hoffen konnte, ihre ganze Energie auf den innern Ausbau des *religiösen* Bewußtseins und auf die Reinhaltung desselben und des es repräsentirenden Tempels und seines Cultus verwandte, und mit einer Zähigkeit, mit einer Ausdauer, mit einem jedes Hinderniß niedertretenden begeisterten Muthe gelang es endlich, den unerschütterlichen Grund zu dem Glaubensbau zu legen, der seitdem über dritthalb Jahrtausende schon allen Stürmen trotzt und unberührt von der spätern furchtbaren Katastrophe, die Tempel und Reich einer Verwüstung preisgab, gegen welche die erste kaum in Betracht kommt, wie ein Phönix aus seiner Asche immer mit erneuter Kraft sich wieder erhob, so oft auch seine erbitterten Feinde ihn dem sichern Tode überliefert zu haben glaubten. Nicht der Priester Jeschua (Josua), nicht der |105| Davidische Sprößling Serubabel waren es, die das große Werk vollbrachten: mit bittern Worten treiben sie die Propheten Chaggai und Sacharjah an, Hand an das Werk zu legen; denn schlaff und muthlos, wagten sie es nicht einmal zu beginnen. »Ist es denn Zeit für euch, in euern getäfelten Häusern zu wohnen, mahnt Chaggai, während *dieses* Haus zerstört liegt?« Und nach einer begeisterten Drohrede erst gehorchen Serubabel und Joschua und legen Hand an's Werk,

---

57 2 Kön. 11, 5. 15.
58 S. Jer. 20, 1. 2. 27, 8. 11 ff.
59 Dr. Adolf Brüll, zur Geschichte und Litteratur der Samaritaner.

scheinen aber bald wieder zu ermatten, wenigstens den rechten Geist nicht in das Heiligthum einzuführen. Mit kleinlichen kasuistischen Fragen des Reinheitsgesetzes scheinen
sie sich befaßt zu haben: »Richtet doch euer Herz auf Gott«, ruft ihnen der Prophet zu.

Der Prophet Sachariah sah in einem Gesichte den Ankläger (Satan, Hinderer) zur
Seite des Hohenpriesters Josua vor dem Engel Gottes stehen und ihn anklagen. Josua war
noch mit schmutzigen Gewändern bekleidet, noch unwürdig also, seinen hohen Dienst zu
verrichten. Der von Gott zur Hilfe für Jerusalem und den Tempel gesandte Engel legt ihm
reine Gewänder an und setzt ihm einen reinen Bund auf, aber er mußte den Josua dabei
ermahnen: »So spricht der Gott der Heere: So du wandelst in meinen Wegen und so du
beobachtest meinen Dienst, so sollst du auch mein Haus richten, du sollst meine Vorhöfe
bewahren, und ich gebe dir Zutritt zu denen, die hier dienen.« Auch dem Serubabel ruft
er im Namen Gottes zu: »Nicht durch Macht und nicht durch Stärke, sondern durch meinen Geist!« Und wie gegen die Schlaffheit, so spricht der Prophet mit feuriger Zunge
gegen die Ungerechtigkeit, gegen den ungöttlichen Geist, der sich in dem neuen Staat
aus dem Heidenthum her einnisten zu wollen schien.

> »Und wieder erhob ich meine Augen und schaute, und siehe, eine fliegende Schriftrolle. Und
> er (der Engel) sprach zu mir: Was siehst du? und ich sprach: Ich sehe eine fliegende Schrift-
> rolle … Und er sprach zu mir: das ist der Fluch, der aus- |106| geht über *die ganze Erde*; denn
> *jeglicher*, der stiehlt – auf der Seite hier (steht es) – wird weggeräumt, und *jeglicher* der
> schwört – auf der Seite da (steht es) – wird weggeräumt. Ich lasse den Fluch ausziehen, ist
> der Spruch des Ewigen der Heerscharen, daß er komme in das Haus des Diebes, und in das
> Haus dessen, der bei meinem Namen falsch schwört, und in seinem Hause bleibe und es
> verzehre sammt Holz und Stein.«

Die Bosheit läßt er hinausziehen in der Gestalt eines Weibes, dessen Geschlecht gerade der
jungen Colonie so gefährlich ward, und sie im Lande Schinear, weit ab von dem heiligen
Boden sich niederlassen. Auch dieser Prophet tritt dem kleinlichen Streben nach äußern
Formen bei einer, das aufzurichtende Gottesreich innerlich zernagenden laxen Sittlichkeit,
mit der Gluth seiner ganzen Begeisterung entgegen. Die Frage wurde gestellt, »ob man
(nach der Rückkehr) weinen und fasten sollte, wie es geschehen so manche Jahre.«

> Und es erging, sagt der Prophet, das Wort Gottes an mich also: »Sage dem ganzen Volke des
> Landes und den Priestern also: da ihr gefastet und geklagt habt im fünften und im siebenten
> (Monat) und dies siebenzig Jahre – habt ihr *mir* gefastet? Und wenn ihr esset und wenn ihr
> trinket, seid *Ihr* nicht die Essenden und Ihr die Trinkenden?« … »So spricht der Gott der
> Heerscharen: Sprechet das Recht nach Wahrheit, und Liebe und Barmherzigkeit übet Einer
> gegen den Andern. Und Wittwen und Waisen, Fremdlinge und Arme drücket nicht, sinnet
> nichts Böses Einer gegen den Andern« [60].

> »*Das ist es*«, wiederholt der Prophet später [61], »*was ihr thun sollt: Redet Wahrheit Einer mit dem
> Andern, Wahrheit und Recht, das Frieden bringt, führt ein in eure Thore. Und sinnet nicht Bosheit
> in euern Herzen Einer gegen den Andern, und falschen Eid liebet nicht; denn das sind alles Dinge,
> die ich hasse, ist der Spruch Gottes.*«

---

60 Sech. 7,5 ff.
61 c. 16. 17.

|107| Und dann kehrt noch einmal die bereits oben angeführte Mahnung wieder: »Also spricht der Gott der Heerscharen: Das Fasten des vierten und das Fasten des fünften und das Fasten des siebenten und das Fasten des zehnten werde dem Hause Jehuda zur Wonne und Freude und zu fröhlichen Festen, liebt nur Wahrheit und Frieden«[62].

Die Zustände, die hier vorausgesetzt werden, führt die unparteiische Geschichte in ihrer nackten Gestalt vor[63]. Doch endlich gelang es dem Rufe des Propheten, daß der Tempel vollendet wurde. *Aber man glaubte damit genug gethan zu haben; der innere* Verfall hatte damit sein Ende nicht erreicht. Man ging noch viel weiter. Schon wieder neigte man sich dem Fremden zu, und die Priester waren es mit den vornehmen Patrizierfamilien, die es begünstigten. Söhne des ersten Priesters Josua und seine Brüder hatten schon heidnische Frauen genommen[64]. Auch die Nachkommen Serubabels selbst[65] nahmen Theil an dem Werke der innern Zerstörung, und das Schicksal: daß die Geschichte nun über das David'sche Haus gleichsam zur Tagesordnung übergeht und dasselbe fast der Verschollenheit verfallen läßt, war ein wohlverdientes[66]. So war dem Eindringen |108| des Heidenthums auf's neue Thür und Thor geöffnet und der Untergang der jungen Colonie oder ein kraft- und saftloses Vegetiren derselben schien besiegelt. Solchen traurigen Zeiten, in welchen man mit dem äußern Tempel Alles gethan zu haben wähnte, der Sittenverfall und das Götzenthum aber mit aller Gewalt wieder hereinzubrechen und den innern Bau zu unterwühlen drohten, entspricht die wahrhaft tragische Schilderung, die unübertreffliche Rede Jer. c. 7. und scheint ihnen, wenigstens zum Theil, ihre Entstehung zu verdanken. »Stell dich hin an das Thor zum Hause Gottes und rufe dort aus dieses Wort: Höret Gottes Wort, ganz Jehuda, Alle, die eingehen in diese Thore, sich zu bücken vor Gott. Also hat gesprochen der Gott der Heere. Bessert eure Wege und euer Thun und ich will euch wohnen lassen an diesem Orte. Verlasset euch nicht auf die lügenhaften Reden, wenn sie sagen: Tempel Gottes! Tempel Gottes! Tempel Gottes! – So sind jene (die mit dem äußern Bau des Tempels genug gethan zu haben glauben, welchen dieser äußere Tempel allein Genüge gewährt)! Sondern *bessert eure Wege und euer Thun, übet Gerechtigkeit zwischen Menschen und Menschen.* Den Fremden, die Waise, die Wittwe bedrücket nicht, vergießet nicht unschuldiges Blut an dieser Stätte, und geht fremden Göttern nicht

---

62 S. erste Abtheilung.

63 Neh. Cap. 5.

64 Neh. 13, 4. 5. Esra 10, 5. 18. Neh. 6, 17.

65 Die Neh. l. l. 6, 18. genannten Schefania b. Arach und Meschullam b. Berechia, die sich mit dem größten Feinde der Juden, dem Ammoniten Tobiah verschwägert hatten, waren offenbar Nachkommen Serubabels; s. Geiger, l. l. S. 43 Anm.

66 Diese Verschollenheit allein macht es erklärlich, daß die Hasmonäer später zum Königthum sich emporschwingen konnten. Der Widerstand der Pharisäer, dieser neuen Bekämpfer des herrschsüchtigen Priesterthums, war nur gegen die Vereinigung des Königthums und des Hohenpriesterthums in Einer Hand gerichtet. »Ueberlasse das Hohepriesterthum den Nachkommen Arons«, wie es im Thalm. Kid. 66, a, heißt. Das Folgende: »denn man sagte, seine Mutter sei Kriegsgefangene gewesen«, das zwar auch Josephus (Ant. XIII, 10, 5) |108| und zwar allein hat, widerspricht dem vorher angegebenen Grunde und ist wohl Zusatz. Erst später trat […?] in den Exilarchen in Babylonien und in den Synodrialvorstehern des Hillel'schen Hauses, in Palästina wieder in den Vordergrund und knüpfte neue Hoffnungen für Freiheit und Selbständigkeit wieder an dasselbe an.

nach zu eurem Schaden. Dann werde ich euch wohnen lassen an diesem Orte, in dem Lande, das ich euern Vätern gegeben von Ewigkeit zu Ewigkeit.«

Heftiger und gewaltiger eifert der später auftretende Prophet Maleachi, gegen ein offenbar noch mehr verderbtes, auch den Tempel nicht mehr achtendes Priesterthum:

> »Ein Sohn ehret den Vater und ein Knecht seinen Herrn. So ich Vater |109| bin, wo ist meine Ehre? Und so ich Herr bin, wo ist meine Furcht? spricht der Gott der Heere zu euch, ihr *Priester*. Verächter meines Namens! Ihr sprecht: Wodurch verachten wir deinen Namen? Ihr bringet auf meinen Altar verunreinigtes Brod. Ihr sprecht: wodurch verunreinigen wir dich? Indem ihr sprechet, der Tisch Gottes ist verachtet. Und wenn ihr Blindes darbringet zum Opfer, ist das nichts Böses? und wenn ihr Lahmes und Krankes darbringet, ist das nichts Böses? Bringe es doch deinem Pascha, ob er dich gnädig annimmt, oder er dich freundlich aufnimmt, spricht der Gott der Heerscharen [67].

Die Priester hatten heidnische Frauen geehelicht und die Frauen ihres Bundes, wie es scheint, verstoßen, das heilige Band der Ehe durch leichtsinnige Scheidung ihrer Jugendfrauen entweiht, und die gottlosen Verbindungen mit dem Heidenthume zum Mittel des Abfalls benützt.

> »Und jetzt an euch, ruft der Prophet, dieses Gebot, ihr *Priester!* So ihr nicht höret und nicht zu Herzen nehmet, meinem Namen die Ehre zu geben, spricht der Gott der Heere, so sende ich den Fluch unter euch, und zum Fluche lasse ich euern Segen werden … Ihr sollt erkennen, daß ich euch dieses Gebot gesandt habe, weil mein Bund ist mit dem Levi, spricht der Gott der Heerscharen. Mein Bund *war* mit ihm des Lebens und des Friedens, *dazu* verlieh ich ihm Ansehen, und er fürchtete mich und vor meinem Namen beugte er sich. Lehre der Wahrheit *war* in seinem Munde, und Falsches ward nicht gefunden auf seinen Lippen, in Frieden und Gerechtigkeit wandelte er mit mir, und Viele brachte er von Sünde zurück. Denn die Lippen des Priesters *sollen* Erkenntniß wahren, und die Lehre soll man suchen aus seinem Munde, denn ein Bote Gottes der Heerscharen ist er. *Ihr* aber seid abgewichen vom Wege, habt Viele zum Falle gebracht in der Lehre, habt gebrochen den Bund mit Levi, spricht der Gott der Heerscharen … Haben |110| wir nicht Alle Einen Vater? Hat uns nicht Ein Gott erschaffen? Warum handeln wir treulos Einer gegen den Andern, zu entweihen den Bund unserer Väter?«

Mit dem letzteren wollte der Prophet sicher den priesterlichen Hochmuth geißeln, der die in dem Bunde der Väter, der göttlichen Lehre ausgesprochene Gleichheit stolz mißachtete, wie mit dem Folgenden die leichtfertige Auflösung des ehelichen Bandes, um sich [»] mit der Tochter des fremden Gottes zu vermählen.«

> »Treulos ist Jehuda, und Abscheuliches ist geschehen in Israel und in Jerusalem; denn entweiht hat Jehuda das Heiligthum Gottes, das er liebt, »und sich vermählt mit der Tochter des fremden Gottes.«

> »Und dies thut ihr zweitens: Ihr bedeckt mit Thränen den Altar Gottes, mit Weinen und Jammern.«

---

67   Maleachi 1, 6 ff. Sie hatten wohl die reinen, fehlerlosen der Opferer mit solchen vertauscht.

»Und ihr sprechet: Weßhalb? Weil Gott Zeuge ist zwischen dir und dem Weibe deiner Jugend, gegen welches du treulos warst, und es ist deine Gefährtin und das Weib deines Bundes. Und dies that nicht Einer; die Uebrigen haben denselben Geist. Und selbst der Einzelne sollte *göttlichen* Samen suchen. Darum bewachet euren Geist und Niemand frevle an dem Weibe der Jugend. Ja, er hasse Scheidung, spricht Gott, der Herr Israels, er hasse den, der Frevel bedeckt mit seinem Gewande, spricht Gott der Heerscharen: darum bewachet euren Geist und seid nicht treulos. Ihr ermüdet Gott mit euren Reden. Ihr sprechet: Wodurch ermüden wir ihn? Indem Ihr sprechet: »Wer Böses thut, ist wohlgefällig in den Augen Gottes, und an solchen hat er Lust. Oder wo wäre sonst der Gott des Gerichtes?[68]

Außer diesen Grundgedanken der ganzen göttlichen Offenbarungslehre: der Lehre von dem einig-einzigen Gotte, der völligen Trennung daher vom Heidenthume, und der Gleichheit |111| aller Menschen, dem *allgemeinen* Priesterthum, welche ein übermüthiges, sündhaftes Priesterthum verlassen und auch die Vornehmen im Volke mit in das Verderben hereingezogen hatte, gab es im Judenthum besonders noch zwei wesentliche Bestimmungen, welche jene Grundlehren gegenwärtig erhalten sollten: »Das Verbot des Genusses unreiner Thiere,« das offenbar, wenn uns auch die Beziehung nicht mehr klar ist, mit dem Berufe des Volkes zur Heiligkeit, zu einem heiligen Volke Gottes, in Verbindung steht[69], und daher auch mit dem zweiten Grundgedanken: *daß eben nicht bloß die Priester, sondern das ganze Volk heilig sei,* wie ja auch fast alle andern Reinigkeitsgesetze gleich sind für das ganze Volk; und das Sabbathgesetz, das wieder einesteils die erste Grundlehre von dem einig-einzigen Gotte und seiner freien Weltschöpfung und Regierung[70] und anderntheils die Freiheit der Menschen von allem Sklavendienste, die Gleichberechtigung Aller – fortwährend bezeugen und gegenwärtig erhalten sollte[71]. Daher die außerordentliche Wichtigkeit, die von jeher auf das Sabbathgebot gelegt ward[72], die Verherrlichung dieses Tages zu wahrhaft poetischer Vergeistigung. Er ist ein »Zeichen«, ein »ewiges Bündniß« zwischen Gott und Israel[73]. Seine Ehre ist eine Ehre des heiligen Gottes[74]; dessen Entheiligung ist ein Abfall von Gott[75]. Er wird neben die höchsten Sittengesetze und diesen gleichgestellt[76]. »Jerusalem«, heißt es im Thalmud, |112| »wurde wegen der Sabbathentweihung preisgegeben«, und »würden die Israeliten zwei Sabbathe vorschriftsmäßig beobachten, sie würden sofort erlöst werden«[77].

Wir müssen hier noch einmal auf den zweiten Jesaias zurückkommen, dessen letzte Prophetie'n am passendsten in diese erste Zeit *nach der Rückkehr aus Babylon vor der An-*

---

68 Mal. c. 2.

69 S. 3 Mos. 11,44. ff. Deut. 14,21. 4. Siphra Ende Schemini כשם שאני פרוש כך אתם תהיו פרושים »wie ich heilig und abgesondert bin von allem Unreinen und Sinnlichen, so sollt auch ihr es sein«, vide Com. Kor. Ar. cf. Gerlach z. St.

70 2 M. 20,12.

71 Deut. 5,14. 15.

72 S. erste Abtheilung.

73 2 M. 31,13. 16. 17. Ez. 20,12 u. s. w. cf. Maim. v. Sabb. Ende.

74 Jes. 58,13.

75 Ez. 22,8. 23,38. Maim. l. l.

76 Ez. l. l. u. 56,4. 6.

77 Sabb. fol. 118.

kunft Esra's und Nehemia's nach Palästina eingereiht werden dürften. Hier (c. 65 und 66) spricht der Prophet gegen ein frevelhaftes Priesterthum, das jene, die Grundlehren zu bezeugen bestimmten, Gebote mißachtet, seine glühende Mahnung aus. »Das Volk, das mich erzürnt in's Angesicht immerdar, das opfert in den Gärten und räuchert auf den Ziegeln; das da weilt in den Gräbern und übernachtet in den Trümmern; das da ißt das Fleisch von Schweinen und Brühe der Gräuel in seinen Gefäßen hat; das da spricht: Bleib' für dich, komm' mir nicht nahe, sonst weihe ich dich (oder: in bin heiliger als du) (Jes. 65, 3–6).« Wer wollte in dem letzten Ausrufe ein übermüthiges, sich über das Volk erhebendes, und doch in Sünden sich wälzendes Priesterthum verkennen! Noch entschiedener und tiefeinschneidender spricht sich der Prophet c. 66. aus:

> »Der Himmel ist mein Thron, die Erde Schemel meiner Füße,
> Wo ist das Haus, das ihr für mich erbaut, wo meine Ruhestätte? …
> Ich schau auf den, der arm, gebeugten Geistes, und ob meinem Wort erzittert.
> Doch Ochsenschlächter – Mannesschläger, Lammesopferer – Hundeknicker
> Geschenke (Mincha Speiseopfer) darbringend – Schweineblut, Weihrauchräucherer – Unrecht preisend[78].

|113| Das »Tempel Gottes!« »Tempel Gottes« bei innerm sittlichen Verfall, der priesterliche Hochmuth, der Gott eine Ruhestätte in seinem Tempel erbaut zu haben glaubte, bei dem Verrath der höchsten nationalen Gottesgedanken, kann nicht mit schärferer Lauge übergossen werden.

Derselbe Gedanke kehrt v. 17. wieder:

> »Die sich heiligen und reinigen bei den Gärten
> Hinter einem in der Mitte[79],
> Und doch das Fleisch des Schweines essen,
> Gewürm und Maus – sie gehen allesammt zu Grunde, ist Ausspruch Gottes.«

Die Nichtigkeit dieses hochmüthigen Kastenwesens, das eben nur sich zu erhalten und durch die Einführung heidnischer Sitten in seinen angemaßten Rechten auszudehnen und zu befestigen sucht, wird dann am nachdrücklichsten dadurch hervorgehoben, daß sogar das ganze jüdisch-nationale Priesterthum nur als eine Uebergangsepoche und alle Menschen als künftige Priester Gottes vorgeführt werden.

> »Ich aber – was sind *ihre* Werke und Gedanken! –
> Gekommen ist die Zeit, zu sammeln alle Völker und Zungen,
> Sie kommen, schauen meine Herrlichkeit.«
> – – – – – – – – – –
> »Auch von ihnen werd' ich Priester nehmen und Leviten, spricht Gott.«

---

78 Wir haben hier die geistvolle Uebersetzung Geiger's, Urschrift S. 56 aufgenommen, können aber nicht verschweigen, daß wir uns mit seiner Ansicht, daß die Prophetie der Zeit der syrisch-griechischen Herrschaft ihre Entstehung verdanke, nicht zu befreunden vermögen. Abgesehen von der herrlichen Diction, die einer wirklich noch lebenden Sprache anzugehören scheint, entspricht die Schilderung noch lange nicht diesen verzweifelten Zuständen, wie sie sich in den Ps. 74, 79 u. s. w. abspiegeln.
79 Nach dem Khetib., wohl der regierende Hohepriester. Geiger l. l.

Und zur Vervollständigung des Bildes von dem Gottesreiche in der Zukunft, im Gegensatz zum gegenwärtigen Verfall, wird nun auch als Krone und Schluß des Ganzen die einstige allgemeine Feier des Sabbaths hervorgehoben:

> »Und geschehen wird's, mit jedem Neumond und mit jedem Sabbath,
> Wird kommen alles Fleisch, mich anzubeten, spricht Gott.«[80]

Schöner noch wird jedoch dieser Gedanke schon c. 56, v. 1–8. ausgeführt und zugleich die Verehrung gegen Gott, |114| als deren Ausdruck der Sabbath gilt, und Gerechtigkeit und Liebe gegen Menschen als der Inhalt der Religion hingestellt:

> »Also Gottes Spruch:
>
> »Wahret Gerechtigkeit, übet die Liebe,
> Dann ist nah mein Heil, meiner Gerechtigkeit Offenbarung,
> Heil dem Menschen, der dies thut.
> Dem *Erdensohn*, der darauf hält.
> Der den Sabbath wahret, nicht entweihet,
> Der die Hand bewahret vor dem Bösen.
> Nicht sprech' der Fremdling, der sich Gott verbindet.
> Sondern wird mich Gott von seinem Volke.
>
> ----------
>
> So spricht Gott: Wer wahret meinen Ruhetag,
> Wer wählt, was mir gefällt, festhält an meinem Bund:
> Ihm will ich Antheil geben an meinem Hause, in meinen Mauern.
>
> ----------
>
> Den Fremdling, der sich schließt an Gott,
> Ihm dienend, liebend seinen Namen,
> Alle, die den Sabbath wahren …
>
> ----------
>
> Festhalten an meinem Bund:
> Ich bringe sie auf meinen heil'gen Berg,
> Erfreue sie an meinem Hause …
> *Denn mein Haus wird Andachtshaus*
> *Für alle Völker.*«

Nicht bloß die Priesterkaste, das *nationale* Israel selbst wird untergehen in der Menschheit: *Alle* werden Priester Gottes sein in Ehrfurcht gegen Gott und in Liebe zu den Menschen. »Heil dem *Menschen*, der dies thut, dem *Erdensohne*, der darauf hält.«

Derselben Zeit völlig verderbten, hochmüthigen, über das göttliche Gesetz sich hinwegsetzenden Priesterthums verdankt die Prophetie Ez. c. 44. v. 9. ff., die in späterer Zeit so sehr beanstandet wurde, daß man das ganze Buch aus dem Kanon entfernen wollte, weil es den Anschein habe, als wäre der Genuß des Aases und des Zerrissenen nur den

---

80 S. außer den in Bezug auf die besondere Wichtigkeit des Sabbaths vielfach angeführten Stellen aus dem Pentateuch und den Propheten. Ez. c 20.

Priestern ver- |115| boten[81], sicher ihre Entstehung. Vers 9 spricht nicht von fremdem Volke[82], wie dies offenbar auch in den vorhergehenden Versen nicht der Fall ist. *Heiden* versahen nie Priesterdienste. Es sind vielmehr die Widerspenstigen, die den Gräueln sich hingaben, die »Unbeschnittenen am Herzen«, die vielleicht auch schon damals das Bundeszeichen am Fleische nicht beachteten (v. v. 6. 7. 9.), welche aus dem Heiligthume ausgeschlossen werden und den Dienst des Herrn in demselben nicht mehr verrichten sollen; es sind jene *Priester*, welche durch die Mißachtung der väterlichen Sitte und die Vermischung mit dem Heidenthum gleichsam Fremde wurden. Unter diesen Umständen schien es geboten, gerade den Priestern ihre Pflichten, und besonders auch die vielfach mißachteten Speisegesetze in's Gedächtniß zurückzurufen[83].

|116| Es ist allerdings nicht anzunehmen, daß das Verderben unter der persischen Oberhoheit über Israel schon so weit gediehen war, wie es später unter den syrisch-griechischen Herrschern in seiner ganzen Nacktheit auftrat; aber es war jedenfalls schon tief genug eingerissen, als Esra und Nehemia ihm Einhalt geboten, wie dies in den nach ihnen genannten Büchern hervortritt.

Nach zwei Seiten wirkten nun diese beiden wahrhaft großen Männer dem Uebel entgegen: durch gewaltsame Ausscheidung alles Fremden und Heidnischen und Entfernung der Priester, die ihm anhingen, dessen Gelingen besonders die unerschütterliche, vor keiner Consequenz, wie die Aufhebung langjähriger Ehen mit Heidinnen[84], zurücktretende Thatkraft Nehemia's bewirkte; sodann durch die *Verbreitung der Gesetzeskenntniß unter dem Volke*, eine Aufgabe, die besonders dem Priester und Schriftgelehrten (Sopher, γραμματεύς) Esra zufiel, und die dieser mit eiserner Beharrlichkeit und wunderbarem Erfolge löste. Es liegt daher eine tiefe Wahrheit in der Ueberlieferung, die Esra Moses gleichgestellt, und ihn den eigentlichen Restaurator des Gesetzes nennt[85]. Esra macht das Wort des Propheten, der unter Serubabel und dem Hohenpriester Josua schon dazu

---

81   Men. fol. 45 a. Die thalmudische Erklärung ist jedenfalls sehr ungenügend.

82   Dies bemerkt schon David Kimchi.

83   So auch Th. Seb. 22, b. S. auch oben diese Erkl. des näml. Ausdruckes 2 M. 12, 43. in Mech. Bo. 15. Uebrigens wird dies Verbot ja auch schon 3 M. 22, 8 den Priestern noch einmal besonders eingeschärft, offenbar wegen der durch ihre besondere Heiligkeit doppelt ihnen obliegenden Verpflichtung dazu (s. oben). Daß der Ausdruck bei Ezechiel nicht ein wirkliches Aas, ein bereits todtes Thier, sondern ein dem Tode nahes bedeute, wie die alten Sadducäer, die Samaritaner und Karäer behaupten (s. Geiger, Jüdische Zeitschrift l. l. S. 21, 22, und besonders Hechaluz VI, 19 ff.) bedarf für uns keiner Widerlegung. Auch daß Ezechiel (4. 14.) sich rühmt, von Jugend auf kein Aas gegessen zu haben, muß nicht nothwendig, wie es auch der Thalmud thut, auf ein »gefährdetes« (gefährlich krankes) Thier bezogen werden, im Widerspruch mit dem constanten einfachen Sprachgebrauch. Ezechiel war ein Priester und konnte sich wohl rühmen, sich nie einem sündigen Priesterthum angeschlossen zu haben, sondern seiner besondern Verpflichtung gemäß mit aller Strenge den Vorschriften des Gesetzes treu geblieben zu sein.

84   Es bedurfte zur Ausführung dieser rigorosen, aber unter den damaligen Verhältnissen nothwendigen Maßregel um so größerer Energie, als Moses selbst die Tochter des heidnischen Priesters Jethro und später eine Kuschitin geheirathet, und dies Gott durch die Bestrafung der Miriam ausdrücklich gebilligt hatte, und außerdem viele Beispiele solcher Mischehen in der Geschichte Israels vorkamen.

85   Synh. 21, 6.

aufforderte: »Nicht durch Heere und nicht durch Gewalt, sondern durch meinen *Geist*, spricht der Gott der Heerscharen« (Sech. 4, 6.) zur Wahrheit. Er schuf namentlich durch seine Verbreitung der Gesetzeskunde eine *Gemeinde* Gottes, die jede Erschütterung, die das *Volk* traf, überdauerte. Letzteres wurde zum zweitenmale aufgelöst |117| und nach allen Richtungen der Windrose zerstreut, die *Gemeinde*, die im *Geiste* der Gotteslehre aufgebaut ward, war unzerstörbar wie der Geist selbst, der sie erfüllte. Er schuf ferner durch die Verbreitung der Gesetzeskunde einen unzerstörbaren Damm gegen verderbtes Priesterthum. Vom Priester allein forderte man nicht mehr Unterweisung im Gesetze: sie wurde Gemeingut; dem Priesterstand trat der *Gelehrtenstand* gegenüber, der sich aus dem *ganzen* Volke rekrutirte, wie wir später ausführlich nachweisen werden.

Es kann auch keinem Zweifel unterliegen, daß auch damals schon die den Umständen und neuen Bedürfnissen angemessene *Erklärung* und *Erweiterung* des Gesetzes begann, wie beides in den Büchern Esra und Nehemia selbst deutlich genug ausgesprochen ist[86], von der Ueberlieferung aber in ausgedehntem Maße auf Esra zurückgeführt wird.

Außer den eigentlich jüdisch-nationalen Vorschriften, die aber alle zugleich auch jene eigentlichen Ziele der Gottesoffenbarung beständig gegenwärtig zu erhalten und zu fördern bestimmt waren: den Tempelabgaben, den Tempel- oder Wallfahrtsfesten, dem Brachjahre, der Enthaltung von unreinen Speisen, der Fernhaltung von ehelichen Verbindungen mit den Heiden, und außer einem strengeren Sabbathgesetze, welche Esra und Nehemia besonders einschärften[87], wandte Esra, in |118| Verbindung mit seinem positiven Lehramt und seinem Streben, die *Kenntniß* der Lehre jedem zugänglich zu machen und so viel als möglich zu verbreiten, wohl schon damals, oder wandten wenigstens die in seinem Geiste nach ihm fortwirkenden Männer, die deshalb auch gleich ihm von der Überlieferung Sopherim, γραμματεῖς, genannt werden, das Augenmerk auf die Errichtung von *Gebethäusern*[88] außer dem Tempel, in welchen Vorlesungen und Erläuterungen

---

86 Esra 7, 10. Neh. 8, 8.

87 Neh. 10, 31–38. Unrichtig ist es, wenn man hier *bloß* den Handel am Sabbath verboten und eine *Beschränkung* des mosaischen Sabbathgesetzes finden will (so Jost, Gesch. d. Judenthums I. S. 36). Im Gegentheil, es ist offenbar eine *Erweiterung*, indem der Handel keine *Arbeit* nach mosaischen Begriffen ist. Dies beweist auch 13, 15., wo ja ausdrücklich das Keltertreten und Garbeneinbringen am Sabbath, also wirkliche Arbeiten genannt sind. Ueber unreine, ekelhafte Speisen s. Zach. 9, 7. und die oben angeführten prophetischen Stücke. Ueber den Handel an Sabbath- und Festtagen, daß er erst |118| durch Esra verboten wurde, s. Raschi Th. Beza 27, b. Neh. 10, 32. Selbst die Gründe, welche Raschi das. 37, a. anführt, beweisen, daß der Handel an jenen Tagen nicht *mosaisch* verboten ist.

88 Es kann kaum einem Zweifel unterliegen, daß schon Esra und seine Genossen, welche zuerst stehende Gebete einführten (s. Jost, Geschichte des Judenthums I. S. 39) einzelne Gebete auch in fremder, aramäischer, Sprache anordneten. Das in Babylonien herangewachsene Geschlecht hatte das Aramäische als seine Muttersprache um so mehr aufgenommen, als eine innige Verbindung mit den Eingeborenen bestand und Jeder nur in der ihm geläufigsten Sprache betete. Gerade das war ja nach Maimonides (vom Gebete 1, 4.) der Grund, daß Esra und die Männer der »großen Synagoge« stehende hebräische Gebete einführten, weil sie fürchteten, die hebräische Sprache, die man nicht mehr rein und geläufig zu sprechen verstand, möchte aus dem Gebete schwinden (s. weiter). Aber es war weder im Gesetze, noch in dem Herkommen ein Grund gegeben, das Beten in fremder Sprache zu verbieten, wie dies in der That fortwährend auch der Fall war. Außerdem

der g. Lehre |119| stattfanden. »Die Einheit im *Geiste*«, sagt ein berühmter Forscher auf diesem Gebiete [89], »war jetzt das Ziel alles Strebens. Dazu genügte nicht die Betheiligung aller auswärtigen Juden bei der Unterstützung des gemeinsamen Heiligthums, oder die möglichste Verherrlichung des Tempels und des Gottesdienstes, den nur der kleinste Theil besuchen konnte, vielmehr erschien es nothwendig, dessen Geist in alle Gemeinden hineinzutragen. Das geschah durch das *Schriftthum* und die *Lehre*, oder vielmehr deren *Auslegung*. Es leidet keinen Zweifel, daß die Vorgänge in Judäa einen mächtigen Eindruck in allen entfernten Gemeinden hervorbrachten, und daß man sich immer mehr Abschriften der jetzt in festlichen Versammlungen vorgelesenen Bücher verschaffte und überall ähnliche Vorlesungen einführte; daraus bildete sich sehr bald ein regelmäßiger Besuch der Versammlungen sowohl an Festtagen, wie insbesondere an den zwei Markttagen in jeder Woche, dem zweiten und fünften, da die Landleute in Judäa ihre Früchte in die Stadt und zugleich ihre Streitigkeiten vor Gericht brachten, und in Nachahmung dieser Verhältnisse auch in an- |120| dern Gemeinden, bis der Gottesdienst täglich in bestimmten Häusern, nachher Synagogen (Versammlungshäuser, hebr. Beth Hakhneseth) abgehalten ward. Stehende Gebete gab es nicht, man sang auch jetzt ohne Zweifel nur dieselben Psalmen, die im Heiligthum vorgetragen wurden, von denen wir eine kleine Sammlung noch besitzen. Die Ueberlieferung schreibt dem Esra und seinen Gefährten die Einführung stehender Gebetformeln zu, deren Kern wir auch jetzt im Gebetbuche haben. Es ist sehr wahrscheinlich, daß dieselben sich sehr früh Geltung verschafften, und daß der Synagogendienst bald nach Esra eine gleichmäßige Form angenommen hat, da wir wenige Jahrhunderte später eine durchgängig gleiche und unbestrittene Ordnung überall finden [90], und die Formeln selbst durch Kürze und Reinheit des Ausdrucks ihr

---

daß wir noch heute einige solcher alten Gebete in aram. Sprache besitzen, heißt es ausdrücklich in der Mischna Sota VII, 1: »Folgende Stücke können in jeder (dem Sprechenden verständlichen, wie es Th. Jer. darum besser heißt: בלשונם) Sprache gesprochen werden. Das Schma-Lesen, das Gebet (die achtzehn Segenssprüche), der Tischsegen« (vgl. Ber. 13, a). Im Jerusalem'schen Thalmud wird erzählt, R. Levi habe die Gemeinde in Cäsarea das Schma griechisch beten hören und wollte es ihnen verbieten, da habe sich R. Jose entschieden dagegen ausgesprochen. »Sollte der«, sagte er, »welcher nicht hebräisch versteht, deshalb nicht beten? Nein, jeder bete in der ihm verständlichen Sprache.« |119| In Bezug auf das Schma ist jedoch Rabbi anderer Ansicht: es sollte in seiner Ursprünglichkeit beibehalten werden והיו·בהויתן יהו, was Vieles für sich hat. Indessen sind auch hierin die übrigen Gelehrten gegen ihn und schließen sich alle Gesetzeslehrer dieser Ansicht an. In Bezug auf die achtzehn Segenssprüche (Tefilla) und zwar, mit Ausnahme des Aramäischen, gleichviel ob im öffentlichen oder häuslichen Gebete, und das Tischgebet findet keine Meinungsverschiedenheit statt: es wird von allen Gesetzeslehrern als selbstverständlich angenommen, daß Dank und Bitte nur mit Verständniß gesprochen werden sollen (Sota VII. 1. 1. Ber. fol. 13, a. cf. R. Ascher a. 1. Orach Chaj. 62, 2. 101, 4. s. Khol. Bo. cap. 10. die schöne Erklärung des Ausspruchs von R. Jochanan, daß man seine Bedürfnisse nicht in aramäischer Sprache erflehen soll, die *für* den Gebrauch der uns *verständlichen* Sprache spricht).

89 Jost l. l. S. 38.

90 Maim. Thephilla 1,4. sagt: Die große Vermischung der Juden unter Völker verschiedener Sprachen, welche ihre Kinder natürlich annahmen, so daß die hebräische bei ihnen fast ausstarb, haben die Mitglieder der *großen Synagoge* veranlaßt, bestimmte *hebräische Formeln* festzusetzen (s. oben S. 118 Anm. 88) J. Cf. § 1–3. Das. Th. Berr. 33, a. Meg. 17, b. wird das Gebet der 18 Segenssprüche

Alterthum beurkunden, während spätere Zusätze weder dieselbe Gleichmäßigkeit, noch dieselbe Strenge im Ausdruck, noch dieselbe allgemeine Geltung bewahren. Mit diesen Gebetformeln steht in enger Verbindung die jedesmalige Vortragung der Verse aus dem 5. Buch M. 6,4–9; 11,13–21 und vielleicht auch 4 B. 15,37–41, welche die wesentlichsten unterscheidenden Ueberzeugungen und Erinnerungen Israels in Kürze enthalten, nämlich: die Anerkennung des einzigen wahren Gottes, die vollkommenste Liebe zu ihm und unbedingteste Hingebung in seinem Dienste, die Beobachtung des Gesetzes zu jeder Zeit und in jedem Verhältnisse, die gänzliche Hingebung des Wandels und Sinnes, das fleißige Forschen im |121| Gesetz und das Unterrichten der Kinder darin, und die Aufrechthaltung beständiger Erinnerungsmittel an Kleidern, sowie besondere Abzeichen an Hand und Stirn und Inschriften an den Thürpfosten« [91].

Jedenfalls reichen die Synagogen in sehr alte Zeit zurück, und waren wenigstens zu den traurigen Syrerzeiten bereits allenthalben verbreitet [92]. Eben so wenig kann es einem Zweifel unterliegen, daß an der Spitze derselben, als Leiter und Ordner eine durch Gelehrsamkeit ausgezeichnete, ursprünglich wohl auch durch Volkswahl berufene Versammlung von Männern bestand, die deshalb die »Männer der großen Synagoge Kh'neseth ha-g'dolah' (auch große Versammlung) d.i. der *Gesammtsynagoge* hießen. *Dies scheint uns die einfachste Erklärung des vielbesprochenen, räthselhaften Namens zu sein.* Die Aufgabe und die Thätigkeit dieser Versammlung beschränkte sich aber sicher nicht auf die gottesdienstlichen Uebungen innerhalb der Bethäuser, sondern erstreckte |122| sich auf das ganze religiöse Leben, wie der Thalmud ausdrücklich bezeugt [93], und wie der Ausdruck Kh'neseth, Synagoge, überhaupt nicht von dem Gebethause allein, wie der Name *Haus* der Versammlung« (Beth ha-Kh'neseth) für letzteres, und »Versammlung Israels« Khneseth Israel für Israel überhaupt in seiner religiösen Beziehung beweist, wie ja auch ecclesia und selbst Kirche für die gesammte Religionsgemeinde gebraucht wird. Die »große Synagoge« ist daher keinesswegs eine Fabel, wie man oft zu behaupten beliebte, sondern eine bestimmte Bezeichnung der religiösen Behörde, ähnlich wie das spätere »Syn-

---

(Schmone Esre) auf die Männer der großen Synagoge zurückgeführt. Sifre Deut. 32,2. auf die frühern Weisen, was dasselbe sagen will. Die Form ist hier eine etwas andere als die unsrige.

91 Es ist sehr zweifelhaft, ob diese Anordnungen, besonders der Phylakterien, Gebetriemen, so weit hinaufreichen. Jedenfalls müßte es dann sehr auffallend erscheinen, daß ihr Gebrauch noch in sehr später Zeit nicht allgemein verbreitet, ja als solcher sogar beanstandet war (s. Hechaluz III, 16, V, 12. ff.), während die andern Einrichtungen, wie die ältesten Gebete, erwiesenermaßen seit undenklichen Zeiten in den fernsten Gegenden Eingang gefunden und gar von einer Beanstandung der Einrichtung Esra's nirgends die Rede ist. Uebrigens geht daraus auch für unsere Zeit die ernste Mahnung hervor, einmal daß es endlich Zeit wäre, eine Sichtung der Gebete vorzunehmen, um die alten, schönen, typischen Gebete von den spätern, oft ganz fremdartigen Einschiebseln zu reinigen, sodann aber auch, daß nicht jeder Einzelne wesentlich liturgische Aenderungen sich erlaube. Nur eine geordnete, gesetzliche Organisation der Synagoge kann dem Uebel steuern, und diese muß überall mit allem Ernste angestrebt werden, wenn nicht hier durch *Versumpfung* dorten durch gedankenlose *Zerklüftung* unser gottesdienstliches, und mit ihm das ganze religiöse Leben dem völligen Verderben verfallen soll.

92 Ps. 74.

93 Ber. 33. a.

---

edrion«, was ja selbst dem Worte nach nichts Anderes bedeutet, und deren Attribute, wenigstens was das eigentliche religiöse Leben betrifft, sicherlich wesentlich denen des letztern gleich waren. Dies beweisen auch die in ununterbrochener Kette der Ueberlieferung tief in das Alterthum hinaufreichenden Einrichtungen[94], deren allgemeine Geltung und einheitliche Gestaltung sich nur durch ihre Zurückführung auf eine Behörde, deren Autorität nirgends angezweifelt wurde, erklären läßt, sowohl im gottesdienstlichen, wie im übrigen religiösen Leben sowie die innere *geschichtliche Nothwendigkeit* einer solchen Behörde schon unter Esra, wofür ohnedies Andeutungen in dem ihm zugeschriebenen Buche liegen[95], wenn diese wirklich großen |123| Männer, Esra und Nehemia, ihr mit so vielen Opfern und bedeutender Kraft durchgeführtes Werk nach ihrem Ableben nicht dem Zufall, und damit dem sichern Verfalle überlassen wollten. *Jede Genossenschaft*, mag ihre Aufgabe sein, welche sie wolle, *erfordert eine Organisation, in welcher jedem Einzelnen seine Aufgabe zugewiesen und besonders eine, das Ganze ordnende und leitende Spitze bestellt ist, wenn sie nicht bald wieder in zusammenhanglose Atome sich auflösen soll.* Diese Nothwendigkeit tritt um so mehr in *religiösen* Genossenschaften hervor, deren Ziele, ebenso wie noch mehr die Mittel zu deren Erreichung, weil sie mehr ideeller Natur sind und von dem Einzelnen selten klar erkannt werden, ewigem Widerspruche ausgesetzt sind. *Gerade die Synagoge liefert in unserer Zeit nicht selten abschreckende Beispiele einer solchen Erscheinung.* Männer mit diesen reinen Absichten, so frei von allem persönlichem Ehrgeiz, der freilich nur das eigene Hervortreten im Auge hat, mag auch die Sache, für die er zu wirken vorgibt, später wieder untergehen, Männer, die solche Opfer für die von ihnen mit heiliger Begeisterung ergriffene große Angelegenheit ihres Volkes und ihres Glaubens brachten, Männer endlich von so klarer Einsicht und so umfassendem Wissen, wie es namentlich Esra war, konnten das große Werk, das sie geschaffen, nicht ohne dauernde |124| Organisation zurücklassen. Uebrigens muß schon hier zum Verständniß der Wirksamkeit der spätern religiösen Behörden, deren Wurzel sicher hier zu suchen ist, darauf hingewiesen werden, daß Esra auf Grund der ihm vom Könige von Persien ausdrücklich ertheilten Vollmacht[96] *Richter* einsetzte, deren Sitzungen ja nach der Ueberlieferung so-

---

94 cf. Th. Ber. 1. 1. Meg. Init. Bab. Kam. 82, a. b. Ueber die Existenz und das Wirken der großen Synagoge s. auch J. Derenbourg, Essai sur l'histoire et la géographie de la Palestine, S. 31–40.

95 Jost glaubt, daß man die 85 Unterzeichner der Urkunde bei Nehemia für die ersten Männer einer solchen »Versammlung« zu halten habe, s. Mid. R. Ruth IV. Jedenfalls mußten diese ein besonderes Ansehen genießen und sind vielleicht von dem Volke und zwar zugleich zur Hut und Ueberwachung der Ausführung des Inhalts der Urkunde gewählt worden, woraus sich denn ihre Ergänzung und weitere Entwicklung ihrer Thätigkeit von selbst ergeben hätte. Jedenfalls waren die Unterzeichner »Aelteste« πρεσβυτέροι der Gemeinde (שבאי |123| Esr. 5, 6, 7. ff. cf. Jos. Ant. XI. 5, 4.), die für diese und in deren Namen sich verpflichteten und deshalb von selbst für die Ausführung sorgen mußten. S. das quellenreiche Buch: Einleitung in die Mischna, von Rabb. Jacob Brüll, Frankfurt a. M. 1876, S. 3–11, der mit unserer obigen Auseinandersetzung wesentlich übereinstimmt. Sehr freute mich, daß dieser bedeutende Thalmud-Gelehrte den Ausdruck »große Synagoge« wie wir als *Gesammtsynagoge* auffaßt, und damit die Anzahl 120 erklärt, aus welcher die große Synagoge nach einer thalm. Quelle bestanden habe, nämlich aus Abgeordneten für jede der 120 pers. Provinzen, Dan. 6, 2.

96 Esra 7, 25. 26.

gar an den beiden angegebenen Wochentagen stattfanden, und daß daher schon damals seine und seiner Schule Wirksamkeit nach den erwiesen geschichtlichen mit der Ueberlieferung übereinstimmenden Thatsachen drei Richtungen vorzüglich umfaßte:

1. Erklärung und den Verhältnissen angemessene Erweiterung des mosaischen Gesetzes.
2. Verbreitung der Lehre und ohne Zweifel entsprechende Errichtung von Schulen und Synagogen, die wohl ursprünglich vereinigt waren, um den *Geist* zu pflegen, als unerschütterliches Bollwerk gegen unberechtigte Uebergriffe im Innern und gegen das Eindringen des Heidenthums von außen, und endlich
3. die Einsetzung von Gerichtsbehörden, die aber wieder, da das Gesetz hauptsächlich in der Offenbarung seine Quelle hatte, mit dem Lehren überhaupt zusammenfielen.

Es kann nach den gründlichsten Forschungen keinem Zweifel unterliegen, daß die »große Synagoge« als Religionsbehörde während der ganzen Perserherrschaft fortbestand, und im Wesentlichen obigen Grundsätzen gemäß ihrer Aufgabe zu genügen strebte. Im Ganzen war auch die persische Regierung tolerant gegen Juden und Judenthum, einestheils grundsätzlich, weil die Perser der Lehre Zoroasters folgten und damit dem Judenthum weit näher als dem Götzenthum standen, und anderntheils weil die kleine jüdische Colonie in dem ungeheuern Weltreiche kaum zählte, und daher in ihren innern Angelegenheiten wohl freie Hand hatte. Mit Ausnahme vielleicht einer kurzen Unterbrechung in Folge des Frevels des Hohenpriesters Johannes (Jochanan, Jonathan), der seinen Bruder Joschua (Jesus) |125| weil sich dieser, auf den Antrieb des persischen Feldherrn Bagoses, zum Hohenpriesterthum hinzudrängte, im Tempel ermordete, und des unter dessen Nachfolger Jaddua vorgekommenen Uebertritts seines Bruders Manasse zu den Samaritanern, nämlich der Gründung eines dem zu Jerusalem ähnlichen Tempels auf dem Berge Garizim [97] durch denselben, folgte das Judenthum seiner ruhigen Entwicklung. Nur scheint während der innern Zerrüttung des Perserreichs und der darauf folgenden großen Kämpfe mit Griechenland schon vor der Invasion Alexanders die eigentliche Paschawürde, die Nehemia bekleidet, eingegangen zu sein und sich alle Autorität in der Person des Hohenpriesters vereinigt zu haben: er war wohl, wenn er auch sicher nicht die Herrschaft ganz, weder in Hinsicht der Religion, noch der Verwaltung, an sich gerissen hatte, der *Vorsitzende* der »großen Synagoge«, und damit zugleich der Vorstand des Gerichtswesens [98], wie später noch des »Raths der Alten«, ein Umstand, der allein über den unbestrittenen Einfluß des Hohenpriesters gleich unter der Herrschaft

---

97 Jos. Ant. IX. cap. 7 und c. 8,1.

98 Die Nachklänge dieser Zustände finden sich in dem im Thalmud oft vorkommenden Gericht von Priestern כהנים של ב״ד und andern ähnlichen Bezeichnungen, die in Bezug auf das Gerichtswesen den Vorrang der Priester aus alten Zeiten bezeugen. Daß Esra Hohepriester gewesen, wie Einige annehmen, ist unerwiesen. Jos. Ant. XI, 5,1. nennt ihn πρῶτος ἱερεὺς τοῦ λαοῦ, der erste Priester des Volks, dem Ansehn und der Geltung, der Gelehrsamkeit nach, nicht ἀρχιερεύς, die stehende Bezeichnung für Hohepriester. Im Gegentheil, er nennt, übereinstimmend mit Neh. 12,10. Jojakim den ἀρ[χ]ιερεύς] zu Esra's Zeit. Simon II., der letzte Vorsitzende der großen Synagoge dagegen, war Hohepriester (Jos. Ant. XII, 2, 5). Simon II., nach der wohlmotivirten Ansicht N. Krochmal's More Neb. Has. S. 103 ist der Simon, den die Mischna Ab. I. 2. als den letzten großen Synagoge d. h. ihr Vorsitzender, nennt, Simon II. aber war jedenfalls auch Hohepriester. Th. Sota 33, a. u. s.

der Griechen, wie über manche |126| Erscheinungen in der Tradition genügenden Aufschluß zu geben vermag[99].

[Die hellenistische Epoche]

Auch Alexander der Große, der, wie alle wahrhaft großen Geister, ein Cyrus, Cäsar und andere in den Gang der Weltgeschichte tiefeingreifende Männer der religiösen Toleranz ihr vollstes Recht angedeihen ließ, kein Staatsrecht von dem Recht, das irgend ein Bekenntniß an den Himmel zu haben glaubt, und den Mitteln, die seine Anhänger zur Sicherung dieses Rechtes anwenden zu sollen glaubt, abhängig machte, sondern Jeden nach seiner Façon für seine Seligkeit sorgen ließ, so lange man nur seinen Staatspflichten nachkam, zeigte sich gnädig gegen die Juden und bestätigte sie in allen ihren Rechten. Die Intoleranz gegen andere religiöse Meinungen ist überall, und war zu allen Zeiten, wo sie nicht einer natürlichen Bosheit des Herzens entspringt, die an der Qual Anderer ihre besondere Freude findet, nur der Geistesschwäche, oder der staatlichen Furcht, oder – der Heuchelei eigen. Der wahrhaft große, freie Geist, der sich zugleich seiner Stärke bewußt ist, sucht und braucht nicht diese Höllengeburt, die mehr Verderben in der Menschheit stiftete, als Gift und Dolch, die außerdem am meisten gerade im Dienste jener ihr trauriges Werk übten, je vermochten. Der Thalmud, der sich in der schweren Bedrängniß der spätern Zeit eine solche, über alle äußere Form sich erhebende Duldung nicht mehr zu erklären vermochte, schreibt Alexanders Gnade einer besondern wundervollen Einwirkung Gottes zu, und hüllet sie in den Schmuck einer Legende.

> »Alexander hatte bereits die Zerstörung des Tempels zu Jerusalem den Khutäern (Samaritanern) bewilligt. Dies wurde dem Hohenpriester Simon, dem Gerechten (ha-Zaddik[100]) berichtet. Da umhüllte sich dieser mit dem hohen- |127| priesterlichen Gewändern und zog Alexander mit den Vornehmen in Israel, die Alle Fackeln trugen, entgegen. Als Alexander des Hohenpriesters ansichtig wurde, stieg er aus seinem Wagen und warf sich vor ihm nieder. Seine Begleitung sprach zu ihm: Du, der große König, wirfst dich vor diesem Juden nieder? Er erwiderte: Das Bild dieses Mannes erschien mir im Traume, siegreich vor mir im Kriege einherziehend. Was ist euer Begehr? sprach darauf Alexander. O, antworteten sie, kannst du zugeben, daß das Haus, in welchem man stets für dein und deines Reiches Wohl betet, auf den Betrieb von Fremden zerstört werde? Wer sind diese? fragte Alexander. Diese Khutäer sind es, die jetzt dich umgeben, sagten sie. Sie sind in eurer Hand – schloß Alexander[101].«

---

99 s. weiter, cf. Jos. Ant. XIII, 5,8. Ἀρχιερεύς ... καὶ ἡ γερουσία ... entgegenstehend dem Ἀακδ- .ημωνίων ἔψορος καὶ γερουσία ... Alexander schickt zum Hohenpriester um Hilfstruppen Jos. 1. c. 8,3.

100 Bekanntlich hat der Thalmud, der sich überhaupt die Thatsachen der früheren Geschichte, besonders chronologisch, nicht mehr zurecht legen |127| konnte, den Besuch Alexanders zu Jerusalem, der unter Jaddua stattfand, unter dem Hohenpriester Simon dem Gerechten, den er überhaupt in verherrlichenden Mythus hüllt, statt finden lassen. Diese Verherrlichung s. auch Sirach c. 50.

101 Th. Joma. fol. 69. Meg. Tan. Scholion. Ausführlicher noch, mit einiger Abänderung, erzählt Josephus Ant. XI, 8,4. 5 dieses Ereigniß, der es aber richtig unter Jaddua zurück verlegt.

Nicht mindere Toleranz gegen die Juden übten die Ptolmäer, die ihnen in Egypten, wohin sie in großen Massen zogen, völlig gleiche Rechte mit den griechischen Einwohnern, den Besiegern des Landes gewährten [102], unter welchen Juden die ersten Feldherren, aber auch die ausgezeichnetsten Schriftsteller waren, so daß die von Esra und seinen Genossen herrührende Organisation sicher auch unter der Regierung dieser Herrscher keine Unterbrechung erlitt. Wird man sich übrigens klar, daß Esra und Nehemia, wie es nach genauer Vergleichung der geschichtlichen Quellen gar keinem Zweifel unterliegen kann, unter Artaxerxes I. gewirkt, von 460 resp. 447 und jedenfalls bis zum Anfang der Regierungszeit Darius II. c. 422, so daß die |128| »große Synagoge« von da bis Alexander etwa 100 Jahre unter den vier Hohenpriestern Eliaschib, Jojada, Jonathan, Jaddua und von Alexander bis zum Hohenpriester Simon II, der nach der Ueberlieferung (Aboth 1, 2.) noch zu den letzten der »großen Synagoge« gehörte und *zugleich* der erste Mischna-(Thalmud-)Lehrer war, wieder nur vier Priestergeschlechter unter den Hohenpriestern Onias, Simon I. [103], Elasar (darauf kurze Zeit Manasse, der Oheim der beiden vorhergehenden) Onias II. (Sohn Simon I.) wirkten, was wieder einen Zeitraum von höchstens hundertzehn Jahren bildet, also im Ganzen etwa 210 Jahre unter großentheils günstigen Verhältnissen und unter regelmäßig sich folgenden einflußreichen und tüchtigen Hohenpriestern bestand, so sieht man gar nicht ein, wie die Organisation und namentlich das historisch erwiesene Streben Esra's sich nicht hätte erhalten und fortentwickeln sollen, und wie man einer so natürlichen, geschichtlich fast nothwendigen, und durch das ganze traditionelle Judenthum tausendfach erhärteten Erscheinung volle geschichtliche Wahrheit je absprechen konnte [104]. *Daß aber die thalmudischen Lehrer, ihr ganzes Streben und Wirken, nur eine Fortsetzung der von Esra begründeten Einrichtung waren*, wird nicht nur durch die berührte Thatsache, daß Simon der Gerechte der letzte der großen Synagoge zugleich der erste jener Lehrer war, sondern auch noch anderweitig von der Ueberlieferung bezeugt. »Die Männer der großen Synagoge«, heißt es [105], »haben drei Lehren gegeben: Seid besonnen im Rechtsprechen, stellet viele Schüler aus und macht eine Umzäumung um das Gesetz.« Es sind dies die drei Richtungen, |129| die wir oben als die angegeben, die das Streben und Wirken Esra's umfaßten: Schul- und Synagogenwesen zum Aufbau des positiven Geistes, Erklärung und Erweiterung des Gesetzes zur Abwehr des Heidenthums nach Innen und nach Außen, und geordnetes Gerichtswesen. Und das Verbindungsglied zwischen der »großen Synagoge« oder Esra's Organisation und den Rabbinen bildet eben der obengenannte Hohepriester Simon II., und dieser hat ausdrücklich eben diese Lehren der Männer der großen Synagoge nur in andern Worten in allgemeine Grundsätze gekleidet. Er sagte: »Auf drei Dingen beruht die Welt: auf der Thora (der Lehre nach allen Richtungen), dem Gottesdienste und der thätigen Menschenliebe.« Und wenn auch der Name der Pharisäer noch nicht genannt wird, so müssen wir doch jetzt schon bemerken, daß, wie hieraus klar hervorgeht, der Pharisaismus nur eine Fortsetzung der »großen Synagoge« ist,

---

102 Jos. Ant. XII, l. l. c. 2. XIV, 7, 2.
103 *Diesen* nennt Josephus den Gerechten. A. XII, 2, 5.
104 Diesen Gedanken, wenn auch in anderer Motivirung, finden wir auch bei Derenbourg l. l. wieder.
105 Aboth. 1, 1.

dessen tiefste *geschichtliche Wurzel* also in Esra und seiner Organisation zu suchen ist. Wir sehen daher auch hier schon die geschichtliche Grundlage der Thatsache, die wir im Verlaufe unserer Untersuchung klar darzulegen hoffen: daß das ganze Streben des Pharisaismus seinem innersten Wesen nach ganz dasselbe war, welches sich Esra zum Ziele gesetzt hatte, nämlich: *die Erhaltung des Gottesgedankens dem Heidenthum gegenüber und der Kampf gegen entartetes Priesterthum.* Zu diesem Zwecke wollen wir hier auch gleich bemerken, daß ebendaselbst (Aboth 1,4.) als Fortleiter der Ueberlieferung von Simon dem Gerechten und seinem Nachfolger Antigonos aus Socho, Jose, Sohn Joeser, genannt wird[106], der wiederholt unter den |130| Mischnalehrern (den Pharisäern)[107] hervortritt, und dieser Jose, Sohn Joeser, lebte noch zur Zeit der vollen syrischen Religionsverfolgung, nach der Ueberlieferung zu gleicher Zeit mit Alkimos, der sogar ein naher Anverwandter von ihm gewesen sein soll[108].

Eine genauere Betrachtung des geschichtlichen Ganges der jüdisch-religiösen Verhältnisse wird uns aber die angegebene Entstehung und Bedeutung des Pharisaismus völlig klar legen. Unter der syrisch-griechischen Herrschaft sollten die Juden bald, obgleich ihnen Antiochus d. Gr., der Besieger des Ptolemäus Philopator, Anfangs wohl wollte[109], mit List und Gewalt zu dem Heidenthum bekehrt werden. Manche gingen auf den Wunsch der syrischen Könige ein und begünstigten den Abfall: »sie erbauten ein Gymnasium zu Jerusalem nach dem Gebrauche der Heiden; sie fielen ab von dem heiligen Bunde; sie verbanden sich mit den Heiden und verkauften sich zu Schandthaten.« »Sie opferten den Götzen und entweihten den Sabbath[110].« Es |131| sind dies »die Frevler am Bunde, die sich durch Schmeicheleien zu Schandthaten verleiten ließen«, »die verlassen den heil. Bund«, »mit denen der Feind sich versteht«, bei Daniel[111]. Der Gottesgedanken

---

106 Daß Jose b. Joëser nicht *unmittelbar* von seinen dort genannten Vorgängern die Ueberlieferung empfangen hat, wie Frankl *Hod.* S. 30 u. s. annimmt, ändert nichts an unserer obigen Aufstellung; sie beweist jedenfalls, daß die Ueberlieferung nicht unterbrochen war, s. Jak. Brüll l. l. – Indessen da, wie Krochmal nach- |130| gewiesen, der Simon der Gerechte der Mischna Simon II., der nach unserer Berechnung etwa a. 100 der seleucidischen Aera gelebt, d. h. sein Hohepriesterthum begonnen hat, Jose b. Joëser aber nach anderen Quellen (cf. 1 Makk. c. 7.) zur Zeit des jüd.-syrischen Krieges c. 151 umkam, so ließe sich sogar eine *unmittelbare* Ueberlieferung von Simon d. Gerechten (II.) auf Jose sehr leicht begreifen.

107 Misch. Edujoth 8,4. Chag. 2,2.

108 Midr. Ber. Rab. c. 65. Siehe Geigers Urschrift S. 64.

109 Jos. Ant. 3,3.

110 1 Makk. 1,14,15. 43. Die letztere Zusammenstellung beweist wieder die Wichtigkeit, die man dem Sabbath beilegte, und daß er als der Ausdruck des Gottesglaubens und seine Entweihung als Ableugnung Gottes galt. Nur dadurch läßt sich auch die außerordentliche Strenge seiner Feier erklären, so daß man sich im *Anfang* der syrischen Kriege sogar der Vertheidigung des eigenen Lebens am Sabbath enthielt (1 Makk. 2,34–38), bis man wenigstens die *Verteidigung* bei dem Angriffe ausdrücklich gestattete, über welche hinaus man auch in den Römerkriegen nicht ging. (Jos. Ant. XIII. 8,4. Bell. Jud. I, 7,3. u. s. w.)

111 11,30. 22. Die Abfassungszeit wenigstens des zweiten Theils des Buches Daniel von c. 7–12, mit dem wir es allein zu thun haben, während der Makkabäerkämpfe kann keinem Zweifel unterliegen, s. Philippson, Israel. Bibel, Einleitung in das Buch Daniel, vgl. die scharfsinnige Erklärung der betr. Stellen bei N. Krochmal, More Neb. Hasm.

und mit ihm die Sittlichkeit stand wieder in Gefahr, von dem Heidenthum und seinem sittenlosen Wesen verschlungen zu werden. Und an der Spitze dieses neuen Verderbens und als die eifrigsten Helfershelfer stand wieder: ein *verderbtes Priesterthum*, ein Alkimos, Jason, Menelaos[112] so daß das heidnische Wesen überhand nahm und die ausländischen Sitten sich immer mehr verbreiteten, »die Priester sich nicht mehr um den Dienst am Altare bekümmerten, sondern verachtend den Tempel und die Opfer vernachlässigend, an den ruchlosen Spielen in der Ringschule und an dem Werfen des Diskus Theil zu nehmen sich beeilten[«][113]. Es kann nach den Quellen keinem Zweifel unterliegen, daß unter dem reichen Patriziat Unterstützer des abtrünnigen Priesterthums waren[114]. Diese Religionsschändung fachte die Gluth der Begeisterung für den Glauben der Väter auf's neue an. Nicht blos fromme Priester, wie die Hasmonäer, auch die angesehensten *Lehrer* des Volkes trotzten den ruchlosen Forderungen der heidnischen Tyrannen[115] und gaben sich den grausamsten Martern für ihren Glauben hin. Diese Lehrer (Maskile Am, später Chachamim, |132| γραμματεῖς) waren offenbar Mitglieder der bestehenden Religionsbehörde, wie ja einer der bedeutendsten Lehrer, der, wie wir gesehen, an der Spitze derselben stehend, tradirt wird, Jose b. Joeser, ausdrücklich im Streite mit Alkimos von der Ueberlieferung angeführt wird[116]. Dennoch sind diese Maskhilim (die Verständigen) bei Daniel nicht bloß als die *Gelehrten* aufzufassen; sie scheinen vielmehr in den Drangsalen der Syrerkriege dieselbe Rolle gespielt zu haben, welche die »Nibhdalim«, »die von der Unreinheit der Heiden sich absondernden *Frommen*« unter Esra und Nehemia inne hatten und mit den »Chasidäern«, den »Frommen« in den Makkabäerbüchern[117], welche sich ja eben Juda anschlossen, gleich zu sein. Nimmt man nun, wie sich das später noch klarer herausstellen wird, die unter Hyrkan schon, also gleich nach den Syrerkriegen, hervortretenden Pharisäer, die ebenfalls nicht von ihrer Gelehrsamkeit, sondern von ihrer »Absonderung von der Unreinheit der Heiden«, wie wir sehen werden, ihren Namen hatten, und nicht allein Gelehrte waren, wie der ausgezeichnetste Forscher auf diesem dunklen Gebiete[118], den *Namen der Pharisäer* syr. Perischin »Abgesonderte« in dem angegebenen Sinne dem der Nibhdalim gleich erklärt, so haben wir auch hier wieder dieselbe Erscheinung *ununterbrochen* in der Geschichte des Judenthums von Esra an aufgefunden: es waren überall dieselben Männer, die für dieselben Prinzipien: die Erhaltung des Gottesgedankens dem Heidenthum gegenüber und die Absonderung von dessen Unreinigkeiten[119], Unsittlichkeiten gekämpft und unter verschiedenen Namen, aber mit derselben

---

112 1, Makk. 7,5. 9. 54. 2 Makk. 4,7 ff. Jos. Ant. XII, 5. 1. 9,7. u. s.

113 l. l. v. v. 13. 14.

114 Es sind dies wohl die Dan. 11,14. genannten »ausgearteten Söhne deines Volkes«, ebenso v. 32, die durch Schmeicheleien gelockt worden. Jos. Ant. XII, 10,1 ff. Makk. 1,44. 2,8 ff.

115 Dan. 11,33. 2 Makk. 6,18.

116 S. Geiger Urschrift l. l.

117 I. Makk. 7. 13. II. 14,6.

118 Geiger, Urschrift. Auch Maim. Com. in Misch. Sota. 3, 4. gibt eine ähnliche Erklärung des Wortes, nur daß er sie allgemeiner faßt und auf die alten »Abgesonderten« zurückführt.

119 Das Wort Nibhdalim erklärt die Schrift ausdrücklich in diesem Sinne. Esra 6,21,9, 1. u.s.w. Neh. 9,2. 10,29. LXX. χωριζόμενος |133| τῆς ἀκαθαρσίας ἐθνῶν. Es scheinen jedoch *zuerst* die from-

Grund- |133| bedeutung, wiederkehren: Nibhdalim, bei Esra und Nehemia, Maskhilim bei Daniel, Chasidäer in den Makkabäerbüchern, Perischin, Pharisäer, in den späteren Schriften. Merkwürdig, und ein weiterer Beweis für den *geschichtlichen* Zusammenhang aller dieser Benennungen und ihrer Vertreter, ist es auch, daß bei Daniel zuerst [120] die Lehre von der Auferstehung der Todten in diesem Leben, die auch bei den spätern Pharisäern sehr hervortritt, vorkommt [121] und zeigt dies auf's neue den inneren Zusammenhang wenigstens der Pharisäer mit den Maskilim bei Daniel. Indessen dürfte *diese* Uebereinstimmung in der Natur der Dinge liegen. In den größten Drangsalen des Volkes ist eben dieser Glaube in den Vordergrund getreten, so hier in den Syrerkriegen, so später, als der Druck der Römer unerträglich zu werden begann. Dabei ist zu bemerken, daß die Auferstehung bei Daniel ausdrücklich den Maskhilin, den Frommen verheißen wird, als Belohnung für »das Schwert, die Flammen, das Gefängniß und die Beraubung«, die sie erduldet, und die nach der Auferstehung »wie der |134| Glanz des Himmels leuchten,« in ewiger Seligkeit leben werden, während Andere, und gerade die größten Bösewichter, zur Ausgleichung ihrer Bosheit schon auf Erden zur ewigen Schmach und Schande erwachen. [122] Die Auferstehung wäre also keine allgemeine, sie würde nur »Viele«: die Besten zur Belohnung und die Schlechtesten zur Bestrafung umfassen. Aehnlich bei den Rabbinen [123]. Doch verlieren wir den Faden der Geschichte nicht aus den Augen, um den Spuren des Pharisaismus überall hin zu folgen, und seine Bedeutung immer mehr in geschichtlicher Klarheit zu erfassen. Das Judenthum hatte auch keinen Augenblick, selbst nicht während der syrischen Verfolgungen, wenn auch einige Jahre das Hohepriesterthum unbesetzt geblieben sein mochte, bis der syrische König Alexander Balas den Jonathan als Hohepriester einsetzte [124], der einheitlichen Leitung in einer gesetzlichen Religionsbehörde entbehrt. Aber es kann kaum einem Zweifel unterliegen, daß an der Spitze dieser Behörde als ihr Vor-

---

men *Lehrer* gewesen zu sein, die sich dem Heidenthum widersetzten, Maskhilim, denen sich dann die Frommen überhaupt anschlossen, und ganz ebenso später auch bloß Gelehrte zuerst und vorzüglich den Namen Pharisäer geführt zu haben, während die Nibhdalim bei Esra, wo das Gelehrtenwesen erst in der Entwicklung begriffen war, jedenfalls gleich anfangs der Name für *alle* Frommen war. Diese Bedeutung von Nibhdalim als »Abgesonderte von der Unreinheit der Heiden« geht auch deutlich daraus hervor, daß der Gegensatz in Gesinnung und Handlungsweise ἐπιμιξία Vermischung heißt, und die ganze Zeit des Abfalls unter Alkimos ἐν τοῖς τῆς ἐπιμιξίας χρόνοις II. Mak. 14,3. und die, welche sich dieser Vermischung nicht anschlossen und Anhänger Juda's waren, »Chasidäer« genannt werden.

120 Dan. 12,2. Ez. c. 37. wird schon im Thalmud Synh. 92, b. als bloßes Bild für den Fall und die Wiedererhebung des Volkes erklärt.

121 Auch diese Stelle wurde jedoch von Spätern bildlich erklärt, s. Ikk. II. 35.

122 Dan. 12,2. 3.

123 Syn. 1. 1. a. Tanith 7, a. תה״מ לצדיקים cf. Ikkarim IV, 35. Ebenso Lucas 14,14, ἐν τῇ ἀναστάσει τῶν δακαίων. vgl. dagegen Ap. Gesch. 24,15. ἀνάστασιν μέλλειν ἔσεσθαι δίπαίων τε παὶ ἀδίκων. Indessen läßt sich bei dem unläugbaren Zusammenhang der Auferstehungs- und der Messiaslehre (s. weiter) dieser Widerspruch füglich dadurch ausgleichen, daß eben im Messiasreiche, dem »Himmelsreiche,« dem »Reiche des Allmächtigen« alle Bosheit aufhören wird, und besonders nach der paulinischen Lehre der Messias auch die ἀδίκοι versöhnt. Dadurch erhält auch der Streit der Sadducäer mit Jesus gerade über die Auferstehung einen tiefern Grund.

124 1 Makk. 10,20.

sitzender der Hohepriester stand, wie wir das oben schon bei der Besprechung der »großen Synagoge« erwähnten. Es hat dies wohl von Esra her datirt, der selbst Priester war und an der Spitze seiner Versammlung in Sachen der Religion und des Gerichtswesens stand. Aus der Zeit der syrischen Kriege tritt beides: der Bestand der Religionsbehörde und der hohepriesterliche Vorsitz ebenfalls klar aus den Quellen |135| hervor. Die Behörde hieß zur Zeit der Syrer der »Rath der Alten«[125], der aber sicher aus Gelehrten und Gesetzeskundigen bestand. Dies liegt in der Natur der Sache, da einmal im Judenthum alle Angelegenheiten sich mehr oder weniger im Gesetz concentrirten, und sodann jedenfalls speziell die religiösen Dinge und ihre Entscheidung dieser Behörde oblagen. Schon die Bibel verbindet keinen andern Sinn mit dem Worte S'kenim, »Alte« überall, wo es in dem Sinne gebraucht wird, daß sie an der Spitze des Volkes stehen, wie die Tradition die Autorität der Religionsbehörde auch auf den biblischen Ausspruch: »Frage deine *Alten*, sie sollen dir es sagen[«][126], stützt, und die Ueberlieferung des Gesetzes schon *vor* der »großen Synagoge« durch die »Alten« (S'kenim) geschehen läßt[127], der Thalmud aber diesen Ausdruck geradezu für Weise (Chachamim), »Schriftgelehrte« Soph'rim (γραμματεῖς) braucht und das Wort ausdrücklich in diesem Sinne erklärt und besonders für die Zeit nach dem Aufhören der großen Synagoge anwendet[128].

|136| Es dürfte demnach die Reihefolge der Namen von Esra an folgende gewesen sein: Zuerst die Männer der großen Synagoge, welche wie Esra Sophrim hießen bis Simon II., dann die »Alten« Skenim dann die Weisen Chachamim doch so, daß die frühern Namen, besonders den erstern, auch die spätern »Weisen« erhielten (siehe weiter). Die schon frühe aus dem Beginne der syrischen Kriege, bald nach dem Hohenpriester Simon II., der jedenfalls noch allein den Vorsitz führte, genannten »Paare« (Sugoth) waren nichts Anderes, als die Vorsteher der »Alten« (γερουσία), von welchen nach der Tradition[129] der

---

125 γερουσία τοῦ ἔθνους, πρεσβυτέροι I Makk. 12, 6. 13, 36. 14, 20 II Makk. 11, 27 u. s. w. Jos. Ant. XII, 3, 3. S'kenim bei den Rabbinen.

126 Deut. 32, 7.

127 Aboth 1, 1.

128 Daß der Ausdruck S'kenim Alte geradezu Gelehrte bedeute, geht aus vielen Stellen der beiden Thalmude klar hervor. So Th. Jer. Synh. 1. Hal. 2. R. Gamaliel ließ sieben S'kenim zur Verkündigung des Neumondes zu sich bescheiden, was, wie dort ersichtlich, Gelehrte (»Chaberim«) waren. Vgl. Mischna Ma'ser Scheni 5, 9, cum Th. Jer. z. St. Die Gelehrten der Schule Schamai's und Hillel's heißen S'kenim (s. d. Stellen Frankl, Hodog. S. 53). Ebenso heißen die Gelehrten, welche unter Domitian als Fürsprecher für ihre Glaubensgenossen nach Rom gingen, deren Namen sogar aufbewahrt wurden, nämlich R. Elasar, R. Jehuda und R. Akiba (Erub. IV, 1. 2.). Die früheren Weisen heißen im Gegensatz zu den spätern »die frühern Alten« (S'kenim Harischonim, s. Frankl l. l. S. 40. 41. cf. Ab. Sara IV, 7.). Eine klassische Stelle für diesen Gebrauch des Wortes ist aber Sifre zu 4 M. 11, 16., wo die »Aeltesten« als gelehrte und |136| dabei vollkommen gottesfürchtige, tugendhafte Männer dargestellt werden. Rabbiner J. Brüll l. l. will zwar den Ausdruck Saken nur von dem Vorsitzenden, oder höchstens von den Mitgliedern des Synedriums oder solchen, die dazu würdig waren, gelten lassen. Mit letzterer Ausdehnung kommt er aber unserer Auffassung nahe. In Meidrasch Koheleth 7,7. kommt das Wort zwar für den Vorsitzenden des Synedriums vor (vgl. Th. Jer. Tanith IV, 2). Dagegen geht der Thalmud b. Kid. 32, b. so weit, in diesem Worte 4 M 19, 2. sogar ein gelehrtes Kind zu verstehen und fügt zur Erklärung bei: איזהו זקן זה שקנה חכמה

129 Misch. Chag. 2, 2.

erste Nasi, Fürst, der zweite Gerichtsvorsteher Abh Beth din hieß[130]. Jener Name »Fürst« Nasi wurde |137| eben dem an der Spitze aller Angelegenheiten stehenden Hohen- |138| priester gegeben[131]. *Aus dieser Einrichtung bildete sich dann schon unter Simon, dem Hohepriester und Fürsten, das Synedrion, dessen erster Vorsteher dann auch erwiesen Nasi hieß.* Es steht aber auch fest, daß noch dessen Sohn Johann Hyrkan an der Spitze des Synedrion stand. Die Tradition schreibt diesem nämlich sehr wichtige und tief eingreifende Aenderungen in der Liturgie und im religiösen Leben zu, so die Aufhebung des Bekenntnisses bei dem Darbringen des Zehnten, weil die Priester sich diesen zugeeignet, der gesetzlich

---

130 Die Sugoth hießen auch Eschkholoth. Ueber die Erklärung dieses Wortes sind die Ansichten sehr verschieden. In der Mischna Sota 9, 9. heißt es: Seit dem Tode des Jose b. Joëser von Zareda und des Jose b. Jochanan aus Jerusalem hörten die Eschkoloth auf, wie es heißt (Micha 7, 1.): »Es ist keine Traube (Eschkhol) da zum Genießen, nach einer reifen Frucht schmachtet meine Seele« (wo das Nachfolgende allerdings zeigt, daß der Prophet bildlich fromme Männer, die er vermißt, unter dem Ausdruck versteht). Indessen ist diese Erklärung des Wortes aus dem Propheten späterer Zusatz und stand ursprünglich nicht in der Mischna, wie Rapaport (Erich Millin s. v.) nachweist und wie auf den ersten Blick klar wird, da man sicher die spätern großen Männer nach Jose b. Joëser und Jose b. Jochanan mit den Gottlosen, die der Prophet beklagt, nicht zusammenstellen |137| wollte. Diese Bemerkung macht Rapaport später selbst, und findet diese Schwierigkeit auch in der *thalmudischen* Erklärung, wornach das Wort zusammengesetzt sei aus Isch Schehakhol bo, ein Mann, in welchem Alles vereinigt ist, nämlich höchstes Wissen und höchste Tugend, wie Maimonides und Raschi diese thalmudische Erklärung commentiren, da auch die spätern großen Lehrer, wie Hillel u. A. zu den ausgezeichnetsten in jeder Hinsicht gehörten, wie auch der Jerus. Thalmud bemerkt. Indessen ist R.s Erklärung übereinstimmend mit Mussafia, als das lat. Scholae, Schulen, in dem Sinne einer besondern Richtung, und daß es sich beziehe auf die Vereinigung, die Schule der Essäer, welcher Jose ben Joëser angehört habe, so wahr dieses an sich ist (s. Grätz, Gesch. d. J. Bd. III. S. 7), ebenfalls nicht zutreffend, da diese Parteien nach Jose b. Joëser, der im Anfang der Hasmonaerkämpfe lebte, nicht aufgehört haben, im Gegentheil, die Partheien, »Schulen«, immer schärfer hervortraten. Ich glaube daher, daß unter »Eschkoloth«, dem Stamme, welcher ein Zusammenhängendes, innig Verbundenes bedeutet, arab. schacala, ligavit, entsprechend, *die* Männer verstanden werden, welche das *Lehramt* und die *Regierung, Verwaltung,* wenn auch unter der Oberherrlichkeit eines fremden Staates (Persien, Syrien, Egypten) in ihrer Person vereinigt hatten. Der Sache nach entspricht dem die thalmudische Erklärung איש שהכל בו, aber nicht in dem Sinne, wie es Maim. und Raschi nehmen, ein Mann, in welchem Gelehrsamkeit und Tugend, sondern in dem Lehramt und Regierung vereinigt ist. Der Thalmud bringt es wohl mit dem Chal. שכלל in Verbindung. Dies scheint mir auch der Sinn der Stelle Th. b. Temura 15, b. zu sein, wo es in Verbindung mit der angegebenen Erklärung des Wortes Eschkoloth heißt: »R. Jehuda sagt im Namen Samuels: Alle Eschkoloth von Moses bis zum Tode Jose b. Joësers lehrten die Thora gleich unserm Lehrer Mose, von da ab fand dies nicht mehr statt, was allerdings auch dahin erklärt werden kann, daß bis dahin keine Meinungsverschiedenheit über die Gesetzesbestimmungen herrschte, wie bei Moses. Allein bei der Unwahrscheinlichkeit einer solchen Uebereinstimmung in den nun auftauchenden Fragen dürfte die Erklärung weit einfacher sein: daß die Lehrer, gleich Moses, Lehramt und weltliche Leitung in sich vereinigt hatten (s. weiter). Damit fände auch das ו in ואמר seine Erklärung. – [Berichtigung Grünebaums von S. XXXV:] Da זוז szog, szugoth jedenfalls mit dem griech. ξεῦγος zusammenhängt, so wäre nach unserer Erklärung von Eschkoloth vom arab. schakala ligavit, dieses nur die Paraphrase von jenem, und zwar um auszudrücken, daß jene nicht bloß äußerlich immer Paare waren, sondern auch in sich beides: Verwaltung und Lehramt vereinigten.

131 Geiger Urschrift S. 27 Anm. weist nach, daß sich das biblische נָדִיב (Nadibh, Fürst) und Malkhi-Zedek, Fürst der Gerechtigkeit, auf den Hohepriester beziehen.

bloß den Leviten gehörte, und man also nicht mehr beten könne: »Ich habe ihn dem Leviten gegeben«[132], wodurch der hohepriesterliche Fürst also nicht bloß diesen Gewaltakt sanctionirte, sondern wohl auch das ihm entgegenstehende Gesetz dem Gedächtnisse des Volkes entziehen wollte; ferner die Entfernung des Verses: »Erwache, warum schläfst du, Herr! wach auf, verwirf uns nicht auf immer[133]! aus der Liturgie des Tempels, weil ein solches Gebet in der glücklichen Lage, in welcher sich Israel damals befand, nicht mehr passend sei[134], |139| und andere bedeutende Anordnungen und Bestimmungen[135], was er Alles nur als Vorsitzender des Synedrion und in Uebereinstimmung mit diesem, nicht als Fürst vermochte. Und jetzt tritt auch der Name »Pharisäer« in der Geschichte auf[136], ebenso wie der des Synedrion. Es kann daher gar keinem Zweifel unterliegen, daß die Pharisäer in ihrer wahren Bedeutung nur die Fortsetzer der »Abgesonderten vom Heidnischen« bei Esra und der »Verständigen« bei Daniel waren, und als Lehrer, deren Mittelpunkt eben das Synedrion war, die Fortsetzer der großen Synagoge und des Raths der Alten, wie dieser innere Zusammenhang auch wieder daraus hervorgeht, daß die spätern »Weisen« (Chachamim) in den thalmudischen Schriften ebenso wie die frühern den Namen Sophrim (γραμματεῖς) tragen[137]. Und jetzt unter Hyrkan tritt auch die andere Seite des Kampfes, der Kampf um das allgemeine Priesterthum, der Kampf gegen *herrschendes* Priesterthum, die eigentlich demokratische Seite des Pharisaismus immer stärker hervor. Der Hohepriester war wirklicher Fürst geworden und blieb dabei Vorsitzender der obersten Religionsbehörde, eine doppelte Aufforderung, ihm die Beherrschung der letztern aus den Händen zu winden. Es genügte nicht mehr, dem Priesterthum als *regierendem* Geschlechte, dessen Gefährlichkeit an der Sanction der Gewalt der Priester, den Zehnt an sich zu reißen, wie wir sahen, schon für die religiösen Angelegenheiten hervortrat, entgegenzutreten, sondern es mußte ihm die Bevorrechtung, an der Spitze der Religionsbehörde zu stehen, auf immer entrissen werden, und dieses scheint bald gelungen zu sein. Die Tradition hat eine Ahnung davon, wenn sie die »Herrschaft«, was nach dem Bisherigen auch *vor* den Hasmonäern mit dem Hohenpriesterthum gleich |140| ist, nur bis auf Jose b. Joeser reichen läßt[138]. Die fürstlichen Hohenpriester und Synedrialvorste-

---

132 Deut. 26,13.

133 Ps. 44,24.

134 Th. Sota 47, a ein Grundsatz, der auch für unsere heutige Liturgie von weit tragender Bedeutung werden könnte. Der Thalmud gibt hier auch den Grund der Abschaffung des Zehentgebetes in der veränderten Situation an, und will die *gesetzliche* Entziehung der Zehnten den Leviten gegenüber auf Esra zurückführen, der sie gestraft habe, weil sie nicht mit ihm aus Babylon gezogen seien, Jeb. 86, b. Es kann sich dies nur auf Neh. 10, 39 gründen, beruht aber sicher auf unrichtiger Auffassung, wie der vorhergehende Vers zeigt, und wie sich an sich nicht annehmen läßt, daß die Männer, welche sich den Neubau des Judenthums zur Aufgabe gestellt, eine ausdrückliche Vorschrift des Mosaismus abrogirt hätten.

135 S. Misch. Maaser Scheni Ende, Sota 9,19. c Gem.

136 Jos. Ant. XIII, 5, 9. Κατὰ δὲ τὸν χρόνον τοῦτον τρεῖς αἱρέσεις κ. τ. λ.

137 cf. Kidd. 30. a. c. Tos. mit Ber. 45, b. Ab. Al. 17, b. Sota 16, a. u. s. w.

138 S. Th. Jer. Sota 9, Hal. 10. »Die Paare bis auf Jose b. Joëser, der bekanntlich Priester war, führten zugleich die Herrschaft, die späteren nicht.« אלו שמשו פרנסות ואלו לא שמשו פרנסות Dies zur Ergänzung und zum weitern Beweise unserer Erklärung in der Note 2. S. 136 o.

her werden nicht gerechnet, da es sich bei diesen von selbst versteht, und man sie offenbar nicht zu den Eschkholoth [139] rechnen wollte; Antigonos aus Socho, der Jose b. Joeser vorangeht, war daher wohl auch Priester [140], wodurch vielleicht die spätere Notiz [141], daß Zadok und Boëthus seine Schüler waren, ihren tiefern Hintergrund erhält, besonders wenn man unter dem erstern die Sadducäer, womit man ursprünglich jedenfalls die vornehmen Priester bezeichnet hat, und unter dem letztern die Boethusen überhaupt versteht. Zur Erreichung *dieses* Zieles aber: dem Priesterthum die Beherrschung des religiösen und Rechtslebens, den Vorsitz im hohen Rathe, Synedrion, und in den Gerichten zu entwinden, genügte nicht mehr der bloße Kampf gegen das Heidenthum: nach dem Siege der Hasmonäer war der Gottesgedanke für den Augenblick gerettet, Alle, die es mit den Griechen und ihren Sitten hielten, lagen machtlos am Boden; das zur Herrschaft gelangte Priestergeschlecht, wie Alle, die sich ihm im Kampfe gegen die Syrer angeschlossen, hielt ebenso fest an der Reinheit des Gottesgedankens, wie die, welche sich vorzugsweise die vom Heidenthum Abgesonderten, die »Pharisäer« nannten. Es mußte vielmehr, zur Erreichung jenes Zieles, dem Priesterthum sein Nimbus bei dem Volke genommen werden, und dies konnte nicht anders geschehen, als indem man den zweiten Grundgedanken der göttlichen Offenbarung von der Heiligkeit des *ganzen* Volkes, von dem *allgemeinen* Priesterthum wieder |141| hervorkehrte und in *der* Weise ausdehnte, daß man die priesterlichen Reinigkeitsgesetze, die eben die Priester als besonders heilig und rein erscheinen ließen, soweit möglich auf das ganze Volk ausdehnte. Besonders ausgezeichnete, durch Gelehrsamkeit und Frömmigkeit hochstehende Priester hatten selbst die Bahn dafür geebnet, indem sie schon ihrerseits den Reinigkeitsgesetzen eine die ursprünglichen Vorschriften weit überschreitende Ausdehnung gegeben, wie dies namentlich von dem erwähnten hochberühmten Priester und Schulvorsteher Jose b. Joeser berichtet wird [142]. Und da dieser zugleich ein »Chasidäer« unter dem Priesterthum genannt wird, so kann es kaum einem Zweifel unterliegen, *daß die »Chasidäer«, die »Frommen« überhaupt, an die sich die Pharisäer unmittelbar anschlossen, schon frühe, ehe jenes Streben gegen das herrschende Priesterthum hervorgetreten war, einen großen Theil der priesterlichen Reinheitsgesetze auf sich genommen hatten.* Die Reinheitsgesetze hatten sich schon frühe, zum Theil wenigstens, ausgedehnt, die Frommen genossen auf den Grund des biblischen Ausspruchs: »Heiligt euch, so werdet ihr heilig sein« [143] Gemeines, wie die Priester das Heilige, bloß in Reinheit [144], es war reine Frömmigkeit, Chasidaismus, der sie zu dieser Selbstbeschränkung bestimmte und *daran* knüpfte sich dann später leicht der Gedanke, diese Heiligkeit und Reinheit auf das ganze Volk auszudehnen, und dies als Waffe gegen das herrschende Priesterthum zu benützen, um es von dem angemaßten Rechte des Vorsitzes in den Schulen und Gerichten auf sein eigentliches Dominium, den Tempel, zurückzubringen. Dadurch erklärt es sich auch, daß der Thalmud den Namen der Pharisäer eben

---

139 S. oben.
140 Nicht Hohepriester, der Onias III. war.
141 Aboth d'R. Nathan c. 5.
142 Mischna Chagiga 2,7. Vgl. Th. Jer. Khet. VIII. Ende.
143 3 M. 11,44. 20,7.
144 אוכלין חולין בטהרה.

von dieser »Absonderung« zur priesterlichen Reinheit herleitet. Indessen war das *ursprünglich* sicher nicht die *Aufgabe* des Pharisäis- |142| mus, ebensowenig wie die der Nibdalim, der Abgesonderten bei Esra, oder der »Chasidäer«, der Frommen der Hasmonäer, sondern die oben angegebene, die Erhaltung des Gottesgedankens nach allen Richtungen. Dies geht auch daraus hervor, daß die Ausdehnung der Reinheitsgesetze sich erst sehr langsam entwickelte, bis sie alle Verhältnisse umfaßte [145] und nur noch die Rücksicht auf die dringendsten Lebensverhältnisse Halt gebot [146]. Hätten die Pharisäer ursprünglich schon die Gesetze übernommen, und davon ihren Namen hergeleitet, so mußten sie sie auch gleich in ihrem ganzen Umfange übernehmen und mit aller Strenge bei ihren Anhängern darauf bestehen. Daß aber der Pharisaismus ursprünglich seine ausgezeichnete Thätigkeit darein nicht setzte, und es daher nicht richtig ist, davon seinen Namen herzuleiten, sondern die geistige Thätigkeit und die Erhaltung des von Esra ererbten *Geistes* im Volke seine eigentliche Aufgabe war, geht schon daraus hervor, daß der Pharisäer, in so fern er sich mit dem Studium des Gesetzes und mit der Erklärung und Erläuterung desselben befaßte, an und für sich noch *gar nicht* zu jener sich abschließenden Strenge durch die Reinheitsgesetze verpflichtet war: er mußte es erst ausdrücklich auf sich nehmen, ein Chaber (Genosse, der die Reinigkeitsgesetze im gewöhnlichen Leben Beobachtende) zu sein [147], wobei allerdings nicht übersehen werden darf, daß ein Pharisäer, der an der Spitze der Schule stand, als ein solcher »Genosse« an und für sich selbst galt [148].

---

145 S. Th. Jer. Sab. I. Hal. 4.

146 cf. Tos. Chol. 35, b. sig. שמא u. s. w. Mischna Jad. 4, 6. 7. c. Bert. Die von Jos. B. J. II, 8,2. ff. den Essärn allein zugeschriebenen Bräuche finden sich zum Theil ganz bei den *spätern* Pharisäern. Der Thalmud nennt übrigens auch die, welche sich von *Personen* absondern, Pharisäer. So Pes. 70, b. Gelehrte, die sich von den übrigen Lehrern absondern, cf. Aruch s. v.

147 cf. Misch. Demoi 2, 3. Boraitha Bech. fol. 30, b.

148 Dem »Chaber« entgegengesetzt ist der Am Haarez, eig. ein zum Landvolke Gehöriger, oder ein Mann aus dem Volke überhaupt, |143| das sich wohl der Tradition und den pharisäischen Erklärungen der Gesetze, nicht aber der pharisäischen Ausdehnung der priesterlichen Reinheitsgesetze auf Nichtpriester, wodurch es allerdings auf jedem Schritt des Lebens gehemmt gewesen wäre, angeschlossen hatte. Indessen ist der Begriff, den man mit dem Ausdruck Am Haarez verband, ein so verschiedener, daß er eine Entwickelung durchgemacht zu haben scheint, die wieder umgekehrt für die angegebene Entwicklung des Begriffs Pharisäer zeugen dürfte. Ursprünglich scheint es bloß der *Gesetzesunkundige* gewesen zu sein, im Gegensatz zu dem Pharisäer als *Schriftgelehrter* γραμματευς: So nach Rabbi Pes. 49, b. Damit verband sich dann leicht der Begriff, daß ein solcher, sei es aus Mangel an Wissen oder damit verbundener Gleichgiltigkeit in Bezug auf die *Uebung* der Gesetze, kein Vertrauen verdient, ein Begriff, der um so leichter sich mit dem ersten verband, als der Pharisäer ja gleich anfangs auch nicht bloß als der Kenner, sondern auch als der strenge Beobachter aller Religionsgesetze galt. In diesem Sinne wird Am Haarez Mischna Demoi 2,2 dem נאמן dem *Beglaubten* in Bezug auf die verschiedenen Priester- und Levitenabgaben entgegengestellt. Damit in Verbindung stand, oder es entwickelte sich leicht daraus, daß sich ein solcher über *alle* Ritualgesetze wissentlich hinwegsetzte: »wer das Sch'ma nicht Morgens und Abends liest; wer keine Phylakterien anlegt; wer keine Schaufäden an seinem Kleide; wer die Aufschrift an seinem Thürpfosten nicht hat« (Ber. fol. 47, b.). Später, als der Pharisäer durch priesterliche Reinheit sich auszeichnete und auszeichnen mußte, war der Am Haarez Jeder, der diese Reinheitsgesetze nicht über sich nahm. So R. Meïr Ber. l. l. Der Begriff der Unwissenheit, der auch heute noch allein damit verbunden wird, scheint aber doch immer der Grundgedanke ge-

|143| Indessen haben die Pharisäer allerdings die Entwicklung der äußern Gesetze immer weiter ausgesponnen, besonders als |144| nach der Zerstörung des Tempels und noch mehr nach dem Bar Chochba'schen Kriege die Römer zu wirklichen, und zwar den schwersten, schrecklichsten Religionsverfolgungen übergingen und diese die Sorge um die Erhaltung des geistigen Erbes inmitten des von allen Seiten die Juden bedrängenden und beherrschenden Heidenthums den Fanatismus auf das Höchste steigerte und Tausende dem Märtyrertode zuführte. Erst in dieser Zeit haben auch die Reinheitsgesetze ihre außerordentliche Ausdehnung erhalten. Aber alles dieses war nur secundär, aus dem Boden, auf den man sich einmal gestellt, fast mit Nothwendigkeit sich entwickelnd. *Der Grundgedanke des Pharisaismus blieb immer derselbe: der Kampf gegen das Heidenthum zur Erhaltung des reinen Gottesgedankens* [149] *und für die Heiligkeit des ganzen Volkes, das allgemeine Priesterthum.*

Es ist merkwürdig, daß um dieselbe Zeit, als der Pharisaismus in seiner Weise den Kampf am stärksten führte, dieser Kampf noch weit schärfer, wenn auch in sehr verschiedener Weise von den durch Bildung und staatliches Ansehen so sehr hervorragenden egyptischen Juden geführt wurde. Dabei erscheint |145| als charakteristisch, daß in Egypten, wo das jüdische Priesterthum der Regierung des Landes und ebenso der hohen Bildung der Juden überhaupt gegenüber sicher nie zu einer eigentlichen Herrschaft gelangen konnte, von einem Kampfe nach dieser Richtung sich auch keine Spur findet, dagegen der Kampf gegen das Heidenthum um so schärfer hervortritt. Der Pharisaismus verhielt sich in dieser Hinsicht mehr abwehrend; die egyptischen Juden, die sich anfangs auch in diesem Geleise hielten, wagten es bald, allerdings unter fremden, sogar altgriechischen Namen, *angriffsweise* gegen das Heidenthum aufzutreten, und haben nach dieser Richtung Ausgezeichnetes geleistet. Der Pharisaismus suchte mehr durch das *Leben* selbst, durch *Abschließung* vom Heidenthum, durch Schranken, die er zwischen Juden und Heiden aufführte, das Heidenthum *abzuwehren*, was dieses an sich fast unberührt ließ; die egyptischen Juden schleuderten nach Art der alten Propheten ihre Geistesblitze gegen dasselbe und erschütterten es in seinen eigenen Grundfesten. Als eines der merk-

---

blieben zu sein. »Der Am Haarez kann kein Frommer sein« (Sprüche der Väter II, b.), was dem Zusammenhang nach nur den Unwissenden bezeichnen kann. »Erst das Wissen führt zur rechten That.« Darum mied man ihn, so viel man konnte. »Wer ihm seine Tochter zur Frau giebt, wird dem gleich geachtet, der sie gebunden einem Löwen vorwirft.« Dem Am Haarez sei das Eigenthum nicht heilig, er wird des Communismus beschuldigt (Spr. d. V. V, 13.). Sechs Bestimmungen |144| gelten vom Am Haarez: Man überträgt ihm kein Zeugniß (wo man in einer Ritualsache z. B. bei Trauungen, Scheidungen Zeugen zuziehen muß); man nimmt ihn nicht als Zeugen an (in Prozeßsachen); man vertraut ihm kein Geheimniß an; man setzt ihn nicht zum Vormund über Waisen; nicht als Verwalter der Armenkasse; man »läßt sich nicht von ihm auf dem Wege begleiten« (er ist, wie das Vorhergehende zeigt, selbst des Todschlags verdächtig). So wurde der Am Haarez in dem Sinne eines unwissenden, rohen, alle Religionsvorschriften gering achtenden Menschen als zu der unsittlichsten That befähigt gehalten und damit eine Kluft zwischen ihm und dem Gelehrten gebildet, die zu gegenseitiger Abschließung und unversöhnlichem Hasse führte. Das *Wissen* allein gab dem Menschen noch Werth.

149 S. Prof. Holtzmann »Judenthum und Christenthum« S. 59. Die Erklärung der mos. Gesetze des Hohepriesters Eleaser an den ägyptischen Gesandten.

würdigsten Erzeugnisse auf diesem Gebiete erscheinen Sibyllinen, deren jüdischer Ursprung nicht mehr angezweifelt werden kann [150]. Wir wollen aus den letztern zum Nachweis des dem Grundwesen nach mit dem Pharisaismus nach dieser Richtung gleichen Geistes der Juden in dieser Zeit auch in ihrem Heimathlande, einige ihrer sibyllinischen Verse hier anführen. Gleich im Anfange ruft der Dichter den Heiden zu [151]:

»Sterbliche Menschen, fleischlich gesinnte und nichtige Wesen,
Wie überhebt ihr so bald euch und schauet nicht auf's Ende des Lebens?
Zittert ihr nicht und fürchtet ihr Gott nicht, euern höchsten
Herrscher, der Alles als Schöpfer ernährt, welcher pflanzte den süßen
Geist in Alle hinein und zum Herrn aller Menschen ihn machte?
Ein Gott ist, ein einiger Gott, unendlich und ewig,
Herrscher des All, unsichtbar, selbst jedoch Alles erblickend;
|146| Aber er selbst wird nimmer gesehen von sterblichen Wesen! –
Ja, ihr werdet gebührenden Lohn für die Thorheit empfangen:
Denn den wahren und ewigen Gott nach Gebühr zu verehren
Ließet ihr nach; statt ihm Hekatomben, hehre zu opfern,
Habt den Dämonen ihr Opfer gebracht, den Geistern im Hades.
Und in Dunkel und Wahn geht ihr, von ebenen, geraden
Pfaden abweichend zieht ihr hin auf dornigen Wegen,
Über Gestein irrt ihr. Hört auf denn, Sterbliche, Thoren,
Die ihr tappet in Nacht, in lichtlos finsterm Dunkel.«

Den in Folge der Verehrung des wahren Gottes sich bildenden Sinn für das Gute, im Gegensatz zu der heidnischen Lasterhaftigkeit, schildert die Sibylle in folgender Weise:

»Denn verständigen Rath hat die Gottheit gegeben
Ihnen allein und Treue und trefflichen Sinn in dem Herzen;
Sie, die nicht mit eitlem Trug die Gebilde der Menschen,
Goldene oder von Erz, von Elfenbein oder von Silber,
Und die Bilder von Holz oder Steinen hinfälliger Götzen,
Oder von Thon, mit Mennig gefärbt, thierähnliche Bilder
Ehren, wie immer der Mensch in eitlem Sinne es treibet:
Sondern welche zum Himmel die reinen Hände erheben
Früh vom Lager, und stets rein waschen mit Wasser die Hände;
Welche verehren den Herrn, die ewig allmächtige Gottheit,
Die unsterbliche; dann ihre Eltern, und darnach vor Allem
Denken an Menschen, die ein keusches Lager besitzen;
Auch sich nicht unkeusch vermischen mit männlichen Kindern,
Wie die Phönicier thun, die Aegypter und auch die Lateiner,
Griechenland auch, das gedehnte, und sehr viele andere Völker,
Perser und Galater und ganz Asien; die überschreiten
Gottes heilig Gesetz, des unsterblichen, das sie verachten.«

---

150 S. Grätz, Gesch. d. Jud., Bd. III, Note 3.
151 Nach der Uebersetzung von Friedlieb; s. Grätz l. l. S. 304.

Man sieht hier auch in Bezug auf die äußeren Bräuche die innige Beziehung zu dem Pharisaismus, und so läßt sich auch aus dem *Geist*, der in diesen alexandrinischen Schriften und Dichtungen in so eminenter Weise als ein wahrhaft sittlicher und göttlicher hervorleuchtet, auf den gleichen Geist im einheimischen Pharisaismus schließen. Daß dieser göttliche, alle Menschen umfassende sittliche Geist auch in dieser spätern |147| Zeit in dem wohlverstandenen Judenthum, gleichwie bei den Propheten, herrschend war, geht auch aus der folgenden messianischen Weissagung der jüdischen Sibylle hervor:

> »Elendes Hellas, so höre doch auf, dich stolz zu erheben:
> Zu dem Unsterblichen flieh', dem Hochherzigen, und nimm in Acht dich,
> Sende zur selbigen Stadt das Volk, unkundig des Rathes,
> Das aus dem heiligen Land des großen Gottes abstammet.
> Diene dem mächtigen Gott, auf daß dir einstens ein Theil wird.
> Wenn auch dies sein Ende erreicht, und der Tag der Bestimmung
> Kömmt zu den Menschen heran, den Guten nach Gottes Befehle.
> Denn den Sterblichen wird in Menge die nährende Erde
> Geben die trefflichste Frucht an Weizen, an Wein und an Oliven.
> Auch das süße Getränk des lieblichen Honigs vom Himmel,
> Bäume und Früchte vom Baum und auch gemästete Schafe;
> Ochsen und Lämmer von Schafen und auch von Ziegen die Böcke.
> Quellen fließen sie läßt von Milch, der weißen und süßen.
> Auch werden sie wiederum mit Gütern die Städte anfüllen;
> Und der Boden ist fett, weder Krieg ist auf Erden noch Schlachtlärm.
> Auch wird nicht mehr tief aufstöhnend die Erde erschüttert.
> Nicht wird Krieg mehr sein, nicht Trockenheit fürder auf Erden;
> Nicht mehr Hunger und nicht der Früchte zerstörende Hagel:
> Sondern ein großer Friede herrscht auf der sämmtlichen Erde,
> Und bis ans Ende der Zeit wird Freund sein ein König dem andern;
> Und nach Einem *Gesetz* wird die Menschen auf friedlicher Erde
> Der unsterbliche Gott im gestirnten Himmel regieren;
> *Ein Gesetz*, für was immer gethan die elenden Menschen,
> Denn er selbst ist ein einiger Gott, es gibt keinen andern.« [152]

Was ein geistreicher jüdischer Geschichtschreiber von der griechischen Übersetzung der mosaischen Bücher, der sogen. Septuaginta sagt:

> »Durch das griechische Gewand wurde das Judenthum den Griechen, den Trägern der Weltbildung, zugänglich und verständlich, sie lernten es allmälig kennen, und wie sehr sie sich auch gegen dessen Aufnahme sträubten, |148| ehe ein halbes Jahrhundert abgelaufen war, war der Inhalt des Judenthums den herrschenden Völkern geläufig. Die griechische Uebersetzung war der erste Apostel, den das Judenthum an die Heidenwelt ausgesandt hat, um sie von ihrer Verkehrtheit und Gottesvergessenheit zu heilen; sie war das Mittel, welches die zwei einander gegenüberstehenden Weltanschauungen, die jüdische und die hellenische, näher brachte. Durch die Verbreitung, welche die Uebersetzung später durch den zweiten

---

152 Also auch hier gleiche Seligkeit für die Frommen, auch der Heiden, und gleiche Strafen für alle Bösen.

Apostel des Judenthums an die Heiden, das Christenthum, erhielt, hat sie sich tief in die Denkweise und Sprache der Völker eingeprägt und es gibt jetzt keine ausgebildete Sprache, welche nicht Vorstellungen und Wörter vermittelst dieser Uebersetzung aus der jüdischen Literatur aufgenommen hätte«[153]:

Das gilt Alles in fast noch unmittelbarerer Weise von den eigentlichen jüdisch-alexandrinischen Schriften, den meisten Apokryphen, wie dem Buche der Weisheit, den Weisheitssprüchen des Ben Sira und jenen pseudonymen jüdischen Dichtungen, die in griechischer Sprache, zum Theil unter berühmten griechischen Namen, wie die Pseudorphica, Pseudophoklea, die jüdischen Grundlehren der griechischen Welt unmittelbar verkündeten. In erster Reihe aber gehört das größte Verdienst dem Pharisaismus: denn ohne ihn, der die »Absonderung« vom Heidenthum zum Gegenstande Jahrhunderte langen Kampfes machte, wäre der Gottesgedanke unter den Juden vom Heidenthum absorbirt worden, und es hätte von »Aposteln« zur Verkündigung jenes Gedankens an die Heidenwelt unter welcher Form immer keine Rede sein können.

Diese eine und bedeutendste Seite des wesentlichsten Strebens des Pharisaismus: sein Kampf gegen das Eindringen des Heidenthums und für Erhaltung des reinen Gottesgedankens tritt überall klar hervor und wird vom Thalmud |149| selbst von mehreren thalmudischen Ritualgesetzen als Grund angegeben. Der ganze thalmudische Traktat, der von dem Götzendienste handelt, und dessen Gesetze zum Theil tief in das praktische Leben eingreifen, gibt Zeugniß von jenem Streben. So verboten sie den Wein der Heiden, auch den, welcher nicht zu Opfern diente, das Oel, selbst das Brod derselben, blos um eine um so stärkere Scheidewand zwischen Juden und Heiden aufzuführen[154]. Nicht minder zieht sich durch den ganzen Pharisaismus der Kampf gegen das Priesterthum. Mit diesem letztern Kampfe verband sich bald der Kampf gegen die vornehmen vom Volke sich hochmüthig abschließenden Geschlechter, und auch nach dieser Richtung vertritt der Pharisaismus den in der Offenbarung schon aufgestellten demokratischen Grundsatz von dem allgemeinen Priesterthum, von der gleichen Berechtigung und Heiligkeit Aller in seiner Consequenz. Die vornehmen Geschlechter, die vom Volke sich abschließenden Aristokraten, die *Sadducäer*, (später die *Boëthusen*) waren, wenn sie auch ursprünglich blos vornehme Priestergeschlechter bezeichneten, doch, wie aus Josephus[155] und thalmudischen Berichten[156] hervorgeht, nämlich die erstem jedenfalls schon unter den Hasmonäern, ein gewisses Patriziat ohne Unterschied ihrer Abstammung von Priestern oder Israeliten. Die Ansicht hat viel für sich, daß es die Männer waren, welche in den Hasmonäerkriegen sich hervorgethan und dem herrschenden Priesterthum auch in politischer Hinsicht, in Bezug auf die Verbindungen mit auswär- |150| tigen Völkern, sich anschlos-

---

153 Grätz, l. l. S. 43, vergl. Prof. Holtzmann l. l. S. 55.

154 S. Sabb. 18, b. cf. Tosaf. sig. א״ד משום בנותיהן ועל.

155 Ant. XIII, 10, 6. Τῶν μὲν Σαδδουκαίων τοὺς εὐπόρους μόνον πειθόντων, τὸ δὲ δημοτικὸν οὐχ ἑπόπενον αὐτοῖς ἐχόντων, τῶν δὲ φαρισαίων τὸ πλῆθος σύμμαχον ἐχόντων. Ebenso XVIII, 1, 4. Εἰς ὀλίγους τε ἄνδρας οὗτος ὁ λόγος (Σαδδουκαίων) ἀφίκετο, τοὺς μέντοι πρώτους τοῖς ἀξιώμασι.

156 Freilich das spätere Aboth d'R. Nathan c. 5.

sen [157] und daher gegen die starre Abschließung vom Heidenthum waren, weshalb sie den ursprünglich von dem vornehmen Priestergeschlechte allein gebrauchten Namen mit diesem gemeinschaftlich erhielten. Daß die Sadducäer nicht gegen die Tradition überhaupt waren, wie Josephus behauptet, sondern nur gegen die allzugroße Ausdehnung des Ritualismus und dessen Begründung durch maßlose Ausdeutung des Schriftwortes von Seiten der Pharisäer, und daß der Streit dieser beiden großen Parteien im Judenthum ferner hauptsächlich in dem Kampfe gegen bevorrechtetes Priesterthum wurzelt, bezeugt die großentheils unter priesterlicher und sadducäischer Leitung sich entwickelnde *alte* Halacha (Ritualgesetz), welche die Tradition an sich nicht minder heilig hält als die *neuere*, durch den Kampf gegen das Priesterthum [158] und durch größere Abschließung vom Heidenthum sich kennzeichnende Richtung. Jedenfalls ist klar, daß damals noch von Sekten in Bezug auf diese Richtungen nicht die Rede sein konnte, wie Josephus annimmt, daß diese sich vielmehr erst in der *späteren* Form des Sadducaismus, dem Karaismus, bildete, aber auch hier, eben so wenig wie dorten, nicht eigentlich principiell, da auch der Karaismus weder die Grundlehren des Judenthums, noch auch nur die |151| Tradition als solche läugnet, sondern in dem noch schärfer hervortretenden Gegensatz gegen den eigentlichen Rabbinismus. Wir sind der Ansicht, daß auch die Differenzen zwischen dem Sadducaismus und dem Pharisaismus in Bezug auf Glaubenswahrheiten in jenem Princip, das sie mehr als Parteien im Leben, wie in den religiösen *Grundsätzen* trennte, ihre tiefste Wurzel haben. Wir meinen zuerst die Differenz in Bezug auf den Einfluß des menschlichen Willens auf seine Angelegenheiten. Die Sadducäer sollen Alles vom menschlichen, die Pharisäer dagegen Alles vom göttlichen Willen abhängig gemacht, ein gewisses Fatum (εἱμαρμένη) anerkannt haben [159]. Allein es kann schon von vornen herein ebensowenig angenommen werden, daß jene die göttliche Einwirkung bei den menschlichen Erfolgen, als daß diese die freie menschliche Thätigkeit als Miturrsache des Erfolges im Leben hätten läugnen sollen. Beides wäre gegen die ausdrückliche biblische Lehre, die ebensowohl die menschliche Thätigkeit als Bedingung des *Anfangs*, möchte man sagen, wie den Willen Gottes als Bedingung des *Erfolges* lehrt [160]. Dies bezeugt auch die Geschichte. Die Frommen, sowohl die früheren Chasidäer, als die späteren Pharisäer, sind zu allen Zeiten, in den Syrerkämpfen wie in den Römerkriegen mit ihrer eigenen Kraft überall begeistert und aufopferungsvoll eingestanden zum Schutze des Vaterlandes und

---

157 Grätz, Gesch. d. J.

158 Den Unterschied in der Erklärung der Schrift zwischen den »ersten« und den späteren Gesetzeslehrern hat schon der geistreiche Krochmal in s. More (Pforte 13) nachgewiesen. Später hat Frankl in s. Hodog. in Mischn. die Frage behandelt und zuletzt diese für die geschichtliche Erforschung des Judenthums so höchst wichtige Unterscheidung zwischen der alten und neuen Richtung im jüdischen Ritualgesetze (alte und neue Halacha) besonders Geiger verwerthet und klar dargelegt. Dieser hat auch in vielen einzelnen Streitfällen den Grund in dem Kampfe gegen die priesterlichen Vorrechte nachgewiesen. Vgl. außer der Urschrift besonders auch die angeführten Abhandlungen in der Zeitschrift und im He-Chaluz.

159 Jos. Bell. Jud. II, 8,14. Ant. XVIII. 1,3.

160 Diese in der Bibel und bei den Rabbinen feststehende Annahme wird auch von Josephus wenigstens in Bezug auf die Pharisäer zugegeben. Ant. XIII, 5,9. Οἱ μὲν Φαρισαῖοι τινὰ καὶ οὐ πάντα τῆς τῆς εἱμαρμένης, τινὰ δὲ ἐψ ἑαυτοῖς … cf. XVIII. l. l. XVI, 11,7.

der väterlichen Religion, und haben sich niemals auf den faulen Schluß blinder, gött-
licher Gnade bei eigener Unthätigkeit berufen. Der Thalmud lehrt ausdrücklich dasselbe.
Sogar natürliche Schmerzen und Tod (frühzeitiger jedenfalls) führt er auf des Menschen
eigene |152| Schuld großentheils zurück. [161] Der Ausspruch: »Alles ist von Gott außer Got-
tesfurcht« [162], widerspricht dem nicht, da er |153| nichts weiter sagen will, als daß in Bezug
auf die Übung *religiöser* und *sittlicher* Pflichten der freie Wille des Menschen allein ent-
scheide, während bei den Lebensschicksalen der göttliche Einfluß *mitwirke*. Es dürfte daher kaum einem Zweifel unterliegen, daß der Streit auch hier mehr einen besonderen
politischen, als allgemeinen religiösen Grund hatte, und es sich dabei mehr um die Frage
der Verbindung mit heidnischen Nationen in den nationalen Kämpfen gegen auswärtige
Unterdrücker handelte. Die demokratischen Pharisäer wollten sich mehr auf die eigene
Nationalkraft und den göttlichen Beistand stützen, während die sadducäischen Aristo-
kraten lieber auswärtige Hilfe suchten, als sie der Volkskraft sich und den Staat anver-
trauten, und dies in die Formel kleideten, daß eben menschliche, politische Klugheit
den Ausschlag gebe. Auf demselben Grunde ruhend glauben wir die andere, im N. T. so
oft hervorgehobene, aber auch im Thalmud nicht selten berührte Differenz in Bezug auf
die Auferstehung der Todten. Die Sadducäer sollen diese geläugnet haben, während sie
bei den Pharisäern ein wichtiger Glaubensartikel war. Josephus behauptet, die Sadducäer
hätten die Unsterblichkeit der Seele geläugnet [163]. Dies ist sicher nicht richtig. Wollte man

---

161 Tr. Sabb. fol. 55, a.
162 הכל בידי שמים חוץ מיראת שמים Meg. 25, Nid. 16, b. Diese Auffassung wird durch den Vergleich mit
andern Stellen, die der hier angegebenen zu widersprechen scheinen, klar. So heißt es im Thalmud wieder *): »Alles ist von Gott außer Dornen und Schlingen, wie es heißt (Spr. 22,5): Dornen
und Schlingen sind auf dem Wege des Falschen, wer seine Seele wahren will, *halte sich fern davon«*.
Der Thalmud hat solche irdische Verhältnisse im Auge, die sich der Mensch selbst zuzieht, vor
denen er sich hüten könnte, weshalb Raschi nach der ausdrücklichen Auffassung des Thalmuds
(B. Mez. 107, b. B. Bath. 144, b) die Worte צנים פחים mit Erkältungen und Erhitzungen erklärt,
während er sie selbst in den Sprüchen so auffaßt, wie wir sie in der Uebersetzung brachten. In
den Sprüchen ist aber nur von den *sittlichen* Gefahren die Rede, vor denen sich der Mensch zu
wahren hat, und würde daher gar keinen Beweis für die thalmudische Annahme liefern. Indessen
spricht sich auch sonst der Thalmud aus, daß es des Menschen eigene Schuld sei, wenn er in
Gefahren, in die er sich muthwillig stürzt, umkommt. So warnt er (Sabb. 32, a. B. Kama. 15, b. u
s.) an gefahrvolle Orte sich zu begeben, z. B. über eine den Einsturz drohende Brücke zu gehen,
einen bissigen Hund im Hause zu halten, Wasser im Dunkeln aus Quellen oder Gefäßen zu trinken, in welchen giftiges Ungeziefer sein könnte (vgl. Maim. v. Mörder c. XI. Khet. l. l. cf. Tos. das.)
Eine blinde εἱμαρμένη kennt also der Thalmud nicht. Wenn es daher dennoch an einer andern
Stelle heißt: »Der Mensch verwundet sich hienieden keinen Finger, es sei denn vom Himmel über
ihn verfügt« (Chol. 7, b), so scheint das essäische Uebertreibung zu sein **), wie solche unläugbar
Matth. 10,29: »Es fällt kein Sperling auf die Erde, ohne euern Vater«, wo die Vorherbestimmung
sogar auf die Thiere ausgedehnt wird, um so mehr anzunehmen ist, als die ganze dortige Anrede
an die Jünger von Essäismus zeugt, so: daß sie keine Kleider und Speise mitnehmen, daß sie sich in
dem Orte, wo sie einkehren, nach einem solchen erkundigen sollten, der ihres Besuches werth ist;
s. Jos. Bell. Jud. II, 8, 4. Vgl. Gfrörer: Krit. Gesch. des Urchristenth. I, 2. S. 299. *) Khet. 30, a. u. Parall.
**) S. Gfrörer, Krit. Gesch. des Urchristenth. II. Abth. S. 325 ff.
163 B. Jud. II, 8. 14. Ant. XVIII. 1, 4.

auch die betreffenden Bibelstellen nicht ausdrücklich als Zeugniß für die Unsterblichkeit gelten lassen, so lag dieser Glaube doch zu sehr in deren Geiste und in dem des ganzen Alterthums, als daß diese Annahme gerechtfertigt erschiene. Auch scheinen sowohl die thalmudischen wie die neutestamentlichen Stellen einer solchen Annahme zu widersprechen[164]. Der Streit bezog sich sicher nur auf die leibliche Auferstehung, welche die Pharisäer, wie Josephus schon richtig andeutet, zur Ausgleichung der göttlichen Gerechtigkeit bei dem oft vorkommenden Leiden des Frommen schon hienieden |154| für nöthig hielten, während die Sadducäer eine solche nicht für nöthig erachteten. Es spiegelt sich also auch hier die verschiedene Stellung im Leben ab. Das herrschende Priesterthum und die luxuriösen Aristokratengeschlechter fühlten sich sowohl unter dem früheren Drucke wie später unter den im Glänze der Römergunst sich sonnenden Herodäern befriedigt, während die Frommen schon in der Mißachtung des religiösen Geistes sich unglücklich fühlen mußten. Bedenkt man aber, daß dieser Auferstehungsglaube, wie wir bereits erwähnten, gerade zu den Zeiten, da das Volk im tiefsten Drucke schmachtete, besonders in den Vordergrund trat, so begreift man leicht, daß derselbe sich bei den Pharisäern mit dem Messiasglauben verbinden[165] und die Hoffnung auf eine Auferstehung des ganzen leidenden Volkes in sich schließen konnte. Wir begreifen, wenn die Sadducäer und noch mehr die spätern Herodianer (Boëthusen), die mit den staatlichen Verhältnissen zufrieden waren, eine solche staatliche Auferstehung nicht zugeben mochten. Und so sehen wir auch diesen Streit ganz in demselben Grunde wie die übrigen Differenzpunkte wurzeln. Von diesem Gesichtspunkte aus erhält auch der Streit Jesu mit den Sadducäern eine ganz andere, weit wichtigere, sociale und politische Bedeutung, und wir begreifen, warum die Sadducäer gerade an ihn herantraten: sie begriffen wohl den eigentlich socialen und politischen Gedanken, den er damit verband und der bei ihm gerade eine um so größere Wichtigkeit hatte, als er seine Verwirklichung in nicht langer Zeit verkündete, die ihnen an Leben und Existenz griff. Die Zustimmung der Pharisäer bezog sich natürlich nur auf den auch von ihnen so hoch gehaltenen Gedanken, der einst ihre schönsten Hoffnungen erfüllen sollte, nicht auf die spezielle, persönliche Deutung durch Jesus.

|155| Der Zusammenhang der Auferstehungs- mit der Messiaslehre ist übrigens so wichtig für das Verständniß der zu jener Zeit herrschenden religiösen Ideen, daß wir dem Nachweise desselben hier noch einige weitere Aufmerksamkeit widmen müssen.

Zunächst ist Matth. 12, 38–40 nur unter dieser Voraussetzung zu verstehn. Die Schriftgelehrten und Pharisäer »wollen ein ›Zeichen‹ σημεῖον, von Jesus ›sehn‹ ἰδεῖν«[,] offenbar ein Zeichen, daß er der Messias sei. Wer den Begriff des Wortes »Zeichen« אות, das die LXX. überall mit σημεῖον übersetzen, sowohl seiner etymologischen Abstammung, als dem Zusammenhange nach in der Bibel kennt, der weiß, daß bei ihm nur von einer äußern *That*, einem *sichtbaren* Merkzeichen, oder einem Wunder מופת τέρας, das in der Regel auch damit verbunden ist, die Rede sein kann, wie ja auch die Schriftgelehrten ein Zeichen *sehn* wollen. Es kann sich daher durchaus nicht auf die *Reden* Jesu beziehn[166], wie

---

164 S. jedoch Ap. Gesch. 23, 8.

165 Diese Verbindung der Messiasidee mit der Auferstehung steht jedenfalls bei den Rabbinen fest, s. Ikk. IV, 30.

166 Was Schenkel, Leben Jesu, S. 96 u. Anm. hier sagt, beruht auf Verkennung dieses Begriffs.

er ja auch selbst trotz seinen fortwährenden Reden wiederholt sagt: »Diesem Geschlecht soll kein Zeichen werden, denn das Zeichen des Propheten Jonas.« Wie dieser nämlich »drei Tage und drei Nächte in dem Bauche des Wallfisches gewesen, also werde des Menschen Sohn drei Tage und drei Nächte im Innern der Erde sein« (und dann auferstehn). Die Auferstehung also sollte ihnen ein *Zeichen* σημεῖον, ein *sichtbarer Beweis*, wie das Wort auch gebraucht wird, für seine Messianität sein. Allerdings war Jesu Auferstehung noch nicht eingetreten. Allein einmal kann ja dieser ganze Bericht, besonders mit dieser genauen Zeitbestimmung erst später eingetragen sein, enthält aber auch im Sinne des Berichterstatters als Vorausverkündigung, für die Bedeutung des Wortes nichts Auffallendes, da selbst »Zeichen,« die noch nicht eingetreten, oft in der Bibel als Beweise für andere Ereignisse oder für Ideen angegeben werden: sie sollen eben |156| als *spätere* Bekräftigung dienen. So 2 Mos. 13, 12 u. s. oft. Der Hinweis auf Jonas sollte wohl blos den Gedanken der Auferstehung plausibel machen, wenn eine solche allerdings auch nicht daraus bewiesen werden konnte, da Jonas ja »im Bauche des Wallfisches nicht *todt* war,[«] und blos um diesen *Vergleich* zu bekräftigen, wird v. 41 auf die *Reden* des Propheten Jonas an die Einwohner von Niniveh hingewiesen, wie sich Jesus an seine Landsleute wandte. In diesem Zusammenhange ist auch Lucas 11, 29. 30 und besonders auch Marc. 8, 29–31 zu verstehn. Jesus will offenbar durch den Hinweis auf die Auferstehung den Glauben der Jünger: daß er Christus sei, bekräftigen (vgl. 9, 9. 31 u. s.) Sonst hätte dieser Schluß nach dem Vorhergehenden, wo er ihnen im Gegensatz zu der herrschenden Ansicht von der *sofortigen Herrlichkeit* des Messias den *leidenden* Messias zeigen wollte, gar keine Berechtigung (vgl. Matth. 16, 21. Luc. 9, 22). Es kann zwar keinem Zweifel unterliegen, daß die Lehre von der Auferstehung der Todten erst von den Persern zu den Juden kam, wie sie in der That erst im Buche Daniel unzweifelhaft erscheint[167], während die Messiasidee schon bei den ältern Propheten in glanzvollster Schilderung auftritt: sie war in den düstersten Zeiten schwerster äußerer Noth ihr Hoffnungsstrahl, der ihnen aus dem Schoose »künftiger Zeiten« entgegenleuchtete in einem gottgeweihten, mächtigen »Sprößling« aus dem Hause David's; sie war der Glanzstern geistiger und sittlicher Erhebung zu Zeiten der tiefsten Verderbniß. Aber das Festhalten an dieser Idee und ihre Umwandlung in den spätern Zeiten beweist gerade die Verbindung in welche sie mit der Auferstehungslehre gebracht wurde. Das Haus David's war verschollen, mit dem Abtreten Serubabel's vom Schauplatz der Ereignisse war er von dem Strome der Weltgeschichte hinweggeschwemmt worden. Aber neue Bedrängnisse brachen über das Volk, schwerer, fürchterlicher denn je herein, |157| und um so krampfhafter klammerte man sich an die alte Verheißung. In dieser sündigen Welt aber wird sie sich nimmer erfüllen können. Erst zur Zeit der Auferstehung, nachdem die Menschheit der gewaltigsten Läuterung verfallen und die Frommen, zum ewigen Leben erstanden, »leuchten werden wie die Sterne des Himmels« wird diese staatlich glückliche und sittlich vollkommene Zeit das »Reich des Allmächtigen« (מלכות שדי), das »Reich des Himmels« (מלכות שמים) eintreten.[168] Daher fließen bei den Rabbinen die

---

167 S. Schorr, Hechaluz VII. S. 14.

168 Die Stellung der Exilarchen in Babylonien, die ihren Stammbaum auf David zurückgeführt und ebenso Hillel's, von dem dasselbe behauptet ward, und seines Hauses in Palästina konnte die Idee

Begriffe: Künftige Welt (עולם הבא), Auferstehung der Todten (תחית המתים) und Messiaszeit (ימות המשח) völlig in einander. Ein Messias als Person, und zwar ausdrücklich als *Mensch*, sogar bestimmt als Sohn Josephs (Efraim) und Sohn Davids tritt zwar bei den Rabbinen noch hervor, der also *vor* Allen auferstehn muß; aber diese Person ist so verschwommen, so idealisirt[169], daß man sich gar nicht wundern darf, wenn sie in den Apokalypsen gleichsam zwischen Himmel und Erde schwebt, und, anknüpfend an die Visionen Daniels, wenn dort auch von einem Messias gar nicht die Rede ist, halb als Mensch, »Menschensohn« בר אנש, halb als »Gottessohn« בר אלהין erscheint[170], als λόγος, υἱός τοῦ θεοῦ, sicher nach alexandrinisch-therapeutischen Ideen in überschwenglichen essäischen Phantasiegebilden. Indessen der *Grundgedanke* |158| war pharisäisch, aus den politisch wie religiös unerquicklichen Zuständen, im Gegensatz gegen die Aristokratengeschlechter und ein herrschsüchtiges Priesterthum, seine fortwährende Nahrung ziehend, hier aber und in dem *gesetzlichen* Judenthum fortwährend auch seinen ursprünglichen, gesunden *menschlichen* Sinn bewahrend.

[Die hasmonäische Epoche]

In dem Kampfe des Pharisaismus gegen das *herrschende* Priesterthum ist uns auch der Schlüssel zum Verständniß des sowohl von Josephus wie vom Thalmud erzählten ersten Streites der Pharisäer mit Hyrkan gegeben. Der Thalmud versetzt nur die Geschichte in eine spätere Zeit, weil ihm Hyrkan noch in voller Uebereinstimmung mit den Pharisäern erscheint[171]. Der Streit kennzeichnet genau das pharisäische Streben nach dieser Seite hin, und wir wollen ihn daher nach dem Berichte des Josephus, mit welchem der des Thalmuds im Wesentlichen übereinstimmt, kurz hier anführen. »Die glücklichen Erfolge, erzählt Josephus[172], hatten dem Hyrkan den Neid der Juden zugezogen und besonders der Pharisäer. *Diese waren von so großem Ansehen bei dem Volke, daß Alles angenommen ward, was sie gegen den König oder den Hohenpriester sagten. Auch Hyrkan gehörte zu ihnen und war ihnen besonders werth.* Bei einem Mahle fragte er sie einst, ob sie ihm nicht eingeständen, daß er ganz in ihrem Sinne handle, nämlich *Gerechtigkeit übe und Alles thue, was Gott wohlgefällig sei*; sie möchten es ihm aber offen sagen, wenn sie einen Makel an ihm wüßten. Da sprach einer der Gäste zu ihm: Wenn du in der That gerecht sein willst,

---

davidisch-messianischer staatlicher, und zugleich die ganze Menschheit umfassender, sittlicher Erhebung in den schweren äußern Bedrängnissen und dem täglich durch Raub und Plünderung und alle Schandthaten des Heidenthums vor Augen tretenden sittlichen Verfalls nicht beleben. Anders wäre wohl das Verhältniß gewesen, wenn an Stelle der Hasmonäer und gar des idumäischen Hauses Serubabel, der unzweifelhafte Sprosse Davids und seine Nachkommen zur Herrschaft gelangt wäre.

169 S. Jalkut l. l. u. s.
170 S. Holtzmann l. l. S 291 ff. Jedenfalls Prophet, s. Kosri III, 65 c. Com. J. Musk.
171 Kidd. fol. 66, a. Ber. 29, a. wird jedoch auch Hyrkan genannt; Einzelne hielten sogar Hyrkan und Alex. Jannai für eine Person.
172 Ant. XIII, 10,5.

so entkleide Dich des Hohenpriesterthums und laß Dir an der fürstlichen Krone genügen. Auf Befragen gab er als Grund seiner Forderung ein Gerücht an, wornach Hyrkans Mutter eine Gefangene der Heiden gewesen (wodurch ihm das |159| Hohenpriesterthum zu begleiten nicht gestattet gewesen wäre, da sie als solche in Bezug auf jungfräuliche Reinheit als Verdächtige galt). Daraus entstand nun, wie Josephus weiter erzählt, der von jetzt an sich immer mehr erweiternde Riß zwischen Hyrkan und den Pharisäern, weil diese den Calumnianten – denn das Gerücht hatte sich als unwahr erwiesen – blos zur Geißelung und nicht zum Tode verurtheilten.

Diese ganze Erzählung wäre unbegreiflich, sowohl daß einer der Pharisäer, zu welchen der Ankläger als geladener Gast des Königs doch wohl gehörte[173], auf ein vages Gerücht hin die unerhörte Forderung: daß Hyrkan dem Hohenpriesterthum entsagen solle, gestellt habe, als daß Hyrkan allen Pharisäern so feindselig gesinnt worden, weil sie nicht die Todesstrafe gegen den Ankläger ausgesprochen, da Hyrkan als Koryphäe des Pharisäerthums, zu welchem er sich selbst bekannt, wissen mußte, daß eine andere Strafe als die Geißelung gesetzlich über denselben gar nicht verhängt werden konnte. Betrachtet man aber den Bericht des Josephus genauer und vergleicht man damit den thalmudischen Bericht, so wird es bald klar, daß es sich hier um etwas ganz Anderes handelt, nämlich um den beginnenden Kampf der Pharisäer gegen das *herrschende* Priesterthum. Zuerst sieht man, daß der Bericht des Josephus nicht nur unwahrscheinlich ist, sondern auch an einem innern Widerspruch leidet. Unwahrscheinlich oder vielmehr sicher unrichtig ist die Angabe: daß die Pharisäer neidisch auf die Siege des Hyrkan geblickt hätten. Einmal waren es Gelehrte, die ihren Ruhm in dem Wissen suchten und gewiß gerne Andern den Kriegsruhm überließen, sodann |160| dienten Hyrkans Siege zur Verherrlichung des Reiches und des Judenthums, deren sie sich als gute Patrioten nur freuen konnten, und wegen deren sie gegen Hyrkan ebensowenig Neid empfinden konnten, wie gegen seinen Vater und dessen große Brüder[174]. Ein innerer Widerspruch aber ist es, wenn Josephus von diesem feindseligen Neide der Juden spricht, und in demselben Athem erzählt, welch ein Freund Hyrkan von den Pharisäern gewesen, und zugleich deren Milde rühmt und wie sie das ganze Volk hinter sich hatten bemerkt. Betrachtet man aber den thalmudischen Bericht, so wird Alles klar. Hier erscheint die Ursache des Streites nicht in dem Neide der Juden, sondern zunächst in der Aufhetzerei eines elenden Denuncianten[175], der dem Hyrkan die Pharisäer als dessen heimliche Feinde denuncirte, und ihm rieth, sie dadurch auf die Probe zu stellen, daß er an der Tafel mit einem der

---

173 Der Thalmud nennt ihn ausdrücklich einen »Alten« Saken, was mehr sagen will, als daß er von hohem Alter war, vielmehr vielleicht sogar ein Mitglied des Synedrions, s. oben S. 135. Jedenfalls wird er Kosri III, 65. mit Recht »Einer von den Weisen« אחד מן החכמים genannt.

174 Dies erkennt Josephus A. XIII, 15,5 selbst an, wo er den Alexander die Salome damit trösten läßt, daß sie als Siegerin heimkehrend, die Pharisäer um so leichter für sich gewinnen werde.

175 איש ליץ לב רע ובליעל, »ein Spötter, ein böser, niederträchtiger Mensch«, wie Josephus auch selbst bemerkt: εἷς δέ τις τῶν κατακειμένων Ἐλεάζαρος ὄνομα, κακοήθης ὢν φύσει καὶ στάσει χαίρων, ἐπεὶ φυσίν κ. τ. λ. Allein Josephus läßt *diesen* die Forderung an Hyrkan stellen, wodurch die ganze Geschichte über den Zorn des Hyrkan sowohl wie der Pharisäer unbegreiflich wird, wovon Jos. gleich spricht.

ausgezeichnetsten Theile des hohenpriesterlichen Schmuckes, dem Stirnbleche mit dem heiligen Gottesnamen, erscheine und so sie vor diesem Schmucke aufstehen ließe [176]. Das that Hyrkan, und das mußte die Pharisäer aus doppeltem Grunde gegen ihn aufbringen. Einmal mußte es ihnen als eine Profanirung des hohenpriesterlichen Schmuckes erscheinen, den er wohl nur im Tempel bei seinen hohenpriesterlichen Verrichtungen tragen sollte, und sodann, und das war wohl die Hauptsache, hatte jenes Stirnblech nach Josephus Angabe, der als Zeit- |161| genosse in Bezug auf die *Form des Schmuckes* mehr Glauben als der Thalmud verdient [177], der nicht einmal die Ordnung der Inschrift mehr genau kennt, die Form einer *Krone* [178] in welcher Form wohl die *Herrschaft* des Hohenpriesters über die übrigen *Priester* angedeutet werden sollte, oder vielmehr noch aus der Zeit stammte, in welcher die Herrschaft überhaupt mit dem Hohenpriesterthum vereinigt war, womit der Streit noch einen weit tiefern Hintergrund erhielte, indem die Pharisäer in dem Tragen der Priesterkrone *außerhalb* des Tempels und dem Zwange, sich hier vor jenem erheben zu müssen, die Ausdehnung der *Priesterherrschaft* auf das *Leben* erblickten, was auch wohl die Absicht Hyrkans und seiner Rathgeber war. Nun erst verstehn wir auch den weitern Bericht im Thalmud. Die Weisen Israels, heißt es, entfernten sich in der höchsten Aufregung, indem sie Hyrkan zuriefen: »Laß dir genügen an der Königskrone, und überlaß die Priesterkrone einem Andern!« [179] Der Bruch war jedenfalls |162| unheil-

---

176 הקם להם בציץ cf. Raschi. Aruch s. v. קם 2.

177 S. Tos. z. St.

178 B. Jud. V, 5,7. Ant. III, 7,7. S. auch Sirach 45,12.

179 ... ינאי המלך רב לך כתר מלכות הנח כתר כהונה ... ויבדלו חכמי ישראל בזעם Im Thalmud ist es, wie bemerkt, Alexander Jannai. Der im Thalmud angegebene Grund dieser Forderung, weil Hyrkans Mutter eine Gefangene gewesen, zeigt sich schon dadurch als unrichtig, daß die Aufregung, der Zorn (Saam) fortdauert, nachdem sich die Angabe als falsch erwiesen. Raschi erklärt die angeführten Worte allerdings: שכעס המלך עליהם »der König war erzürnt über sie.« Demnach müßte die Uebersetzung lauten: »sie wurden im Zorn entlassen«, und der Zorn des Königs nach der Constatirung des Irrthums war um so begreiflicher. Allein der Ausdruck וַיִּבָּדְלוּ wie sowohl nach Raschi's wie nach unserer Erklärung gelesen werden muß, bedeutet nach 4 M. 16,21. »sich entfernen«, »sich trennen«, oder wie Esra 6,21; 9,1; 10,11 u. s. »sich von Jemanden trennen«, weil er für unrein, oder unwürdig gehalten wird, oder auch zur Vornahme eines Geschäftes, besonders eines heiligen, oder gar zur Heiligung Esra 10,16. 1 Chron. 23,13, in welchem Sinne es |162| mit ל verbunden wird, was natürlich hier nicht in Betracht kommen kann, niemals heißt es »entlassen werden«. Der ganze Zusammenhang spricht vielmehr dafür, daß das Wort in seiner gewöhnlichen Bedeutung genommen werden muß und die Pharisäer sich von Hyrkan unwillig, im Zorne (בזעם) entfernten, sich von ihm »absonderten«, weil sie ihn wegen seiner maßlosen Herrschsucht als einen dem Heidenthum sich Zuneigenden betrachteten. Es könnte übrigens das Wort auch וַיִּבְדְלוּ im Kal gelesen werden und es würde der Satz dann den Sinn haben: »die Weisen verließen ihn«, und zwar mit dem Nebenbegriffe der völligen Absonderung von ihm, wie einen Gebannten, bei welchem im Thalmud derselbe Ausdruck vorkommt, cf. B. Mezia 59, b. wo R. Akiba zu dem gebannten R. Eliesar sagt: כמדומה לי שחברי' בדלי' ממך Th. Jer. Moed. Kat. III, 1. wird בדל in Esra 10,8. ausdrücklich für bannen erklärt. Dagegen spricht aber jedenfalls ausdrücklich der Zusammenhang in unserer Stelle, da es vorher ausdrücklich heißt: daß die Anschuldigung als unwahr befunden wurde, die bloße Anmaßung des Hohenpriesterthums aber kein Grund zum Bann abgeben konnte.

bar geworden. Hyrkan (Alex. Jan.) fiel vom Pharisaismus ab und verfolgte die Pharisäer auf's Grausamste – darin stimmen, mit dem Unterschiede der Namen, beide Berichte überein – und diese vergalten ihm seine Feindseligkeit, wo sie es vermochten, und kämpften um so heftiger gegen die Priesterherrschaft. Wie ein rother Faden zieht sich dieser Kampf durch die ganze Geschichte, bis in die fernsten Enden des ritualgesetzlichen Gewebes, und wenn er auch nach dem Tode des Hyrkan, durch den Sieg des Pharisaismus im Gerichte und in der Leitung der religiösen Angelegenheiten, äußerlich nicht mehr so heftig entbrannte, so wirkte er doch im Stillen fort und tritt endlich unter Herodes gegen die Boëthusen, die eben wieder ihren priesterlichen Hochmuth und ihre Herrschsucht überall hervorkehrten, mit erneuter Gewalt auf.

Das Streben des Pharisaismus, die Macht des Priesterthums für das Leben zu brechen, wurde, wie bereits ange- |163| deutet, bald mit dem vollständigsten Siege gekrönt und die Gleichheit des Volkes in allen Verhältnissen des Lebens nach dem Geiste des Mosaismus immer mehr zur vollen Wahrheit. Die Beherrschung des Gerichtswesens wurde den Priestern entrissen; die Vorrechte, welche sie früher im Leben offenbar besaßen, wurden immer mehr auf leere Höflichkeitsformen beschränkt, wie z.B. daß der Ahronide zuerst zur Thora vorgerufen ward, und selbst darin wurde wenigstens der Gelehrte dem unwissenden Priester vorgezogen [180]. Noch unter Alexander Jannai, der sicher nie selbst mehr den Vorsitz führte, denn es wird erzählt, daß er mit der Königin den Sitzungen oft beiwohnte, an welchem Vorsitz er übrigens auch jedenfalls durch seine langen auswärtigen Kriege verhindert war, wie dies wohl aus diesem Grunde auch schon unter Hyrkan nicht selten vorkam, scheint das ganze Synedrium in den Händen der Priester gewesen zu sein, die diese Priesterfürsten jedenfalls begünstigten. Doch hat schon unter jenem der geistreiche, energische Gelehrte Simon b. Schetach [181], der wohl ein naher Anverwandter der Königin Salome Alexandra gewesen, und besonders nach dem Tode des Königs während der Regentschaft der Salome, den Vorsitz in Synedrium selbstständig inne |164| gehabt, und mochte damit wenigstens *diese* Würde des Priesterthums ihr Ende erreicht haben. Welche Wichtigkeit der Pharisaismus diesem Siege des Geistes über Priesterbevormundung beilegte, geht schon daraus hervor, daß er den Siegestag als ein Festtag einsetzte, der bis in das dritte Jahrhundert unsrer Zeitrechnung gefeiert ward [182]. Die Priester als solche wur-

---

180 Misch. Hor. fine, wo sogar der gelehrte Bastard dem unwissenden Hohepriester vorangeht, cf. Tr. Meg. 28, a. Der Gebrauch, auch den unwissenden Ahroniden vor dem gelehrten Israel zur Thora vorzurufen, wird schon von Maim. Com. in Misch. Gittin 59, a. als ein arger Mißbrauch bezeichnet, den er gar nicht zu begreifen vermöge. Auch R. Ascher z. St. räumt auch in unserer Zeit nur dann dem Priester den Vorzug ein, wenn er mit dem Nichtpriester auf gleicher Stufe des Wissens steht (בשוין). Daß übrigens auch diese Frage in dem Kampfe gegen das Priesterthum ihren Grund hat, geht daraus hervor, daß R. Ismael, der, selbst Priester, auch sonst der besondern Heiligkeit der Priester das Wort redet, cf. Cholin 49, a. auch diese Bevorzugung biblisch darauf zurückführt.

181 S. Jacob Brüll, Einleitung in die Mischna S. 22. 23.

182 In dem sehr alten, in seinen Hauptpunkten ein Jahrhundert vor der jetzigen Zeitrechnung entstandenen Buche Megilath Thaanith, in welchem dies enthalten ist, wird die Nachricht von folgender Bemerkung begleitet: מפני כשהיו צדוקין יושבין בסנהדרין ינאי המלך ושלמציון המלכה יושבת אצלו ולא הי' אחד מישראל יושב עמהן חוץ משמעון בן שטח והיו שואלין תשובות והלכות ולא היו יודעין להביא ראיה מן התורה עד שנסתלקו כלן ... »Als die Sadducäer das Synedrion inne hatten und der König Jannai mit der Köni-

den jedoch keinesfalls *auf die Dauer* ausgeschlossen, man hat sogar später einen Theil der Synedrialmitglieder nur aus diesen genommen und war darauf bedacht, |165| daß der Gerichtshof aus Priestern (Khohanim), Leviten und Israeliten aus guten Familien bestand, wohl aber waren die *Sadducäer*, die dem *abschließenden* Kastenwesen huldigten, ausgeschlossen, und wurde besonders von Hillel an, in dessen Hause das Synedrial-Präsidium herrschend ward, vielleicht eben aus diesem Grunde, kein Priester mehr *Vorsitzender* des Synedriums und begünstigte dies eben die Herrschaft des Hillel'schen Hauses. Wohl bildete sich daraus unter den spätern Nachfolgern Hillel's ein neues Patriziat: der Synedrial-Vorsitzende, Patriarch (Nasi), hielt strenge auf seine Autorität, was nicht selten zu Reibungen mit den Gelehrten führte, dennoch aber, da es erste Bedingung des Patriarchen war, daß er auch an Geist, Wissenschaft und Tugend hervorragte – selbst die Mitglieder des Synedriums mußten durch reiche Sprachenkunde sich auszeichnen, damit sie Jeden ohne Vermittlung eines Dritten in seiner Landessprache verstehen konnten – so wurde die feste Organisation des Religionswesens, ohne welche es überall der Auflösung oder völligen Stagnation entgegen geht, besonders in jenen traurigen Zeiten, in welchen die Verfolgungen der Römer immer gewaltiger wurden, von unberechenbarem Segen. Das Kastenwesen war dadurch jedenfalls für immer gebrochen, an seiner Stelle war die Intelligenz zur Herrschaft gelangt. Nur da, wo der *individuelle* Ehrgeiz, ohne Rücksicht auf Geist und Wissen an die Spitze tritt, wo die Ignoranz auf ihre bloße Standesbevorzugung gestützt, die Aristokratie der persönlich verdienstlosen *Geburt*, oder die noch schlimmere des Besitzes, wo sie ohne Geist und Verdienst ist, herrschsüchtige, herzlose *Plutokratie* sich anmaßlich *hervordrängt*, wird die Freiheit des Geistes bedroht und werden die höchsten geistigen und sittlichen Gedanken dem verbrecherischen Ehrgeiz zum Opfer gebracht. Wo dagegen die Intelligenz, die Geisteskraft, der sittliche Gedanke Bedingung der obersten Leitung auch in religiösen Dingen bildet, da wird eine sclavische Unterwerfung unter blinde Autorität ebenso wenig wie die |166| Verläugnung der höchsten Grundgedanken Wurzel fassen können. Es ist das eben der Triumph der Wahrheit, daß sie das Licht des Geistes nicht zu scheuen hat, und am Ende immer nur gewinnt, wo die Geister recht lebendig auf einander platzen. Mit dem Siege des reinen Pharisaismus nahm die Intelligenz, die geistige Arbeit ihr nicht blos angeborenes, sondern auch durch die Offenbarung gewährleistetes Recht gegen usurpirte Standesvorrechte und ein träges, herrsch-

---

gin Salome anwesend waren, und kein »*Israel*« außer Simon b. Schesach an den Sitzungen Theil nahm, konnten sie die an sie gerichteten religiösen Fragen nicht beantworten, so daß sie nach und nach alle entfernt wurden … Man sieht hier deutlich, daß »Israel« den Sadducäern gegenüber steht, und diese hier mit den Priestern identificirt werden und daß das Synedrion unter ihrer Herrschaft nur aus Priestern (und Leviten) bestand. Es liegt darin zugleich ein Beweis dafür, daß die Sadducäer in der That ursprünglich nur die Zadokiten, die vornehmen *Priestergeschlechter* waren. »Jenen Tag, fährt Meg. Tan. hier (cap. X.) fort, an welchem das Synedrion der Sadducäer entfernt wurde und ein Synedrion von Israel an dessen Stelle trat, setzte man als Festtag ein«, wo also der Gegensatz zwischen Sadducäer und Israel noch schärfer hervortritt. Es mochten im ersten Augenblick der Reaktion und der Aufregung gegen die Sadducäer, die unter Alexander Jannai so viel Unheil gegen die pharisäischen Lehrer hervorriefen, nicht bloß die Sadducäer als solche, sondern alle Priester vom hohen Gerichtshof ausgeschlossen worden sein. Vgl. das. c. 1.

süchtiges Aristokraten- und Priesterthum wieder in die Hand, wie dies überall mit unwiderstehlicher Gewalt geschehen wird, wo der Geist aus seiner Lethargie erwacht. Und wenn auch die Lehre des Pharisaismus von der »Auferstehung« der Leiber nach dem Tode zur Ausgleichung der Leiden der Gerechten im gegenwärtigen Leben eine Geburt der traurigen Zeit war, aus fremdem Boden herübergenommen, in dem Siege ihrer Lehre selbst feierten sie die wahre Auferstehung, die Auferstehung des Geistes, die zu allen Zeiten gefeiert wird, durch welche überall die »Denkenden (Maskhilim) glänzen wie der Glanz des Himmels, wie die Sterne immer und ewig;« die Auferstehung, die der Prophet verkündigt, die dem todten Gerippe wieder Leben gibt, wenn »Gott, der Herr, seinen Geist ihm einhaucht.«

Das eigentliche *Lehramt* war schon früher immer mehr von den Priestern auf die Gelehrten, d.i. auf das Volk übergegangen, und war dies ohne Zweifel die hauptsächlichste Waffe gegen die Priesterherrschaft, wie es überhaupt *überall erste Bedingung des Sieges über ein herrschsüchtiges Priesterthum ist, ihm den Jugendunterricht zu entwinden*, und diese Herrschaft auch überall aufhören muß, wo die Intelligenz im Volke sich ausbreitet. Dem alten, von ihren Vorbildern, den Männern der großen Synagoge, ihnen als heiliges, bedeutungsvolles Erbe überkommenen Grundsatz [183]: |167| »Stellt viele Schüler aus!« getreu, eröffneten die Pharisäer immer mehr Lehrhäuser [184] und zogen so das ganze, nach Wissen strebende Volk in ihre Kreise; durchdrangen, verarbeiteten, lehrten mit lebendigem Geiste das Gesetz, bildeten seine Anwendung, wenn sie es allerdings auch oft gewaltsam und übertrieben ausdehnten, für das Leben aus, und erhielten deshalb auch den Namen Soph'rim, γραμματεῖς, den auch Esra und seine Nachfolger, die »große Synagoge«, führten und zwar, wie bei Esra, in dem Sinne der »Gesetzeskundigen, der *Lehrer* der Worte der Gebote Gottes und seiner Satzungen für Israel« [185], neben den Namen: »Schriftgelehrte« (νομοδιδάσκαλοι, νομικοί Chachamim, Thalmide Chachamim), welche Benennungen durchaus nicht verschieden aufzufassen sind, als sollten sie etwa, wie man schon annahm, die verschiedenen Beschäftigungen und Richtungen der einzelnen Gelehrten ausdrücken, da wohl Einzelne auf den besondern Gebieten: der Rechtskunde, der Ritualgesetze mehr hervorragten, alle aber das ganze Gebiet des Gesetzes umfaßten und praktisch lehrten. Jeder Chacham, Schriftgelehrte, war ebenso befähigt Beisitzer im Gerichte zu sein, wie rituelle Entscheidungen zu geben. Durch die zu Tausenden und aber Tausenden zählenden Schüler, die sich unter das ganze Volk zerstreuten, hatten sie eben so viele Wächter und Lehrer des Gesetzes ausgesandt, das Lehramt an sich genommen und an die Stelle des priesterlichen und aristokratischen Einflusses, die Aristokratie des Geistes gesetzt und immer mehr zur Geltung gebracht. Und nun erst wurden die priesterlichen Reinheitsgesetze, welche die »Frommen« zum Theil wenigstens schon früher [186] auf sich genommen, immer mehr auf alle Nicht- |168| priester ausgedehnt, so daß dadurch sogar die

---

183 Aboth, 1,1.

184 Gerade von Simon b. Schetach, dem Begründer des neuen Pharisaismus, dem erfolgreichen Bekämpfer des Sadducäismus wird dies besonders gerühmt. S. Th. Jer. c. VIII. fine.

185 Neh. 8,1. 4. ff.

186 S. oben. S. 141. ff.

Verbindung mit dem »Landvolke« »Am ha-Arez«, das sich diesen Beschränkungen nicht fügen wollte, gestört ward[187], und wurde jene Ausdehnung als Waffe benützt gegen die Herrschaft des Priesterthums, dem letztern sein Nimbus genommen und damit gleichsam die Gelehrten umgeben, was freilich wieder eine neue Kluft im Volke selbst bildete, aber auch ein mächtiger Antrieb für Alle werden mußte, der Bildung, dem Wissen sich zuzuwenden, da schon zur Beobachtung jener Gesetze eine gewisse Kenntniß vorausgesetzt ward, was aber den demokratischen Gedanken nicht störte, da einmal, wie bereits bemerkt, die Herrschaft des Geistes, die nicht auf Standesvorrechten beruht, nur fördernd im gesellschaftlichen Leben wirkt, und sodann *Jeder* das Wissen erringen, nicht aber dem Priestergeschlechte sich einfügen konnte. Und gegen das letztere, das seine bevorzugte Stellung so oft mißbrauchte, galt es den Männern des Geistes vor Allem Front zu machen. Wie daher die Speise- und andere Gesetze immer mehr ausgedehnt wurden, um das Volk von jeder Berührung vom *Heidenthume* fern zu halten und dadurch den Gottesgedanken in seiner Reinheit zu bewahren, so wurden die priesterlichen *Reinheitsgesetze* auf alle Nichtpriester *gesetzlich* ausgedehnt, um dem Priesterthum seine kastenmäßig sich überhebende Besonderheit zu nehmen und den andern Grundgedanken der Offenbarungslehre: das allgemeine Priesterthum, immer mehr zur Geltung zu bringen. Mit unwiderstehlicher Gewalt schreitet dieser Gedanke durch das ganze geschichtliche Leben. Ganz wie unter Moses dem Hohenpriester Aron gegenüber der Ruf laut ward: »Die ganze Gemeinde ist heilig!« »warum erhebt ihr euch über die Gemeinde Gottes?« so tritt wieder in den Makkabäerkriegen, wo fromme Priester selbst gegen die entarteten in den Plan traten, dieser Grundgedanke hervor: »daß Gott *Allen* das Erbe und das Königreich und das |169| Priesterthum und die Heiligkeit gegeben«[188], und so wird später als Grund der Ausdehnung der Reinheitsgesetze, der übrigens aus den Gesetzen selbst hervortritt, ausdrücklich die Heiligkeit des ganzen Volkes, das allgemeine Priesterthum angegeben. R. Gamaliel sagte: »Auch das Gemeine (nicht bloß das Heilige) muß in Reinheit genossen werden. *Nicht dem Priester allein, sondern ganz Israel wurde die Heiligkeit vom Sinai gegeben, wie es heißt:* »Rede zu der ganzen Gemeinde der Söhne Israels und sage ihnen: Heilig sollt ihr sein«[189]. Möge man daher die außerordentliche, das Leben wie mit einem Netze umgebende Strenge und Ausdehnung der äußern Formen tadeln: eine gedankenlose Askese waren sie nie und sollten sie nie sein, sondern die Förderer der tiefsten göttlichen Offenbarungsgedanken.

Auch hieraus also wird es wieder klar, daß bei den Pharisäern von einer Sekte nicht die Rede sein kann: sie vertraten vielmehr das Judenthum in seinen tiefsten Grundlehren und hatten *daher* auch das Volk hinter sich, so daß die Sadducäer selbst nicht wagten, öffentlich nach ihren eigenen Ansichten zu handeln[190], und die Könige selbst vor ihrem Einflusse auf das Volk sich fürchteten, den sie auch oft genug, trotz der Grausamkeit, mit welcher sie nicht selten gegen die Pharisäer auftraten, schwer empfinden mußten. In dieser Hinsicht hatten die Pharisäer gleichsam ein Doppelgesicht (wie Janus bifrons): den

---

187 S. oben. S. 142. Note 148.
188 2 Makk. 2, 17.
189 Tana d'be Eliahu in c. 15. Jalkut Khi Thisa
190 Jos. Ant. XVIII, 1, 4. Th. Joma 19, b.

Frieden und seine das sociale Leben fördernden Beschäftigungen, mit der ganzen, den Staat und das Leben des Einzelnen in Theologie und Jurisprudenz umfassenden Wissenschaft, und den unversöhnlichen Krieg, kühn den Kampf aufnehmend gegen jede heidnische Sitte, den eigenen Königen den Fehdehandschuh |170| hinwerfend, wo sie den väterlichen Glauben gefährdet sahen [191]. Auch darin also waren sie die eigentliche Volkspartei, die Demokratie, die gegen jede Tyrannei, die den innern Adel des ganzen Volkes herabdrücken wollte, sich erhob, mochte sie von Königen oder Priestern oder vornehmen Geschlechtern ausgehen.

Das also war der Pharisaismus und muß als Resultat unserer von der Hand der Geschichte von Esra an bis zur Tempelzerstörung und darüber geleiteten Forschung festgehalten werden:

1. *Der Pharisaismus kämpfte für die Reinhaltung des Gottesgedankens dem Heidenthum gegenüber; daher auch gegen jede heidnische Unsittlichkeit mit unerbittlicher Strenge.*
2. *Er kämpfte mit derselben Strenge im Innern gegen **herrschendes** Priesterthum.*
3. *Eben daher auch für den zweiten Grundgedanken der Offenbarung: das allgemeine Priesterthum und die Heiligkeit und Gleichberechtigung des ganzen Volkes.*
4. *Er vertritt darum im staatlichen Leben auf den Grund der Intelligenz und des Wissens den wahrhaft demokratischen Gedanken nach allen Richtungen.*

[Die römische Epoche]

Es darf deshalb allerdings auch nicht bezweifelt werden, und muß zum Verständniß der ganzen Geschichte klar bleiben, daß die Pharisäer auch den Geist vorbereitet und gepflegt haben, der später den Römern mit demselben bewundernswerthen Muthe und begeisterter Todesverachtung wie einst den Syrern gegenüber trat. Was sie im eigenen Staatsleben bekämpften, ohne Rück- |171| sicht der Person, von der es ausging: die Bedrohung des Gottesgedankens, das mußten sie um so mehr den fremden Tyrannen gegenüber im Auge behalten. »Ihr Gut und Blut«, sagt daher auch mit vollem Rechte ein hochachtenswerther, neuerer christlicher Forscher [192], »gehörte dem Vaterlande, sobald es das Opfer forderte, oder ihm damit geholfen war. Aus ihren Reihen stammte jene Heldenschaar der Makkabäer, welche die Macht der Seleukiden brach, und zuerst wieder die Fahne der Freiheit auf Zions Mauern pflanzte ... Später als ihre Führer Könige geworden und dynastische Interessen die der freien Gottesherrschaft überwogen, da ging von ihnen ein hartnäckiger und oft blutiger Widerstand gegen die verkommenen Erben der Befreier aus. Und wiederum nahmen sie für diese Partei, als für die letzten Vertreter des ächten Volksthums, als die Fremdherrschaft in hassenswürdiger Gestalt es zu erdrücken drohte. Sie störten unaufhörlich die derselben dienstbare Regierung des Herodes; sie waren un-

---

191 Jos. Ant. XIII. 15,5., besonders aber VII. 2,4. φαρισαῖοι ... βασιλεῦσι δυνάμενοι μάλιστα ἀ ἀντιπράσσειν, προμηθεῖς, καὶ τοῦ προῦπτου εἰς τὸ πολεμεῖν τε καὶ βλάπτειν ἐπηρμένοι.

192 Reuß, l. l.

ermüdlich und kühn genug, den römischen Koloß herauszufordern, und wichen auch dann nicht, als er die eiserne Keule hob, es zu zerschmettern. Überall und immer erschien ihnen die bürgerliche Unabhängigkeit, die es galt zu erobern oder zu wahren, als der erste Schritt zur Verwirklichung der glänzenden Hoffnungen, welche tief in ihrem religiösen Glauben wurzelten. Eine jeder Probe gewachsene Überzeugungstreue bekundete die Redlichkeit ihrer Absichten, und Wirkungen, die noch heute dauern nach mehr denn zwanzig Jahrhunderten, beweisen die Spannkraft und Zähigkeit ihres Strebens. Aber die Unzulänglichkeit ihrer materiellen Mittel den heidnischen Mächten gegenüber, machte ihren Widerstand auf die Dauer zu einem Kampfe der Verzweiflung, verbitterte die Herzen statt sie zu heben, grub die Kluft zwischen den Völkern immer tiefer ohne Gewinn für die gute Sache und bereitete dieser überall, wo sich der aus allem |172| dem entstandene Haß geltend machte, Hindernisse und Gefahren ohne Ende. So wurde der jüdische Nationalsinn, soweit der pharisäische Einfluß reichte, zuletzt zum politischen Fanatismus, und seine unzerstörbaren, durch keine Klugheit geregelten Antipathien verstrickten ihn immer tiefer, und ohne Zuwachs an innerer Kraft, in den immer ungleichern, aussichtslosen Kampf, welcher die politische Auflösung herbeiführte.«

So treffend und vorurteilslos der gelehrte Verfasser aber auch das Streben des Pharisaismus beurtheilt, so ist er doch darin, daß er »die Verwirklichung der glänzenden Hoffnungen, welche tief in dem religiösen Glauben wurzelten«, als den eigentlichen Grund der Kämpfe der Pharisäer besonders gegen die Heiden annimmt, sicher im Irrthume, und darum kann auch sein späterer Tadel gegen diese Kämpfe nicht gebilligt werden. Die Hoffnungen auf Verwirklichung des Messiasreichs, die der Verfasser hier im Auge hat, waren so wenig der Grund der Kämpfe des wahren Pharisaismus, als die Erfüllung dieser Verheißungen nach der Annahme eines Thalmudisten sogar schon unter dem Könige Chiskias, nach Andern unter dem zweiten Tempel stattgefunden [193], und, wieder nach der Lehre des Talmuds, in keinem Falle Hand oder Fuß dafür geregt werden darf [194]. Auch während des Mittelalters waren immer |173| die bedeutendsten Rabbinen gegen jeden messianischen Schwindel, der, in Folge des furchtbaren Druckes, bisweilen durch verblendete oder betrügerische Abenteuerer das Volk ergriff. Der eigentliche *Grund* alles Strebens der Pharisäer, auch da, wo sie ins politische Leben eingriffen, war immer nur die Erhaltung der Grundlehren des Glaubens, wie wir sie oben hervorgehoben, nach innen und nach außen: die Lehren von dem einig einzigen Gott und dem allgemeinen

---

193 b. Synh. fol. 98. cf. Albo, Ikkarim IV, 9, 42.

194 cf. Th. Synh. fol. 97. ff. Khet. 110, b. vgl. Midr. Hoh. L. zu 2, 7. »*Gott legte Israel die Verpflichtung auf, sich nicht gegen die Regierung aufzulehnen, der sie unterthan sind, und nicht gewaltsam die Länder zu verlassen, sondern ruhig und ohne Auflehnung den Messias zu erwarten; aber verpflichtete auch die Regierungen, Israel nicht zu unterdrücken.*« Daß der berühmte, große Lehrer R. Akiba für Bar Cochba gewirkt und diesen für den Messias gehalten, beweist nur auf's neue den glühenden Patriotismus und den darin und in den Religionsverfolgungen Hadrians wurzelnden Römerhaß R. Akiba's. Er wirkte nicht für B. Cochba, weil er ihn für den Messias hielt, er |173| hatte längst *vor* diesem für dieselbe Sache gewirkt und glaubte in ihm nun den Erlöser vom Römerjoch, den Messias zu finden.

Priesterthum. Dafür opferten sie sich oft genug auf, aber sie retteten die höchsten Gedanken der Menschheit.

Wichtiger aber ist jedoch die Anklage »des politischen Fanatismus und seiner unzerstörbaren, durch keine Klugheit geregelten Antipathien (gegen das Heidenthum) von Seite der Pharisäer. Allein diese Anklage ist womöglich noch irrthümlicher, als die erstere.

Daß die Pharisäer niemals politische Zwecke verfolgten, sondern bloß die Erhaltung der Religion im Auge hatten, von jedem Kampfe aber abstanden, sobald sie jene nicht mehr in Gefahr glaubten, geht unläugbar schon daraus hervor, daß die Chassidäer, die nichts Anderes sind, als die spätern Pharisäer, selbst in den Kriegen der Makkabäer gegen die heidnischen, die Religion so grausam verfolgenden Syrer sich vom Kampfplatze zurückzogen, sobald sie sich den Vorschriften ihres Glaubens ungehindert wieder widmen konnten. Zu Alkimos, dem »Gottlosen«, und Bacchides, dem syrischen Feldherrn, kam eine Menge von Schriftgelehrten (συναγωγή γραμματέων) um Recht zu suchen, und auch »die Chasidäer, welche die ersten unter den Söhnen Israels waren, baten um Frieden«; denn sie sprachen: »Ein Priester aus dem Stamme Ahrons ist mit dem Heere gekommen, und er wird uns kein Unrecht zufügen [195] |174| (das heißt offenbar, er wird uns nicht in der Ausübung unserer Religion stören). Und trotzdem, daß Nikanor seinen Eid brach und sechzig Chasidäer sofort tödten ließ, und der Sieg Juda's über diesen und sein Heer für so wichtig gehalten wurde, daß man den Tag dieses Sieges als ein Festtag einsetzte [196], scheinen sie doch an den weitern gewaltigen Kämpfen des Heldengeschlechts gegen die syrischen Könige sich nicht mehr betheiligt zu haben, denn nur noch 4000, dann sogar nur 3000 Mann konnte Juda, der früher mindestens eine dreifach stärkere Zahl unter seiner Fahne hatte, den großen Armee'n der Feinde fürder entgegenstellen [197]. Die Chasidäer und Schriftgelehrten hielten wohl jetzt, nachdem der Tempel von dem »Gräuel« gereinigt und die Opfer ungestört wieder dargebracht werden konnten, den Krieg für einen bloßen Kampf um die *Herrschaft* und zogen sich zurück. Nach Josephus [198] konnte Juda sogar in den beiden Schlachten gegen Nikanor und Bacchides nur je tausend Mann den gewaltigen Heeren entgegenführen. Ein neuerer geistreicher Forscher [199] will sogar den Ausspruch Jose b. Joesers, dieses berühmten Chasidäers, der um jene Zeit lebte und an der Spitze der Religionsbehörde und bis zu den Hasmonäern wohl auch der übrigen Verwaltung stand [200], und wohl ein naher Verwandter des Alkymos war: »Laß dein Haus ein Sammelplatz für die Weisen (Gelehrten) sein, laß dich zu ihren Füßen bestauben (die Schüler saßen zu den Füßen des Lehrers), und trinke mit Durst ihre Lehren« [201] auf diese Neigung der Schriftgelehrten beziehen, auch in jener Zeit, sobald die Religion gerettet schien, sich der friedlichen Beschäftigung mit der Gotteslehre zu wid- |175| men und von

---

195 Makkab. 7, 12–17.
196 l. l. v. 49. 50. Meg. Tan. c. 12.
197 Makk. c. 8 und 9.
198 A. XII, 10.
199 Derembourg, Essai S. 65.
200 S. oben.
201 Spr. d. V. I, 4.

allen politischen Kämpfen sich fern zu halten[202]. In diesem Verhalten der Pharisäer finden wir auch den Schlüssel zu dem unverkennbaren Mißtrauen und dem in dieser Hinsicht so unpolitischen Auftreten des sonst frommen und politisch klugen Hasmonäergeschlechts gegen die Pharisäer, die ja das ganze Volk hinter sich hatten. Ebenso ist es geschichtlich erwiesen, daß gerade die bedeutendsten Häupter des Pharisaismus den Kampf gegen die Römer zur Zeit der Tempelzerstörung *nicht* wollten, und zwar hauptsächlich aus dem Grunde, weil sie gerade jene Grundgedanken der Religion damals nicht in Gefahr wußten und ein Kampf um *politische* Hoffnungen, besonders da sie die Erfolglosigkeit voraus sahen, ihnen nicht geboten schien. Schon Hillel, der bereits in die ersten Wirren des Staatslebens hineinragte – er starb kurz vor der Einführung des verhaßten Census durch die Römer, als es bereits heftig in den Gemüthern zu gähren begann, a. 5 n. d. gew. Z. – schon Hillel, dieser hochangesehene Synedrialvorsteher, lehrte, sicher schon im Hinblick auf diese Wirren und den keimenden Römerhaß: »Liebe Frieden, stifte Frieden, liebe die Menschen (הבריות) ...«; den Zeloten gegenüber sagte er ausdrücklich: »Bete für das Wohl der Landesobrigkeit, denn wäre nicht die Furcht vor ihr, Einer würde den Andern lebendig verschlingen«[203]. Sein Urenkel, der Synedrialvorsteher Simon II. b. Gamaliel, ist immer beschwichtigend zwischen die Regierung und das Volk getreten[204], und empfahl Schweigen, stilles Dulden in den Bedrängnissen des Lebens[205]. Der Schüler Hillel's, des größten und angesehensten Mischnalehrers, R. Jochanan b. Sachai, berief sogar während der Belagerung durch Titus eine Volksversammlung in Jerusalem, der er die Uebergabe der |176| Stadt empfahl[206]. Und sicher lagen doch diesen Lehrern die Grundgedanken des Judenthums und ihre Erhaltung nicht weniger am Herzen, als ihren zelotischen Gegnern, oder selbst ihren Vorgängern in den Syrerkriegen. Aber noch war Rom nicht so weit gegangen, als die Syrer und später es selbst, wenigstens wurde es nicht faktisch durchgeführt: die Aufstellung von Götzenbildern im Tempel und die Uebertretung der wichtigsten Religionsgesetze zu erzwingen. Einzelne Ausschreitungen römischer Statthalter in dieser Beziehung wurden schließlich von Rom aus immer wieder desavouirt, und selbst Caligula's Versuch, sein eigenes Bild zur Anbetung im Tempel aufzustellen, wurde bald als das erkannt, was es war, als die thörichte Laune eines wahnsinnigen Tyrannen. Die besonnenen Pharisäer, die eben *keine* politischen Fanatiker gewesen, waren daher, und wohl mit Recht, des festen Glaubens, Rom begnüge sich mit der einfachen Unterwerfung und werde unter dieser Bedingung Tempel und Stadt und die Glaubensfreiheit erhalten. »Es verlangt nur die Auslieferung der Waffen und wird euch dann Tempel und Stadt erhalten[207], sprach R. Jochanan zu dem versammelten Volke. Er hatte

---

202 Vgl. Jak. Brüll l. l. S. 15.

203 Spr. d. V. I, 12.

204 Jos. B. IV. 3, 9. Vita 38.

205 Spr. d. V. I, 17. cf. Frankl. Hod.

206 Aboth d'R. Nathan c. 4. ff.

207 l. l. בני מפני מה אתם מבקשים להחריב את העיר הזאת ואתם מבקשים לשרף את בית המקדש ... הא אינו מבקש מכם אלא
קשת אחת או חץ אחת וילך לו מכם. Auch der berühmte Synedrialvorsteher zur Zeit des jüdischen Krieges mit den Römern, R. Simon b. Gamliel, der so fest auf der Seite seines Volkes stand, daß er seinen Posten nie verließ, war doch ein Gegner der zelotischen Eiferer und mißbilligte laut ihre

|177| wohl sichere Nachrichten über die Dispositionen des Feindes, wie die Geschichte auch anderwärts lehrt, und wurde ihm ja selbst auf seine Bitte gestattet, ein neues Lehrhaus in Jamnia (Jabneh) zu errichten, eine That, durch welche er das Judenthum und seine Aufgabe aus dem Schutte des Staatswesens rettete, die aber auch den Beweis liefert, daß es den Römern damals noch nicht um die Vernichtung des Glaubens zu thun war, wie überhaupt das römische Heidenthum im Grunde von Glaubensverfolgungen nichts wußte, und auch später in der Unterdrückung der jüdischen Lehre nicht den Glauben, sondern den Geist tödten wollte, aus welchem die politischen Unruhen nach seiner Meinung die Nahrung sogen, oder man wollte die Bildung überhaupt vernichten, um die stupide Masse desto sicherer nach seinem Willen lenken zu können. Es ist daher sicher auch nicht richtig, daß der Aufruhr gegen die Römer unter dem Galiläer Juda bei der Einführung des Census (a. 7.) von den Pharisäern und Schriftgelehrten ausgegangen und genährt worden sei[208]. Die ganze Stütze dieser Behauptung liegt in der Bemerkung des Josephus[209] daß sich der Pharisäer Zaduk mit ihm verbunden hatte, und daß er das Volk unter dem Rufe: Gott allein gebühre die Herrschaft[210], für seine Sache gewonnen habe. Allein derselbe Josephus berichtet auch daß das Volk im Ganzen, das doch, wie er wiederholt mittheilt, in Allem dem Rath der Pharisäer folgte, mit dem Census sich ausgesöhnt hatte und daß Juda eben eine vierte Sekte, um uns des Ausdrucks bei Josephus zu bedienen, nämlich eine republikanisch zelotische gestiftet – und warum sollten nicht auch einzelne Pharisäer feurige Republikaner gewesen sein können? Die Häupter des Pharisaismus waren wohl auch |178| gegen Rom und seine Barbareien, aber sie ertrugen sie, so lange die Religion selbst nicht in Gefahr war. Diesem Grundsatz blieben sie, und mit ihnen der Kern des Volkes zu allen Zeiten treu. Die Juden waren unter den Persern wie unter den Syrern bis auf den Religionsverfolger Antiochus Epiphanes und unter den Ptolemäern in Egypten, wo sie sogar die ersten Anführer des Heeres und die Ersten im Rath der Könige waren, die treuesten Bürger. Völlig falsch aber, nicht nur in der Auffassung des Grundes, wonach man an die Stelle der aufwirbelnden Gluth der Vaterlandsliebe und des Kampfes um die heiligsten Güter der Menschheit, die abgeblaßten messianischen Hoffnungen setzen will, die gerade in dem furchtbaren Kampfe mit den Römern zur Zeit der Tempelzerstörung weder bei einem der Führer, noch bei dem Volke hervortreten, sondern auch gerade von blinder Feindseligkeit dictirt ist die Behauptung eines andern Schriftstellers, als ob die Friedenspartei der Pharisäer von Feigheit geleitet worden sei[211]. Diese Friedenspartei wußte, wie bemerkt, daß damals die höchsten Güter nicht

---

unsinnigen Unternehmungen, cf. Jos. B. J. IV, 3, 9. Auch unter Hadrian hat R. Josua b. Chananjah mit Zustimmung der übrigen pharisäischen Lehrer einen Aufruhr zu ersticken gesucht, s. Mid Rab. c. 64. Erst das Wüthen dieses Tyrannen gegen die wichtigsten *Religionsgesetze* konnte die pharisäischen Lehrer zur Begünstigung des Bar Chochba'schen Aufstandes bestimmen. S. Raport Erech Millin, Art. Adrianus.

208 Keim, der dies auch annimmt, muß doch zugeben, daß es nur die Zeloten waren, die Gemäßigten und Verständigen aber sich dagegen aussprachen. I. S. 196.

209 A. XVIII, 1, 1.

210 B. II, 8, 1. A XVIII, 1, 6.

211 Gfrörer, Vorrede zu seiner Uebersetzung des Jüd. Krieges von Josephus, die überhaupt von unge-

bedroht waren und kannte auch zu wohl den Unterschied zwischen den syrischen Heeren und ihren Anführern zur Zeit der Makkabäer und den römischen Legionen und ihren weltunterjochenden Feldherren, als daß sie sich ohne die höchste religiöse Noth in den so ungleichen Kampf mit den allmächtigen Welteroberern hätten stürzen, oder ein billiges Abkommen nicht hätten annehmen sollen. Es |179| läßt sich überdies nachweisen, daß die vorzüglichsten, gefeiertesten Häupter des Pharisaismus ursprünglich überhaupt gegen die hermetische Absperrung von den Heiden im Leben durch unbegrenzte Ausdehnung ritualgesetzlicher Verbote entschieden auftraten, wovon wir noch zu sprechen haben werden. So oft Rom die Religion selbst bedrohte, stellten sich die bedeutendsten pharisäischen Häupter an die Spitze des so ungleichen Kampfes, ja selbst das um diese Zeit wieder herabgekommene Hohepriesterthum hielt doch jetzt in *solchen* Fällen entschieden zu dem Volke, wie sie eben bei Gelegenheit von Caligula's wahnsinnigem Versuche bewiesen[212], und traten unter Bar Khochba sogar mit ihrem decimirten Volke dem römischen Koloß furchtlos entgegen[213]. Und jetzt erst entwickelte sich auch ein tiefer Haß gegen die barbarische, alles menschliche Gefühl verhöhnende römische Zwingherrschaft, die allerdings in der immer mehr anwachsenden Ausdehnung der Gesetzesumzäunungen, um die Abschließung vom Heidenthum durch das ganze Leben zu bewirken und selbst in einer mit dem ganzen Charakter des Pharisaismus und seiner Milde im Leben, wie wir nachher sehen werden, in Widerspruch stehenden Verbitterung gegen Alles, was Rom und seine Anhänger betrifft, seinen Ausdruck findet und ist *darin*, keineswegs aber in religiösen Anschauungen, der Grund so mancher Aussprüche der Thalmudisten in dieser Beziehung, wie wir dies an seinem Orte im Einzelnen nachweisen werden, zu suchen[214].

Das Verhältniß der Italiani zu den Tedesci, nämlich zu Oesterreich in den aufgeregtesten Zeiten und noch mehr |180| der Polen zu den Russen kann nur einen schwachen Vergleich bieten, da selbst das Verfahren der Russen gegen die Polen in den allerschlimmsten Zeiten, nach einer, alle Kräfte des großen Staates anspannenden Unterdrückung des immer bereiten Aufruhrs eine wahrhaft väterliche im Vergleich zu der Grausamkeit des siegreichen Rom gegen die armen Juden genannt werden muß. Wo das Vaterland von fremden Unterjochern unterdrückt wird, da mag der Patriot, je tiefer er seine Hoffnungen sinken sieht, von glühendem Fanatismus, vom tiefsten Hasse gegen den vermeintlichen Unterdrücker erfüllt werden. Wo aber das Heiligthum, das höchste Palladium, die Gott geweihte Stätte, wie es von Rom geschah, seiner seit Jahrhunderten gesammelten

---

rechten Vorwürfen und Insinuationen sprudelt. Auch die messianische Idee wird hier in überschwenglicher Weise als das stärkste Motiv in den übermenschlichen Anstrengungen zur Abwehr der römischen Gewalt vorgeführt, trotzdem der Geschichtsschreiber, dem diese Vorrede selbst gilt, dieser Idee als eines solchen Motivs nur einmal flüchtig gedenkt. Auch hier hat Herr Prof. Holtzmann l. l. S. 210, 211 die Annahme mehr auf das richtige Maß zurückgeführt.

212 Jos. Ant. XVIII. 8, 2. zeichnet genau die Gefühle der Juden, oder, was dasselbe sagen will, des Pharisaismus in dieser Hinsicht.

213 Von den größten Lehrern des nachfolgenden Geschlechts, von R. Akiba und Andern, ist dies geschichtlich erwiesen. S. oben.

214 Andere harte Äußerungen, die in agadischer Hülle über Rom und Byzanz vorkommen, s. Sachs, Beitr. II. S. 135 ff., wo ihre Entstehungszeit nachgewiesen ist.

reichen Schätze und frommen Stiftungen beraubt und endlich ganz zerstört wird, da muß der fromme Sinn auf's Tiefste verletzt und zur Rache aufgestachelt werden. Wo dazu noch ferner, wie es wieder bei dem barbarischen blut- und beutegierigen Rom unter so vielen seiner entarteten Herrscher und ihrer Präfekten in den entlegenen Provinzen Asiens geschah, das Volk im Einzelnen beraubt, ausgeplündert wird, und, wie bei den Juden, Frauen und Kinder zu Tausenden der Gefangenschaft, der Sklaverei[215], der Schande preisgegeben, die Besten im Volke bei jeder Regung eines vaterländischen Gefühles den grausamsten Martern, erbarmungslosem Tode geweiht werden; ja, wo man, wie wieder Rom gegen die Juden, noch weiter geht und die heiligsten *Gefühle* des Glaubens, *jede* Äußerung des Bekenntnisses, des am höchsten gehaltenen Gesetzes der Religion mit dem Scheiterhaufen, mit Galgen und Schwert bestraft, da mag man die unglücklichen Opfer beweinen, nimmer aber den Stab brechen über ein |181| hartes Wort, das gerade im tiefsten, sittlichen Abscheu der gepreßten Brust entfährt. Und mit blutigem Griffel sind jene Grausamkeiten auf jedem Blatte der damaligen jüdischen Geschichte tausendfach im Einzelnen eingegraben. Drastisch und kurz werden sie in einer der ältesten thalmudischen Schriften im Allgemeinen dargestellt[216]: »Warum führt man Dich zum Richtplatze?« (fragt ein Israelite den andern) »Weil ich meinen Sohn beschnitten habe.« »Warum wirst du verbrannt? Weil ich in der hl. Schrift gelesen.« »Warum führt man Dich zum Galgen? Weil ich Mazza gegessen (das Osterfest gefeiert) habe.« »Warum wirst Du gegeißelt? Weil ich den Lulabh genommen (das Hüttenfest gehalten) habe[217].«

[Gesinnung und Lehre der Pharisäer]

Schon deshalb, aber auch nach den bestimmtesten Zeugnissen müssen wir auch dem Urtheile des jedenfalls von persönlichen Vorurtheilen freien, würdigen Verfassers des Artikels »Pharisäer in Herzogs Real-Encylopädie« in Bezug auf den *sittlichen* Sinn der Pharisäer überhaupt entschieden widersprechen. Derselbe bemerkt nämlich weiter: »Die Verwendung der Kraft durch die Pharisäer für hohle Formen hatte noch den beklagenswerthen Nachtheil, daß sie den *sittlichen* Kern des Judenthums, die schönste Errungenschaft aus der Prophetenzeit, schwächte und verderbte; daß ferner das *gemüthliche* Element der Moral gänzlich fehlte, vielmehr sich eine starke Neigung zeigte, sich von Rücksichten des Nutzens leiten zu lassen.« »Eine äußerliche Ascetik förderte das innere Erkalten, und eine leicht mit dem Gewissen sich abfindende Casuistik wurde, wie überall, der wahre Krebsschaden der Sittenlehre.«

Wir bekennen zwar offen, nicht zu verstehen, was der |182| Verfasser mit dem Vorwurfe meint, daß sich die Pharisäer in religiöser Hinsicht von »Rücksichten des Nutzens«

---

215 S. weiter Art. Sklaven, die Behandlung der Sklaven in Rom aus Prof. Holtzmann l. l S. 246 und man wird zugeben, daß ein Volk, das solchem Loose verfällt, zur Verzweiflung getrieben werden muß und jeder noch so harte Ausdruck gegen solche Tyrannen wird begreiflich.

216 Mechiltha, Jithro c. 6. Ende.

217 Vgl. auch Th. Ab. Al. 17, b. Wahrhaft schauderregend ist die Grausamkeit Roms gegen die Gesetzestreuen geschildert, Midr. Hoh. L. 2,7.

hätten leiten lassen; jedenfalls konnte er bei seiner ganzen Schilderung, wenn ihm nicht hier noch die *überkommenen* Vorstellungen das sonst klare Auge getrübt haben, nur die *falschen* Pharisäer im Auge haben, die der Thalmud selbst so sehr geißelt, und manche geistesschwache Epigonen oder verschmitzte Heuchler, die *heutzutage* unter einem todten Formalismus die innere geistige oder sittliche Leere verhüllen wollen. Man kann das Ueberwuchern religiöser Vorschriften beklagen, muß aber nichts desto weniger zugestehen, daß der wahre Pharisaismus dennoch den tiefsten *sittlichen* Kern nie aus den Augen verlor.

Indessen diese Vorwürfe schwinden der Sprache gegenüber, die Schenkel[218] nicht blos gegen die Rabbinen, sondern sogar gegen die Bibel zu führen für gut findet, um das Christentum auf Kosten des Judenthums zu erheben oder vielmehr letzteres zur Verherrlichung des erstern recht tief herabzudrücken, ohne vielleicht zu bedenken, daß mit der Zerstörung des Grundes auch der darauf ruhende Bau dem Zusammensturze verfällt, daß, »wenn der Stützende strauchelt, der Gestützte fällt *und insgesammt sie untergehen*[219].«

Was zuerst die Bibel selbst betrifft, so wollen wir hier nur anführen, was derselbe S. 91 seines Buches sagt:

> »Der Begriff des alttestamentlichen Gottesreiches, so lauten Schenkels Worte, war ein äußerlicher und ruhte durchweg auf Satzungen und Gesetzeszwang; darum bezogen sich seine Gebote und Verbote auf das äußere Verhalten der Menschen, den *bundesgesetzlichen Gehorsam*. Das neutestamentliche Gottesreich ist ein inneres und geistiges, es beruht durchweg |183| auf persönlicher Freiheit; darum beziehn sich seine Satzungen auf das *innere* Verhalten des Menschen, die *sittliche Gesinnung*. Im alten Bunde war der Mord verboten, im neuen ist es auch der Zorn, weil er die innere Quelle des Mordes ist. Im alten Bunde bewirkte das satzungsgemäß dargebrachte Opfer als solches Sühne; im neuen Bunde hat das Opfer nur dann sühnende Kraft, wenn es mit einem versöhnlichen und versöhnten Gemüthe dargebracht wird. Im alten Bunde war der Ehebruch lediglich als vollzogene Handlung untersagt, im neuen Bunde gilt schon der begehrliche Blick nach dem fremden Weibe als Ehebruch.«

Man traut seinen Augen kaum, man weiß nicht, ob man träumt, oder im wachen Zustande sich befindet, wenn man solche Dinge liest. Wir sprechen nicht von den ersten Sätzen: das sind allgemeine Phrasen, die tausendmal schon von den Kanzeln herab verkündigt und verzückten Zuhörern als hohe Weisheit gepredigt wurden. Aber der Zorn ist im alten Bunde nicht verboten? Was wollen denn die Gebote? »Du sollst deinen Bruder nicht hassen in deinem Herzen; zur Rede stellen sollst du deinen Nächsten, daß du nicht seinetwegen Sünde tragest. Du sollst dich nicht rächen und nichts nachtragen den Kindern deines Volks; du sollst deinen Nächsten lieben wie dich selbst? (3 Mos. 19, 17. 18). Was ist denn hier Anderes, als Zorn- und Rache-Gefühle verboten? Und hier kann man sich nicht einmal hinter die falsche Auffassung des Wortes »Nächsten« verschanzen, als bezeichne es nur den Israeliten: das thut hier nichts zur Sache, genug das Zorn- und Rache-Gefühl ist schon verboten, nicht bloß der Mord. Im alten Bunde bedurfte es blos des äußeren

---

218 Charakterbild Jesu S. 92 u. s.

219 Der von diesen Herren so sehr in den Schmutz gezogene Thalmud verdammt aber doch auf's Entschiedenste, sich auf Kosten der Nebenmenschen zu erheben מתכבד בקלון חבירו

Opfers zur Sühne, ohne Rücksicht auf das dabei waltende Gefühl? Wozu bedurfte es dann des Sündenbekenntnisses, des Gebets bei dem Opfer (3. Mos. 5,5. 6. 16. 21; 4. Mos. 5,7; Deut. 26,13–15), wenn die Thatsache des äußern Opfers zur Sühne genügte? Das Gebet ist eben *überall Herzensdienst* und wird von den |184| Rabbinen ausdrücklich so genannt (עבודה שבלב). Im alten Bunde war der Ehebruch lediglich als vollzogene Handlung untersagt, nicht aber der begehrliche Blick nach dem fremden Weibe? Kann denn Herr Schenkel im zehnten Gebote anders übersetzen, als: »Du sollst nicht *Gelüste* tragen nach dem Weibe deines Nächsten?« Oder *können* diese Worte etwas Anderes als die *Lust*, die *Begierde* meinen, nachdem die *Thatsache* des Ehebruchs bereits im siebenten Gebote verboten ist? Es ist gewiß traurig, über solche Dinge noch discutiren zu müssen.

Doch diese Anklagen sind noch nichts gegen die Anklagen des Herrn Schenkel gegen die Rabbinen. In der Bibel gibt derselbe doch wenigstens noch Gesetze zu, wenn auch als ganz äußere, man möchte sagen, als Polizeigesetze, nicht als Religion, die überall das Herz fordert (רחמנא לבא בעי). Die Rabbinen aber, sie find ihm sammt und sonders die Urtypen des heillosesten Jesuitismus.

> »Die pharisäische Gerechtigkeit«, sagt Herr Schenkel, »begnügte sich mit der correcten Beobachtung des vorschriftsmäßigen Buchstabens; wer sich gegen diesen nicht verfehlt, ist ein Gerechter vor Gott. Die innere Gesinnung, die Heiligung der Seele vor Gott ist dieser Gerechtigkeit gleichgültig. *Wer den Schein der Gerechtigkeit vor Menschen bewahrt, wer vor erweislichen Gesetzesübertretungen sich zu hüten versteht* (sic!), *der hat in den Augen des Pharisäers Gottes Gebote erfüllt. Auf diesem Wege untergräbt der Pharisäismus das Gewissen, zerstört Religion und Moral in ihren Wurzeln* und höhlt das Mark des Volkslebens und der Volkskraft durch Verflüchtigung des sittlichen Ernstes aus. *Es ist die Religion des Scheins und hat die Moral der gleißenden Oberflächlichkeit. Es ist der Jesuitismus und verkommene Pietismus der vorchristlichen Welt.*«

Hätte Herr Schenkel ausgesagt, daß er die *falschen* |185| Pharisäer, die *Heuchler* meint, die das Neue Testament im Auge hat, und die der Thalmud selbst am stärksten verurtheilt, und schon die Mischna (Sota III, 4.) die »Zerstörer der Welt« (מכלי העולם) nennt, so würden wir kein Wort darüber verlieren. Diese Heuchler stifteten und stiften mehr Verderben, »als Gift und Dolch es je vermochten«. Aber Herr Schenkel stellt diese Moral wieder der neutestamentlichen gegenüber, und wollte unter seiner Zeichnung offenbar alle Rabbinen, auch die wahrhaft frommen, ernsten Pharisäer verstanden wissen. Da kostet es in der That Mühe, solche Verunglimpfungen der großen, jahrtausendjährigen Lehrer, die nach allen Geschichtsquellen ebenso hervorragend an Geist wie an Sittlichkeit waren, die den Gottesgedanken unter unsäglichen Martern aus den anstürmenden Fluthen des Heidenthums gerettet, so daß das Christenthum, zu dessen vermeintlicher Verklärung man eine ganze Glaubensgemeinde, ihre größten Männer, ihre Religion, ihre heiligsten Gefühle unbarmherzig dem Hohne und der Verachtung preisgibt, ohne sie gar keine Wurzel gehabt und keinen Boden gefunden hätte, wo es Platz greifen konnte, es kostet Mühe, solche Anklagen, die entweder auf völliger Unkenntniß aller Quellen, auf dem Mangel des Verständnisses der Entstehung und Entwickelung des eigenen Bekenntnisses, oder, was noch schlimmer wäre, auf bewußter Täuschung der unwissenden und leicht-

gläubigen Menge beruhen, die hohlen Phrasen zujauchzet, wo es gilt, Juden und Judenthum zu verlästern, nicht in *gebührender* Weise in die Schranken zurück zu weisen. Es ist
hier nicht unsere Aufgabe, eine Entstehungs- und Entwickelungsgeschichte des Christenthums zu schreiben. Männer, wie die Herren der Tübinger und Züricher Schule, Baur,
Strauß, Zeller, Hilgenfeld, Keim, ferner Gfrörer[220], Ewald, Holtzmann[221], u. A. haben auf
diesem Gebiete ja so Ausgezeichnetes geleistet, daß es eine Anmaßung |186| unsererseits
wäre, solches ernstlich in Angriff zu nehmen, wenn es uns auch gestattet sein mag, Einzelnes zu beleuchten und mit Hülfe alter jüdischer Quellen, die in ihrem großen Umfan-
ge nicht Allen leicht zugänglich sind, zur Aufhellung jener für die Zukunft der ganzen
Menschheit so bedeutungsvollen Culturepoche heranzubringen. Es ist auch unsere Aufgabe hier nicht, eine umfassende rabbinische Sittenlehre zu schreiben. Dennoch liegt uns
diese Aufgabe schon näher. Denn es kann von einer Sittenlehre andern Bekenntnissen
gegenüber gar keine Rede sein, wo sie an und für sich so von Fäulniß durchdrungen wäre,
wie sie Schenkel darstellt. Dabei wird auch das Sittengesetz in Bezug auf andere Bekenntnisse theilweise um so mehr schon hervortreten, als dasselbe wesentlich ja nur Eines ist
und sein kann, wie die Wahrheit. Gehen wir nun einigermaßen auf die rabbinische Sittenlehre ein, so finden wir gerade das Gegentheil von dem, was Reuß und dann natürlich
in unendlich erhöhtem Maße von dem, was Schenkel von der pharisäischen Sittenlehre
behauptet: daß sie sich mit bloßen Äußerlichkeiten begnüge, dagegen die innere Gesinnung ihr gleichgiltig sei.

Selbst bei der am höchsten geachteten Vorschrift, dem Thorastudium, ist es der sittliche Gedanke, den der Pharisäismus dabei am meisten hervorkehrt. Der berühmte Lehrer
Hillel sagt in dieser Hinsicht: »Wer sich der Krone (der Thora) zu selbstsüchtigen Zwek-
ken bedient, schwindet dahin«[222]. Das alte Schulhaupt Antigonos lehrt im Namen Simon
II.: »Seid nicht wie Knechte, die dem Herrn um des Lohnes willen dienen«[223]. In einer
Boraitha[224] wird der Vers: »Gott, deinen Herrn, zu lieben«, dahin erklärt: der Mensch sage
nicht: »Ich will die heilige Schrift lesen, damit man mich einen Weisen nenne; ich will die
Mischna studiren, damit man mich Rabbi |187| heiße, damit ich Schulvorsteher werde,
sondern aus *Liebe* zu *Gott* (zur Sache, zur Idee), das dir Gebührende wird sich schon finden.« Der Thalmud geht sogar so weit, den, der dem bloßen Studium der heil. Lehre
obliegt, ohne tatsächliche Liebe zu üben, einem Solchen zu vergleichen, »der keinen Gott
habe«[225] Schärfer kann der Formalismus gewiß nicht verurtheilt werden. »Zwei Lehrer«,
fährt der Thalmud fort, »wurden von den Römern gefangen gesetzt, weil sie sich mit dem
göttlichen Wort beschäftigt, der eine wurde gerettet und zwar deshalb, weil er mehr
tatsächliche Liebe geübt.« Das Sittengesetz steht dem Thalmud überall *über* den rituellen

---

220 Kritische Geschichte des Urchristentums.

221 Judenthum und Christenthum

222 Aboth. I, 13.

223 Das. I, 3.

224 Ned. fol. 62. Boraitha's sind die in die Mischna-Sammlung R. Jehuda's nicht aufgenommenen
Gesetze und Aussprüche alter Lehrer.

225 Abod. Al. 17, 6. Aehnlich Jalkut im Namen des Siphre zu Deut. 15, 9. »Wer kein Erbarmen übt, ist
dem Götzendiener gleich geachtet.«

Gesetzen. Der große Thalmud-Lehrer Raba pflegte immer zu sagen: »Das Ziel alles Wissens ist Tugend und Sittlichkeit« (Ber. 16, b.). »Gerechtigkeit und Liebe (צדקה וג״ח) wiegen alle andern Gebote auf«, heißt es Th. Jer. Pea I. Hal. 1. Und diese Ansicht wurde von den bedeutendsten Lehrern des Mittelalters festgehalten. Der berühmte Bachia b. Josef (Bechai) im elften Jahrhundert vergleicht in seinem Buche: »Die Herzenspflichten (Choboth la-Lebaboth) die heiligen Schriften mit einem Seidenbündel von drei an Qualität außerordentlich verschiedenen Seidenarten: Die feinste Gattung sei der innere Geist und die Sittengesetze, eben die »Herzenspflichten«; die zweite, weit unter der erstem stehende Gattung enthalte die Ceremonialgesetze, die »Gliederpflichten«; die dritte endlich umfasse die geschichtlichen Nachrichten. Dieser sittliche Grund des religiösen Lebens tritt sogar im Pharisaismus, man möchte fast sagen, in der ängstlichsten Weise hervor.

Er ging zwar nicht so weit, den »begehrlichen Blick« schon als Ehebruch zu bezeichnen, was übrigens auch nicht in der Bergpredigt geschieht, aber er *verbietet* überhaupt doch noch mehr und ist auch hier sogar von Extravaganzen nicht |188| frei, so z. B. nur viel mit einer Frau zu reden, ja ihr nur Geld in die Hand zu zählen, um Gelegenheit zu haben, sie näher anzublicken [226]. »Augen und Herz sind die Makler der Sünde« [227] wird treffend bemerkt. Der begehrliche Blick selbst aber wird als Unzucht und Sittenlosigkeit verpönt [228]. Die hebr. Sprache spricht übrigens dafür, daß dieser Begriff von jeher im Volke lebte. Das Wort זמה Unzucht bedeutet seinem Stamm (זמם) nach ja eigentlich das Sinnen und wird, wenn auch vom guten, doch vorzüglich vom bösen Sinnen gebraucht.

Ferner gilt dem Pharisäismus jedes unsittliche *Wort* als die höchste Sünde. »Wer seinen Mund durch unzüchtige Reden schändet, den trifft Mißgeschick, wenn er auch zum höchsten Glück bestimmt wäre« [229]. »Wer seinen Mund durch unzüchtige Reden entweiht, dem wird die Hölle tiefer gemacht« [230]. Diese umfassende Sittlichkeit erstreckt sich auf alle Gebiete des Lebens. Vier Menschenklassen, sagt ein thalmudischer Lehrer, werden die Gottheit nicht schauen (nicht selig werden): die Spötter, die Schmeichler, die Lügner, die Verläumder [231]. Die Liebeshandlung oder die Frömmigkeit des Herzens (Chasiduth v. Chesed) ist den alten Thalmudlehren die Stufe, welche zur menschlichen Vollendung führt, oder auch die Demuth, die Bescheidenheit.

»Das Studium der Thora«, sagt der durch seine außerordentliche Frömmigkeit berühmte Lehrer R. Pinehas b. Jair, »führt zur Zurückhaltung von der Sünde, diese führt zur Vorsicht, diese zur Unschuld (N'kiuth Sittenreinheit), diese zur Abson- |189| derung, diese zur Reinheit, diese zur Heiligkeit, diese zur Scheu vor Sünde, diese zur Demuth, diese zur Herzensfrömmigkeit (Chasiduth), diese zum heiligen Geiste« (Ruach ha-Kodesch);

---

226 Spr. d. V. I, 5. Th. Erub. 18, b. B. Bath. 57, b.

227 הרהורי עבר' קשין מעברה :Ferner עינא ולבא סרסורי דחטאה »Unzüchtiges Sinnen ist sündhafter als die That[«], denn, bemerkt Maim. More III., 8. dazu, »dort sündigt der Mensch mit seinem geistigen, hier mit seinem körperlichen, thierischen Theile«. Vergl. Meiri zu Spr. 21, 10.

228 Sabb. fol. 34. vgl. Ber. 24, a. Ab. s. fol. 20 u. s.

229 Th. Khet. fol. 5. cf. fol. 8, b.

230 Mez. fol. 33.

231 Sota, fol. 42.

der berühmte Lehrer R. Josua b. Levi hält die Demuth für die höchste Tugend[232]. So wird überall gerade jede sittliche Tugend als das Ziel der Thora und ihres Studiums und als erste und notwendige Bedingung des religiösen Lebens bezeichnet.

Was die *Gerechtigkeit* betrifft, die man ebenfalls der thalmudischen Lehre absprechen will, so wollen wir, abgesehen von den strengen Rechtsgrundsätzen, die schon in den civilrechtlichen Theilen der durch Übersetzungen Jedem zugänglichen Mischna überall herrschen, bei welchen doch nicht von »Schein« die Rede sein kann, nur einige allgemeine Aussprüche nach dieser Richtung hier anführen.

Das Recht steht dem Thalmud so hoch, so sehr als die erste Bedingung alles menschenwürdigen Lebens, daß er dasselbe (דינין) unter die »noachidischen Gebote« aufnimmt, d.h. als Bedingung des Menschenthums, ohne welche ein menschenwürdiges Dasein nicht bestehen kann. Auf drei Dingen, heißt es in den Sprüchen der Väter (I, 18), mit Beziehung auf Secharia 8,16., beruht der Bestand der Welt: auf Wahrheit, Recht und Frieden.

In ganz gleicher Weise spricht sich der ziemlich spät, nach Zunz (G. V.) im achten Jahrhundert verfaßte Midrasch Tana d'be Eliahu aus, ein Beweis, daß diese Anschauung fortwährend im Judenthum herrschte. »Durch acht Dinge wird die Welt zerstört«, heißt es daselbst[233], »und durch vier Dinge wird sie erhalten.« Die acht Dinge, durch welche die Welt zerstört wird, sind: 1. die Rechte (ihre Verletzung), 2. Götzendienst, 3. Unzucht, 4. Mord, 5. Entweihung des göttlichen Namens (durch unehrenhafte Handlungen seiner Bekenner), 6. durch |190| unzüchtige Reden, 7. durch Hochmuth, 8. durch böse Nachreden, wozu Andere noch *den begehrlichen Blick* (חמוד) rechnen. Die vier Dinge, durch welche die Welt erhalten wird, sind: 1. Wohlthätigkeit, 2. Uebung des Rechts, 3. Wahrheit, 4. Frieden.« Und um zu beweisen, daß das Recht keinen Unterschied zwischen Juden und Heiden kennt, wird folgende Erzählung hinzugefügt:

> »Es geschah einmal«, sagte der Schüler zu dem Meister (hier der Prophet Elia, also die höchste Autorität), »daß ich einem Heiden vier Maß (Saïn) Datteln verkaufte, die ich ihm an einem finstern Orte (wo die Richtigkeit des Maßes nicht unterschieden werden konnte) in kleinem Theilen zugemessen habe. Er sprach zu mir: Gott ist im Himmel (ist Zeuge), Du aber mußt wissen, ob Du mir richtig messest. Da ich ihm aber an einem finstern Orte maß, hatte ich ihm drei Maß weniger gegeben. Dafür kaufte ich mir einen Krug Oel und stellte ihn an den Ort, wo ich dem Heiden die Datteln verkauft hatte, da zersprang der Krug und das Oel floß aus.« Darauf sagte ich ihm (Elia zu seinem Jünger): Mein Sohn, es heißt: »Du sollst Deinen Nächsten (רֵעֲךָ) nicht bedrücken und nicht berauben« (3 M. 19,13.): Dein »Nächster« *ist wie Dein Bruder und Dein Bruder ist wie Dein Nächster.* Daraus folgt, daß der an einem Heiden begangene Raub (Betrug) gleichfalls verboten ist, denn es ist immer ein Raub (Betrug)«.[234]

---

232 Ab. Al. fol. 20, b. cf. Midr. Hoh. Lied, Abschn. 1.

233 E. Rab. c. 15.

234 Dieses Thema, über welches noch so viele Vorurtheile selbst bei gebildeten, durchaus nicht judenfeindlichen Christen herrschen, werden wir später ausführlicher besprechen. So viel ist aus dem Obigen schon klar, *daß jeder absichtliche Betrug oder Täuschung auch gegen Nichtjuden religiös verboten ist.*

Man sieht hieraus aber auch, was wir beiläufig bemerken wollen, daß die Rabbinen unter dem Ausdrucke: Nächster רֵעַ auch den Heiden verstanden, was wir wiederholt betonen mußten.

Zur weitern Bekräftigung dieser Wahrheit wollen wir eine andere Stelle desselben Buches hierher setzen[235]. »Es heißt: |191| »Du sollst den Ewigen, deinen Gott lieben«, d.h. Du sollst den Namen Gottes bei den Menschen בריות beliebt machen, Du sollst das Wort Gottes lernen und darin forschen, mußt aber dabei in Deinem Verkehre mit den Menschen redlich und wahr sein, damit die Welt sagt: Siehe, der hat das Wort Gottes gelernt, wie schön sind seine Werke, wie herrlich seine Wege! Wehe, wer das g. Wort nicht gelernt hat. Wahrlich! auch wir wollen es lernen und unsern Kindern lehren. So wird der Name Gottes durch ihn geheiligt. Von ihm sagt die h. Schrift (Jes. 49,3.): »Er sprach zu mir: Mein Knecht bist Du, Israel, an dem ich mich verherrliche. Von dem aber, der das Wort Gottes gelernt, aber nicht liebevoll und redlich in seinem Verkehre mit den Menschen ist, sagt man: Der Mann kennt das Wort Gottes und wie böse ist sein Thun, wie häßlich sein Lebenswandel. Wahrlich! Wir wollen das Wort Gottes nicht lernen und unsern Kindern nicht lehren. So wird der Name Gottes durch einen solchen entweiht. Von ihm heißt es in der h. Schrift (Ez. 36,20.): Sie kamen unter die Völker und entweihten meinen heiligen Namen. Ja, die Lehre Gottes wurde nur zu dem Zwecke offenbart, um den Namen Gottes zu heiligen. Darum sagen unsere Weisen: »Es halte sich der Mensch fern vom Raube (Betrug). (das Wort גזל wird im Thalmud immer im allgemeinen Sinne der ungerechten Aneignung fremden Gutes gebraucht) sowohl dem Heiden wie dem Israeliten gegenüber. Ebenso verhält es sich mit dem Eide, mit Entwendung, mit dem Abläugnen. Wer es dem Einen thut, thut es dem Andern und der Name Gottes soll überall geheiligt werden, wie es heißt (Jes. 66,19): »Ich werde an ihnen ein Zeichen thun und Flüchtlinge von ihnen an die Völker entsenden …, daß sie meine Herrlichkeit verkünden unter den Völkern.« »Besser«, sagt der Thalmud,[236] »ein göttlich offenbartes Gesetz wird übertreten, als daß der Name Gottes öffentlich entweiht, |192| eine Handlung begangen würde, durch welche das Judenthum in den Augen anderer Bekenntnisse herabgewürdigt wird. Besser, läßt der Thalmud David sagen, ich wäre dem Götzendienst verfallen, als daß mein Sohn seinem Vater nach dem Leben gestrebt, wodurch der Name Gottes entweiht wurde. Besser selbst Götzendienst, als Entweihung« des g. Namens (חלול השם Synh. 107, a.) So sprechen sich die Rabbinen oft und nachdrücklich über die Wichtigkeit und die Pflicht der Pflege des Rechts in Staat und Gesellschaft von Allen und gegen Alle aus. Sie stellen die Sünden, die dagegen begangen werden, sogar über die Blutschande, die im Privatleben höher als selbst gegen das Heiligthum, was beides bei denselben sehr viel sagen will[237]. Mit ängstlichster Strenge wird daher auch jede Abweichung von dem gesetzlichen Maße, selbst mit Zustimmung des Käufers oder Verkäufers und mit Berechnung des Mehr- oder Mindergehaltes verboten, um keine Veranlassung zu irgend welcher Täu-

---

235 l. l. c. 28. Ganz ebenso schon Th. b. Joma f. 86, a.
236 Jeb. 71, a.
237 Th. B. Bathra. fol. 88, b. Vgl. auch Jalkut Mis. s. 306.

schung zu geben[238]. Es war sogar verboten, ein solches Maß auch nur im Hause zu haben, damit kein Mißbrauch damit getrieben werden könne. Und Thalmud und Gesetzlehrer bemerken ausdrücklich, daß in dieser Hinsicht kein Unterschied zwischen Juden und Nichtjuden stattfinde. Betrug und Uebervortheilung sind eben gegen *jeden* Menschen, auch gegen Heiden verboten[239], wie wir das bereits nachgewiesen. Selbst die Sodomiten, sagt der Thalmud, obgleich sie alle Gräuel begangen hatten, wurden nur wegen ihrer Mißachtung des Rechtes zum Untergang verdammt.[240]

|193| Alle Frömmigkeit gilt dem Thalmud wenig, wenn sie nicht mit der strengen Erfüllung der Pflichten gegen den Nebenmenschen verbunden ist. So heißt es Th. Kid. 40, a. zu dem Verse Jes. 3, 10, den der Thalmud in diesem Sinne auffaßt: »Saget vom Frommen, wenn (כִי) er gut ist, daß er die Frucht seiner Werke genieße«, gibt es denn einen Frommen, der nicht gut ist? Ja, lautet die Antwort, der wohl gut ist gegen Gott (die Ceremonialgesetze übt), aber böse gegen *Menschen* (בריות)[241] »Niemand heißt überhaupt ein Frommer«, sagt der Midrasch zu den Psalmen 7, 10., »der nicht zugleich gut ist.«

Der stehende Ausdruck für fromm ist überhaupt im Thalmud Zaddik »gerecht«. Daß dies aber der herrschende Gedanke im Judenthum war, geht überall auch aus Josephus hervor. Da, wo Hyrkan sich den *Pharisäern* empfehlen will und daß er zu ihnen gehöre, sagt er, sie wüßten, daß er immer ein δίκαιος zu sein sich bestrebt habe.[242] Josephus zählt sich bekanntlich selbst zu den Pharisäern, und rühmt an Johannes dem Täufer, daß er sich nicht mit Aeußerlichkeiten begnügt, sondern Gerechtigkeit des Herzens angestrebt und in diesem Sinne die Tauche (Taufe) als Symbol der Reinigung vollzogen habe[243].

Entscheidend aber für die Forderung der inneren Gesinnung von den Pharisäern, und daß ihnen das Sittengesetz allein und nicht bloße Aeußerlichkeiten das Wesen der Religion bildet, ist der folgende ebenso merkwürdige wie ausgezeichnete Ausspruch:

613 Gebote wurden Mose offenbart, 365 Verbote und 248 Gebote. Da kam David und faßte sie alle in 11 zusammen: »Ewiger, wer darf in Deinem Zelte wohnen, wer auf Deinem Berge ruhen? Wer redlich wandelt, |194| Gerechtigkeit übt, von Herzen Wahrheit redet, mit seiner Zunge nicht verleumdet, seinem Nächsten nichts Böses thut, seinen Nebenmenschen nicht schmäht, Verächtliche nicht achtet, die Gottesfürchtigen ehrt, zu seinem Schaden schwört und hält, wer sein Geld ohne Zinsen verleiht und Unschuld unbestechlich schützt. Da kam Jesaias und faßte sie in sechs zusammen: »Wer in Gerechtigkeit wandelt, redlich spricht, Gewinn durch Bedrückung verschmäht, wer seine Hände schüttelt, daß er nach Bestechung nicht greift, wer sein Ohr verstopft, daß er Blutschuld nicht höre, sein Auge zudrückt, daß er das Böse nicht schaue« (Jes. 33, 15). Da kam Micha und faßte sie in drei zusammen: »Es ist Dir gesagt, o Mensch, was gut ist und was der Ewige von dir fordert: *Recht üben, Liebeshandlungen lieben* (gerne thun), *und bescheiden*

---

238 Th. l. l.
239 Th. B. Mez. fol. 58, Maim. v. d. Verkauf c. 18, 1.
240 Synh. 108 a. gestützt auf 1 M. 6, 13. Ez. 7, 11. In letzterer Stelle liest eben der Thalmud חָי Noah st. חַ (s. Ges. s. v). Die LXX übersetzen σπουδή, scheinen daher wieder anders gelesen zu haben vielleicht עָ Bewegung Leben, was sehr gut in den Zusammenhang paßt.
241 B. Bath. fol. 98.
242 Ant. XIII. 10, 5.
243 Ant. XVIII. 5, 2. Ganz ebenso faßt der Thalmud die Tauche (טבילה) auf. Tanith fol. 28.

wandeln vor dem Ewigen, Deinem Gotte (Micha 6, 8.). Dann faßte sie Jeremias später in zwei zusammen: »So spricht der Ewige: *Bewahret das Recht, übt Liebe* (צדקה) (Jes. 56, 1.). Amos faßte sie in eines: »So spricht der Ewige zum Hause Israel: *Suchet mich auf und lebet*« (Amos 5, 4.). Nach Andern ist dieses Eine der Ausspruch des Habakuk: *»Der Gerechte lebt durch seinen Glauben«* [244].

Es ist doch klar, daß hier alle göttlich offenbarten Gesetze, die |195| 365 Verbote und die 248 Gebote, nur die aus den Psalmen und Propheten angeführten Sittengesetze befördern sollen und daß diese alle also der eigentliche Inhalt, das Wesen, das Ziel der Gottesoffenbarung seien, ja, daß Amos und Habakuk den Gottesglauben als das alleinige Ziel der Gottesoffenbarung und in ihm allein schon den festen Grund für alle Tugend finden. [245]

Und was die Religion lehrt, das bezeugt die Geschichte als *Thatsache*. Nicht bloß die alten Heroen des Pharisaismus im Thalmud, auch in den finstersten, traurigsten Zeiten des Mittelalters, als die Rohheit und selbst die entartetste Sittenlosigkeit oft ungestört die Welt beherrschte, hat eine wahrhaft aufopfernde, Geist und Herz jetzt noch erhebende, alle Lebensverhältnisse wie mit einem poetischen Hauche durchströmende Sittlichkeit und reinste Tugend die großen Lehrer des Rabbinismus ausgezeichnet.

Daß aber der pharisäischen Moral auch das *gemüthliche* Element nicht fehle, muß dem unbefangenen Kenner des jüdischen Schriftthums nicht minder klar sein. Dies tritt zunächst in der Auffassung der Familie, in welcher das tiefste Gemüth sich offenbaren konnte, klar zu Tage. Zuerst die *Ehe* selbst. Sie wird im Pharisaismus als des Mannes höchste Verpflichtung und zugleich als die einzige Quelle wahren Glückes, wahren Segens, wahren Friedens betrachtet, ja der Thalmud erklärt den Menschen erst durch die Ehe des wahrhaftigen Menschen- |196| thums fähig [246]. Dabei kann nur von der Monogamie die Rede sein. Denn wenn auch der Mosaismus die Vielweiberei nicht geradezu verbietet, so geht doch schon aus der Schöpfungsgeschichte in den mosaischen Büchern hervor [247], daß die Heiligkeit der Ehe in der Monogamie beruht, und spricht auch das Gesetz [248] nur

---

244 Th. Makkh. 24, a. Die Fassung des Textes, wie wir ihn in obiger Uebersetzung wiedergegeben, ist ohne Zweifel die ursprüngliche. Die im Thalmud den Zusammenhang unterbrechenden, zwischen die einzelnen Theile geschobenen Erklärungen sind sicher spätere Zusätze, so treffend sie auch zum Theil sind. Merken wollen wir uns blos die Erklärung zum Verbot des Zinsnehmens in Ps. 15., *daß es auch von einem Nichtjuden verboten sei*, אפלו רבית נכרי, und zu den Worten des Zacharia: Wer seine Augen verschließt, daß er das Böse nicht schaue, es sei dies der *»begehrliche Blick.«*

245 Es wäre uns ein Leichtes gewesen, noch aus vielen andern Stellen des Thalmud's die Forderung der innern Gesinnung im Gegensatz zu den bloß äußern Handlungen nachzuweisen. So Sifre zu Deut. 6, 5. עשה מאהבה u. s. w. Die göttlichen Gebote müssen aus Liebe geübt werden ff. cf. Maim. More III, 51 u. s. w. Der Thalmud ist im Gegentheil so sehr gegen bloß äußere Handlungen, daß er jede strenge Askesis entschieden tadelt. So nennt er den Nasi[r]äer einen Sünder, weil er sich den Weingenuß untersagt (Ned. 10, a.). Der Gelehrte, der sich Fasten und Kasteiungen hingibt, und sich dadurch im Studium hindert, wird von ihm auf's höchste verurtheilt. Tan. 11, b.

246 Jeb. fol. 63. 64.

247 Bes. 1 M. 2, 24.

248 Deut. 21, 15. Nach Maim. Erklärung v. d. verb. Ehen 17, 13, zieht der Thalmud. Jeb. 59. a. aus 3 M. 21, 13. »Es soll *ein Weib* in seiner Jungfräulichkeit nehmen«, den Schluß, daß dem Hohenpriester schon mosaisch die Bigamie verboten gewesen sei.

höchstens von zwei Frauen und dies nur als Ausnahme. Wir kennen kein Beispiel bei den pharisäischen Lehrern von mehr als *Einem* Weibe. Die *Sitte* hatte jedenfalls geheiligt, was das Gesetz, das im Anfang wohl auch hier nur reformirend, mildernd auftreten konnte, nicht geradezu verboten hatte. Ohne diese Sitte und ohne dieses Beispiel des Pharisaismus möchte auch die desfallsige Verordnung des berühmten Rabbinen R. Gerschom im zehnten Jahrhundert in ganz Europa kaum so siegreich bei den Juden durchgedrungen sein. Allerdings kommen im Thalmud in Bezug auf die Ehelichung des Weibes und seine Scheidung von dem Manne ganz äußerliche Bestimmungen vor. Allein die Erklärung einer solchen Erscheinung wird uns durch den Vergleich mit der Bibel selbst leicht. Nichts geht über die tief gemüthliche Weise, in welcher in der Schöpfungsgeschichte die Ehe als die höchste, von Gott selbst geweihte Einheit und Zusammengehörigkeit des Gatten und der Gattin dargestellt wird [249], und dennoch konnte der |197| Mosaismus das zu seiner Zeit in Bezug auf die Ehelichung herrschende Verhältniß nicht ganz beseitigen; er mußte vielmehr auch hier nur mildernd, die früher in dieser Beziehung wohl herr-schende Gewalt nur beseitigend, wirken, im Uebrigen aber die Ehelichung wie einen bürgerlichen Kaufakt bestehen lassen. Es scheint, daß diese äußere Erwerbung an der Heiligkeit des innern Verhältnisses nichts änderte. Ganz ebenso muß dieses Verhältniß im Thalmud aufgefaßt werden. Es kann keinem Zweifel unterliegen, daß auch hier die äußere Erwerbung nur das *bürgerliche* Verhältniß, gleichsam das Civilrecht darstellte, daß aber nichts desto weniger die innere Heiligkeit der Ehe in ihrer ganzen Größe festgehal-ten ward. Das gleiche Verhältniß tritt bei der *Scheidung* hervor, wo sicher einzelne Thal-mudisten auch nur der Sitte eine Concession machten. Aber gewichtige Autoritäten lassen die gezwungene, ohne Einwilligung des Weibes stattfindende Scheidung doch auch, con-form dem einfachen Bibelworte, nur bei wirklich vorkommender Unsittlichkeit von Sei-ten des Weibes zu und diese Ansicht wird schließlich zum *Gesetz* erhoben. Wir halten zwar nicht, wie die Schule Schamai's Erwath Dabar (ערות דבר) (Deut. 24, 1.) gleichbedeu-tend mit D'bar Erwah (דבר ערוה) [250], so daß nur wirklicher Ehebruch darunter verstanden würde, wohl aber können wir darunter nur ein *schändliches*, also unzüchtiges, unsittliches Betragen verstehen, wofür R. Meir für seine Zeit treffende Beispiele anführt [251]. So fassen es auch die LXX, welche ἄσχημον πρᾶγμα und Vulg. turpem rem aliquam |198| über-setzen. Targ. Onk. und Jon., welche hier wie 23, 15. Aberath. Pithgam (עברת פתגם) »die Uebertretung des Gesetzes« haben, fordern doch wenigstens eine erwiesene Gesetzesüber-

---

249 Interessant ist die Deutung der alten Rabbinen von der Schöpfung des Weibes aus der Rippe des Mannes, wie sie zugleich auch wieder Zeugniß von dem tief *sittlichen* Gefühle ablegt, das sie über-all leitet. »Gott sprach: Ich will das Weib nicht von dem Haupte des Mannes erschaffen: sie sei nicht hochmüthig; nicht von dem Auge: nicht coquett blinzele sie mit dem Auge; nicht vom Ohr: sie sei keine Horcherin; nicht vom Munde: sie sei nicht plauderhaft; |197| nicht vom Herzen: sie sei nicht begehrlich; nicht von der Hand: sie betaste nicht Alles; nicht vom Fuße: sie schlendere nicht müßig umher; sondern ich schaffe sie von einer Stelle, die immer bedeckt ist, daß sie keusch und züchtig sei; und bei jedem Gliede, das Gott ihr schuf sprach er: »Sei keusch und züchtig! Sei keusch und züchtig!« (Mid. Ber. Rab. c. 18.).

250 Misch. ult. Gittin.

251 Th. Gittin, fol. 90.

tretung.[252] Es ist das der *einzige* Grund, der in der Schrift für den in der ersten Hälfte des Verses angegebenen Umstand, »daß sie keine Gunst in seinen Augen gefunden«, angegeben wird, nämlich, sie hat keine Gunst – *gefunden;* (כִּי) *denn* oder *weil* er ein *schändliches* Benehmen an ihr fand, nicht ein Grund *neben* dem ersten, wie R. Akiba es auffaßt, und daher die Scheidung gestatten will, wenn der Mann nur »eine schönere Frau findet.« Der sonst so geistreiche und humane Lehrer wollte gewiß hier nur dem wirklichen Ehebruch entgegentreten, der in der Sittenlosigkeit der zu seiner Zeit herrschenden Römer einen Stachel fand und ihm wegen der »Herzenshärtigkeit« des Volkes den Boden entziehen. Auch Hillel hat sicher nur das trotzige, zanksüchtige Weib[253] im Auge.

Unsere Auffassung von Erwath dabar (ערות דבר) scheint auch die jedenfalls theoretisch geltende Ansicht zu Jesu Zeit gewesen zu sein. So wenigstens Matth. 5,32., wo das λόγος πορνείας nichts anderes sein kann, als das hebräische Erwath dabar (ערות דבר) nach unserer Auffassung, eine schändliche Sache, unzüchtiges Betragen überhaupt. Wollte Jesus nur bei wirklichem Ehebruch, wie Luther übersetzt, die Scheidung gestatten, so würde er bloß πορνεία wie Matth. 19,9. oder μοιχαία gesagt haben. Anders freilich Marc. 10,9. Aber der Widerspruch mit Matth. und namentlich dieser Erzählung mit der in Matth. tritt auch außerdem hervor. Bei Matth. fragen die Pharisäer, ob sich der Mann um *jeglicher* Ursache willen (κατὰ πᾶσαν αἰτίαν) von seinem Weibe scheiden könne; bei Marcus dagegen fragen sie, ob überhaupt eine |199| Scheidung möglich sei.[254] Nicht unbemerkt kann auch der Unterschied in der *Fassung* der verschiedenen Stellen bleiben. In der Bergpredigt ist Moses gar nicht erwähnt, sondern bloß »es ist auch gesagt worden«, außerdem ganz allgemein: »wer sich von seinem Weibe scheidet, gebe ihr einen Scheidebrief«, als ob die Scheidung ganz im Belieben des Mannes, ohne allen Grund, liege. Hier scheint also Jesus wirklich nicht das mosaische Gesetz, das doch ausdrücklich eine »schändliche Sache« fordert, sondern Rabbinen seiner Zeit im Auge gehabt zu haben. In der Sache selbst tritt die Steigerung klar hervor. In der Bergpredigt findet die Scheidung wegen einer »schändlichen Sache« (übereinstimmend mit dem mosaischen Gesetze) statt; Matth. c. 19. nur noch wegen wirklichen Ehebruchs, bei Marcus schon gar nicht mehr. Es spricht das freilich für die Annahme, daß Matth. älter sei als Marcus gegen unsere sonstige Aufstellung, daß aber auch die Bergpredigt größere Ursprünglichkeit in Matthäus selbst beanspruche.[255]

Obgleich aber der Thalmud die Scheidung gesetzlich nur aus sittlichen Gründen gestattet, wozu noch die Uebertretung eines mosaischen Gesetzes kommt, wird dennoch die Trauer um eine wirklich stattfindende Scheidung besonders des Jugendweibes ganz allgemein tief gemüthlich in den Worten ausgedrückt: daß »selbst der Altar Thränen darob vergieße.« Die thalmudischen Lehrer, d.h. die Pharisäer, das geht aus Allem hervor, erkennen die ganze Heiligkeit der Ehe mit innerstem Gemüthe an, und selbst in den Fabeln,

---

252 Nach Mischna, Khet. VII, 6. Maim. v. d. Ehe 24,3. Ebn Haëser c. 115,1., s. weiter.

253 אשה רעה בדעותיה Eb[e]n Haëser 119,4.

254 εἰ ἔξεστιν ἄνδρα γυναῖκα ἀπολῦσαι.

255 Michaelis Mos. Recht 3, §120 hat hier vollständig unrichtige Auffassung. Deut. 23,5. hätte ihn außerdem überzeugen können, daß der Hebräer allerdings ein factum pudendum kennt und gerade dieses mit ערות דבר ausdrückt.

die sie um die Schöpfung des Weibes dichten: daß es ursprünglich sogar in Einen Körper mit dem Manne vereinigt gewesen sei u. dgl., drückt sich die Innigkeit des Verhältnisses aus, das sie zwischen Mann und |200| Weib anerkennen. Man muß die Sprache dieser alten Lehrer nur verstehen, den Kern aus der Schale loszulösen, die Form der Einkleidung nur von dem wirklichen Inhalte zu sondern wissen. In der *Behandlung* des Weibes von Seiten des Mannes empfehlen die Rabbinen die äußerste Rücksicht.

»Jeder, sagen sie, halte seine Frau in Ehren, denn der Segen des Hauses ist nur ihr zu verdanken«[256]. »Wer seine Frau liebt wie sich selbst, und sie mehr ehrt, als er sich selbst ehrt, und wer seine Söhne und Töchter auf die Bahn der Tugend leitet, von dem heißt es: »Wisse, daß Frieden ist in deinem Hause« (Job. 4,24)[257]. »Der Mensch esse und trinke weniger, als sein Vermögen gestattet, kleide sich nach seinem Vermögen, und ehre sein Weib und seine Kinder über sein Vermögen; denn sie sind von seiner Güte abhängig, wie er selbst von der Güte dessen, der da gesprochen und die Welt entstand.« »Jeder sehe mit allem Ernste darauf, daß er seine Frau nicht betrübe, denn ihre Thränen dringen zu Gott.« Der Mensch hieß zuerst Adam, weil er aus Fleisch und Blut (Dam) besteht, erst nachdem das Weib geschaffen, ward er Mann (איש) genannt und sie Männin (אשָׁה), in beiden zusammen steht der Name Gottes (יָהּ). Wenn sie in meinen Wegen wandeln und meine Gebote beobachten, so ist mein Name in ihrer Mitte, ich bewahre und rette sie vor jeder Noth und Drangsal, wenn nicht, so nehme ich ihn weg und es bleibt nur Feuer (אֵשׁ), das sie gegenseitig verzehrt«[258].

Was die *Verehrung der Eltern* betrifft, so wird sie ganz der Verpflichtung gegen Gott gleichgestellt[259].

»Wenn Jemand seine Eltern kränkt, so spricht Gott: Ich that wohl daran, nicht in eurer Mitte zu wohnen, denn wohnte ich unter |201| euch, ihr würdet auch mich kränken[260] »Ja, mehr noch als Gott muß der Mensch seine Eltern ehren; denn die Ecken des Feldes, die abgefallenen Aehren den Armen zu lassen, Hebe und Zehnten den Priestern und Leviten zu geben, bist du verpflichtet, wenn du Grundstücke besitzest; von Thüre zu Thüre aber mußt du betteln, wenn du nichts besitzest, um das Bedürfniß der Eltern zu befriedigen«[261].

Was namentlich das letztere, die Art der Verehrung der Eltern betrifft, so ist sie nach den thalmudischen Lehren wahrhaft grenzenlos. Man gebe ihnen zu essen, zu trinken, kleide sie an und aus, geleite sie überall: das heißt Ehre, sagt der Thalmud; die *Ehrfurcht* fordert, daß du nicht auf ihrem Stuhle sitzest, in ihrer Gegenwart schweigest, ihnen nicht widersprichst. Nur wo sie die Uebertretung eines göttlichen Gebotes fordern, sollen wir ihnen nicht gehorchen, in allen andern Fällen sind wir ihnen den strengsten Gehorsam schuldig. Wahrhaft rührend sind die Züge, die in dieser Hinsicht von den bedeutendsten Thal-

---

256 Mez. fol. 59. vgl. das. איתתך נוצא נוצא נחין ותלחוש לה.

257 Jeb. fol. 62.

258 Pirke R. Elieser c. 13. im Namen des R. Josua

259 Kidd. fol. 30.

260 Das. Jer. Kid. cap. 1. Hal. 7. Pea. I. Hal. 1.

261 Darnach ist Matth. 15,5. zu beurtheilen. Matth. 15,5 findet seine Widerlegung schon in dem bekannten Synedrialbeschluß von Uscha: daß Niemand mehr als den fünften Theil seines Vermögens zu wohlthätigen oder heiligen Zwecken bestimmen solle. Jer. Pea 1,1. Khet. 4,8. b. Khet. 10, a.

mudisten erzählt werden. Die Mutter Rabbi Tarphon's ging an einem Sabbath in ihrem Hofe spazieren und verlor ihren Lederschuh, da legte ihr Sohn ihr die Hände unter die Füße und sie ging darauf bis sie zu ihrem Polster gelangte, und dennoch sprachen die Weisen zu ihm: »Noch hast du die Hälfte nicht gethan von dem, was du der Mutter zu thun schuldig bist.« Ja derselbe R. Tarphon soll, so oft seine Mutter auf ihren Polster oder heruntersteigen wollte, sich niedergeworfen und ihr als Schemel gedient haben. Ein Anderer, Abbimi, hatte fünf erwachsene Söhne und nie ließ er seinem Vater, wenn dieser zu ihm kam, durch einen seiner Söhne die Thür öffnen, er selbst mußte es thun[262].

Dieselbe tiefe Empfindung und Gemüthlichkeit tritt aber auch in der Art, wie die thalmudischen Lehrer die Uebung der übrigen Gebote anordnen, hervor. Ein besonders merkwürdiges |202| Beispiel liefert der *Sabbath*, von dem wir oben schon sprachen. Das Ruhen von der Arbeit genügt natürlich nicht; der Sabbath muß, wie der Prophet lehrt, eine *Wonne* sein. »Der Sabbath ist die Braut (Khalla), die mit dem glänzendsten Schmuk-ke geziert werden muß, der wir selbst geschmückt entgegen gehen müssen. Wie eine Königin müssen wir ihn (im Hebr. ist Schabbat weiblich, daher der Namen Braut, König-in) gerüstet erwarten[263]. Am Freitag Abend, mit welchem der Sabbath beginnt, muß die Wohnung festlich erleuchtet, Tisch und Bett mit reinen Linnen gedeckt werden, auch der Aermste sein bestes Kleid anziehen, und es mußte, wenigstens nach einer gewichtigen Autorität, das Beste, das die Woche brachte, auf den Sabbath aufgespart werden; der große Lehrer Hillel hielt zwar letzteres nicht für nöthig, aber nicht, weil er den Sabbath weniger ehrte, sondern weil im Gegentheil seine Vorstellung von der hohen Bedeutung des Sabbaths selbst in den Augen Gottes und sein Gottvertrauen so überschwenglich war, daß er sprach: »Gelobt sei Gott Tag für Tag«, und damit die Ueberzeugung ausdrückte, der Herr werde uns schon ohnedies »auch am letzten Werktage das Schönste finden lassen, um seinen heiligen Sabbath würdig zu begehen«.

> »Zwei Engel, sagt eine Boraitha, begleiten den Israeliten am Freitag Abend aus der Synagoge nach Hause, ein guter und ein böser. Treffen sie das Haus erleuchtet, den Tisch festlich berei-tet, reine Linnen auf der Lagerstätte, so spricht der gute Engel: Möge es Gottes Wille sein, daß wir es auch am nächsten Sabbath also finden, und der böse Engel muß wider seinen Willen Amen sagen; im entgegengesetzten Falle sagt der böse Engel: Möchte es doch auch am künf-tigen Sabbath also sein, und der gute Engel muß wider seinen Willen Amen sagen«[264].

Welche tiefe Gemüthlichkeit, welcher umfassende religiös- |203| sittliche Sinn sich bei den Pharisäern offenbart in den über Alles hochgehaltenen und fort und fort empfohle-nen Pflichten des *Almosengebens*, der *Milde* und *Wohlthätigkeit* mit den geistigen und körperlichen Kräften überhaupt, nicht bloß mit Geld und Gut, der *Gastfreundschaft*, der *Beerdigung der Todten*, *der Bräuteausstattung* und all den tausend Verzweigungen, in wel-chen die Uebung jener Pflichten im Leben vorkommen kann, vermag nur der zu ermes-sen, dem das ganze umfassende Gebiet der thalmudischen und midraschischen Literatur

---

262 Th. b. Kidd. fol 31. Jer. l. l.
263 Sabb. 119.
264 Sabb. fol. 118. 119. wo noch vieles andere von tiefem Gemüthe Zeugende in dieser Richtung vor-kommt.

offen liegt. Schon Abraham, der seinen Nachkommen überall als Muster dienen muß, sagen die alten Lehrer, hat die Pflicht der Gastfreundschaft und der Wohlthätigkeit im umfassendsten Maße geübt. Der Eschel (אשל), den er nach 1 M. 21,33. angelegt, war nach dem Einen ein großer Garten, in dessen Schatten die Fremden sich erholten und an dessen Früchten sie sich laben sollten, nach dem Andern war es sogar ein Haus, in welchem sie beherbergt und mit Speise und Trank versehen wurden. Durch Metathesis des Wortes אשל finden sie sogar שאל »fordern« darin. »Fordere nur«, sprach Abraham zu dem Fremden; und so spreche jeder ihm nach: »Fordere nur, was du wünschest, und es soll dir gereicht werden«. Freilich verband Abraham, wie ebenfalls in jenem Verse angedeutet sei: »er rief den Namen Gottes, des Herrn der Welt an«, noch den weitern Zweck damit, seine Gäste für die Anbetung Gottes zu gewinnen. Denn als sie gegessen und getrunken hatten, wollten sie ihm danken. Er aber sprach: »Nicht mir habt ihr zu danken, sondern Gott, dem Schöpfer, dem Herrn der Welt.« »Nur zur Verherrlichung des göttlichen Namens, fügen aber eben deshalb die alten Lehrer hinzu, nicht zum eigenen Ruhm übe der Mensch das Gute«.

Wie Hillel, der bereits erwähnte große Thalmudlehrer, dieses bedeutende Haupt der Pharisäer und Vorsitzender des Synedriums, das schöne, später so berühmt gewordene Wort |204| sprach: »Was dir nicht lieb ist, daß dir geschehe, das thue auch einem Andern nicht, das ist das ganze Gesetz (Thora, Lehre) alles Andere ist nur Erklärung«[265], wie dieser wahrhaft große Mann und Lehrer also, der dem Pharisaismus eigentlich erst seine sichere Grundlage schuf, indem er die Ueberlieferung nach gewissen hermeneutischen Regeln großenteils auf das geschriebene göttliche Wort zurückführte und bestimmend für alle Zukunft auf die Gestaltung des Judenthums wirkte, wie dieser große Lehrer die thätige Menschenliebe als Grund des ganzen Gesetzes auffaßte, so erklärt der Thalmud die einzelnen Liebeshandlungen: Wohlthätigkeit, Gastfreundschaft, Krankenpflege Beurtheilung der menschlichen Handlungen nach der besten Seite, als solche Tugenden, die außer der Belohnung im Jenseits schon auf Erden Segen bringen.[266] Selbst der strenge, mit unendlich scrupulöser Gewissenhaftigkeit jedes Ceremonialgesetz in seiner äußersten Consequenz übende Schamai, der mit Hillel Vorsitzender des Synedriums war, lehrte: »Sprich wenig und thue viel, und nimm jeden freundlich auf.« »Dein Haus« wird ferner in den Sprüchen der Väter gelehrt, »sei weit geöffnet und die Armen müssen deine *Familie* bilden«[267]. »Wer über die Menschen (הבריות die Geschöpfe) sich erbarmt, der findet Erbarmen bei Gott; wer über Menschen sich nicht erbarmt, findet auch bei Gott kein Erbarmen«, heißt es in einer alten Boraitha[268]. Und welches tiefe Gefühl spricht sich in der thalmudischen Vorschrift aus, daß dem herabgekommenen reichen Manne sein *gewohntes* Bedürfniß verabreicht werden müsse, selbst ein Pferd und ein Diener[269]. Es wird dies allerdings aus dem Bibelwort 5 M. 15,8: Du sollst dem Armen deine Hand aufthun …

---

265 Sabb. fol. 31, a.
266 Mischna Pea 1,1. Th. Sabb. 127, a. b.
267 Spr. d. Väter 1,5. 15.
268 Sabb. fol. 151, b. s. weiter.
269 Siphre Reë. Khetub fol. 67, b.

so viel als hinreicht *für sein Be-* |205| *dürfniß*, was ihm gebricht, hergeleitet. Aber wie vieldeutig ist das Wort Bedürfniß! wie kann es so leicht auf das Allernothwendigste beschränkt werden! Daß ihm der Pharisäismus eine solche Ausdehnung gibt, es mag übertrieben sein, aber es legt Zeugniß ab vom tiefsten Mitgefühle, das ihn beseelte, es bezeugt, daß man nicht bloß das *äußere Gesetz*, sondern das *Herz* befriedigen wollte.

Und welche tiefe Gemüthlichkeit zeigt sich nicht in dem Verbote, irgend einem Menschen eine frühere Schwäche vorzuwerfen, oder auch nur auf frühere Verhältnisse in seiner Familie anzuspielen, die ihn beschämen könnten. »Wie die Bedrückung (Uebervortheilung) in Kauf oder Verkauf verboten ist, heißt es in der Mischna, so ist auch die Bedrückung in Worten (Neckerei) verboten. Man frage nicht, um welchen Preis Jemand eine Sache abgebe, wenn man nicht die Absicht hat, sie zu kaufen; zu einem, der Buße gethan, sage man nicht: Gedenke deiner früheren Thaten. Zu einem Proselyten sage man nicht: Denke an die Thaten deiner Vorfahren. Die Boraitha [270] führt noch andere ähnliche Neckereien an und erklärt solche für strafbarer als Täuschung durch die That, weil sie von Menschen nicht immer als solche erkannt werden, sondern nur von Gott und die Ehrfurcht vor Gott um so mehr verletzt werde, als der Mensch dadurch gleichsam den allwissenden Gott täuschen wolle. »Bis ins zehnte Geschlecht«, sagt der Thalmud an einer andern Stelle, »darf man vor einem Proselyten von seinen frühern Glaubensgenossen nicht verächtlich sprechen.« Ebenso und aus demselben Grunde ist es ausdrücklich verboten, irgend eine *Täuschung in Worten* sich zu erlauben, und auch hier bemerken Thalmud und Gesetzeslehrer ausdrücklich, daß zwischen Juden und Nichtjuden kein Unterschied stattfindet. Man darf nicht den Schein annehmen, als thue man etwas um des Andern willen, wo es nicht der Fall ist; man darf Niemanden zu Tisch einladen, wenn man es nicht ernst meint. |206| Es ist hier also gerade der *Schein* auf das Strengste verboten [271].

Und zeugt es nicht von *Gemüth*, wenn der Thalmud jede öffentliche Beschämung des Nebenmenschen als ein wahres Verbrechen brandmarkt? Sie wird dem Mord und der Blutschuld gleich gestellt, und dem Menschen, der sich ihrer schuldig macht, die ewige Seligkeit abgesprochen [272].

Von Gemüth und zugleich von innerer Theilnahme des *Herzens* an dem Geschicke von Nichtisraeliten, also von der Anerkennung eines *alle Menschen* umfassenden Sittengesetzes legen auch folgende thalmudische Aussprüche Zeugniß ab. Im zwanzigsten Kapitel des zweiten Buchs der Chronik wird erzählt, wie die Ammoniten und Moabiten und mit ihnen andere Völker des Ostens Israel mit Krieg überzogen und es zu vertilgen drohten. Auf wunderbare Weise kam die Rettung und nun stimmten die Leviten ein Danklied an, das mit den Worten begann: »Danket dem Herrn, denn seine Barmherzigkeit währt ewiglich.« Darauf fragt der Thalmud: »Warum heißt es hier nicht auch: »Denn er ist gütig«

---

270 B. Mez. 58, b.

271 Th. B. Mez. b. b. Cholin fol. 94, b. Maim. v. Verkauf c. 18. Choschen Mischp. c. 248.

272 Th. B. Mez. l. l. Synh. fol. 107. Vgl. Sabb. fol. 43, b. dem Inhalte nach ganz dasselbe, was die Bergpredigt lehrt, Matth. 5, 26 Es wurde dieses Verbot auch immer in Israel sehr hoch geachtet. Es war unserer Zeit vorbehalten, daß der rohe, unwissende, blind fanatische Theil der Neuorthodoxie jede öffentliche Beschimpfung in Wort und That gegen Andersdenkende für verdienstlich hält.

(wie in der ähnlichen Stelle in den Psalmen) und antwortet darauf: »Weil Gott der Untergang des Frevlers keine Freude macht«[273] |207| (seine Güte erstreckt sich auch auf diese). Als die Engel, heißt es an einer andern Stelle[274], bei dem Untergang der Egypter im rothen Meere ein Loblied anstimmen wollten, da fuhr sie Gott mit den Worten an: »Meiner Hände Werk versinkt ins Meer und ihr wollt mir ein Loblied singen.« Gewiß ebenso gemüthlich als tief poetisch.

Von der Milde der Pharisäer zeugt auch, daß sie überhaupt den Buchstaben der Bibel nicht bloß zur Erschwerung, sondern aus Rücksichten für die Bedürfnisse des Lebens, und besonders aus Rücksichten der Milde, eben so erleichternd gedeutet haben. So haben sie namentlich auch selbst bei dem Sabbathgesetz, das sie sonst allerdings bis aufs Kleinlichste ausgedehnt, um eine absolute Ruhe zu schaffen, zu Gunsten der Noth und der Gesundheit Alles nicht bloß gestattet, sondern geradezu geboten, und sich dadurch in mancher Beziehung von ihren Gegnern, den Sadducäern, und später von deren Nachtretern, den Karäern, aufs Vorteilhafteste ausgezeichnet. Nicht bloß, daß die Wohnung am Sabbath erleuchtet werden *muß*, während die Karäer, welche das Verbot des Feueranzündens absolut nehmen, im Dunkeln sitzen, gestatten sie, am Sabbath das Feuer in den Wohnungen unterhalten zu lassen, weil für den Kranken dergleichen gestattet sei, und »der Kälte gegenüber Jeder als Kranker zu betrachten ist«, ein Grundsatz von der weittragendsten Bedeutung in unsern heutigen Verhältnissen. In Feuer- und Wassergefahr ist Hilfe und Arbeit Pflicht; dem Kranken in seiner Noth Hilfe zu bringen, besonders dem gefährlich Kranken, ist ebenfalls Pflicht[275]. Die Ev. Marc. 2,34 ff.[276] erzählten Thatsachen von dem Auftreten Jesu in Bezug auf den Sabbath waren daher sicher in ihrer ursprünglichen Gestalt nicht im Widerspruch mit den Lehren der Pharisäer. Dies |208| geht schon daraus hervor, daß die Schriftgelehrten und Pharisäer nach den eigenen Worten des Berichterstatters *darauf ausgingen*, »eine Anklage wider ihn zu finden.« Eine bessere Gelegenheit wäre ihnen aber nie geboten gewesen, gegen Jesus wegen praktischer Ausführung seines Widerspruchs gegen bestimmte Gesetze der Ueberlieferung eine Anklage zu erheben, da auf solches Verfahren der Tod stand[277]. Es müßte denn wirklich Jesus, nach Renan'scher Auffassung, kein Gelehrter gewesen sein, in welchem Falle allerdings aus einem solchen Grunde eine Anklage wider ihn nicht erhoben werden konnte[278]. Eine solche Annahme steht aber mit den Berichten, wornach man wohl aus religiösen Gründen eine Anklage gegen ihn zu suchen schien ebenso, wie mit Jesu unläugbarer Bekanntschaft mit den pharisäischen Lehren, die aus fast allen seinen Aussprüchen hervorgeht und mit der

273 Th. Meg. fol. 10 b. Vgl. Th. Jer. Tan. Hal. 1. »Warum wird von Gott für langmüthig Erech Apajim (im Dual) und nicht Erech Af (Einzahl) gesagt? Weil er beides, für den Frevler und den Frommen, langmüthig ist.« Wenn in einer Unterredung, die der Thalmud zwischen Haman und Mordechai fingirt (das. fol. 15) das Gegentheil vorkommt, so geschieht dies eben Haman gegenüber und in einer Fiktion.

274 Das.
275 Or. Ch. 328. 329.
276 Vgl. Matth. 12,1. ff. Lucas 6,1. s. weiter.
277 Mischna Synh. 11,2. Th. fol. 87. s. weiter.
278 l. l. s. weiter.

Wichtigkeit überhaupt, die man seinen Aussprüchen jedenfalls beilegte, nicht im Einklange[279]. In jener Zeit der höchsten Blüthe der pharisäischen Gelehrsamkeit, in welcher ein Mann ohne Gelehrsamkeit keinerlei Ansehen genoß, wäre der Einfluß eines solchen, selbst auf die unterste Volksklasse, völlig unbegreiflich; die Pharisäer selbst würden jedenfalls nur mit Verachtung auf ihn herabgesehen haben, ohne ihn irgendwie zu behelligen.

Es lohnt übrigens die Mühe, gerade die Erzählung in Bezug auf den Sabbath einer nähern Betrachtung zu unterziehen, indem sie uns Gelegenheit bietet, einerseits die Grundsätze des wahren Pharisaismus auch in dieser Hinsicht, und andererseits die ursprüngliche Fassung der neutestamentlichen Schriften in diesem Punkte, oder den wahren Sachverhalt zu erkennen und über die Natur der casuistischen Streitigkeiten |209| Licht zu verbreiten. Im Marcus-Evangelium[280], wohl das älteste und ursprünglichste, lautet Jesu Ausspruch, nachdem er die Handlungsweise der Jünger mit dem Beispiel Davids, der in der Noth mit seinen Leuten die Schaubrote im Heiligthum gegessen, gerechtfertigt hatte, folgendermaßen: »Der Sabbath ist um des Menschen willen geworden, nicht der Mensch um des Sabbath's willen.« Dieser Ausspruch kommt aber wörtlich schon in einem der ältesten thalmudischen Schriftwerke vor. Es wird hier die Frage aufgeworfen: »Woraus wissen wir, daß Lebensrettung über dem Sabbath steht (das Sabbathgesetz beseitigt)?« Nach einigen andern Gründen, die herangebracht werden, sagt R. Simeon b. Menasia: Es heißt in der Schrift: »Ihr sollt den Sabbath beobachten, denn er ist *euch* ein Heiligthum« (2 M. 31,14.), euch ist der Sabbath gegeben, ihr aber nicht dem Sabbath[281] Im Thalmud selbst[282] wird derselbe Ausspruch im Namen des R. Jonathan ben Joseph angeführt. Diese Ungewißheit über den Autor des Ausspruchs beweist aber, daß er auf ältere Zeiten zurückzuführen ist und nur von verschiedenen Lehrern tradirt ward, so daß er jedenfalls zu Jesu Zeiten schon bekannt war. Daraus wird klar, daß der weitere Ausspruch im Marcus. »So ist des Menschen Sohn auch ein Herr des Sabbaths«, nichts weiter sagen will, als daß der Mensch überhaupt (בן אדם »Menschensohn«, ein geläufiger Ausdruck bei den Rabbinen für Mensch) über dem |210| Sabbath stehe. Ebenso klar muß es jedem Unbefangenen sein, daß eben dieser Bericht bei Marcus der ächte und ursprüngliche ist, und daß gerade die Weglassung des ersten Ausspruchs bei den andern Berichterstattern nicht den Menschen überhaupt, sondern eben nur Jesus als Herrn des Sabbaths darstellen wollte. Durch die Weglassung des Beweises, der natürlich auf alle Menschen paßt, sollte dem nun isolirt stehenden letzten Theile des Ausspruchs der ganz neue Sinn beigelegt werden: daß *Jesus über* dem Gesetze stehe und es ohne alle weitere Begründung aufheben könne.

---

279 Vgl. jedoch weiter Jesu Lehre, wo diese Frage ihre Erledigung zu finden hat.

280 Wir hielten früher das Marcus-Evangelium für das älteste, möchten aber nach den durch Keim in seinem großen Werke: »Jesus von Nazara« herangebrachten Beweise vom Gegentheil diese Annahme nicht mehr so sicher festhalten, wofür wir auch die Steigerung in Bezug auf das Verbot der Ehescheidung anführen müssen (s. oben S. 199). Indessen hindert das nicht bei der, bei allen Synoptikern unabweisbaren Annahme der Benützung älterer Quellen (oder Traditionen) auch bei den jüngeren hier und da das Ursprünglichere zu finden.

281 Mech. Khi Thisa לכם שבת מסורה ולא אתם מסורים לשבת.

282 S. Joma 85, b.

Die ganze Differenz kann höchstens nur darin beruhen, daß Jesus dem alten Ausspruche eine freiere Deutung gibt, ihn auf alle Fälle der Noth ausdehnt, und ihn nicht bloß wie die Rabbinen auf wirkliche Lebensgefahr beschränkt[283], wie es die Rabbinen selbst, ja, wie wir gesehen, in anderer Beziehung, wie bei'm Feueranmachen in der Kälte, auch thaten[284].

Die Milde des Pharisaismus tritt aber ganz besonders im Gerichtswesen hervor. Ein peinlich Angeklagter durfte nur vor einem Gerichtshofe von 23 Mitgliedern processirt werden, von welchen sich 13 für seine Verurtheilung aussprechen mußten, während für die Freisprechung die einfache Majorität von 12 Mitgliedern genügte. Selbst ein Zuhörer durfte an der Verhandlung theilnehmen, wenn er Milderungsgründe vorzubringen wußte, nicht aber, wenn er zum Nachtheil des Angeklagten sprechen wollte. Ein zum Nachtheil des Angeklagten gefälltes Urtheil durfte wieder aufgehoben werden, nicht aber ein freisprechendes[285]. Die Todesstrafe wurde von den Pharisäern so verclausulirt, mit so vielen Förmlichkeiten umgeben, daß sie trotz den Bestimmungen des mosaischen Gesetzes fast als auf- |211| gehoben betrachtet werden konnte. Ein Gerichtshof, der in einem Zeitraum von sieben Jahren mehr als ein Todesurtheil fällte, wurde ein mörderischer genannt, nach einer Ansicht sogar, wenn dies in einem Menschenalter geschah. Die berühmten Gesetzeslehrer R. Tarphon und R. Akiba sprechen es geradezu aus: »Wären wir im Synedrium gewesen, es wäre *niemals* ein Mensch hingerichtet worden«[286], d.h. sie hätten die Todesstrafe geradezu abgeschafft. Bei criminellen Processen mußte deshalb immer einer der jüngeren Richter zuerst seine Ansicht aussprechen, damit sich Niemand scheue, gegen die vielleicht zur Verurtheilung neigende Ansicht eines älteren Lehrers oder des Vorsitzenden sich auszusprechen. Man ging sogar soweit, Greise und Kinderlose gar nicht zu Richtern in peinlichen Sachen zuzulassen, weil man beiden, da der erstere sich nicht mehr mit Kindern zu beschäftigen hat, der letztere nie in dem Falle war, das volle Gefühl der Milde nicht zutraute[287].

Die Milde und das sittliche Gefühl des ächten Pharisaismus überhaupt könnten wir noch in unzähligen Aussprüchen und Beispielen nachweisen, was uns aber hier, wo es uns bloß darum zu thun ist, dessen allgemeinen Charakter klar zu legen, um für die Nachweise über deren sittliches Rechtsverhältniß zu andern Bekenntnissen den wissenschaftlichen Grund zu gewinnen, zu weit führen würde. Nur noch einige ganz allgemeine thalmudische Aussprüche in dieser Richtung mögen hier einen Platz finden. So sagt der Thalmud, anknüpfend an den Bibelvers: »Gott, deinem Herrn, sollst du nachwandeln[288], wandele ihm nach in seinen Eigenschaften: »Wie er die Nackten kleidet, so sollst auch du die Nackten kleiden, wie er die Kranken pflegt, so pflege auch du sie; wie er die Trauern-

---

283 S. jedoch weiter.

284 Wir finden bei Geiger, Jüd. Zeitschrift II, 37, dieselbe Deduction, durch andere Beweise unterstützt und in weiterer Ausführung.

285 Mischna Synh. 4, 1. und Gem. das.

286 Mischna Makkh. 1, 10. R. Simon b. Gamliel erwidert freilich: »Sie würden die Mörder in Israel vermehrt haben«, also ganz der Streit, wie er in unserer Zeit noch besteht.

287 Mischna Synh. l. l. c. Com. Th. Synh. fol. 36, b. c. Raschi.

288 Deut. 13, 15.

den tröstet, so tröste |212| auch du sie, wie Gott die Todten einsammelt, so begleite auch du sie zur letzten Ruhestätte und sorge für ein würdiges Begräbniß[289]. Zu dem Verse: »In seinen (Gottes) Wegen sollst du wandeln«, heißt es im Thalmud: »Wie er ist gnädig, so sei auch du gnädig, wie er ist barmherzig, so sei auch du barmherzig, wie er ist heilig (rein), so sei auch du es.« Schöner noch wird dieser Gedanke in einem andern thalmudischen Schriftwerke gegeben (Siphre all. Jalkut): Es heißt (Joël 3, 5): »Wer mit dem Namen Gottes (sich) ruft[290], wird gerettet werden.« Kann denn der Mensch sich mit dem Namen Gottes rufen? Allein (der Sinn ist): Gott heißt der Barmherzige, so übe du auch freiwillige Wohlthaten; Gott heißt gerecht, so sei auch du ein Gerechter u.s.w., dann wirst du gerettet werden (in der Noth). Ferner: »Neid, Wollust und Ehrgeiz bringen den Menschen aus der Welt«[291] »Jedes unsittliche Wort zieht unwiderruflich die Strafe Gottes nach sich[292]. Besonders ist es der Hochmuth, den der Thalmud auf alle mögliche Weise geißelt. »Der Hochmüthige leugnet Gott«[293]: das ist nur eins von den vielen Verdammungsworten, welche die Rabbinen gegen den Hochmüthigen aussprechen. »Die Opfer konnten nur bestimmte Sünden sühnen, Demuth und Bescheidenheit sind aber die schönsten, allgemeinsten Sühnopfer.« »Wer, wenn er verspottet wird, nicht wieder verspottet; wer Gottes Gebote aus Liebe erfüllt, und seine Fügungen freudig hinnimmt, von dem heißt es: die Gott lieben, sind wie der Sonnenaufgang in seiner Herrlichkeit (Richter 5, 31.)[294].

|213| Auch Josephus rühmt, außer der Gerechtigkeit, von der wir schon sprachen, das edle Verhalten der Pharisäer im Leben. Sie leben mäßig, verwerfen die Verweichlichung und was die Vernunft als gut empfiehlt, dem allein folgen sie. Sie ehren die Alten, und maßen sich nie an, ihnen zu widersprechen. Wegen dieser Lehren und Grundsätze hing ihnen das Volk so sehr an, daß Alles in göttlichen Dingen ihren Aussprüchen gemäß geordnet ist. Ein solches Zeugniß der Tugend haben ihnen die Städte gegeben, daß sie nur das Beste in Wort und That anstreben«[295].

Zum Beweise der Milde der Gesinnung des Pharisaismus wollen wir das oben angedeutete Verfahren, häretischen Lehren gegenüber, etwas näher besprechen. Die Mischna Synhedrin, Cap. 11, 2., spricht sich deutlich darüber aus. Nachdem 11,1. ausgesprochen ist, daß ein Weiser, der sich gegen die Entscheidung des Synedriums aufgelehnt (Saken mamre), des Todes schuldig sei, heißt es dann weiter wörtlich: »Ein gegen die Entscheidung des hohen Gerichts widerspenstiger Gelehrter (verdient den Tod) nach (Deut. 17,8.): »Wenn dir ein Rechtshandel zu schwer fiele vor Gericht u.s.w. Drei Gerichtshöfe waren dort (in Jerusalem), einer hielt seine Sitzungen am Eingange des Tempelberges, einer am Eingange des Tempelvorhofs, und einer in dem aus Quadersteinen aufgeführten Saale

---

289 Th. Sota c. I. fine. Natürlich werden nach thalmudischer Weise alle diese Lehren mit Bibelstellen belegt. Vgl. ad l. m. l. das. 9, b.
290 So wird die Stelle nach dieser Erklärung aufgefaßt. S. Maim. Hilch. Deoth.
291 Spr. d. V.
292 Th. Sabb. 31, a.
293 Sota, f. 5 ff.
294 Sabb. fol. 88, b.
295 Ant. XVIII, 1, 3. 4. cf. XIII, 15, 5. 16, 2.

(Lischchath Hagasith)[296]. Die Anfragenden kamen zu dem, welcher am Eingange des Tempelbergs seinen Sitz hatte, |214| und der Anfragende sagt: So habe ich, und so haben meine Collegen erklärt, so habe ich, und so haben meine Collegen gelehrt. Hat nun das Gericht eine Tradition für den fraglichen Fall, so sagt es ihnen die Entscheidung, wo nicht, so kommen sie vor das Gericht am Eingange des Vorhofes, und der Gelehrte legt abermals seinen Fall vor, hat das Gericht eine Tradition darüber, so gibt es die Entscheidung, wo nicht, so kommen die Streitparteien, sammt den Gerichtsmitgliedern, vor das *hohe Gericht* (»hohen Rath«) *in den aus Quadersteinen erbauten Saal, von wo die Gesetzeslehre über ganz Israel ausgeht, wie es heißt* (das. v. 10.): *»Von dem Orte, den der Ewige erwählen wird.«* Kommt nun Jener in seine Stadt zurück und *lehrt wiederholt, wie er früher gelehrt, so ist er frei, hat er aber seine Lehre in Anwendung bringen lassen, so ist er schuldig,* denn es heißt (das. v. 12.): »*Der Mann, welcher sich vermißt, zu thun«,* er ist also nicht eher schuldig, bis er eine *That* veranlaßt. Ein Schüler (ein noch nicht zur Entscheidung reifer Mann), der eine Lehre verbreitet und darnach handeln läßt, ist nicht schuldig, demnach ist das, worin er schwer gefehlt (daß er unbefugt entschieden hat), für ihn erleichternd.«

Es bedarf kaum einer Erwähnung, daß es sich hier nicht blos um Rechtsfragen, sondern um alle religiösen Fragen handelt, die in zweifelhaften Fällen von dem obersten Gerichtshöfe zu entscheiden waren.

Das Verfahren aber ist klar. Die *Lehrfreiheit* war völlig unbeschränkt. Man suchte Den, der anderer Meinung, als die Mehrheit der Gelehrten war, nach welcher die Entscheidung, die *gesetzliche* Bestimmung getroffen ward, zwar auf alle mögliche Weise zu belehren; aber so lange er nicht zum *thatsächlichen* Widerstand aufforderte, war ihm seine Lehre völlig frei gegeben, und jeder Gelehrte konnte in allen Gesetzen, |215| die nicht ausdrücklich im mosaischen Gesetze standen[297], anderer Meinung, als der höchste Gerichtshof und alle andern Gelehrten sein, wie dies auch in der That in allen thalmudischen Gesetzen vorkommt. Ebenso war dem jugendlichen Geiste, d.h. der noch nicht als zum Lehramte befähigt anerkannt war, völlig freier Spielraum gelassen, sich ganz nach seiner Ansicht zu bewegen, und war er für Diejenigen, die sich durch seine Aufforderung verleiten ließen, nicht verantwortlich. Es sind das Grundsätze, die zum Theil heute noch in unserer vorgeschrittenen Zeit in vielen Staaten vergeblich angestrebt werden. Indessen kann nicht geläugnet werden, daß die letztere Freiheit, die weit über die Freiheit der Lehre hinausgeht, alle Autorität gefährden kann. Nur da, wo das Gesetz zugleich Religion ist, und das Religionsgesetz so tief in den Herzen wurzelt; wo die Lehrer und Vertreter des Gesetzes mit einer Autorität umgeben sind, die Niemand ernstlich anzutasten auch nur

---

296 Diese Halle, auch basilica genannt (Th. Joma. 25, a), befand sich an der Südseite des Tempels, und war, wie der Thalmud (l. l.) aus ihrem Gebrauch schließt, zur Hälfte im Vorhofe der Priester, zur Hälfte außerhalb desselben angebaut, mit zwei Thüren, die eine vom Priestervorhofe, die andere vom äußern Tempelberge her. Die Halle diente als Sitzungssaal des Synedriums (Misch. Mid. V, 3.), als Betsaal der Priester (Tamith IV, 3.), ferner zum Loosen der Priester für die Berechtigung des Einzelnen bei dem Opferdienste (Joma, l. l.)

297 S. Maim. Com. ad Misch. Synh. 11, 23., wo genau auseinander gesetzt ist, in welchem Falle ein Gelehrter wegen Widersetzlichkeit gegen das hohe Gericht verurtheilt ward. Immer mußte er aber in letzterem Falle die *Lehrfreiheit* überschreiten und zur ungesetzlichen *That* auffordern.

wagen durfte, wie bei den Juden zur Zeit des entwickelten Pharisaismus, kann dem noch nicht zur selbstständigen Lehrfähigkeit herangereiften und anerkannten jungen Gelehrten für die mit dem Feuer der Jugendbegeisterung erfaßte Ansicht thatsächliche Propaganda im Leben zu machen gestattet sein, weil die Menge dem das bestehende Religionsleben negirenden jungen Manne, den erprobten, tief verehrten alten Lehrern gegenüber, in ihrer Masse sicher dennoch nicht folgen wird. Die *Lehrfreiheit* an sich war aber jedenfalls ganz *bedingungslos* auch dem anerkannten, im Amte befindlichen Lehrer gestattet, ein Grundsatz, der unsern Zeloten, die doch sonst auf jedes Wort des Thalmuds schwören, und dennoch gleich mit ihrem: »Steiniget ihn!« zur Hand sind, wo sich nur irgend eine *Ansicht* gegen die |216| herkömmliche *Form* vernehmen läßt, sehr zu empfehlen wäre: Diese beiden Gedanken, sowohl der: daß das thalmudische Judenthum dem jungen, noch nicht zur Lehrfähigkeit herangereiften Manne völlig freie Bewegung im *Leben*, dem reiferen Gelehrten aber wenigstens bedingungslose *Lehrfreiheit* gestattete, müssen festgehalten werden, wenn man einestheils die Person Jesu und anderntheils das Verhältniß der Pharisäer zu demselben, das wir, zur völligen Lösung unserer Aufgabe, zu besprechen haben, richtig erfassen und aus den in den neutestamentlichen Schriften so verworren hervortretenden Berichten über jenes Verhältniß zu einem klaren Urtheil gelangen will. Es wird daraus auch klar, daß Jesus kein Schüler, kein unreifer Mensch sein konnte, man würde sich sonst gar nicht mit ihm befaßt haben: die Menge wäre ihm nicht gefolgt und der Pharisaismus hätte sich um sein Thun gar nicht bekümmert[298]. Doch kehren wir zum Pharisaismus zurück, dessen volle Erkenntniß hier unsere nächste Aufgabe ist.

Die Milde der Pharisäer im Gerichtswesen tritt uns auch in der wichtigen Thatsache entgegen, daß sie das Wiedervergeltungsrecht bei Körperverletzungen (jus talionis), das nach dem einfachen Wortsinne der Bibel[299], conform mit dem Gesetze der übrigen alten Völker, dieselbe Verletzung als Strafe fordert, die der Thäter zugefügt hat: Auge um Auge u. s. w., aus Gründen der Humanität in andere Strafen umgewandelt haben: Entschädigung für den Verlust, den Schmerz u. s. w.[300]? Dieser Grund wird ausdrücklich angegeben: weil man nicht wissen könne, ob der Mensch nicht durch die Zerstörung eines Gliedes sterben werde, wodurch man über das von der Bibel angesetzte Strafmaß noch hinausgehe. Die Sadducäer sollen |217| nach einer spätern Notiz auch dieses Gesetz wörtlich genommen haben[301]. Es scheint zwar diese Erklärung nie ins praktische Leben übergegangen zu sein, selbst nicht unter den Priester- und Sadducäergerichten, weil es an irgend einer Nachricht darüber in den alten Quellen kaum fehlen würde, wie es doch der Fall ist. Das aber kann keinem Zweifel unterliegen, daß jedenfalls die wörtliche *Erklärung* bestanden hat, was schon die thalmudische Discussion darüber beweist, die immer von dieser Voraussetzung ausgeht, und daß man daher auch jedenfalls in Bezug auf die *Anwendung* geschwankt hat und ihre Ausführung nahe lag, wie denn in der That

---

298 S. oben S. 208.

299 2 Mos. 21,24. 26. 3 Mos. 24,20. Deut. 19,21.

300 B. Kama VIII. 1. Th. fol. 83. 84. Ebenso änderten sie die Todesstrafe, 2 M. 21,29. in andere Strafen um, Mechil. z. St. Synh. 15, b. u. s. w.

301 Schol. zu Meg. Taan. c. 4.

selbst noch ein berühmter pharisäischer Lehrer[302] die Ansicht vertritt, daß bei einer boshaften, *absichtlichen* Verletzung das Wiedervergeltungsrecht buchstäblich geübt werden müsse[303]. Sicher ist, daß die Pharisäer das strenge Vergeltungsrecht *rechtlich* und *gesetzlich* aufgehoben und dafür aus der Bibel selbst Beweise erbracht haben. Auch sonst tritt nach den Berichten die weit mildere Praxis der pharisäischen Gerichte hervor, als sie bei den sadducäischen üblich war[304], was auch von Josephus bestätigt wird. Selbst bei der *Vollstreckung* der Todesstrafe an Verbrechern wollten die Pharisäer die Menschenwürde geachtet wissen und gestatteten keine unnöthige Beschimpfung des Delinquenten[305]. Man hat ferner das Gesetz der Menschenliebe dabei nicht aus den Augen gelassen und durfte daher den Sterbenden nicht lange leiden lassen; ein Beispiel vom Gegen- |218| theil wird daher auf ein sadducäisches, d. h. hartes Gericht zurückgeführt[306]. *Deshalb war ein lebendiges Ans-Kreuzschlagen strenge verpönt und durfte von keinem jüdischen Gerichte ausgesprochen werden.* Erst mit dem Hingerichteten durfte das geschehen[307]. Daß aber auch der *Leichnam* nach der Bibel noch an demselben Tage wieder herabgenommen werden mußte, wird tief gemüthlich damit begründet, daß auch in diesem das göttliche Ebenbild im Menschen nicht beschimpft werden dürfe[308]. *Die Todesstrafe mußte sogar kurz vor Sonnenuntergang vollzogen werden, um selbst den Leichnam nur noch einen Augenblick, um dem mosaischen Gesetze zu genügen, an's Kreuz zu schlagen und ihn nicht lange einer solchen Beschimpfung preisgeben zu müssen.* Die demokratischen Pharisäer haben eben bei dem Volke, dem sie, in seiner Ganzheit, die Heiligkeit vindicirten, die Annahme böser Neigungen grundsätzlich verworfen, ein Gedanke, der durch das ganze thalmudische Schriftthum sich hindurchzieht[309]. Die sadducäischen Aristokraten glaubten es nicht strenge genug beurtheilen und nicht strenge genug gegen dasselbe verfahren zu können.

Indessen haben wir schon bemerkt, und wiederholen es hier, daß wir mit dieser Anerkennung des tiefen, sittlichen Sinnes und der Reinheit des Strebens des ächten Pharisaismus |219| zur Erhaltung des Gottesgedankens und der großen Wahrheiten, die mit ihm in innigster Verbindung stehen, mitten in dem auch sittlich verderbten, ungebundenen Heidenthum, der maßlosen Ausdeutung und Erweiterung des Gesetzes bis in die minutiösesten Formen und die verzweigtesten Lebensverhältnisse hinein, wodurch sie

---

302 cf. Maim. v. d. Verw. u. Besch. 1, 6.

303 R. Elieser B. K. fol. 84, a; Mechil. Mischp. 8, cf. den Com. aus Jalk. In unsern Mechiltha-Ausgaben wird R. Jizchak genannt, nach welchem aber überhaupt auch bei dem Todschlag die Absicht zu tödten allein nicht genügt, sondern auch auf die *wirklich getödtete* Person gerichtet sein mußte, was jedenfalls auch hier angenommen werden muß, wodurch vielleicht die L. A. sich erklären läßt.

304 S. Geiger, Urschr. S. 119 ff.

305 Synh. 45, a.

306 Synh. VII, 2. Th. fol. 52, b.

307 Der Beweis dafür aus der Bibel wird daher entnommen, daß es Deut. 21, 22. heiße: »Wenn er hingerichtet ist, werde er an ein Holz genagelt.«

308 Siphre z. St. cf. Th. Onk. u. Jon. Th. Synh. 46, 6. In letzterer Stelle wird sogar ausdrücklich auf das grausame Verfahren der Römer hingewiesen, die den Verurtheilten *lebendig* an's Kreuz schlügen.

309 Sogar Moses, Jesaias und Elias werden bestraft, weil sie das Volk in seiner Gesammtheit als Sünder bezeichneten, Midr. Hoh. Lied zu v. 6. Jalkut, Proph. 218.

der Bewegung im Leben ein Bleigewicht an die Ferse hingen bis auf unsere Zeit, durchaus nicht das Wort reden wollen. Auch war dem falschen Pharisaismus allerdings damit eine Handhabe gegeben, sich bei innerer, sittlicher Leere bei dem unwissenden Volke in einen Heiligenschein zu hüllen, *wie noch heute die niedrigste Heuchelei sich hinter die Fratze des übertriebensten Formalismus oft versteckt*, um hinter diesem, nur allzu sichern Verstecke, der Unsittlichkeit oder dem Eigennutze zu fröhnen. Allein alles Dieses kann wesentlich dem ächten Pharisaismus nicht zur Last gelegt werden: ihm waren die Formen erwiesenermaßen selbst die Träger der höchsten Wahrheiten. Dabei hat er, so lange er schöpferisch in das Leben griff, dieses und seine Bedürfnisse nie aus den Augen verloren, und dabei in der geschichtlich erwiesenen Bildung[310] seiner Formen selbst die Handhabe geboten, die Kluft zwischen dem Leben und der veralteten, ihm nicht mehr zusagenden, religiösen Form durch neues lebendiges Schaffen immer wieder auszufüllen. Das sollte eben das *mündliche Gesetz* sein, das deshalb ursprünglich nicht einmal an die Schrift gebunden werden durfte, sondern traditionell von den Lehrern den Schülern überliefert wurde, um es nicht wieder zum starren Buchstaben gerinnen zu lassen. Der alte, ächte Pharisaismus konnte daher nicht |220| ahnen, daß eine so sterile Zeit kommen werde, in welcher die Bedürfnisse der Gegenwart nicht mehr zu Rathe gezogen und ihre eigenen Schöpfungen zu einer solchen Verknöcherung sich verhärten konnten, daß alles lebendige, frische Wachsthum gerade in ihnen verkrüppeln werde. Und dennoch gab es auch damals schon Männer, welche in der maßlosen Ausdehnung der Form die Gefährdung des Geistes in der Zukunft befürchteten. Die ganze Schule Hillel's war entschieden gegen allzu große Ausdehnung der Reinheitsgesetze und gegen das Verbot jedes Genusses bei den Heiden, wie Wein, von dem den Götzen auch nicht geopfert wurde, selbst ihres Brodes und ihres Oeles[311]. Nur rohe Gewalt von Seiten der Schule Schammaïs, welche die Anhänger der Schule Hillel's großentheils von dem Versammlungshause fern hielt, in welchem jene Beschlüsse gefaßt wurden, konnte der rigorosen Ansicht den Sieg verschaffen. Und dieser Tag wurde als ein Trauertag betrachtet, wie der Tag, an welchem das goldene Kalb in der Wüste gemacht wurde.[312] Ob wegen der nun vollendeten Trennung von den übrigen Völkern, die allerdings manche schwere Trauer über Israel brachte, oder wegen der den innern Geist gefährdenden Ueberhäufung des äußeren Gesetzes, oder wegen der Gewalt, die sich in Fragen des Geistes geltend machte, ist aus dem Zusammenhange nicht klar. Die Trauer war nach allen Richtungen gerechtfertigt.

Indessen muß anerkannt werden, daß nur die äußerste Noth zu solcher Abschließung und daher zu den sie verbürgenden Gesetzen führte. Einerseits war es die äußere Gefahr, die in der näheren Berührung mit den Heiden immer drohend war und häufig in bluti-

---

310 Das Verfahren unserer »Frommen«, das nur die Erschwerungen aus den verschiedensten Zeiten dilletantisch zusammen zu klauben versteht, ohne die Zeit und die Geschichte zu kennen und ihren Zusammenhang mit der religiösen Form auch nur zu ahnen, sollte endlich in seiner ganzen Blöße, da es das religiöse Leben sicher ganz zu zerstören geeignet ist, zur allgemeinen Erkenntniß gebracht werden.

311 Im Jerusalem'schen Thalmud Sab. I. Hal. 4. werden im Namen R. Simon b. Jochai's (I. Hälfte des 2. Jahrh.) noch ganz andere solche Verbote genannt.

312 Toseph. Sabb. 1. Th. Jer. Sabb. Hal. 4.

gen Kämpfen hervortrat, besonders in den Städten, in welchen die Heiden zahlreich waren und kurz |221| vor der Tempelzerstörung, da die Spannung, die gegenseitige Verbitterung aufs Höchste gestiegen war, scheinen die meisten Erschwerungen dieser Art erst getroffen worden zu sein; wenigstens werden sie zur Zeit R. Josuas, der im ersten Viertel des zweiten Jahrhunderts in seinem höchsten Ansehen stand, noch als ganz neu bezeichnet[313]. Andererseits lag aber auch in der Berührung mit dem tief entsittlichten, zuchtlosen Heidenthum die größte Gefahr für das religiös-sittliche Leben der Juden, wodurch manche dieser Anordnungen vom Thalmud selbst begründet werden[314]. Ob die von Paulus angestrebte Verschmelzung mit den Heiden ein weiterer Grund zu größerer Reaktion auf diesem Gebiete war[315], wagen wir nicht zu behaupten; jedenfalls hat sie in den hochgehenden Wogen jener Zeit auch auf dem religiösen Gebiete ihre volle Berechtigung. Dennoch trat in späterer Zeit der berühmte Lehrer R. Josua ben Chananiah der Formüberhäufung entgegen, und zwar ausdrücklich, weil sie ihm den inneren Geist zu bedrohen schien. Er verglich die Formanhäufung mit dem Zugießen von Wasser in ein mit Oel gefülltes Gefäß: »Das Oel werde ausströmen und das Wasser an seine Stelle treten[316].« Er wollte auch für die Werktage nur ein kurzes Gebet, um es desto mehr mit Andacht beten zu können[317].

Derselbe R. Josua stellte noch einen andern Grundsatz |222| auf, der von nicht minder hoher Bedeutung ist, dessen Mißachtung sich nie mehr als in der Gegenwart an dem religiösen Leben gerächt hat, die ihm Wunden schlug, die, in unserem Zeitalter wenigstens, nicht mehr geheilt werden können. »Man darf«, sagte R. Josua, »keine religiöse Anordnung treffen, bei welcher der größte Theil der Religionsgemeinde nicht bestehen kann«, d. h. die Religion und ihre Vorschriften dürfen nicht bloß den Einsiedler im Auge haben, der von der Welt und ihren Bedürfnissen sich abgeschlossen hat, sondern sie müssen die berücksichtigen, die mitten in die Bewegung des Lebens hineingezogen werden[318].

---

313 Th. Ab. Sora. fol. 35, a. Th. Hieros. Sabb. I Hal. 4. Vgl. Grätz, Gesch. d. J. Bd. III Nota 26, wo diese Erschwerungen gründlich erörtert und ihre Erklärung in der angegebenen Richtung in gewohnter geistreicher Weise gegeben wird.

314 Misch. Ab. s. II, 1–4. Th. Sabb. fol. 17, b. u. s.

315 Derembourg, Essai S. 275.

316 Tos. l. l. Th. Jer. l. l. b. Sabb. 153, b. c. Raschi.

317 Misch. Ber. IV, 4. Selbst R. Akiba will nur dann das längere Gebet, wenn der Betende volle Gewandtheit besitzt. Gewiß Aufforderung genug auch für uns, wenigstens die ursprüngliche Form wieder herzustellen. S. Zunz, G. V.

318 B. Bathra fol. 60, b. Interessant ist das Gespräch, das hier R. Josua mit den übertriebenen Pharisäern führt. Diese wollten nach der Zerstörung des Tempels sogar kein Fleisch und keinen Wein mehr genießen, weil die Thier- und Weinopfer aufgehört hatten. Dann dürften wir auch kein Brod essen und kein Wasser mehr trinken, erwiderte ihnen R. Josua, weil die Schaubrode und die Wasserlibationen [Trankopfer] aufgehört haben. Es scheint, daß diese frommen Pharisäer doch das nicht wollten, denn es wird von einer Antwort ihrerseits nichts berichtet. Er wandte den Vers Mal. 3, 9. auf sie an. Wie paßt dieser Ausspruch auch auf unsere heutigen Zeloten, z. B. in Betreff des Eiferns gegen gewisse gottesdienstliche Einrichtungen aus 3 M. 18, 3. Deut. 12, 31. Diese Stellen werden aber, dem einfachen Bibelworte entsprechend, ausdrücklich auf solche

R. Josua stellte daher die Selbstgeißelungen der falschen Pharisäer (der Scheinheiligen) als das Verderben der Welt dar. Er sagte: »Ein bis zur Narrheit Frommer (Chasid Schoteh) ein listiger Bösewicht, eine scheinheilige Frau (»Ischah |223| Peruschah«, Betschwester?) und die Selbstgeißelungen der Pharisäer sind Vernichter des Menschengeschlechts.« Ueberhaupt werden im Thalmud die falschen Pharisäer, die Heuchler und Scheinheiligen, in einer Weise gegeißelt, wie es schärfer nirgends geschehen ist. Den Alexander Jannai läßt er seine Frau auf dem Todbette vor denselben warnen. Hüte dich vor den *Gefärbten*, sprach er, die wie Simri (unsittlich) leben, und den Lohn wie Pinehas fordern, als eiferten sie, wie dieser, mit aller Aufopferung für die reinste Sittlichkeit[319].

Der Thalmud zählt überhaupt sieben Arten von Pharisäern auf, von denen er fünf als falsch und heuchlerisch bezeichnet, die sich noch vermehren, wenn man die Bezeichnungen und Erklärungen im Jerusalem'schen und Babylonischen Thalmud zusammenstellt. Im Jerusalem'schen Thalmud lautet die Aufzählung folgendermaßen[320].

»Sieben Arten von Pharisäern gibt es: »der Schulterpharisäer« (»der seine Verpflichtungen auf der Schulter trägt, um deren Erfüllung jedem zu zeigen«, wie das Holz zur Laubhütte. Comm.); »der Leihpharisäer« (»der Andere um Geld anspricht, um die religiösen Gebote erfüllen zu können«); »der Rechenpharisäer« (»der etwas Gutes thut, dann wieder Böses und beides gegenseitig in Rechnung bringt«); »der, welcher fragt: Soll ich mein Hab und Gut ganz zu wohlthätigen Zwecken verwenden?« (»um sich den Schein außerordentlichen Edelmuths zu geben«); »der, welcher kühn auffordert: Sagt mir ein Böses, das ich gethan, ich werde sofort Gutes dagegen üben« (»um sich als völlig makellos hinzustellen«). Dann folgen die ächten Pharisäer, »die ihre Pflichten aus Ehrfurcht und Liebe gegen Gott erfüllen«.

Prägnanter in Bezug auf die Erklärung, die Namen sind fast dieselben, sind die falschen Pharisäer im babylonischen Thalmud aufgezählt[321]. Die erste Art ist die, welche wie Schechem |224| (Sichem 1 Mos. C. 34 Schechem heißt Schulter und ist auch der Eigenname dieses Khananiters) handelt, nicht zur Ehre Gottes, Raschi; was jedoch auch dahin erklärt werden kann, daß er wie dieser Khananiter öffentlich fromm ist und im Geheimen die Unschuld verführt[322]; die zweite Art wird hier als die Schleicher bezeichnet (s. Raschi); die dritte die Duckmäuser, die öffentlich keine Frau ansehen; die vierte die Gebeugten, die immer gekrümmten Rückens einhergehen; die fünfte, die mit ihrer Pflichterfüllung prahlt. Die ächten Pharisäer sind auch hier nur die, welche aus Liebe und Ehrfurcht gegen Gott handeln.

Handlungen beschränkt, die entweder an sich götzendienerisch oder das Sittengesetz verletzend (משום פריצות) sind (Sifra Achre IX, 8. Sifre zu Deut. l. l. לא נתכונו להקריב אלא דבר שהקב"ה שונא אותו). Jore dea 178, 1. Glos. Iss. cf. Nachm. z. St. Ikk. III, 14. Wollte man jenen Verboten weitere Ausdehnung vindiciren, so müßte im Leben (s. Beth. Jos. Jore Dea l. l.) und im Gottesdienste noch gar Manches verboten sein, was *unsere* Orthodoxen nicht beobachten.

319 Th. Sota 22, b.
320 Berach Hal. IX. zu Misch. 5.
321 Sota l. l.
322 S. Aruch s. v. פרש.

[Das paulinische Christentum]

Es kann demnach keinem Zweifel unterliegen, daß der ächte Pharisaismus die bloße Werkheiligkeit, die durch äußere Formen von den *sittlichen* Verpflichtungen sich gleichsam loskaufen und die »Heuchelei«, die unter dem Scheine äußerer, übertriebener Frömmigkeit ihre sittliche Leere verhüllen will, selbst als den falschen Pharisaismus, der die Welt zerstört, bezeichnet.

Auch der Sadducaismus hatte seine Heuchler, ob völlig Ungläubige, die unter dem Scheine der Aufklärung und des Eifers für Gott und sein reines Wort nur für ihren Materialismus noch Sinn hatten, oder solche, die auch den Sadducäern gegenüber, die in gar manchen Fällen noch strenger als die Pharisäer waren, bloß diese Strenge heuchelten, ist nicht klar. Der Thalmud läßt in dem angeführten Spruche des Alexander Jannai auf seinem Todbette seine Frau vor beiden warnen: »Fürchte Dich nicht vor den Pharisäern und vor denen, die es nicht sind (den Sadducäern), sondern vor den Gefärbten (auf beiden Seiten)[323].« Diese Heuchler auf beiden Seiten sind es auch, die Jesus im Auge hat, wenn er zu seinen Jüngern spricht: »Hütet euch vor dem Sauerteig der Pharisäer und |225| Sadducäer[324].« Die Erklärung in Matthäus[325], die sonst nirgends vorkommt, ist offenbar eine spätere, mit dem übrigen Gesammtinhalte in Widerspruch stehende Glosse. Lucas[326], welcher die Worte: »welches ist die Heuchelei« hinzugefügt, hat hier offenbar die richtige *Erklärung*, mag sie Jesus seinem Ausspruche beigefügt gehabt haben oder nicht. Dadurch ist uns auch zur Erklärung der widersprechenden Beurtheilung, welche über die Pharisäer von Jesu in den neutestamentlichen Schriften zu Tage tritt, der Weg geebnet, eine Erklärung, die zur Lösung unserer Aufgabe um so nöthiger erscheint, als es keinem Zweifel unterliegt, daß gerade die unrichtige Auffassung dieser Aussprüche ein Hauptgrund der Vorurtheile gegen Juden und Judenthum ist. Wir sehen dabei natürlich ab von den paulinischen Schriften. Paulus trat zwar schon wenige Jahre nach Jesu Tod als dessen Apostel auf und seine Briefe sind jedenfalls das Aelteste des neutestamentlichen Schriftthums. Allein abgesehen davon, daß bei ihm von dem *Lebensgange* Jesu nur sporadische Notizen vorkommen, – erst mit dem *Tode* Jesu fängt für ihn dessen *Leben* an – und daß er daher für uns, die wir es nur mit dem *lebenden* Jesus zu thun haben, nur eine kärgliche Ausbeute bietet, ist er auch der vollendetste Gegensatz gegen das ursprüngliche Christenthum, wie es in den ersten Evangelien niedergelegt ist, und tritt mit vollem Bewußtsein in Gegensatz zu den wesentlichsten Prinzipien des Judenthums, nicht etwa blos darin, daß er das *äußere* Gesetz ganz abrogirt: dazu mochte er sich aus doppeltem |226| Grunde berechtigt halten, einmal um die Sittenlehre des Christen- (Juden-) thums bei dem Heidenthum einzuführen, dessen tiefe sittliche Versunkenheit er selbst in so grellen Farben schil-

---

323 Sota 22, b. s. oben.

324 Matth. 16, 6. Marcus 8, 15. In letzterer Stelle steht statt »Sadducäer« »des Herodes«, es sind dies die Herodianer oder Boëthusen, welche Herodes erhoben und mit welchen sich die vornehmen Geschlechter, die Sadducäer verbunden hatten (s. weiter). Bei Lucas 12, 1. fehlt beides: es war dem Paulinischen Jünger darum zu thun, die Pharisäer allein herabzuziehen.

325 16, 12.

326 12, 1.

dert[327], und, hier ganz auf jüdischem Boden stehend, wo dieselben Ansichten über das Heidenthum überall hervortreten, **das Niedere dem Höheren, das Mittel dem Zweck zum Opfer fallen mußte**[328], indem er die Heiden niemals unter das Joch des Gesetzes hätte bringen können, und nach dieser Richtung war seine That ebenso kühn und groß, wie sie weltbeherrschend und beglückend wirkte; sodann weil das *Gesetz* nie für andere Völker gegeben war, wie der gelehrte Rabbiner sich selbst auch ausspricht[329].

Da Paulus aber die Abrogirung des ganzen Ceremonialgesetzes nicht blos für die Heiden, sondern auch für die Juden will, so reichen diese Gründe für sein Verfahren in dieser Beziehung nicht aus. Sie mochten wohl seine Energie unterstützen, bei seinem rücksichtslosen Vorgehen zur möglichst schnellen und sichern *Erreichung* seines Zieles der Bekehrung der ganzen Menschheit zu der von ihm mit solchem Feuereifer ergriffenen Lehre eine nicht unwillkommene Triebfeder bilden. Aber als Grund seiner Handlungsweise, wenigstens als wesentlichen und ihn allein bestimmenden Grund, können sie doch nicht angenommen werden. Wir glauben daher, daß Paulus der auch im Thalmud vertretenen Ansicht huldigte, daß mit dem Messias alle äußern Gesetze aufhören[330]. Ihm war Jesus der Messias und die äußern Gesetze hatten daher nach seiner |227| Ansicht de jure aufgehört. Damit treten wir der tieferen Auffassung nicht entgegen, welche ja nur die dogmatische Lehre über die Person des Christus und die philosophische Begründung der in dem Messiasglauben wurzelnden paulinischen Richtung ausspricht[331]. Aber es ist ein neuer Beweis zu den vielen andern, daß dieser gelehrte Apostel an die bestehenden Ansichten angeknüpft hat. Es herrschte bei Paulus allerdings gesteigerte Anschauung vom Messias als dem menschheitlichen Haupte, welche die Auffassung des Heilwerks als eine auf die ganze Menschheit sich beziehende Veranstaltung Gottes nach sich zog[332], eine Anschauung über den Messias, die auch schon bei den Rabbinen ihre Vertretung fand.

Alle wissenschaftlichen Forscher suchen ja nach den vermittelnden Momenten zwischen Judenthum und Christenthum auch bei Paulus. Erklärt ja auch Baur, daß das Wunder der Umwandlung des Paulus aus dem heftigsten Gegner des Christenthums in den entschiedensten Herold desselben, so groß es ist, nur als ein geistiger Proceß und eben deßwegen auch nicht ohne ein das Eine mit dem Anderen vermittelndes Moment gedacht werden kann.

Dennoch läßt sich nicht läugnen, daß Paulus von den wichtigsten Grundwahrheiten des Judenthums ganz entschieden abweicht und den vollendetsten Gegensatz gegen dieselben bildet. Dieser Gegensatz wurzelt allerdings in dem paulinischen Messiasbegriff, der überhaupt, wie Prof. Holtzmann mit Recht bemerkt, den Mittelpunkt der ganzen paulinischen Weltanschauung bildet. Dieser paulinische Messiasbegriff ist wesentlich

---

327 Römer c. 1. Gal. c. 5. Eph. 4,17–19. u. s. w. Auch die Andern stimmen darin mit ihm überein. Ap. Gesch. c. 15. bes. v. v. 19. 19.
328 Vergl. Weisheit Sal. 14,21. ff. Sirach 2,10 u. s. Misch. Ab. s. c. II und die beiden Thalmude.
329 Römer 2,14.
330 לעתיד לבוא כל המצות בטלות Nidda 61, b. s. R. Ascher Moed. Kàton 27, b.
331 S. Prof. Holzmann l. l. S. 558 ff.
332 Prof. Holtzmann l. l.

der *leidende* Messias, den sich der Apostel ohne Zweifel aus der Thatsache des leidenden Jesus realiter construirt, und darnach, doch in rabbinischer, midraschischer Weise, Stellen der Bibel, wie Jes. c. 42 und 53, die sich nach der einfachen |228| Exegese, wie es kaum heute noch bestritten wird, auf das Gesammtisrael beziehen, um so mehr gedeutet hat, als sie allerdings ganz auf das Bild passen, in welchem ihm der leidende Messias erschien. Aber dieser leidende Messias selbst ist entschieden gegen alle biblische und ächt rabbinische Auffassung. Daß in der Bibel überall, wo von dem »Zweige«, der aus David erblühen soll, die Rede ist, nur von einem siegreichen, herrlichen und verherrlichten, die Welt schon mit dem Hauche seines Mundes besiegenden, nicht verfolgten, Spott und Hohn preisgegebenen, den Opfertod für die sündige Welt erduldenden Sprößling Davids die Rede ist, beweisen Stellen wie Jes. c. 11; er wird verherrlicht ganz wie von dem Ahnen selbst das Bild im Volke lebte (2 Sam. 23,1. Ps. 132,16. 17. u. s. w.). Selbst noch in Daniel erscheint der »Menschensohn«, der mit den Wolken des Himmels kommt, wenn man denn doch den Messias darunter verstehen will, und nicht Israel, wie es der Zusammenhang fordert[333], nicht als der leidende, sondern als der siegreiche, »dem Herrschaft und Herrlichkeit und Reich gegeben wird, dem alle Völker, Nationen und Zungen dienen.« Auch die alten Rabbinen kennen keinen leidenden Messias[334]. Einigen war das messianische Reich der Inbegriff aller Herrlichkeiten; nach Andern, so dem nüchternen Samuel, dessen Ansicht auch von den klaren jüdischen Geistern adoptirt ward, unterscheidet sich dasselbe bloß dadurch von der Gegenwart, daß Israel in Folge des geistigen und sittlichen Fortschritts der Menschheit geachtet und gleichberechtigt mit allen Menschen sein werde. Paulus aber hatte sich aus dem Leiden *seines* Messias den Begriff, des leidenden Messias überhaupt, gebildet, und daraus entwickelten sich sodann seine weiteren Gegensätze gegen Grundlehren des Judenthums, zu welchen sonst die Art und Weise des Messiasbegriffs selbst nach Maimonides, der die Hoffnung |229| auf einen persönlichen Messias unter seinen Glaubensartikeln aufzählt, durchaus nicht gehört, da sie mit der Ehrfurcht und Liebe gegen Gott in keiner Beziehung stehe[335].

Was nun die Gegensätze der paulinischen Lehren gegen das Judenthum betrifft, so tritt dies schon in seiner Lehre vom *Glauben* hervor. Mag dieser Glaube in »Liebe« umgesetzt werden, die Rechtfertigung geschieht doch wesentlich und grundsätzlich durch den Glauben.

---

333 Dan. 7,13. 14. s. Philippson z. St.

334 s. oben.

335 Maim. l. l. § 2. Er räth sogar ernstlich von dem Grübeln über diesen Gegenstand ab, der nur zu leeren Phantasiegebilden führe. Was daher Einzelne darüber faseln, die sich sogar *vor* der Erscheinung des Messias aus Davids Hause einen solchen aus dem Hause Josephs (Efraim) ausmalen, der im Kampfe mit Gog. Magog umkomme, also in der That einen *leidenden* Messias (s. z. B. Jalkut Jes. s. 359 ff.), wohl um in der Messiaszeit eine neue Theilung des Reichs unter Juda und Efraim zu verhindern, ist spätern Ursprungs. Das ältere Judenthum hat davon nichts gewußt. Es kannte nur einen siegreichen Messias. Nach R. Akiba hat Bar Koseba, als er ihn nach seinen glänzenden Siegen über die Römer sah, deshalb als den Messias begrüßt, und mit Anspielung auf den Namen Koseba den Vers 4 M. 24,17: »Es tritt ein Stern (Kochab) aus Jakob hervor«, auf ihn angewandt (Th. Jer. Tanith IV, 5.), woher wohl sein Name Bar Kochba, Sternensohn, kommt.

Es ist nun unsere Aufgabe nicht, hier den Begriff des Wortes »Glauben« in den neutestamentlichen Schriften zu untersuchen. So viel aber steht fest, daß es bei Paulus wesentlich der Glaube an Christus durch seine Auferstehung sei[336] und daß durch diesen Glauben die Gerechtigkeit vor Gott komme zu Allen und auf Alle, die da glauben[337]. Aber Glauben in diesem Sinne, der keine weitere Beweise fordert, sondern zur Anerkennung einer Sache (πίστις, πείθομαι) nicht aus ihrer innern Natur, oder aus anderen *Beweisen*, sondern weil wir die Sache an sich für das Heil der Menschen noth-|230| wendig halten, oder weil die Person, an die wir sie knüpfen, so hoch in unserm Geiste steht, daß wir gerne alles Heil von ihr erwarten, einen solchen Glauben kennt das Judenthum nicht. Das Zeitwort »Aman« (Hif.) in 1 M. 15, 6. und das Hauptwort Emuna (Hab. 2, 4.), das Paulus zum Beweise anführt, bezeichnet nicht den Glauben im paulinischen Sinne, sondern durch *Ueberzeugung* von der Wahrheit entstandenes *Festhalten*, »Treue« gegen Gott[338]. Allerdings nicht eine spekulative metaphysische Ueberzeugung, eine Ueberzeugung a priori, die kennt der Morgenländer überhaupt nicht; aber eine Ueberzeugung a posteriori, *die Erkenntniß Gottes aus der Natur und Geschichte*. Auf diese Weise Gott zu erkennen (לדעת) und *deshalb ihm vertrauen* (πιστεύειν) wird unzählige Mal in der Bibel anempfohlen[339]. In dieser Weise erklären die jüdischen Religionslehrer auch den Ausdruck 2 M. 33, 23: »Du wirst meinen Rücken sehen, aber mein Angesicht kann nicht gesehen werden«. Du kannst mich aus meinen Werken (a posteriori), nicht aus meinem Wesen (a priori) erkennen[340]. So heißt also das hebräische Emuna (אמונה) in der Bibel niemals Glaube im gewöhnlichen Sinne, selbst nicht in der Stelle bei Habakuk, sondern überall Treue, Wahrheit, weshalb auch von dem *Ueben* der Emuna »Treue« (Spr. 12, 22.) die Rede ist. **Wird ja derselbe Ausdruck von Gott selbst gebraucht, werden ja die g. Gebote, ja leblose Dinge, wie ein fester Ort, ein dauerhaftes Haus, beständig fließendes Wasser** |231| **mit diesem Ausdruck bezeichnet**[341]. **So ist es ferner gegen alttestamentliche Principien, wenn Paulus die *Erlösung* der Menschheit von der Sünde durch den Christus hervorhebt**[342] **und zwar** »ohne Verdienst aus seiner Gnade, durch die Erlösung, so in Christo Jesu geschehen ist« (Röm. l. l.), was die Grundlehre des Judenthums, wornach Jeder durch seine selbsteigene Thatkraft, sein eigener Erlöser werden muß, weshalb seine bedeutendsten Lehrer den frommen, sittlich tüchtigen Heiden dem Hohenpriester gleichstellen, während jene Lehre mit nothwendiger Consequenz zu dem Begriff der allein selig machenden Kirche führen mußte, gerade auf den Kopf stellt. Die Lehre von der *Erbsünde* und der *Gnade* auch in moralischen Dingen (praedestinatio), dieser weitere entschiedene Gegensatz gegen die

---

336 1 Cor. 15, 14. 17.

337 Röm. 3, 22. Galat. 2, 16–21.

338 S. Ges. s. v. Daß das verb. בטח, das besonders in den Psalmen so oft in dem Sinne vom Vertrauen vorkommt, nichts mit diesem Begriffe zu thun hat, beweisen die Stellen wie Jer. 7, 4. Spr. 11, 28 u. s. Die LXX. übersetzen es ἐλπίζειν wie Ps. 13, 6; 28, 7. u. s., während sie האמין constant πιστεύειν übertragen.

339 Deut. 4, 32–40. 7, 9. 8, 2–5. Jes. 1, 3. 40, 12–25. 1. Chr. 28, 9 u. s. w.

340 Maim. More I. 54. vgl. Albo Ikk. II.

341 Vgl. auch Jes. 55, 3. und Paulus Rede selbst. Ap. Gesch. 13, 34

342 Römer 3, 24. 25. 5, 15. 8, 32. Gal. 1, 4. Col. 1, 22.

alte Lehre, hat Paulus zwar nirgends so weit ausgedehnt, wie die spätere Kirche und namentlich Augustin sie lehrt, die *alle* Willensfreiheit aufgehoben und damit in weiterer Folge nothwendig auch alles Verdienst für die guten und allen Tadel für die bösen Handlungen, also auch die Belohnung und Bestrafung, d. h. die *Berechtigung* dazu und den Menschen zum geistigen Sclaven (servum arbitrium) herabgedrückt, alle sittliche Kraft gebrochen [343] und eine Passivität, die zur Ertödtung führt, begünstigt hat, in dieser Ausdehnung hat Paulus zwar die Erbsünde und die Gnade nicht gelehrt und konnte er sie nicht lehren, weil ihm dazu sowohl in seinen rabbinischen Ueberlieferungen aller Anhaltspunkt fehlte, wie sein scharfer, philosophischer Geist sich dagegen sträuben mußte; aber indem er die Erlösungsbedürftigkeit des Menschen durch den |232| Christus so scharf betont und eine willkürliche Auswahl Gottes zu dieser Erlösung annimmt, hat er doch damit den Grund dazu gelegt und eine starke Handhabe dafür geboten [344] und wurde dadurch auch nach dieser Richtung die Veranlassung zu dem sich immer mehr erweiternden Riß zwischen Christenthum und Judenthum.

Daß die Bibel entschieden gegen die Erbsünde ist und dem Menschen die freie Wahl des Guten vindicirt, wenn er auch, »da er doch auch Fleisch ist« (1 M. 6, 3.) und nicht bloß Geist [345], niemals ganz sündenlos *bleiben* wird, »denn es ist Niemand so gerecht auf Erden, der immer Gutes thut und niemals sündigt« (Eccl. 7, 36) steht unzweifelhaft fest. Schon dieser letztere Vers spricht aus, daß der Mensch die Kraft ($\delta\acute{\upsilon}\nu\alpha\mu\iota\varsigma$) hat, das Gute selbst zu üben. Ganz ausdrücklich aber läßt die Bibel Gott zu Kajin also sprechen: »Nach dir ist ihr (der Sünde) Verlangen (der sinnliche Trieb [346], du aber kannst Herr über sie werden (wenn es dein entschiedener Wille ist [347]. Auch die Rabbinen haben sich ganz im Sinne bedingungsloser Willensfreiheit ausgesprochen. »Die Menschen sind nicht zur Welt gekommen um böse, sondern um gut, gerecht zu sein« [348]. »Für alle seine Handlungen wird der Mensch zur Rechenschaft gezogen (Spr. d. V. IV, 22.). Doch diese Verantwortlichkeit des Menschen für alle seine Handlungen, die natürlich durch die Willensfreiheit bedingt ist, zieht sich ja wie ein rother Faden |233| durch die ganze hl. Schrift, von Adam bis auf den letzten der Könige Juda's und der Propheten [349].

---

343 Postquam enim per peccatum imago dei amissum est, simul. etiam $\delta\acute{\upsilon}\nu\alpha\mu\iota\varsigma$ illa bonum eligendi amissum est, Joh. 8, 34. cf. 2 Pet. 2, 19. Joh. Gerhard loci theol. Tom. II. loc. XI, c. 2, 22.23. cf. Römer l. l. u. s.

344 Röm. 5, 12. cf. 7, 14. 9, 18. 11, 5–7. Eph. 2, 8. u. s. w., Stellen, die freilich in Bezug auf die Willensfreiheit mit andern, wie Eph. 4, 21 ff. in Widerspruch stehen, und daher jedenfalls sehr eingeschränkt verstanden werden müssen, aber doch den Keim zum Mißverstand in sich tragen.

345 S. die Comment.

346 הוא יצר הרע תמיד שוקק ומתאוה להכשילך Raschi

347 אם תרצה תתגבר עליו Idem., vergl. Eccl. 7, 29.

348 Sifre Ha'sinu v. 4. – Vgl. Albo Ikk. IV, c. 5.

349 Vgl. über die »*Versöhnung*« im Judenthume im Gegensatz zu der christlichen Lehre von der »*Erbsünde*« die ausführliche und klare Auseinandersetzung in: »Weltbewegende Fragen in Politik und Religion«, von Dr. Ludwig Philippson, Leipzig, Baumgartner's Buchhandlung 1869. Theil II. S. 245–282. Ferner das für seinen Zweck sehr empfehlenswerthe Buch: »Grundlage zu einem wissenschaftlichen Unterrichte in der mosaischen Religion«, von Dr. Jos. Aub, Leipzig, Baumgärtner's Buchhandlung 1874. § 73.

Indessen eine *gewisse* Prädestination oder eine Gnadenwahl Gottes läßt sich doch vielleicht auch im Judenthum annehmen. Es ist die *Wahl* Israels zur Aufnahme der göttlichen Offenbarung an die Menschheit [350].

Allein diese Auserwähltheit Israels [351] hat mit der Willensfreiheit des *Einzelnen* nichts zu thun. Es ist der *Beruf* Israels in der Geschichte, dem es im Ganzen und Großen auch gedient hat, obgleich Tausende zu jeder Zeit und vielleicht ganze Geschlechter bis auf Wenige diesem Berufe untreu wurden. Sodann kann aber selbst in dieser Hinsicht von einer eigentlichen *Gnadenwahl* nicht die Rede sein. Es ist dabei immer auf die Erzväter (und besonders auf Abraham, den »Knecht Gottes«) Bezug genommen, durch deren *Erkenntniß* Israel allein *befähigt* war, das Licht der göttlichen Offenbarung zu empfangen, als »Finsterniß die Erde bedeckte und dunkeles Gewölke die Nationen«, wie dies auch die Rabbinen im Deuter. 33, 2. angedeutet finden wollen. »Gott hat in den Sprachen aller großen Völker sich offenbart: denn nicht für Israel allein hat er die göttliche Lehre gegeben, ihnen Allen wollte er sie geben, sie wollten (konnten) sie aber wegen |234| ihrer sittlichen Versunkenheit nicht annehmen [352]. Allein Paulus ging noch weiter, und dadurch machte er den Riß zwischen Judenthum und Christenthum unheilbar. An die Stelle des ersten alttestamentlichen Grundsatzes, den Jesus selbst ausdrücklich an die Spitze stellt und als die Hauptlehre des Glaubens verkündet, des Grundsatzes der reinen, absoluten, geistigen Einheit Gottes setzte er zu Gunsten der Bekehrung der Heiden, die allerdings einen solchen Gott nicht zu fassen vermochten, einen neuen, wenigstens der *Form* nach seine Grundanschauung aufhebenden Begriff, der, nach Art der Alexandriner, verschiedene Personen in Gott annimmt, aber in ganz anderer Weise, nicht wie bei diesen in Gott verharrend, sondern als Besonderheit gesetzt und aus ihm herausgetreten, einen obern Gott, Zeus, und einen untern, seinen eingeborenen Sohn, denn auch bei Paulus steht der Vater über dem Sohn.

Dies erkennt dem Wesen nach auch die neuere christliche Theologie an. »War Christus eine ewige und göttliche Persönlichkeit (nach paulinischer und johanneischer Auffassung), so war der streng und schlechthin einheitliche Gottesbegriff aufgehoben. Hinwiederum wollte und konnte man auch nicht zwei Götter haben. Denn das wäre Heidenthum, nicht Christenthum. Es erfolgte daher eine Ausgleichung beider Seiten, eine Lösung des geschlungenen Räthsels in doppelter Weise. Bei Paulus nämlich so, daß der Sohn Gottes, die höchste Himmelsgestalt, doch zum Vater in ein entschiedenes Verhältniß der Abhängigkeit tritt, die Herrschaft nur bis zum völligen Sieg über Satan, Welt und Tod inne hat, zuletzt aber in den Vater gleichsam zurückkehrt; bei Johannes dagegen so, daß |235| ein eigentümlich einheitliches Verhältniß zwischen Gott und seinem Worte gesetzt, die geschichtliche Erscheinung Jesu aber nur als Verleiblichung dieses Wortes aufgefaßt wurde. Sowohl an die paulinische als auch an die johanneische Lehrform

---

350 Deut. 7, 6. 14, 2. u. s. Mal. 1, 2., worauf sich auch Paulus beruft.

351 Jes. 42, 1. 45, 4. u. s.

352 Vergl. die sehr interessante Auseinandersetzung Sifre z. St. Ebenso Mech. d'Bachodesch Par. 1. [']הי ר״א בנו של ר״י הגלילי אומר ה״ה או' מגיד דבריו ליעקב חקיו ומשפטיו לישראל לא עשה כן לכל גוי וכי מה עשו הגוים דוי' האלו שלא רצה לתן להם תורה? משפטים בל ידעום שלא רצו לקבלה.

schlossen sich dann in den folgenden Jahrhunderten auseinandergehende Ansichten über das Verhältniß des Vaters zum Sohne an, die sich endlich im vierten Jahrhundert verständigten. Es geschah dies dadurch, daß einstweilen im Bewußtsein der Kirche zu den beiden mit einander zu vereinigenden göttlichen Größen noch eine dritte, der heilige Geist getreten war, die zu den andern gleichfalls in ein bestimmtes Verhältniß gesetzt werden mußte. Damit waren die Grundlinien zu dem Bilde der kirchlichen Dreieinigkeitslehre gegeben, zugleich aber auch die Glaubenslehre des Christenthums auf der Unterlage des griechischen Durchschnittsbewußtseins auferbaut, welches sich mit drei göttlichen Personen eher befreunden konnte, als das Judenthum. Von letzterem war die neue Religion durch diesen Schritt vollkommen und für immer gelöst[353].

So hat Paulus allerdings Großes gewirkt, indem dieser scharfe, energische Geist mit seinen kühnen Griffen in das Judenthum das Götzenthum besiegte und die heidnische Unsittlichkeit zerstörte, aber er mußte auch eben durch den Compromiß, den er mit dem Heidenthum geschlossen, notwendig den Bruch mit dessen vollendetstem, ausgesprochenen Gegensatz, dem Judenthum herbeiführen, einen Bruch, der in dem spätern Kirchenglauben immer größere Dimensionen annahm. Allein es liegt eben darin auch wieder der Keim zur Heilung dieses Bruches. Denn indem Paulus seine dem Judenthum entgegengesetzten Principien ausdrücklich als *Heidenapostel* lehrt, müssen sie nothwendig mit der immer größere Kreise beschreibenden Besiegung des Heidenthums, mit der Erfüllung ihres Zweckes wieder zurücktreten, und wird in der reinen, Gott in seiner absoluten Einheit und Geistigkeit und den Menschen in seiner unbeschränkten sittlichen Freiheit verkündenden alten Lehre die |236| Versöhnung der Geister sich vollziehen, wie sie schon heute unter allen Denkenden so herrliche Triumphe gefeiert hat. Der Gegensatz von Paulus gegen das Judenthum war eine geschichtliche Notwendigkeit, um das Heidenthum zu besiegen, was durch das Verharren im absoluten Gegensatz gegen das letztere kaum je hätte erreicht werden können. Jener Gegensatz aber muß wieder zur Einheit führen, wenn der alte Gegensatz völlig gebrochen ist und wird gerade durch die tiefe Auffassung auch wieder altjüdischer Lehren, die in Paulus hervortritt, sich um so mehr vollziehen, wenn diese einerseits der besondern Beziehung des Christus zum Heidenthum in dem allgemeinen Menschenthum sich entkleidet, und andrerseits das äußere Gesetz eben dadurch vielfach gegenstandslos geworden. – Aber man begreift es leicht, wie nicht nur diejenigen, welche Jesus am nächsten standen und jedenfalls vom innersten Kerne seiner Lehre und seines Strebens am besten unterrichtet sein konnten, Paulus auf's Entschiedenste bekämpfen[354], sondern auch die ersten und bedeutendsten Kirchenlehrer sich noch weit entschiedener dagegen aussprachen[355]. Wir aber, die wir es hier wesentlich nur mit dem *ersten Stifter* des Christenthums und speziell mit dessen Verhältniß zum Pharisaismus zu thun haben, sehen um so mehr von den paulinischen Schriften ab, als wir uns zu einer nähern Besprechung der *christlich-kirchlichen* Dogmen weder berechtigt noch berufen fühlen.

---

353 Holtzmann l. l. S. 607 etc.
354 Vgl. Eph. Jak. 2, 20–24. Gal. c. 5 u. s. w.
355 Origenes, Eusebius, Just. Mart. s. Grätz IV. Note 10.

Was das Johannes-Evangelium betrifft, so ist dieses, da es gar nicht von einem Juden verfaßt ist, worüber heutzutage kaum mehr ein Zweifel besteht, an sich schon jedenfalls eine getrübte Quelle auch in Bezug auf das Historische und hat nicht sowohl die nackten Thatsachen im Auge, als es, wenn auch in alexandrinischer Färbung, nur die Philosophie über das paulinische Christenthum ist, oder wenigstens ein Versuch, diese neue Lehre philosophisch zu sublimiren.

|237| Aus demselben Grunde haben wir auch das Lucas-Evangelium und die Apostelgeschichten weniger in Betrachtung ziehen zu sollen geglaubt, da sie vom paulinischen Christenthum abhängig sind und außerdem das dogmatische Interesse besonders verfolgen. Wir haben es nur mit der *Geschichte*, mit den *Thatsachen* zu thun, wie sie in den zwei ersten Evangelien, in Matthäus und Marcus, offenbar am reinsten hervortreten. Es versteht sich dabei von selbst, daß wir uns auch hier nicht zu einer Kritik berufen fühlen können, und lassen wir daher die Wunder, welche Jesus zugeschrieben werden, ganz außer Betrachtung, um so mehr, als sie, ihre volle Wahrheit vorausgesetzt, Jesus selbst sicher nicht als *Beweis* für die Wahrheit seiner Sendung wollte gelten lassen. Er selbst warnt seine Jünger vor falschen Messiassen und falschen Propheten, übereinstimmend mit der Bibel[356], die sie durch Zeichen und Wunder zu Irrthümern verführen könnten[357]. Die Wahrheit muß ihre Bürgschaft in sich selbst tragen: ein Grundsatz, zu dem auch Jesus sich bekennt (Matth. 7,16,17 u.s.w.). Ganz läßt sich freilich eine Kritik wenigstens der Berichte bei einer unparteiischen Auffassung und Besprechung derselben bei dem besten Willen nicht vermeiden.

[Die Lehre Jesu]

|238| Was nun die *Lehre* Jesu betrifft, so wollen wir die Erhabenheit derselben in Bezug auf Alles umfassende Gerechtigkeit und Liebe durchaus nicht bezweifeln; sie fand ihre Stützen schon in der unbefangenen Betrachtung der h. Schrift, auf welche er sich in der That oft berufen und ebenso in dem Pharisaismus, der nicht weniger erhaben die Sittenlehre predigt, wie wir bereits nachgewiesen, wie sich aber sogar mit Jesu Aussprüchen selbst belegen läßt. Selbst die berühmte Bergpredigt findet fast durchgängig ihre Analogie in rabbinischen Aussprüchen. Aus der Betrachtung dieser Aussprüche wie der histo-

---

356 Deut. 13, 2–4.
357 Matth. 24, 24. Marc. 13. 22. Ueber die Grundlosigkeit des Glaubens durch Zeichen und Wunder, s. auch Maim. von den Grundlehren des Gesetzes c. 8. Albo Ikk. I. 18. Uebrigens werden Wunderthaten, wie sie im Neuen Testament von Jesus und den Aposteln berichtet werden, in ganz ähnlicher Weise und noch wunderbarer, von den Thalmudisten erzählt. Sie heilen Kranke, erwecken Todte, sie tödten aber auch mit ihrem Blicke, mit einem Worte, sie treiben böse Geister aus, sie halten sich solche sogar zu ihren Dienern. Die ganze Agada ist voll von solchen Erzählungen. Man siehe z.B. nur Synh. fol. 65. Chulin fol. 105. Megille 7, b. Die bedeutendsten nachthalmudischen Lehrer haben jedoch dergleichen Wunder als Mährchen erklärt, so der berühmte R. Hai Gaon, cf. Jost, »Geschichte des Judenthums« II, S. 291 ff. Als Beweis für die Wahrheit einer Lehre haben Wunder nie gegolten, cf. B. Mezia fol. 59, b.

rischen Thatsachen überhaupt, wird uns bis zur Evidenz klar, daß alles Nachtheilige, was in den neutestamentlichen Schriften von dem Pharisaismus berichtet wird, so weit es überhaupt eine historische Berechtigung hat, nur von dem *falschen* Pharisaismus gelten *kann*, daß dagegen Jesus selbst wenigstens, sowohl in Bezug auf den Glauben wie auf das Sittengesetz, bis auf den einen Punkt, den in seiner Person sich verkörpernden Messianismus, in voller Uebereinstimmung mit den Pharisäern stand.

Wir wollen, um uns kurz zu fassen, zum Beweise beider Behauptungen: der Gleichheit des Glaubens und der Sittenlehre nur Einzelnes hervorheben. Der Satz: »Selig sind die Barmherzigen, denn sie werden Barmherzigkeit erlangen«[358], ist fast wörtlich der angeführte Ausspruch N. Gamaliels: »Wer sich der Menschen (בריות *Geschöpfe*, also noch umfassender), erbarmt, findet Barmherzigkeit bei Gott, und wer sich der Menschen nicht erbarmt, findet bei Gott kein Erbarmen«[359]. Was den Ausspruch über den Frieden betrifft, so kann er in der That nur ein schwacher Nachhall der wahrhaft grenzenlosen Beseligung, die die Rabbinen demselben zuschreiben, genannt werden. Der Satz: »Selig sind die Friedfertigen, denn sie |239| werden Gottes Kinder heißen«, ist nur eine Umschreibung des thalmudischen Satzes: »Groß ist der Friede, denn der Name Gottes ist: Friede (Schalom)[360]. Der Ausspruch: »Ihr seid das Licht der Welt« ist eines der vielen herrlichen Bilder, mit welchen die Thalmudlehrer die göttliche Lehre und die sich mit ihr Beschäftigenden vergleichen[361]. Von der Sünde der Feindseligkeit gegen den Nebenmenschen und der bösen Zunge[362] sind die Schriften des Pharisaismus voll. Das *absolute* Eidverbot, die *völlige* Verachtung irdischer Güter und die Gütergemeinschaft, die allerdings der Ehe nicht günstigen Aeußerungen[363] sind offenbar essäisch[364], krankhafte Uebertreibungen einer durch den äußern Druck und die vielfache Zerklüftung des Lebens in das innere Leben allein sich zurückziehenden Askese. Doch dürfte es im Zusammenhalt mit andern Aeußerungen Jesu noch sehr zu bezweifeln sein, ob diese Ansichten in Jesus selbst ihren Ursprung haben.

Der Ausspruch: »Wer sich selbst erhöht wird erniedrigt[365] und wer sich selbst erniedrigt, wird erhöht«, findet sich ganz ebenso in einer Boraitha[366] mit folgenden Worten:

---

358 Matth. 5, 7. cf. 6, 14. 15. Marc. 11, 25.

359 Sab. fol. 151, a. Rosch. Hasch. fol. 16.

360 Richter 6, 24. in der Deutung: Gott (ist, heißt) Friede.

361 Sota fol. 21. u. s. w. Synh. 19. Jer. Ned. III. Hal. 8. Mid Teh. 78 und 148.

362 Matth. 5, 22. ff.

363 Matth. l. l. v. v. 28.

364 S. Jos. B. Jud. II, 14. Daß Jesus dem Essäismus huldigte, dürfte auch aus seiner unläugbaren Geringschätzung des Opferwesens hervorgehn, obgleich er Andern, die eben nicht zu diesem Orden gehörten, die gesetzmäßigen Opfer darzubringen empfahl. Daraus würde sich auch die bei seinen Jüngern eingeführte Gütergemeinschaft und Anderes erklären. S. Gfrörer, Gesch. d. Urchristenth. I, 2. S. 281 ff.

365 Matth. 23, 12 (cf. 20, 26. 27.) vgl. Luc. 14, 11. 18, 14.

366 Erubin 13, 6. Andere, denselben Sinn ausdrückende Stellen im Thalmud und Midrasch und dem ganzen spätern jüdischen Schriftthum, s. Zunz, Analekten in Geiger's »Jüdische Zeitschrift« VI, S. 315 ff.

»Wer sich |240| selbst erniedrigt, den erhöht Gott, und wer sich selbst erhöht, den erniedrigt Gott«. Der damit verbundene Ausspruch: Wer der Herrschaft (Ehre, Ansehen) nachstrebt, den flieht die Herrschaft, und wer die Herrschaft (Ehre, Ansehen) flieht, den sucht sie[367], erklärt den rechten Sinn von Matth. 20, 26. 27.

Jesu Antwort auf die Frage des Pharisäers: »Welches ist das vornehmste Gebot von allen?« »Höre Israel, der Herr unser Gott ist ein Herr. Und du sollst den Herrn, deinen Gott, lieben von ganzem Herzen, und von ganzer Seele und von ganzem Vermögen. Das ist das vornehmste Gebot«[368], beweist seine volle Übereinstimmung mit der *Grundlehre* des Judenthums. Und welcher Pharisäer hätte das nicht unterschrieben? Der Thalmud sagt ausdrücklich: »Wer die Götzen läugnet, heißt Jude[369], und kann und will damit nichts Anderes sagen, als wer sich zu der Lehre von der Gotteseinheit bekennt, hat sich zu der wesentlichsten und vornehmsten Lehre des Judenthums bekannt. Und was Jesus weiter sagt: »Und das Andere ist ihm gleich: »Du sollst deinen Nächsten lieben, wie dich selbst.« »Es gibt kein anderes größeres Gebot als dieß«, hat ja der berühmte, Jesus fast um ein halbes Jahrhundert vorangegangene Synedrialvorsteher Hillel dem Heiden, der sich zum Judenthum bekehren wollte, noch weit prägnanter gesagt: »Es ist die *ganze Lehre*, d. i. das Ziel |241| der ganzen Lehre (Thora), alles Andere ist nur Erklärung«[370]. Der Pharisäer war auch vollkommen mit diesen Grundsätzen einverstanden. Er gab ihm die schöne Antwort: »Wahrlich, Lehrer, du hast recht geredet: *denn es ist Ein Gott, und ist kein Anderer außer ihm, und denselbigen lieben von ganzem Herzen, von ganzem Sinn, von ganzer Seele und von ganzer Kraft, und lieben seinen Nächsten, wie sich selbst, das ist mehr denn alle Brandopfer und Schlachtopfer«*[371]. Es wäre daher sicher mehr als Zeichen des verblendetsten Vorurtheils, diesen Pharisäer mit denjenigen zu identificiren, die Jesus so schonungslos geißelte, und unter den letzteren nicht eben die falschen, vom Thalmud selbst nicht weniger getadelten Pharisäer zu verstehen, und überhaupt an der vollen Uebereinstimmung Jesu mit der Grundlehre des Glaubens von der absoluten Einheit Gottes auch nur einen Augenblick zu zweifeln. Der Satz: »Du willst den Splitter aus dem Auge deines Bruders ziehn, und siehst den Balken nicht im eigenen Auge«, ist wörtlich der Ausspruch des berühmten Lehrers R. Tarphon, der zum Theil noch unter dem Tempel lebte, also jedenfalls vor dem neutestamentlichen Referenten[372]. Ein späterer Thalmudist, Resch Lakisch, hat den Ge-

---

367 Andere ähnliche oder gleiche Aussprüche s. Zunz l. l.

368 Marc. 12, 29. Dies ist ohne Zweifel die ursprüngliche Antwort Jesu, da die Liebe zu Gott ohne Glauben an ihn ohne Grund wäre. *Schon im Matthäus 22, 37. ist die erste wichtigste Hälfte ausgefallen*, bei Lucas ohne Zweifel absichtlich.

369 כל הכופר בע״א נקרא יהודי Meg. 13, a. cf. Hor. fol. 11, a., wo der, welcher dem Götzendienst verfällt, Zadduki, hier gleich Nichtjude, Gottesläugner, heißt, wie die Parallelstelle Ab. Al. 26, b. zeigt, wo derselbe Min genannt wird. cf. Siphre Br. Schlach: »es ist, als hielte er das ganze Gesetz.« Vgl. auch Marc. 10, 18. (cf. Matth. 19, 17.) Luc. 18, 19.

370 Berach. 30, b. u. s. Der Ausdruck: »Was dir nicht lieb ist, das thue nicht einem Andern«, will offenbar bloß den Inhalt kurz angeben und die negative Fassung den Heiden vorerst einmal wenigstens vom Bösen ferne halten. S. weiter die Sprüche R. Akiba's und ben Asai's.

371 Marc. 12, 32, 33. Auch diese Antwort fehlt bei den Andern.

372 Arachin, 16, b.

danken noch weit schöner ausgedrückt: »Schmücke dich zuerst, sagte er, ehe du Andere schmücken willst«[373].

Ebenso ist, was Matth. 6,7. über das Gebet gesagt ist, in ganz gleicher Weise im Thalmud[374] ausgesprochen. »Der |242| Worte des Menschen seien immer wenige vor Gott« (im Gebete) und wird darauf der Vers des Predigers 5,1. angewandt. Ueberhaupt steht auch den Pharisäern die Stätte, welche der Mensch Gott dem Herrn durch Heiligung seines Namens in seinem Herzen errichtet, weit über Opfer und äußere Tempel. Noch prägnanter ist dies in einer andern Stelle ausgedrückt[375]: »Wer mehr als sich geziemt das Lob Gottes ausspricht, verwirkt sein Leben« und wird in dieser Weise der Vers Ps. 65,2. gedeutet. »Dir ist Schweigen[376] Lobgesang.« Auch den Pharisärn steht ein Gebet aus dem Herzen höher als der Tempel, oder wie man sich genau ausdrückt: »Die Stätte, welche der Mensch Gott dem Herrn durch Heiligung seines Namens in seinem Herzen errichtet, weit über Opfer und dem äußeren Tempel.« So erklären die Rabbinen den Vers (2 M. 25,8.): »sie sollen mir ein Heiligthum machen, daß ich in *ihnen* wohne«, es seien, weil es nicht heiße: in *ihm* (dem Heiligthum) die Herzen Israels gemeint, in welchen Gott wohnen wolle.

Auch ihnen war es bei dem Gebete um die geistige und sittliche Erhebung des Beters, nicht um ein gewohnheitsmäßiges Wortgeklingel zu thun[377]. So ist ihnen »ein Gebet ohne Andacht ein Körper ohne Seele«[378]. Ebenso ist die Mahnung, das Licht nicht unter den Scheffel zu stellen, nur eine Umschreibung der im Thalmud so oft vorkommenden Verherrlichung des Lehrens, dessen Unterlassung sogar als Verachtung des gött-|243| lichen Wortes dargestellt, überall aber an, nicht selten gezwungene, Deutungen von Bibelversen angelehnt wird.

Was aber Jesu Aussprüchen ein so großes Aufsehen und einen so tiefen Eindruck verschaffte, mochte, wenn die desfallsigen Berichte überhaupt über den Kreis seiner nächsten Umgebung und des die Aussprüche der pharisäischen Lehrer nicht kennenden gemeinen Volkes hinausgingen, oder nicht bloß der spätern, verklärenden Zeit angehören sollten, die *Art* des Vortrages selbst gewesen sein. Seine Aussprüche erscheinen originell, kurz, schlagend, während die Thalmudisten seiner und der spätern Zeit diese wie alle ihre Lehren großentheils mit einer, oft ungenügenden, gezwungenen Erklärung des Bibelworts verbinden, und indem die letztere oft in ihrer Haltlosigkeit sofort hervortritt, auch die ersteren abschwächen. Das, wodurch sie ihrer schönen Sentenz eine Stütze zu verleihen glaubten, raubte ihr das Schlagende, Zündende. Nehmen wir als Beispiel nur den einen Satz bei Jesus: »Selig sind die Barmherzigen, denn sie werden Barmherzigkeit

---

373 B. Bathra 60, b. Synh. fol. 18. 19 u. s. התקן שטו וקטו.

374 Ber. fol. 61, a.

375 Vgl. Ber. 33, b. u. s. f.

376 דומיה wie Ps. 18,14. 39,3.

377 Auch hier wie in Allem, was er in Bezug auf die *Tugendmittel* sagt, hat Schenkel das Mögliche in der Herabziehung der Pharisäer geleistet. So nicht bloß in Bezug auf das Gebet, sondern auch in Bezug auf Fasten, Wohlthätigkeit, Gottvertrauen. Es thut uns leid, auch hier nur die vollständige Unkenntniß der Quellen constatiren zu müssen.

378 Ueber die nothwendige Erhebung des Beters s. Tur. Or. Ch. c. 98.

erlangen«, und vergleichen damit den wiederholt angeführten dem Sinne nach sonst gleichen Ausspruch R. Gamaliels[379], so beginnt dieser gleich mit einer Schrifterklärung, die seinem Satze als Stütze dienen soll. »Es heißt«, sagt R. Gamaliel, »Gott wird dir Barmherzigkeit geben, und wird sich deiner erbarmen[380]: »Wer sich der Menschen (Geschöpfe) erbarmt, der findet Erbarmen im Himmel, und wer sich der Menschen (Geschöpfe) nicht erbarmt, der findet kein Erbarmen im Himmel«. Er substituirt also dem einfachen Sinne des Bibelwortes, das doch nichts Anderes sagen will, als daß »Gott ihnen *sein* Erbarmen schenken und sich *ihrer* erbarmen und sie vermehren werde, wie er ihren Vätern zugeschworen, wenn sie der Stimme Gottes gehorchen und seine Gebote halten«[381], die Erklärung: Er wird dir |244| Erbarmen geben (gegen Andere) und wird sich dann deiner erbarmen. Wie gezwungen dem Worte und dem Zusammenhang nach ist diese Erklärung und wie schleppend und, in so fern er darauf sich stützte, wie zweifelhaft wird dadurch sein an und für sich selbst so schöner Ausspruch.

Der Hauptgrund des tiefen Eindrucks, den Jesu Aussprüche gemacht haben sollen, liegt aber jedenfalls, das kann kein Unbefangener leugnen, ganz besonders in dem Umstande, daß sie meist an die unwissende Menge sich richteten, welcher alle seine Aussprüche als neu und unerhört erscheinen mußten. Die pharisäischen Sprüche, die wahrhaft verschwenderisch in großartigster Weise mit der reichsten Fülle tiefster Sittlichkeit und strahlendster Gedankenblitze im Thalmud zerstreut sind, setzten zu ihrem rechten Verständniß, eben weil sie großentheils an Stellen der h. Schrift anknüpften, eine gewisse Kenntniß der letztern voraus, Jesu Sprüche, die ohne alle Belege, als unmittelbare Sentenzen an die Zuhörer sich wandten, setzten gar nichts voraus: es waren absolute Befehle eines absoluten Herrschers, die als solche von Jedem verstanden wurden.[382] Von dem Mangel an Wissen in der pharisäischen Lehre liefern uns die angeführten Beispiele der vollen Übereinstimmung derselben mit den Aussprüchen Jesu, und die dennoch zum Theil sogar als im Gegensatz zu ihr referirt werden, wie der Ausspruch in Bezug auf das Schimpfen der Nebenmenschen[383], |245| oder der Notwendigkeit der Versöhnung mit demselben, ehe man Vergebung der Sünde hoffen kann[384], oder des Verbrechens des Ehebruchs sicheres Zeugniß. Der letzte Ausspruch beweist auch, daß die Geschichte mit dem Weibe, das im Ehebruch ergriffen worden sei[385], unmöglich also geschehen sein

---

379 S. oben.

380 Deut. 13, 18.

381 v. 14.

382 »Er lehrte wie Einer, der Macht hat«, Marc. 2, 2. Luc. 4, 32. In diesem Sinne findet auch Marc. 1, 22: »Sie entsetzten sich über seine Lehre, denn er lehrte sie als Einer, der Gewalt hatte, nicht wie die Schriftgelehrten«, ihre einfachste Erklärung. Dagegen tritt bei Paulus wieder ganz die Manier der Rabbinen, jede Lehre durch Schriftstellen zu beweisen, hervor. Dieser Umstand bei dem gelehrten Rabbiner dürfte allerdings dafür sprechen, daß Jesus kein eigentlicher Gelehrter war, obschon er, wie bereits nachgewiesen, mit Bibel und Rabbinen sich ernstlich beschäftigt hatte, wovon noch mehr später.

383 Matth. 5, 21. 22., wobei Luther noch das bezeichnende Wort: vergeblich εἰκῇ nicht übersetzte.

384 l. l. v. 23 ff. vgl. oben.

385 Joh. 8, 3 ff. Es liefert eine eigentümliche Illustration, daß die andern Evangelisten nichts davon wissen.

konnte. Ebenso wenig hätte Jesus, im Widerspruch mit dem ausdrücklichen Gesetz[386], eine wirkliche Ehebrecherin frei gesprochen, wie die Pharisäer und Schriftgelehrten sich bei seinem Ausspruche beruhigt hätten.

Jesus gehörte selbst jedoch augenscheinlich mehr zu den *Agadisten*, welche durch sinnige Gleichnisse zur Pflege des religiös-sittlichen Lebens sich auszeichneten, in welcher Art er in der That Glänzendes leistete, wovon die von ihm tradirten, eben so sinnigen, als treffenden Gleichnisse unanfechtbare Beweise liefern, wenn er auch, wie wir gesehen, seine Lehren nicht wie thalmudische Agadisten an zwar scharfsinnige, oft aber höchst gezwungene, Deutungen des Schriftwortes anknüpfte. Diese Agadisten genossen aber in Bezug auf den *gesetzlichen* Theil des Judenthums (Halacha) kein großes Ansehen, wie man überhaupt die Tüchtigkeit in letzteren weit höher anschlug und mit einer gewissen Geringschätzung auf die ersteren blickte. R. Seïra, heißt es im Jerusalemischen Thalmud[387], schalt die Agadisten und nannte ihre Erklärungen Zauberei (Täuschung) und als ihn einer derselben durch seine Deutungen zu befriedigen suchte, sagte er ihm: »Drehe und wende, wie du willst, es hat keinen Werth«. Ein anderer Lehrer drückte sich noch schärfer gegen solche Schriftdeutungen aus. R. Josua b. Levi, sagt: »Wer sie schreibt, hat keinen Antheil am ewigen Leben, |246| wer sie anwendet, geht zu Grunde, wer sie anhört, hat keinen Lohn davon« (weil das Schriftwort dadurch gefälscht wird, s. d. Com.)[388]. Daß solche Deutungen aber bei Jesu Anhängern wenigstens später häufig waren, ersieht man aus thalmudischen Berichten[389] und tritt ja auch schon bei Paulus hervor.

Einen fernern Beweis von dem Mangel an Wissen bei dem Referenten der Aussprüche von Jesus liefert der auffallende Ausspruch: »Ihr habt gehört, daß gesagt ist: »Du sollst deinen Nächsten lieben und deinen Feind hassen«[390]. Wo in aller Welt ist je ein solcher Satz in der Bibel oder von einem Rabbinen ausgesprochen worden?[391] Heißt es nicht im Gegentheil unmittelbar vor dem Gebote: »Du sollst deinen Nächsten lieben, wie dich selbst«: »Du sollst deinen Bruder nicht hassen in deinem Herzen; zurechtweisen sollst du deinen Nächsten, damit du nicht seinetwegen eine Sünde tragest; Du sollst dich nicht rächen und nicht Zorn halten gegen die Söhne deines Volks!« Das Alles kann doch nur dem Feinde gegenüber einen Sinn haben; dem Freunde gegenüber wäre das Verbot des Hasses und der Rache mindestens gegenstandslos. Es *kann* hier nur von wirklichen Feinden die Rede sein, und wenn es dann, offenbar im Gegensatze dazu[392], sofort heißt: Liebe deinen Nächsten, wie dich selbst, so kann dies nichts Anderes heißen, als daß die Liebe auch gegen die Feinde geboten wird, soweit eine solche Liebe positiv möglich ist, nämlich durch *Thaten*. Solche Liebesthaten gegen den Feind befiehlt aber das mosaische |247| Ge-

---

386 3 M. 20,10.

387 Ma'seroth III. fine.

388 Jer. Sabb. c. 16. Hal. 1. und noch schärfere Verurtheilungen derselben. Vgl. auch Th. Bab. Chag. 14, a., was dem berühmten Lehrer R. Akiba, der sich auch damit befassen wollte, von einem Schulhaupte gesagt wurde.

389 Abod. Sar. 4,1.

390 Matth. 5,43.

391 S. oben S. 27 ff.

392 Das Vav ist hier offenbar V. adversativum, wie oft.

setz ausdrücklich[393]. Das *Gefühl* läßt sich nicht befehlen. Denselben Mangel an Wissen, wenigstens in der pharisäischen Lehre, verräth sich da, wo Jesus die Proselytenmacherei der Pharisäer tadelt[394]. Nichts lag dem Pharisaismus ferner, als das Streben Proselyten zu machen. Er ist im Gegentheil der entschiedenste Gegner eines solchen Strebens. Er geht sogar so weit, die Aufnahme von Proselyten geradezu zu verbieten, wenn Israel in Glanz und Macht sich befinde, damit Niemand aus weltlichen Rücksichten zum Judenthum übertrete[395]. Es heißt ferner im Thalmud: »Drei Eigenschaften müssen den Israeliten kennzeichnen: Barmherzigkeit, Demuth, thätige Liebeshandlungen; nur wer diese Eigenschaften besitzt, verdient in das Judenthum aufgenommen zu werden[396]. Also auch hier wieder der vollendetste Gegensatz zu dem Ausspruche, der Jesus in den Mund gelegt wird.[397]

Es bestand sicher in der Grundlehre des Glaubens und in der Sittenlehre durchaus kein Gegensatz zwischen Jesus und dem echten Pharisaismus. Aber es bestand dieser Gegensatz wenigstens principiell auch nicht in dem eigentlichen *Gesetz*, wenn Jesus auch für dessen Ausdehnung und Anwendung für das Leben milderer Auffassung folgte. Jesus selbst spricht sich darüber ganz unzweideutig aus:

»Ihr sollt nicht wähnen, daß ich gekommen bin, das Gesetz oder die Propheten aufzulösen. Ich bin nicht gekommen, aufzulösen, sondern zu erfüllen. Denn wahrlich, ich sage euch, bis daß Himmel und Erde vergehen, wird nicht ein Jota oder ein Strich vom Gesetz vergehen, bis daß es Alles geschehe. Wer nur eins von diesen kleinsten |248| Geboten auflöset, und lehret die Leute also, der wird der Kleinste heißen im Himmelreich; wer es aber thut und lehret, der wird groß heißen im Himmel«[398].

Die zwei letzten Verse beweisen klar, daß unter dem Erfüllen in dem ersten nicht etwa ein ideelles Erfüllen in Jesus, oder ein geistiges Erfüllen bei dem Aufhören des äußern Gesetzes, sondern eben nur die rechte Erfüllung des äußern Gesetzes mit dem geistigen Inhalte gemeint sein könne[399]. Ein anderer Sinn scheint allerdings dem Ausspruche anderswo[400] beigelegt zu sein; aber hier erscheint er nur wie versprengt, wie Matth. 11,11. 12. beweist, und zeigt die Stelle nur, daß der Ausspruch an sich von Jesus tradirt war, wohl im Gegensatz zu der gewohnten laxen Uebung alles Religiösen bei der niedersten Hefe des Volkes, die er aber, gerade um sie zu erheben und für Gesetz und Sittlichkeit zu gewinnen, an sich gezogen hatte! In diesem Sinne spricht sich Jesus selbst aus. Auch er hält die Zöllner für Sünder[401], aber er antwortete denen, welche ihn wegen seines Zusammenseins mit den-

---

393 2 M. 23, 4. 5
394 Matth. 23,15.
395 Jeb. fol. 48, a. b. 87, a. cf. Maim. v. d. verbotenen Ehen 13,14. 15.
396 Jeb. 79, a.
397 S. weiter: Die Fremdlinge (Gerim nach d. rabb. Ges.).
398 Matth. 5,17–19.
399 Römer 15,8. Gal. 4,5. Dieses Zeugniß ist um so wichtiger, als nach Paulus der Messias ja vom Gesetz loskaufen soll (ἐξαγράσῃ).
400 Luc. 16,17.
401 Matth. 5,46. 47. cf. Luc. 6,32., wo freilich statt der Zöllner die Sünder genannt sind. S. Matth. 9,10., wo die Zöllner und Sünder offenbar als gleichbedeutend genannt werden.

selben tadelten: »Die Starken bedürfen des Arztes nicht, sondern die Kranken; ich bin nicht gekommen, die Gerechten, sondern die Sünder zur Buße zu rufen[402].

Und dennoch hat auch Jesus die von den Thalmudisten in so grellen Farben geschilderte sittliche Versunkenheit des niedern Landvolkes zu jener Zeit in nicht minder starkem Maße als jene selbst erfahren müssen, wenn anders das Verhalten seiner Jünger bei seiner Gefangennehmung, nicht blos des Verräthers Judas[403], |249| sondern auch der übrigen Jünger, und besonders des Petrus, der ihn dreimal unter falschen Eiden und Selbstverfluchung verrieth, eine größere Berechtigung auf Wahrheit haben, als die übrigen Vorgänge, welche die neutestamentlichen Schriften in Beziehung auf Jesu Anklage und Verurtheilung berichten, von welchen wir noch zu sprechen haben.

Ein weiterer Beweis, daß Jesus das Gesetz nicht aufheben wollte, liegt in seinem ganzen Leben, in allen von ihm berichteten Streitigkeiten mit den Pharisäern. Diese betreffen niemals den Kern des Gesetzes, sondern nur untergeordnete Fragen, rabbinische Ausdehnungen oder Bräuche. Das Aehrenausraufen am Sabbath[404] ist allerdings nach der thalmudischen Auffassung eine Sabbathverletzung, auf welche bei unmittelbar vorhergehender Warnung und wenn Zeugen dabei sind (עדים והתראה) dieselbe Strafe wie auf ernten und dreschen stand[405]. Hätte nun Jesus sich dieser Handlungen selbst schuldig gemacht oder auch nur seine Jünger also gelehrt, so wäre ihm nach dem *bestehenden* jüdischen Gesetze der Prozeß mit vollem Rechte gemacht worden, und es könnte dabei von Intoleranz oder Fanatismus keine Rede sein, es müßte denn im letzteren |250| Falle Jesus selbst als *bloßer* Agadist (Prediger), als welchen man ihn allerdings aufzufassen geneigt ist, nicht als ein zu gesetzlichen Entscheidungen befähigter Gelehrter (Rabbi) gegolten haben, in welchem Falle auch eine Aufforderung zur Uebertretung eines religiösen Gesetzes nicht strafbar war[406]. Indessen von einer solchen Uebertretung des Sabbathgesetzes durch Jesus selbst oder daß er die Jünger *gelehrt* hätte also zu thun, ist in allen Berichten keine Rede. Daß es seine Jünger gethan, kann nach obigen Andeutungen über ihre Stellung und Gesetzeskenntniß und nach den thalmudischen Berichten über die damalige laxe Beobachtung des Religionsgesetzes durch den unwissenden Landmann (עם הארץ) nicht Wunder nehmen. Hätte nun Jesus einfach erklärt: Das Abreißen einiger Aehren, um die Frucht sogleich zu genießen, heißt nicht ernten, das Zerreiben solcher in der Hand heißt nicht dreschen, es sind dies überhaupt keine Arbeiten im mosaischen

---

402 Matth. l. m. l. v. 12, 13. Marc. 2, 17.

403 Nach dem, was wir oben zu S. 143. 144. von dem Am Haarez bemerkten, ist das Räthsel über das Benehmen dieses Judas, das man |249| so sehr schwierig fand, leicht gelöst. Sein ganzes Benehmen vor und nach seinem Verrath, wie es die Evangelien schildern, kennzeichnet ihn als Am Haarez.

404 Matth. 12, 1. Marc. 2, 23. Luc. 6, 1. In dem Aehrenausraufen, nicht in der »Anbahnung eines Feldweges«, wie Schenkel annimmt, besteht auch bei Marcus die Sabbathübertretung und das ἤρξαντο ὁδὸν ποιεῖν τίλλοντες, bei letzterem will nichts anders sagen, als das ἐπορεύθη ...... δία τῶν σπορίμων ... καὶ ἤρξαντο τίλλειν, wie es Luther in seiner Übersetzung schon richtig wiedergegeben hat. Das Gehen durch Gräser am Sabbath ist gar nicht verboten, wenn man nicht die *Absicht* hat, sie dadurch abzureißen. Maim. v. Sabbath 1, 5.

405 2 M. 31, 14. 4 M. 15, 35. Misch. Sab. VII. c. Gem. Maim. v. Sabbath 1, 2. 8, 37. 21, 6. Ascher z. St.

406 Misch. Sanh II, 2. Maim. v. d. Widerspenstigen 3, 8. s. oben.

Sinne, euere, der Pharisäer, Erklärung ist eine unberechtigte Ausdehnung des Sabbathgesetzes, so könnte hier von Reform die Rede sein, von einem neuen Geiste, den er dem Leben in Bezug auf das Gesetz einhauchen wollte. Indem er dies nicht that, sondern die Handlung der Jünger mit der augenblicklichen Noth und dem Vorgange bei David, sogar mit dem alten echt pharisäischen Ausspruche, daß der Mensch über dem Sabbath, nicht aber der Sabbath über dem Menschen stehe, entschuldigt, so beweist dies auf's neue, daß er gar nicht als eigentlicher Reformator des Gesetzes, oder als völliger Verächter der äußern, ceremoniellen Vorschrift, wie man behaupten will, aufgetreten ist, oder auftreten wollte.

Das Heilen der Kranken am Sabbath stand, wie wir bereits gesehen, nicht im Widerspruch mit den Lehren des Pharisaismus, um so weniger, als seine Heilungen, wie es scheint, wirklich solchen galten, deren Krankheit nicht ohne Gefahr war. Wenigstens sagt er selbst denen, welche ihn deshalb |251| anklagen zu wollen scheinen: »Soll man am Sabbath das Leben erhalten oder tödten«?[407] Gegen den Sabbath selbst, oder auch nur die eigentlichen Arbeitsverbote spricht er nie ein Wort[408]. Selbst gegen die wirklichen Ueberlieferungen scheint Jesus nicht gelehrt zu haben, weil es sonst leicht gewesen wäre, eine Anklage wider ihn zu finden, sondern nur ähnlich wie andere alte Lehrer gegen die übertriebene Ausdehnung der Gesetzesbestimmungen, und mag dies unter dem Ausdruck »Menschensatzung«[409] zu verstehen sein. Aussprüche, wie: »Was zum Munde hineingeht, macht den Menschen nicht gemein«[410], sind |252| nicht von den wirklich mosaischen Speisegesetzen zu verstehen, wie der Ausspruch: »Alle Pflanzen, die mein himmlischer Vater *nicht* gepflanzt hat, werden ausgereutet werden«[411], und wie jedenfalls dieses aus dem Ausdruck: »Menschensatzung«, gegen welche allein er sich ausspricht, mit

---

407 Marc. 3, 4.

408 Dabei darf nicht übersehen werden, daß die Rabbinen die Furcht vor Lebensgefahr außerordentlich ausdehnen, und sogar ein Zahngeschwür dazu rechnen, sogar was nicht unmittelbar zur Heilung, sondern nur zur Erleichterung gehört, ist zu thun geboten. Interessant ist, was Maim. zu dem thalm. Ausspruch: »Denn es heißt: ihr sollt im Gesetz leben, und nicht sterben«, bemerkt: »Die göttliche Lehre will Liebe und Erbarmen, und nicht Härte und Rache.« (v. d. Sabb. II, 3.) Merkwürdig wäre noch Th. Jer. Moëd Kat. II, Hal. 4: »Wer nichts zu essen hat, darf schneiden, Garben binden und dreschen, letzteres jedoch nicht mit dem Vieh«, wenn sich die Stelle, wie es allerdings nach dem Zusammenhange scheint, auf den Sabbath bezieht und nicht vielmehr auf die Halbfeiertage.

409 Matth. 15, 9. Marc. 7, 7. ἐντάγματα ἀνδρώπων. Der Ausdruck παράδοσις τῶν πρεσβυτέρων v. 3. scheint eben nur das Herkommen zu bezeichnen. Die eigentliche Ueberlieferung dibhre Sof'rim, Masoreth Has'kenim wurde dem mos. Gesetze gleichgestellt. Ueber letzteres s. noch Misch. Syn. 1, 3. c. Com. Th. Fol. 13, b. s.oben S. 79.

410 Matth. 15, 11. κοινοῖ, κοινός ist das thalm. חולין und handelt bloß von der *Verunreinigung*. Der Ausspruch sollte also wohl jedenfalls, wenn ihn Jesus gethan, bloß den übertriebenen rabb. Reinigkeitsgesetzen entgegentreten, nicht wesentlichen Speisegesetzen, was aber dann freilich nicht mehr in den berichteten Zusammenhang paßt; es müßte ein Mißverständniß des Referenten angenommen werden. Auch wäre der Satz im allgemeinen Sinne an sich unrichtig, da der »Schlemmer und Säufer« nicht bloß vom mosaischen Gesetze (Deut. 21, 18ff.), sondern auch vom ethischen Standpunkt aus verdammt werden muß.

411 l. l. v. 13.

Sicherheit folgt. Das Eifern gegen die Reinigung der Trinkgefäße nach empfangener Unreinheit [412] kann, wenigstens in dieser allgemeinen Fassung, nicht von Jesus ausgegangen sein, da die Reinigung solcher Gefäße dem Wesen nach mosaisch ist [413]. Jesus war nicht gegen das Gesetz, er war nicht gegen den echten wahren Pharisaismus; er war vielmehr in Bezug auf das Gesetz ebenso, wie in seinen Sittensprüchen ein echter Sohn seines Volkes im ganzen, vollen Sinne des Wortes. Bei ihm war auch noch keine Rede von Juden- und Heidenchristen, von Juden- und Heidenaposteln; im Gegentheil, er faßte seine Sendung nur für die Juden auf, und der Ausspruch, der ihm in den Mund gelegt wird, als das griechische Weib, Hilfe flehend für die kranke Tochter, an ihn herantrat: »Es ist nicht fein, den Kindern das Brod zu nehmen und es den Hündlein vorzuwerfen« [414], zeichnet seinen Geist und sein Streben ganz genau.

|253| Die Pharisäer sind ihm die echten Repräsentanten des Glaubens: »Sie sitzen auf Mosis Stuhle«, rief er dem Volke und seinen Jüngern zu, und wenn er auch gegen übertriebene Ausdeutungen, und besonders gegen die falschen Pharisäer eiferte, die mit dem Aeußern genug gethan zu haben glaubten, so ermahnte er doch Volk und Jünger, »Alles zu beobachten und zu thun, was Schriftgelehrte und Pharisäer *lehren* [415]. Er lehrte mit Nachdruck auch die *Auferstehung*, wie der Pharisaismus, und trat den Sadducäern in dieser Richtung auf's Entschiedenste entgegen [416]. Alles, was daher in dieser Richtung, im Gegensatz zu den echten Lehren des Judenthums, angenommen wird, beruht auf falschen Voraussetzungen, oder in Berichten, die entweder in Unwissenheit oder in absichtlicher Täuschung ihren Grund haben. Dies gilt selbst von *der* Lehre, die man gerne als vorzüglichste Unterscheidungslehre gelten lassen wollte: daß Gott im Judenthum ein Gott des Zornes und der Rache, und erst von Jesus als Gott der Liebe und Barmherzigkeit, als *Vater* der Menschen gelehrt worden sei. Das Unrichtige dieser Annahme, soweit sie die heilige Schrift betrifft, ist durch unsere Nachweise in der ersten Abtheilung bereits dargethan. Unzählige thalmudische Aussprüche beweisen dasselbe für den Pharisaismus. Auch die Frevler, lehrt Hillel, werden von Gott nicht verdammt; in der Fülle seiner Liebe läßt er die Wage zur Gnade neigen [417]. Moses traf Gott im Himmel das Wort »langmüthig« niederschreiben, und er fragte Gott den Herrn: Gilt dies blos für die Gerechten? Nein, erwiderte

---

412 Marc. 7, 8.

413 4 M. 31, 20 ff. Marc 1, 44. empfiehlt er selbst dem Aussätzigen, das mosaische Reinigkeitsgesetz zu beobachten.

414 Matth. 15, 26. Marc. 7, 27. Dasselbe folgt jedenfalls auch aus Ap. Gesch. c. II., da auch die Apostel Anfangs »das Wort zu Niemanden redeten, denn allein zu den Juden«, cf. 13, 14. 14, 1. 17, 1. 2. u. s. w. cf. Gal. 2, 7–10. Was Schenkel (l. l. S. 94) in Bezug auf diesen Vorfall bemerkt, um die von ihm auch von Jesus selbst behauptete Thätigkeit für die Heiden zu erweisen: daß nämlich Jesus das heidnische Weib nur auf die Probe habe stellen wollen, ob es in ihm den Bekämpfer des Pharisaismus erkannt habe (sic!), trägt das Unzulässige an der Stirne (als ob das *heidnische Weib* die verschiedenen Richtungen im Judenthume, oder die verschiedenen Ansichten |253| im Pharisaismus selbst gekannt oder gar verstanden hätte! ein heidnischer Blaustrumpf), und wird noch durch das Auftreten der Urapostel selbst widerlegt.

415 Matth. 23, 1–3 ff.

416 Matth. 22, 23 ff. Marc. 12, 18. ff.

417 R. Hasch. fol. 17. Th. Jer. 1, Hal. 3. cf. Aruch s. v. כבש vgl. oben: Rabbinische Sittenlehre.

der Herr, |254| auch für die Frevler[418]. So wird im Midrasch die Gnade Gottes dem menschlichen Rechte gegenüber – denn Moses und die Propheten haben geglaubt, es müsse die Frevler ihre Strafe treffen – lebendig dargestellt.[419] Auch die Benennung: Vater für Gott ist nicht bloß in der hl. Schrift, sondern auch bei den Thalmudisten sehr häufig, und zwar ganz wie in dem Gebete, das Jesus seinen Jüngern lehrt: »Unser Vater im Himmel«[420].

Selbst darin, daß Jesus die *Sittenlehre* der Religion *über* die äußere Satzung stellt, spricht er sich durchaus nicht stärker aus, als der wahre Pharisaismus. Hillels Ausspruch: daß die Nächstenliebe das Ziel des ganzen Gesetzes sei, dem |255| alles Andere nur als Mittel diene, der Hauptinhalt, für welchen die einzelnen Gesetze nur die Erklärung bieten, haben wir bereits angeführt. Wir haben oben auch schon weitere Beweise für diesen unbestrittenen Grundsatz des Pharisaismus: daß das Sittengesetz, der geistige Inhalt der Offenbarung, über dem äußeren Gesetz stehe, herangebracht und kann auch der Sinn der ebenfalls bereits angeführten Stelle über die Zahl der Gesetze bei Moses und den Propheten kein anderer sein, als daß das Sittengesetz das eigentlich Gewollte in der göttlichen Offenbarung sei, die Seele, deren Hülle nur, mithin untergeordnet, das äußere Gesetz ist[421].

[Prozess und Verurteilung Jesu]

Und dennoch wurde Jesus angeklagt? Dennoch wurde er zum Tode verurtheilt? Wir wollen absehn von den vielen Schwierigkeiten und Widersprüchen, mit welchen die ganze Geschichte behaftet ist, die sie an sich als sehr zweifelhaft erscheinen lassen, es wenig-

---

418 Synh. 111, c. Th. Jer. Tanith c. 1.

419 Mid. Jalk. zu Ps. 25, 8.

420 So lautet sogar der Anfang eines der alten täglichen Gebete: »Unser Vater im Himmel, sei uns gnädig« אבינו שבשמים עשה עמנו חסד ganz wörtlich dort, πατὴρ, ἡμῶν ἐν τοῖς οὐρανοῖς. Man hat zwar diese Benennung Gottes bei den Rabbinen der neutestamentlichen gegenüber abzuschwächen gesucht (vgl. Keim, Gesch. Jesu v. Naz. I. S. 261.). Allein schon dieses Gebet, dessen Grundgedanke oft wiederkehrt, spricht gegen diesen Versuch. Der Schöpfer, in welchem Sinne die Benennung allerdings auch vorkommt, übt Gerechtigkeit, der Vater im höhern Sinne, wie der Ausdruck besonders in den Gebeten gebraucht wird, übt Gnade (vgl. auch Midr. zu den Psalmen 22 und 119, Th. Synh. fol. 102. s. Deut. 32, 6.). Und was kann der Ausdruck: »Ihr seid Kinder des Ewigen, eueres Gottes« bei dem Verbote, sich allzu großem Schmerze bei Todesfällen hinzugeben (Deut. 14, 1.) anders bedeuten, als daß Gott ihr Vater sei, der Alles nur zu ihrem Besten in seiner Gnade über sie verhänge? Bei den Spätern wird Gott »der Heilige, gelobt sei er« הקדוש ברוך הוא, Chald. קודשא בריך הוא genannt, niemals der Heilige allein הקדוש. Es darf daher im Kaddischgebet das שמי דקב״ה nicht getrennt werden. Das nachfolgende לעילא bezieht sich nicht auf בריך הוא, sondern auf den Anfang. Der Sinn ist: Es sei gepriesen u. s. w. der Name des Heiligen gelobt sei er, über alle Lobpreisung u. s. w., nicht: Es sei gepriesen … der Name des Heiligen. Gelobt sei er u. s. w. Synh. fol. 102, a. wird der Name »Vater« sogar nur von Gott gebraucht: אין אביו אלא קב״ה.

421 Von einer *Abrogation* des äußern Gesetzes oder eines Theils desselben, etwa aus Nachgiebigkeit gegen die Schwäche der Geschlechter, kann nach thalmudischen Grundsätzen, die auch dem Propheten solche Neuerung nicht gestatten, keine Rede sein. S. dagegen Raschi z. St.

stens schwer machen, Wahrheit und Dichtung hier zu sichten, von welcher letztern das Leben von bedeutenden Männern, auch wenn sie nicht mit solcher Alles erschütternden Macht in die Geschichte eingegriffen haben, von dem aufgeregten Volke in trüben, düstern Zeiten immer ist umhüllt worden. Schwierig und widerspruchsvoll ist schon der Bericht, wonach Jesus aus Furcht vor dem am Passafeste zusammenströmenden Volke [422] *vor* diesem Feste gekreuzigt worden sein [423], und daß er dennoch mit seinen Jüngern das Passamahl, das erst am ersten Abend dieses Festes stattfand [424], abgehalten haben soll [425]. Die Aushilfe, daß |256| Jesus, weil er seinen Tod voraussah, am Abend vorher das Passamahl mit seinen Jüngern genommen habe, stimmt weder mit den bestimmten Berichten [426], noch mit der Sache an sich, da das Mahl mit der vom Gesetze bestimmten Zeit innig zusammenhängt und nur in den bestimmt vom Gesetz bezeichneten Fällen zu einer andern, jedoch wieder nur an demselben Abend im nächsten Monat genommen werden durfte. Da jedoch diese Frage eine der wichtigsten und entscheidensten für unsere Aufgabe hier ist, so müssen wir sie etwas näher ins Auge fassen. Es muß vor Allem als völlig zweifellos festgehalten werden, daß Jesus wirklich das *Passamahl* mit den Jüngern nehmen wollte und nahm. Darin stimmen alle Berichte der Synoptiker überein [427]. Jede andere Auffassung, wie sie namentlich auf Johannes sich stützt, ist eine Frucht der spätern kirchlichen Dogmatik und nicht auf dem Boden der einfachen Geschichte gewachsen. Dafür sprechen auch alle Vorgänge bei dem Mahle selbst. Nur bei Fest- (und Sabbath-) Mahlzeiten wurde der Segen über das Brod und den Wein in so feierlicher Weise gesprochen. Auch der Ausdruck: »der die Hand mit mir in die Schüssel tunkt«, beweist dies [428]. Denn es ist der Brauch bei dem Passamahle, bittere Kräuter in eine eigens bereitete Latwerge (Charoseth) zur Erinnerung an die in Aegypten erlebten Bitterkeiten und Frohnarbeiten, von welchen Gott erlöset, zu »tunken« und ist dies die wörtliche Uebersetzung des schon in der Mischna dafür gebrauchten Ausdrucks (Pes X, 3).

|257| Am allereinfachsten ist es nun, wenn man unter dem Segen beim Brechen des Brodes hier am Passaabend den über das Brod *vor* dem Essen desselben überhaupt und dann über die Mazza insbesondere [429], und unter dem Segen über den Becher, den *nach* dem Mahle bei dem Tischsegen [430] versteht, womit auch 1 Kor. 11, 24. 25. übereinstimmt [431], also den *dritten* Becher.

---

422 Matth. 26, 5. Marc. 14, 2.
423 Marc. 15, 42. Matth. 27, 62. Luc. 23, 54.
424 2 M. 12, 8.
425 Matth. 26, 17 ff. Marc. 14, 12 ff. Luc. 22, 7 ff.
426 l. l. s. auch Strauß, »Leben Jesu«, 2. Aufl. S. 534 ff.
427 Matth. 26, 17–20. Marc. 14, 12–16. Luc. 22, 8. 13–15
428 Matth. 26, 23. Marc. 14, 20. Dies ist ohne Zweifel das Ursprüngliche, nicht wie es bei Lucas heißt: »Die Hand meines Verräthers ist mit mir über dem Tische«, ein Ausdruck, dem man das Gewundene ansieht und sicher schon aus Ps. 41, 10. herausgebildet ist mit Beibehaltung des Anklangs an die alte Fassung. Der Bericht des Johannes ist hier wieder rein dogmatische Verherrlichung.
429 Birchath Hamozi und Al Achilath Mazza. Dies der natürliche Sinn des Wortes ἐσθιόντων.
430 Khos sche Birchath Hamason.
431 μετὰ τὸ δειπνῆσαι. Es ist das so ausdrücklich betont: »nahm das Brod, *desgleichen* (ὡσαύτως) den *Becher nach der Mahlzeit*, daß man deutlich sieht, es solle das Brod unmittelbar *vor* und der

Das Brod vor dem Mahle, und zwar das, worüber der erste (Hamozi), als das, über welches der zweite Segen (Al Achil. Mazza) gesprochen wird, wurde und wird in der That vom Hausherrn (dem Leiter der Feier), von den beiden ungesäuerten Broden »gebrochen« und in Stücken von mindestens einer Olive groß den Tischgenossen herumgereicht. Auch der Becher, über welchen das Tischgebet gesprochen wird, kann herumgehen[432], obgleich es, jetzt wenigstens Brauch ist, daß jeder Tischgenosse einen besonderen Becher hat. Dies ist der einfache, allein mit der Geschichte und den jüdischen Bräuchen übereinstimmende Hergang. Die Annahme eines fünften Bechers nach dem vierten[433] steht ebenso wie die einer ganz anderen als der Passamahlfeier sowohl mit der Geschichte, der ungekünstelten Erzählung bei den Synoptikern und selbst bei Paulus, als mit den jüdischen Bräuchen, gemäß welchen nach dem vierten Becher der Schlußsegen über den Wein gesprochen wird |258| und kein weiterer mehr getrunken werden darf[434], in Widerspruch und hat nur den Zweck, das Christenthum gleich im Anfang, gegen alle Geschichte und natürliche Entwicklung, vom Boden des Judenthums loszureißen und seine Erscheinungen als rein geistige, plötzlich und ohne allen Zusammenhang mit der Vergangenheit hervorgetretene, oder absichtlich davon losgerissene, zu sublimiren. Da es sich hier um eine rein historische, nicht um eine dogmatische Frage handelt, an die wir auch gar nicht heranzutreten wagen würden, so haben wir, wie bereits früher erwähnt, Johannes gar nicht hineinzuziehen. Bei den Synoptikern kann nach allen Zeugnissen nur von dem Passamahl die Rede sein, von dem Mahle, das in der Nacht vom 14. zum 15. Nissan, d. h. in der ersten Festnacht genommen wird. Es kann also die Kreuzigung nur am Festtage selbst, am 15. Nissan stattgefunden haben. Die Hohepriester müssen also von ihrem angeblichen Vorsatze, aus Furcht vor dem zusammenströmenden Volke die Kreuzigung nicht am Feste vor sich gehen zu lassen, entweder aus irgend welchem Grunde wieder abgegangen sein[435] oder er bestand gar nicht. Und wer möchte auch solche nebensächliche Motive von dem herrschenden Priesterthum aus ihren geheimen Berathschlagungen gehört haben? Ist ein solches gewohnt, das, was es im Geheimen gesponnen, selbst auszusetzen dem Lichte der Sonne, die Beschlüsse seines stillen Conclaves auf den offenen Markt zu tragen? Oder ist es nicht im Gegentheil wahrscheinlicher, daß sie die Ausführung ihres Anschlags gerade absichtlich auf das Fest verlegt haben, um das Volk von dem neuen Bunde abzuschrecken? Und wen sollte man fürchten? Das Volk kannte keinen anderen als den siegreichen Messias, der die Feinde des Vaterlandes niederschlagen und durch Kampf und Sieg den Thron Davids, *seinen* Thron, umgeben von strahlendstem |259| Glorienglanze der zu seinen Füßen liegenden Jehovaanbetenden Nationen, wie ihn die Propheten geschildert, wieder aufrichten werde, wofür Jesus in seiner ganzen Wirksamkeit, im kleinen, unbeachteten Kreise seiner Begleiter, gar keinen Anhalt bot, niemals einen leidenden Messias, der sich überhaupt erst durch das Leiden Jesu und besonders durch Paulus'

Becher sogleich *nach* der Mahlzeit bezeichnet werden. Lucas, der *zuerst* den Becher nennt, scheint an den ersten Becher (Kos schel Kiddusch) gedacht zu haben.

432 Sch. Ar. Or. Ch. c. 472.
433 S. Keim, Gesch. Jesu v. Naz. Theil III. S. 257 ff.
434 Or. Ch. l. l.
435 S. Keim l. l.

Auffassung des sich freiwillig für die Sünden der Menschen hingebenden Opferlammes herausgebildet hat, wie wir das bereits nachgewiesen haben. Es mußte daher im Gegentheil durch das vor Aller Augen sich vollziehende Leiden Jesu alle Illusion zerstreut werden, die bis dahin vielleicht allein durch die muthvolle That des öffentlichen Einzugs in Jerusalem, wenn anders die Geschichte nicht nachträglich nach der Weissagung des Zacharias eingeschoben ist, und der Reinigung des Tempels von den Wechslern und Opferverkäufern Raum gewonnen. Da rief wirklich das Volk »Hosiana«, wie es den andern Tag, als er gefangen und gedemüthigt vor Pilatus geführt wurde, sein »Kreuzigt ihn« schrie[436]. Es wäre jedoch sicher ein Irrthum, wollte man unter dem »Volke« hier wie dort etwas anders als die gaffende, von einem Extrem zum andern leicht überspringende Menge verstehn, die in keiner großen Stadt fehlt, die plebs urbana, die sich zu allen Intriguen brauchen läßt und auch hier wohl noch, außer ihrer Täuschung über den erhofften Messias, von dem herrschsüchtigen Priesterthum fanatisirt und aufgestachelt war. Von der Theilnahme des wirklichen gediegenen Volkes, des ruhigen, ernsten und nach den thalmudischen Schilderungen stolzen Jerusalemiten an diesen |260| lärmenden Kundgebungen findet sich keine Spur in den Berichten.

Die Kreuzigung fand also am 15. Nissan, am ersten Festtage, wirklich statt[437]. Allein es steht auch fest nach sämmtlichen Berichten[438], daß dieselbe am Richttage des Sabbath, Freitag, stattfand. Dem wird nun aber entgegen gehalten einmal, daß nach dem jüdischen Kalendarium der erste Tag des Pesachfestes niemals auf einen Freitag fallen darf[439]; sodann, daß Simon von Cyrene vom Lande (ἀπὸ ἀγροῦ) hereinkommt, »also von der Arbeit«; ebenso wurde die Frage gestellt, wie die Frauen Spezereien kaufen (Marc. 16,1.) und sie zum Grabe tragen konnten, wie Joseph von Arimathia Leinwand bringen, das Grab versiegelt werden konnte[440]. Allein alle diese Fragen fallen nicht ins Gewicht. Daß ἀπὸ ἀγροῦ (das übrigens bei Matthäus nicht einmal vorkommt) »von der Arbeit« auf dem Felde bedeuten soll, ist gewiß willkührlich urgirt. Die Spezereien wurden ausdrücklich erst nach dem Ende des Sabbaths und sogar erst am Sonntag in der Frühe (Marc. l. l. u. Parall.) gebracht, und das Einwickeln des Todten in reine Leinen (das Kaufen derselben kommt nur bei Marcus vor) und Einschieben des Leichnams in die bereits gehauene Grabstätte ist kein solches Verbot, daß es einen Anhänger Jesu, besonders wo es sich um die

---

436 Daß der Bericht des Josephus A. XVIII, 3. 3., wornach man glauben sollte, daß der Glaube an Jesu Messianität auch nach seiner Kreuzigung durch Pilatus im Volke überhaupt fortgelebt habe, von Anfang bis zu Ende die Spuren der Unechtheit an sich trägt, muß jedem Unbefangenen auch ohne den Widerspruch mit XX, 9,1. dorten: ὁ χριστὸς οὗτος ἦν, hier Ιησοῦς τοῦ λεγομένου χριστοῦ an und für sich klar sein.

437 Dem steht nicht entgegen, daß es bei Matthäus 26, 17. und Marcus 14, 12. heißt, daß Jesus am ersten Tage der ungesäuerten Brode (τῇ πρώτῃ ἡμέρα τῶν ἀζύμων) sich das Opferlamm bereiten ließ. Dies muß nothwendig der 14. Nissan sein, und wird, entsprechend 2 M. 12,15., der erste Tag der ungesäuerten Brode genannt, weil von Mittag an schon kein Gesäuertes mehr genossen werden durfte.

438 Matth. 27, 62. Marc. 15, 42. u. Paral.

439 לא בד"ו פסח. Auf Montag, Mittwoch und Freitag kann der erste Tag des Pesach *nicht* fallen. Thalmud und Gesetzeslehrer.

440 Haneberg, die rel. Alterth. d. B. S. 637.

Ehre seines Leichnams handelt, hätte zurückhalten können, konnte übrigens auch durch |261| einen Nichtjuden geschehn, abgesehn davon, daß solche minutiöse Ausdeutung des Sabbathgesetzes schwerlich schon zu Jesu Zeit bestand. Eine wirkliche Schwierigkeit scheint aber obige Kalenderregel zu bilden. Aber auch diese Schwierigkeit ist nur scheinbar. Es kann nämlich keinem Zweifel unterliegen und ist durch viele Stellen der Mischna und des Thalmud erwiesen und von den bedeutendsten Synagogenlehrern bestätigt, daß früher, besonders so lange die Feste nach dem Sichtbarwerden des Neumondes (ע"פ הראיה) festgestellt wurden, also jedenfalls während der ganzen Tempelzeit und noch lange nachher, die Feste immer auf den dadurch festgesetzten Tag ohne irgend welche Rücksicht auf das Zusammentreffen der Feste und besonders auch des Versöhnungstags mit dem Sabbath, also auch das Passafest am Freitag, gefeiert wurden[441], wie dies sogar ganz spät der berühmte Thalmudlehrer R. Meïr gleich seinem großen Lehrer R. Akiba und Andern noch festhält[442].

Ganz unzulässig ist aber, »daß in jenem Jahre das Osterfest vom Synedrium um einen Tag verlegt wurde und die Juden am 15. Nissan, am Tage der Kreuzigung Christi das Osterlamm aßen und am 16. den Hauptfesttag feierten«[443]. Es soll dies durch die Schwierigkeiten erklärt werden, welche »bei der bevorstehenden Verurtheilung Christi zwei Ruhetage nacheinander bedenklich erscheinen ließen.« Es ist zwar nicht angegeben, welche Schwierigkeiten dies gewesen sein sollen – nach obiger Auseinandersetzung haben sie überhaupt nicht bestanden – aber welche es auch immer gewesen sein mögen, das Synedrium hatte nicht die Befugniß, deshalb auch nur die Erklärung des Neumondes, nachdem sein Sichtbarwerden |262| einmal durch Zeugen erhärtet war, aus irgend welchem Grunde zu verschieben[444]. Indessen auch abgesehn davon, wann traten diese angeblichen Schwierigkeiten wegen der »bevorstehenden Verurteilung« hervor? Doch offenbar erst, nachdem diese Verurtheilung festgestellt oder wenigstens in Aussicht war. Nun wurde der Entschluß, Jesus »zu ergreifen und zu tödten« nach Matthäus und Marcus[445] erst zwei Tage vor dem Osterfest gefaßt, nachdem am Neumond, also 12 Tage vorher schon die Boten mit der Mittheilung von dem Tage der Heiligung des Neumondes und also auch des Festes vom Synedrium ausgesandt waren, um sie ins ganze Land hinauszutragen[446]. Man hätte also in Jerusalem einmal an dem Tage, der als Festtag bestand, am 15. Nissan einen Werktag gehabt, und zweitens das Fest an einem andern Tage als im ganzen Lande feiern müssen. Man wird zugeben, daß beides nicht möglich war.

In der Discussion, ob und was man, wenn der 14. Nissan auf Sabbath fällt, am Passa arbeiten dürfe[447], handelt es sich nicht um eine Verlegung des Festes, davon war und konnte nie die Rede sein, sondern von der Frage, welche Arbeiten schon am Sabbath

---

441 So z.B. Misch. Sabb. XV, 3. Men. XI, 7. Vgl. Maim. Com. in Misch. Men. l. l. Ebn Esra 3 M. 23, 4. c. Com. Motot, Tos. Syn. 13, a. s. ר' יוסי.

442 S. l. l.

443 Haneberg l. l. und A. S. Keim III. S. 466.

444 Baraitha Rosch Hasch 20, a. החדש הזה לכם כזה ראה וקדש cf. Maim. v. d. Heil. des Neumondes. c. 3 u. 5.

445 Matth. 26, 3. Marc. 14, 1.

446 Misch. Rosch. Hasch. I, 3.

447 b. Th. Pes. 66, a. Jer. c. VI, 1.

vorgenommen oder auf den Festabend verschoben werden müssen[448]. Es steht also dieses Vorkommniß in gar keiner Verbindung mit unserer Frage[449].

Ist nun Jesus am Feste und gar, wie fast übereinstimmend berichtet wird, in der Nacht vom 14. auf den 15. Nissan angeklagt und verurtheilt worden, so beweist dies wieder, daß dies nicht aus religiösen Gründen geschehen sein konnte.

|263| Religiös war Anklage und Verurtheilung an Festen[450] und bei Nacht verboten, und es wäre doch sonderbar, in demselben Augenblicke, in welchem man Jemanden der Verletzung religiöser Vorschriften anklagt, sich selbst der flagrantesten Uebertretung derselben schuldig zu machen, und hier läßt sich nicht sagen, daß diese Anordnungen spätern Ursprungs seien. Die Gerichtsformen waren uralt und konnten namentlich für das peinliche Verfahren um so weniger neu sein, als solches zu jener Zeit, wenigstens bei gewöhnlichen Verbrechen, bei den Juden nicht mehr vorkam. Doch das Alles möchte noch in dringenden Fällen gestattet gewesen sein. Sehn wir aber auf die Zusammensetzung des Gerichts, so kann es gar keinem Zweifel unterliegen, daß die Anklage nicht auf religiösen Gründen basirt. Wer waren die Richter? »Da versammelten sich die Hohepriester und die Schriftgelehrten und die Aeltesten des Volks in dem Pallaste des Hohenpriesters, der Kaiphas benannt wird, und hielten Rath, wie sie Jesus mit List griffen und tödteten«[451]. »Und die Hohenpriester und die Schriftgelehrten suchten …«[452]. »Die Jesum ergriffen hatten, führten ihn zu dem Hohenpriester Kaiphas, wo die Schriftgelehrten und die Aeltesten sich versammelt hatten«[453]. Dabei wird nun freilich bei der Versammlung im Hause des Hohenpriesters auch das Synedrium oder gar »das ganze Synedrium« genannt[454], oder gar gesagt: »sie führten ihn hinauf in ihr Synedrium«[455]. Allein es ist klar, daß diese letztere Fassung bei Lucas nur eine Version des bei Matthäus und Marcus gleichlautenden Begriffs ist, nach welchem Jesus vom Hause des Hohenpriesters sogleich zu |264| Pilatus geführt wurde[456], eben um die dort vorkommende Theilnahme des Synedriums plausibel und die Juden um so mehr für Jesu Verurtheilung verantwortlich zu machen. Aber man sieht doch daraus, daß Lucas oder vielmehr sein gelehrter Meister Paulus in der Versammlung im Hause des Hohenpriesters *nicht* das Synedrium und überhaupt kein ordentliches Gericht erkannten, sonst wäre die Verbringung Jesu von ihr zum Synedrium völlig zwecklos. Es hat daher die Nennung des Synedriums bei Matthäus und Marcus nur den Sinn, daß sich die Versammlung als Synedrium, als Gerichtsbehörde zur Untersuchung des Thatbestands gerirt hat. Und in der That, der Name Synedrium kann nur usurpirt sein. Man sagt freilich, der Hohepriester sei der Vorsitzende des Syn-

---

448 S. die Comm. Misch. Beza 1, a.

449 Misch. Synh. IV, 1.

450 wie H. annahm.

451 Matth. 26, 2. 3.

452 Marc 14, 1. Ebenso Lucas.

453 Matth. 26, 57 und Parall. »Zu dem Hohepriester, wo *alle* Hohepriester … versammelt waren«. Luc. 22, 54

454 Matth. 26, 59. Parall.

455 Luc. 22, 66.

456 Matth. 27, 1. 2. Marc. 15, 1.

edriums gewesen, und er habe dasselbe versammeln können, wo er wollte, und es habe
dazu die Zahl von 23 genügt, die freilich in der Eile, im Dunkel der Nacht leichter zusammen zu bringen war, als das »große Synedrion« von 70 außer dem Vorsitzenden[457]. Allein
alle diese Behauptungen stehen in Widerspruch mit den wirklichen Geschichtsquellen.
Seit den Zeiten der Königin Salome Alexandra, welche ihren Sohn Hyrkan zum Hohepriester und Simon b. Schetach (Juda b. Tabbai) an die Spitze des Synedriums berufen
hatte, waren die Hohenpriester nicht mehr Vorsitzende des »Synedrions« und überhaupt
die Macht der Sadducäer in *religiösen* Angelegenheiten gebrochen. Selbst Herodes wagte
es so wenig, darin eine Aenderung zu treffen, d. h. in die religiösen Angelegenheiten einzugreifen, daß er es ruhig geschehen ließ, als seine Günstlinge, Bathyra's Söhne, den Vorsitz an Hillel überlassen mußten, während er zum Hohenpriesteramte willkührlich seine
Creaturen berief. Ganz dasselbe steht von den Römern fest. Glücklicherweise besitzen wir
noch die Namen der Synedrial- |265| vorsteher seit jener Zeit. Es waren außer den Genannten, von Salome berufenen, Schemaia (Sameas) und Abtalion (Pollion), dann die
Söhne Bathyra's (בני בתירא), dann Hillel und Schamai (das letzte der bis dahin gemeinschaftlich an der Spitze stehenden »Paare«). Da von nun an der Synedrialvorsteher immer
aus Hillel's Familie genommen ward, so wird es um so mehr von Werth sein, uns wegen
der nicht lange nachher beginnenden Bewegung des Christenthums, bei welcher Mitglieder derselben zu nennen sind, uns auch chronologisch einigermaßen zu orientiren. Hillel
war, wie bereits erwähnt, zum Synedrialvorsteher (mit Schamai) unter dem König Herodes gewählt worden, und zwar nach thalmudischem Berichte hundert Jahre vor der Tempelzerstörung[458], also a. 30 oder 31 vor Jesu Geburt. Mit diesem berühmten, mit Recht der
Wiederhersteller des Gesetzes genannten, Synedrialvorsteher[459] zieht ein neuer Geist in
das Judenthum ein. Die Versöhnung der religiösen Vorschriften mit dem Leben wird
vielfach angestrebt und in sehr wichtigen Fragen durchgeführt. So hat er die Einrichtung
getroffen, daß der Gläubiger zur Umgehung der mosaischen Vorschriften über den Erlaß
der Schuldforderungen im Sabbathjahr (Deut. 15, 2.), weil sie in seiner Zeit ohne Schädigung des gesellschaftlichen Lebens nicht mehr durchführbar waren, eine desfallsige Erklärung bei dem Gericht niederlege, das Gericht gleichsam zur Erhebung bestelle, um
den höhern Zweck: daß die Armen Darlehn erhalten, nicht zu gefährden[460]. Er verordnete ferner, daß der Verkäufer eines Hauses in einer ummauerten Stadt am letzten Tage
des Jahres bei Abwesenheit des Käufers den Kaufpreis in die Schatzkammer des Tempels
niederlege, um sein Eigenthum zu erhalten[461]. Beides |266| gegen den Buchstaben des
Gesetzes.[462] Für das Studium des Gesetzes selbst wurden durch Hillel feste, logische Regeln aufgestellt, durch welche die Tradition durch scharfsinnige Benutzung der Schriftstellen aus einer bloßen Gedächtnißsache zu einem geistanregenden Studium erhoben

---

457 Keim, l. l.
458 Th. Sabb. fol. 15, a.
459 Th. Succ. 20, a.
460 Misch. Scheb. 10, 3. Th. Gitt. 36, a.
461 Misch. Arach. 9, 4.
462 Ueber das Wirken Hillel's überhaupt nach dieser Richtung s. Geiger, Zeitschr. Bd. II. Sadducäer
     und Pharisäer; Vorlesungen über Judenth. VIII.

ward, ebenso, wie der ausschweifenden, phantastischen, Alles in dem Buchstaben des Gesetzes findenden Deutung ein Zügel angelegt ward. Es ist daher unbegreiflich, wie man gerade in dieser geistig bewegten, gerade von den Koryphäen des Synedriums in religiösen Dingen beherrschten Zeit diesem eine tief eingreifende, geordnete Thätigkeit absprechen, wie man namentlich die Autorität der Hohepriester *über* dasselbe stellen will,[463] zu einer Zeit, da das ganze Streben der Pharisäer und der an ihrer Spitze wirkenden Männer in der Abrogirung der priesterlichen Vorrechte in allen das Religionsgesetz betreffenden Fragen, in der Unterordnung der Priester unter die Gelehrten in dieser Hinsicht gipfelte. Auf Hillel folgte dessen Sohn Simon I. als Synedrialvorsteher, von dessen Thätigkeit freilich nichts verlautet, unter welchem daher das sadducäische Hohepriesterthum sein Haupt wieder keck und herausfordernd erhoben haben mag, jedoch sicher ohne daß es im Volke in religiösen Fragen eine Autorität genossen hat, um so weniger, als die Schüler Hillels und Schamai's, oder vielmehr die berühmten Gelehrten, »Aeltesten« der beiden Schulen[464], immer mehr das religiöse Leben beherrschten. Spricht sich der Thalmud doch hier so bitter über die Hohepriester jener Zeit aus, die sogar durch ihre Knechte den Zehnten gewaltsam aus den Scheunen holen ließen und die armen Priester, |267| die darauf angewiesen waren, dem Hungertode preisgaben[465], daß man gewiß eine Versammlung solcher Männer nicht als ein ordentliches Gericht anerkannte[466]. Auf Simon I. folgte

---

463 Jost, Gesch. des Judenth. I, 279 ff.

464 ‏זקני בית שמאי זקני בית הלל‎.

465 Jos. A. XX, 8, 8.

466 Interessant ist, wie der Thalmud Wehe ruft über diese Boëthusen, Herodianer und Römlinge: ‏אוי לי מביתוס אוי לי מאלתן, אוי לי מב[‏י]ת חנין אוי לי מלחשתן אוי לי מבית קתרוס אוי לי מקולמוסן אוי לי מבית ישמעאל בן פאבי אוי לי מאגרופן שהם כהנים גדולים ובניהן גזברין וחתניהן אמרכלין ועבדיהן חובטין את העם במקלות‎» »Wehe mir über das Haus des Boëthos, wehe mir über ihren Spieß; wehe mir über das Haus des Anan, wehe mir über ihre Einflüsterungen (Denunciationen!); wehe mir über das Haus des Katheros (Kantheras); wehe mir über ihre Schreibrohre (καλαμος); wehe mir über Ismael, Sohn Phabi's Haus, wehe mir über ihre Faust: sie sind Hohepriester, ihre Söhne Einnehmer am Tempel, ihre Schwiegersöhne Tempeloberste, und ihre Knechte schlagen das Volk mit Stöcken (um den Zehnten gewaltsam zu nehmen). Pes. 57, a.
In der Tosefta Men. Ende lautet dieser Weheruf wie folgt: »Wehe mir über das Haus des Boëthos, wehe mir ob ihres Spieses! Wehe mir über das Haus des Katharos (Kanthera), wehe mir ob ihrer Feder! Wehe mir über das Geschlecht des Anan, wehe mir ob ihrer Einflüsterung! Wehe mir um das Haus Elisa's, wehe mir ob ihrer Faust! (s. Grätz III. S. 357. 359). Wehe mir um das Haus des Ismael b. Phabi! Sie sind Hohepriester u. s. w. Dieser Ismael b. Phabi ist der Hohepriester, der unter dem Statthalter Felix (etwa 54 n. Chr.) das Hohepriesterthum inne hatte, und gehörte zu den schlechten Hohepriestern, welche, wie Josephus berichtet, den Pöbel Jerusalems gegen die übrigen Priester und die vornehmsten Männer daselbst zu den scandalösesten Auftritten aufhetzten und deren geheime Führer waren (Ant. XX, 8. 8.), dieselben, von denen er eben berichtet, daß sie ihre Knechte in die Tennen schickten, um den Zehnten gewaltsam wegzunehmen, wodurch die armen Priester mit ihren Familien dem Hungertod verfielen (das.). Ein anderer Ismael b. Phabi dagegen, der unter Valerius Gratus kurze Zeit Hohepriester war (c. a. 17 p. Chr. n.) wird vom Thalmud Pes. 57, a. als würdiger Hohepriester |268| genannt, und ist daher (Jos. A. XVIII, 2,2.) von dem erstern wohl zu unterscheiden, was Raschi (Pes. l. l.) entging. Es beweist, wie schlecht die diesem ersten Ismael folgenden Hohepriester, und besonders wohl der nach kurzem Pontificat Eleasars und Simons lange Zeit unter Gratus und dann unter Pilatus das Hohepriesterthum innehabende Jo-

|268| Gamaliel I. (der »Alte«) und diesem dessen Sohn Simon II., beide Männer von That-kraft und tief eingreifender Wirksam- |269| keit und dabei vom echten versöhnlichen, milden Geiste ihres Ahns Hillel beseelt[467]. Rabban Gamaliel I. traf wieder bedeutende, in das Leben gedrungene, und daher sein hohes Ansehen bezeugende Anordnungen, um das Leben und seine Anforderungen mit dem bestehenden Gesetze zu versöhnen (מפני תקון העולם), alte Bestimmungen und Bräuche rücksichtslos außer Uebung setzend, besonders solche, die sich auf das Ehegesetz bezogen. Simon II., der zur Zeit der Römer-kriege lebte, muß selbst sein Gegner Josephus als hochbegabt, einflußreich und zugleich versöhnlich wirkend anerkennen[468]. Wir haben es hier, was wir ausdrücklich bemerken, nicht mit der *Zusammensetzung* des Synedriums zu thun. Es mögen, dem Buchstaben des Gesetzes gemäß, immer auch Priester und Leviten darunter gewesen sein[469], wobei aber auch nach dieser Annahme ausdrücklich hervorgehoben wird, daß deren Fehlen der Au-torität desselben keinen Eintrag that. Soviel steht fest, daß das Synedrium immer in Thä-tigkeit war, daß ferner nur noch Pharisäer darin geduldet wurden, deren es ja immer, und

---

seph Kaiphas war, daß der Thalmud den Tempel gleichsam trauernd seinen Pforten zurufen läßt: »Oeffnet euch, ihr Pforten, und laßt Ismael b. Phabi einziehn«. (Pes. l. l.)

Bezeichnend und sicher im Zusammenhange mit dem Vorhergehenden ist der Schluß des Wehe-rufs in der Tosefta: »Warum ist Siloh verwüstet worden? Weil man darin die heiligen Opfer nicht achtete (1 Sam. 2, 29.). Warum wurde der erste Tempel zerstört? Weil Götzendienst, Blutschande und Mord stattfand. Der zweite Tempel aber, unter welchem, wie wir wissen, das Gesetz (Thora) studirt und die Zehnten gegeben wurden, warum wurde dieser verwüstet (Israel aus seinem Lan-de vertrieben)? Weil sie dem Besitze zu sehr nachjagten und feindselig gegen einander waren, woraus wir sehn, daß gegenseitige Feindseligkeit den Verbrechen des Götzendienstes, der Blut-schande und des Mordes gleichsteht«. Der Thalmud b. Joma. 9, a. wendet auf diese Hohepriester des zweiten Tempels sogar den Vers (Spr. 10, 27.) in seiner letzten Hälfte an: »Die Jahre der Frevler werden verkürzt«, indem in derselben Zeit mehr als 300 Hohepriester fungirt hätten, während welcher Zeit unter dem ersten Tempel nur 18 Hohepriester waren. Die Hohepriester unter dem zweiten Tempel waren oft unwissend (Misch. Joma I, 3. 6. Th. fol. 18, a.), es mußten oft große Summen für die Erlangung des Hohepriesterthums bezahlt werden (das.) und findet der Thal-mud in ihnen bisweilen sogar eine Frevlerverbindung קטיר, Raschi קשר של רשעים Jeb. 61, a.). S. jedoch eine andere Erklärung Brüll, Jahrb. II. S. 142. Vgl. Jer. Th., welcher bemerkt, daß unter dem ersten Tempel die Halle der Hohepriester »Halle der Rathsherren« (βουλευτῶν), unter dem zweiten »der Beisitzer« (παρέδρων) geheißen, weil sie nach dem Willen der Regierung ein- und abgesetzt worden seien. Und in solchen Männern sollte man die höchste Instanz in religiösen Fragen erkannt haben; mit unwissenden Menschen, mit gottlosen, durch Bestechung zum Amte gelangten, herrschsüchtigen Männern sollten die echten Pharisäer ein |269| Synedrium gebildet haben, nachdem die Synedristen gesetzlich nur aus den gelehrtesten, tugendhaftesten Männern gebildet werden durften (s. Maimon. v. Syn. c. II.)?

467 Es ist sicher nicht richtig, was Derembourg (Essai S. 270) gegen Frankl und Grätz behauptet, daß Simon II. nicht Synedrialvorsteher gewesen, was er sogar von Hillel selbst aufstellt, den er nur als Schulhaupt anerkennen will. Die Stelle Sab. 15, a., die sicher auf einer alten Ueberlieferung beruht, die Derembourg selbst Introd. S. 10 anerkennt, sowie der Titel Rabban von Gamaliel an (s. Frankl *Hod*. S. 58) und ihre unbestrittene autoritative Thätigkeit sprechen dafür. Das Schweigen des Jo-sephus darüber beweist nichts.

468 Jos. B. IV, 3, 9. cf. Vita 38 ff.

469 Deut. 17, 9. cf. Sifre. z. St.

zwar besonders hervorragende auch unter den Priestern gab (Jose b. Joëser, R. Ismael u. v. A.), und daher jedes Priestergericht, d. h. solches, in welchem der sadducäische Hohepriester |270| den Vorsitz führte, ein ungesetzliches, tumultarisches und regelloses war.

Schon die Art und Weise, wie man im Hause des Hohenpriesters die Zeugenvernehmung leitete, beweist auf's Deutlichste, daß man es mit keinem ordentlichen, mit keinem pharisäischen Gerichte, und am allerwenigsten mit dem wirklichen Synedrium hier zu thun hat. Wohl hat man die äußere Form soweit achten müssen, daß man überhaupt Zeugen vernahm und daß man *offene* Widersprüche derselben nicht gelten ließ. Aber wie rasch hat sich der Hohepriester auf die Aussage zweier Zeugen, daß Jesus den Tempel abbrechen und wieder aufbauen wolle, ohne weitere Untersuchung an diesen gewandt, um ihm eine Schuld auszupressen. Wie ganz anders war das Verfahren der Pharisäer gerade in dieser Hinsicht! Schon der erste Gründer des pharisäischen Synedriums, Simon b. Schetach, stellte das Gesetz für die Richter auf: »*Prüfe die Zeugen wohl*, sei Vorsichtig im Ausfragen, daß sie nicht eben daraus Unwahrheit zu sagen lernen«[470]. »Wie prüft man die Zeugen?« heißt es an einer andern Stelle: »Man führt sie vor's Gericht, spricht ihnen ins Gewissen (macht sie mit der Sünde und Schmach falscher Zeugen diesseits und jenseits bekannt und stellt ihnen die Verachtung selbst derer, die sie aufgestellt haben, vor)«. Dann muß jeder Zuhörer den Gerichtssaal verlassen und man verhört den vorzüglichsten Zeugen … Dann bringt man den zweiten Zeugen herein, prüft ihn …[471]. Auf sieben Punkte mußte sich die Untersuchung der Zeugen vor Allem erstrecken (worin sie bei dem getrennten Verhöre über- |271| einstimmen mußten): In welchem Jahrsiebent (des Jubeljahrs)? Im wievielten Jahre? In welchem Monat? Im wievielten des Monats? An welchem Tag? In welcher Stunde? An welchem Orte? Kennt ihr den Angeklagten? Habt ihr ihn gewarnt? Ist von einem des Götzendienstes Angeklagten die Rede: *Welchem* Götzen hat er gedient? *Womit* hat er den Dienst geübt?[472] Mit übertriebener Aengstlichkeit ging man dabei sogar zu Werke, wie aus der Geschichte des nicht sehr lange nach Jesus lebenden R. Jochanan b. Sacchai erhellt, der die Zeugen nach den Stielen der Feigen eines angegebenen Baumes, unter welchem die Missethat stattgefunden haben sollte, (wohl nach der Feigenart) fragte[473], ähnlich wie schon Daniel die Zeugen gegen Susanna ins Verhör genommen haben soll. Man beruft sich zum Beweise, daß auch sonst angesehene Männer in kritischen Zeiten Beschlüsse fassen konnten, auf Stellen bei Josephus[474]. Aber alle diese Stellen beweisen das Gegentheil. Die Verurtheilung des Zacharias, Baruch's Sohn[475], wird ja gerade als ein Beweis der Gottlosigkeit jenes Schreckensgerichts, in jener traurigen Zeit angeführt. Ebenso wenig kann die von dem gefürchteten Tyrannen Hero-

---

470 Spr. d. Väter I, 9. Wohl mag Simon b. Schet. das Schicksal, das seinen eigenen Sohn traf, der durch erkaufte, falsche Zeugen zum Tode verurtheilt und hingerichtet wurde, zu jener Mahnung veranlaßt haben, um so tiefer mußte sie sich aber auch einprägen und Beachtung finden.

471 Misch. Syn. III, 6. cum. Gem. u. Gesetzeslehrer.

472 Misch. Synh. V, 1.

473 Das. V, 2.

474 Keim, l. l. S. 239.

475 Jos. b. j. IV, 5, 4.

des einberufene Versammlung[476] (διὰ τήν ὠμοτητα) einen Beweis für ein ordentliches Gericht abgeben. Bei diesen und allen andern Fällen, die zur Unterstützung dieser Ansicht angeführt werden, handelt es sich überdies gar nicht um rein religiöse Fragen, sondern um gewöhnliche peinliche Anklagen, wofür überall und auch in Jerusalem Gerichtshöfe von 23 Mitgliedern errichtet waren, oder um andere Staatsangelegenheiten, welche gerade von den Aristokraten und Sadducäern |272| mit den Hohepriestern (ἀρχ. κ. πρῶτοι u. dgl. Bezeichnungen) verwaltet wurden. Das Synedrium hatte nur die oberste Lenkung und letzte Entscheidung in *religiösen* Angelegenheiten und außerdem nur noch in wenigen Fragen, wie über Eroberungskriege und Erweiterung des Stadtgebietes von Jerusalem und des Tempelplatzes, soweit es sich dabei auch um die Heiligkeitserklärung des betreffenden Raumes, also um eine religiöse Frage handelte[477]. Daß aber das Synedrium seine Funktionen ununterbrochen bis zur Tempelzerstörung in *religiösen* Dingen führte, geht schon daraus hervor, daß dasselbe zugestandenermaßen die Verkündigung des Neumondes und in Folge dessen die Festsetzung der Feste, die Einfügung eines Monats (Anordnung eines Schaltjahrs) fortwährend vornahm. Wir besitzen von Hillel's Enkel, R. Gamaliel I., noch eine Formel der Bekanntmachung des letzteren. »R. Gamaliel saß auf einer Erhöhung (Stufe) auf dem Tempelberge, vor ihm stand der Schreiber Jochanan, hatte drei abgeschnittene Briefe (Briefbogen) vor sich liegen. R. Gamaliel sagte zu ihm: Nimm einen Brief(bogen) und schreibe unsern Brüdern des obern Galiläa und unsern Brüdern des untern Galiläa: Friede sei mit euch! Wir machen euch bekannt, daß die Zeit des Wegräumens (des im 3. und 6. Jahr zum Erlaßjahre noch nicht abgelieferten Zehnten) gekommen (Deut. 26,13) ... Nimm den andern Brief und schreibe unsern Brüdern der Gola in Babylon, an unsere Brüder in Medien und in allen Ländern der Gola (außerhalb Palästina's): Friede mit euch! Wir machen euch bekannt, daß es, in Erwägung ... mir und meinen Genossen gut dünkte, dem Jahre dreißig Tage zuzufügen«[478]. Man ersieht hieraus zweifaches, einmal, daß die Autorität des Synedriums in Religionsfragen noch *nach* Jesu Zeit von den Israeliten aller Länder ohne Widerspruch an- |273| erkannt wurde, und sodann, daß auch die Römer dessen Wirken in religiösen Fragen nicht beschränkten, wie sie überhaupt bis dahin den religiösen Sitten und Bräuchen der Juden nirgends ein Hinderniß in den Weg legten, und selbst die »Hyäne« Pontius Pilatus von dem Vorhaben, die Fahnen mit dem Bilde des Kaisers in Jerusalem aufzustellen, wieder abstand, als man mit der Anzeige bei dem Kaiser drohte.

Hätte es sich daher bei Jesu Anklage um die *Religion* gehandelt, so hätte die Anklage gegen ihn nothwendig als gegen einen Verführer zum Götzendienste (Mesith) oder einen falschen Propheten lauten müssen, da ein anderes todwürdiges Verbrechen nicht in Frage kam. Dann aber hätte die Klage auch vor das »*große* Synedrium« von 71 gebracht werden müssen[479], und wäre er nach strengster Untersuchung und zweifelloser Ueberführung der Schuld nach dem bestehenden Gesetze[480] mit Recht verurtheilt worden, ohne daß

---

476 Jos. A. XVII, 6,3. 4.
477 Misch. Synh. I, 1.
478 Synh. II, b.
479 Misch. Synh. I, 5.
480 Deut. 13,2–12.

dabei von Intoleranz oder gar Fanatismus die Rede sein könnte, noch viel weniger, als wenn er der Sabbathschändung oder der Verführung zu einer solchen angeklagt worden wäre, und die römische Regierung hätte sie, da es sich um kein gemeines Verbrechen handelte, zu dessen Aburtheilung auch ein kleines Synedrium von 23 Mitgliedern genügt hätte, worüber den Juden allerdings, ohne Zweifel schon sobald Palästina zur römischen Provinz erklärt war, die Aburtheilung und Vollziehung genommen war, sicher nicht gehindert. Wohl hat der Hohepriester auf Jesu Geständniß, daß er Christus, der *Sohn* Gottes sei, seine Kleider zerrissen und ihn der Gotteslästerung angeklagt[481]. Allein offenbar war es weder ihm, noch den Beisitzern Ernst mit *dieser* Anklage. Denn in diesem Falle hätte Jesus wirklich vor das *große* |274| Synedrium gebracht und von diesem abgeurtheilt werden müssen. Ferner hätte nicht nur der Hohepriester, es hätten vielmehr alle Anwesenden Trauerrisse in ihre Kleider machen müssen[482]. Auch gestehn wir offen, daß uns diese ganze Darstellung, die selbst Lucas nicht hat, schon deshalb verdächtig erscheint, weil sich Jesus nie selbst als Gottes Sohn im paulinischen Sinne, sondern nur in dem messianischen bekannte. Denn in diesem Sinne würde er nie gesagt haben: Ich bin's, oder in dem, allerdings etwas räthselhaften: Du sagst, es zuzugestehn scheinen [zu] wollen. Selbst schon die Frage des Hohepriesters wäre in dem paulinischen Sinne unbegreiflich. Dieser Gedanke war den Juden so fremd, wie er ja in der That auch nur erst bei dem Heidenapostel hervortritt, daß der Hohepriester höchstens fragen konnte: Hältst du dich für Gottes Sohn? Gabst du dich für solchen aus? Bist also ein Verführer zum Götzendienste, ein Mesith, ein Gotteslästerer, niemals aber *bist* du Gottes Sohn? Allein der Hohepriester verstand sicher nur den Messias unter diesem Ausdrucke, wie er ja auch vorausschickt: Bist du *Christus?* Denn dieser Ausdruck wurde schon Psalm 2,7. (vgl. auch Buch der Weisheit 2,16. 18.) vom Messias gebraucht[483]. Wegen dieses Glaubens von sich selbst aber konnte Jesus *vom religiösen Standpunkte* höchstens als Schwärmer beurtheilt, niemals als Gotteslästerer verurtheilt werden, wie ja das berühmte Schulhaupt R. Akiba später in Bar Kochba den Messias erkennen wollte, ohne daß ihm daraus ein Vorwurf gemacht wird.

Was den *Ort* betrifft, wo die Verhandlung gegen Jesus stattfand, so geben wir zu, daß das Synedrium um diese Zeit |275| seine Sitzungen nicht mehr, wie jedenfalls noch wenige Jahre vorher, in der Quaderhalle am Tempel (לשכת הגזית) gehalten haben mag, sei es aus freien Stücken, weil dasselbe, wie der Thalmud sagt, den vielen Verbrechen nicht mehr steuern konnte[484] und deshalb den Ort verließ, wo ihm mosaisch nach traditioneller Annahme die Pflicht der Aburtheilung solcher oblag, sei es vertrieben von den Römern aus irgend welchem Grunde, was jedoch kaum zur Zeit Jesu schon der Fall war[485]. Im Hause des Hohepriesters aber hielt es sicher niemals seine Sitzungen, schon deshalb, um dem von den sadducäischen Hohepriestern wohl immer angestrebten, aber immer auch von

---

481 Matth. 26,65 ff. Marc. 11,63 ff. Bei Lucas kommt nichts davon vor.
482 Jeder, der eine Gotteslästerung hört, selbst nur erzählen hört von einem, der sie aus dem Munde des Lästerers gehört hat, ist verpflichtet, den Trauerriß zu machen. Bar. Moed. Kat 26, a.
483 Derselbe Ausdruck kommt ja auch unzweifelhaft in diesem Sinne Matth. 16,16. und Paral. vor.
484 Ab. S. fol. 8, b.
485 S. Grätz, Bd. III. Note 25.

den Pharisäern bekämpften Uebergewicht in religiösen Dingen keinen Vorschub zu leisten.

Das Synedrium wanderte von der Quaderhalle in eine Halle[486] des äußern Vorhofs und von da nach Jerusalem[487]. Sicher hielt es seine Sitzungen nicht in den auf demselben großen Platze errichteten Verkaufshallen der priesterlichen Familie Anan (חניות בני חנן Th. Jer. I. Hal. 6.), auf die wir noch zurückkommen werden, wenn es auch wahrscheinlich ist, daß diese Sitzungshalle mit ein Raub der Flammen wurde, als das aufgebrachte Volk nach begonnenem Kriege drei Jahre vor der Zerstörung des Tempels die Magazine dieser priesterlichen Römlinge durch Feuer zerstörte und das Synedrium deshalb seinen Sitz in die Stadt Jerusalem selbst verlegt hat[488]. Ohne Zweifel würde das Urtheil des Synedriums über Jesus |276| ganz anders ausgefallen sein. Dies beweist das so berühmt gewordene, geflügelte Wort Gamaliel's in der Anklage, welche »der Hohepriester und die Sadducäer«, d.i. die Aristokraten gegen die Apostel erhoben: »Ist dieser Rath oder dies Werk aus den Menschen, so wird es untergehn, ist es aber aus Gott, so könnt ihr es nicht dämpfen« (vernichten, καταλῦσαι)[489]. Hier wurde, wie es scheint, der Prozeß auf Andrängen des Volkes vor das Synedrium gebracht, und nach dem Ansehn, das dieser Gamaliel genoß, so daß seine Ansicht durchdrang, möchten wir schließen, daß es eben R. Gamaliel, der Vorsitzende des Synedriums in jener Zeit war[490]. Wenigstens war sein unsterbliches Wort echt Hillelisch.

Mit unserer bisherigen Auseinandersetzung wollen wir jedoch nicht behaupten, daß Jesus gar nicht in Gegensatz zu den Pharisäern getreten war. Es läßt sich nämlich nicht läugnen, daß der Pharisäismus den letzten Schritt, der aus seinen Grundsätzen und Zielen folgte, nach der einen Seite hin nicht gethan hat. Er wollte, wie wir nachgewiesen, einerseits das Heidenthum abwehren, und andererseits gegen das herrschende Priesterthum und seine Ueberhebung einen Damm |277| errichten. Beides glaubte er durch die Ausdehnung des Ceremonialgesetzes zu erreichen, indem er damit vor das Heidenthum und die nähere Berührung mit demselben einen »Zaun« pflanzen, und durch die Ausdehnung der Reinheitsgesetze auf das ganze Volk den Anmaßungen und dem Dünkel des Priesterthums auf seine besondere Heiligkeit die Wurzel abschneiden wollte. Das letztere wollte

---

486 In unsern Thalmudausgaben heißt es Ab-Sar. 8, b. Rosch Hasch. 31, a. מלשכת הגזית לחנות nicht לחניות, wie allerdings Aruch hat, und ist dies nach Raschi eine eigens zu diesem Zwecke errichtete Halle gewesen.
487 Rosch Hasch. l. l. c. Par.
488 S. dagegen Deremb. l. l. 8–20. und Note 8.
489 A.-G. 5,38ff.
490 Da Gamaliel Theudas als »vor *diesen* Tagen πρὸ τούτων τῶν ἡμερῶν aufgestanden«, also vor ihm, wenn auch allerdings nur kurze Zeit, Theudas aber unter Cuspius Fadus c. 46 sein Ende fand, so muß also Gamaliel *nach* dieser Zeit Synedrialvorsteher gewesen sein. Der Aufstand Judas des Galiläers fand aber schon 6–7 n.Chr. statt (Jos. A. XVII, 9–10. u. XX, 5,1.). Es kann daher μετὰ v. 37. hier nicht *nach* bedeuten (s. Deremb. S. 213. A. 3.). Vielleicht sind auch die *Söhne* des Judas gemeint (Keim, III, 134. Anm. 3.), die noch sehr spät in der Geschichte als im Geiste ihres Vaters wirkend vorgeführt werden und für ihren Patriotismus den Kreuzestod durch die Römer erlitten (Jos. A. 20,5, 2.). Die Klage gegen Jesus fand wohl unter Hillels Sohn, Simon I., statt, unter welchem, wie wir bereits erwähnt, das Priesterthum wieder keck und anmaßend hervortrat.

auch Hillel und seine Schule, wie dies durch viele Bestimmungen erwiesen ist. Hillel's Enkel Rabban Gamaliel I. sprach das Wort aus, worauf es ankam: »Nicht den Priestern allein wurde die Heiligkeit gegeben, sondern den Priestern, Leviten und Israeliten[«][491]. Dagegen waren sie entschieden gegen *allzu* große Abschließung vom Heidenthum und die darin wurzelnden Gesetze, und lag hierin wohl der Hauptgrund ihres festen Auftretens gegen die bekannten sogenannten achtzehn Erschwerungen, unter welchen sich auch das Verbot des Brodes und des Oels der Heiden befindet, gegen welche später R. Josua b. Chanania entschieden und rückhaltlos sich aussprach. Man baute den Ritualismus zu einem Riesenleibe empor und gefährdete dadurch das wahre Gesetz und seinen innern tiefen Geist ebenso, wie das Leben selbst[492].

Es ist dies um so mehr zu bedauern, als es sich auf der |278| andern Seite nicht läugnen läßt, daß der Pharisäismus auch die Versöhnung mit den Forderungen des Lebens selbst im Widerspruch mit dem Buchstaben des mosaischen Gesetzes angestrebt hat: er wollte das Gesetz in Verbindung mit dem Leben erhalten, um dessen Geist wenigstens von dem letztern nicht absorbiren zu lassen. Darin allein finden die vielfachen wesentlichen, in den veränderten Lebensbedürfnissen und Anschauungen wurzelnden Aenderungen des mosaischen Gesetzes ihre Erklärung. Von der Umwandlung des mosaischen Wiedervergeltungsrechts im mosaischen Strafgesetze (jus talionis) in anderweitige Strafe, ebenso von Hillel's und seines Enkels Rabban Gamaliel I., Anordnungen nach dieser Richtung sprachen wir schon. Nicht minder wichtige Anordnungen traf das berühmte Schulhaupt R. Jochanan b. Sacchai (Nasi nur interimistisch vom Tode Rabban Simon II. bis zur Uebernahme der Würde durch Rabban Gamaliel II. von Jabne (Jamnia), von welchem wieder gewichtige Anordnungen überliefert worden). Dahin gehört auch der ebenfalls schon erklärte allgemeine Grundsatz: Der Sabbath ist euch gegeben, ihr nicht dem Sabbath, wodurch man wenigstens bei Gefährdung des Lebens und der Gesundheit Arbeiten am Sabbath gestattet, in wirklichen Gefahren sogar geboten hat. Das war eben das *mündliche Gesetz, das die Erstarrung des schriftlichen verhindern und seine Entwicklungsfähigkeit verbürgen sollte.* Dahin gehört auch der Grundsatz, daß in bürgerlichen Fragen das Landesgesetz entscheidend sei, auch wo es in Widerspruch mit dem mosaischen oder rabbinischen Rechte steht. Dennoch ist man auch auf pharisäischer Seite aus Gründen der Verhütung und Umzäunung des Verbotenen nach der erschwerenden Richtung zu weit gegangen, während man auf Seiten der Ausgleichung mit dem Leben oft auf halbem Wege stehen blieb. Nach beiden Seiten scheint nun Jesus nach den Berichten[493] mit den *strengen* Pharisäern nicht selten in Con- |279| flict gekommen zu sein und sich dadurch

---

491 לא לכהנים לבד נתנה קדושה אלא לכהנים לויים וישראלים Tana d'be Elia c. 15.

492 S. oben die Ansicht der Schule Hillels und besonders R. Josua's b. Chanania in dieser Beziehung. Sehr richtig bemerkt auch der gelehrte, strenggläubige Rabbiner Jac. Brüll in seiner quellenreichen Einleitung in die Mischna, übereinstimmend mit dem tiefdenkenden Vf. von More Neboche Ha'sman: »Die übertriebene Erschwerung und Absonderung (wie sie die Schamaiten anstrebten) schlug nur zum Verderben aus, indem sie erstens Zwiespalt unter die Pharisäer selbst trug, zweitens die Heuchelei begünstigte, und endlich Haß und Mißtrauen bei den Nichtjuden pflegte, was Hillels Schule einsah«.

493 Matth. 23, 4. Luc. 11, 46.

die Feindschaft derselben ebenso, wie die der aristokratischen Sadducäer zugezogen zu haben, und darin der Grund des Zusammenwirkens einzelner fanatischer Pharisäer mit den letztern zu liegen, wo es gegen Jesus zu wirken galt, obgleich die leitende Ursache eine völlig verschiedene war, und jene sicher nicht so weit wie diese gingen, eben weil sie in *religiöser* Beziehung kein peinliches Vergehn gegen ihn finden konnten, so wenig sie es auch allerdings, wie die Berichte melden, an eifrigem Bemühen darum fehlen lassen mochten. Jesu Gegensatz gegen den Pharisäismus war eben kein *prinzipieller*, und war niemals derart, daß er nach den bestehenden Gesetzen als Häretiker angeklagt oder gar vom Synedrium verurtheilt werden konnte. Dadurch erklärt es sich auch, daß er so lange unangefochten seiner Lehrtätigkeit obliegen konnte[494], und beweist eben dieses wieder umgekehrt auch, daß er in der That nicht aus *religiösen* Gründen verurtheilt wurde.

Gehn wir nun auf einen andern Punkt über, und es wird uns auch von hier aus diese dunkle, und noch mehr verdunkelte, in die Lebensstellung und selbst das Leben von Millionen so tief und gewaltig, oft nur allzu verhängnißvoll seit fast zwei Jahrtausenden eingreifende Geschichte, die *heute noch* ihre schwarzen Schatten auf das Leben Vieler wirft, in mancher Beziehung sich erhellen.

Daß bei der Anklage immer von Hohenpriestern die Rede ist[495], während es geschichtlich fest steht, daß zu keiner Zeit mehr als ein Hohepriester im *Amte* war, mag allerdings keine Schwierigkeit bilden, indem immer ein Stellvertreter des Hohenpriesters ernannt wurde[496], der bei religiösen Verhin- |280| derungsfällen des letzteren funktionirte, obgleich es nicht fest steht, daß derselbe wirklich Hohepriester genannt wurde[497], keinesfalls wurde er als Hohepriester im *Amt* betrachtet, wie nach den Evangelien angenommen werden müßte. Es mögen sogar die abgesetzten Hohepriester diesen Titel fortgeführt haben und damit der Ausdruck: *alle* Hohepriester bei Matthäus[498], der auf mehr als zwei hinweist, gerechtfertigt sein[499], Allein auffallend erscheint jedenfalls, daß zwischen der Enthebung Anan's vom Hohepriesteramte bis zur Verurtheilung Jesu wenigstens 20 Jahre verflossen von c. 14 bis 34–35 p. und daß gerade die beiden: Anan und Kaiaphas, zwischen welchen drei andere Hohepriester waren, zusammen genannt werden. Anan (natürlich der ältere, von dem allein hier die Rede sein kann), wurde nämlich vom Statthalter Quirinius, der a. 5–6. nach Syrien kam[500], zum Hohenpriester eingesetzt und von Valerius Gratus, ohne Zweifel gleich nach dessen Amtsantritt a. 14 n. Chr.[501], vom Amte entfernt. Zwischen Anan und Kaiaphas war zuerst Ismael, Sohn Phabi, Hohepriester, der nicht lange nachher (μετ᾽ οὐ πολύ), wohl nach Ablauf eines (»seines«) Jahres wieder abgesetzt und an seine Stelle Eleasar, Sohn des Hohenpriesters Anan, und wieder nach einem Jahre Simon, Sohn des Kamith, als Hohepriester eingesetzt wurde. Darauf

---

494 Matth. 26,55. Marc. 14,49. Luc. 22,53. Joh. 18,26.
495 Marc. 15,1. u. Parall.
496 בהן המשנה : סגן Jer. 52,24. 2. Kön. 23,4., wo sogar von solchen in der Mehrzahl die Rede ist.
497 cf. Th. Jer. Joma. I. Hal. I. Vgl. dagegen Tos. Joma 9, a. cf. Misch. Joma III, 9.
498 27,1.
499 Misch. Hor. III, 4. Jos. B. IV, 3,9. Vita 38.
500 S. Jos. A. XVIII, 2,1.
501 Jos. A. XVIII, 2,2.

wurde Joseph Kaiaphas Hohepriester, also wohl im 4. Jahre des Val. Gratus [502], und blieb es nun die ganze weitere Amtsführung des Gratus bis zum Ende der Statthalterschaft von Pontius Pilatus, zusammen 17 Jahre [503]. Wenn nun dennoch gerade Anan und Kaiaphas in dem Pro- |281| zesse gegen Jesus zusammen genannt werden, so will man das mit dem Verwandschaftsverhältniß zwischen beiden erklären (Anan war der Schwiegervater von Joseph Kaiaphas). Allein dies wäre eher ein Grund gewesen, sie *nicht* zusammen zu nennen [504], da sich das Gericht, als welches man die Versammlung bei den Hohepriestern, freilich fälschlich, wie wir nachgewiesen, auffassen will, dadurch von vorn herein als ein parteiisches kennzeichnen würde. Aber nicht allein das, auch *gesetzlich* war das Zusammenwirken solcher nahen Verwandten im Gerichte verboten [505], und zwar nach Annahme der Gesetzeslehrer schon mosaisch, was hier jedoch keinen Ausschlag gibt, jedenfalls aber ein sehr altes Gesetz voraussetzt. Allerdings nennt bloß Johannes (c. 18) den Anan im Prozesse gegen Jesus, dessen Bericht ohnedies aus vielen Gründen verdächtig ist [506]. Allein einmal hat Johannes hier kein dogmatisches Interesse, den Anan hereinzuziehn; ferner kann doch der fortdauernde, gewichtige Einfluß des Anan, dessen Schwiegersohn nicht nur der amtirende Hohepriester war, von dem außerdem fünf Söhne das Hohepriesteramt bekleideten, nicht geläugnet worden, endlich nennt auch Lucas [507] noch in später Zeit beide zusammen. Es läßt sich daher kaum in Abrede stellen, daß unter den »Hohepriestern«, welche die Synoptiker in der Verhandlung gegen Jesus neben Kaiaphas erwähnen, Anan in hervorragender Weise eine Rolle gespielt |282| hat [508]. Und wie sehr steht diese Rolle, mit an der Spitze von Jesu Verfolgern gestanden zu haben, diesem »Gnädigen« an, dessen Sohn, der denselben Namen führte, vielleicht auch noch mit ihm, Jesu Bruder Jacobus und andere seiner Genossen, die Zeit zwischen Festus und Albinus benutzend, in rascher Blutthat steinigen ließ. Die Kühnheit und Grausamkeit dieses jüngeren Anan, die er bei dieser Gelegenheit zeigte, trieb alle gerechten und gesetzeskundigen und gesetzestreuen Männer (περὶ τοὺς νόμους ἀκριβεῖς), also sicher gerade die Pharisäer, welche Josephus ja oft so bezeichnet, auch die Synedristen, zur Verzweiflung, so daß sie deshalb sogar eine Gesandtschaft an den König Agrippa schickten, mit dem Ersuchen, solche Gesetzlosigkeiten zu verhindern, der ihn in der That sofort seiner Würde entsetzte [509]. Es

---

502 Jos. l. m. l.

503 Jos. l. l. u. XVIII, 4, 2.

504 Die Pharisäer waren gerade in dieser Hinsicht ganz außerordentlich strenge. Ihr Grundsatz ist: לא לידון איניש דינא למאן דרחים לי׳ ולא למאן דסני לי »Bei einem persönlichen Freund oder Feind soll kein Mensch Richter sein«. Der Thalmud führt merkwürdige Beispiele an, wie weit man darin gegangen ist. Th. b. Khet. 105, b.

505 Misch. Synh. III, 4. cf. Nidda a. VI, 4. Maim. v. d. Zeugnisse 13, 1. Chosch Mischp. 7, 9.

506 S. Keim l. l. S. 322 ff.

507 3, 2. A.-G. 4, 6.

508 Wir sehen nicht ein, wie Keim aus den Worten des Josephus αὐτόν καὶ πρότερον τῆς τιμῆς ἐπὶ πλεῖστον ἀπολαῦσαι entnehmen will, daß seine Rolle mit seinem Amte überhaupt ausgespielt gewesen sei. Diese Stelle soll im Gegentheil seinen fortlaufenden Einfluß beweisen, da er nicht nur fünf Söhne als Hohepriester gehabt, sondern früher selbst diese Würde bekleidete. Wird ja auch Luc. 3, 6. Ap. 4, 6. Anan neben Kaiphas als Hohepriester genannt.

509 Jos. A. XX, 9, 1.

geht also auch daraus wieder hervor, einmal, daß auch Jesus nicht aus *religiösen* Gründen, denn sein Bruder Jacobus hat gewiß, wie aus allen Berichten hervorgeht, in seinem Namen und in seinem Geiste gelehrt, ebenso wie die Apostel, und sodann, daß er nicht von den Pharisäern angeklagt und noch weniger vom *Synedrium* verurtheilt wurde.

Jesus wurde von den Hohepriestern angeklagt und von Pontius Pilatus aus politischen Gründen verurtheilt. Es wäre daher mindestens eben so unrecht, das Judenthum oder gar die Juden für den Tod Jesu verantwortlich zu machen, als |283| wenn man das Christenthum oder die Christen für die Marter und den Tod der Tausende in den Inquisitionskerkern zu Grunde gegangenen oder auf den Scheiterhaufen martervollen Flammentod erduldenden Opfer der combinirten Priester- und Herrschergewalt des finstern Fanatismus des Mittelalters verantwortlich machen wollte.

Was war es aber, das diese Hohepriester zu der Anklage aufstachelte, das sie antrieb, Jesus dem römischen Statthalter, der »Hyäne« Pontius Pilatus zum gewissen Tode auszuliefern? Wir haben schon die thalmudische Schilderung der Hohepriester jener Zeit angeführt, wie also ihr Andenken im Volke lebt, wie sie namentlich der Pharisäismus beurtheilte: ihre Herrschsucht, ihr Eigennutz, ihre Tücke. Gerade *der priesterliche Eigennutz* hat aber hier eine bedeutende Rolle gespielt. Es ist mehr als wahrscheinlich, daß die Verkaufsbuden der Opfer auf dem Tempelberge, sowie die zu jener Zeit daselbst aufgestellten Wechslertische für Rechnung der Priester gehalten wurden und daß die Hohepriester besonders dabei betheiligt waren. Dies dürfte schon aus der allgemeinen Stellung der Hohepriester jener Zeit folgen. Sie mußten ihre Würde von den Statthaltern theuer erkaufen, mußten überdies jeden Augenblick darauf gefaßt sein, sie zu verlieren, und suchten daher wohl in der Zeit, da sie im Amte waren, ihre Stellung nach allen Richtungen auszunutzen. Wie sie daher die einträglichen Aemter am Tempel nach dem Zeugniß des Thalmuds an ihre Familienglieder vertheilten, so werden sie wohl auch keine Fremden in ihr Dominium, den Tempelberg, zur Ausbeutung des jedenfalls bedeutenden Handels mit Opferthieren und des Auswechselns des gewöhnlichen Geldes in den heiligen Schekel zugelassen haben. Hier wurden auch alle rituell reinen Gegenstände feil geboten. Besonders schwunghaft scheint der Handel mit den Taubenopfern für Wöchnerinnen und Arme getrieben worden zu sein, so daß sie bisweilen zu übermäßig hohem |284| Preise verkauft wurden, weil man die Verpflichtung dazu ins Unendliche vermehrt hatte. Da mag wohl das Synedrium manchmal eingeschritten sein. Ausdrücklich wird dies von dem Synedrialvorsteher Simon II. berichtet. »Einst standen die Taubenopfer in Jerusalem auf einen Golddenar, da sprach R. Simon, Sohn Gamaliels: Bei diesem Tempel, ich will mein Haupt nicht eher niederlegen, bis sie auf einen Silberdenar stehen. Er trat in das Synedrium (Beth din) und lehrte, daß für gewisse (sehr häufig vorkommende) Fälle statt der gewöhnlich erforderlichen fünf Paar nur ein Paar zu bringen nöthig sei, und sofort sank der Preis auf ein viertel Silberdenar«.[510]

Zwei Daten werden uns im thalmudischen Schriftthum überliefert, welche die Annahme, daß die Opfer-Verkaufshallen und die Wechslertische auf dem Tempelberge von den Hohepriestern gehalten wurden; daß sie es waren, welche durch ihre Helfershelfer

---

510 Misch. Kherit. I, 7.

mit dem naiven Glauben des Volkes und besonders der Frauen (Tauben für die Wöchnerinnen), die zu allen Zeiten am meisten von ängstlicher Gläubigkeit sich gefangen nehmen ließen, durch die *Menge* der Opfer, wogegen schon die Propheten eiferten, sich Ablaß von den Sünden zu erkaufen, diesen einträglichen Handel trieben. Es ist nämlich Grundsatz im thalmudischen Gesetze, daß die Frucht erst dann zehentpflichtig werde, wenn sie ganz fertig, d.h. gereinigt, und im Maße abgestrichen[511] ist. Der Thalmud[512] erzählt nun, daß die listigen Priester die Frucht in den Scheunen kauften, *ehe sie fertig war*, wodurch dem Eigenthümer die Verpflichtung, |285| den Zehnt zu geben, noch nicht oblag; sie deuteten ferner das Schriftwort: »Du sollst verzehnten allen Ertrag deiner *Aussaat*« (Deut. 14,22.), daß nur der Eigenthümer, der Pflanzer, aber weder der Käufer noch der Verkäufer zu Verzehnten verpflichtet seien. Diese Frucht oder das daraus bereitete Mehl scheinen sie nun für die Speiseopfer verkauft, und wenigstens den Zehnten auf listige Weise dadurch zum Nachtheil der armen Priester, die weder das Vermögen noch die Macht zu solchem Kauf und Verkauf besaßen, für sich gewonnen zu haben,[513] denn der Thalmud findet darin die Ursache, daß diese Buden, die er geradezu die »Buden des Hauses Anan« nennt,[514] drei Jahre vor der Zerstörung des Tempels, wohl durch das auch wegen dieses Wechselhandels gegen diese Familie aufgebrachte Volk, allerdings durch die Zeloten, die auch jenen edelsten Zweig der Anan'schen Familie, den letzten Hohepriester Anan, der es treu mit seinem Vaterlande meinte, und gerade deshalb zur Versöhnung mit dem gewaltigen Rom rieth, einem grausamen Tode weihten, wie wahrscheinlich zu gleicher Zeit den ebenso wie Anan von glühender Vaterlandsliebe mit klugem, versöhnlichen Sinn erfüllten Synedrialvorsteher Simon II., Gamaliels Sohn.

Mit diesen priesterlichen Verkaufsbuden auf dem Tempelberge, mit den Wechslertischen und Taubenkrämern, die alle, wie aus obigen und noch andern thalmudischen Berichten und Aussprüchen über die Habsucht der Priester[515] hervorgeht, und wie wir aus der Verordnung Simon II. sahen, den frommen Männern ein Aergerniß waren, machte nun Jesus kurzen Prozeß: er trieb Verkäufer und Käufer aus dem Tempel und |286| stieß die Tische der Wechsler und die Stühle der Taubenkrämer um, was natürlich nur mit Hilfe des Volkes geschehen konnte. Hinc illae irae. Das war die erste Veranlassung des Zornes dieser Priester gegen Jesus. Er hatte ihnen an die Seele gegriffen, ihren ganzen, gewinnreichen Handel bedroht, sie mußten sich sagen, daß es damit zu Ende sei, wenn sein Anhang im Volke wachse.

Aber ein noch weit tieferes Interesse hat diese Priester zur Feindseligkeit gegen Jesus getrieben. Schon die Propheten hatten gegen die Opfer ohne den innern, sich Gott weihenden und durch sittlichen Sinn und Wandel geheiligten Geist ihre herrlichen Aussprü-

---

511 Misch. Pea I, 6. עד המעשריה מן ופטור, über den Begriff von שימרה / מרח ist man zwar nicht einig, jedenfalls bedeutet es, daß die Frucht zum sofortigen Gebrauche fertig sein muß.

512 b. Mez. fol. 88, a. Jer. Pea l. l.

513 S. Th. Jer. l. l.

514 Im b. Th. היגו בית, sonst חנין בית, im jerusalemischen Thalmud חנן בני, Söhne Anons. Es bedarf keiner Bemerkung, daß alle diese Bezeichnungen nur auf die Familie Anan's sich beziehen.

515 Th. Khet. 105 u. s.

che gerichtet. Der Pharisaismus hat in diesem Geiste gewirkt, indem er, wie wir sahen, sobald es noth that, die Menge der Opfer beschränkte; indem er Gebete bei allen Opfern anordnete; indem er verfügte, daß der Opferer oder sein Stellvertreter anwesend sein müsse, nicht das Opfer bloß schicken und durch den Priester opfern lassen konnte, [516] als sei es mit diesem *äußern Werke* gethan. Aber auch in dieser Hinsicht hat der Pharisaismus seine schönen theoretischen Grundsätze nicht ganz in das Leben umzusetzen gewagt. Neben den vielen Beweisen, die er dafür gab, daß ihm die Opfer nicht die Hauptsache waren, neben den vielen Aussprüchen, daß Liebeshandlungen, daß das Gebet höher stehe als Opfer, [517] baute er zu gleicher Zeit die Opfergesetze bis in das kleinste Detail aus. Jesus aber scheint nach dieser Richtung besonders entschieden aufgetreten zu sein, und wenn er auch nicht ganz gegen die Opfer sich aussprach, so hat er, wie sein Verfahren gegen Käufer und Verkäufer und die Verkaufsbuden der Opfer, sowie manche Aussprüche desselben beweisen, gegen deren Mißbrauch gepredigt, und da er dies nicht, wie bei den Schulhäuptern bloß in der Schule, sondern auf dem öffentlichen |287| Markte vor allem Volke that, so mußten diese Vorgänge in dieser Zeit gewaltiger Gährung in religiösen wie politischen Dingen, wo das Jahrhundert nicht ein Jahrhundert, sondern Aeonen gebar, wo die mächtige Umwälzung auf allen Gebieten den Klugen und Einsichtigen immer klarer entgegentrat, besonders dann um so tiefern Eindruck auf die Hohepriester machen, als sie von seiner enthusiastischen Begrüßung des Volkes als Messias hörten, verbunden mit dem von den Zeugen erhärteten Ausspruch, daß er den Tempel niederreißen und einen neuen aufbauen wolle, was im Zusammenhalt mit der prophetischen Verkündigung von der Messiaszeit nichts anders sagen konnte, als daß der Opfercultus ganz aufhören und der Tempel ein Bethaus für alle Völker werde, wo Gott in reinem Sinne und reiner Sprache von aller Welt verherrlicht wird.

Aber auch nach dieser Seite konnten sie Jesus religiös nichts anhaben: es war der Geist der Propheten, der sich in dem Wirken gegen die Opfer-Werkheiligkeit aussprach; es standen ihm die gewichtigsten Aussprüche der Rabbiner zur Seite. Man hat daher der Anklage eine *politische* Wendung gegeben und hat auf diesem Wege unter einem Pontius Pilatus das Ziel um so leichter und sicherer erreicht. Wir begreifen nun auch, warum Anan und Joseph Kaiaphas zusammen genannt werden. Sie waren, wie ihre ausnahmweise lange Bekleidung der hohenpriesterlichen Würde beweist, auf's engste mit dem römischen Prokurator verbunden; sie waren Römlinge in des Wortes traurigstem Sinne, und boten gerne die Hand, den Volksgeist zu unterdrücken, wo er irgend sich regte, und vielleicht haben sie dieses Geschäft öfter für die Römer betrieben und meint dies der Thalmud, wenn er Wehe ruft über die »Einflüsterungen« der Familie, worunter kaum etwas anderes als politische Denunciationen zu verstehen sein dürften.

Und eben diese politische Beziehung war der ostensible Grund, mit dem sie gegen Jesus bei Pilatus hervortraten, |288| wenn auch die *Ursachen* ihres Hasses zunächst persönliche waren. Aber auch der politische Grund berührte sie selbst auf's tiefste. Schon von der Zeit an, da Herodes die Tochter des Simon b. Boëthus zur Frau genommen und diesen

---

516 היאך קרבנו של אדם קרב והוא אינו עומד על גביו
517 In unzähligen Stellen. Vergl. Matth. 12. 7.

zum Hohepriester ernannte,[518] wurde die Stellung der Hohepriester eine mehr politische, mit der Regierung auf's engste verbundene, und daß diese »Boëthusen« (ביתוסים) das System der früheren Sadducäer annahmen, mit ihrer Exclusivität, ihrem Hochmuthe und ihrer Härte geht aus dem thalmudischen Schriftthume klar hervor, wo eben die Gegensätze gegen den Pharisaismus, die sonst den Sadducäern zugeschrieben werden, von den Boëthusen berichtet werden.[519] Dadurch, daß Herodes selbst diesen Simon wieder des Hohepriesterthums entsetzte, nachdem er dessen Tochter, seine Frau, entlassen und deren Sohn von der Nachfolge ausgeschlossen hatte,[520] folgt nicht, daß diese Familie ihren hervorragenden Einfluß ganz wieder einbüßte. Wir finden, daß noch Agrippa I., vielleicht um sich in der Familie einen Anhang zu verschaffen, bei den Schwierigkeiten, mit denen er wohl im Anfange wegen seines frühern Lebens in Rom zu kämpfen gehabt haben mochte, einen Simon b. Boëthus mit dem Beinamen Canteras, über welche Familie, wie wir sahen, der Thalmud sich höchst tadelnd ausspricht, und den er später selbst, als er sein Ansehen befestigt sah, wieder entfernte, um einen Würdigern mit dem Amte zu bekleiden,[521] zum Hohenpriester ernannte. Jedenfalls geht mit Bestimmtheit aus Allem hervor, daß eben nicht bloß diese Familie, sondern die von Herodes oder später von den Römern zum Hohenpriesterthum berufenen Priester, bei welchen wie bei Simon b. Boëthus, nicht die Würdigkeit, sondern die politische An-|289| hänglichkeit, oft auch Bestechung der Statthalter entschied, und die eben deshalb nur durch Gewaltsamkeit und Härte neben politischer Kriecherei sich auszeichneten, mit ihrem vornehmen Anhange unter dem Gattungsnamen der Boëthusen bezeichnet werden. Von einem eigentlichen Verrathe an der Religion, oder gar von einem Liebäugeln mit dem Heidenthume, als solchem, ist zwar bei diesen Hohepriestern keine Rede, ein solches Unterfangen würde jetzt, wo der Gottesgedanke mit den tiefsten Wurzeln sich in alle Herzen gesenkt hatte, einen Sturm gegen sie erregt haben, dem sie augenblicklich unterlegen wären; ja einzelne Hohepriester, die aber sicher auch nicht unter jenen Namen begriffen waren, werden aus dieser Zeit als fromme, würdige Männer in jeder Beziehung von den alten Quellen bezeichnet, aber desto mehr traten andere mit ihrer Anmaßung, mit roher Gewalt gegen das Volk auf. Es liegt ganz in der Natur der Sache, daß solche Priester mit ihrem königlich gesinnten Anhange gegen Jesus, der die Idee der Volksherrschaft bis in die untersten Schichten verpflanzte, die doch der Pharisaismus noch von sich fern gehalten, und als der Gipfelpunkt einer Bewegung galt, deren Ende gar nicht abzusehen war, mit aller Entschiedenheit, mit aller gewohnten Härte und Gewaltsamkeit auftraten und kein Mittel scheuten, ihn ins Verderben zu ziehen. Von diesen Priestern und ihrem Anhange, den »Herodianern«, ging also die *Anklage* aus; die *Verurtheilung*, wie die Hinrichtung nach *römischer* Weise erfolgte durch Pilatus, der mit seinen Kriegsknechten sich freute, wieder einen Juden des versuchten Hochverraths wegen zum Tode bringen zu können. Dies geht mit Bestimmtheit aus einer unparteiischen, genauen Betrachtung der neutestamentlichen Berichte selbst hervor.

---

518 Jos. Ant. Jud. XV. 9, 3.
519 S. Tosephta Joma c. 1. Th. Jer. Joma 1. Hal. 5 u. s. w.
520 Jos. l. l. XVII. 4, 2.
521 Jos. l. l. XIX. 6, 2. 4

Jesus wurde von seinem Anhange als der *Messias*, der Erlöser, der »Heiland« der Juden verehrt, und er selbst hat sich als solchen angekündigt: das war der Gegenstand der Anklage und der Grund seiner Verurtheilung. Diese Thatsachen |290| stehen in den neutestamentlichen Schriften unzweifelhaft fest. Es ist dies der Kern des ganzen geschichtlichen Inhalts dieser Schriften, der damit steht und fällt, und bedarf eigentlich keines besondern Nachweises. Dennoch wollen wir Einzelnes heranbringen, für den, dem sie nicht allzu geläufig sind. Noch hatte der Glaube, daß Jesus der Messias sei, nirgends Anklang gefunden. Etliche sagten, er sei Johannes der Täufer, Etliche hielten ihn für Elias, Andere für einen Propheten, da antwortet auf seine Frage an die Jünger, für wen *sie* ihn hielten, schon Simon Petrus im Namen derselben: »Du bist der Messias,[522] des lebendigen Gottes Sohn«. Und Jesus selbst hielt diese Antwort des Petrus für eine unmittelbare Offenbarung Gottes und sprach ihn dafür selig. Ja, Jesus erkannte sogar das Gefährliche dieser Stellung, die ihm seine Jünger und er sich selbst gaben, und verbot ihnen, es weiter zu sagen.[523] Daß er sich zu seinem Einzuge in Jerusalem eine Eselin bringen läßt, und zwar, wie eine der ältesten Quellen berichtet, mit ausdrücklicher Berufung auf die Verkündigung eines solchen Einzugs durch den Propheten,[524] beweist wieder deutlich seinen Glauben. Wenn die andern Quellen diese Stelle zur Begründung auch nicht anführen, so gibt ihre Schilderung dieses Ereignisses denselben Grund für diese Art des Einzuges dennoch deutlich zu erkennen[525] und beweist ebenfalls seinen und seiner Jünger Glauben in dieser Hinsicht. Auf diesen Punkt allein wurde nun ausdrücklich die Anklage gegen Jesus gegründet und geht dies, wie wir oben nachgewiesen, aus der Verhandlung vor den Hohepriestern klar hervor. Der Hohepriester resumirte dieselbe in der an Jesus gerichteten Frage: »Bist du Christus« |291| (Messias)[526]. Und Jesus antwortete auf diese Frage sogar ganz bestimmt: »Ich bin's«,[527] ganz ebenso wie er sich im Kreise seiner Jünger aussprach. Wenn diese Antwort in andern, jedenfalls spätern Berichten etwas gemildert erscheint,[528] so zeigt doch der gleiche Zusatz: »Ihr werdet sehn des Menschen Sohn sitzen zur Rechten der Kraft und kommen mit den Wolken des Himmels«, daß kein anderer Sinn damit zu verbinden ist.[529] Jesus zeigte sich übrigens auch gerade durch diesen tiefen, lebendigen Messiasglauben, dessen Wahrheit so gewaltig in ihm lebte, daß ihn am Ende die Ueberzeugung: er sei selbst der Berufene, wie ein unwiderstehliches Feuer ergriffen zu haben scheint, als einen echten Sohn seines Volkes. Es war der Gedanke, der wie ein Himmelslicht alle tiefern Gemüther in jener gedrückten, finstern Zeit durchleuchtete, und seit

---

522 ὁ Χριστός.

523 Matth. 16, 13–20. cf. 14, 2. 17, 5. ff. Marc. 8, 27–30. Luc. 9, 20. 21 u. s. w.

524 Matth. c. 21.

525 Marc. 11, 9, 10. Luc. 19, 37. ff.

526 Matth. 26, 63. Marc. 14, 61.

527 Marc. 14, 62. Ἐγὼ εἰμι.

528 Matth. 26. 64. vgl. Luc. 22, 70 ff.

529 Dan. 7, 13. 14. »Mit den Wolken des Himmels kam er wie eines Menschen Sohn und dem Menschensohne wird Herrschaft und Herrlichkeit und Königthum gegeben, daß alle Völker und Nationen und Zungen ihm danken«.

einem halben Jahrhundert blitzartige Zuckungen im jüdischen Staatskörper hervorrief, *und gar manchen Märtyrer dieses Glaubens den Kreuzestod durch die Römer sterben ließ.* [530]

Von welcher Natur daher auch der jetzt auftretende Messianismus dem Volke erscheinen mußte, kann dem kein Zweifel sein, der die Zeit und die ihr bereits vorangegangenen Bewegungen ins Auge faßt. Jedenfalls geht aus den Aeußerungen von Jesu Feinden noch nach seinem Tode hervor, wie derselbe aufgefaßt wurde. »Der Christus, der König Israels«, [531] |292| sagten sie, wenn auch spottend von ihm. Auf die Frage des Pilatus: »Bist du der König der Juden«? antwortete Jesus: »Du sagst's«, [532] weshalb der ganze nachfolgende Bericht über das Benehmen des Pilatus und »daß er nichts Uebles an ihm finden konnte«, dem Unbefangenen unbegreiflich erscheinen müßte, wenn die Absicht nicht zu klar hervorträte, die Schuld des »Volkes der Juden«, welches das spätere Christenthum im Widerspruch mit allen andern, ältesten Berichten als Jesu eigentlichen Verfolger substituiren wollte, um so greller hervortreten zu lassen. Doch diese Darstellung der Unschuld des Pilatus ist längst als unhistorisch und im Widerspruche mit der ganzen Geschichte wie mit dem Charakter und allem sonstigen Verfahren desselben zu klar nachgewiesen, als daß es hier einer neuen Stütze dafür bedürfte. [533] Doch wollen wir noch Einiges hier bemerken.

Ist es wahrscheinlich, ja psychologisch möglich, daß Pontius Pilatus, welcher zuerst die Religion der Juden verhöhnte, was kein anderer römischer Prätor vor ihm zu thun wagte, die Standarten mit den Kaiserbildern nach Jerusalem brachte; welcher eine Masse von Juden, darunter die Vornehmsten und Angesehensten, selbst die Prinzen aus dem frühern Königshause, die zu ihm nach Cäsarea, wo er residirte, eilten, um den ihre Religion in ihrem innersten Kerne, die Abweisung aller Götzenbilder aus den heiligen Mauern – und die Kaiser wurden als Götter verehrt – verletzenden Befehl rückgängig zu machen, sechs Tage lang flehend vor seinem Paläste liegen ließ – ein erstes Canossa – und am siebenten Tage sie durch seine aus dem Hinterhalte, wo er sie versteckt hatte |293| plötzlich unter die erschreckten Männer beorderten Soldaten niederhauen zu lassen drohte, wenn sie von ihrem Verlangen nicht abständen, und erst durch die Drohung, wahrscheinlich der königlichen Prinzen, sein Vorgehn dem Kaiser zur Anzeige zu bringen, den grausamen, auf eigene Faust gegebenen Befehl zurücknahm, [534] ist es wahrscheinlich, daß dieser Blutmensch einen ihm als gefährlich denuncirten Juden – und als solchen mußte doch wenigstens *er* Jesus ansehen – wirklich frei geben wollte? Kann man annehmen, daß der Wüthrich, der unter der Vorgabe, eine Wasserleitung anzulegen, den Tempelschatz plünderte, und das sich diesem gotteslästerlichen Unterfangen widersetzende Volk durch seine Soldaten, die er in jüdische Tracht gehüllt, meuchlings zu Tausenden hinmorden

---

530 S. Grätz, Gesch. d. Juden, Bd. III. S. 258 ff. Geiger: Das Judenthum und seine Geschichte, neunte Vorlesung.

531 Marc. 15,32. משיח מלך ישראל.

532 Marc. 15,2. Matth. 27,11 u. s. w.

533 Auch Strauß und Keim weisen das Ungeschichtliche dieser ganzen Darstellung nach. Philippson in seiner Monographie über die Frage: »Haben wirklich die Juden Jesum gekreuzigt?« hat dies ausführlich behandelt und verweisen wir ausdrücklich darauf.

534 Jos. A. XVIII, 3,1. cf. Grätz, Gesch. III. S. 257.

ließ,[535] auf einmal so weich und zartfühlend geworden sei, daß er um dieses Einen willen so viele Anstrengungen gemacht habe, um ihn zu retten? Credat Apella Judaeus! Oder sollte Pontius Pilatus, das Werkzeug des heimtückischen Blutmenschen Sejan, der ihn wohl absichtlich als besonders brauchbar ausgewählt hatte, um die armen Juden zu quälen und auf's Aeußerste zu treiben, um auch dorten, wie in Rom, eine ebenso blutige wie einträgliche Ernte zu halten, sich von denselben Juden habe bestimmen lassen, das was *er* für recht hielt, ihnen zu Liebe nicht zur Ausführung zu bringen? Oder war es Feigheit, Schwäche, die auch den Juden hier wich, was noch eher mit seinem Zurückweichen in Cäsarea und seinem meuchlerischen Verfahren in Jerusalem übereinstimmen würde – durfte er dies so offen vor aller Welt an den Tag legen, hier, wo ihn keine Drohung mit dem kaiserlichen Unwillen abschrecken konnte?[536] Durfte der römische Statthalter, der in des Kaisers Namen Recht sprach, sein Verhalten von dem |294| Traume eines Weibes bestimmen lassen? Wird der stolze Römer den unwürdigen Zwischenhändler zwischen den Juden und dem Angeklagten gemacht und die Comödie mit dem *jüdischen* Brauche des Händewaschens, zum Zeichen, daß er seine Hände in Unschuld wasche, vor der versammelten Menge aufgeführt haben? Jeder Vorurtheilslose kann und wird auf diese Fragen nur mit einem entschiedenen *Nein* antworten. *Es kann daher gar keinem Zweifel unterliegen, daß Pilatus Jesus wirklich verurtheilte, und zwar aus politischen Gründen.* Dies beweist auch das Benehmen der römischen Kriegsknechte, die ihn mit dem Gruße: »Der Juden König« verhöhnten und schlugen, wozu sie außer dieser Anschuldigung keinen Grund hatten, da sie sicher nicht für die *religiösen* Satzungen der Juden geeifert haben, und was sie überdies nicht gewagt hätten, wenn der Statthalter so liebevoll gegen ihn aufgetreten wäre und öffentlich seine Unschuld bezeugt hätte. Dieser Grund seiner Verurtheilung war auch über seinem Kreuze eingeschrieben: »Dies ist Jesus, der Juden König«, oder bloß: Dieses ist »der Juden König«, und zwar, wie ausdrücklich berichtet wird, als die *Ursache* seiner Verurtheilung, »was man ihm schuld gab«,[537] was freilich der spätere Berichterstatter, wohl nicht ohne Absicht, wegläßt.[538] Dieser Grund schon der Anklage muß sogar im Hause des Hohepriesters allgemein bekannt gewesen sein. Dies beweisen die Reden, die an Petrus gerichtet wurden, als er seinen Meister verläugnete. Die Magd selbst und dann alle Umstehenden sagten zu ihm: »Wahrlich du bist deren Einer, *denn du bist ein Galiläer und deine Sprache lautet gleich also*«.[539] Galiläa aber war der Herd, auf welchem |295| der Aufruhr gegen die Römer immer neu entbrannte. Dorther war jener Judas, der Gaulanite, auf dessen Schlachtenruf: »Nur Gott gebührt die Herrschaft«,

---

535 Jos. A. l. l. 3, 2.
536 S. Philippson l. l.
537 Marc. 15, 26. Matth. 27, 37.
538 Luc. 23, 38.
539 ἀληθῶς ἐξ αὐτῶν εἶ. καὶ γὰρ Γαλιλαῖος εἶ καὶ ἡ λάλια σοῦ ὁμοιάζει (Marc. 14, 70.). So muß es heißen, wie auch die Vulgata hat (vgl. Matth. 26, 73). Die Sprache der Galiläer war eine ver- |295| dorbene, incorrekte und unterschied sich wesentlich von der in Judäa, insbesondere der feinen jerusalem'schen. Sie schleiften die Worte ineinander, sie unterschieden in der Aussprache weder Alef, Ain und Cheth, noch t und th, כ und פ u. a. S. Th. b. Erubin 53, 6. Dagegen über die gebildete Sprache der Jerusalemitaner, und überhaupt der Judäer B. Kama 6, b. und Erub. l. l.

schon vor nun fast 30 Jahren das leidenschaftlich aufgeregte Volk den römischen Legionen sich entgegenwarf und selbst zu Tausenden von deren Speeren durchbohrt, wieder Tausenden Tod und Verderben brachte. Dort gährte und kochte es fortwährend wie in einem Vulkan, und brachen des Aufruhrs verzehrende Flammen von Zeit zu Zeit, besonders unter den heldenmüthigen Söhnen jenes Judas, die den Geist des Vaters geerbt hatten, zerstörend und verheerend gewaltig hervor, und hielt die Blicke des römischen Statthalters auf sich gerichtet. Das gegenwärtige Reich muß untergehn, und ein neues, das Gottes- und Himmelreich an dessen Stelle treten, das war immer das Losungswort jener Aufrührer, das zündend in die gespannten Gemüther fiel. Und unter demselben Losungsruf: Das Himmelreich wird kommen, ja, noch mehr, es *ist* gekommen, der längst mit innigster Gluth der Begeisterung in den schweren Nöthen und Bedrängnissen ersehnte *Messias ist erschienen*, in drei Tagen schon wird auch *dieser* Tempel abgetragen, und ein anderer, der Tempel des Himmelreichs errichtet, die gegenwärtige Priesterherrlichkeit ebenso wie Roms Herrschaft über Judäa wird untergehn, und dem Messias, dem Sohne Gottes die Herrschaft, die Herrlichkeit und das Reich gegeben werden«,[540] trat auch die neue Bewegung auf. Wohl ist Jesus nicht mit Waffengewalt aufgetreten. Aber er ist ein Galiläer, die mit ihm und um ihn erscheinen sind Galiläer |296| und bald wird das ganze Land in Flammen stehn; so mußten sich die Hohepriester, so mußte sich der römische Statthalter sagen. Uebrigens liefert ja auch die *Todesart* selbst schon den Beweis, daß Jesu Verurtheilung von dem römischen Statthalter ausgegangen sein *muß*: denn die Kreuzigung d. h. die Tödtung durch Aufhängen des *lebenden* Verbrechers am Kreuze ist, wie wir bereits nachgewiesen, dem jüdischen Criminalgesetze völlig fremd.[541] Ebenso, daß selbst der todte Verbrecher nur einen Augenblick, um dem Buchstaben des Gesetzes gerecht zu werden, am Kreuze bleiben durfte, weil man dies für eine Herabwürdigung des göttlichen Ebenbildes im Menschen hielt.[542]

---

540 Dan. 7.

541 Mischna Synh. 7,1. Maim. v. Synh. 14,1.

542 S. oben S. 218 Th. b. Synh. 46, a. Ferner das. 46, b. eine alte Baraitha, wo ausdrücklich bemerkt wird, daß die Verurtheilung eines Verbrechers zum Kreuzestode *römisches* Gesetz sei. תנו רבנן אילו נאמר חטא ותלית היתי אומר תולין אותו ואחר כך ממיתין אותו כדרך שהמלכות עושה ת״ל והומת ותלית ממיתין אותו ואח״כ תולין אותו הא כיצד משהין אותו עד סמוך לשקיעת החמה וגומרין את דינו וממיתין אותו ואח״כ תולין אותו אחד קושר ואחד מתיר כדי לקיים מצות תליה Die Weisen lehrten: Wenn es im Gesetz (der Thora Deut. 21, 22) hieße: Wenn Jemand ein Todesverbrechen begangen, so hänge ihn, so hätte man ihn erst hängen und dann tödten müssen, *wie die Regierung* (die römische) *thut*. Es heißt aber, ein solcher werde getödtet und gehängt, er muß daher zuerst getödtet und dann gehängt werden. Wie verfährt man dabei? Man wartet mit der Verkündigung des Urtheilsspruchs bis nahe vor Sonnenuntergang, dann spricht man das Urtheil, tödtet ihn und hängt ihn. Einer zieht zu und der Andere löst sofort wieder, »um nur dem Buchstaben des Gesetzes zu genügen«. Man begrub ihn dann sofort, nach der Vorschrift desselben Gesetzes. Wenn unter b. Sotada, von dem im Jer. Th. Synh. VII, 12., wie man schon annahm, aber gewiß mit Unrecht (s. Deremb. l. l. Note IX. S. 409), Jesus verstanden wird, so heißt es dabei wirklich, daß er durch das jüd. Gericht zur *Steinigung* verurtheilt worden und wirklich gesteinigt worden sei. Selbst wenn |297| dies aber auch auf Jesus bezogen werden wollte, so ist doch gewiß dem Berichte der Evangelien hier viel mehr Glaubwürdigkeit zuzumessen, als dem Thalmud. Es ist leicht begreiflich, daß im Kreise von Jesus Anhängern alle Details seines Lebens und seines Todes eine ganz andere Aufmerksamkeit finden mußten, als bei

|297| Man hat die richtige Bemerkung gemacht, daß auch daraus die Unrichtigkeit des Berichts von der Hinneigung des Pilatus zu Jesus, von seiner Ueberzeugung von dessen Unschuld erwiesen sei, weil denselben, wenn er bloß den Juden nachgegeben hätte, doch nichts gehindert hätte, ihn den Juden selbst zu übergeben, die ihn dann, wenn seine Schuld als Verführer zum Götzendienste (Mesith) erwiesen gewesen wäre, nur zur Steinigung hätten verurtheilen können, niemals zu dem grausamen Tode am Kreuze.[543]

Gerade dieser Messiasglaube aber, der so tief und so mächtig in Jesus lebte, daß er sich immer mehr mit dem Gedanken vertraut machte, er selbst sei der Berufene – und eine unbefangene Betrachtung zeigt deutlich, daß dieser Gedanke |298| erst nach und nach zur vollen Reife in ihm gedieh,[544] – gerade dieser mit so tiefen Wurzeln in Jesus wirkende Messiasglaube, der ihn am Ende in die Gewalt des römischen Prokurators lieferte, kennzeichnet ihn nicht bloß, wie wir bereits bemerkt, als einen treuen Sohn seines Volkes, sondern auch, nicht minder wie seine Sprüche und Lehren, als einen echten Jünger des Pharisaismus, da, wie wir nachgewiesen, die Herodianer, Sadducäer und Boëthusen eine Veränderung der gegenwärtigen Lage nicht wünschten, – um so weniger, wenn ein Zweig aus dem Hause Davids oder auch ein Anderer an dessen *Stelle* zur Herrschaft gelangen sollte, was *ihrer* Herrschaft nothwendig ein Ende machen mußte.

Diese durch die Berichte klar gestellte Annahme: daß sich in Jesus erst nach und nach die Ueberzeugung von seinem eigenen Messiasberufe gebildet, erklärt allein schon seine Antwort auf die an ihn gerichtete Frage: »ob es erlaubt sei (ἔξεστι), daß man dem Kaiser den Census gebe, oder nicht?« Es ist bekannt, wie verhaßt der nach Jesu Geburt[545] eingeführte Census bei den Juden war, wie sie ihn so sehr als Zeichen völliger Sclaverei betrachteten,[546] daß sich dadurch besonders das Volk von einigen Eiferern, an deren Spitze jener *Galiläer* Juda stand, zu Gewaltthaten hinreißen ließ und damals schon der Aufruhr gegen die Römer im ganzen Lande in hellen Flammen aufgelodert wäre, wenn nicht gerade die

---

den Rabbinen seiner Zeit, die seinen welterschütternden Einfluß in der *Zukunft* noch nicht ahnen konnten, weshalb auch in den thalmudischen Schriften nur einige flüchtigen Notizen über ihn vorkommen, und auch diese natürlich nur in den uncensirten Exempl. Uebrigens bezeugt auch Tacitus (Ann. XV, 44, 4.), daß Jesus *durch* Pont. Pil. hingerichtet, also jedenfalls zum Kreuzestod verurtheilt wurde … Christus, qui Tiberio imperitante, per procuratorem Pontium Pilatum supplicio affectus est, »Christus, der *durch* Pont. Pil. mit dem Tode bestraft wurde«.

543 Deremb. l. l. S. 203, Note 1. Die Steinigung war, gleich dem Sturze vom tarpeischen Felsen, ein Stoß von hinten von einer zwei Mannshöhen hohen Stelle herab (s. Misch. Synh. 45, a. c. Gem.), nicht höher, damit der Körper nicht entstellt werde, um eine menschliche Todesart zu bewirken בְּרֹר לוֹ מִיתָה יָפָה. Ueber die furchtbare Grausamkeit des lebendig an's Kreuz Schlagens und die schreckliche Marter der gew. vorhergehenden Geißelung, die sogar Pilatus angewandt zu haben scheint, s. Keim l. s. l.

544 Matth. 16, 21. »Von der Zeit an« begann Jesus (ἀπὸ τότε ἤρξατο) seinen Jüngern zu zeigen, daß er nach Jerusalem ziehen und viel leiden müsse u. f. Auch Marc. 8, 31. heißt es, daß er, nachdem seine Jünger ihn als den Messias bezeichnet, »begann« sie zu lehren, daß des Menschen Sohn viel leiden etc. und nach drei Tagen aufstehen müsse. Gerade dieser charakteristische Zug fehlt bei Lucas! -

545 Jos. Ant. XVII. Ende XVIII, 1,1. Luc. 2,2., wo die Einführung kurz *vor* Jesu Geburt angegeben wird, ist nicht genau.

546 Jos. Ant. XVIII. 1,1. u.s.w. und an vielen Stellen des Thalmuds.

gemäßigten Pharisäer Alles aufgeboten hätten, um die Flamme |299| des Aufruhrs zu ersticken. Auch sie waren zwar nicht minder als ihre gewaltsamen Gegner von der Ungerechtigkeit, von der Sündhaftigkeit, möchte man sagen, des Census überzeugt, wie viele Stellen im Thalmud beweisen; aber sie kannten die Unzulänglichkeit der Mittel, dem römischen Koloß mit Gewalt entgegen zu treten. Dadurch allein erklärt sich auch die *Frage: Ist es erlaubt, den Census zu geben?* Auch Jesus war sicher principiell gegen den Census und nennt die »Zöllner«, die eben über dessen Eintreibung gesetzt waren, und sich als die Schergen der Gewalt gebrauchen ließen, ebenso gut »Sünder«, wie die Pharisäer, wie er sie deutlich mit diesen zusammenstellt, wenn er sie auch, im Gegensatz mit den übrigen Lehrern, an sich heranzog; er spricht es sogar deutlich aus, daß er sich nur der Gewalt in dieser Hinsicht füge, indem er die Ungerechtigkeit des Zinses ausdrücklich tadelt,[547] und weiter liegt sicher auch nichts in seiner Antwort auf jene Frage, indem er ihnen das Bildniß des Kaisers auf der Münze zeigte und sie damit klugerweise, ohne sich weiter auszusprechen, auf die bestehende Gewalt hinwies und auf die Vergeblichkeit jedes Widerstandes. Er zeigte sich auch hier als ein echter Hillel'scher Pharisäer, der den Umständen Rechnung trägt, *so lange der Gottesgedanke nicht unmittelbar in Gefahr steht*, was er sicher mit dem mit der Frage sonst in gar keinem Zusammenhang stehenden Zusatz: »Gebt Gott, was Gottes ist«, andeuten wollte, womit er eben nichts Anderes sagen konnte, als daß die Sache anders liegen würde, wenn man die Uebertretung göttlicher Gebote von ihnen fordern sollte. Die Idee der eigenen Messianität mit ihren Consequenzen war offenbar noch nicht zum Durchbruch in ihm gekommen, sonst würde er jedenfalls in seiner Antwort auf die Hoffnungen hingewiesen haben, die er selbst an seine Wiederkunft später so offen anknüpfte, und die ihn dann seinen Anklägern, wie dem Pilatus gegenüber in ganz anderer Weise auftreten läßt: noch war, wie |300| er sich später ausdrückte, »seine Zeit nicht gekommen«. Als diese Zeit gekommen und er offen als der Messias hervorgetreten war, mochte er allerdings in Gegensatz zu den Pharisäern getreten sein, aber sie konnten ihn deßhalb nicht anklagen, er wies auf das »Himmelreich« oder Gottesreich[548] hin, wenn des »Menschen Sohn«, eben der Messias, »kommen werde auf den Wolken des Himmels mit großer *Kraft* und *Herrlichkeit*«, auf die längstverheißene *Zukunft*, deren Erfüllung sie selbst mit der glühendsten Sehnsucht erwarteten. *Dann* sollte freilich eben durch diese Kraft und Herrlichkeit alle Gewalt besiegt werden. Die Differenz bestand daher nur soweit sie die Person Jesu betraf; in den Hoffnungen selbst waren sie mit ihm einverstanden. Gleich Jesus sehnten sie sich mit aller Gluth der tiefsten Empfindung nach einer bessern Gestaltung der Dinge, an deren Herbeiführung sie für den Augenblick allerdings verzweifeln mußten, um so mehr, als der Messiasglaube allein ohne unmittelbare Bedrohung des väterlichen Glaubens ihnen keinerlei gewaltsames Auftreten gestattete. Dabei darf nicht aus den Augen gelassen werden, daß der Pharisaismus, wenn er auch einen persönlichen Messias aus dem David'schen Hause zur Befreiung Israels von äußerer Unterdrückung erwarten mochte – wenigstens war damals unter den furchtbar zerrütteten Verhältnissen der Glaube in dieser Weise allgemein unter dem Vol-

---

547 Matth. 17, 24–27.
548 מלכות שמים.

ke verbreitet, obgleich unter den Häuptern der Pharisäer, wie bereits erwähnt, keineswegs Uebereinstimmung darüber herrschte, indem Einzelne diesen Theil der messianischen Verkündigungen bereits unter Chiskia, Andere unter den Makkabäern erfüllt glaubten – wenn aber auch der Pharisaismus im Ganzen den Glauben an einen persönlichen Messias festhielt, so hat er doch immer den *wesentlichsten* Inhalt des Messiasglaubens eben in der Herstellung des *Gottesreichs* auf Erden, in der allgemeinen Erkenntniß und Verehrung Gottes |301| und der Herrschaft der Gerechtigkeit angenommen, und es kann ihm in jener allgemeinen Fäulniß, in jener schrecklichen Zeit der Herrschaft brutalster Gewalt nicht übel genommen werden, wenn er an die erfolgte Ankunft des Messias nicht glauben konnte. Jesus glaubte an seine Sendung in dieser Hinsicht, er und seine Anhänger hatten am Ende kein Hehl mehr daraus gemacht, und das ohnedies mit blinder Wuth gegen das arme Volk verfahrende Rom freute sich des neuen blutigen Exempels, das es hier an einem Juden statuiren konnte. Das Jesus in den Mund gelegte Wort: »Mein Reich ist nicht von dieser Welt«,[549] stände nicht nur mit allen übrigen Berichten, sondern auch mit sich selbst im Widerspruch, wenn er den Messiasglaube *bloß* ideell aufgefaßt hätte. Faßte Jesus das Messiasreich als *bloße* Idee der Verbreitung allgemeiner Gotteserkenntniß und Menschenliebe auf, so hat eine Persönlichkeit überhaupt nichts damit zu thun, und seine eigene Mission, die er doch festhält, wäre ohne Boden.

Um jedoch Jesu Auftreten, seine Anklage und Verurtheilung recht zu verstehen, dürfte es doch nöthig sein, auf den messianischen Begriff, wie er bei den Juden lebte und zur Geltung kam, einen weitern Blick zu werfen. Die banale Phrase von einer messianischen »Universalmonarchie«, welche die Juden erwarteten, beruht auf völliger Verkennung schon der biblischen Weissagungen in dieser Hinsicht und auf totaler Unkenntniß des Rabbinismus. Bei den Propheten liegt jedenfalls der *Kern* dieser Verkündigungen in dem ewigen Fortschritt der Menschheit zur allgemeinen Brüderlichkeit und sittlichen Vollendung. Die Rabbinen aber lehren in demselben Sinne: »Zwischen der Gegenwart und der Messiaszeit ist kein Unterschied, als daß Israel keine Unterdrückung mehr zu erdulden hat«, conform mit den biblischen Weissagungen von dem allgemeinen Frieden und dem Aufhören aller Feindselig- |302| keit.[550] Die weltliche Seite der Messiasidee, die allerdings auch bei den Propheten anerkannt werden muß, kann aber keinesfalls weiter als die David'sche Herrschaft reichen, an welche sie bei den Propheten geknüpft ist, wenn sie auch im Laufe der Zeiten unter der Wucht gewaltiger Ereignisse von diesem realen Grunde losgelöst worden sein sollte. David aber lebte nur als freier »König Israels« im

---

549 Joh. 18, 36.

550 Synh. 91, b. אין בין עוה״ז לימות המשיח אלא שעבוד מלכיות בלבד »Zwischen der Gegenwart und der Messiaszeit ist kein Unterschied als die Befreiung Israels vom Drucke.« Wenn es daher Juden gab, welche gegen die volle politische Gleichberechtigung waren, weil eine solche den messianischen Hoffnungen Eintrag thue, so kann ihre Bornirtheit vom strengsten rabbinischen Standpunkte nur mit der Verschmitztheit einer bekannten politischen Muckerpartei verglichen werden, welche diese Behauptungen im Namen der strenggläubigen Juden zur Beschönigung ihrer politischen Bedrückungen aufgestellt hat. Wenn Gott »einen Zweig aus dem Hause Isai's« sendet zur Gründung eines neuen palästinensischen Reiches, so kann es diesen nur freuen, wenn er bereits vom Drucke befreite und daher zur Bildung eines Staates um so befähigtere Bürger vorfindet.

Gedächtnisse des Volkes, es konnte also, wenn von der Wiederherstellung seines Thrones die Rede war, nur die Herrschaft über Israel, nur der Königsthron in Zion gemeint sein, allerdings umgeben mit allem Glanze und aller Herrlichkeit des unter dem besondern Schutze stehenden Lieblings Gottes, niemals aber von einer Weltherrschaft, zu welcher sich auch der kühnste Flug ausschweifendster Phantasie in dem von mächtigen Reichen wie mit eisernen Armen umschlossenen, kleinen Reiche niemals erhoben hat.[551] Das *Wesentliche* war immer die Universalherrschaft des *Geistes*, der Freiheit, der Gerechtigkeit und Liebe, unter welche sich alle |303| Völker zur Zeit des Messias willig beugen werden. Diese Seite des Messianismus trat aber um so mehr hervor, je mehr die Erinnerung an das David'sche Haus erblaßte und von der Geschichte in den Hintergrund gedrängt ward. Immer mehr concentrirte sich dann dem wüsten, entsittlichten, von grausamem Hasse gegen die Juden erfüllten Heiden- (Römer-) thum gegenüber die schöne Hoffnung einer bessern Zukunft in dem Gedanken an das allwaltende »Himmelreich«, wo ohne Rücksicht auf eine bestimmte Dynastie, oder auch losgelöst von einer solchen, wie die Idee in theokratisch-republikanischer Richtung gerade von Galiläa aus immer genährt ward, »Jeder friedlich unter seinem Weinstock und seinem Feigenbaum wohnen werde«, also doch immer von der *politischen* Seite, soweit sie Israel betraf, nicht ganz losgelöst. Auch Daniel (Cap. 7.) findet seine einfachste Erklärung in der Besiegung der vorhergehenden »thierischen Gewalten« durch den »Menschensohn«, nämlich das rein Menschliche und Göttliche,[552] wodurch Israel eben von jenen befreit werde. Dieser Gedanke war unter der Tyrannei der Römer wieder wach geworden und hatte namentlich in Galiläa eine theokratisch-republikanische |304| Gestalt gewonnen und in dieser Gestalt mußte der Gedanke auch in Jesus gelebt haben, wenn man ihn in Verbindung mit seinem Volke und feiner Zeit setzen will. *Sein* Reich war daher allerdings nicht »von dieser Welt«, aber sein *Messianismus* mußte und sollte doch die Befreiung seines Volkes von der Gewalt der Römer, wenn auch nicht durch Waffengewalt, sondern durch die unmittelbare Hilfe seines himmlischen Vaters und die Herrschaft des Gottesgedankens herbeiführen. Dieses Bewußtsein mußte das herrschende Priesterthum erzittern machen und das Eingreifen des römischen Statthalters nothwendig herbeiführen, ohne daß es dazu einer Herkunft von David bedurfte, wovon auch in den Verhandlungen gegen Jesus nirgends die Rede ist,

---

551 Die extravaganten Ansichten späterer Rabbinen, von welchen wir schon die vom leidenden Messias Sohn Josephs anführten, gehören zu den phantastischen Legenden, die mit der Bibel und den gesunden Annahmen der alten Lehrer nichts zu thun haben. S. darüber auch Aub. l. l. § 81. 82.

552 Dies geht unzweideutig aus v. v. 18. und 27. hervor, wo das Reich des »Heiligen«, dem Volke der »Heiligen des Höchsten« verkündigt wird, die offenbar dem vorher genannten »Menschensohn« substituirt werden, unter deren Herrschaft die Vergewaltigung der unter dem Bilde der verschiedenen Raubthiere dargestellten Reiche aufhören und der Höchste herrschen wird, »dessen Reich ist ein ewiges Reich«, dem »alle Herrscher (כל שלטניא, die also bestehn bleiben), dienen werden.« Der Verfasser des Daniel, der jedenfalls nach der Wiederherstellung resp. Wiederweihe des Tempels durch Juda Makhabi lebte, wollte offenbar die Befreiung von den Heiden im Allgemeinen und den Sieg des Gottesgedankens ohne irgend welche Beziehung zum David'schen Hause feiern, da ja kein David'scher Sprößling, sondern Einer aus dem Priestergeschlechte den Sieg errungen hatte, und ihm daher um so mehr eine theokratisch-republikanische Regierung vorschweben mochte, wie solche ja auch Moses ursprünglich voraus bestimmt hatte.

ebensowenig wie bei den Makkabäern, und ist es daher eine vergebliche Bemühung, Jesu Abstammung von David nachweisen zu wollen. Mit unserer Auffassung von Jesu Messianismus stimmt im Wesentlichen auch die neuere wissenschaftliche Forschung auf christlicher Seite überein. Einer ihrer Koryphäen spricht sich folgendermaßen darüber aus:

»Man darf sich die Sache nicht so vorstellen, als hätte sich Jesus, während der Schwerpunkt seiner persönlichen Ueberzeugung auf der ernsten (sittlichen) Seite lag, der jüdischen Messiasidee bloß anbequemt. Denn irgendwie lag sicher auch das messianische Reich, die Umgestaltung der gesellschaftlichen Verhältnisse und des Volkslebens im Gedanken des ersten Auftretens Jesu …«.

»Wenn Jesus sich zur Verwirklichung der Messiasidee als gesandt wußte, so mußte diese Idee doch sicherlich selbst bei der geistigsten Auffassung immer noch irgend etwas von volksthümlicher Bestimmtheit an sich tragen. Eben darum verlegen wir in dieses Moment das menschlich Bedingte, das Nationale, das Zeitliche im Selbstbewußtsein Jesu«. [553]

|305| Ferner: Das erste christliche Dogma lautete einfach dahin:

»Jesus von Nazareth ist der Messias.« »Er wird also das Reich Israel wiederaufbauen«, »auf Davids Thron sitzen und das Volk erretten von seinen Feinden.« Damit war das Christenthum aber vollständig eingetreten in den vollständigen Vorstellungskreis des Judenthums. [554]

Die *Ankläger* Jesu waren also *Priester* und besonders der *Hohepriester Joseph Kaiphas*, diese Kreatur des Pilatus, und die vornehmen Geschlechter: die Boëthusen und die Sadducäer, welche alle die neutestamentlichen Schriften unter dem Namen der Herodianer begreifen, die sich eben mit ihren Herren Rom und seinen Interessen verschrieben hatten. Diese waren es, welche die Anklage wider den Volksmann erhoben, der die Hoffnungen des Volkes so gewaltig aufgeregt und sie aus ihrer gemächlichen Ruhe aufzustören drohte. Gerade bei der politischen Frage von der Abgabe des Zinsgroschens, die ihn bei den Römern compromittiren sollte, werden auch die Herodianer genannt, während sie bei den eigentlich religiösen Fragen nirgends vorkommen. Auch die Frage von der Auferstehung der Todten, bei welcher die Sadducäer ebenfalls genannt werden, hat, wie wir bereits gemerkt, ihren tiefen, politischen Hintergrund. Sollte dies nicht eine alte Erinnerung sein, daß die ganze Anklage keinen religiösen Charakter hatte, und daß bei der politischen Anklage, die allein seine Verurtheilung herbeiführte, die königliche Partei, die Römlinge, besonders thätig war, und daß die Pharisäer und Schriftgelehrten nur mitgenannt werden, weil man sich eben die ganze Sache ohne Mitwirkung der letztern nicht mehr denken konnte?

Ein weiterer Beweis, daß die Priester: die Sadducäer, die Boëthusen, und nicht die Pharisäer Jesu Verfolger waren, geht aus folgenden Thatsachen hervor:

|306| Bei der Frage über die Auferstehung, mit welcher die Sadducäer in ihrer auch sonst gewohnten höhnischen Weise an Jesus herantraten, freuten sich die Pharisäer, ob-

---

553 Holtzmann l. l. S. 514. Natürlich sehn wir hier von der besondern Auffassung der Person Jesu, wie sie auch Prof. Holtzmann in mehr kirchlichem Sinne zur Darstellung bringt, gänzlich ab.

554 Das. S. 416.

gleich sie mit der besondern Anwendung dieser Lehre auf seine persönlichen Hoffnungen nicht einverstanden waren, daß er jene so gut zum Schweigen gebracht (»den Mund gestopft«),[555] und sprachen ihm unverhohlen ihren Beifall aus. Nach einem Berichte haben ihn die Pharisäer sogar vor den Nachstellungen des Königs gewarnt und zur Flucht bewegen wollen.[556] Er wurde von den Vornehmsten derselben zu Tische geladen.[557] Von Paulus, der sich rühmt, ein Pharisäer gewesen und unsträflich nach dem Gesetz »in Gerechtigkeit« gewandelt zu sein, und Jesu Jünger verfolgt zu haben, kann kein Beweis für das Gegentheil gebracht werden: er war ein Eiferer als Pharisäer, wie er es selbst von sich aussagt,[558] wie er es später in der neuen Richtung wurde. Nicodemus, der Jesus besuchte und seine Vertheidigung dem Hohenpriester und den eifrigen Pharisäern gegenüber übernahm,[559] und Gamaliel, dessen Verhalten den Aposteln gegenüber wir besprachen, können vielmehr als der Typus des echten Pharisaismus gelten. Wir behaupten daher, daß gerade auch aus jenen dunkeln Berichten in den neutestamentlichen Schriften als Lichtkern der Wahrheit an die Stelle des Vorurtheils, das so oft seine die Herzen des Volkes vergiftende Nahrung daraus sog, nur die Bestätigung der durch den ganzen Verlauf der Geschichte von Esra bis auf die spätere Zeit bezeugten Thatsache von der Milde der Gesinnung, von der tiefen Religiosität, von der zu keiner Zeit sich verläugnenden wahrhaftigen Sittlichkeit des ächten Pharisaismus uns ent- |307| gegentritt, und daß das Verhältniß Jesu zu den echten Pharisäern aus der Schule Hillel's kein feindseliges war. In Glaube, Sittenlehre und Gesetz standen sie vielmehr wesentlich auf demselben Boden. Dies ist unsere aus dem jüdischen und neutestamentlichen Schriftthum, soweit letzteres nicht von paulinischer oder johanneischer Dogmatik beherrscht wird, gewonnene geschichtlich wissenschaftliche Ueberzeugung.

Es werden nun auch um so mehr die thalmudischen Aussprüche, in so weit sie gegen das Heidenthum gerichtet sind, nicht als Ausflüsse religiösen Hasses, sondern umgekehrt der tiefsten sittlichen Entrüstung gegen ein verkommenes Geschlecht, des gerechtesten Zornes freier Männer gegen die grausamste Tyrannei, auch des endlich zur Gluth angefachten nationalen Hasses, dagegen in den unendlich zahlreichsten Stellen, in welchen sich Theilnahme, Freundlichkeit, Gerechtigkeit und Liebe gegen Alle ausspricht, als die schönen Früchte des herrlichen Baumes erscheinen, der aus der tief in den Herzen durch Gott und sein Wort eingesenkten Wurzel des Rechtes und der Liebe so reich und üppig ist emporgewachsen. Auch in der, allerdings übermäßigen und von den hervorragendsten Lehrern selbst oft genug getadelten, Bürde der äußern Gesetze werden wir nicht bloße sinnlose und todte Askese, besonders für ihre Zeit, sondern die tiefere Absicht erkennen, gegen das Hereinbrechen des entsittlichten Heidenthums und das Ueberwuchern eines herrschsüchtigen Priesterthums einen Damm zu errichten. Und dieses Streben wird den wahren Pharisäern, und Juden und Judenthum überhaupt, statt des Hasses und der Ver-

---

555 Matth. 22,34.
556 Luc. 13,31.
557 l. l. 14,1. ff.
558 Ph. 3,6. A.-G. 8,1. ff. u.s.w.
559 Ev. Joh. 7,52 u.s.w.

achtung, die so viel schweres Unheil gestiftet, so viele traurige Scheidewände im staatlichen und gesellschaftlichen Leben mit emsiger Hand aufgeführt haben, den Dank aller Denkenden sichern. Sie haben, neben dem hohen, beseligenden Gedanken des allgemeinen Priesterthums, den reinen Gottesgedanken unter Kämpfen und Martern, unter Folter und Tod, unter dem bittersten Hasse und den grausamsten Verfolgungen durch |308| die finstersten Jahrhunderte der Geschichte hindurchgetragen, haben unter dem Rufe: »Höre Israel, Gott ist unser Herr, Gott ist einzig!« zu Tausenden und aber Tausenden den brennenden Holzstoß froh und muthig bestiegen, und diesen höchsten Gedanken treu gerettet, *allein* gerettet, wenigstens, und das muß auch der strengste Kirchengläubige anerkennen, bis das in seinem tiefsten Wesen in demselben Boden wurzelnde Christenthum *seine* Mission übernehmen, und die Fahne des Gottesgedankens in dem römischen Weltreiche siegreich entfalten konnte.

Und dennoch ist die Mission des Judenthums noch nicht erfüllt, bis der Tag heranbricht, an welchem »Gott als der Einzige und sein Namen als der einzige erkannt sein wird auf der ganzen Erde.« Und es wird diese Mission erfüllen, es wird sie um so sicherer erfüllen, wenn es in seiner äußern Form, der eigenen Geschichte gemäß, der Entwickelung sich nicht verschließt, um den reinen Gottesgedanken und seine tiefen sittlichen Wahrheiten um so ungetrübter hervortreten zu lassen, daß sie zum allgemeinen Erbtheile der Menschheit, »zum Segen der ganzen Erde« werden.

|363| Vierte Abtheilung.

Die thalmudischen (pharisäischen) und rabbinischen Aussprüche in Bezug auf das sittliche Verhalten gegen andere Völker und Bekenntnisse.

Nachdem wir in den zwei vorhergehenden Abtheilungen die Sittenlehre der Rabbinen aus den Quellen kennen gelernt, wie sie zur allein maßgebenden, gesetzlichen Geltung gelangt ist, sowohl in ihren allgemeinen Prinzipien, als namentlich auch andern Bekenntnissen gegenüber, werden uns die speziellen Aussprüche der hervorragendsten Lehrer, sowie das praktische Verhalten derselben im Leben, wozu wir jetzt übergehn, um so klarer und in voller, ungetrübter Wahrheit erscheinen. Es wird uns aber auch sofort einleuchten, daß diesen Grundsätzen etwa entgegenstehende Aussprüche, wie sie allerdings vorkommen, nur in ganz besondern Verhältnissen ihren Grund haben, in bestimmten Thatsachen wurzeln, und aus ihnen heraus beurtheilt werden müssen, keinesfalls aber, wo dies auch nicht der Fall ist, die bestimmten, unzweifelhaften Religionsgrundsätze alteriren können. Wir werden daher auch vor Allem *die* Aussprüche offen darlegen, welche bis in unsere Zeit zum Gegenstande des Angriffs gegen den Thalmud gemacht wurden, und führen sie absichtlich nach den Worten eines Mannes an, der sowohl durch seine wissenschaftliche |364| Stellung wie durch seine vorurtheilslose Beurtheilung des Mosaismus über jeden Verdacht kleinlicher Judenfeindschaft erhaben ist,[1] um uns von vornen herein die reine Objectivität unseres Standpunktes um so sicherer zu bewahren, und weil dieser Gelehrte die Vorwürfe bei dem Namen nennt, ausdrücklich hervorhebt, während andere in unserer Zeit meistens entweder in blindem Judenhasse, der aus jeder ihrer Zeilen hervortritt, auch das Klarste verdrehen, »Licht zu Finsterniß«, Wahrheit zur Lüge machen, oder nur in allgemeinen Ausdrücken sich ergehn, gegen die sich nicht leicht aufkommen läßt, wenn man nicht gegen bloße Schatten kämpfen will.

Nach der Ansicht des R. Simon b. Jochai, so beginnt dieser Gelehrte und Theologe[2] seinen Angriff, verunreinigen die Gräber der Nichtisraeliten nicht, weil geschrieben steht: Ihr, meine Schafe, Schafe meiner Weide, ihr seid Menschen.[3] »Ihr werdet Menschen genannt, die Völker der Welt aber werden nicht Menschen genannt, sondern Vieh geheißen.« »So be-

---

1 Des damaligen **Abts und Professors Dr. Haneberg in München**, spätern, leider der Wissenschaft zu frühe verstorbenen, Bischofs zu Speier. Herr v. H. hat sich wohl in der Auffassung mancher thalmudischen Stellen in seinen *wissenschaftlichen* Werken geirrt, aber es wäre eine Versündigung, an den Manen des edlen Mannes, wenn man ihn mit den unwissenden Pamphletisten und wären es auch (gewesene) Bischöfe zusammenstellen wollte.

2 In seinem Buche: Versuch einer Geschichte der biblischen Offenbarung als Einleitung ins alte und neue Testament, zweite Auflage. Regensburg bei G. Joseph Manz, 1852. Thl. 1. S. 507.

3 Ez. 34, 21. vgl. 28.

fremdet uns nicht in dem auf Simon b. Jochai zurückgeführten Sohar zu finden: »Die Nicht-israeliten stammen vom bösen Princip her«[4].

Ferner[5]:

|365| »Mit dieser dogmatischen Ausschließlichkeit geht die praktische Hand in Hand; nicht nur ist der Wein und das Brod der Heiden, wenigstens eine Zeit lang, für unrein erklärt worden, man soll Nichtisraeliten nicht vom Tode retten[6], man darf ihnen die Worte des Gesetzes nicht anvertrauen, und ein Nichtjude, der im Gesetz studirt, hat den Tod verschuldet[7]«. Allerdings wird nebenbei von Frommen der Welt gesprochen, aber die mildernde Anschauung, welche dadurch sich geltend machen möchte, ist durch die feindseligsten aller pharisäischen Grundsätze niedergehalten, welcher bis zur Stunde sprichwörtlich unter den Juden geblieben ist (sic!) in der Formel: »Dem Besten unter den Nichtisraeliten sollst du den Kopf zertreten«.

So furchtbar auch diese Anklagen sind, so würden wir, die wir nie ein Hehl daraus hatten, nicht auf alle Worte des Thalmuds zu schwören, keinen Grund haben, dagegen auf-zukommen. Wo das Wort irgend eines Thalmudisten mit dem erhabenen Sittengesetz der Bibel in Widerspruch stehen sollte, da würde es sich selbst, auch nach thalmudischen Grundsätzen, die nicht einmal den Propheten das Recht einräumen, gegen klare Aussprü-che der mosaischen Urkunden aufzutreten[8], als falsch und verwerflich kennzeichnen. »Nur dem Propheten Elias«, heißt es im Thalmud, »war es wegen des außerordentlichen augenblicklichen Bedürfnisses gestattet, im Widerspruch mit dem Gesetze auf einer An-höhe zu opfern«[9]. Wir unterschreiben gerne, was der Verfasser an einer andern Stelle vom Thalmud sagt, den er jedoch irrthümlich in seinem ganzen Umfange als »Ueberlie-ferung« bezeichnet: »Zur Ergänzung |366| des Lückenhaften, zur Erklärung des Dunkeln konnte die Ueberlieferung dienen; aber wenn sie gegen die klaren Bestimmungen der Offenbarung wie der Vernunft sich erheben wollte, so richtete sie sich selbst«. Ein golde-ner Ausspruch, von dem nur zu wünschen wäre, daß er in *allen* Kreisen seine Anwendung fände! das Judenthum wäre für einzelne bittere Aeußerungen, die ein oder der andere thalmudische Lehrer unter den Huftritten römischer Cohorten gegen das Heidenthum ausstieß – und daß es wenigstens nicht gegen die damals noch gleich den Juden verfolg-ten Christen geschehen konnte, lehrt ein Blick auf die Zeit, wann sie geschahen[10] – eben

---

4 Th. B. Mez. 114, 2. s. Mischna Nidda X, 4. Sohar III. pag. 175 ed. Sulzb.

5 S. 508.

6 Ab. Al. 3, 2. הגוי לא מעלין ולא מורידין.

7 אין מוסרין דברי תורה לגוי – גוי שעסק בתורה חייב מיתה Chag. 13, 1. Synh. 59, 1. vgl. Sohar III. 117. bes. 118. ed. Sulzb.

8 אין נביא רשאי לחדש דבר מעתה. Meg. 2, b.

9 Jeb. 90, b.

10 Das ist eine der unverzeihlichsten Sünden mancher Schriftsteller, daß sie Aussprüche, die aus-drücklich auf Heiden im Allgemeinen, oder sogar speziell auf die Griechen oder Römer sich be-ziehn, und sogar der Zeit ihrer Entstehung nach nur auf jene sich beziehen können, frischweg und ohne Bedenken auf Christen beziehn, entweder aus Irrthum, aus Mangel an Wissen, was noch am verzeihlichsten ist, oder wissentlich, um durch die Verunglimpfung des Judenthums Haß und Feindschaft gegen die Juden herauf zu beschwören, aus Mangel an – sittlichem Sinn.

so wenig verantwortlich, wie das Christenthum, oder die heutigen Christen für einzelne, viel härtere, und, weil in sicherer Ruhe ausgesprochen, um so weniger zu entschuldigende Aeußerungen mittelalterlicher kirchlicher Lehrer und selbst der Concilien, oder für die grausamen, unmenschlichen Verfolgungen der Juden im Mittelalter, die ja selbst in unserer aufgeklärten Zeit noch nicht überall ihr Ende erreicht haben, und von Zeit zu Zeit, wenn auch sicher nicht aus Gründen des Glaubens, sondern im Dienste der niedrigsten Interessen in Scene gesetzt werden; oder gar für die Holzstöße, die der Fanatismus angezündet, und die rohen Fäuste, die er bewaffnet hat, um Myriaden unschuldiger Menschen den grausamsten Märtyrertod für ihre religiöse Ueberzeugung sterben zu lassen, wie wir dies bereits ausgesprochen, hier aber wegen seiner Wichtigkeit zur Beurtheilung |367| der besondern Aussprüche wiederholt hervorheben müssen. Die wissenschaftliche, historische Forschung, die für jeden einzelnen thalmudischen Ausspruch Bedeutung und geschichtlichen Werth feststellt, ein Verfahren, das ein Werk wie der Thalmud, dessen Inhalt, wenn wir mit Simon II. (ha-Zaddik) beginnen, auf fast neun Jahrhunderte und auf Tausende von Männern sich vertheilt, mit Recht beanspruchen kann, wird uns von der Wahrheit obiger Behauptung vollkommen überzeugen[11].

|368| Unsere Aufgabe wird aber in diesem Theile nothwendig in zwei Hälften zerfallen, von welchen die eine den positiven ethischen Inhalt der Aussprüche der Thalmudisten, in dieser speciellen Hinsicht, die andere die entgegenstehenden Aussprüche zu behandeln hat, und zwar werden wir in letzterer Hinsicht weit über das von dem angeführten Gelehrten berührte Material hinausgehen und mit der größten Strenge *Alles* unter unsere Sonde bringen, das irgendwie einen krankhaften Charakter an sich zu tragen scheint und deshalb Anstoß zu erregen geeignet ist. Dabei aber bemerken wir, daß wir das Buch Sohar ganz außer Betracht lassen. Es wäre dies überflüssig hervor zu heben, da dessen, sowie der Kabbalah (Geheimlehre) überhaupt, völlige Bedeutungslosigkeit für

---

11 Es wäre überhaupt wünschenswerth, daß auch der ritualgesetzliche Inhalt des Thalmuds, wenigstens so weit er uns heute noch berührt, die oben angedeutete *historische* Beleuchtung fände, welche nachwiese, wie und wann das religiös Gesetzliche im Judenthum, das nirgends mehr mit dem ganzen Culturleben und dessen Entwicklung, also mit der Geschichte zusammenhängt, namentlich aus welchen geschichtlichen Verhältnissen heraus, unter welchen besondern Voraussetzungen und Bedingungen, und mit welchen Wirkungen auf das Leben sich gebildet habe. Freilich würde dadurch Manches seinen Nimbus verlieren und als Kind seiner Zeit und für seine Zeit und der persönlichen Verhältnisse seines Verkünders sich kennzeichnen. Anderes aber würde sich um so mehr als im ewigen Geiste wurzelnd bewähren. Und beides wäre kein geringer Gewinn für das praktische Leben. Einzelne, gerade in den Weg tretende Fragen wurden in unserer Zeit in dieser Weise behandelt. Besonders der in der ganzen thalmudischen und rabbinischen Literatur wunderbar bewanderte, scharfsinnige, nun leider! auch der Wissenschaft und seinen Glaubensgenossen, für die er, wie für sein Vaterland Ungarn, so reiche Saaten für Freiheit und Recht ausgestreut, allzufrühe durch den Tod entrissene Oberrabiner Löw in Szegedin hat Ausgezeichnetes darin geleistet. Seine Zeitschrift »Ben Chanania« ist in dieser Hinsicht das schönste Zeugniß des denkenden Geistes und des ausgebreitetsten Wissens. Auch Geiger, dieser leider auch heimgegangene Koryphäe jüdischer Wissenschaft, hat im he-Chaluz und in seinem Aufsatze: »Sadducäer und Pharisäer« und überhaupt in seiner ganzen Zeitschrift die Bedeutung einer solchen historischen Auffassung in einzelnen Gesetzen dargethan, besonders aber in seiner Urschrift durch seine *Klarlegung* der alten und neuen Halacha einen sichern Grund dafür gelegt.

das ritualgesetzliche Judenthum, mit Ausnahme der Liturgie, die sich allerdings ihrem Einflusse nicht entziehen konnte, weil sie zu jeder Zeit mit einer gewissen Freiheit behandelt ward, bekannt ist, wenn man sich nicht immer und immer wieder, wie wir auch bei Hrn. Prof. Haneberg sehen, auf denselben, als auf ein Werk des berühmten thalmudischen Lehrers R. Simon b. Jochai beriefe. Es ist längst nicht bloß der negative Beweis geliefert, daß dieser Lehrer der Verfasser nicht sein könne, sondern auch positiv, daß das Buch aus dem 13. Jahrhundert der gewöhnlichen Zeitrechnung stamme und einen Spanier mit Namen Mose de Leon zum Verfasser habe [12]. Wenn der Verfasser dieses |369| Buches seinen Dualismus nicht bloß in seinen mystisch-speculativen Erörterungen walten läßt, sondern auch in dem Leben der Menschen festhalten wollte, und demgemäß auch hier ein böses Princip [13] statuirte, so sind wir als Israeliten für diesen Auswuchs einer erhitzten Phantasie eben so wenig verantwortlich, wie als Menschen für so viele andere, nicht minder tolle Ausgeburten auf dem Gebiete metaphysischer Forschungen, oder für den Ormuzd und Ahriman der alten Perser.

[Menschenfreundliche Grundsätze des Talmud]

Gehen wir nun zu unserer Aufgabe über, zunächst nach der angegebenen positiven Seite des Thalmudismus.

[Pharisäer]

Wir beginnen nun wieder mit dem bereits angeführten Ausspruche des Mischnalehrers Simon II. (des Gerechten ha-Zaddik), der, wie wir bemerkt, den Uebergang zwischen der »großen Synagoge« und dem eigentlichen Pharisaismus bildet und etwa 325 vor der üblichen Zeitrechnung wirkte, und machen uns dessen Ausspruch in Bezug auf die jetzt uns vorliegende Aufgabe klar. »Auf drei Dingen«, sagt dieser alte Lehrer, »ruht die *Welt:* auf der Thora« (der Lehre) d. h. den höchsten geistigen Wahrheiten, »Abodah, Gottesverehrung, und G'miluth Chasadim, tatsächlicher Menschenliebe«. Es leuchtet ein, daß hier nicht ein kosmisches Gesetz für das *Weltall,* wie eben die mystisch-kabbalistische Auffassung den Geist verkörpernd es schon auffassen wollte, sondern ganz einfach ein prakti-

---

12 cf. Grätz, Gesch. d. Juden, Bd. VII, Note 12. Die Bemühungen, den Sohar auf R. Simon b. Jochai zurückzuführen, sind sicher vergeblich. Es kann nur nachgewiesen werden, daß alte Ueberlieferungen darin aufgenommen wurden, die aber mystisch waren, d.h. als eigentliche Kabbala, Forschungen über Gott, seine Eigenschaften und sein Verhältniß zur Welt. Aber auch *diese* Kabbala reicht mit historischer Gewißheit kaum weiter als bis in das 12. Jahrhundert zurück (s. Grätz, l. l. Note 3). Gerade aber die Stellen, welche im Sohar als Aussprüche des R Simon b. Jochai, den der Vf. sich einmal zu seinem Helden gewählt, sich ankündigen, tragen schon dadurch, daß sie |369| mit diesen alten, allerdings hochgefeierten Namen sich einführen, das Gepräge der Täuschung ganz besonders an sich.

13 סטרא אחרא.

sches Sittengesetz für die *Menschenwelt* aufgestellt werden und der alte Weise nichts Anderes als den biblischen Gedanken von der Bestimmung der *ganzen* Menschheit zur Erkenntniß und Verehrung Gottes, und die allgemeinste, durch die That zu bewährende Menschenliebe *Aller* gegen *Alle* als das *Menschengesetz* aufstellen wollte. Es ist die Einkleidung des auch am Schlusse des Predigers in den Worten: »Im Schluß |370| der Rede wird Alles verstanden: Fürchte Gott und halte seine Gebote, denn das ist der *ganze Mensch*« (die ganze Menschenwelt), ausgesprochenen wesentlichen Inhalts und Zieles der g. Offenbarung in das dem Geiste des Lehrers angemessen scheinende populäre Gewand. Daß dies der Grundgedanke von der g. Offenbarungslehre in dem ganzen Pharisaismus, in seiner wahren Bedeutung, bei allen hervorragenden Lehrern in der That war, geht unzweideutig daraus hervor, daß R. Simon b. Gamaliel am Schlusse dieses Abschnittes der Sprüche der Väter, derselbe, der zur Zeit der Zerstörung Betar's lebte und das Blutbad, das die Hoffnungen der jüdischen Patrioten auf immer zerstörte, und den grausamen Märtyrertod der größten Männer seiner Zeit, dem er selbst nur wie durch ein Wunder entging, und die unmenschliche Verfolgung seines Glaubens durch das gegen die Besiegten so erbarmungslose Rom mit eigenen Augen schaute, c. 160 *nach* der ü. Zeitrechnung, d. h. nach einem Zeitraum von fast vierhundert Jahren sich fast mit denselben Worten aussprach: »Auf drei Dingen ruht die Welt: auf Wahrheit, Recht und Frieden« (Liebe). Welche tiefe Wurzeln mußte das erhabenste Sittengesetz in dem Herzen des Judenthums geschlagen haben, wenn es sich eine so lange Reihe von Jahren unter den schrecklichsten Duldungen und traurigsten Erfahrungen so ganz unverändert erhalten konnte.

Auch die Zeit zwischen diesen großen Lehrern und Schulhäuptern liefert uns ausdrückliche Beweise von der fortdauernden Lehre der umfassendsten Menschenliebe. Welche Milde der Gesinnung spiegelt sich in den Worten des unter Johann Hyrkan c. 130 v. d. ü. Zeitr. lebenden Synedrialvorsitzenden Josua b. Perachia: »Beurtheile *alle Menschen* nach dem Maßstabe der Unschuld« (Aboth 1, 6.[14]).

|371| *Simon ben Schetach*, der Synedrialvorsteher unter Alexander Jannäus und, nach dessen Tode, unter der Königin Salome Alexandra c. 100–70 v., war nicht bloß der strenge Wiederhersteller des Pharisaismus, unbeugsam in der Uebung des Rechts[15], er zeigte sich vielmehr auch in seinem Leben als eben so fest und unbeugsam in tiefster sittlicher Gesinnung. Er mußte vor dem argwöhnischen, gegen die Pharisäer so grausamen Könige flüchtig gehn. Arm und elend durchzog er das Land, in entlegenen Winkeln von einem armseligen kleinen Handel sich mühselig und dürftig nährend. Da kauften ihm einst

---

14 Dieser Ausspruch will noch ganz etwas Anderes sagen, als das römische Quisque judicetur bonus, donec probetur contrarium, |371| »Jeder gelte für unschuldig, bis das Gegentheil erwiesen werde«, dessen Beziehung bloß auf das Rechtsgesetz gilt und nur sagen will, daß jede Anklage den Thatbeweis zur Verurtheilung fordert. Der Ausspruch der alten jüd. Weisen: הוי דן את כל אדם לכף זכות geht weiter. Er bezieht sich auch auf die *Absicht*, auf das *innere Leben*, und heißt eigentlich: Beurtheile jeden Menschen nach der Wage der *Tugendhaftigkeit*, der *innern Reinheit* (זכות vom chald. דכא rein, makellos sein, hebr. זך, wie Spr. 20, 2.: »Wer kann sagen, ich habe mein Herz rein erhalten (זכיתי לבי)« u. s.

15 S. oben Zweite Abtheilung.

seine Schüler, die dem großen Lehrer überallhin nachfolgten, von einem zufällig des We-
ges kommenden Heiden einen Esel, damit er die ungewohnten Strapazen um so leichter
ertragen könne. In dem Halsschmucke des Esels fanden sie einen Edelstein, von dem der
Heide nichts wußte, und durch dessen Erlös der Lehrer von aller Noth befreit worden
wäre. Unwillig aber wies dieser seine Jünger ab, die ihm den Stein zum Geschenke machen wollten und befahl ihnen, ihn sofort dem Heiden zurück zu geben. »Den Esel habt
ihr gekauft«, sprach er, »aber nicht den Edelstein«[16].

Ebenso wird von den »Aeltesten« erzählt, daß sie einen Beutel Golddenare, die sie in
dem von einem heidnischen |372| Kriegsheere (στρατία) gekauften Weizen gefunden,
ohne daß man im letzteren eine Ahnung davon hatte, zurückgegeben, und beweist die
strenge Sittlichkeit auch den Heiden gegenüber und wie jede, auch unbekannte Täuschung, jede Transaction mit dem Gewissen durch spitzfindige Unterscheidung selbst
geübter Täuschung oder eines bloß benützten Irrthums von Seiten des Heiden, womit
einige spätere Thalmudisten ihr Gewissen in ähnlichen Fällen beruhigt zu haben scheinen[17], den alten Thalmudlehrern völlig ferne lag.

Und muß man von dem edlen Weisen Schemajah, der nach Simon ben Schetach in
der Reihe der Synedrial- und Schulhäupter folgt, wenn auch ausdrückliche Aussprüche in
dieser Hinsicht nicht von ihm vorliegen, jene allgemeinste Menschenliebe und das strengste Recht nach allen Seiten nicht annehmen? Ein Mann, der die freigelassenen Sklaven in
allen Dingen den gebornen Israeliten gleichstellte; der dem gefährlichen, blutgierigen
Herodes gleich dem Niedrigsten entgegentrat, als er mit seinen Blutknechten in die Ge-
richtssitzung kam, also dort wie hier die volle Gleichheit vor dem Gesetze proklamirte:
ein solcher Mann muß nothwendig an dem alten jüdischen Principe vom strengsten
Rechte und folgerichtig der allgemeinsten Menschenliebe festgehalten haben[18].

|373| Von Hillel, dem großen Schüler der beiden Synedrialvorsteher Schemaia und
Abtalion sprachen wir schon. Er wurde bei seinem Tode »wegen seiner Frömmigkeit

---

16 Th. Jer. B. Mez. II. Hal. 5, b. Ber. 48, a. Midr. R. Ekebh. Vgl. Grätz III. Note 12. J. Brüll, Einleitung in
    d. Mischna S. 24.

17 S. weiter.

18 Die schöne Antwort, die der Vater dem würdigen Sohne gab, der ihn in seiner Todesstunde (בשעת
    מחתו) um eine Empfehlung bei den Gelehrten bat: מעשיך ירחקוך מעשיך יקרבוך »Deine Werke werden
    dich den Menschen nähern, deine Werke werden dich ihnen entfremden«, stammt jedoch nicht,
    wie wir früher irrthümlich annahmen, von Schemaia, sondern von einem spätern, jedoch nicht
    lange nach Hillel lebenden Weisen (s. Frankl, *Hodog.*), Akabhia b. Mahlallel, von welchem noch
    ein anderer Ausspruch angeführt wird, der nicht minder von dem tiefen sittlichen Sinn, der bei
    den Rabbinen herrschte, Zeugniß ablegt. Er war in einer gesetzlichen Entscheidung in Wider-
    spruch mit allen übrigen Lehrern, und da man den Wider- |373| spruch eines so bedeutenden
    Lehrers gegen die Beschlüsse der Mehrheit für gefährlich hielt, so bat man ihn, von seiner Ansicht
    abzustehn und sich der großen Mehrheit zu unterordnen, man wolle ihn dafür auch zum Vorsit-
    zenden des Gerichtshofs machen, oder vielmehr zum zweiten Präsidenten des großen Synedriums
    (אב בית דין*). Er aber blieb seiner wissenschaftlichen Ueberzeugung treu und gab die tiefe sittliche
    Antwort: »Besser, man nennt mich mein Leben lang einen Thoren, als daß ich einen Augenblick
    ein Frevler vor Gott sei«. (Misch. Eduj. V, 6,7.). *) Auch dies beweist, daß das wirkliche (erste)
    Präsidium im Hause Hillel's anerkannt war.

und Demuth als ächter Jünger Esra's«, d.h. als der wahrhaftige Repräsentant des ächten Judenthums verherrlicht, in welchem Sinne auch die himmlische Stimme aufzufassen ist, die seine Würdigkeit zur Prophetie verkündete, wenn das Zeitalter deren würdig wäre [19]. Hillel also, dessen Aussprüche am ungetrübtesten die Lehren des Judenthums wiedergeben, lehrte ausdrücklich die *umfassendste* Menschenliebe ohne alle Beschränkung. Als sein Wahlspruch wird angeführt [20]: »Liebe den Frieden, *liebe die Menschen* (eig. wörtlich die Geschöpfe, d.h. nach dem Com. des R. L. Heller, *die Menschen als Geschöpfe Gottes, ohne alle Einschränkung, ohne alle weitere Berechnung und Rücksicht und nähere sie (die Menschen) der göttlichen Lehre.* Letzteres ist nicht minder wichtig als das erstere; denn es *befiehlt* die Verbreitung der Offenbarungslehre unter allen Menschen, will diese ausdrücklich nicht bloß in die Gebote der Menschenliebe, sondern auch in die Bestimmung zur Seligkeit aufgenommen wissen [21].

|374| Wir haben Hillel's Ausspruch schon angeführt, der von ihm aus sprichwörtlich im Volke gelebt zu haben scheint. »Was dir nicht lieb ist, daß dir geschehe, das thue auch *einem Andern* nicht«, und zwar sprach dies der große Lehrer nicht als eine bloße Sentenz aus, sondern er proklamirte es thatsächlich als das Ziel der Religion für das *Leben*, auf dessen Annahme hin er die Heiden in das Judenthum aufnahm [22]. Letztere Thatsache beweist sogar, daß es ihm nur als der *Anfang* als die Conditio sine qua non galt, in so fern es, in seiner allerdings die Lieblosigkeit bloß negirenden Fassung, zunächst dem Bösen einen Riegel vorschieben sollte [23].

[Tannaiten]

Hillel's für die Entwicklungsgeschichte des Judenthums so bedeutender Schüler, R. *Jochanam b. Sakhai*, welcher während der Belagerung Jerusalems durch Vespasian sein Lehrhaus in Jabneh (Jamnia) aufschlug, (woraus folgt, daß Hillel noch lange nach dem oben angegebenen Zeitpunkte das Patriarchat führte), und damit Israels geistigen Schatz aus der Zerstörung seines bisherigen Mittelpunktes rettete, zeigt sich auch darin als würdigen Jünger seines Meisters, daß er die umfassendste Menschenliebe ausdrücklich als das Begehrenswertheste im Menschenleben verkündet. Auch er nahm keinerlei Beschränkung in dieser Hinsicht an. Das beweist schon seine *Frage* an seine Schüler: »Welches ist der rechte Weg, den der *Mensch (Adam)* sich wählen soll?« [24], wozu Aboth d'Rabbi Nathan [25] noch die charakteristischen Worte hinzugefügt sind: »daß er des ewigen Lebens theil-

19 Toseph. Sota. c. 13.
20 Aboth I, 12. S. oben.
21 Also auch dieser große, das Gesetz bestimmende Lehrer war nicht bloß der Ansicht, daß man den Heiden die Thora lehren *dürfe*, sondern er erklärte es geradezu für eine *Pflicht*.
22 Sabb. fol. 31.
23 S. oben. Indessen ist doch auch die positive Forderung der Uebung des Guten darin enthalten, das wir ja auch von Andern gegen uns wünschen, dessen Versagung uns nicht lieb ist.
24 Aboth 2, 9.
25 c. 14.

haftig werde?«, was also zugleich auch die andere Lehre Hillel's in sich schließt: daß *alle* Menschen zur Seligkeit berufen sind. Daß aber R. Jochanan die *Antwort* des Schülers als die wichtigste bezeichnet, welche |375| das *gute Herz* als jenen Weg angibt, wozu Aboth d'Rabbi Nathan wieder die erläuternden Worte bemerkt werden: »gegen Gott und Menschen«, stellt seine grundsätzliche Lebensansicht in dieser Beziehung außer allen Zweifel. Ihm waren nicht bloß alle Menschen zur Seligkeit berufen, sondern allen auch wesentlich der gleiche Weg: *Gottesfurcht und Menschenliebe* zu deren Erreichung angewiesen.

Diese Lehre R. Jochanan's von der allgemeinen Menschenliebe und der gleichen Berufung Aller zur Seligkeit tritt auch aus folgendem Vorgange hervor, der von ihm mit seinen Schülern erzählt wird. Er fragte diese nach dem Sinn des Verses Spr. 14, 34. und zieht die Erklärung *des* Schülers vor: »daß Wohlthätigkeit und Liebe für die Heiden eben so gut wie für Israel als ein Sündopfer gelte, was auch in der That dem Parallelismus am meisten entsprechen dürfte. Er selbst fügte noch hinzu: dem Heiden ersetzte früher Wohlthätigkeit das Sündopfer, das Israel darbrachte, seit der Zerstörung des Tempels sind sie aber auch darin gleichgestellt [26], was mit seinem weitern, seine innige Menschenliebe offenbarenden Ausspruche: »Werke der Liebe stehn über Tempel und Opfer« [27] übereinstimmt.

Von einem ausgezeichneten Schüler R. Jochanans, einem Heros der Halacha (des Religionsgesetzes) R. *Josua, Sohn Chananiah,* dessen freien Sinn wir wiederholt kennen lernten, wird das schöne, denselben Geist athmende Wort überliefert: »Neben Neid und wilder Begierde führt *Menschenhaß* (שנאת הבריות) den Menschen zum Untergang« [28]. Er spricht es mit dürren Worten aus: »Die heidnischen Frommen haben |376| Antheil am ewigen Leben[«] [29], ein Grundsatz, zu dem man sich noch jetzt nicht, trotzdem daß er fast wörtlich in den eigenen alten Bekenntnißschriften wiederholt ist [30], nicht einmal den einigen Gott anbetenden Glaubensgenossen gegenüber erheben konnte.

R. *Elieser, Sohn Asariah,* ein anderer großer Lehrer und zeitiger Synedrialvorsteher [31] aus dieser Periode, sprach das schöne, allgemeine Menschenliebe athmende Wort: »Für Sünden gegen Gott bewirkt der Versöhnungstag Vergebung, niemals aber für Sünden eines Menschen gegen den andern [32]. Er stellt die thatsächliche Menschenliebe über alle Gelehrsamkeit [33]. Er that ferner den für das sittliche Leben so wichtigen Ausspruch: »Wer Böses gegen den *Nächsten* spricht, und wer es annimmt, und Lügen gegen den Neben-

---

26 Th. B. Bath. 10, b.

27 Ab. d'R. Nath. c. 4. Ebenso R. Elasar Suckha 49, b. Dieser fügt noch die bemerkenswerthen Worte hinzu: »Der Werth der Wohlthätigkeit besteht nur in der *Liebe,* mit der sie geübt wird« (also nicht bloß des äußern Werkes.) אין הצדקה משתלמת אלא לפי חסד שבה

28 Ab. 2, 11.

29 חסידי אה״ע יש להם חלק לעה״ב Th. Synh. 105, a.

30 Ap.-Gesch. 10, 35. im Namen des Petrus: »In allerlei Volk wer ihn (Gott) fürchtet und recht thut, der ist ihm angenehm.«

31 Es widerspricht dies nicht der Annahme, daß die Synedrialvorsteher aus Hillels Hause waren, bestätigt sie vielmehr. Denn ausdrücklich wurde er nur interimistisch zu dieser Würde berufen, bis der Streit der Gelehrten mit R. Gamaliel wieder beigelegt war.

32 שבין אדם לחברו Misch. Joma. VIII, 9.

33 Ab. III, 22.

menschen ausstreut, verdient den Hunden vorgeworfen zu werden (hört auf Mensch zu sein). (Th. Pes. 118.) Es scheint überhaupt gerade in dieser Epoche das Streben aller bedeutenden Lehrer in Israel gewesen zu sein, die ursprüngliche religiöse Idee der Gleichberechtigung und der Bruderliebe, die durch die Gewaltthätigkeiten und die heidnische Connivenz unter Herodes erschüttert geworden sein mag, in das Volksbewußtsein wieder einzuführen. Oder es tritt darin der auch geistig beginnende Kampf gegen das entsittlichte Heidenthum hervor, und ist also demselben Geiste wie die um diese Zeit unter den Alexandrinischen Juden entstandenen pseudorphischen Sibyllinen entsprossen. Ja, es |377| scheint mir nicht fern zu liegen, daß auch Jesu Auftreten zunächst diesem Geiste entsprang, und seine Reden theils der Bekehrung des Volkes zu der Grundanschauung des Judenthums, die sich, wie wir gesehn, in dem Kern seiner Aussprüche klar abspiegelt, theils dem einbrechenden römischen Heidenthum gegolten haben, und daß auch dies vielleicht allzu offene Bekämpfen des Heidenthums bei seiner Verurtheilung durch den römischen Landpfleger mitgewirkt haben mag. Daß sich auch dadurch gerade Jesus den Haß des Römers zuzog, während so viele andere bedeutende Männer dasselbe lehrten, mag außer seinem vielleicht schärfern Auftreten in seiner Verbindung mit den niedern, durch Verhöhnung des Volkes und seiner Sitten von Seiten der Römer zum Aufruhr ohnedies geneigten Volksklassen seinen Grund haben. Es liegt darin auch ein neuer Beweis, daß man später, als das Christenthum mit dem Heidenthum Frieden geschlossen, Jesu Reden gegen dieses an die »Pharisäer« gerichtet haben mochte, und sie demgemäß umgestaltete.

Kehren wir zu den Rabbinen zurück, so begegnen wir ein halbes Jahrhundert nach der Zerstörung des Tempels einem der größten Heroen der Halacha, dem von seinen Zeitgenossen wegen seines scharfen Geistes nicht minder als wegen seiner immensen Kenntniß des Judenthums hochverehrten, von der Nachwelt mit dem Glorienglanze mythischer Verherrlichung umgebenen R. *Akiba*[34], der ganz dieselben Lehren verkündet. R. Akiba, einer der glühendsten Patrioten, gegen die sein Vaterland mit Füßen tretenden Römer, die Zerstörer des Tempels, die Verhöhner seines Glaubens, die Verfolger und Quäler der Gelehrten, vom tiefsten Hasse erfüllt, selbst ver- |378| folgt, eingekerkert, so daß er am Ende den grausamsten Märtyrertod erduldet, wußte sich dennoch die Urprincipien seines Glaubens zu erhalten und hat das schöne Wort gesprochen: »Du sollst deinen Nächsten lieben wie dich selbst: das ist eine große Grundlehre der Offenbarung«[35].

Daß R. Akiba dieses biblische Gebot nicht etwa blos auf Juden beschränkte, geht aus seiner überall hervortretenden genauen Kenntniß des Schriftwortes hervor, da gerade er für alle jüdischen Gesetze eine Stütze im Bibelwort suchte, sowie aus der Deduction, die sein Genosse und Schüler Simon ben Asai für diesen Grundsatz angibt (s. weiter). Doch es spiegelt sich in des großen Lehrers mit dem wunderbar tiefen Geiste eigensten Aussprü-

---

34   Ueber die große Bedeutung des in so vieler Hinsicht durch Geist, Wissen und Lebensgang merkwürdigen Lehrers für Begründung, Ordnung und Sichtung der religiösen Bestimmungen, über sein unbegrenztes Ansehn, seine unbestrittene Geltung im Religionsgesetz, das seinen Aussprüchen ganz besondere Wichtigkeit verleiht, s. Frankl, *Hodog.* S. 111 ff.

35   Thor. Khoh. (Siphra) Ked. 4, 12.

chen dessen hohe Achtung vor dem Menschenthum überhaupt in einer für seine Zeit wahrhaft überraschenden Weise ab. Seine den Menschen adelnden Worte sprechen ausdrücklich nicht von Israel allein, sondern von den Menschen als solchen. So sein schöner Ausspruch: »*Gott liebt den Menschen; denn er hat ihn in seinem Ebenbilde erschaffen*«[36]. Noch größere Liebe Gottes beweist das *Bewußtsein des Menschen* von diesem Vorzuge[37], d.h. daß ihn das Bewußtsein seiner Gottähnlichkeit zur sittlichen Vervollkommnung führt. Der Vorzug Israels besteht ihm nur darin, daß es der Träger der Thora sei, »ihnen wurde das Kleinod gegeben, wodurch die *Welt* erschaffen ist«[38], das also *Allen* Seligkeit bewirken soll. »Der Mensch spreche daher immer: Was Gott thut, ist wohlgethan«[39]. Jene hohe Ansicht von dem angebornen Adel *eines jeden Menschen* spricht sich auch in R. *Akiba's* Deutung des Verses 1. M. 3, 22. aus, wo er, allerdings wohl auch, um, wie sonst, |379| die hohe Geistigkeit Gottes von der Vergleichung mit dem Menschen unberührt zu lassen[40], sicher aber auch, um *jeden* Menschen in gleich hoher Selbstbestimmung darzustellen, das Pronomen als die dritte Person auffaßt: »der Mensch ward wie einer, *aus sich selbst* zu wissen Gutes und Böses; *jedem Menschen* hat Gott zwei Wege vorgelegt, einen des Lebens, und einen des Todes[«][41].

Diese völlige Gleichstellung spricht sich auch in dem das größte Räthsel des menschlichen Denkens: die göttliche Vorsehung auf der einen, und die menschliche Freiheit auf der andern Seite in dem festen Glauben an Gott und der bedingungslosen Uebung der Tugend lösenden Ausspruche aus: »Alles ist vorgesehn und dennoch ist die Willensfreiheit gegeben, denn mit Güte wird die *Welt* gerichtet, *Alles* nach der Fülle der Tugendübung[«][42].

Andere Aussprüche des angeführten alten Buches (Torath Khohanim), dessen Grund bekanntlich von R. Akiba gelegt wurde, zeigen denselben Charakter in Bezug auf das allgemeinste, umfassendste *Recht*. So der von wahrhafter Gluth für das Recht zeugende Ausspruch am Anfang des Abschnitts, dem wir obige Stelle entnommen: »Ihr sollt kein Unrecht thun im Gerichte« d.h. im *Recht. Jeder Richter, der das Recht beugt, ist ein Gewaltthätiger, Gehaßter, Verworfener, ein Bann und Greuel, er verun-* |380| *reinigt das Land, entweiht den göttlichen Namen*« u.s.w.[43]. Vielleicht ist es diesem Umstande zuzuschreiben, daß in dem blutigen Kriege unter Bar Chochba, dem letzten Verzweiflungskampfe der

---

36   חביב אדם שנברא בצלם אלהים Aboth III, 14.
37   חבה יתרה נודעת לו שנברא בצלם אלהים das.
38   das.
39   Ber. fol. 60, b.
40   S. Geiger, Vorles. Bd. II. S. 18.
41   Mech. Besch. 6. Midr. Hoh. L. zu 1, 9. wird diese Erklärung den Weisen überhaupt zugeschrieben. Ebenso Onkelos zu 1 M. 3, 22., vgl. Maim. v. d. Buße V, 1. Nach der Vocalisation freilich unrichtig. Vielleicht haben sie כְּאֶחָד gelesen. Indessen kommt es hier nur auf den *Gedanken*, nicht auf die Erklärung des Verses an.
42   Aboth III, 15. S. die schöne Erklärung Heller's (Tos. J. Tobh.); sie beweist, daß die jüdischen Lehrer auch in den trübsten Zeiten des Mittelalters den freien Blick in die gleichberechtigte Menschheit sich bewahrten.
43   S. Spr. der V. 5, 8: »Der Krieg verheert die Welt wegen *Beugung* des Rechts und wegen *Verzögerung* der Rechtssprüche …«

Juden gegen die Römer, bei dessen Vorbereitungen R. Akiba jedenfalls eine hervorragende Rolle spielte und dem er in Bezug auf die Art der Führung gewiß seinen Geist einzuhauchen wußte, keine Spur von Grausamkeit von Seiten der Juden vorkommt, so unmenschlich auch die Römer mit diesen verfuhren. Der geistige Leiter hatte es bloß mit dem römischen *Staate* zu thun: dem einzelnen *Menschen* gegenüber durfte die *Menschlichkeit* nicht aus den Augen gelassen werden. Hätte Tacitus diesen Krieg erlebt, er würde bei allem Vorurtheile der Heiden und besonders der Römer gegen Juden und Judenthum, die Liebe, welche er den Juden untereinander zugesteht, kaum gegen Andere vermißt und das Urtheil nicht niedergeschrieben haben: Apud ipsos fides obstinata, misericordia in promptu, sed adversus omnes alios hostile odium. (hist. 5,5.) »Gegen einander üben sie unverbrüchliche Treue, immer bereite Barmherzigkeit, aber gegen alle Andere erfüllt sie feindseliger Haß.«

Auch die völlig gleiche, liebevolle Fürsorge Gottes gegen alle Menschen lehrte R. Akiba. Die Rettung Israels durch Gott im rothen Meere war ihm nicht die Folge einer etwaigen Bevorzugung, sondern gerade der Bestimmung Israels zur Erhaltung und Verbreitung der Erkenntniß und Verehrung Gottes: Wahrheit und Recht leitet den Schöpfer der Welt *allen* Menschen gegenüber[44].

Ein hochgeachteter Zeitgenosse R. Akiba's, R. Ismael, Sohn Elischa, aus dem Priestergeschlechte, dessen Großvater, |381| einer der wenigen Hohepriester, die, fromm und gottesfürchtig, sich nicht in den römischen Netzen fangen ließen, zugleich mit dem Synedrialvorsteher Simon II. den grausamsten Märtyrertod von den Römern erlitt, der, selbst gefangen in Rom, von R. Josua, Sohn Chananjah, um schweres Geld ausgelöst wurde, dessen Kinder, ein Sohn und eine Tochter, deren Schönheit als eine wahrhaft strahlende gerühmt wird, in römischer Gefangenschaft starben[45], empfiehlt dennoch trotz dieser furchtbaren Erfahrungen, *jedem Menschen* freundlich entgegen zu kommen[46].

Der Genosse und Schüler R. Akiba's Simon, Sohn Asai, den wir erwähnten, spricht sich jedoch am entschiedensten und klarsten in dieser Epoche in Bezug auf die allgemeine Menschenliebe aus. Simon, Sohn Asai hat sich auch anderweitig als einen so offenen Charakter gekennzeichnet, daß wir seinem Ausspruche einen um so größern Werth beizulegen berechtigt sind. In seinem Namen wird tradirt: »*Es ist ein gutes Zeichen für den Menschen, wenn er gerade einhergeht und jedem Menschen offen in's Auge schaut, es ist dagegen ein schlimmes Zeichen, wenn der Mensch den Blick nach unten richtet*[47].« Wie anders und welches traurige Zeugniß des bereits gebeugten Geistes der spätere Ausspruch אסור לילך בקומה זקופה »Man darf nicht in aufgerichteter Haltung einhergehn« (Sabb. Fol. 81, a. im Namen des R. Josua b. Levi gegen Ende des 3. Jahrh.). Dieser R. Simon b. Asai entgegnet nun R. Akiba auf seinen oben angeführten Ausspruch: »Du sollst |382| den Nächsten

---

44 Mech. Par. Waihi Besch. c. 6.

45 Th. b. Gittin 58, a.

46 Ab. III, 12. את כל אדם

47 כל שפניו זקופות למעלה סימן יפה לו כל שפניו כבושות למטה סימן רע לו u. s. w. Aboth d'R. Nathan. Gewiß
   Jeder hat in seinem Leben die Wahrheit dieses Satzes schon selbst mehr oder weniger erfahren.

lieben, wie dich selbst: das ist eine Grundlehre in der Offenbarung«, der Satz: »Dies ist das Buch des *Menschengeschlechts*«, das ist ein noch größerer Grundsatz [48].

Der Sinn dieses Ausspruches kann kein anderer sein, als daß derselbe noch schärfer als der erstere die *allgemeine* Menschenliebe lehre, wohl dadurch, weil er, während der erstere den Nebenmenschen bloß als *Genossen* bezeichne, dieser die allgemeine *Menschenverbrüderung* lehre, indem er sie *alle* als *Kinder* Gottes, oder doch des ersten Menschenpaares bezeichne [49]. Einfacher begründet in dem Gesammtinhalte der g. Offenbarungslehre kann die allgemeine Menschenliebe nicht werden. Indessen scheint auch R. Akiba denselben Gedanken mit seinem Ausspruche verbunden und ihn sogar den Bedrückungen und Verfolgungen der Römer gegenüber als trotzdem festzuhaltende Verpflichtungen seinen Glaubensgenossen ausdrücklich empfohlen zu haben, denn er hat noch hinzugefügt [50]: »*Sage nicht, weil ich verachtet werde, will ich auch meinen Nebenmenschen verachten, weil mir geflucht wird, will ich auch meinem Nebenmenschen fluchen,*« wozu er noch weiter bemerkt haben soll [51]: »Wenn du also thust, so wisse, daß du an Gott dich versündigst, denn im Ebenbilde Gottes hat er den *Menschen* erschaffen.« (Im Midr. Rabba wird dies im Namen eines Andern angeführt). Letztere Begründung ist eine neue, wo möglich noch tiefere: »*jeder Mensch ist im Ebenbilde Gottes erschaffen,*« es kann also keinen Unterschied in Bezug auf die Pflichten gegen die Menschen geben; denn jede Beleidigung gegen irgend einen wäre eine Beleidigung Gottes.

Ein Schüler R. Akiba's, und zwar der bedeutendste, |383| R. Meïr, der eben diesen Ehrennamen: »Der Erleuchtende« – er hieß eigentlich Miasa [52] – wegen seines umfassenden Wissens und seines Alles durchdringenden Scharfsinns erhielt, war auch eines der geistreichsten und entschiedensten Vorkämpfer der allgemeinsten, umfassendsten Menschenliebe. Und R. Meïr lebte *nach* dem Bar Chochbah'schen Kriege, als Kaiser Hadrian seine Blutedicte gegen das unglückliche Israel in unmenschlicher Rache wüthen ließ. Angebat iras quod soli Judaei non cessissent (Tac. Hist. 5, 10.). »Es vermehrte den Zorn, weil die Juden allein nicht weichen wollten«, galt jetzt noch mehr als früher. R. Meïr hatte seinen geliebten, großen Lehrer, seinen gelehrten Schwiegervater, seine Schwiegermutter, unzählige bedeutende Männer aus Israel den blutigen Henkerstod sterben sehn, er selbst war dem Blutbade kaum durch schleunige Flucht entronnen, und dennoch konnte die Menschenliebe aus seinem warmen Herzen nicht gerissen werden, weil er sie als das höchste Gebot seines Glaubens und von der Liebe und Achtung der Thora unzertrennlich ansah. »Wer die Thora um ihrer selbst willen liebt, pflegte er zu sagen (Ab. 6, 1.), wird ein geliebter Genosse, *er muß Gott und die Menschen lieben und erfreuen,* er wird demüthig, gottesfürchtig, gerecht, fromm, redlich, treu,« u. s. w. R. Meïr war einer der strengsten Vertreter des Rabbinismus, der das Gesetz mit allen möglichen Cautelen umgeben wollte, um es gegen jede Verletzung zu schützen; er war zugleich der eigentliche Schulvorsteher

---

48 Th. Khoh. [Torat Kohanim, d. i. Sifra] Ked. 4, 12.
49 S. den Comment. Khorban Aharon z. St.
50 Midr. Ber. Rab. Absch. 24.
51 Nach Jalkut s. 40.
52 oder R. Nehorai, was jedoch dasselbe bezeichnet, wie R. Meïr, oder R. Nehemia, s. Erub. 13, b.

(Chacham) unter dem Patriarchat des R. Simon b. Gamaliel, der alle Fragen des Gesetzes und des religiösen Lebens nach allen Seiten zu erforschen und klar zu legen hatte, und seine Aussprüche haben daher das größte Gewicht bei der Beurtheilung des wahren Thalmudismus. Was er sagte, war nicht der Einfall eines Schülers, sondern das wohldurchdachte |384| allgemein beachtete Resultat des durch Vielseitigkeit und Geistesstärke hochstehenden Schulhauptes. Sein Wahlspruch war folgender: »Strebe von ganzem Herzen und ganzer Seele (spricht Gott), meine Wege zu erkennen, die Gänge meiner Offenbarung zu erforschen, bewahre meine Lehre in deinem Herzen, Ehrfurcht vor mir sei dir immer vor Augen; hüte dich vor jeder Sünde; reinige und heilige dich von jeder Schuld, und ich werde mit dir sein« (Ber. 17, a.).

Der schönste, diesem Streben nach sittlicher Reinheit entsprechende Ausspruch, den wir in Bezug auf Menschenliebe im thalmudischem Schriftthum kennen, der Alles umfaßt, was edler Sinn, was die reinste Liebe den Menschen gewähren kann [53], rührt, wie aus andern Stellen hervorgeht [54], von R. Meïr her. Er lautet:

»Es heißt: ›(Ihr sollt beobachten meine Gesetze und Rechte) die der *Mensch* auszuüben hat, daß er durch sie lebe,‹ daraus folgt, *daß auch der Götzendiener, der die Thora (das Sittengesetz derselben) beobachtet, dem Hohenpriester gleich geachtet wird* [55]; denn es heißt, ›die der *Mensch* ausübe‹; |385| eben so heißt es (2 Sam. 7,19.) nicht: ›Dies ist die Lehre der Priester, Leviten und Israeliten‹, sondern: ›des Menschen‹. Ferner heißt es: (Jes. 26,2.) ›Thut auf die Pforten, daß einziehe (nicht: ›die Priester, Leviten und Israeliten‹, sondern) das *gerechte* Volk, ›das die Treue bewahret‹. Auch Ps. 33,1, heißt es (nicht: ›Priester, Leviten und Israeliten‹, sondern ›Ihr *Gerechten*, jauchzet in Gott, dem *Redlichen* ziemt Lobgesang.‹ Eben so heißt es Ps. 125,4. ›Erweise Gutes, Gott den *Guten*, und *den Redlichen* in ihren Herzen‹ (nicht: ›den Priestern, Leviten und Israeliten‹). Aus Allem dem folgt, daß der Götzendiener selbst, der die Offenbarung erfüllt, dem Hohepriester gleich steht«.

---

53 Th. Khoh. Achre 13, 42.

54 Baba Kama 38, a. u. Parallelstellen.

55 ע״א עוסק את התורה ה״ה כב״ג So ist die Lesart Th. Ked. l. l. B. Kama 38, a. heißt es: ... נכרי ועוסק בתורה Das Wort עסק heißt aber: sich mit etwas beschäftigen, und zwar in Bezug auf d. g. Lehre Thora hauptsächlich mit dem *Studium* derselben, was übrigens auch in der Stelle in Th. Kh. vorausgesetzt werden muß, da nach thalmudischen Grundsätzen ohne dieses ein rechtes Thun gar nicht möglich ist. Es geht also auch hieraus hervor, daß Aussprüche, welche dem Heiden das Studium des Gesetzes verbieten (s. oben v. Haneb.), auf gesetzliche Geltung keinen Anspruch haben können. Was der Synedrialvorsteher Hillel empfiehlt (s. oben); was der Chacham R. Meïr für so verdienstlich erklärt, daß der Heide dadurch dem Hohepriester gleich geachtet wird, konnten Spätere nicht |385| verbieten. Der harmonistische Nothbehelf: daß es sich nur um das Studium der sog. sieben noachidischen Gebote handelt (Synh. 59, a.) gibt sich auf den ersten Blick als unstichhaltig kund. Bei dieser Gelegenheit wollen wir auch die bereits oben S. 10 berührte Erklärung des Ausdrucks אני ה׳ »Ich bin der Ewige«, bei den Sittengesetzen aus Th. Khoh. Aehre Par. 2, b. (9.) 1. hierher setzen, weil sie zugleich die Lehre von der völligen Gleichheit der göttlichen Gerechtigkeit gegen alle Menschen ohne Unterschied auch bei den Rabbinen beweist. »Ich bin der Ewige«, ich bin Richter, voll Erbarmen, ich bin Richter, zu strafen und zu belohnen. Ich strafte das Geschlecht der Sündfluth, ich strafte die Sodomiten, die Egypter, ich werde auch euch (die Israeliten) bestrafen, *wenn ihr thut, wie sie* (אם תעשו כמעשיהם).

Wir fragen kühn: Wo in aller Welt ist die volle Gleichberechtigung *aller* Menschen an allem Segen, an allem Leben, an aller Seligkeit, welche die g. Offenbarung bietet, entschiedener als in diesem alten Schriftdenkmale von einem der berühmtesten Lehrer Israels ausgesprochen? Daß aber hier vom Heiden nicht etwa die Beobachtung *aller* Gesetze und Gebote der Offenbarungslehre gefordert wird, leuchtet ein: er wäre dann eben kein Heide mehr, sondern einfach Israelite. Es kann vielmehr keinem Zweifel unterliegen, und dies beweisen außer- |386| dem die Verse, welche nur von Gerechtigkeit und Redlichkeit sprechen, daß nur von *dem* Heiden die Rede ist, welcher die sieben noachidischen Gebote über Recht und Sittlichkeit und menschliche Gesittung und Milde beobachtet[56], und ein *solcher* steht dem Hohenpriester gleich.

Und diese Grundsätze werden von allen bedeutenden spätern Lehrern festgehalten. Rabbi Jehuda, der Fürst, gegen Ende des zweiten und Anfang des dritten Jahrhunderts, sprach den schönen Satz aus[57]: »Welcher ist der rechte Weg, den der Mensch sich wählen soll? Derjenige, der ihn in sich selbst erhebt, und ihm bei den *Menschen* (מן האדם, also nicht bloß bei seinen Glaubensgenossen) zum Ruhme gereicht.« Daß dies nur in makelloseter Gerechtigkeit und Liebe geschehn könne, und er eben dieses mit seinem Spruche gemeint hat, durch welchen er den *sittlichen* Charakter gleich andern Lehrern über die bloße Gelehrsamkeit stellen wollte, geht aus den übrigen, im Zusammenhange mit den eben angeführten, von ihm aufgestellten Sätzen hervor, die alle die strenge Beachtung des g. Offenbarungswortes im Auge hatten. Und Rabbi Jehuda, »der Lehrer« Rabbi κατ᾽ ἐξοχήν genannt, war der letzte Feststeller der Mischna, die fast einzig giltige Autorität seiner Zeit.

[Amoräer]

Ein Schüler Rabbi's, R. Jochanan, der im babylonischen Thalmud oft Bar Nachpa genannt wird, zeichnete sich namentlich durch tief gemüthliche Aussprüche nach dieser Richtung aus. Er war es, der den schönen Gedanken aussprach, daß deshalb in dem Lobliede über Besiegung der Moabiten und Ammoniten die Worte: »denn *er* (Gott) ist gütig« ausgefallen seien, »weil Gott keine Freude an dem Untergange der Frevler (Heiden) habe.« Dieselbe gemüthliche, alle Menschen umfassende Liebe zeigt der ebenfalls von ihm herrührende Ausspruch |387| »Als die Egypter im rothen Meere untergingen, wollten die Engel ein Lied anstimmen. Da sprach Gott: Meiner Hände Werk sinkt unter und ihr wollt ein Loblied singen«[58]. Derselbe läßt Gott bei dem Kampfe, den Israel in der Messiaszeit um seine Freiheit zu kämpfen habe, die Worte sprechen: »Beide Theile sind meiner Hände Werk, wie kann ich den einen wegen des andern zu Grunde gehn lassen«![59]. Von seiner Liebe gegen seine (heidnischen) Sklaven erzählt der jerusalem'sche Thalmud: Aß er sein Haus-

---

56 Synh. 59, a. s. oben.
57 Aboth II, 1.
58 Th. b. Meg. 10, a.
59 הללו מעשה ידי והללו מעשה ידי היאך אאבד אלו מפני אלו Synh. 98, b.

brod, so gab er seinen Sklaven davon, trank er Wein, der Sklave mußte mit ihm trinken, denn, sagte er mit Job: Ist er nicht in gleichem Schooße wie ich gebildet (ist er nicht ein Mensch gleich mir)?[60]

Schließen wir diese Reihe von hervorragenden Lehrern mit einem andern Präsidialvorsteher, R. Jehuda II., dem Freunde des Kaisers Alexander Severus[61]. Sein kaiserlicher Freund richtete die Frage an ihn: Werde ich der Seligkeit theilhaftig (Ab. Al. 10, b.)? Ja, antwortete er. Es heißt aber doch, fragte der Kaiser: »Es bleibe Keiner übrig dem Hause Esau (Ob. v. 18.). Das ist, erwiderte R. Jehuda, wenn er wie Esau thut (grausam, gottlos ist[62]. Auch ihm also ist der fromme Heide (der die sieben noach. Gebote beobachtet) der Seligkeit theilhaftig.

Dieser Synedrialvorsteher erklärte auch das Kind einer Israelitin von einem Heiden als vollkommenen Israeliten und daher, wenn es ein Mädchen ist, dessen Verehelichung mit |388| einem Priester erlaubt[63]. Und wenn er hier auch den Verhältnissen Rechnung trug, so beweist es doch seinen milden, versöhnlichen, aller starren Abschließung entgegen tretenden, auch die Heiden liebend umfassenden Sinn.

Wenden wir uns nach Babylonien, wo die großen Thalmudschulen blühten, so finden wir auch dort denselben tiefen sittlichen Sinn, denselben Geist des vollen Rechts, der allumfassenden Menschenachtung und Menschenliebe. Von Rabbi *Chia*, der zugleich mit Rabbi in Palästina wirkte, dann aber den größten Einfluß auf die Entwickelung des Judenthums in seinem Heimathlande Babylonien hatte, wurde nach jedem Pflichtgebet das schöne Gebet eines frühern Lehrers gesprochen: »Möchte es dein Wille sein, o Gott, mein und meiner Väter Herr, daß *kein Mensch* mir feind sei, und keine Feindschaft gegen *irgend einen Menschen* in meinem Herzen Wurzel fasse«.

Samuel, einer der gefeiertsten Lehrer Babyloniens (um 250 nach der ü. Z.) gibt schon durch sein großes Wort: »Das Landesgesetz ist Gesetz«[64] dem vollendetsten Rechtsgefühl unter allen Verhältnissen Ausdruck. Dieser Ausspruch kann zwar *Religionsgesetze* nicht berühren, aber in Bezug auf das Recht wird er so weit ausgedehnt, daß sogar das Uebergehn des gesetzlich eingeführten Zolls als Raub bezeichnet wird (B. Kama 113). Der so oft von Unwissenden gehörte Vorwurf: daß der Thalmud dem Nichtjuden gegenüber Betrug und Täuschung nicht verpöne, zerfällt schon dadurch allein in Nichts; das Staatsgesetz verbietet sie, und dadurch allein schon wird das Verbot bindend für den Israeliten auch vom Standpunkte der Religion. Sinnig wird in dieser Beziehung der Unterschied zwischen dem eigentlichen Religionsgebot und dem bürgerlichen Gesetze Mid. z. Hoh. L. 2,14. ausgedrückt: »Es erwiderte |389| Schadrach ... dem Könige Nebuchadnezar (Dan. 3,16), Warum die doppelte Bezeichnung?[65] Sie sprachen, wenn es sich um Abgaben und Steuern handelt, so bist du unser König; forderst Du aber von uns, Deinem Götzen zu

---

60 B. K. VIII, b.

61 Wir folgen hier der geistreichen Auseinandersetzung von Grätz, Gesch. d. J. Band IV. Note 43.

62 Es ist der Freisinn hier noch zu bemerken, denn unter Esau verstehn die Rabbinen eben die Römer.

63 S. oben Art. Sklaven nach rabb. Ges.

64 דינא דמלכותא דינא B. Kama f. 113, a. u. s. w.

65 König und Nebuchadnezar.

dienen, so bist Du uns bloß ein Nebuchadnezar wie jeder Andere deines Namens«. Von Samuel's tiefer Sittlichkeit und Menschenliebe [66] liefert auch der Umstand Zeugniß, daß er die Verse Spr. 24,17. 18. zum Wahlspruch seines Lebens genommen hatte: »Wenn dein Feind fällt, freue Dich nicht, und bei seinem Sturze frohlocke dein Herz nicht, Gott sieht und mißbilligt es« (Aboth 4,24). Er stellte als Gesetz auf: *daß man auch einen Heiden nicht einmal mit Worten täuschen dürfe* [67], um wie viel weniger also durch die That. Wie hoch aber dieser Lehrer bei seinen Zeitgenossen stand, beweist auch die Erzählung [68], daß er von der großen Lehrerversammlung der Offenbarung des göttlichen Geistes würdig erklärt wurde und dabei bemerkt wird, daß man bei seinem Tode die Klage angestimmt habe: »*Ach, hin ist der Bescheidene, hin der Fromme, der Jünger Hillels.*« Nach dem, was wir oben bei Hillel bemerkten, ist klar, daß dieser Ausdruck nicht bloß seine Gelehrsamkeit, sondern mehr noch seine sittliche Makellosigkeit und allgemeine Menschenliebe hervorheben wollte. Es wird ihm sogar eine Art prophetischer Verkündigung der schweren Geschicke, die Israel noch bevorstanden, in den Mund gelegt, was wieder nur ein Zeugniß für seinen umfassenden Geist, seine hohe Tugend und Sittlichkeit sein soll.

Erwähnen wir hier noch eines Spruches aus späterer Zeit, der die ganze Milde der Gesinnung und das reine, menschenfreundliche Leben der großen Lehrer des Judenthums, wie sie fortwährend sie selbst beherrschten, wie sie lehrten, kennzeichnet. Abaji, das |390| Haupt einer der ersten babylonischen Schulen im zweiten Viertel des vierten Jahrhunderts, pflegte zu sagen: »Jederzeit sei der Mensch klug in Gottesfurcht, ohne Fanatismus, »milde Antwort wendet den Grimm ab«, er suche Frieden mit seinen Brüdern, seinen Verwandten, *und allen Menschen, selbst mit dem Heiden auf der Straße. Dadurch wird er bei Gott und Menschen beliebt* [69].

[Heidenfeindliche Stellen im Talmud]

Dies sind also die *positiven* Lehren des ächten Pharisaismus über Recht und Liebe, sowohl Gottes gegen alle Menschen, als der Menschen gegenseitig. *Alle*, ohne Ausnahme, sind zur Erfüllung des Sittengesetzes und nach dieser Erfüllung zum Segen und zur Seligkeit berufen. Gegen Alle ohne Ausnahme besteht dieselbe Pflicht gleicher, strengster Erfüllung des Sittengesetzes. Sie stehen in voller Uebereinstimmung mit den gleichen Lehren der h. Schrift, die wir in unserer ersten Abtheilung nachgewiesen. Wenn sich daher dennoch in dem thalmudischen Schriftthume Aussprüche oder selbst Rechtsgesetze finden, die mit jenen Grundsätzen und Lehren in Widerspruch zu stehn scheinen, so müssen sie nothwendig in momentaner Erbitterung ob dem durch die Heiden mit Füßen getretenen Menschenrecht, als augenblickliche Aufwallung sittlicher Entrüstung oder in den dama-

---

66 [Verwechslung mit Samuel Hakatan. Anm. d. Hrg.]
67 Chullin 94, a. s. oben.
68 Sota, 48, b.
69 Ber. 17, a. cf. Joma 86, a., wo er auf den, welcher anders handelt, den Vers Ez. 36,20. anwendet: »Sie kamen zu den Völkern und entweihten meinen Namen, indem man von ihnen sagte: »Das ist das Volk Gottes, das mußte sein Land verlassen!««

ligen Rechtsverhältnissen ihren Grund haben, oder es dürften selbst die Ansichten einzelner Gelehrten sein, welchen in dem bereits Jahrhunderte andauernden Druck der klare Blick in die eigne Lehre getrübt war, wie dies Alles zum Theil bereits von uns angedeutet wurde, ohne daß der billig denkende, vorurtheilslose Forscher dem Judenthume daraus einen Vorwurf machen dürfte.

[a] »Heiden werden nicht Menschen genannt«, bNid 69b]

Indessen prüfen wir die entgegenstehenden Aussprüche der Thalmudisten mit historischer Unparteilichkeit. Wir wollen |391| dabei zunächst die von Hrn. v. Haneberg angeführten Sätze ins Auge fassen. Vor Allem müssen wir jedoch bemerken, daß die Uebersetzung des Ausdruckes גוי (Goi) bei den alten Lehrern mit »Nichtisraeliten«, wie es Hr. H. that, statt mit »Heide« oder »Götzendiener«, jedenfalls falsch ist, und bestimmt uns dieses, sowie der zu dem Ausspruche R. Simon's: »Die Heiden werden nicht Menschen genannt«, in keinem Texte vorkommende Zusatz: »sondern Vieh« zu der Annahme, daß Hr. v. H. hier nicht aus der Quelle geschöpft, sondern in gutem Glauben einem Eisenmenger oder Schudt nachgeschrieben habe, oder einer der vielen mittelalterlichen judenfeindlichen Schriften, denn bei Hrn. H. selbst darf in keiner Weise an eine mala fides gedacht werden[70].

Das erste also, was Herr v. H. in dieser Beziehung anführt, ist eben dieser Ausspruch R. Simons.

Zuerst muß nun hier aber das Gesetz selbst, zu welchem jener Ausspruch als Grund angeführt wird, von dieser seiner angeblichen Begründung durch einen Bibelvers geschieden werden. Es ist überhaupt bekannt, daß diese Begründungen großentheils nur Anlehnungen, Stützen sein sollen, durch welche die Spätern *alte* Gesetze den jüngern Geschlechtern zu größerer Beachtung empfehlen wollten, ohne daß die dafür in Anwendung gebrachten, häufig gezwungenen Erklärungen der angeführten Schriftstellen im Ernste von Bedeutung sein sollten. Im vorliegenden Falle haben wir nun aber einen sichern Beweis für diese Auffassung. Das Gesetz selbst, wozu in späterer Zeit jener Vers mit der angegebenen Erklärung als Begründung angeführt wird: daß nämlich die Leichname der Heiden nicht verunreinigen, kommt, wie auch Herr v. H. anführt, in der |392| Mischna als ein ganz altes vor[71], *aber ohne alle weitere Begründung.* Nach den Kommentaren liegt der Grund des Gesetzes darin, daß überhaupt die Gesetze über Unreinheit sich nur auf die Israeliten bezogen. Nun hat man zwar rabbinisch auch bei Nichtisraeliten den krankhaften Schleimfluß für unrein erklärt, wollte aber eben deshalb die Unreinheit nicht auch auf die Leichname ausdehnen[72]. Uns scheint, daß man mit der letzten Be-

---

70 Nach unserer spätern persönlichen Bekanntschaft mit dem sel. Hrn. v. H. glauben wir nicht, daß derselbe judenfeindliche Schriftsteller bloß excerpirte, sondern in der That auch die Quellen selbst studirt hat, aber den eigentlichen Grund dieses Gesetzes an sich, sowie die Bedeutung des angeführten Verses für dasselbe verkannt hat. Doch kann v. H. die Worte: »sondern Vieh« nur aus einer solchen Schrift aufgenommen haben, da sie in keiner Quelle vorkommt.

71 Nidda X, 4.

72 S. Th. Nidd. fol. 69. b.

schränkung gerade den Bedürfnissen des Lebens Rechnung tragen wollte, indem man sich vor solcher Verunreinigung nicht hüten konnte. Jedenfalls ist in dem Gesetze selbst keine Spur von Feindseligkeit gegen Nichtisraeliten.

Was nun die Begründung mit dem Verse aus Ezechiel betrifft, so scheint sie uns kaum von R. Simon b. Jochai, so wenig wir ihn auch, wie wir weiter sehn, von einer Verbitterung gegen das entmenschte, in grausamer Rohheit wahrhaft verthierte Heidenthum freisprechen wollen, herzurühren. Einmal waren diesem bedeutenden Lehrer sicher nicht die vielen Stellen der h. Schrift unbekannt, in welchen die Heiden ausdrücklich auch Adam (אדם) Menschen genannt werden, resp. alle Sterblichen diesen Namen tragen (der auch in seiner eigentlichen Bedeutung: »Erdensohn« an sich gar keine so schmeichelhafte Benennung ist), wie: 1 Mos. 4, 26: 5, 1. 2 Sam. 24, 14. Job 11, 12. u. s. w.[73], oder wo sogar *nur* die Heiden darunter verstanden sind, wie Ps. 105, 14; 124, 2. (cf. Tal. Jeb. 61.); sodann mußte er als Schüler des R. Akiba wissen, daß dieser große Lehrer gerade aus dem Ausdrucke Adam (אדם) Menschen |393| in den betreffenden Bibelstellen auch die Heiden in das von Gott ausgehende Heil einschließt. Der Ausdruck in Ez. mag wohl in seinem Zusammenhange dem Mißverständnisse unterworfen gewesen sein, weshalb ihn wohl die LLX. ganz weglassen, obgleich er sicher gerade das Gegentheil sagen will, nämlich: »ihr seid die Schafe meiner Weide *unter* den Menschen«, und mochte daher von irgend einem Spätern zur Begründung des alten Gesetzes angewandt worden sein[74].

[b) »Den besten unter den Heiden erschlage«, jQid IV, 11]

Betrachten wir nun den andern von Hrn. Dr. H. angeführten Satz des R. *Simon* b. Jochai: »Den Besten unter den Heiden erschlage.« Der Satz kommt allerdings[75] in der von Hrn. H. angeführten Form vor. Die Bemerkung aber, daß dasselbe mit dem andern: »Der besten unter den Schlangen zerschmettere das Gehirn«, sprichwörtlich bei den Juden sei, hat Hr. Dr. H. sicher mit dem angeführten Zusatze zu dem vorigen Satze aus irgend einem judenfeindlichen Buche nachgeschrieben! denn wir haben nie dieses »Sprichwort« bei den Juden gehört, ja wir sind überzeugt, daß kein Jude, der den Thalmud nicht kennt, und das sind, heute *wenigstens*, 999/1000, den Satz nur gehört hat.

Indessen es ist bekannt, wie der Thalmud selbst auf solche allgemeine Sätze keinen Werth legt. »Allgemeine Aussprüche entscheiden nicht für das Gesetz«[76] d. h. sie dürfen nicht wörtlich aufgefaßt werden, ist ein stehender Grundsatz in ihm. Die Wahrheit dieses

---

[73] Indessen mag der Ausdruck auch im ehrenden Sinne genommen werden, wie unser »Mensch« und gerade deshalb von dem unmenschlichen Rom jener Zeit mit Recht nicht gelten: שמי שאין בו שלמות המדות האנושיות אינו בכלל אדם »Wer den *menschlichen* Sittengesetzen nicht folgt, verdient den Namen *Mensch* nicht.« Maim Com. i. Misch. B. K. IV, 3.

[74] Daß der Ausdruck »Adam« von den gefeiertsten Rabbinen gerade von *allen* Menschen gebraucht wird, s. auch Siphra. II, 3. c. Com. Korban Aharon.

[75] Tal. Jer. Kid. c. 4. Hal. 11. הכשר שבגוים הרוג.

[76] אין למדין מן הכללות.

Grundsatzes wird hier um so klarer, wenn man die Stelle im Jerusalem'schen Thalmud in ihrem ganzen Zusammenhange in's Auge faßt. Es heißt dorten:

> »Die meisten Eseltreiber sind gottlos, die meisten Kameelführer redlich, die meisten Schiffer sind fromm, die meisten unehelichen Kinder sind klug, die meisten Sklaven sind schön, die Meisten aus guter |394| Familie sind bescheiden, die meisten Söhne gleichen den Brüdern der Mutter, der beste Arzt kommt in die Hölle, der beste Metzger ist ein Genosse Amaleks. R Simon b. Jochai fügt hinzu: den besten unter den Heiden tödte, der besten unter den Schlangen zerschmettere das Gehirn, die beste unter den Frauen ist eine Zauberin«.

Wer, der gesunden Menschenverstand hat, wollte hier Alles wörtlich nehmen wollen? Es mag den ersten Sätzen zum Theil eine gewisse Erfahrung zu Grunde liegen, aber daß z.B. nur die Pfuscherei einiger damaligen Aerzte, die blutige Gewohnheit der Metzger, die Treulosigkeit der Heiden (wie letzteres auch die Com. erklären) hervorgehoben werden soll, kann keinem Zweifel unterliegen. Der Thalmud wollte sicher eben so wenig einen Heiden getödtet wissen, wie er den besten Arzt der Hölle und die beste Frau der Zauberei verfallen glaubte (wenigstens hat nie auch der frömmste Jude aus Furcht vor jener seinen Sohn dem Studium der Medizin entzogen oder aus Furcht vor dieser sich dem Cölibat geweiht). Das aber eben ist das Schicksal besonders des alten jüdischen Schriftthums, daß irgend ein Pfuscher oder Judenfeind einen Satz aus dem Zusammenhang reißt, um eine Anklage darauf zu gründen, der dann ohne weitere Untersuchung oft von den edelsten Männern bona fide nachgeschrieben wird.

Indessen die älteste Quelle für R. Simon's Ausspruch ist Mechilta P. Besch. c. 1., wo der Satz aus dem Benehmen der *Egypter* bei der Verfolgung Israels hergeleitet wird, und hier steht ausdrücklich (טוב שבעכו״ם) »den besten unter den Götzendienern.« Vielleicht ist aber sogar die ursprüngliche Lesart wie sie Raschi 2 Mos. 14,9. hat: (טוב שבמצרים) »den besten unter den *Egyptern*«, wodurch jede allgemeinere Beziehung von vorn herein abgeschnitten wäre. Die Stelle in Mechilta heißt: Es steht geschrieben: »Phareo nahm sechshundert auserlesene Wagen und alle Reiter Egyptens«. Woher nahm Phareo die Thiere? Die der Egypter waren getödtet |395| durch die vorausgegangenen Plagen, und die Israeliten hatten die ihrigen mitgenommen. Sie mußten von *den* Egyptern sein, die als gottesfürchtig bezeichnet werden und Mose's Verkündigung vertrauend, ihre Thiere gerettet hatten (2 Mos. 9,20). Die »Gottesfürchtigen« unter den Egyptern brachten also den Israeliten Gefahr. *Daher* sagte R. Simeon: den besten unter den Götzendienern oder, nach Raschi's Lesart (unter den Egyptern) tödte u.s.w. Schon daraus, daß die Israeliten sich desselben Verbrechens, und noch in weit höherm Grade schuldig machen würden, das an den Egyptern so verwerflich gefunden wird, wenn der Ausspruch wörtlich genommen werden wollte, geht klar hervor, daß letzteres falsch wäre, und daß damit in der That in der drastischen Sprache des Alterthums nur die Perfidie der Heiden (oder der Egypter) und das Mißtrauen, das sie verdienen, das Qui vive! gleichsam, in welchem sich der Israelite ihnen gegenüber stets befinde, ausgesprochen werden soll. Diese Auffassung wird zweifellos, wenn man eine andere Stelle der Mechilta Mischpatin c. 18. vergleicht, wo derselbe R. Simeon b. Jochai sich folgenderweise über die Fremden ausläßt: »Es heißt: die Gott lieben, sind wie die Sonne in ihrer Kraft«; wer ist größer, der, der den König liebt, oder

der, den der König liebt? Offenbar der letztere. Nun, es heißt Gott liebt den Fremden (5. M. 10,18.). O, wie geliebt sind die Fremden, denn sie erhalten überall dieselben Benennungen wie die Israeliten: die Israeliten heißen die Knechte Gottes, eben so die Fremden (Jes. 56,6.); die Israeliten heißen Diener Gottes, eben so die Fremden (das.); die Israeliten heißen Freunde Gottes, eben so die Fremden (5 M. l. l.). Bei Israel wird das Bündniß mit Gott genannt, eben so bei den Fremden (Jes. l. l.) u. s. w. Abraham nannte sich ein Fremder (1 M. 23, 4); David nannte sich ein Fremder (Pf. 39,13), ja wir Alle heißen Fremdlinge auf Erden, wie es heißt: »Fremdlinge sind wir vor dir und Beisaßen wie alle unsere Väter« (1 Chr. 29,15.). Allerdings gelten jene |396| Vorzüge zum Theil nur von *dem* Fremden, der dem Götzendienst entsagt hat, außerdem kann er nicht »Knecht« oder »Diener« Gottes heißen. Alles Andere aber muß von jedem Heiden gelten, und wer also von dem Fremden spricht, kann wahrlich den Heiden nicht dem Tode weihen wollen.

Doch es gibt noch eine dritte Lesart dieses Ausspruchs R. Simeons[77], welche auch in die späteren Schriften übergegangen ist[78]. Hier lautet die Stelle: den Besten unter den Heiden tödte in *Kriegszeiten*[79], also wohl bloß zur Nothwehr bei einem feindlichen Angriff. Es könnte zwar allerdings, nach den angeführten Stellen in den ältern Quellen scheinen, daß die Worte: »in Kriegszeiten« spätere Interpolation seien; aber es geht doch jedenfalls daraus hervor, *wie* sie das spätere Judenthum aufgefaßt, da sie eben in dieser Lesart nur später aufgenommen wurden, und daß damit jeder Vorwurf gegen das *Judenthum* aus diesem Ausspruche schwindet. Fast möchten wir gerade durch diesen Zusatz zu der Annahme bestimmt werden, daß R. Simeon in Bezug auf den letzten Krieg, den die Juden überhaupt hatten, gegen die Römer unter Bar Chochba, diesen Satz ausgesprochen hat und daß er demnach doch ursprünglich vollständig also lautete[80]. Und wer wollte es gerade R. Simeon B. Jochai, dem Schüler des so schrecklich gefolterten R. Akiba, dem von den entmenschten Barbaren selbst so grausam Ver-|397| folgten – er mußte sich mit seinem Sohne 13 Jahre lang in unterirdischen Höhlen vor den Nachstellungen der Feinde verbergen – wer wollte es dem schwer Geprüften, der das Blut seiner Brüder in Strömen fließen sah, dem glühenden Anhänger seines von dem grausamen Heiden nicht minder, als die Juden selbst, gehaßten und verfolgten Glaubens übel nehmen, wenn er auch, gerade in sittlicher Entrüstung, seinem gepreßten Herzen durch ein hartes Wort gegen den blutgierigen Feind einmal Luft gemacht haben sollte? Daraus einen Vorwurf gegen das Judenthum überhaupt machen wollen, zeugt entweder selbst von unversöhnlicher Feindseligkeit, oder, wo dieses, wie bei v. H. nicht angenommen werden kann, jedenfalls von Mangel an gründlicher Kenntniß der Quellen. Uebrigens blieb auch außerdem der Ausspruch, wie alle dergleichen agadische Deutungen,

---

77 Tract. Sofr. c. 15.

78 Tos. Ab. Al. fol. 26, b.

79 ‏טוב שבגוים בשעת מלחמה הרג‏.

80 In seinem Werke: »Die rel. Alterth. der Bibel« S. 143, Note 83 ist v. H. dieser unserer Auffassung entgegen getreten und hat die Beschränkung auf Kriegszeiten entschieden als eine Interpolation bezeichnet, weil sie bloß in der spätern Mas. Sofr. vorkomme. In der neuern Zeit wurde aber nachgewiesen, daß gerade diese LA. die älteste und ursprüngliche sei, s. Prof. Rohling's Falschmünzerei auf thalm. Gebiete von Dr. Ph. Bloch. S. 24.

jedenfalls ohne Einfluß auf die Halacha, was schon daraus hervorgeht, daß er in den babylonischen Thalmud gar nicht übergegangen ist.

[c) »Heiden rettet man nicht aus Gefahr«, bAZ 26a]

Von größerer Bedeutung ist die Anklage gegen den Thalmud aus dem Ausspruche: »die Heiden … stürzt man nicht in Gefahr, man rettet sie aber auch nicht[81]«, da er als Halacha gilt und als solche von den spätern Gesetzeslehrern aufgenommen ward[82]. Die Schwere der Anklage könnte uns aber weder zur Rechtfertigung, noch auch nur zur Vertheidigung bestimmen. Ein offenbarer Widerspruch gegen die h. Schrift und die in ihrem Geiste entwickelte Tradition, wie wir sie nachgewiesen, hat für uns keinen Werth, mag er auch vom Thalmud und den spätern Gesetzeslehrern als giltiges Gesetz aufgenommen worden sein. Auch uns steht heute noch, so gut wie dem Thalmud und den spätern Gesetzeslehrern, nicht nur das Recht zu, sondern es liegt uns die Pflicht ob, nach *Quelle* und *Berechtigung* einer Vorschrift zu fragen. Nur Diejenigen |398| träfe der Vorwurf, die ohne Forschung und ohne Sichtung auf jedes Wort der Führer schwören und den Thalmud und die aus ihm gezogenen Gesetzessammlungen in Bausch und Bogen zur Plattform ihres Verhaltens proklamiren, und dem Judenthum ein mit der hl. Schrift und mit seiner Geschichte im grellsten Widerspruch stehendes blindes crede octroyiren wollen. Allein das rechte Verständniß der angeführten Stelle und der mit ihr in Verbindung stehenden Gesetze, welche anzustreben uns jedenfalls das reine wissenschaftliche Interesse schon bestimmen muß, macht es klar, daß sie nur die Detaillirung allgemeiner mosaischer Gesetze sind und daher strenge im Sinne dieser aufgefaßt werden müssen. In demselben Zusammenhang nämlich, in welchem jene Gesetze in Bezug auf die Heiden vorkommen, wird auch das gesetzliche Verfahren gegen die *jüdischen* Sünder aufgestellt und diese sogar mit weit schwereren Strafen belegt. *Jüdische* Götzendiener, oder Offenbarungsläugner, oder *solche* Israeliten, welche ein Offenbarungsgesetz aus *Trotz* übertreten, sollen, eben auf Grund der betreffenden mosaischen Gesetze, wo und wie es angeht, am *Leben* gestraft werden; *heidnische* Frevler dagegen dürfen zwar nicht getödtet werden, aber man darf ihnen auch, wieder auf den Grund betreffender mosaischer Gesetze, keine besondere Liebe zuwenden. Diese Auffassung finden wir schon bei Maimonides[83]. In diesem Sinne aber aufgefaßt, erscheinen diese Gesetze gegen die Heiden sogar als das mosaische Gesetz mildernd, und möchten wir gerade hierin wieder den auch sonst im Thalmud erscheinenden versöhnenden Geist in Bezug auf das Schroffe des mosaischen Gesetzes finden. Denn während es im Mosaismus[84], worauf jene Gesetze sich stützen[85], ausdrücklich heißt: »Bannen sollst du sie, keinen Bund mit ihnen schließen |399| und ihnen keine Gnade angedei-

---

81 Ab. Al. 26. a. b. und Parallelstellen.
82 Maim. v. d. Mörder 4, 10 ff.
83 S. v. Götzend. c. 10, 1. v. d. Mörder 4, 10. 11.
84 5 M. 7, 2.
85 S. Maim. l. l.

hen lassen«, hat das thalmudische Gesetz die offene Gewalt verboten und nur wirkliche Liebeshandlungen ihm zu erweisen verboten. Daraus folgt aber auch, daß das thalmudische Gesetz, ebenso wie das mosaische, sich nur auf das heilige Land, während es Israel in Besitz hatte, beziehen kann, zum Zwecke der Fernhaltung des Götzendienstes, der auf dem heiligen Boden weder geschont noch begünstigt werden durfte, und daß jede weitere Ausdehnung, sogar auf andere oder spätere heidnische Völkerschaften, wie es allerdings spätere Thalmudisten thun, dem Inhalt nicht entspricht. Es galt dieses Gesetz, wie eine unparteiische, genaue Vergleichung des Zusammenhangs zeigt, wie das mosaische Gesetz selbst, nur dem *Götzendienst im gelobten Lande*, der eben auf dem heiligen Boden verpönt war, und demgemäß nur *dem* Heiden, der dorten fortwährend dem Götzendienste und seiner Unsittlichkeit sich hingab, während *der* Heide, der auch dorten dem Götzendienste sich nicht hingab und Recht und Sittlichkeit übte, ja sogar, wie wir aus den mosaischen Büchern selbst nachgewiesen haben, an allen Wohlthätigkeits- und Liebesanstalten gleich den Israeliten selbst Theil hatte. Und es folgt daraus mit Evidenz, wie es doppelt falsch wäre, wenn man das thalmudische Goi in unserer Stelle mit »Nicht-Israeliten« überhaupt übersetzen und es sogar auf die Christen unserer Zeit beziehen wollte.

[d) Heiden unterrichtet man nicht in der Tora, bHag 13a]

Die thalmudischen Aussprüche: »daß sich ein Heide nicht mit dem Studium der göttlichen Lehre beschäftigen«, und »daß ein Israelite einen solchen nicht darin unterrichten dürfe«[86], stehen, wie schon der Thalmud selbst bemerkt, im Widerspruch mit der angeführten Halacha (Gesetz des R. Meïr[87]). Die |400| vom Thalmud versuchte Ausgleichung des Widerspruchs, daß R. Meïr nur von den sieben noachidischen Gebote handele, die der Heide allein studiren und in welchen allein man ihn unterrichten dürfe, ist falsch und ein Produkt späterer Engherzigkeit, wie Jedem klar sein muß, der die von uns angeführten Aussprüche der frühern großen Lehrer in dieser Hinsicht und den aus Sifra und Thalmud angeführten vollständigen Ausspruch des R. Meïr selbst vergleicht. Es kann vielmehr keinem Zweifel unterliegen, daß eine solche Einschränkung zu den Zeiten R. Meïrs wenigstens noch nicht bestand. Diese Lehre der älteren Thalmudisten wird auch in der folgenden schönen Stelle eines der älteren thalmudischen Werke ausdrücklich bezeugt. »Die Offenbarung, heißt es hier, wurde *öffentlich in der freien Wüste gegeben. Denn wäre sie im Lande Israels gegeben worden, so hätten die Israeliten sagen können: die andern Völker haben nicht Theil daran. Darum wurde sie öffentlich in der freien Wüste gegeben: sie ist das Eigenthum der ganzen Welt, Jedem steht es frei, sie aufzunehmen*[88].«

---

86 אין מוסרין דברי תורה לגוי .Synh. 59, a. גוי שעסק בתורה חייב מיתה .Chag. 13, a.

87 Wie wir oben nachgewiesen, auch des so hochgefeierten R. Jehuda, des »Lehrers«, des »Heiligen«, wenn auch selbst Maimonides die oben |400| folgende Ausgleichung aufgenommen hat, in Widerspruch mit den von ihm selbst sonst hervorgehobenen allgemeinen Grundsätzen.

88 ויחנו במדבר נתנה התורה דימוס פרהסיא במקום הפקר שאלו נתנה בארץ ישראל היו אומרים לאומות העולם אין להם חלק בה. לפיכך נתנה דימוס פרהסיא במקום הפקר וכל הרוצה לקבל יבא ויקבל .Mechiltha P. Bachodesch.

Es fehlt aber auch nicht an einem geschichtlichen Beweise, daß man früher keinen Anstand nahm, einen Heiden in allen Gesetzen ohne Unterschied zu unterrichten, und eben diese Thatsache gibt uns auch einen Fingerzeig, wie man später dazu kam, diesen Unterricht zu verbieten. Diese Thatsache wird im Jerusalem'schem Thalmud folgendermaßen erzählt [89]: »Die |401| Römer schickten zwei Beamte zu R. Gamaliel, um sie im jüdischen Gesetze unterrichten zu lassen, und ohne allen Anstand, ohne daß irgend eines Skrupels von seiner Seite erwähnt wird, unterrichtete er die Abgesandten in der »Bibel, der Mischna, dem Thalmud, der Halacha und der Agada« [90]. Hätte irgend ein Verbot nach dieser Richtung bestanden, so würde es der Thalmud sicher erwähnen, und dessen Uebertretung allenfalls mit der Nothwendigkeit, mit der Gefahr, das Begehren der römischen Regierung zurückzuweisen, gerechtfertigt haben. Allein nicht nur, daß davon nichts erwähnt wird, hat R. Gamaliel auch so ganz ohne allen Anstand den Unterricht in allen Gesetzen ertheilt, deren einige allerdings nicht schmeichelhaft für das Heidenthum waren (wir werden später darauf zurückkommen), daß daraus in der That den Juden Gefahr erwuchs. Wir finden zwar nicht, daß schon damals das Verbot des Unterrichts erlassen wurde, im Gegentheil R. Gamaliel scheint die anstößigen Gesetze aufgehoben zu haben, wie wenigstens von einem berichtet wird. Aber solche Erfahrungen, die sich vielleicht durch gehäuftere Mißverständnisse in den jüdischen Gesetzen von Seiten der Heiden gemehrt haben, mochten am Ende zu dem Verbote des Unterrichts in den immer gefährlichern Zeiten, in welchen immer mehr das später so berüchtigt gewordene Wort: Gieb mir eine Linie geschrieben von deiner Hand, und ich bringe dich an den Galgen, an den armen Juden zur Wahrheit gemacht wurde, geführt haben.

Geht man der Sache noch weiter auf den Grund, so scheint es sogar, daß auch diese spätern Aussprüche nur in sehr beschränkter Weise aufzufassen sein dürften. Der Ausspruch in Synhedrin wird nämlich im Namen eines R. Jochanan angeführt, nämlich *des* Lehrers (Amora), der 279 nach der ü. Z. starb. Ein so hochachtbarer sittlicher Charakter, ein so großer Freund der griechischen Wissenschaft |402| er war [91], ein so ausgesprochener Feind Rom's war er. Sein Leben fiel großentheils in die traurige Zeit, die mit Maximin *(235)* über das immer mehr seinem Untergang entgegenreifende Reich hereinbrach und Grausamkeit und Verfolgungssucht gegen Andersglaubende, nicht wie früher bloß vorübergehend verhängt, sondern gleichsam zur Staatsmaxime erhoben wurden. Wir möchten kaum daran zweifeln, daß sein Ausspruch nicht einmal allen Heiden, sondern bloß dem blutgierigen, von ihm tief gehaßten Römer galt, daß er also bloß das damals *herrschende* Heidenthum meinte, in dessen Hand allerdings auch das unschuldigste Wort ein zweischneidiges Schwert war. R. Ami (c. *300* n. d. ü. Z.), der den zweiten Ausspruch that, scheint ihn mehr gegen die Chutäer (Samaritaner) gerichtet zu haben. Es ist bekannt, daß sich gerade zu seiner Zeit eine tiefe Kluft zwischen Juden und Samaritanern bildete und wie sie biblische Aussprüche zum Beweise gegen das Judenthum und zum Nachtheile der

---

89 B. Kama cap. 4. Hal. 3.
90 ‏ולמדו ממנו מקרא משנה תלמוד הלכות ואגדות‎.
91 Man vgl. über ihn Grätz, Gesch. d. Juden, Bd. IV. S. 285 ff.

Juden verdreht haben[92]. Die Lesart (כותים), wornach er seinen Ausspruch wirklich gegen die Chutäer gethan, scheint also hier wenigstens die richtige zu sein, wenn man ihn nicht aus den angegebenen Gründen auf die Römer ausdehnen will. Für diese beschränkende Auffassung dieser Aussprüche spricht, außerdem daß sie im Widerspruch mit der alten Lehre stehen, die gezwungene Deutung der Bibelsprüche, auf die sie sich stützen sollen. Diese beschränkende Auffassung dürfte aber dadurch zur Gewißheit erhoben werden, daß sowohl der Lehrer R. Jochanans, R. Chanina, wie dessen ausgezeichneter Schüler R. Abahu ausdrücklich lehren: »Gott harret gleichsam der Heiden, daß sie Buße thun und der Seligkeit theilhaftig werden«[93].

[e) Benachteiligung von Heiden in Schadensersatzfällen, bBQ 38a]

|403| So weit die Aussprüche, welche v. H. zum Gegenstande seiner Angriffe macht. Allein einmal sind von Andern noch andere Angriffspunkte aufgenommen worden, so daß es von praktischer Wichtigkeit bleibt, auch diese zu besprechen; sodann haben wir es uns zur Aufgabe gestellt, die thalmudische Ethik gegenüber Nichtisraeliten in ihrem ganzen Umfange zu besprechen, und fordert es daher die historische Wahrheit, nichts zu verschweigen, sondern alles hierher Gehörige in den Kreis unserer Betrachtung aufzunehmen. Dies gilt ganz besonders vom thalmudischen Criminal- und Civilrecht, durch welches die Gleichheit vor dem Gesetze, wie sie die Bibel unzweifelhaft lehrt, und deren Mißachtung jedes gesunde Rechtsgefühl allerdings am meisten verletzt, wie sie ja gerade der Jude so lange traurige Jahrhunderte so bitter empfunden, und hier und da leider noch empfindet, besonders außer Augen gelassen worden zu sein scheint. Die hieher gehörigen Bestimmungen, welche zum Theil keinen geringen Anstoß erregten, sind folgende:

1. Mischna Baba Kama 4,3: »Wenn der Ochs eines Israeliten den Ochsen eines Heiden gestoßen hat, so ist jener ersatzfrei; stieß dagegen der Ochs eines Heiden den eines Israeliten, so muß er, sei der Ochs bewährt zu stoßen, oder nicht, den ganzen Schaden bezahlen.«

Diese Bestimmung wurde von Judenfeinden mit unverhehlter Schadenfreude angeführt, um damit weit schreienderes Unrecht in anderen Gesetzen zu beschönigen, oder wenigstens als gerechte Vergeltung darzustellen.

Daß nun der Grund dieser Bestimmung nicht in dem Ausdruck Rëa in dem betreffenden Gesetze[94], der eben der Heide nicht sei[95], zu suchen ist, geht aus der Mischna selbst klar hervor. Es soll zwar nicht geläugnet werden, daß in der Mischna nicht überall, ebensowenig wie von einzelnen spätern |404| Thalmudisten[96], die von uns nachgewiesene biblische Bedeutung des Wortes, wonach es *jeden* Nebenmenschen, auch den Heiden um-

92 S. Grätz l. l. S. 344.
93 Midr. R. 4 M. ff. Absch. 10. cf. Midr. Hoh. Lied zu 5,16. הקב״ה מצפה לאה״ע שיעשו תשובה ויקרבון תחת כנפיו
94 2 M. 21,35.
95 cf. L. Heller z. St.
96 Misch. B. Mez. 111, c. Gem.

faßt, anerkannt wird. Allein auf der andern Seite kann es ebensowenig einem Zweifel unterliegen, daß andere ältere Lehrer die umfassende Bedeutung dieses Wortes bereits erkannt haben[97]. Die alte, schon angeführte Lehre, daß man bei jedem Menschen, auch bei dem Heiden, dem man den Lohn vorenthält, alle mosaischen Gesetze in dieser Beziehung übertrete, beruht in ihrem Grunde sicher ebenso wenig auf der vom Thalmud angeführten spitzfindigen Ausdeutung des biblischen Verses[98], als auf der dort angenommenen Parallelisirung des Wortes »Lohnarbeiter« (Sachir). Es sind dies alles nur die bekannten, spätern Anlehnungen. Der ursprüngliche Grund liegt sicher gerade in der allgemeinen Bedeutung des Wortes Rea. Auch hier in unserer Mischna tritt dies klar dadurch hervor, daß ausdrücklich nur die Unterscheidung zwischen geheiligten, zum Opfer geweihten und gewöhnlichen Thieren aus diesem Ausdruck hergeleitet wird, weshalb auf erstere das Gesetz nicht ausgedehnt werden dürfe, während dieser Grund zur Erklärung eines Unterschieds der Entschädigungsverpflichtung zwischen Israeliten und Heiden nicht in Anwendung kommt, und umgekehrt das Gesetz über Uebervortheilung[99] auf Grund des angeführten Ausdrucks nur auf geheiligtes nicht angewandt, dessen Beschränkung aber dem Heiden gegenüber ganz weggelassen wird. Wenn spätere Gesetzeslehrer diesen Grund auch zur Beschränkung des Gesetzes Heiden gegenüber anführen[100], so beruht dies sicher, wie die Beschränkung selbst, auf einem Irrthume. Jedenfalls macht der Thalmud hier nur *dem* Heiden gegenüber einen Unterschied, der die sieben noachidischen |405| Gebote nicht beobachtet[101], also alle Rechts- und Sittengesetze mißachtete. Maimonides in seiner Mischnaerklärung, wo er diese Unterscheidung unter den Heiden selbst aufstellt, bemerkt dazu: daß ein solcher auf die Thierstufe zurückgesunkener Heide ganz dem Naturrechte verfallen sei, und auf die für die gesittete menschliche Gesellschaft getroffenen Ordnungen und Gesetze keinen Anspruch habe[102]. Indessen diese Erklärung resp. Unterscheidung stimmt ebenso wenig mit dem Wortsinne der Mischna, wie selbst mit den sonstigen humanen Ansichten des Maimonides überein. Es fehlt jedoch nicht an anderweitiger Erklärung jenes Gesetzes, um es als vollkommen gerechtfertigt erscheinen zu lassen, und auch hier jede principielle Unterscheidung zwischen Juden und Heiden abzuweisen. Im jerusalemischen Thalmud findet sich nämlich zur Erklärung des Gesetzes die kurze Notiz: »nach ihren Gesetzen« (כדיניהן). Maimonides von den Geldbeschädigungen erklärt diesen Ausdruck näher dahin: »die Heiden verurtheilten den Eigenthümer nicht zum Ersatz des Schadens, den sein Thier gestiftet, deshalb konnten die Juden auch ihnen gegenüber in einem solchen Falle zum Schadenersatz nicht verurtheilen. Dennoch hat man die Heiden für den Schaden, den ihre Thiere verursacht, für vollkommen ersatzpflichtig erklären müssen, weil sie sonst ihre Thiere nicht gehütet und diese allen möglichen Schaden angerichtet hätten.« Allein diese Erklärung, wenn sie auch der Sache nach gewissen heidnischen Gesetzen entsprechen sollte, was in Bezug auf

---

97 S. auch oben zweite Abtheilung.

98 5 M. 25, 14.

99 B. Mez. 4, 9.

100 cf. Maim. v. d. Diebstahle 2, 1. c. Mag. Misch.

101 Th. Jer. B. Kama IV. Hal. 3. Bab. 38, a.

102 S. oben.

die römischen Gesetze nicht der Fall ist, da diese den Eigenthümer für den Schaden, den seine Thiere angerichtet haben, allerdings verantwortlich machten [103], leidet offenbar an einem innern Widerspruche und hebt überdies die Ungleichheit vor dem Gesetze nicht auf. Wenn die Verhandlung vor einem jüdischen Gericht |406| stattfand, was hier vorausgesetzt wird, so mußte dieses, wollte es der vorgeschriebenen Gleichheit vor dem Gesetze genügen, den Israeliten, dessen Thier Schaden angerichtet, ebenso den Heiden gegenüber zum Ersatze verurtheilen, wie umgekehrt. Wollte man aber den Heiden nach *seinem* Gesetze und den Israeliten nach dem *jüdischen* Gesetze richten, so mußte dies geschehen, gleichviel ob der Eine oder der Andere der Kläger oder der Beklagte war. Den Israeliten aber den Heiden gegenüber nach dem heidnischen Gesetze freisprechen, wenn er der Schädiger war, und ihm nach dem jüdischen Gesetz Schadenersatz zusprechen, wenn er der Beschädigte war, widersprach dem Grundsatze der Rechtsgleichheit ebenso, wie alle Berechtigung dazu fehlte.

Man hat daher eine andere Erklärung jenes Ausdrucks im jerusalemischen Thalmud aufgestellt [104]: daß nämlich das heidnische Gesetz nur den Juden gegenüber den Heiden vom Ersatz des durch sein Thier angerichteten Schadens freisprach, während es umgekehrt den Juden den Heiden gegenüber in solchem Falle zum Schadenersatz verurtheilte, so daß also das jüdische Gesetz nur eine Reciprocität übte und mit dem Grundsatze völliger Rechtsgleichheit in Übereinstimmung war ebenso, wie es in der nothwendigen Abwehr seine Begründung findet. Diese Erklärung ist ohne Zweifel auch die richtige. Zwar kannte das römische Gesetz eine Sonderstellung *der Juden*, als solcher, im bürgerlichen Gesetze nicht und ist daher insofern diese Erklärung allerdings unrichtig – auch diese Unterscheidung war erst das Werk einer spätern anderweitigen Thätigkeit. Aber die Ausnahme bestand den *Fremden* überhaupt gegenüber. Der Fremde erfreute sich überhaupt des römischen Rechtsschutzes nicht: er war dem Gutdünken eines Specialbeamten (Praetor peregrinus) anheimgegeben, und bei dem ganzen römischen Recht dem Fremden gegenüber, das über- |407| haupt kein Recht war, kann es kaum einem Zweifel unterliegen, daß er auch in solchen Fragen rechts- und schutzlos war, und dürfte daher jene thalmudische Notiz auch von historischem Interesse sein.

[f) »Aus dem Irrtum eines Heiden darf man Nutzen ziehen«, bBQ 113b]

Diese Annahme erklärt es auch, wie schon Schorr richtig bemerkt, daß die Römer, welche bei R. Gamaliel das ganze jüdische Gesetz studirt, an diesem Gesetze keinen Anstoß fanden, wie es doch bei einigen andern, namentlich aufgeführten, der Fall war! Doch muß bemerkt werden, daß auch einige andere derartige Gesetze, von welchen wir noch sprechen werden, nicht als Anstoß erregend bezeichnet werden. Sie sollen nur drei Gesetze, nämlich: daß Beraubung des Heiden gestattet sei und das Verbot von Heb- und Säugammendienste der Israeliten bei den Heiden als mißfällig hervorgehoben haben. Was

103 Inst. lib. IV. Tit. IX. Si quadrupes pauperiem fecisse dicatur.
104 Schorr, im Namen Luzatto's he-Chaluz VI. S. 51

nun das erstere dieser letztern Gesetze betrifft, so kann hier das Wort Beraubung natürlich nicht im eigentlichen Sinne genommen werden. *Nirgends* im Thalmud findet sich
eine Spur, daß diese irgendwie gestattet gewesen sei. Dagegen läßt es sich nicht läugnen,
daß einzelne spätere Thalmudisten eine *Täuschung* des Heiden erlaubt hielten. Es ist dies
ein Zeugniß von der Begriffsverwirrung, die durch die Beraubungen und Plünderungen,
denen sie täglich ausgesetzt waren, unter welchen nicht alle wie ein R. Akiba oder R. Meïr
und Andere den reinen Geistesblick sich zu bewahren vermochten, entstehen mußte,
wenn nach Samuels oben angeführtem Ausspruche: »Das Landesgesetz ist Gesetz«, wonach sogar das Uebergehen des gesetzlich eingeführten Zolls als religiöses Verbrechen,
als Raub bezeichnet wird, also jedenfalls jedes auch noch so verhüllte Vergehen an dem
Eigenthum auch des Heiden als solcher bezeichnet wird, solche Ansicht hervortreten
konnte. Indessen scheint die ganze Erzählung von diesem Thalmudisten, einem spätern
Samuel und R. Khahana, anekdotisch zu sein; jedenfalls handelten sie religiös ungesetz-
lich, wie wir weiter sehen werden. Daß *Raub* und *Diebstahl* nach Thalmud und Rabbinen
|408| an dem verworfensten Götzendiener eben so wie an dem Israeliten verboten waren,
steht überall fest [105]. Aber auch jede *Täuschung* ist nach dem thalmudischen *Gesetze* ebenso verboten. Doch dieser letztere Punkt, der wenigstens nach einer gewissen Richtung von
Erklärern und einzelnen spätern Gesetzeslehrern mißverstanden wurde und daher zu
einem der gewichtigsten Vorwürfe gegen Juden und Judenthum nicht selten und noch
in der neuesten Zeit gedient hat, indem man einmal fälschlich annahm, *jede* Täuschung
eines Heiden sei unbedingt erlaubt, und sodann wieder falsch das Wort Goi (Heide) mit
»Nichtisraelit übersetzte, fordert eine nähere Besprechung.

Im Thalmud [106] heißt es, gleich nach dem Ausspruche R. Akiba's, daß man mit dem
Heiden genau abrechnen müsse, also *jede* Täuschung verboten sei, im Namen des berühmten Lehrers Raba, daß zwar jede Beraubung und jeder Betrug gegen Heiden verboten, *Haphkaat Halwaato aber erlaubt* sei und scheint dies auch vom Thalmud als gesetzliche Bestimmung anerkannt worden zu sein.

Welche Handlung ist nun aber mit dem letztern Ausdruck verstanden? Der berühmte Commentator Raschi erklärt allerdings, daß damit die Benützung *eines Irrthums von
Seiten des Heiden* gestattet worden sei, d. h. daß man den Heiden auf *seinen* Irrthum nicht
aufmerksam machen müsse, niemals, daß man ihn selbst täuschen oder übervortheilen
dürfe. [107] Allein diese Erklärung kann um so weniger richtig sein, als Raba dieses Gesetz
mit der kurz vorher angeführten Lehre des R. Akiba, wornach, wie wir sahen, *jede* Uebervortheilung eines Heiden, auch jede Benützung eines Irrthums von Seiten desselben *unbe-
dingt* verboten ist, denn es soll streng genaue |409| Abrechnung mit ihm stattfinden, in
Einklang gesetzt wissen will. Auch wäre der Gegensatz in dem eigenen Ausspruch nicht
richtig, indem es doch jedenfalls auch eine gewisse Beraubung wäre. *Die Lehre R. Akiba's
ist zum Gesetze erhoben.* Maimonides v. d. Diebstahl 7, 8 stellt demgemäß auf: »Mag
Jemand im Verkehr mit Israeliten oder mit Götzendienern sein, so übertritt er das gött-

---

105 Tal. l. l. Maim. v. Raube und Verloren I,1. Chosch. Mischp. c. 348. s. oben zweite Abth.
106 Baba Kama 113, b.
107 S. Sipthe Kh. zu Chosch. Mischp. c. 248, Sig. 3.

liche Gesetz, wenn er falsch messet oder wägt, und muß es erstatten. *Ebenso ist es verboten, einen Heiden in einer Rechnung zu übervortheilen, man muß vielmehr streng und genau mit ihm abrechnen, denn es heißt: er rechne mit seinem Käufer ab* [108]. Dies galt im gelobten Lande, wo Dir der Heide unterthan war, wie vielmehr da, wo dies nicht der Fall ist, und es ist dies in dem Ausspruche der Schrift enthalten: Ein Gräuel Gottes ist Jeder, der solches thut, jeglicher, der Unrecht übt« [109]. Noch entschiedener und umfassender spricht sich Maimonides in seinem Mischnacommentare [110] |410| gegen *jede Art* Uebervortheilung auch von Nichtjuden aus. Er richtet hier seine Worte sogar ausdrücklich und besonders scharf gegen die, welche *irgend eine Uebervortheilung des Nichtjuden unter irgend welcher Form* sich gestatten, und verbietet sie auf's Strengste nicht nur auf Grund des angeführten Ausspruchs R. Akiba's, sondern auch der Lehre Samuels (Cholin 94, a.), die allgemein giltiges Gesetz ist: »daß man nämlich selbst den Heiden nicht einmal mit Worten täuschen, ihm z. B. nicht Geflügel, dessen Genuß dem Israeliten verboten ist, mit der Vorgabe des Gegentheils zum Verkaufe anbieten dürfe«. Wenn nun eine Täuschung des Heiden selbst durch bloße Worte, woraus ihm gar kein Schaden erwächst, verboten ist, um wie viel mehr ist jede Täuschung durch die *That,* die ihm Schaden zufügt, verboten«. Ganz ebenso sprechen sich alle Gesetzeslehrer aus. *Sie verbieten sogar jede Täuschung auch nur zum Scherze, oder um einen Andern in augenblickliche Verlegenheit zu setzen,* |411| *damit man sich an solche Handlungen nicht gewöhne.* Das gleichlautende Gesetz darüber sagt bei allen: »Es ist verboten, auch nur das Geringste zu stehlen, selbst nur zum Scherze, oder nur zum Scheine, um es sofort zurück zu geben, oder um sich Gelegenheit zu verschaffen, dem Andern den gesetzlichen doppelten Werth zu bezahlen (der außerdem ein Geschenk zurückweisen würde), oder ihm eine augenblickliche Verlegenheit zu bereiten, Alles ist verboten, *damit*

---

108 3 M. 25. 50. welche Stelle sich gerade auf den Heiden v. 47. bezieht; es ist dies R. Akiba's Beweis zu seinem Ausspruch, s. Siphra, Onkel. zu v. 47.

109 5 M. 25,16.

110 Khelim 12,7. Es ist wichtig, diese Stelle im Text und Uebersetzung vollständig hierher zu setzen. Die Mischna stellt hier das Gesetz auf, daß eine Münze, sobald sie um ein gewisses (näher bestimmtes) Theil abgegriffen sei, zerschnitten (unbrauchbar) gemacht werden müsse. Maimonides bemerkt dazu, es könnte sonst Jemand, der es nicht versteht, damit betrogen werden, und fährt dann fort: שזאת ההטעה מותרת עם הנכרי' היא טעות ודעת אמת בלתי אמת אמר רשי"ב בדין קנינו במוכר עצמו לעובד ע"א
או לע"א עצמה כמו שבא בפי' אמר וחשב עם קונהו ואמרו ז"ל יכול יגלום עליו ת"ל חשב ידקדק עמו בחשבון וענין יגלום יערים עליו ויטעהו ואמרו ... אם החמירה תורה ... וכן אינו מותר הבדוי והתחבולה והאונא' והעקיפות על הנכרי אמרו
אסור לגנוב דעת הבריות אפילו דעתו של נכרי ... ואלו הרעות כלן אשר ביאר השי"ב שהוא יתעב אותן ויתעב עושם אמר
כי תועבת ה' אלהיך כל עוש' אלה |410| »Der Gedanke, daß eine solche Täuschung gegen Nichtjuden gestattet sein könne, wäre ein großer Irrthum und unwahr. Gebietet ja die h. Schrift, daß der Israelite, der sich sogar einem Götzendiener, oder für den Dienst des Götzen selbst (in dessen Tempel) als Sklave verkauft, bei seiner Einlösung genaue (strengrechtliche) Abrechnung halten soll, ohne irgend welche Täuschung oder Uebervortheilung, wie unsere Weisen es erklären. So ist auch *jede* Lüge, Ueberlistung, Täuschung, Uebervortheilung gegen den Nichtjuden verboten. Darf man ja auch selbst die Meinung des Nichtjuden nicht täuschen (d. h. ihm eine andere Meinung von unserm Verhalten gegen ihn beibringen wollen, als es in Wahrheit der Fall ist). Solche Meinungen und Thaten, sowie die, welche sie sagen und üben, verabscheut Gott. Von ihnen heißt es: ›Ein Greuel des Ewigen, deines Gottes, ist Jeglicher, der Unrecht thut.«« (Deut. 25,16.) Vgl auch Mischna Thora, Deoth 2,6.

man sich an dergleichen nicht gewöhne … mag man es einem Heiden oder einem Israeliten, einem Erwachsenen oder einem Kinde thun«[111].

Um so auffallender muß demnach allerdings der so oft zum Vorwande der feindseligsten Angriffe gegen Juden und Judenthum genommene Ausspruch späterer Rabbinen: »der Irrthum eines Heiden ist erlaubt«[112] erscheinen. In Bezug auf diesen Ausspruch muß nun aber doch vor Allem bemerkt werden, daß die Übersetzung mit Nichtisraeliten jedenfalls falsch ist, wenigstens soweit man den Thalmud im Auge hat, denn die Stelle[113] im Thalmud, dem er entnommen ist, kann sich ihrem Zusammenhange nach nur auf die damaligen römischen (heidnischen) Verhältnisse beziehen. Ferner muß festgehalten werden, daß eine *absichtliche* Täuschung der Heiden von Seiten der Israeliten jedenfalls unbedingt von *Allen* verboten wird, und es sich nur darum handelt, einen *Irrthum* von *Seiten eines Heiden selbst* in der Rechnung zu benützen. *Aber auch dieses ist sicher falsch* nach dem thalmudischen *Gesetz*, dem gegenüber die Meinungen einzelner Rabbinen keinen Werth haben. Die Stelle, worauf man sich beruft, will offenbar weiter nichts sagen, als daß in dem *einzigen* Falle eine Täuschung erlaubt sei, *wenn man nur auf* |412| *diese Weise zu einem dem Heiden gemachten Darlehen gelangen, es von dem schlechten Schuldner herausbringen kann*, und das ist der Sinn der im Anfang der Besprechung dieses Vorwurfs angeführten Worte: Haphkaath Halwaatho.

Es würde sich hier also gar nicht um eine Täuschung handeln, *wodurch der Getäuschte irgend einen Schaden erlitte;* es würde auch nicht im Widerspruch stehn mit R. Akiba's *gesetzlich giltiger Lehre, die wir oben angeführt*, sowie mit allen Gesetzen (Halacha) und Aussprüchen der gefeiertesten Lehrer, sondern es handelt sich um das gewiß gerechtfertigte Streben, sein *eigenes* Guthaben bei einem schlechten Schuldner zu retten. Selbst eine *solche* Täuschung ist sonst verboten, da diese ja selbst zum Scherze oder zu Wohlthätigkeitszwecken verboten ist, »damit man sich nicht daran gewöhne«, ist aber hier, »um sein Darlehen heraus zu bringen«, gestattet. Es ist hier nicht der Ort, diese Auffassung als die einzig richtige, dem sprachlichen Ausdrucke und dem Zusammenhange angemessene nachzuweisen. Wir thaten dies an einem andern Orte, worauf wir den Leser verweisen, der sich genau darüber unterrichten will[114].

Der Ritualcodex des R. Joseph Karo stellt daher die gesetzlichen Bestimmungen nach der Anleitung des Maimonides vollkommen auf. Wir wollen sie der Wichtigkeit der Sache wegen, und da es uns wesentlich darum zu thun ist, das *positive* Sittengesetz des Judenthums andern Bekenntnissen gegenüber, sowohl für unsere Glaubensgenossen, soweit ihnen dasselbe nicht ganz klar sein sollte, als für die vorurtheilslosen gebildeten Männer anderer Bekenntnisse – denn mit der Feindseligkeit ist jeder Kampf vergebens – möglichst umfassend darzustellen, die Stelle im Karo vollständig hierhersetzen.

---

111 Tos. Mischp. 348, 1. 2.

112 מעות עכו״ם מותר. מעות taüth, syr. taütho heißt überall Irrthum, niemals Täuschung.

113 B. Kama 113, b.

114 Forschungen des wissenschaftlich thalmudischen Vereins Nr. 6, Beilage zu »Ben Chananjah« 1866. Nr. 35.

|413| »Es ist *verboten* (אסור) auch den geringsten Diebstahl zu begehn, wenn auch nur zum Scherze oder um es zurück zu geben, oder dem Bestohlenen (der kein Geschenk von uns annehmen will), die gesetzliche Strafe des doppelten Werthes zu bezahlen[115], oder um ihn in Verlegenheit zu bringen, *Alles* dieses ist verboten, damit man sich nicht daran gewöhne. Wer auch nur den geringsten Werth stiehlt (גונב, sich ohne Wissen des Eigenthümers in dessen Besitz setzt), übertritt das biblische Gesetz: »Du sollst nicht stehlen«, gleichviel vom Juden oder Nichtjuden«[116].

Ferner: »Es ist *verboten*, auch das Geringste von einem Andern gewaltsam zu nehmen (לגזל) oder das Erhaltene vorzuenthalten (לעשק) sowohl vom Juden, als vom Nichtjuden«[117].

Und diese Sittengesetze, die jede Aneignung auch des geringsten Werthes, der uns nicht gehört, vom Juden oder Nichtjuden verbieten, stehen bei allen alten großen Thalmudlehrern[118] unbedingt und ausnahmslos fest.

|414| Nun haben allerdings spätere Thalmudisten, wie wir oben erwähnt, im Widerspruch mit den alten Gesetzen die spitzfindige Unterscheidung gemacht: daß der von dem Heiden selbst (von dem allein konnten sie sprechen) begangene Irrthum in einer Rechnung von dem Israeliten zu seinen Gunsten benützt werden dürfte, ohne verpflichtet zu sein, ihn darauf aufmerksam zu machen. Es ist aber bezeichnend, daß Albo[119] diesen Ausspruch in seinem Ritualcodex nicht aufnahm, obgleich ihn der Verfasser des Tur, sein Vorgänger auf diesem Gebiete, hat, der auch einer falschen Erklärung von Hafkaath Halwaatho folgt.

Indessen dieser in den schlimmsten Zeiten gethane Ausspruch[120] wäre um so mehr

---

115 S. oben.

116 Sch. Ar. Chosch. Mischp. c. 348, 3. Solchen Gesetzen gegenüber sollte man sich doch endlich schämen, in seiner blinden Wuth gegen Juden und Judenthum sogar so weit zu gehn, Betrug und Diebstahl gegen Nichtjuden als ein *Gebot* des Judenthums darzustellen. Wäre es wirklich möglich, daß eine solche Religion (sit venia verbo) sich solange erhalten könnte?

117 Chos. Misp. l. l. c. 359. Ueber den Begriff der Worte גזל, גנב, עשק, wie wir sie oben angegeben, s. die Gesetzeslehrer.

118 S. auch zweite Abtheilung. Der Thalmud sagt sogar: שזה ביני B. Bathr. 88, b. Maimonides bemerkt dazu: קשה עונשן של מדות יותר מעונשן של עריות לבין המקום וזה ביני לבין חברו »Die Uebertretung dieser Sittengesetze ist strafbarer als selbst Blutschande, denn hier handelt es sich um Sünden gegen Gott, dort um solche gegen den Nebenmenschen.« Vgl. d. Diebstahl VII, 12. Der Thalmud selbst gibt als Grund an: daß auf diese Buße, auf jene solche nicht stattfinden könne. Vgl. die Comm. z. St.

119 [Richtig: Caro. Grünebaum verwechselt anscheinend die beiden Autoren. Anm. d. Hrg.]

120 Schleiden in seiner von umfassenden Studien auch auf diesem Gebiete, wie sie des berühmten Gelehrten würdig sind, zeugenden Abhandlung: »Die Bedeutung der Juden für Erhaltung und Belebung der Wissenschaften« im October- und Novemberhefte 1876 der Westermann'schen Monatshefte, macht die richtige Bemerkung: »In denjenigen Stücken des Thalmuds, in welchen Einzelne die ernsten Vorschriften und Betrachtungen durch philosophische Versuche, durch poetische Ausführungen in Sage und Dichtung zu erläutern suchten, und die man die *Agada* nannte, kommen unzweifelhaft gewöhnlich von augenblicklichen feindseligen Aufregungen, zu denen nur zu oft genügender Grund gegeben war, veranlaßt, Auswüchse in schwärmerischer oder haßerfüllter Färbung vor. *Aber auch diese Theile sind nur Nebendinge, und weit entfernt, den Geist des Ganzen zu bezeichnen.*«

längst vergessen, wenn nicht der Glossator des Karo'schen Codex, der sonst thalmudisch hochgelehrte und in vielen Dingen auch einen freien Blick bewährende polnische Rabbiner R. Moses Isserles, der es als Gewissenssache betrachtete, *jede* Ansicht in seinen Glossen aufzunehmen, auch diese aufnehmen zu müssen geglaubt hätte, er wäre um so mehr längst vergessen, als er nur in den ältern Ausgaben des Thalmuds noch gefunden wird, in den spätern dagegen sei es von den Censoren, sei es von den Juden selbst, eben um feindselige Ausbeutung zu verhindern, eliminirt wurde, |415| obgleich die beliebte feindselige Deutung in doppelter Hinsicht falsch ist, einmal darin: daß man das Wort »Taüth« Irrthum fälschlich mit Täuschung übersetzte, wie wir bereits nachgewiesen, sodann darin: daß man Goi oder gar Akkum (עובד עכו״ם כוכבים ומזלות Sterne- und Planeten-Anbeter), wie es fast überall heißt, was nur den Heiden bedeutet, frischweg, ebenso falsch, mit Nichtjuden übersetzte, und den ganzen Satz: »Tauth Goj Muthar« was wörtlich nichts anders heißt und heißen kann, als: »der *Irrthum* eines *Heiden* ist erlaubt (zu benutzen)[«], zu übersetzen sich erlaubte: »Die Täuschung eines Nichtjuden, speziell sogar eines Christen, ist gestattet[«]. Jedenfalls ist der ganze Lärm in unserer Zeit völlig gegenstandslos. Die israelitische Jugend wird seit länger als einem halben Jahrhundert nach unsern Katechismen unterrichtet, in welchen das Sittengesetz so rein und so erhaben gelehrt wird, daß sie kühn mit allen andern, auch den geläutertsten, den Vergleich aushalten können, wie wir später noch nachweisen wollen, und unter tausend Juden wird man kaum einen noch finden, dem der Thalmud nicht mindestens ebenso unbekannt wäre, als den Verfassern der judenfeindlichen Pamphlete, die in der neuesten Zeit wieder so häufig wie Pilze aus dem Sumpfboden emporschießen, was doch gewiß viel sagen will, ja man kann sagen noch unbekannter, da sie den Eisenmenger nicht besitzen, aus welchem Jene ihre Weisheit schöpfen.

Wir wollen damit nicht sagen, daß die Kenntniß des Thalmuds nicht förderlich sei für das sittliche Leben. Im Gegentheil, der Thalmud bietet in seinen gesetzlichen Theilen wie für den Fortschritt überhaupt dem, der sich in seinen wahren Inhalt an der Hand der Geschichte zu vertiefen vermag, für die Sittenlehre insbesondere, und in dem unerschöpflichen Schatze seiner reichen Sprüche wie die herrlichen »Sprüche der Väter« allein schon beweisen, ja selbst in seinen Parabeln und Legenden, wenn ihre Sprache verstanden, und ihre, allerdings oft überschwenglichen Bilder in dem Lichte des Morgen- |416| landes betrachtet werden, eine reiche Fülle von Lehren, die nur veredelnd wirken können, wie schon der gelehrte Reuchlin der Denunciation des unwissenden Apostaten Pfefferkorn gegenüber sich aussprach. Wir sprachen bloß von der Thatsache, wie sie heute besteht.

Schon vor vierunddreißig Jahren suchten wir jene Einwirkung des Thalmuds in den trübsten Zeiten des Mittelalters darzuthun. »Ein Verdienst, sagten wir damals[121], kann dem Thalmud nicht wohl streitig gemacht werden, ein Verdienst, das von historischer Bedeutung ist, nicht bloß für die Juden, sondern ohne Zweifel für die ganze Menschheit …«

Um das begreiflich zu machen, muß es uns erlaubt sein, eine Bemerkung vor-

---

121 In der Schrift: »Zustände und Kämpfe der Juden mit besonderer Beziehung auf die baierische Rheinpfalz.« Mannheim, J. Bensheimer, 1843. S. 27 ff.

anzuschicken. Nämlich der charakteristische Unterschied zwischen der jüdischen Ascesis, wie sie der Thalmud lehrt, und der christlichen, wie sie nicht minder als bei den Juden von der Kirche cultivirt ward, besteht darin, daß die jüdische Ascesis als erstes Gebot das fleißige ununterbrochene Studium des Gesetzes und seiner Erklärungen, d.h. eben des Thalmuds an die Spitze stellte, während die christliche Ascesis auch von der dürftigsten Kenntniß losgetrennt sein konnte. Schon der alte Hillel lehrte neben den goldnen Sprüchen: »Sondere dich nicht von der Gemeinde ab«[122]; »Vertraue dir selbst nicht bis an deinen Todestag«; »*Richte deinen Nächsten nicht, bis du in seine Lage gekommen*«; zugleich: »Ein roher Mensch scheut die Sünde nicht«, »ein |417| Unwissender kann kein Frommer sein« (Spr. d. V. II, 3. 4.). »Hast du viel studirt, so wirst du viel Belohnung empfangen«, lehrt R. Tarphon (l. l. 16.). Tractat Pea Mischna 1. wird das Studium des Gesetzes sogar über die höchsten Pflichten des Menschen gestellt. »Folgendes sind Dinge, heißt es da, deren Früchte der Mensch in diesem Leben genießt, deren Stammgut aber für das künftige Leben stehen bleibt: Ehrerbietung gegen Vater und Mutter, Mildthätigkeit, Friedenstiften unter den Menschen, *Studium des Gesetzes aber geht über Alles*«. So wurde also das Gesetzesstudium, d. h. des ganzen Umfangs desselben in Mischna und Thalmud selbst als ein Gebot, und zwar als das größte und wichtigste gelehrt; es war selbst eine Satzung, die zur Zeit, als die thalmudischen Satzungen streng beobachtet wurden, von jedem Juden ohne Ausnahme gewissenhafte Erfüllung fand. An der Spitze aller ascetischen Regeln stand Gesetzesstudium als erster und Hauptpunkt. »Das Studium führt zur Ausübung«, und: »Ohne Studium keine rechte Uebung«. Dies waren die Sätze, von denen man ausging. Es ist unsäglich, welchen mächtigen Einfluß diese Lehre auf den Culturzustand der Juden und vielleicht von ganz Europa übte. In jenen Zeiten der finstern Barbarei, des rohesten Fanatismus, des wildesten Faustrechts, als aus ganz Europa alle menschliche Bildung gewichen, und eine fanatische, unwissende Hierarchie die christliche Welt in Fesseln schlug und dabei statt für den Himmel, für die Erde und ihre Herrschaft kämpfte[123], waren die Juden die einzigen Träger der Wissenschaft[124], die sie durch die Nacht der Zeiten bis zum Aufgang einer neuen Morgenröthe muthig hindurchtrugen.

|418| Der Thalmud umfaßt an sich schon alle wissenschaftlichen Disciplinen, freilich auf zum Theil niedern Stufen, manche, wie die Jurisprudenz sogar schon in hohem Grade. Wie dem aber auch sei, das Studium des Thalmuds hielt den Geist wach, erzeugte sogar eine in hohem Grade merkwürdige Schärfe desselben. Darum waren die Juden überall, wo sie nicht gewaltsam zurückgedrängt wurden, jedem zeitigen Geistesaufschwunge so zugänglich, in jeder Sphäre wissenschaftlicher Bestrebungen so bald heimisch und selbst ausgezeichnet, weil es immer nur höchstens ein neues Objekt für den durch den Thalmud fortwährend im Denken geübten Menschengeist war. Größere Geister wurden sogar durch den Thalmud, der überall eine *Begründung* der religiösen Vorschriften sucht, nach

---

[122] Es ist eine traurige Erscheinung, daß die heutigen sich selbst so nennenden Orthodoxen, überall gerade auf diese Absonderung von der Gemeinde ausgehen. מי יקום יעקב כי קטן הוא

[123] Wer denkt da bei so manchen heutigen, ganz ähnlichen Vorgängen nicht an das Wort des Predigers. »Es gibt nichts Neues unter der Sonne!«

[124] S. auch Schleiden l. l., wo dies an der Hand der Geschichte im Einzelnen nachgewiesen ist.

Ursache und Bedeutung derselben fragt, zu tieferm Nachdenken geweckt, das, von den thalmudischen Erklärungen unbefriedigt, zur philosophischen Speculation und überhaupt zur Cultivirung der Wissenschaften hindrängte und auf diese Weise die im Innern entstandene Leere auszufüllen suchte. Wie daher allerdings in despotischen Ländern, wo überhaupt der Aufschwung des Geistes gehemmt und freie Lebensbewegung gelähmt wurde, wie in Polen, durch das Thalmudstudium religiöse Intoleranz und Engherzigkeit entstanden sein mochten, obgleich dasselbe auch da noch die Israeliten vor der thierischen Rohheit der übrigen Bevölkerung schützte, so erfolgten gerade aus ihm und durch ihn unter bessern Verhältnissen die herrlichsten, überraschendsten Resultate, Resultate, die allein schon geeignet sein möchten, in dem Thalmud eine Schutzwehr gegen Geistesverdumpfung unter allen Verhältnissen zu bewahren. Die jüdischen Männer, die während der glücklichen Zeit der Maurenherrschaft in Spanien blühten, wie Maimonides, Ibn Esra und tausend andere, wurden die Vermittler echter Wissenschaftlichkeit für ganz Europa. Ihr Geist und ihre größtentheils in der Landessprache verfaßten Werke wirkten mächtig und zündeten in Spanien, im südlichen Frankreich, in Italien und Holland, wohin die spätere, |419| schändliche Austreibung aus Spanien und Portugal die Hochgebildeten trieb, in tausend Geistern Licht, fachte in tausend Herzen Liebe zur Wissenschaft an. *Darum* eben wurden die Juden aus Spanien vertrieben, weil ihre hohe Geistesbildung auch auf die christlichen Sieger zu wirken drohte, die dadurch wohl weniger willig die Fesseln tragen mochten, in die man (der zu gleichem Zwecke verbundene geistliche und weltliche Despotismus) sie zu schmieden beabsichtigte; *darum* auch ging Spanien seinem Untergange entgegen, allerdings nicht sowohl wegen des Einzelfactums der Austreibung der Juden, obgleich der Verlust von dreimalhunderttausend freien Männern einem Staate schon eine Wunde schlagen kann, sondern hauptsächlich wegen des *Princips*, das ihre Austreibung bewirkte, wegen des *Geistes*, der sie hervorrief und der Knechtung des Volkes, die in ihren Folgen war.[125]

|420| Kehren wir nun zurück zum weitern Nachweise des Verbots von jedem Betrug

---

[125] Das Obige widerlegt allein schon die Faseleien B. Bauer's, »daß sich die Juden nur in einem Staate, der soviel wie möglich keiner ist (Polen) einhausen können«; ferner von dem Mangel der geschichtlichen Entwickelungsfähigkeit derselben, sowie »daß der Jude, als Jude, ohne aufzuhören Jude zu sein, für die Fortbildung von Kunst und Wissenschaft nicht arbeiten, für *Freiheit gegen die Hierarchie* nicht kämpfen könne.« So schrieben wir vor vierunddreißig Jahren, und wir glauben, überzeugt sein zu dürfen, daß Bruno Bauer selbst, wenn er aus dem völligen Mangel an Kenntniß und Verständniß der Thatsachen der Geschichte in der Vergangenheit auf seinen ersten Sätzen vielleicht bestanden, den letztern gewiß zurückgenommen hätte, sobald er den verbissenen Ingrimm und die wahrhaft schaudererregende, tägliche Judenhetze gerade von dieser Seite gesehn hätte. Die »Hierarchie«, die Bauer hier im Auge hat, kann doch nur die herrschsüchtige, ultramontane Jesuitenpartei sein, und die weiß ihre Gegner recht gut herauszufinden. Nationalliberalismus und Judenthum müssen unter den Daumen gebracht werden – das ist die Quintessenz ihrer unaufhörlichen Agitationen.
Wie wohlthuend wirkt dagegen das Urtheil eines freien Mannes (Schleiden, l. l.) »Ganz Europa«, sagt dieser, »hat sein Mittelalter gehabt, eine Zeit der Rohheit, des geistigen und sittlichen Verfalls, |420| wie er trauriger nicht gedacht werden kann, nur die Juden machen davon eine Ausnahme. Trotz Zerstreuung und Unterdrückung, die ihnen oft die einfachsten Menschenrechte, ja

und jeder Täuschung gegen Heiden, um so mehr also gegen Christen, so finden wir, daß die Rabbinen zu jeder Zeit dem obigen Ausspruche des spätern Thalmudisten, selbst in dem einzig richtigen, beschränkten Sinne: daß auf den von dem Heiden selbst begangenen Irrthum nicht aufmerksam gemacht werden müsse, mit aller Entschiedenheit entgegen getreten sind und jedes Unrecht, welchen Namen es auch trage, und gegen wen immer es geübt werden möge, unbedingt verworfen haben.

Um von Maimonides und den übrigen jüdischen Religionsphilosophen nicht zu reden, die entweder das Streben nach *Gottähnlichkeit* oder nach *Vollkommenheit* als den Kern und das Wesen aller Religion und den Grundgedanken jedes Sittengesetzes aufstellen, wodurch von vorn herein jede Beschränkung ausgeschlossen ist [126], so tritt uns dasselbe auch |421| in den den Rabbinismus starr vertretenden jüdischen Lehrern des Mittelalters entgegen. Wie Tana d'be Eliahu, den wir in der zweiten Abtheilung schon angeführt, so sprechen sich die frömmsten und dem Thalmud auf's Strengste anhängenden Rabbinen des Mittelalters aus. So besonders auch in dem berühmten »Buch der Frommen« (Sefer Chasidim, vf. Anfang des 13. Jahrh.). Der Verfasser des Buches, mag er Jehuda Sir Leon in Paris, oder Jehuda b. Samuel aus Worms (Regensburg) sein, hat keine Ahnung von Philosophie, ist vielmehr noch in den finstern Spuk seines Zeitalters, in Gespenster- und Hexenwahn befangen, in der Schrifterklärung selbst dem aller gesunden Exegese spottenden Agadistenwesen zugethan, und dennoch ist sein Sittengesetz so rein und unbeschränkt, daß sich keine Philosophie dessen zu schämen braucht.

»Wie gegen den Israeliten«, heißt es in diesem Buche, »so mußt du auch gegen den Nichtjuden redlich sein, *darfst keinen Irrthum des letztern zu deinen Gunsten benutzen*, damit der göttliche Name durch dich nicht entweiht werde«. Ferner: »Das Geld der Wucherer, der Mißgünstigen, der Münzenbeschneider, vernichtet den Wohlstand, in wessen Hand es im-

---

selbst die Berechtigung zum Leben raubte, haben sie sich bis zum Ende des Mittelalters fortentwickelt und den übrigen Völkern die Grundlagen der Sittlichkeit bewahrt und überliefert.«

Daß aber an dieser unläugbaren, für Wissenschaft und Sittlichkeit hochwichtigen Erscheinung gerade das unter den Juden des Mittelalters allgemein verbreitete Studium des Thalmuds und der zu diesem Zwecke überall bestehenden Schulen der alleinige Grund war, besonders für Deutschland und das nördliche Frankreich, wo der Thalmud, im Gegensatz zu Spanien und dem südlichen Frankreich, wo neben demselben *alle* Wissenschaften cultivirt wurden, fast allein alle geistige Thätigkeit umfaßte, darüber bestand bei uns niemals ein Zweifel.

126 Maim. hat nicht bloß die Gottähnlichkeit (s. Dr. David Rosin, Die Ethik des Maimonides), sondern auch die *Vollkommenheit als Mensch* שלמות als Ziel des Sittengesetzes aufgestellt (Einleitung in Misch. Synh. X.). Es sind dies übrigens nur die Grundlehren der göttlichen Offenbarung sowohl wie des Thalmuds. So wird schon Abraham gerühmt, weil er »seinen Söhnen und seinem |421| Hause nach ihm befiehlt, daß sie wahren den »*Weg Gottes*«, *Liebe und Recht zu üben;* so wird später Israel aufgefordert, »*heilig zu sein*«, weil Gott heilig ist (d. h. Recht und Liebe übet); so wird ferner Israel wiederholt aufgefordert, *in den Wegen Gottes zu wandeln*, d. h. nach Gottähnlichkeit und Vollkommenheit im sittlichen Leben zu streben, und so heißt es endlich im Thalmud (Sota fol. 14, a.) zu dem Verse: »Dem Ewigen, euerm Gotte, sollt ihr nachwandeln« (Deut. 13, a.): »Wandle den göttlichen Eigenschaften nach«, להלך אחר מדותיו של הקב״ה u. s. w. Gottähnlichkeit und Vollkommenheit ist dasselbe. Denn Gott ist das vollkommenste Wesen. Wenn also der Mensch nach Gottähnlichkeit streben soll, so ist dies nichts anders, als daß er nach Vollkommenheit strebe. Vgl. Jos. Aub, Grundlage u. w. § 74.

mer gelangen mag«. »Niemanden thue man Unrecht, auch nicht dem Nichtjuden. Solche Dinge bringen den Menschen herab und ist an solchem Vermögen kein Glück, und wenn diese Folgen des Unrechts nicht sofort an dem hervortreten, |422| der es verübt, so geschieht es gewiß bei seinen Nachkommen« [127].

Ferner: »Wer über die Menschen sich erbarmt, findet Erbarmen |423| bei Gott; thun wir das nicht, so gleichen wir dem Thiere, das auch kein Mitgefühl mit dem Schmerze hat, den es Andern verursacht [128]. »Einem Nichtjuden, der die sieben noachidischen Gebote beobachtet, bist du nicht nur alle Rechts- und Liebespflichten gleich dem Israeliten schuldig, sondern du mußt ihn mehr als den letztern, der dem Thalmudstudium nicht obliegt [129], achten und ehren« [130].

Ganz ebenso sagt ein anderer, frommer und gelehrter Rabbiner, der Verfasser des Beer Hagola zu dem Ritualcodex, von dem wir noch sprechen werden, daß auch Heiden gegenüber in jeder Hinsicht die strengste Redlichkeit zu beobachten sei [131].

---

127 No. 1073 und 1074. Vgl. 1075–1078. Es ist außerdem interessant, an diesem »Frommen« den Unterschied zwischen den wahren, *alten* Orthodoxen und den mit Vorliebe sich so nennenden Orthodoxen unserer Zeit zu bemerken. Wie schmähen und lästern diese letztern tagtäglich in ihren Organen, wie verleumden sie jeden, der nicht zu ihrer Fahne schwört. Der alte Fromme sagt, entsprechend dem thalmudischen Ausspruche: »Die Lügner, die Verleumder, die Heuchler, die Spötter haben keinen Antheil am ewigen Leben« (No. 4.). »Der Verleumder ist ein Gottesleugner« (No. 34.). Wie scheuen sie sich nicht, einen Gegner *öffentlich* zu beleidigen! Der alte »Fromme« lehrt, wieder in Uebereinstimmung mit dem Thalmud: »Wer seinen Nebenmenschen öffentlich beschämt, ist des Todes schuldig« (No. 54 u. o.). Wie suchen sie die Gemeinden zu trennen, Streit und Hader zu erregen und Spaltungen hervorzurufen, um einen ihrer Schleppträger unterzubringen. Wie warnt dagegen der alte Fromme vor allen Spaltungen, wie ermahnt er zu Frieden und Eintracht. Wie schreien sie Zeter, wenn ein deutsches Gebet eingeführt werden soll, obgleich nur eine verschwindend kleine Zahl die hebräischen Gebete versteht. Der alte Fromme sagt: »Es ist besser, wir beten, lesen das Sch'ma und die Segenssprüche in einer uns verständlichen Sprache, als in der hebräischen«, wer sie nicht versteht, von einem solchen heißt es: »Es wird Einem das Buch gegeben, der es nicht versteht, mit den Worten: Lies doch dieses! er aber spricht: Ich verstehe kein Buch«; ferner: »Dieses Volk naht sich mir mit den Lippen, ihr Herz aber ist fern von mir« (No. 785.) Vgl. 588: »Wenn das Herz nichts von dem versteht, was der Mund spricht, was nützt dies dann«? Allerdings ist diese Entscheidung des alten Frommen, wie sich von vorn herein vermuthen läßt, wieder nur in Uebereinstimmung mit dem Thalmud (s. oben S. 118 Anm.) und den Gesetzeslehrern (Maim. v. Sch'ma. c. 2. Tur Or. Chaj. u. Schulch. Ar. c. 62 f. Beth Joseph zu Tur.). Um so unbegreiflicher erscheint jener Lärm, wo es sich, wie in unsern Synagogen, nicht einmal um jene typischen Gebete handelt, sondern von gewöhnlichen Bitt- und Lobgebeten, die jedenfalls verstanden werden müssen: תפלה רחמי נינהו כל הכיא דבעי מצלי (Sot. l. l.) wozu Raschi: ההוא לשנא דידע לכוין לצלי »Das Gebet drückt Liebe zu Gott aus, man bete daher in der uns verständlichen Sprache«.

128 No. 17.

129 Gegen einen solchen ist besondere Ehrerbietung geboten.

130 No. 358. Daß das Christenthum diese sieben noachidischen Gebote (s. 2. Abth.), ebenso gut, wie das Judenthum, und zwar, wie dieses, als göttliche Gesetze gebietet, ist bekannt, und schon dadurch, auch wenn es die Rabbinen nicht besonders hervorheben würden, fallen alle Anklagen, die aus einzelnen thalmudischen Aussprüchen geschöpft werden, den Christen gegenüber in ihr Nichts zusammen.

131 Sowohl bei einem Irrthum von Seiten des Heiden (Choschen Mischpat c. 348. als in Bezug auf die Verpflichtung zur Rückgabe eines gefundenen Gegenstandes), das. c. 266 s. weiter.

[g) Verbot der Hebammen- und Ammendienste bei Heiden, bAZ 26a]

Was nun das andere von den Römern übel vermerkte Gesetz betrifft, nämlich das Verbot von Hebammen- und Ammendiensten von Israelitinnen bei Heiden, das die Mischna[132] ausstellt, so sind wir weit davon entfernt, ein solches Verbot, gleichviel aus welchen Gründen es erlassen ward, zu rechtfertigen. Wenn auch der Mosaismus die Ausrottung des Götzendienstes gebot, und jede Schonung desselben untersagte, so galt dies, wie wir oben bereits nachgewiesen, doch eben nur von dem Dienste, nicht von dem Heiden, so lange er sich von dem Götzendienste auf dem heiligen Boden fern hielt. Dennoch scheint gerade darin, nämlich in dem Dienste, den |424| man damit dem Götzenthum, nicht dem Heiden selbst, erwies, das Gesetz seinen Grund gehabt zu haben. In der Mischna und beziehungsweise der Baraitha[133] wird als Grund ausdrücklich angegeben für das Verbot des Hebammendienstes: »weil die Israelitin damit dem Götzendienste einen Menschen zuführt«[134], und für den Ammendienst, weil sie einen Menschen dem Götzendienste groß zieht[135]. Und wer den *horror* kennt, der die jüdischen Lehrer gegen das Heidenthum erfüllte: es galt ihnen, und nach ihren Erfahrungen gewiß mit Recht, als der Inbegriff des sittlichen Verderbens, der wird es, wenn er auch die Bestimmung damit nicht rechtfertigen will, wenigstens begreiflich finden, daß sie Alles aufboten, um dessen Wachsthum wenigstens durch Hilfe der Israeliten selbst in keiner Weise zu fördern: nicht dem Menschen, sondern dem entsittlichten, blutgetränkten Aberglauben galt das Verbot.

Wenn man übrigens bedenkt, daß sie Hebammen- und Ammendienste nur als bloße *Liebeshandlungen* verboten, sie aber eben deshalb gegen Lohn gestatteten – daß der Grund für das Letztere in der Vermeidung der Feindseligkeit (משום איבה) angegeben wird, beweist nur, daß sie es aus dem oben angegebenen Grunde nicht gerne sahen, aber zugleich, daß es dann kein Verbot mehr war, weil in diesem Falle eine solche Connivenz nimmer zulässig gewesen wäre[136] – wenn man also bedenkt, daß jene Handlungen gegen Lohn wenigstens erlaubt waren[137], so sticht dieses Gesetz doch immer noch vor- |425| theilhaft gegen ähnliche, sogar von Concilien und Päpsten erlassene Bestimmungen gegen die Juden ab, die selbst noch in unserer Zeit hie und da ihre Vertreter und Beförderer finden.

[h) Von Heiden verlorene Gegenstände gelten als herrenlos, bBM 24a]

Von einem andern Gesetz, das nicht minder zur Verdächtigung des Thalmuds und des Judenthums überhaupt Veranlassung gab, nämlich, daß man dem Heiden einen verlore-

---

132 Ab. Al. 2, 1.

133 Ab. Al. 26, a.

134 מפני שמילדת בן לע״ז.

135 מפני שמגדלת בן לע״ז. Vgl. Misch. Ab. Al. II, 1., welcher Gräuel man die Heiden, gewiß mit Recht, im Verdacht hatte.

136 S. Tos. l. l. Schw. סבר רב יוסף.

137 Th. l. l. Maim. v. d. Götzend. IX, 16. – Bei dem Verbote der Schenkammen scheinen sittliche Gründe obgewaltet zu haben, die mehr als gerechtfertigt waren.

nen Gegenstand, den man gefunden habe, nicht zurückgeben müsse[138], wird Th. B. Kama ebenfalls von denselben spätern Rabbinen aufgestellt, und der Grund in dem Ausdrucke: »deines Bruders« in dem betreffenden mosaischen Gesetze (5 M. 22,3.) gefunden. Allein das ganz gleiche Gesetz 2 Mos. 23,4. 5., wo nicht der Ausdruck »Bruder« vorkommt, sondern das Gesetz sogar ausdrücklich die Rückgabe des Verlornen an jeden Menschen, auch an den Feind, gebietet, ein Gesetz, das in der Stelle 5 M nur auf *alles* Verlorene ausgedehnt wird, also wahre thätige Feindesliebe ganz allgemein lehrt[139], beweist deutlich, daß der Ausdruck »Bruder« hier nicht urgirt werden dürfe, sondern, wie er auch anderswo vorkommt, jeden Menschen bezeichnet[140], daß also diese thalmudische Deutung zu jenen vielen andern gehört, deren Haltlosigkeit sich nicht wegläugnen läßt und deshalb das ganze Gesetz um so weniger auf Geltung Anspruch machen kann, als es im offenbaren Widerspruch mit der Bibel steht. Daß dies auch die Annahme der alten Halacha, d.h. der ältesten Thalmudlehrer war, geht ohne allen Zweifel daraus hervor, daß in Mechilta Mischpatim c. 20. unter dem Feinde hier sogar *ausdrücklich der wirkliche Heide, der noch dem Götzendienste anhängt, verstanden wird, da dieser auch sonst der Feind Israels genannt werde*[141], |426| offenbar weil dem Israeliten gegenüber dieser Ausdruck gar nicht angewandt werden wollte, so daß also die Rückgabe des Gefundenen an den Heiden *ausdrückliches* Gebot ist. Die Verpflichtung zur Zurückgabe des Gefundenen an den Israeliten mußte als selbstverständlich angenommen werden, und im Deut. wurde ebendasselbe Gesetz, wenn der Ausdruck Bruder auch auf den Israeliten beschränkt werden wollte, nur dem Israeliten gegenüber wiederholt, ohne daß in Bezug auf das Gesetz selbst, nämlich der Verpflichtung zur Zurückgabe eines Gefundenen irgend ein Unterschied zwischen Juden und Heiden bestehen könnte.

Das spätere Gesetz den Heiden gegenüber, das man fälschlich an den Ausdruck: »Deinem Bruder« anlehnte, war daher nur wieder die Frucht der gesetzlosen Gewalt, unter welcher die Juden seufzten, erscheint aber in diesen Verhältnissen als ein völlig gerechtes. Die Heiden gaben den Juden ein verlornes Gut nicht wieder, ja, sie beraubten und plünderten sie täglich. Wo der Jude daher an einem Orte, wo der größte Theil Heiden waren, etwas gefunden hatte, war er nicht verpflichtet, *es selbst dem Juden zurückzugeben*, wenn sich später herausstellte, daß es ein solcher verloren hatte, »weil der Eigenthümer die Hoffnung aufgegeben hatte, es je wieder zu erhalten«[142], so daß das Gut als ein *herrenloses* betrachtet wurde[143]. Der Thalmud stellt das Finden einer Sache da, wo der größte Theil Heiden sind, sogar dem gleich, was man dem Rachen eines Löwen oder Tigers entreiße, oder von dem Boden des Meeres herauf hole[144], das der Verlierende sicher aufgegeben hatte und daher auch dem Juden gegenüber als herrenloses Gut betrachtet wurde. Es war

---

138 S. Beth Jos. zu Chos. Mischn. c. 266.

139 S. O. v. Gerlach z. St.

140 S. Erste Abtheilung.

141 שור אויביך זה גוי עובד אלילים וכן מצינו שעובדי אלילים קרוים אויבים לישראל בכל מקום שנא׳ כי תצא למלחמה על אויביך...

142 מפני שנתיאשו הבעלים.

143 Maim. v. d. Raube u. Verlornen 11,7. mit den Quellen.

144 B. Mez. fol. 24, a. u.s.w.

daher ganz natürlich, daß auch der Heide, der etwas verloren, sich der Hoffnung entschlug, es je wieder zu bekommen, und daher der von ihm verlorene |427| Gegenstand *als herrenloses Gut betrachtet* und *aus diesem Grunde*, nicht weil er Heide war, ihm gesetzlich nicht zurückgegeben werden mußte. Daß daher das Gesetz, das nach den damaligen allgemeinen Rechtsprinzipien, wie sie auch dem Juden gegenüber Geltung hatten, als ein durchaus gerechtes erscheint und nur darin und nicht in der spätern Deutung des Ausdrucks; »Deines Bruders« seinen Grund hat, kann gar keinem Zweifel unterliegen. Diese Ausdeutung biblischer Ausdrücke, ja oft biblischer Buchstaben, besonders in den mosaischen Büchern, die uns auch im ritualgesetzlichen Leben so viele Erschwerungen gebracht haben, welchen aber schon durch die kritischen Textesforschungen der neuern Zeit [145] der Boden unter den Füßen weggezogen ward, erweisen sich durch Fälle, wie der vorliegende, geradezu als falsch und im Geiste des Judenthums völlig unbegründet. Wie die Kritik, so muß auch die *geschichtliche* Untersuchung in vielen Fällen jene Deutungen abweisen.

Es leuchtet daher auch von selbst ein, *daß überall, wo das Landesgesetz gefundene Gegenstände nicht als herrenloses Gut betrachtet und deren Rückgabe verordnet*, dieses Gesetz schon nach dem allgemeinen Ausspruche Samuels: »Landesgesetz ist Gesetz«, volle, auch *religiöse* Verpflichtung für den Juden hat. Es ist hier überhaupt nur von einer *juristischen* Frage die Rede, und es kann nicht genug wiederholt werden, daß das *Sittengesetz* als solches auch vom Thalmud und seinen bedeutendsten Lehrern, die irgend auf Autorität Anspruch machen können, als das höchste Religionsgesetz aufgefaßt und ohne Einschränkung allen Menschen gegenüber als die höchste Verpflichtung dargestellt wird. Diese Wahrheit tritt auch in folgender Stelle [146] auf's |428| Klarste in der allgemeinsten Anwendung hervor. Die Stelle lautet: »Es heißt (3. Mos. 19, 36. nach den Sittengesetzen): »Ich bin Gott, euer Herr, der euch aus dem Lande Egypten geführt hat«, das will sagen: *auf die Bedingung hin, daß ihr die Sittengesetze beobachtet, führte ich euch aus Egypten;* wer die Sittengesetze verleugnet, leugnet, daß Gott Israel aus Egypten geführt: in beiden, sagt der tief denkende Verfasser des Maggid Mischna zu Maimonides (von dem Diebst. 7, 12.) leugnet er die Vorsehung, die über *Alle* sich erstreckt und keine Ausnahme zuläßt.

Interessant ist in dieser Hinsicht auch Midrasch Echa [147], wo der Untergang des Reiches Juda auf die Gewaltthat zurückgeführt wird, die sie an den Söhnen Seïrs geübt [148].

[i) Ein Heide, der den Sabbat feiert, ist des Todes schuldig, bSan 58b]

Wir glauben nur noch einen Punkt berühren zu müssen, nämlich den auffallenden, auch von jüdischer Seite nicht selten mißverstandenen Ausspruch Resch Lakisch's: »*Ein Heide, der den Sabbath feiert, ist des Todes schuldig* [149].« Dieser Ausspruch verdient aber schon

---

145 S. besonders das auch in dieser Hinsicht so reiche Werk Geiger's: »Urschrift und Übersetzungen der Bibel.« Schorr in he-Chaluz.
146 Siphra P. Ked. 9, 10.
147 ‫פתיחת' איש חכם‬.
148 2 Chr. 25, 12.
149 ‫גוי ששבת חייב מיתה‬ Synh. 58, b.

wegen des ihm zu Grunde liegenden Gedankens nähere Beleuchtung. Wir finden nämlich darin weit eher die entschiedenste Toleranz, als Gehässigkeit. Resch Lakisch gibt
nämlich selbst den Grund seines Ausspruches an: denn es heißt: »Tag und Nacht sollen
nicht unterbrochen werden.« Diesen Ausspruch bezieht Resch Lakisch, wie der bedeutendste Erklärer[150] bemerkt, auch auf die Menschen: auch ihnen ist, wie der Natur, ihre
bestimmte Aufgabe gestellt, und auch sie dürfen daher ihre Arbeit nicht willkürlich un-
terbrechen, wo es ihnen nicht *religiöse* Pflicht gebietet. Der zu Grunde liegende Gedanke
ist also: *daß die Arbeit an sich ein Gebot Gottes ist, dessen Uebertretung* |429| *hier als sündhaft
für jeden Menschen bezeichnet wird*, und daß es aus *diesem* Grunde dem Heiden verboten
war, am Sabbath zu feiern, weil eben die Feier an diesem Tage ihm nicht zur religiösen
Pflicht gemacht ist[151]. Dieser Sinn Resch Lakisch's tritt auch aus dem Zusammenhange
klar hervor. Zuerst heißt es dorten nämlich: Resch Lakisch sagt: Was ist der Sinn des
Verses: »Wer sein Feld bebaut, wird des Brodes satt, wer leeren Planen nachhängt, ist
verstandlos?«[152] (Die zweite Hälfte des Verses scheint im Thalmud blos ausgefallen, da
der alte Lehrer sicher auch den gerade darin liegenden sittlichen Gedanken im Auge
hatte): Wenn sich der Mensch als fleißiger Arbeiter dem Erdboden widmet, wird er des
Brodes satt, und handelt vernünftig, sittlich, wo nicht, so tritt das Gegentheil ein. Dann
folgt der obige Ausspruch. Resch Lakisch sagt ferner: Ein Khutäer, der den Sabbath feiert,
ist des Todes schuldig; denn es heißt: Tag und Nacht sollen nicht unterbrochen werden.
Darauf sagt ein anderer Thalmudlehrer, Rabina: Dasselbe gilt vom zweiten Tage der Wo-
che (und den folgenden)[153]. Die Auslassung des ersten Wochentages hat offenbar darin
ihren Grund, daß dieser schon damals von einem andern Bekenntnisse religiös gefeiert
wurde, und es kann daher gar kein Zweifel an der Erklärung sein, daß eben nur die Feier
an den von einem bestimmten Bekenntnisse zur Ruhe nicht geweihten Tagen aus Gründen der Arbeitsverpflichtung verboten sei. Daraus ist es auch erklärlich, daß der Thalmud
diese Verpflichtung unter |430| den sieben Noachidischen Geboten aufgezählt sehen
möchte, und, daß es nicht geschehe, daraus erklärt, daß nur die Verbote, nicht aber die
Gebote aufgezählt seien, woraus mit unläugbarer Evidenz hervorgeht, daß er das Verbot
für den Heiden, am Sabbath zu ruhen, eben als ein Gebot, der Verpflichtung zur Arbeit
nämlich, aufgefaßt hat. Der Ausdruck: »ist des Todes schuldig,« ist nur in *dem* Sinn zu
nehmen, der Feiernde begehe eine Sünde, die der Tod ist, wie sie die Bibel im Gegensatz
zu der Beobachtung der göttlichen Gebote, die das Leben ist, oft nennt[154], und wie dieser
Ausdruck in diesem Sinne bei den Rabbinen häufig vorkommt[155], z. B.: »Wer die Gebote

---

150 Raschi.

151 Daß der Dekalog dem Fremden (Ger) die Ruhe am Sabbath sogar gebietet, beweist allein schon,
     wie falsch die Uebersetzung des Goi mit »Nichtisraeliten« ist, da der Thalmud nicht verbieten
     konnte, was der Dekalog gebietet. Der »Fremde« durfte im h. Lande dem Götzendienste nicht
     fröhnen (s. I. Abth.) und sollte er daher an den Heilsmitteln Israels Theil nehmen.

152 Spr. 12,11.

153 S. Raschi.

154 S. Maim. v. d. Königen 10, 9.

155 In diesem Sinne ist der Ausdruck auch in dem Ausspruche: »Ein Heide, der sich mit dem Gesetze
     beschäftigt, ist des Todes schuldig«, zu fassen, was wir hier nachträglich bemerken.

der Weisen übertritt, ist des Todes schuldig[156]. In dem späteren thalmudischen Werke Aboth d'R. Nathan[157] wird sogar das Gebot in den Zehnworten (2. Mos. 20,9.) also aufgefaßt: Sechs Tage *sollst* du arbeiten und all dein Werk verrichten, und die Arbeit im Namen der größten und ältesten Lehrer ein *Bündniß* Gottes gleich der Offenbarung genannt, d.h. daß Gott durch jene wie durch diese die Menschen habe beglücken und mit sich *verbinden* wollen.

Und wer den Mosaismus in seinem Geiste und seiner |431| geschichtlichen Entstehung näher ins Auge faßt, kann den tiefen Blick nur bewundern, der die alten Lehrer hier auszeichnet. Von zwei Seiten muß es uns klar werden, daß die göttliche Offenbarung die Arbeit an den Werktagen ebenso nothwendig wie die Ruhe am Sabbath und an den Festtagen zu einem religiösen Gebote erheben mußte, nämlich nicht bloß in Bezug auf das materielle Wohl, das übrigens der weise Gesetzgeber nicht minder als das geistige im Auge haben wird, sondern auch aus religiös-sittlichen Gründen. Die Israeliten waren jedenfalls Jahrhunderte lang Sklaven in Egypten, die mit der Peitsche zu der Arbeit angetrieben wurden. Noch heute aber lehrt die Erfahrung, daß Niemand weniger zur freiwilligen Arbeit geneigt ist, als der freigelassene Sklave. Sobald die Peitsche des Treibers aufhört, sieht der Sklave seine Freiheit eben darin, daß er nun von der Arbeit völlig befreit sei, und höchstens zur Abwehr der dringendsten Noth wird er ihr sich zuwenden; ein höheres Streben zur Gründung eines behaglichen Wohlstandes, von welchem doch das Wohl des ganzen Staatslebens, dessen innere Kraft gegen äußere Unterjochung abhängt, ist ihm unbekannt; sein Behagen besteht eben darin, daß er nicht mehr zur Arbeit gezwungen werden kann. Welchen Einfluß aber die Arbeit auch auf das *sittliche* Verhalten der Menschen hat, ist nicht etwa erst eine neue Offenbarung unserer Zeit, in welcher jener Einfluß allerdings in seiner ganzen, großen Bedeutung, in seiner das ganze Leben erhebenden und beseligenden Kraft immer mehr zur allgemeinen Würdigung gelangt ist, und in wahrhaft wunderbarer Weise eine Umgestaltung aller Verhältnisse bewirkt hat; auch die alte Zeit hatte ihn eingesehen, die Bibel selbst lehrt ihn in sehr vielen Stellen und hat ihn in dem Satze: »Wohl dem, der Gott fürchtet, der in seinen Wegen wandelt; nährst du dich von deiner Arbeit, Heil und wohl dir[158]«, in seiner tiefen |432| religiössittlichen Bedeutung gewürdigt, indem die Zusammenstellung offenbar auf die innige Verbindung der Gottesfurcht und des Wandels in den göttlichen Wegen mit der Arbeit hinweisen will, wie die alten thalmudischen Lehrer diese Verbindung in der schönen Erklärung der zweiten Hälfte dieses biblischen Ausspruchs: »Heil dir hienieden, heil dir im Jenseits,« d.h. die Arbeit bedingt dein irdisches, materielles und dein geistiges, höheres Heil, klar angeben. Und die göttliche Offenbarung sollte das eben der Sklaverei entführte Volk in diesem für das äußere, wie für das geistige Wohl des Einzelnen wie des ganzen Staates wichtigsten Punkte seiner Willkür überlassen und ihn nicht mindestens

---

156 כל העובר על דברי חכמים חייב מיתה. Vgl. Meg. 28,1. »Der Gelehrte, welcher einem unwissenden Hohenpriester den Vorrang im Segensprechen läßt, ist des Todes schuldig« u.s.w.

157 c. 11. כשם שהתורה נתנה בברית כך המלאכה נתנה בברית שנא' ששת ימים תעבד ויום השביעי שבת לה' אלהיך. Demgemäß ließ ich auch immer meine Schüler und in den Schulen des Rabbinatsbezirks in dem III. der Zehnworte übersetzen: Sechs Tage *sollst* du, nicht: kannst du arbeiten.

158 Ps. 128.

ebenso wie so viele andere minder wichtige Bestimmungen der religiös-gesetzlichen Regelung unterworfen haben? Sie sollte dem Volke gesagt haben: Sechs Tage *kannst* du arbeiten und am siebenten Tage *sollst* du ruhen, und nicht vielmehr eben so: Sechs Tage *sollst* du arbeiten, wie am siebenten sollst du ruhen? Und dieses Gebot, das für die Israeliten so natürlich war, haben die alten Weisen, eben weil es in seinem innersten Wesen das sittliche Leben so tief berührt, wie das Sittengesetz überhaupt, was sie ja eben mit den sieben Noachidischen Geboten, welche die wesentlichsten Sittengesetze enthalten, die sie als Verpflichtung für *alle* Menschen aufstellen, in der Art, daß sie diejenigen, die sie nicht beobachten, gar nicht mehr zu den Menschen rechnen, ausdrücklich bezeugen, auf Alle ohne Ausnahme ausgedehnt, und wollten es daher unter die Noachidischen Gebote wirklich aufgenommen wissen. *Niemand*, der Heide eben so wenig wie der Israelite, sollte an einem Tage von der Arbeit feiern, der nicht aus höhern religiösen Gründen der Feier geweiht ist. Man muß überhaupt den großen Werth, den die alten Thalmudlehrer überall der Arbeit beilegen, kennen, um diesen tiefen, ernsten Sinn in unserm Ausspruch ganz würdigen zu können. Wird ja selbst das Studium des Gesetzes (der Thora), das Höchste, was die alten Lehrer kennen, nur |433| *neben* der Arbeit gerühmt[159], und heißt es ja von dem Vater, »der seinen Sohn kein geregeltes Gewerbe lehren lasse (zur Arbeit nicht anhalte), es sei, als erziehe er ihn zum Räuberleben«. Es kann daher in dem angeführten Ausspruche des Resch Lakisch von einer Gehässigkeit gar keine Rede sein; er zeugt vielmehr im Gegentheil von der weisen Duldung, die den unter den Juden wohnenden andern Glaubensgenossen nicht blos nicht zwingen wollte, außer dem Tage, welchen zu feiern seine Religion ihm gebot, von Polizeiwegen noch einen andern zu feiern, sondern ihm sogar, eingedenk des alten Satzes: Müßiggang führt zur Geisteszerrüttung[160], eine solche Feier von der Arbeit als eine Sünde an das Herz legte.

[Resultat]

Damit haben wir unsers Wissens die Aussprüche erschöpft, welche auch bei den spätern Thalmudisten in ethischer Hinsicht[161] eine Unterscheidung zwischen Juden und selbst den Heiden aufstellen oder aufzustellen scheinen, und wir glauben damit dem Unbefangenen ein neues klares Bild von dem keine Ausnahme zulassenden, den biblischen Lehren völlig entsprechenden, sittlichen Sinn des Pharisaismus gegeben zu haben. Wir glauben nachgewiesen zu haben, daß jede Voraussetzung, als gebe das Judenthum, wenigstens in seinen *thalmudischen Gesetzen*, irgend eine Beschränkung des Sittengesetzes, des streng-

---

159 Ab. II, 2. »R. Samaliel, Sohn des Nasi R. Jehuda sagte: Schön ist das Gesetzesstudium in Verbindung mit einer praktischen Thätigkeit ... Gesetzesstudium ohne Arbeit muß aufhören und führt zur Sünde.«

160 Misch. Khet. V, 5.

161 Daß der Unverstand sogar die Mischna Ab. Al. I, 1., die den geschäftlichen Verkehr mit den Heiden drei Tage vor deren Festen verbietet, um den Götzendienst nicht zu unterstützen, angesichts der ausdrücklichen Nennung der heidnischen Feste: calendae, saturnalia, auf Christen bezieht, bedarf keiner Widerlegung.

sten Rechtes, der umfassendsten Menschenliebe andern Bekenntnissen, und nun gar dem Christen- |434| thum gegenüber zu, das jedenfalls, auch nach den strengsten thalmudischen Begriffen nie unter den etwa dem Heidenthum gegenüber bestehenden Ausnahmen eingeschlossen werden kann, von welcher Seite eine solche beschränkende Voraussetzung auch angenommen werden wollte, mit der Wahrheit und den wirklichen Bestimmungen im grellsten, unverantwortlichen Widerspruch stände. Anderes, als das von uns Herangebrachte in dieser Richtung, wie das Verbot des Gebrauches *heidnischer* Aerzte und Ammen, hat mit dem Sittengesetze überhaupt nichts gemein; es hat, wie ausdrücklich bemerkt wird, seinen Grund in der Furcht, von ihnen getödtet zu werden[162]. Es mußte in der That mit dem Rechts- und Sittlichkeits-Gefühle der Heiden weit gekommen sein, wenn man aus demselben Grunde sogar verbot, mit einem Heiden allein zu gehn; oder wenn man dem Israeliten verbot, sein Vieh bei dem Gastwirth eines Heiden einzustellen, weil dieser der unnatürlichen Vermischung mit demselben verdächtig sei[163]. Es darf uns daher auch um so weniger Wunder nehmen, wenn unter solchen Umständen einer Israelitin verboten ward, Heb- oder Schenkammendienste bei einem Heiden zu versehn, theils aus sittlichen Gründen um ihrer selbst willen, theils um für die Vergrößerung einer solchen, allem sittlichen Gefühle[164] Hohn sprechenden, mit der Abstreifung aller Menschenwürde des Namens Menschen sich entäußernden Masse nicht thätig zu sein. Unter den Heiden, gegen welche diese Verbote erlassen wurden, jedenfalls zu der |435| Zeit, als das Heidenthum immer tiefer sank und keinerlei religiöses Gefühl, kein höherer Gedanke es mehr beseelte, verstanden die Rabbinen nicht etwa die, welche blos dem Götzendienste anhingen, sondern die, welche zugleich Mord, Raub, Plünderung und Unzucht für gestattet hielten. Sie waren völlig zum Thier herabgesunken[165], gegen welche auf jede Weise sich zu schützen die Pflicht der leiblichen und *sittlichen* Selbsterhaltung forderte. Daraus folgt um so klarer, wir wiederholen das mit Nachdruck, wie ungerecht und falsch es ist, das thalmudische Goi oder Akhum (גוי עכו״ם), wie das nicht selten von christlicher Seite auch noch in unserer Zeit geschieht, mit »Nichtisraeliten« zu übersetzen, und darunter sogar die *Christen* zu verstehn, welche die Zehngebote gleich den Israeliten heilig halten und das Sittengesetz nach allen Richtungen üben. Nicht einmal die Heiden, welche die sieben Noachidischen Gebote d. i. das Sittengesetz üben, wurden nach den ausdrücklichsten Zeugnissen darunter verstanden, ja sie führten, wenn sie der Uebung des Götzendienstes dabei entsagt hatten, ohne irgend ein anderes Gebot als die bedeutendsten Sittengesetze zu beobachten, nämlich: Mord und Blutschande, Gerechtigkeit im Gerichte, Raub, Genuß von einem noch lebenden Thiere, deren Mißachtung mit Recht als Zeichen entmenschlichter Verwilderung galt, nicht mehr den Namen Heiden, sondern Beisaß-Fremdlinge (גרי תושב), gegen welche alle Pflichten gleichwie gegen Israeliten selbst

---

162 Th. Ab. Al. fol. 26. Maim. v. d. Götzendienste 9,16. von dem Morde und der Lebensfürsorge c. 12.

163 Misch. Ab. Al. 2,1. Daß alle *solche* Bestimmungen sich nur auf das völlig verderbte, entsittlichte Heidenthum beziehn, leuchtet aus den angegebenen Gründen von selbst ein, und wird durch die Erfahrung bestätigt. Oder hat der Jude je Anstand genommen, christliche Aerzte u. s. w. zu Hilfe zu rufen oder sein Vieh bei einem christlichen Wirthe einzustellen (s. noch weiter).

164 l. l. Misch. 2 mit den Comm., s. oben.

165 Maim. Com. in Misch. B. Kama 4,3. Nachm. zu 3 M. 18,25.

erfüllt werden müssen[166], und die Christen unserer Tage, welche doch unendlich höher stehen, als die »Beisaß-Fremdlinge« des Thalmuds, denen die Beobachtung des Sittengesetzes nach seinen feinsten Richtungen gleich den Israeliten religiös geboten ist, ja die Gott den Herrn, »den Schöpfer des Himmels und der Erde,« den Lenker der menschlichen Geschicke wie der Israelite und |436| nach derselben heiligen Quelle verehren, will man vom Judenthum mit jenen entmenschten Heiden auf eine Stufe gestellt sehn? Gibt es denn keinen Widerspruch und keinen Wahnsinn, deren man Juden und Judenthum nicht fähig hält? –

[Mittelalterliche und neuzeitliche Rabbinen]

Zum weitern Belege, daß das Judenthum niemals, selbst zu den Zeiten der schrecklichsten Verfolgungen gegen die Juden, unter dem thalmudischen Goi oder Akhum (גוי עכו״ם) die Christen verstanden, und daß daher alle Gehässigkeiten, die man daraus herleiten zu dürfen glaubte, jedenfalls ohne Boden sind, ebenso weil wir damit eine Pflicht der Pietät gegen unsere Väter, welche die Fahne des Rechtes mitten unter dem schwersten Drucke in den Koryphäen der thalmudischen Gelehrsamkeit niemals verließen, zu üben glauben, führen wir die Ansichten der orthodoxesten Rabbinen des Mittelalters über diese Frage wörtlich an, welche der Herausgeber eines Gebetbuchs in unsern Tagen zusammengestellt hat[167].

Der Verfasser des Werkes Pachad Jizchak[168] bemerkt:

> Ein sicherer Beweis, daß unsere Weisen unter dem Ausdrucke Goi nur die alten Heiden und nicht die Christen verstehn, liegt schon in dem bürgerlichen Gesetz, das sie von jenen anführen, das wesentlich von dem in christlichen Ländern geltenden Gesetze unterschieden ist. Setzen sie bei jenen ja immer den Verdacht des Mordes, der Unzucht und des Raubes voraus, die gegen Juden kaum eine Bestrafung fanden, während die Christen nicht bloß in diesem Verdachte nicht stehn, sondern im Gegentheil diese Verbrechen ohne Unterschied, zum Theil sogar in höherm Maße als die Bibel bestrafen, besonders den Diebstahl, ebenso keinen Götzen verehren, sondern Gott, den Herrn, anbeten. Auch das praktische Leben macht diesen Unterschied: wir nehmen sie als Aerzte, lassen |437| sie Heb- und Säugammendienste bei uns versehn, lehren sie sogar das göttliche Gesetz u. dgl., was Alles den Heiden gegenüber aus dem angeführten Grunde verboten war? Auch der berühmte Lehrer R. Nissim Gerundi[169] macht diesen Unterschied und erklärt ausdrücklich (Ab. Al. Alfasi initio), daß alle angeführten Verbote sich nur auf die Heiden bezogen, die im Verdachte jener Frevel standen. Ebenso R. Joseph Karo, der bezeugt, daß die Christen (und Mohamedaner) in keiner Hinsicht unter dem thalmudischen Goi zu verstehn sind, und kein Gesetz, das gegen jene gerichtet ist, auf diese bezogen werden darf[170]. Maimonides erklärt ausdrücklich: daß der

---

166 Th. Ab. Al. 65, a. Synh. 59, a. Maim. v. d. Götzendienern 10,6.

167 Vorwort zu סדור הגיון לב von Landshut: בקורת כללית ע״פ ד״ת בכבוד ומשפט העמים אשר בזמננו.

168 Jakob Lampronti, Arzt und Oberrabiner zu Ferrara st. 1756.

169 Einer der größten rabbinischen Autoritäten, Rabbiner zu Barcelona, blühte 1340–1380.

170 Zu Tur Chosch. Misp. cap. 266.

Ausspruch R. Josuas im Thalmud: Die Frommen anderer Völker haben Antheil am ewigen Leben, gesetzliche Giltigkeit habe (und diese Frommen sind nach den thalmudischen Bestimmungen alle, welche die Noachidischen Gebote halten). Ebenso bemerken die Commentatoren zur zweiten Mischna des thalmudischen Tractats, welcher vom Götzendienste handelt, daß alle auf diese sich beziehenden Gesetze, wie das Verbot des Verkehrs an einem ihrer Festtage auf die heutigen Völker keine Anwendung finden.

Der Verfasser des Beer ha-Gola, von dem wir schon oben sprachen, ein polnischer, durch den Fanatismus von Land zu Land gehetzter Rabbi, auf den Lampronti auch verweist, lehrt dennoch [171]:

»Alles Nachtheilige, das unsere thalmudischen Weisen über die von ihnen sogenannten Gojim sagen, bezieht sich nur auf die Götzendiener ihrer Zeit, die weder an eine freie Schöpfung durch Gott, noch an eine Vorsehung glaubten: die Völker aber, in deren Mitte wir wohnen, glauben an Gott, Schöpfung und Vorsehung, und wir sind sogar, wie unsre größten Rabbinen lehren, für ihr Wohl zu beten ver- |438| pflichtet, wie der Psalmist (79, 6.) sagt: »Gieße deinen Zorn aus auf *jene* Völker, die dich *nicht* kennen, und auf *jene* Reiche, die dich *nicht* anrufen!«

Welche Seelengröße gehört dazu, diese hohe, sittliche Ruhe in dem wüstesten Treiben eines herzlosen Fanatismus, der uns Heimath und Behagen raubt und das Leben selbst bedroht, sich zu bewahren! Welche sittliche Kraft muß aber auch in dem Glauben walten, der zu solcher Seelengröße uns befähigt.

Der große, weitberühmte Rabbine Isaak b. Scheschet [172] stellt in einem Gutachten [173] die Christen ausdrücklich den thalmudischen »Beisaß-Fremdlingen« im gelobten Lande gleich, deren völlige Gleichheit in Bezug auf alle ethischen Gesetze wir aus dem Thalmud oben nachgewiesen.

Ein anderer, nicht minder berühmter, unter dem Namen Jabez bekannter Rabbine [174] nennt die Christen geradezu »unsere Brüder«, auf welche die Bezeichnung »Fremde« gar nicht anwendbar sei. Und dieser große Thalmudgelehrte war unter der Zahl der Unglücklichen, die der sinnloseste Fanatismus 1492 aus Spanien vertrieb, aus dem schönen, so innig geliebten und von den Exulanten so lange und so tief beweinten Vaterlande. Und was hatten die Unglücklichen, diese hochgebildeten und hochstehenden Männer, diese bedeutenden Vermittler der Wissenschaft im Mittelalter nicht schon ein Jahrhundert lang vorher von der Inquisition und ihren Martern zu dulden! Wahrlich! man muß staunen über diese Selbstverleugnung, die in sittlicher Größe ihre grausamen Verfolger noch »Brüder« zu nennen vermag.

Der Verfasser des Buches Sefer ha-Brith [175] beruft sich |439| auf die Bibel, welche Chuschai den Architen und Ithi aus Gath, die beide nach dem Zeugniß unserer Weisen Götzendiener waren, den Genossen (Rëa) David's, und ebenso die götzendienerischen

---

171 Zu Cosch. Misch. c. 426.
172 Geb. in Spanien 1488, gest. in Palästina 1575.
173 G. A. 119.
174 Joseph Jabez.
175 Wohl Joseph Kimchi, c. 1170.

Egypter den Israeliten gegenüber nennt, daß das Gebot: Du sollst deinen Nächsten lieben, wie dich selbst, sich auf alle Menschen bezieht. Er führt aus der alten Schrift (Tana d'be Eliahu[176], c. 15,) die Geschichte eines Menschen an, der ein Unglück, das ihn traf, einem Betrug, den er an einem Heiden verübt, zuschrieb, weil die Bibel unter dem Verbot: Du sollst deinen Nebenmenschen nicht täuschen, jeden Menschen ohne Unterschied verstehe.

»Rëa«, Nächster, ist eben jeder, der der Gesittung angehört, und nur Diejenigen sind ausgeschlossen, die aller Gesittung bar sind, die dem Morde, dem Raube, dem Diebstahl, der Zuchtlosigkeit sich hingeben. Der alte Götzendienst selbst beförderte dieses sittliche Verderben, da man die eigenen Kinder zur Verehrung der Götzen verbrannt. Ausdrücklich sagt das Gesetz: Banne den Chitti, den Emori … damit sie euch nicht zu ihren Greueln verleiten, und schließt damit, wie auch ausdrücklich, selbst die andern alten Völker aus. *Um so weniger kann es einem Zweifel unterliegen, daß die Völker unserer Zeit, welche die Noachidischen Gebote beobachten, die nach der Erklärung der größten Gesetzeslehrer zur Seligkeit im Jenseits berufen sind, als unsere Nebenmenschen und Freunde betrachtet werden müssen.* Schon Maimonides bemerkt, daß ja Adam und Noah die göttliche Offenbarung noch nicht beobachten konnten, und an ihrer Seligkeit doch nicht gezweifelt werden könne. Und die Völker unserer Zeit achten die Menschenliebe, die Redlichkeit, die Barmherzigkeit, die Wohltätigkeit, üben und pflegen das Recht gegen Unterdrückte u. s. w.«

|440| Gewiß! eine solche Unbefangenheit des Urtheils wäre noch in unserer Zeit gar Vielen zu wünschen!

Der Verfasser des Buches Schibath Zion hat außerdem die Worte seines sel. berühmten Vaters[177] angeführt, die dieser in seinen Schriften oft wiederholt:

»Ich habe in meinen Predigten immer die religiöse Verpflichtung hervorgehoben, daß wir den Völkern unserer Zeit Achtung und Liebe schuldig sind, und daß wir ebenso die Verpflichtung haben, für das Wohl der Fürsten und des Landes und seiner Bewohner zu beten; auch machte ich immer darauf aufmerksam, daß in allen Gesetzen der Sittlichkeit und des Rechts kein Unterschied zwischen Juden und Nichtjuden bestehe, und daß Alles, was in den Schriften unserer Weisen von Heiden, »Völkern« und Chutäern vorkomme, nur von jenen Heiden gelte, die, wie Maimonides von den Zabäern erzählt, die göttliche Weltschöpfung, Weltlenkung und Prophetie geläugnet haben.[«]

Der Verfasser des Buches Tschuba Meahaba (תשובה מאהבה) sagt:

»Es ist mosaisch verboten, auch einen Heiden zu bestehlen oder zu hintergehen, wie in allen Gesetzeslehren erklärt ist. Ebenso ist es verboten, irgend einen Menschen, wer es auch sei, zu hassen oder zu verachten; heißt es doch in der Bibel sogar von den Egyptern, die uns so viel Böses zugefügt: »Verachte keinen Egypter, denn du warst Fremdling in seinem Lande,« worauf unsere Weisen sagen: »Wirf keinen Stein in einen Brunnen, aus dem du getrunken hast.« B. Kama 92, b. Wer sollte also nicht einsehen, daß es gegen Gott und Vernunft wäre, die Völker unserer Zeit nicht mit voller Liebe zu umfassen? Sagen doch unsere Weisen (Berach. 17,6.): Auch mit dem Heiden pflege Frieden und |441| Liebe, auf daß du von Gott und Men-

---

176 S. unsere Zweite Abtheilung.
177 Des R. Jecheskel Landau, berühmter Oberrabbiner zu Prag, in der zweiten Hälfte des vor. Jahrh.

schen geliebt seiest. *Es schließe daher der Israelite Freundschaft mit jedem treuen Menschen*, wie Abraham mit dem Heiden Abimelech (1 M. 21, 27 ff.), ebenso Isaak (das. 26, 31.), Jakob mit Laban, Salomo mit Chirom. Wir sind verpflichtet, die Armen aller Nationen mit Darlehen[178] und Almosen zu unterstützen. Auch sind wir nach der Lehre unserer Weisen verpflichtet, die Armen der Heiden zu ernähren, ihre Kranken zu besuchen, ihre Todten zu begraben, wie ja auch der König David dem Ammonitischen Könige Chanun bei dem Tode von dessen Vater sein Beileid bezeigen ließ (2 Sam. c. 10.). Auch ist es verboten, in irgend einer Weise den Zoll zu übergehen, selbst wenn eine gesetzliche Bestimmung den Juden mehr als den Nichtjuden zahlen läßt. Dies Alles findet bei Heiden statt, wie viel mehr bei den Christen, die die sieben noachidischen Gebote und außerdem den göttlichen Willen üben.«

Der gelehrte Vf. des Buches Teem ha-Melech schreibt;

Die Christen nehmen gleich uns die heilige Schrift als Grundlage der Religion an; sie glauben an die Offenbarung Gottes auf Sinai und an alle Propheten; sie glauben an Gott und Vergeltung, beobachten die göttlichen Gesetze, soweit sie sich auf Recht und Sittlichkeit beziehen, halten strenge auf |442| Gerechtigkeit und Wahrheit, woraus folgt daß unsere Weisen, welche von den Heiden berichten, daß sie Blutschande, Raub, Diebstahl, Mord begingen, dem falschen Eide, Lug und Trug, ergeben waren, wie dies im Thalmud (Anfang des cap. 2 Ab. Al.) ersichtlich, keinesweg die Christen, die diese Unthaten strenge bestrafen, unter jenem Ausdrucke verstanden haben können.

Noch ausführlicher spricht *Reggio*[179] in seinen »Briefen über diesen Gegenstand, indem er mit unwiderleglichen Beweisen darthut, daß die Ausdrücke Rëa und Amith (רֵעַ, עָמִית) alle Menschen ohne Unterschied umfassen.

Nach dem erstern, von dem Stamm Raah רעה das eben sich gesellen, Umgang haben, bedeutet, wie Spr. 13, 20. heißen die Menschen alle Reïm, רֵעִים weil sie von gleicher Gattung, gleicher Natur und Bestimmung sind, weshalb bei allen Geboten der heiligen Schrift über Liebe, Gerechtigkeit und gesellschaftliche Tugenden, die eben das Verhältniß zwischen Menschen und Menschen ordnen, diese Bezeichnung vorkommt. Ebenso bezeichnet Amith (עָמִית) das mit Uma עמה const. Umath עָמָה zusammenhängt, alle Menschen, und deshalb heißen diese Amithim עמיתים weil sie alle nach demselben Ziele streben, und weil aus diesem gemeinschaftlichen Streben, in welchem einer dem andern oft entgegen l'Umath לְעָמַת steht oft Neid und Haß hervorgeht, denn der Mensch sucht eben den Andern von dem Ziele abzudrängen[180], das er sich selbst gesteckt, um es desto sicherer zu erreichen. Darum hat die heilige Schrift überall, wo sie Gewalt und Unrecht verbietet, diesen Ausdruck gebraucht, um damit zu sagen: obgleich du Amith (d.h. also Nebenbuhler, Concurrent) von andern

---

178 Der Thalmud B. Mezia f. 70, b. leitet aus der Form des Wortes (Hif'il) 5 M. 23, 21 ab, daß es nur gestattet sei, dem Nichtjuden Zinsen zu *geben* (was bei dem Juden auch verboten sei), nicht aber von ihm zu *nehmen*. Merkwürdig ist die Entschuldigung des Gebrauches, Zinsen zu nehmen, durch die im Mittelalter verfaßten Tosaphots. Sie klagen: »Man verbot uns jedes andere Geschäft und ließ uns kein anderes Mittel, unser Leben zu fristen und die vielen Abgaben zu erschwingen, die wir an die Fürsten und Großen bezahlen müssen, um unser Leben zu erhalten.« Und man klagte über den Wucher der Juden! Ist das nicht die Fabel von dem Wolf und dem Schafe?

179 Isaak Salomo Reggio, ausgezeichneter jüdischer Gelehrter und Denker in Görz, geb. 1764, gest. 1856.

180 S. dagegen oben unsere weit einfachere Erklärung.

|443| Menschen bist, so darfst du dennoch gegen Recht und Sitte nicht verstoßen. Daraus folgt also, daß die heilige Schrift weit entfernt davon ist, gegen die Genossen eines andern Glaubens, irgend eine Handlung zu gestatten, die gegen Religionsgenossen verboten ist, obgleich die Ausdrücke: Ach (Bruder), Rëa oder Amith (Genosse) dabei vorkommen; denn auch der erstere Ausdruck umfaßt alle Nachkommen des ersten Menschen, wenn er nicht durch ausdrückliche nähere Bezeichnung blos auf Israeliten beschränkt wird. Ein deutlicher Beweis für diese Auffassung ist 1. Mos. 9, 5. wo es unmittelbar nach der Sündfluth heißt: Von der Hand des Einen werde ich das Blut des Bruders fordern [181].«

»Wenn der Thalmud bei der Verpflichtung zur Zurückgabe eines gefundenen Gegenstandes eine Unterscheidung zwischen Juden und Heiden macht, so geschieht dies deshalb, weil sie selbst diese Verpflichtung nicht kannten, wie dies ausdrücklich aus den betreffenden Stellen hervorgeht.«

Dieser Zusammenstellung wollen wir nur noch, auch der Merkwürdigkeit des dabei berührten Verhältnisses wegen, den Ausspruch des gelehrten, geistreichen Rabbiners Jair Chajim Bacharach (Ende des 17. Jahrhunderts) beifügen [182].

Der Kurfürst Karl Ludwig von der Pfalz, erzählt dieser Gelehrte, war ein Freund des damaligen Rabbiners zu Mannheim, mit dem er zu Zeiten sich persönlich unterhielt, und beklagte sich einmal bei ihm über Bestechungen der Richter, die von Juden vorgekommen. Der Rabbiner erklärte, |444| daß er auch schon davon gehört und entschieden dagegen aufgetreten sei. Indessen entschuldigt er seine Glaubensgenossen theils damit, daß auch die andere Partei die Richter besteche und die Juden daher gezwungen seien, es ebenfalls zu thun, um zu ihrem Rechte zu gelangen, theils mit dem Vorurtheile der Richter, welche die Juden bestechen mußten, und bestechen, nicht um ein ungerechtes, sondern um ein *gerechtes* Urtheil zu erlangen. Dabei wiederholt er doch, daß er die Bestechung nichts desto weniger als irreligiös und unsittlich unter allen Umständen verdamme. Diesem Urtheile stimmt nun der gelehrte Bacharach in seinem Gutachten vollkommen bei und schließt mit den Worten:

In allen Rechts- und sittlichen Fragen gibt es keinen Unterschied zwischen Juden und Nichtjuden. In diesem Sinne sprechen sich alle Gesetzeslehrer und Bibelerklärer aus. Ja, es gilt ihnen Allen das Vergehen gegen den Nichtjuden noch als ein weit schwereres, als gegen den Juden, weil dort zu dem Verbote, das Alle umfaßt, noch die schwere Sünde der Entweihung des göttlichen Namens und der Religion hinzutritt, wie dies besonders der berühmte Lehrer Mosé aus Coucy (blühte in der ersten Hälfte des 13. Jahrhunderts) in seinem großen Werke über die Gebote ausgeführt hat.«

---

181 Noch klarer tritt diese Auffassung durch die Uebersetzung Luther's hervor: »Und will des Menschen Leben rächen an einem jeglichen Menschen, *als der sein Bruder ist.*« Der nächstfolgende Vers läßt keinen Zweifel dagegen aufkommen und erklärt zugleich diese Benennung »Denn im Ebenbilde Gottes hat er den *Menschen* geschaffen.«

182 Chavoth Jair G. A. 136.

[Unser Katechismus]

Ganz ebenso sprechen sich nun auch unsere Katechismen aus, nach welchen unsere Jugend in den Schulen unterrichtet wird. Wir führen nur die betreffenden Stellen aus Johlson's: »Die Lehren der Mosaischen Religion« an, nach welchem seit fast einem halben Jahrhundert in den Schulen unterrichtet und welche das Muster aller derartigen Lehrbücher wurde. Nachdem Johlson in dem zehnten Abschnitt, von den Pflichten gegen unsere Nebenmenschen, §§ 201–208 diese Pflichten auseinandergesetzt, fährt er § 209 also fort:

[209.] Wen nennt aber die heilige Schrift רע, עמית, אח Nächsten, Nebenmensch, Bruder? Sind auch diejenigen darunter verstanden, die einer andern Religion zugethan sind? Antwort. Hierunter werden |445| nicht blos Israeliten, sondern alle Menschen begriffen, die mit uns in einem Staate leben[183], zu welcher Religion sie sich übrigens bekennen, oder wessen Volkes sie auch sein mögen.

210. Ist dieses aus der heiligen Schrift selbst zu beweisen? Antwort. Ja, und zwar aus sehr vielen Stellen; denn erstens; so oft nur von Israeliten ausschließlich die Rede ist, da setzet die heilige Schrift immer ausdrücklich Ebräer (עברי) oder Kinder Israels (בני ישראל) hinzu (wie z. B. 3. Mos. 25, 46., 5. Mos. 15, 12. und 24, 7. u a. m.); zweitens: werden ja sogar die Egypter, selbst zur Zeit da die Israeliten hart und grausam behandelt wurden, ausdrücklich unsere Nächsten, unsere Nebenmenschen genannt (2. M. 11, 2). Mose läßt dem Könige von Edom sagen: So spricht dein Bruder Israel (אחיך ישראל) (4. M. 20, 14). Salomo nennt den heidnischen König Hiram seinen Bruder, und eben so Achab den Syrischen König Benhadad (1. Kön. 20, 32.).

211. Und selbst nachdem die Israeliten von der Sklaverei der Egypter befreit und aus ihrem Lande gezogen waren, was empfiehlt uns dann noch die heilige Schrift gegen sie und gegen das Volk Edom, welches zuerst mit einem starken Kriegsheer zur Vertilgung der Israeliten auszog, ohne von diesen gereizt worden zu sein? (4. M. 20, 18. 20.).
Antwort. »Den Edomiter sollst du nicht verabscheuen, denn er ist dein Bruder.« »Den Egypter sollst du nicht verabscheuen, denn du bist ein Fremdling in seinem Lande gewesen (5. M. 23, 8.)«

212. Was müssen wir nun daraus folgern?
Daß wir mit noch weit größerm Rechte den Gesetzen der Religion gemäß verbunden sind, diejenigen als Brüder zu lieben, die wirklich unsre Nächsten, unsere Mitbürger und |446| Bewohner eines Staates sind, wo wir mit ihnen gleichen Schutz genießen, und an die uns also schon das Band der Dankbarkeit und des gemeinschaftlichen Vaterlandes knüpfet.«

214. Macht auch wohl die heilige Schrift irgendwo einen Unterschied zwischen einem Israeliten und einem Nichtisraeliten bei solchen Gesetzen und Verboten, die uns etwas gegen unsern Nebenmenschen untersagen?
Antwort. Nirgends finden wir eine Spur von einem solchen Unterschiede. Gott sagt: Du sollst nicht morden! Du sollst nicht stehlen, nicht betrügen! »Ihr sollt kein Unrecht thun im Gericht! auch kein Unrecht in Ellen, Gewicht und Maaß.« (3. M. 19, 35.).

---

183 Diese Einschränkung ist nach unsern Nachweisen aus den Quellen unrichtig, wie sie auch nach der folgenden weitern Ausführung Johlson's selbst als solche erscheint.

Ueberall wird bloß die *Handlung selbst*, als ein Gräuel des Ewigen, verboten, ohne Rücksicht auf die Person, gegen welche sie verübt wird.

»Wer im Handel und Wandel irgend einen Menschen, gleichviel ob einen Israeliten oder einen Nichtjuden und Götzendiener, durch falsches Maaß und Gewicht betrogen, hat ein ausdrückliches Mosaisches Gesetz übertreten und ist Ersatz schuldig. Ebenso strafbar ist es, einen Nichtjuden mit falscher Rechnung zu hintergehen; das Gesetz sagt: Er soll mit seinem Käufer abrechnen (3. M. 25,50.), und zwar ist dort von einem Heiden die Rede, der den Israeliten unterthänig ist; wie viel mehr ist man einem andern Nichtjuden die pünktlichste Ehrlichkeit schuldig. Von dem Uebertreter dieser heiligen Pflicht heißt es (5. M. 25,16.): »Denn wer solches thut, wer Ungerechtigkeit verübt ist dem Ewigen, deinem Gotte, ein Gräuel.« Gleichviel also, an wem auch das Unrecht verübt wird (Maim. v. d. Diebstahl, Abschnitt 7, § 8).

215. Was sagen ferner unsere Weisen von demjenigen, der sich erlaubt, einen Nichtjuden zu beleidigen oder zu betrügen?

Unsere Gesetzgeber erklären einstimmig, daß ein solcher Israelit nicht allein gegen die ausdrücklichen Gesetze Gottes |447| sündigt, sondern auch noch dabei das unverzeihliche Verbrechen auf sich ladet, den heiligen Namen Gottes zu entweihen, indem er dadurch seine Religion und seine Glaubensgenossen in den Augen anderer Völker herabsetzt. »Ihr sollt meinen heiligen Namen nicht entweihen! Ich will geheiliget werden durch die Kinder Israels« (3. M. 22,32.).

216. Unsere Lehrer, die Thalmudisten, die alle diese Vortheile, welche uns besonders verpflichten, noch nicht genossen, was lehren sie uns schon für Liebespflichten gegen unsere Nebenmenschen von einer andern Religion?

Jeder Israelit ist dem göttlichen Gesetze nach verbunden, diejenigen Menschen aus jedem Volke, welche die sieben Noachidischen Gebote befolgen, als seine Brüder zu lieben, ihre Kranken zu besuchen, ihre Todten zu begraben, ihre Armen und Nothleidenden zu pflegen und zu unterstützen, wie die von Israeliten, und so gibt es auch überhaupt keine Handlung der Menschenliebe, der sich ein wahrer Israelit gegen die Beobachter der Noachidischen Lehren entziehen könnte« (Th. Gittin, fol. 61).

»Ueberhaupt macht uns die Religion thätige Menschenliebe auch selbst gegen Götzendiener zur heiligen Pflicht. Auch *ihre* Kranken und Dürftigen sollen wir unterstützen und ihre Todten begraben, wie die von Israel. Denn Gottes Güte und Barmherzigkeit erstreckt sich auf alle seine Geschöpfe (Ps. 145), und sein Gesetz will auf alle Art und Weise Liebe und Glückseligkeit befördern (Spr. 3,17).«

Dies sind also die Lehren, in welchen unsere Jugend in den Schulen unterrichtet wird; dies ist der Geist, in welchem unsre Kinder erzogen werden; es ist der Geist des ächten Pharisaismus, der Geist des Judenthums. Möchte dieser Geist gewürdigt und nach *allen* Seiten hin in gleicher Reinheit gepflegt werden, und das Streben aller Denkenden unserer Zeit wird bald von dem schönsten Erfolge gekrönt werden: die Schranken werden sinken, die eine dunkle Zeit hat aufgeführt, der traurige Separatismus, der so oft schon |448| die besten Kräfte des Vaterlandes hat lahm gelegt, wird sein Ende erreichen in dem Gefühle allgemeinen Bürgersinnes, des einigen, gemeinschaftlichen, geliebten Vaterlandes, der edelsten Bruderliebe. Unter allen Menschen wird fortan zur Wahrheit das herrliche Prophetenwort: »Haben wir nicht Alle Einen Vater, hat nicht Ein Gott uns Alle geschaffen, warum sollten wir treulos sein, Bruder gegen Bruder!« Wir feiern die Auferstehung des Geistes, zum Segen des Vaterlandes, zum Segen der ganzen Menschheit. An diesem großen Werke müssen die Denkenden aller Bekenntnisse arbeiten, sich offen und frei die Hände reichen, den Schutt wegräumen, den Fanatismus und Unwissenheit haben aufgehäuft, und zur Errichtung des heiligen Baues beitragen, unter dessen gastlichem Dache sich Alle brüderlich sammeln. Alle sollen, müssen sich endlich zu dem Gedanken erheben: *daß nicht die Form des Glaubens, sondern die Heiligkeit des Gedankens, der in ihm niedergelegt ist, und den er in unserm Leben zur Erscheinung bringt, sein Wesen bilden, das uns Alle vereinigen, versöhnen sollte.*

Anhänge

(Alle Seitenangaben folgen der zweiten Auflage.)

1. Abkürzungsverzeichnis

1. M = Genesis
2. M = Exodus
3. M = Leviticus
4. M. = Numeri
5. M. = Deuteronomium
A., Ant. = *Antiquitates*, Werk des Josephus Flavius
Ab. Al., Ab. s., Ab. Sara, Ab. Sora, Abod. Al. = Talmudtraktat *Avoda Zara* (AZ)
Absch. = Abschnitt
all. = allegatum, herangezogen von, zitiert bei
B., B. J., B. Jud. = *Bellum Judaicum*, Werk des Josephus Flavius
B. Bath. = Talmudtraktat *Baba Batra* (BB)
B. Mez. = Talmudtraktat *Baba Mezia* (BM)
Ber. = Talmudtraktat *Berachot* (Ber)
Ber. Rab. = *Bereschit Rabba*
Bert. = Obadia Bertinoro, Mischnakommentator
Besch., P. Besch., Par. Wihi Besch. = *Paraschat* [Tora-Abschnitt] *Beschalach*
Beth. Jos. = Beth Yosef, Kommentar des Joseph Caro zum Rechtskodex Turim
c., cap. (vor Zahl) = caput, Kapitel
c. (vor Name) = cum, mit
c. Ap. = *Contra Apionem*, Schrift des Josephus Flavius
Chol. = Talmudtraktat *Hullin* (Hul)
Chos. Misp., Chosch. Mischp., Cosch. Misch., Chos. Mischm. [!], Tos. [!] Mischp. = Choschen Mischpat
Chul. = Talmudtraktat *Hullin* (Hul)
Com. = Kommentar
Comm. = Kommentare
Cosri = Kosri, Kusari
Ebn Esra, siehe Ibn Esra
Er., Erub. = Talmudtraktat *Erubin* (Er)
f., fol. = folium, Talmudblatt
fine = am Schluss
Frankl = Frankel, Zacharias
Ges. = Gesenius, Wörterbuch
Gesch. d. J. = *Geschichte der Juden*, Werk von Heinrich Graetz

G. V. = *Die gottesdienstlichen Vorträge der Juden*, Werk von Leopold Zunz
Hal. = Halacha
Hilch. Deoth = Hilchot Deot, von Moses Maimonides
Hod., Hodog. = *Hodegetica in Mischnam*, Werk von Zacharias Frankel
Hoh. L. = Hohes Lied
Hor. = Talmudtraktat *Horajot* (Hor)
Ibn Esra = Abraham Ibn Esra, Bibelkommentator
Ikk. = *Sefer ha-Ikkarim*, theologisches Werk des Joseph Albo
Init. = *initio*, am Anfang
Iss. Gloss. = Glossen des Moses Isserles zum Schulchan Aruch
J. Musk. = Juda Moscato, *Kol Yehuda*, Komm. des *Kosri* (Venedig 1594)
Jal., Jalk. = *Jalkut*
Jon. = Jonathan
Jos. = Josephus Flavius
Jos. A. = Josephus, *Antiquitates*
Jos. B. = Josephus, *Bellum*
Just. Mart. = Justin Martyr, Kirchenvater
Kher., Kherit. = Talmudtraktat *Keritot* (Ker)
Khet. = Talmudtraktat *Ketubbot* (Ket)
Kid. = Talmudtraktat *Qiddushin* (Qid)
Kor. Ar. = Korban Aron
L. A. = Lesart (II/217)
l. l. = am angegebenen Ort
l. m. l. = am mehrfach angegebenen Ort
LXX = Septuaginta
Mag. Misch. = *Maggid Mischne* [G.: Maggid Mischna]
Maim. = Maimonides
Makk. = 1. Makkabäer
Mas.-Schir. = Tora-Perikope Massekhet Schirah
Mech., Mechil. = Mechilta
Meg. = Talmudtraktat *Megilla* (Meg)
Meg. Taan., Meg. Tan. = Megillat Taanit
Mech., Mechil. = Mechilta
Mez. = Talmudtraktat *Baba Mezia* (BM)
Mid., Midr. = Midrasch

Mid. R. = Midrasch Rabba
Mid. Teh. = Midrasch Tehilim, Midrasch über die
   Psalmen
Mis., Mischp. = Tora-Perikope Mischpatim
Misch. = Mischna
More Neb. Has. = More Nebuche Hasman
Onk. = Onkelos
Or. Ch., Or. Chaj., Orach Chaj. = Orach Chajim
P., Par. = Parascha, Tora-Perikope
Pr., Par. = Pars, Textabschnitt
Proph. = Propheten
Ps = Psalmen
R. (vor Namen) = Rabbi, Rabenu
Rapap. = Rapoport
Rosch. Hasch. = Talmudtraktat Rosch ha-Schana
   (RH)
Sabb. = Talmudtraktat *Shabbat* (Shab)
Sam. b. Meir = R. Samuel ben Meir
Siphte Kh. = Sifte Kohen, Kommentar des Shab-
   betai Kohen zum Schulchan Aruch

Schol. = Scholion (Randbemerkung)
Sofr. = *Sofrim*, extrakanonischer Talmudtraktat
Spr. = Sprüche, biblisches Buch (Proverbien)
Spr. d. V. = Sprüche der Väter
Synh. = Talmudtraktat Sanhedrin (San)
Tac. Hist. = Tacitus, Historien
Targ. = Targum
Th., Th. B., Th. b. = Babylonischer Talmud
Th. Jer., Th. Hieros. = Talmud von Jerusalem, Pa-
   lästinischer Talmud
Tos., Tosaf. = Tosafot
Tos. J. Tobh = Tosfot Yomtov, Mischnakommentar
   des Yomtov Lipman Heller
Tur. = Turim
u. f. = und folgende
ult. = letztes Kapitel
Verw. u. Besch. = Verwundung und Beschädi-
   gung
Wb. = Wörterbuch
z. St. = zur Stelle

2. Zitatregister

Jüdische und christliche Bibel

Tora

Gen 2, 24 – 196
Gen [4, 7] – 232
Gen 4, 26 – 392
Gen 5, 1 – 392
Gen 6, 3 – 232
[Gen 6, 4–5] – 240
Gen 6, 12 – 2
Gen 6, 13 – 68, 192
Gen 6, 18 – 8
Gen 7, 26 – 68
Gen 9, 4 – 21
Gen 9, 5 – 443
[Gen 9, 6] – 21
Gen 9, 9 – 8
Gen 12, 2 – 1, 5
[Gen 13, 13] – 70
Gen 15, 6 – 230
Gen 15, 10 – 26
Gen 18, 17ff – 5
Gen 18, 19 – VIII
Gen 18, 24 – 60
[Gen 18, 25] – 38

Gen 21, 27ff – 441
Gen 21, 33 – 203
Gen 23, 4 – 395
Gen 26, 31 – 441
Gen 28, 4. 14 – 5
Gen 34 – 223–224
Gen 38, 12. 20 – 26
Gen 41, 34 – 90
Gen 47, 22. 25 – 90
[Ex 2, 21] – 116
Ex 2, 22 – 17
Ex 3, 15 – 3
Ex 4, 22 – XXVI, 3
Ex 5, 14 – 17
Ex 5, 21ff – 10
Ex 5, 22 – 17
Ex 9, 20 – 395
Ex 11, 2 – 445
Ex 11, 3 – 26
Ex 12, 8 – 255
Ex 12, 15 – 257
Ex 12, 43 – 115
Ex 12, 48 – 22–23
Ex 13, 12 – 156
Ex 14, 9 – 394

Übersetzungen der Bibel

Septuaginta

Talmud

mEd V, 6–7 – 372–373
mEd VIII, 4 – 130
mAZ I, 1 – 433
mAZ II, 1 – 226, 423, 434, 442
mAZ II, 2 – 434
mAZ III, 2 – 365, 397–399
mAZ IV, 1 – 246
mAZ IV, 7 – 135
mAbot – XIX. 415
mAbot I, 1 – 128, 135, 166–167, 277
mAbot I, 2 – 125, 128, 369
mAbot I, 3 – 186
mAbot I, 4 – 174
mAbot I, 5 – 188, 204
mAbot I, 6 – 370–371
mAbot I, 9 – 270
mAbot I, 12 – 175, 373
mAbot I, 13 – 95, 186
mAbot I, 15 – 204
mAbot I, 17 – 175
mAbot I, 18 – 189, 370
mAbot II, 1 – 221, 386
mAbot II, 2 – 221, 433
mAbot II, 3–4 – 221, 416–417
mAbot II, 5– 143
mAbot II, 9 – 374
mAbot II, 11 – 375
mAbot II, 16 – 417
mAbot III, 12 – 381
mAbot III, 14 – 378
mAbot III, 15 – 379
mAbot III, 22 – 376
mAbot IV, 22 – 232
mAbot IV, 24 – 389
mAbot IV, 27 – 212
mAbot V, 8 – 380
mAbot V, 13 – 143
mAbot VI, 1 – 383
mHor III, 4 – 103, 280
mHor III 8 – 163
mMen XI, 7 – 261
mAr IX, 4 – 265
mKer I, 7 – 284
mMid V, 3 – 213
mNeg III, 1 – 98
mNid VI, 4 – 281
mNid X, 4 – 364, 392
mJad IV, 6–7 – 142

Tosefta
tShab I – 220–221
tJoma – 280
tJoma I – 288
tKet VIII – 141
tSota XIII – 373
tBQ VII – 32
tSan – 210
tMen X – 94
tMen XI – 267

Palästinische Gemara
[jBer I, 5] – 188
jBer V 9 – 223
jPea I, 1 – XXXV, 187, 201, 284–285
jMaaserot III fine – 245
jMa'ser Scheni V, 9 – 135
jShab I, 4 – 142, 220–221
jShab XVI, 1 – 246
jPes VI, 1 – 262
jJoma I, 1 – 280
jJoma I, 5 – 288
jRH I, 3 – 253
jTaan [II,] 1 – 206
jTaan I – 254
jTaan IV, 2 – 136
jTaan IV, 5 – 229
jMQ II, 4– 251
jMQ III, 1 – 162
jKet IV, 8 – XXXV
jNed III, 8 – 239
jSota IX, 9 – 137
jSota IX, 10 – 140
jQid I, 7 – 201
jQid IV, 11 – 365, 393–394
jBQ IV, 3 – 400–401, 405
jBQ VIII – 387
jBM II – 371
jSan I, 2 – 135
jSan VII, 12 – 296

Babylonische Gemara
[bBer 4b] – 430
bBer 10a – 70
bBer 13a – 118–119
bBer 16b – 187
bBer 17a – 384, 390, 440
bBer 24a – 188
bBer 29a – 158

Zeitgenossen

(* = nur in der zweiten Auflage)

Quellen:

Jewish Encyclopedia 624, s. v.«Bédarride«; JE s. v. »Brüll (Adolf u. Jacob), Derenbourg, Dukes

Friedrich Wilhelm Bautz, *Biographisch-bibliographisches Kirchenlexikon*, Hamm/Westf. Bd. I (1990), Sp. 427–428, s. w. »Baur«; Sp. 1577–1578, s. v. »Ewald«; Bd. II (1990), Sp. 234, s. v. »Gesenius«; Sp. 281–282, s. v. »Graetz«; Sp. 511 s. v. »Haneberg«; Sp. 856–857 s. v. »Hilgenfeld«; Sp. 1012–1014 s. v. »Holtzmann«; Bd. III (1992) Sp. 1296–1299 s. v. »Keim«; Bd. IV (1992), Sp. 139–143 s. v. »Knobel«; Bd. V (1993), Sp. 494–499 s. v. »Luzzato«; Sp. 1473–1479 s. v. »Michaelis«; Bd. VI (1993), Sp. 979–983 s. v. »Nöldeke«; Bd. VII (1994), Sp. 1357–1359 s. v. »Rapoport«; Bd. VIII (1994),

Sp. 23–27 s. v. »Renan«; Sp. 87–89, s. v. »Reuß«; Sp. 577–583, s. v. »Rohling«; Bd. IX (1995), Sp. 150–153 s. v. »Schenkel«; Bd. XIV (1998), Sp. 388–402 s. v. »Zeller«; Sp. 607–627 s. v. »Zunz«; Bd. XIX (2001), Sp. 430–445, s. v. »Frankel«; Bd. XXVII (2007), Sp. 63–70 s. v. »Aub«; Bd. XXVIII (2007), Sp. 941–952 s. v. »Krochmal«; Bd. XXIX (2008), s. v. »Rebbert«

*Anonymus. Artikelserie eines rabiaten pfälzischen Polemikers, der den Juden Glaubenshass und Intoleranz vorwirft.

–   »Kreuzige, kreuzige ihn!« in: *Pfälzischer Kurier: die Heimatzeitung der Vorderpfalz*, April 1876 (mehrere Folgen).– XVI-XXIX

*AUB, Joseph (1804–1880), als bayerischer Reformrabbiner einer der Studien- und Weggenossen Grünebaums; Rabbiner in Bayreuth, dann Oberrabbiner in Mainz und Berlin. Sein Leitfaden für den jüdischen Religionsunterricht war 1874 in zweiter Auflage erschienen und wird in Grünebaums 2. Aufl. beworben; Grünebaum spricht von dem »für seinen Zweck sehr empfehlenswerthe[n] Buch«, bzw. »dem von umfassendstem theologischen und philosophischen Wissen zeugenden Werke«, das die Antisemiten in der Sache bereits wiederlege.

–   *Grundlage zu einem wissenschaftlichen Unterrichte in der mosaischen Religion* (1864, 2. Aufl. 1874) – XIII, XXXVI, 233, 302

*BAUER, Bruno (1809–1882), thüringischer protestantischer Theologe, 1834–1841 Privatdozent in Berlin und Bonn, entlassen wegen seiner radikal quellenkritischen Ansichten über das Neue Testament. Seit 1842 als politischer Journalist und Publizist in Berlin führender Kopf der Linkshegelianer und in der Revolution von 1848 im republikanisch-atheistischen Sinne aktiv. Nach Bruch mit dem Nationalliberalismus ging er 1866 ins konservative Lager der »Kreuzzeitung« über. Seine Synthese theologischer und linkshegelianischer Judenfeindschaft äußert er schon in seiner Kontroverse mit Hengstenberg *Kritische Briefe über den Gegensatz des Gesetzes und des Evangeliums* (1839); gegen die Emanzipation der Juden schrieb er *Die Judenfrage* (1842). Er sieht die jüdische Religion und Kultur als durch die griechisch-römisch-christliche Aufwärtsbewegung überwunden und stellt sie daher mit dem Heidentum auf eine Stufe. Als Anhänger einer rohen, antiquierten Kultur könne ein Jude am Fortschritt von Freiheit und Bewusstsein der Menschheit nicht mitwirken. Auch jüdische Revolutionäre, so fügte Bauer um 1860 hinzu, agierten nur aus Verbitterung über dieses Faktum (»Judentum, das, in der Fremde«, in: Staats- und Gesellschafts-Lexikon, hrsg. von Hermann Wagener. Berlin 1859–1867, X, S. 614).

–   *Die Judenfrage*, Braunschweig 1843, S. 10 – 419 [ohne Stellenangabe]

*BAUR, Ferdinand Christian (1792–1860), württembergischer protestantischer Theologe, Begründer der neueren Tübinger Schule, wird von Grünebaum zu den acht bedeutendsten Neutestamentlern gezählt. Seine Suche nach einem vermittelnden Moment in der geistigen Entwicklung des Paulus vom Judentum zum Christentum wird erwähnt.

–   185, 227

*BÉDARRIDE, Jassuda (1804–1882), provenzalisch-jüdischer Jurist, einer der frühesten französischen Forscher über die jüdische Geschichte des Mittelalters.

–   *Les Juifs en France, en Italie et en Espagne* (1859; 2. Aufl. Paris, Michel Levy, 1867) – 80, 81

*BLOCH, Joseph Samuel (1850–1923), österreichischer Rabbiner, als Polemiker gegen den Antisemitismus zitiert in der zweiten Auflage. Blochs wichtigste Polemiken erschienen erst in der Folge: *Gegen die Anti-Semiten: eine Streitschrift* (1882), *Prof. Rohling und das Wiener Rabbinat oder »Die arge Schelmerei«* (1882), *Des k. k. Prof. Rohling neueste Fälschungen* (1883), *Israel und die Völker nach jüdischer Lehre* (1922).

–   *Prof. Rohling's Falschmünzerei auf talmudischem Gebiet*, Posen 1876 – XI, XIII, 396

*BRÜLL, Adolf (1846–1908), mährisch-jüdischer Schullehrer, Philologe und Journalist.

–   *Zur Geschichte und Litteratur der Samaritaner*, 1876 – 104
–   Jahrb. II, S. 142 – 268

*BRÜLL, Jacob (1812–1889), mährischer Rabbiner, dessen hebräisch verfasste Mischna-Einleitung in der 2. Aufl. zum Beleg dafür herangezogen wird, dass auch »der gelehrte, strenggläubige Rabbiner Jac. Brüll in seiner quellenreichen Einleitung in die Mischna« die text- und redaktionskritischen Forschungen abgesegnet habe.

–   *Mevo ha-Mishna* (Einleitung in die Mischna), Bd. I, Frankfurt 1876 – 123, 129, 136, 163, 175, 268, 277, 371

*DERENBOURG, Joseph (1811–1895), rheinisch-jüdischer Orientalist in Frankreich. Seine Geschichte Palästinas wird in Grünebaums zweiter Auflage ausgiebig rezipiert.

*DUKES, Leopold (1810–1891), ungarisch-jüdischer Philologe, dessen rabbinische Spruchsammlung Grünebaum für die 2. Aufl. benutzt hat; gemeint ist anscheinend die *Rabbinische Blumenlese*, Leipzig, 1844.

*EWALD, Heinrich Georg August (1803–1875), protestantischer Theologe und einer der acht bedeutendsten Neutestamentler, die Grünebaum in seiner 2. Aufl. aufzählt. Er war Professor für alttestamentliche Exegese und orientalische Sprachen in Göttingen und sodann in Tübingen.

FINALY, Siegmund, jüdischer Arzt in Pest. Grünebaum zitiert seine Theorie, wonach es sich bei den im Leviticus beschriebenen Aussatzkrankheiten um Symptome der »Lustseuche« (Syphilis) gehandelt habe.

FRANKEL, Zacharias (1801–1875, G.: Frankl), böhmischer Rabbiner und Philologe, Direktor des Jüdisch-theologischen Seminars in Breslau, der als Vorläufer der »konservativen« Richtung im modernen Judentum gilt. Aus seinem umfangreichen Werk zitiert die *Sittenlehre* nur die hebräisch verfasste Einleitung in die Mischna unter dem lateinischen Nebentitel, fälschlich als *Hodogedica* transkribiert.

FRIEDLIEB, Josef Heinrich, Übersetzer der sibyllinischen Weissagungen.

GEIGER, Abraham (1810–1874), Rabbiner in Wiesbaden, Breslau, Frankfurt/M. und Berlin, führender jüdischer Reformtheologe. Geiger ist wichtigster Vordenker Grünebaums; schon die Erstauflage zitiert ihn 18mal mit zahlreichen rühmenden Bemerkungen. Auf Geiger und sein bahnbrechendes Werk von 1857 geht die Auffassung von der demokratisch-reformistischen Tendenz der pharisäischen Bewegung zurück, deren Ideal des »allgemeinen Priestertums« im Gegensatz zum aristokratischen Konservatismus der Sadduzäer stehe. Den Aufsatz »Sadducäer und Pharisäer« (1863) behauptet Grünebaum in der 1. Aufl. nicht gekannt zu haben; er zitiert aber den ersten Band der Vorlesungen *Das Judenthum und seine Geschichte* (1864). In der 2. Aufl. komme zahlreiche weitere Referenzen hinzu. Geiger lobt Grünebaum für die Verbreitung seiner Ansichten: »Als ein erfreuliches Zeichen von dem Durchdringen dieser Erkenntniß nenne ich besonders das neue Buch von Grünebaum, welches mit seinem bestimmten praktischen Zwecke die Aufnahme dieser Resultate in umfassender Weise verbindet« (»Die neuesten Fortschritte in der Erkenntniß der Entwickelungsgeschichte des Judenthums und der Entstehung des Christenthums«, in: JZWL, 1867, S. 252–282, siehe S. 261).

Vorlesungen, nebst einem Anh.: Das Verhalten der Kirche gegen das Judenthum in der neueren Zeit. Ein zweites Wort an den evangel. Ober-Kirchenrath, Breslau 1871 – 266, 291, 378–379

– »Biblische Miscellen: Glossen und Correcturen«, in: JZWL, 1867, S. 282–286 – 65

– Beitrag in *He-Chalutz* – 150, 367

GERLACH, Friedrich Otto von (1801–1849), protestantischer Pfarrer und Theologe pietistischer Richtung, der durch seine Bearbeitung des Alten und des Neues Testaments nach Luther zum Vertreter der prot. Erweckungsbewegung und Initiator der späteren »inneren Mission« wurde. Seine »sittliche Lauterkeit« wurde gerühmt. Dass er 1844 wegen seiner Misshandlung eines Dienstmädchens mit Todesfolge zu einjähriger Festungshaft verurteilt wurde (ohne die Strafe jedoch antreten zu müssen) behinderte nicht seine Beförderung zum Hofprediger (1847) und zum Professor (1849). Grünebaum betont, dass G., als »ein sehr frommer christlicher Geistlicher, der sonst die Erfüllung alles geistigen, wahrhaft religiösen und sittlichen Lebens erst durch seine Kirche verkündet findet«, dennoch den Universalismus der Tora anerkennt; Allgemeingültigkeit der Offenbarung und Auserwähltheit Israels seien hier nicht etwa Widersprüche, sondern bedingen einander. Nachruf ADB IX, 19–22.

– *Die Heilige Schrift nach Martin Luthers Uebersetzung mit Einleitung und erklärenden Anmerkungen*, Bd. I: *Welcher die Bücher Mose enthält*, 1844; 5. Aufl. Berlin 1863 – XXVI, 2, 19, 22, 111, 425

GESENIUS, Wilhelm (1786–1842), protestantischer Theologe, Professor für alttestamentliche Exegese und orientalische Sprachen in Halle, wird über sein hebräisches Wörterbuch rezipiert.

– *Hebräisches und chaldäisches Handwörterbuch über das Alte Testament*, 1810–12; 6. Aufl., bearb. von Franz Ed. Christ. Dietrich, Leipzig: Vogel 1863 – XXIX, 65, 68, 90, 192, 230

GFRÖRER, August Friedrich (1803–1861), protestantischer Bibliothekar und Theologe in Stuttgart. Sein Hauptwerk ist *Das Jahrhundert des Heils*, 2 Bde., 1838, in dem er die Jesusbewegung mit dem Reformjudentum verglich; dieses werde ebenfalls zur Assimilation der Juden im Christentum führen. Der Autor verließ 1853 selbst seine Kirche und konvertierte zum Katholizismus. Grünebaum zitiert zwei seiner Schriften als Beispiel für gelehrte, doch vorturteilsbeladene Arbeit, »die überhaupt von ungerechten Vorwürfen und Insinuationen sprudelt«.

– *Critische Geschichte des Urchristenthums*, Bd. I: *Philo und die alexandrinische Theosophie*, Stuttgart 1831 – 152, 185

– Vorrede zu: Josephus Flavius, *Geschichte des Jüdischen Krieges oder vom Untergang des jüdischen Volkes und seiner Hauptstadt Jerusalem*, aus dem Griech. übers. durchges. und hrsg. von A. Fr. Gfrörer. Mit geograph. und histor. Erl. von Wilhelm Hoffmann, 2 Bde. Stuttgart 1836 – 178

– *Geschichte des Urchristenthums*, Bd. I: *Das Jahrhundert des Heils*, Stuttgart 1838 – 239

GRAETZ, Heinrich (1817–1891, G.: Grätz), seit 1854 Dozent für Bibel und Geschichte am Jüdisch-theologischen Seminar in Breslau. Schon die Erstausgabe der *Sittenlehre* zitiert elfmal aus seiner *Geschichte der Juden*, darunter auch die kabbalafeindlichen Stellen. Grünebaums Schrift entstand vor den antisemitischen Polemiken insbesondere Treitschkes gegen Graetz' Werk.

– *Geschichte der Juden von den ältesten Zeiten bis auf die Gegenwart*, Bd. III: *Geschichte der Juden vom Tode Juda Makkabi's bis zum Untergang des jüdischen Staates*, Leipzig 1856 – 137, 145, 147–148, 150, 221, 267, 269, 275, 291, 293, 371

–, Bd. IV: *Geschichte der Juden vom Untergang des jüdischen Staates bis zum Abschluß des Talmud*, Leipzig 1853 – 236, 387, 402

– Bd. VII: *Geschichte der Juden von Maimuni's Tod (1205) bis zur Verbannung der Juden aus Spanien und Portugal*, Leipzig 1863 – 368

– Bd. X: *Geschichte der Juden von der dauernden Ansiedlung der Marranen in Holland (1618) bis zum Beginn der Mendelssohnschen Zeit (1760)*, Leipzig 1868 – XXI

GRÜNEBAUM, Elias (1807–1893), zitiert in der *Sittenlehre* verschiedene eigene Arbeiten.

– XX, XXVI

– D. Steinheim's Offenbarung, in: *Wissen-*

schaftliche Zeitschrift für jüdische Theologie 4
(1839), S. 88–114 – XXVI
- *Zustände und Kämpfe der Juden mit besonderer Beziehung auf die baierische Rheinpfalz*, Mannheim 1843 – 416
- *Über den Talmud*, in: Georg Friedrich Kolb (Hrsg.), *Geschichte der Menschheit und der Kultur: Supplement zu allen Werken über Weltgeschichte*, Pforzheim 1843 – 81
- »ein vor 34 Jahren publiziertes Werk«: »Zustände und Kämpfe der Juden mit besonderer Beziehung auf die baierische Rheinpfalz.« Mannheim, J. Bensheimer, 1843. S. 27 ff. – XXI, 416
- »Hafqa'at Halwa'ato«, in: Ben Chananja 1866, Nr. 35, Sp. 93–95. – 412
- »Die Fremden (Gerim) nach rabbinischen Gesetzen«, JZWL 1870, 43–57; 1871, 164–172. – 363
- »Die Sklaven nach rabbinischem Gesetze«, JZWL 1872, 26–45. – 363
- Reminiszenz aus seinem Religionsunterricht – 430

GUTMANN, Moses (1805–1862), war als Reformrabbiner in Redwitz (Oberfranken) einer der wenigen bayerischen Gesinnungsgenossen Grünebaums. Dieser lobt seine »eben so vorurtheilslosen als gründlichen Forschungen«.
- *Die Apokryphen des Alten Testaments aufs Neue aus dem griechischen Text übersetzt*, Altona 1841 – 76

HANEBERG, Daniel Bonifaz von (1816–31.5.1876), ein schwäbischer Benediktinerabt, lehrte seit 1840 als Priv. Doz. für Exegese an der Universität München, 1844 wurde er Professor für Altes Testament und Orientalische Sprachen, 1866 in den bayerischen Adelsstand erhoben. Er war 1868 Konsultor für das Vatikanische Konzil, seine zeitweilige Opposition zum Unfehlbarkeitsdogma gab er 1870 auf. 1872 wurde er zum Bischof von Speyer ernannt, wo er im ultramontanen Sinn Kulturkampf betrieb. Er verfasste eine *Beleuchtung von Renans Leben Jesu*, Regensburg 1864. Haneberg ist der katholische Hauptgegner der *Sittenlehre*, die Grünebaum gegen ein talmudfeindliches Kapitel seiner *Geschichte der biblischen Offenbarung* verfasste. Grünebaums 1. Auflage zitiert nach Hanebergs zweiter, seine zweite nach der dritten von 1863. Hanebergs 4. Aufl. erschien postum Regensburg 1876; der Autor hatte große Mühe aufgewendet, um »dieses sein Jugendwerk auch in dieser neuen Auflage zu erweitern und zu vervollkommnen. Kein Bogen, kaum ein Blatt blieb ohne kleinere Veränderungen und Zusätze; mehrere Theile wurden wesentlich umgearbeitet [...]; andere Theile wurden bedeutend erweitert und durch die Ergebnisse neuerer Forschungen ergänzt« (S. VII). Der von Grünebaum behandelte antijüdische Absatz wurde indes ohne jede Korrektur übernommen.
- XIII, XXVI, XXXIII, 29, 62, 99, 263, 365–366
- *Die religiösen Altertümer der Bibel: Zweite, größtentheils umgearb. Aufl. des »Handbuchs der biblischen Alterthumskunde«* [von Joseph Franz von Allioli, 2 Bde. 1844]); – 27, 260, 396
- *Versuch einer Geschichte der biblischen Offenbarung als Einleitung ins Alte und neue Testament*, 1849; 2. Aufl. Regensburg 1852, Bd. I, S. 507–508, 3. Aufl. unter dem Titel *Geschichte der biblischen Offenbarung*, Regensburg 1863 – XXXVI, 3–7, 27, 364–365, 384, 391

HAUSRATH, Adolf
- »Die Resultate der jüdischen Forschung über Pharisäer und Sadducäer, *Protestantische Kirchenzeitung*, 1863 – XV

*****HEINE, Heinrich** (1797–1856), deutscher Dichter, Schriftsteller und Journalist jüdischer Abstammung, versuchte 1825–26 mit einer opportunistischen protestantischen Taufe eine Juraprofessur zu erlangen, bekannte sich aber später wieder zum Judentum. Seit 1831 lebte er in der Emigration in Paris. Grünebaum teilte die Empörung vieler jüdischer Zeitgenossen, namentlich Philippsons und Graetz', über den spöttischen Tonfall mancher Gedichte jüdischer Thematik im *Romanzero* (1851). Heine wird in der *Sittenlehre* sogar in eine Reihe mit Judenfeinden gestellt.
- XVII

Herzog, Enc. Art. Egypten – 90

*****HILGENFELD, Adolf** (1823–1907), preußischer protestantischer Theologe, Professor in Jena, letzter Vertreter der Tübinger Schule, ist unter den

acht bedeutenden Neutestamentlern, die Grünebaum in seiner 2. Aufl. nennt.
– 185

*HOLTZMANN, Heinrich Julius (1832–1910), protestantischer Theologe, ein entschiedener Vertreter der historischen Kritik des Neuen Testaments, war seit 1858 Dozent in Heidelberg, wo er seit 1865 eine ordentliche Professur innehatte. 1874 erhielt er einen Lehrstuhl an der Universität Straßburg, den er dreißig Jahre lang ausfüllte. Er wird häufig zitiert in der 2. Aufl. und erscheint dort unter den acht bedeutenden Neutestamentlern. Grünebaum, der sich auf persönliche Korrespondenz mit ihm beruft, gewährt ihm ein überaus freundliches Echo; Holtzmann gilt – und zu recht – als derjenige Theologe, der Geigers These des pharisäischen Einflusses auf das Christentum am bereitwilligsten übernommen habe. Dass Holtzmann allerdings den vornehmlich griechischen Hintergrund der neutestamentlichen Lehre herauszuarbeiten suchte und sich darüber eine Kontroverse mit Geiger entspann, erwähnt Grünebaum nicht.
– *Geschichte des Volkes Israel und der Entstehung des Christenthums* (gemeinsam mit dem Historiker Georg Weber, seinem Schwiegervater), 2. Teil: *Judentum u. Christentum im Zeitalter der apokryphischen und neutestamentlichen Literatur*, Leipzig 1867 – 144, 148, 157, 178, 180, 185, 227, 234–235, 304, 305

JOHLSON, Joseph (1773–1851), Frankfurter jüdischer Pädagoge, Aufklärer und Rationalist, Verfasser des einflussreichen Lehrbuchs *Schorsche ha-dat: Unterricht in der mosaischen Religion für die israelitischen Schüler beiderlei Geschlechts* (Frankfurt 1814).
– Die Lehren der Mosaischen Religion, § 209–216 – 444–447.

JOST, Isaak Markus (1793–1860), jüdischer Schullehrer und Historiker, aus dessen *Geschichte des Judenthums* die Erstauflage dreimal zitiert (I/65). –
122
– *Geschichte des Judenthums und seiner Secten*, Bd. I, Leipzig 1857 – 117–119, 266
– Bd. II, Leipzig 1858 – 237

*KEIM, Karl Theodor (1825–1878), württembergischer protestantischer Theologe, ist erwähnt in der 2. Aufl. als ein gelehrter protestantischer Gewährsmann für die Datierung der Evangelien. Keim stammte aus Stuttgart, wurde 1860 Professor in Zürich und schließlich 1873 in Gießen. Das von Grünebaum zitierte Hauptwerk ist die *Geschichte des Jesus von Nazareth*. In der rationalistischen Tradition besteht er auf der ethischen Essenz der christlichen Botschaft. Er könne, so schrieb er, »auf den Gottessohn, welchen alexandrinische Judenweisheit und dann die griechische Kirche auf uns vererbt, den Gott, der vom Himmel herniederstieg, um ein Mensch, ein Säugling, ein Gekreuzigter und dann zum zweiten Mal ein Gott zu werden, auf diese griechische Mythologie entschieden verzichten«. Das Zitat illustriert schlagend das Problem des Reformprotestantismus. Die Ablehnung des Christuskults war in der Sache eine dramatische Annäherung an die jüdische Position; gerade deswegen fühlten Keim und seine Gesinnungsgenossen sich bemüßigt, durch judenfeindliche Ausfälle ihre Unbedenklichkeit vom Standpunkt der christlichen Identität zu suggerieren.
– 185, 209
– *Geschichte Jesu von Nazara, in ihrer Verkettung mit dem Gesammtleben seines Volkes frei untersucht und ausführlich erzählt*, Bd. I: *Der Rüsttag*, Zürich 1867– 177, 254
– Bd. III: *Das jerusalemische Todesostern*, Zürich 1872– 257–258, 261, 264, 271, 276, 281, 292, 297

KNOBEL, August (1807–1863), sächsischer protestantischer Theologe, Professor für Altes Testament in Breslau und Gießen, Autor des Kommentars *Der Prophet Jesaia* (1843), ist Gegner in Fragen der Jesaja-Auslegung.
– 47, 63

Kreuzzeitung – XVI

KROCHMAL, Nachman (1785–1840), galizisch-jüdischer Religionsphilosoph, Autor des Werkes *More Nevuche ha-Seman*, hrsg. von Zunz, auf dieses Werk bezieht sich Grünebaum als »der geistreiche Krochmal in s. More« – 129, 131
– *More Neboche Ha-seman, sive Doctor erranti-*

um nostrae aetatis. *Opus ad illustrandas Judaeorum antiquitates et leges, philosophiamque imprimis celeberrimi Aben Esrae doctrinam de divino*, hrsg. Leopold Zunz, 1850, 2. Aufl. 1863 – 125, 150, 277

LANDSHUTH, Eliezer (1817–1887), rabbinischer Gelehrter aus der Provinz Posen, in Berlin Buchhändler, Friedhofsaufseher und Liturgiehistoriker.
– »Biqoret kelalit al-pe divre tora bikhevod umishpat he'amim asher bizmanenu«, als Vorwort zu: *Siddur Hegjon ha-Lev*, hrsg. v. H. Edelman (Koenigsberg, 1845) – 436–443

LÖW, Leopold (1811–1875), mährischer Reformrabbiner in Ungarn, wird im Zusammenhang mit seiner Zeitschrift *Ben-Chananja* einmal lobend erwähnt.
– 367

LUZZATO, Samuel David (1800–1865, G.: Luzatto), italienisch-jüdischer Religionsgelehrter, Leiter des Rabbinerseminars in Padua, einmal aus zweiter Hand zitiert.
– Schorr, im Namen Luzzato's hä-Chaluz VI, S. 51 – 406–407

*NÖLDEKE, Theodor (1836–1930), niedersächsischer protestantischer Theologe, ist unter den acht bedeutenden Neutestamentlern, die Grünebaum in seiner 2. Aufl. nennt. Er war seit 1864 Professor für semitische Sprachen in Kiel und 1872–1906 in Straßburg, ein Freund Abraham Geigers.
– *Die alttestamentliche Literatur in einer Reihe von Aufsätzen dargestellt*, Leipzig 1868 – 42–43

PHILIPPSON, Ludwig (1811–1889), preußischer Reformrabbiner und Publizist, bis 1862 in Magdeburg und danach im Ruhestand in Bonn. Grünebaum zitiert aus seinem Werk u. a. die Bekämpfung des antijüdischen Christusmord-Topos und die »ausführliche und klare Auseinandersetzung« mit der christlichen Ursündendoktrin.
- *Israelitische Bibel*, 3 Bde., 1839–54, 2. Aufl. 1858–60 – 64, 65, 131, 228

- *Haben wirklich die Juden Jesum gekreuzigt?*, Berlin 1866 – XIII, 292–293
- *Weltbewegende Fragen in Politik und Religion*, Bd. II, Leipzig 1869 – 233

Protestantische Kirchenzeitung – XV

RAPOPORT, Salomon Leib (1790–1867, G.: Rapaport), galizisch-jüdischer Aufklärer und einer der Hauptvertreter der Wissenschaft des Judentums, seit 1840 Oberrabbiner in Prag. Grünebaum zitiert seine literaturhistorischen und lexikographischen Arbeiten.
– XIXn, XXn, 136
– *Erech Milin*, Prag 1852– 176

*REBBERT, Joseph (1837–1897), westfälischer katholischer Theologe, wird zitiert als ein ungelehrter Antisemit. Er war seit 1860 Priester und seit 1865 Präses des Paderborner Knabenseminars, dort seit 1871 Professor für neutestamentliche Exegese. Werke: *Christenschutz – nicht Judenhatz. Ein Volksbüchlein.* Paderborn 1876, ²1876, ³1876; *Blicke in's Talmudische Judenthum*, nach den Forschungen von Konrad Martin dem christlichen Volke enthüllt. Paderborn 1876. Wahrscheinlich ist er gemeint (2. Aufl.) »mit den unwissenden Pamphletisten und wären es auch (gewesene) Bischöfe«.
– XIIIn

REGGIO, Isaac Samuel (1784–1855), italienisch-jüdischer Aufklärer und Privatgelehrter, Begründer des Rabbinerseminars in Padua.
– *Iggerot YasShaR* (Briefe), 2 Bde. Wien 1834–1836 – 442–443

RENAN, Ernest (1823–1892), französischer Orientalist; zunächst katholischer Priesterzögling, verließ er 1845 das Seminar, nach Reisen in den Orient 1862 Professor am Collège de France. Nach dem Erscheinen seiner *Vie de Jésus* (1863), das Jesus zum »einzigartigen Menschen« humanisiert, wird er von der Katholikenpartei 1864 abgesetzt und kehrt erst nach dem Umsturz 1870 auf seinen Lehrstuhl zurück. Das Buch wird nur einmal zitiert als Quelle für die laut Grünebaum irrige Auffassung, Jesus sei kein Gelehrter gewesen. – 208, [244]

REUß, Eduard (1804–1891), elsässischer protestantischer (reformierter) Theologe und Bibelwissenschaftler, seit 1833 Priv.-Doz., 1836 Prof. in Straßburg, erst am Seminar, seit 1838 an der Universität. Seine religiösen Anschauungen waren scharf rationalistisch: »Nur wenn und insofern das Christenthum sich zum Deismus läutert und alle Ansprüche auf Offenbarungsautorität aufgibt, kann es Weltreligion werden«. Unter dem Einfluß der Philosophie Benjamin Constants und unter Anknüpfung an die Forschungen von Wilhelm Martin Leberecht de Wette, Wilhelm Gesenius und Carl Peter Wilhelm Gramberg postuliert R. schon 1833 die Priorität der Prophetie vor dem mosaischen Gesetz (»Hierarchie«), das erst zur Zeit von Josias und Jeremias entstanden sei. Dagegen vertrat er eine unkritische Sicht des Neuen Testaments, verteidigte insbesondere die historische Glaubwürdigkeit des Johannesevangeliums. Für Grünebaum ist er »ein hochachtenswerther, neuerer christlicher Forscher« (S. 171) und gelehrter Gewährsmann für eine gerechtere Bewertung der Pharisäer, gleichwohl mit Vorurteilen.

– XIII, XXXII
– »Pharisäer«, in: *Herzog's Real-Encyclopädie für prot. Theologie und Kirche* – 85, 171–172, 181–182

*ROHLING, August (1839–1931), westfälischer katholischer Theologe, wird in der zweiten Auflage als Anführer der katholischen Antisemiten genannt, der im Gegensatz zu dem ernsthaften Gelehrten von Haneberg einer Auseinandersetzung unwürdig sei. Er sei einer von den »unwissenden Fanatikern […], denen selbst Eisenmenger noch nicht genug that, und die daher auch noch diesen zu ihren finstern Zwecken und gottlosen Hetzereien verstümmeln«. Von Hause aus AT-Exeget, hatte Rohling noch keine akademische Position erreicht, als er 1871 seine Hetzschrift *Der Talmudjude, Zur Beherzigung für Juden und Christen aller Stände* veröffentlichte. Das Buch hatte einen immensen Erfolg; bis 1877 waren sechs und bis 1924 insgesamt 22 Auflagen erschienen. Rohling, der nach akademischer Legitimation strebte, versah 1871–74 eine unbesoldete Professorenstelle in Münster; 1876 erhielt er einen Lehrstuhl in Prag, den er im ersten Jahr ebenfalls unbesoldet bekleidete. Rabbiner Joseph Bloch erhob gegen ihn 1882 Anklage wegen Verleumdung; im anschließenden Prozess wegen Meineids in der Ritualmordfrage wurden Franz Delitzsch, Hermann Strack, Theodor Nöldeke, August Wünsche u. a. christliche Gelehrte als Gutachter vernommen. Rohling zog seine Klage zurück und wurde daher 1885 von seinem Lehrstuhl suspendiert, 1899 emeritiert.

– Rohling – XIIIn

*ROSIN, David (1823–1894), schlesisch-jüdischer Religionsgelehrter und Pädagoge, seit 1854 Leiter der Religionsschule der Berliner Jüdischen Gemeinde, seit 1866 Dozent für Midrasch und Homiletik am Jüdisch-theologischen Seminar in Breslau.

– *Die Ethik des Maimonides*, Breslau 1876 – 420

*SACHS, Michael (1808–1864), schlesisch-jüdischer Rabbiner und Philologe, seit 1844 Rabbinatsassessor der Berliner Jüdischen Gemeinde, die 2. Aufl. nennt ihn »der gelehrte sel. Mich. Sachs« und zitiert zweimal seine

– *Beiträge zur Sprach- und Altertumsforschung aus jüdischen Quellen*, Bd. II, hrsg. aus dem Nachlass von Moritz Lazarus, Berlin 1868 – 82, 179

*SCHENKEL, Daniel (1813–1885), Schweizer protestantischer Theologe, erscheint in der zweiten Auflage als Gegner in der Frage der pharisäischen Ethik. Der Schweizer Pietist, seit 1851 Professor in Heidelberg, war der einflussreichste Kirchenmann Badens, wo er als glühender Verfechter der »protestantischen Freiheit« eine liberale Ära des Kirchenregiments einführte. Die rationalistische Tendenz seiner Schrift über Jesus zog dem Verfasser einen Angriff auf seine amtliche Stellung zu. Es beschäftigt Grünebaum, dass gerade bei dieser modernistischen Reinterpretation Jesu, des Christentums und des Protestantismus eine der schärfsten Abgrenzungen von dem als Negativfolie aufgebauten jüdischen Hintergrund zu finden ist.

– XIII, XVI, XXXII, 184–185, 242, 249
– *Das Charakterbild Jesu: ein biblischer Versuch* (Wiesbaden 1864, 3. Aufl. noch im selben Jahr, VIII, 283 S.; 4. Aufl. 1873) – 85, 155, 182–184, 252

*SCHLEIDEN, Matthias Jakob (1804–1881), protestantischer Biologe und Botaniker, Entwickler der Zellentheorie, legte Professuren 1862 in Jena und 1864 in Dorpat wegen Angriffen der Kirche nieder und lebte als Privatgelehrter in Dresden, Darmstadt, Wiesbaden und Frankfurt. Er war angesichts der judenfeindlichen Tendenzen der 1870er Jahre ein außergewöhnlich energischer Verteidiger der Juden.
- Schleiden, »Die Bedeutung der Juden für Erhaltung und Belebung der Wissenschaften«, in: *Westermann'sche Monatshefte*, Oktober-November 1876 – 414, 416, 419–420

SCHORR, Josua-Heschel (1814–1895), galizisch-jüdischer Literat, Herausgeber der Zeitschrift *He-Chalutz*. Die Erstauflage zitiert halacha-geschichtliche Aufsätze aus seiner eigenen sowie aus Abraham Geigers Feder, erschienen in den Bänden III (Lemberg 1856/57), IV (Breslau 1858/59), V (Breslau 1859/60), VI (Breslau 1861/62), VII (Frankfurt/M. 1864/65).
- Schorr in he-Chaluz – 427
- Hechalutz III, 16 – 121
- Hechalutz V, 12ff – 121
- Hechaluz VI, 19ff – 115
- Schorr, im Namen Luzzato's hä-Chaluz VI, S. 51 – 406–407
- Schorr, Hechalutz VII, S. 14 – 156

*SCHREIBER, Emanuel (1852–1932), Rabbiner in Elbing, zum Reformjudentum übergelaufener Schüler Esriel Hildesheimers, in der 2. Aufl. als Autor polemischer Schriften gegen Rohling, darunter *Die Prinzipien des Judentums, verglichen mit denen des Christentums*, 1877.
- XIII

*STEINHEIM, Salomon Ludwig (1789–1866), jüdischer Mediziner, Autor eines Systems der jüdischen Theologie.
- *Die Offenbarung nach dem Lehrbegriffe der Synagoge*, Frankfurt/M. 1835 – XXVI

*STRAUSS, David Friedrich (1808–1874), protestantischer Theologe, wird in der 2. Aufl. unter den acht bedeutenden Neutestamentlern genannt, als Vertreter einer extremen wissenschaftlich-rationalistischen Richtung wurde er insbesondere bekannt durch sein umstrittenes Werk *Das Leben Jesu, kritisch bearbeitet* (2 Bde. Tübingen 1835), in dem er die Historizität der Jesusgeschichten anficht, sie jedoch als mythische Gestaltung der christlichen Begriffswelt gelten ließ. Nach dem Erscheinen von Renans *Vie de Jésus* verfasste Strauß 1864 eine volkstümliche Ausgabe von »seinem berühmten Buche« (Grünebaum). Grünebaum zitiert daraus zwei kritische Argumente gegen die Historizität der Passionserzählung.
- 185, 292
- *Das Leben Jesu für das deutsche Volk bearbeitet*, Leipzig 1864; ²1864; ³1874 – 256

»Tübinger Schule« – 185

*Wälder, in der zweiten Auflage genannt als Herausgeber einer Sammlung rabbinischer Spruchweisheiten. Vielleicht handelt es sich um den württembergischen Rabbiner Abraham Wälder (1809–1876), von dem allerdings keine derartige Schrift belegt ist.
- XIX

WEBER, Georg (1808–1888), pfälzischer protestantischer Historiker, Schwiegervater von Holtzmann, Mitautor von dessen Geschichtswerk.
- Weber und Holtzmann, *Geschichte des Volks Israel und der Entstehung des Christentums* (Leipzig 1867, 2 Bände) – 7

*WILMANNS, Carl, (G.: Wilmans) erscheint als protestantischer Judenfeind in der Vorrede zu Grübnebaums zweiter Auflage, um den Katholiken Rohling und Rebbert die Waage zu halten. Wahrscheinlich gemeint ist Carl Wilmanns, in der Deutschkonservativen Partei als erster Generalsekretär, Autor von: *Die goldene Internationale und die Notwendigkeit einer sozialen Reformpartei*, Berlin 1876.
- XIII

*ZELLER, Eduard Gottlob (1814–1908), württembergischer protestantischer Theologe und Philosoph, Schwiegersohn von Baur, ist unter den acht bedeutenden Neutestamentlern, die Grünebaum in seiner 2. Aufl. nennt.
- 7, 185

3. Begriffsregister

Zum Editionsprojekt
Deutsch-Jüdische Autoren des 19. Jahrhunderts: Schriften zu Staat, Nation, Gesellschaft

Die Begriffe *Staat, Nation, Gesellschaft* bezeichnen zentrale Themenfelder, zu denen sich deutsch-jüdische Autoren – als Juden – seit der Aufklärung und während des gesamten 19. Jahrhunderts schriftstellerisch äußerten. An die deutsche Mehrheitsgesellschaft gewandt, skizzierten sie zutiefst engagiert und in beispielloser Breite und Vielfalt die sozial-ethischen Grundlagen, auf denen ein demokratisches Deutschland erstehen sollte, als Beispiel für Europa und die Welt. Sie bekräftigten damit mit großem Nachdruck das Jahrtausende gewachsene, ethische Erbe des Judentums selbst, das in diesem Deutschland endlich anerkannt und zu neuem Leben erweckt werden sollte.

Adressat waren die christlichen Hierarchien und die zumeist repressiv eingestellten bürgerlichen Eliten und Obrigkeiten in Deutschland. Nicht zuletzt mit dem Schlagwort vom ‚christlichen Staat' sperrten diese sich gegen die politische und soziale Gleichberechtigung der Juden bis weit ins wilhelminische Kaiserreich. Damit aber wurde der ursprünglich theologische Antijudaismus säkularisiert und institutionalisiert.

Viele deutsch-jüdische Autoren des 19. Jahrhunderts haben dagegen die christliche Seite an die Übernahme der jüdischen Ethik schon durch das frühe Christentum erinnert und bestimmten in der jüdischen Vision der gerechten Gesellschaft das Projekt der Moderne. Vor dem Hintergrund der Debatte um *Differenz und Konvergenz zwischen Judentum und Christentum* plädierten sie für das Zusammenrücken von Judentum und Christentum um das Zentrum der gemeinsamen Ethik, für die gemeinsame Arbeit an der neuen Gesellschaft und für die universalistische Vollendung der ethischen Mission der monotheistischen Schwesterreligionen. In diesem Zusammenhang unternahmen es viele deutsch-jüdische Autoren des 19. Jahrhunderts, insbesondere die *ethischen und sozialethischen Anschauungen des Judentums* zu erläutern. Dabei stellten sie die Jahrtausende gewachsene, ethische Tradition des Judentums in unmittelbare Beziehung zur modernen Wertedebatte, insbesondere zur Vereinbarkeit von Freiheit, Gleichheit und Gerechtigkeit.

Schon vor 1871 und erst recht danach ignorierte die deutsche Mehrheitskultur, insbesondere aber auch die deutsche akademische Geschichtsschreibung, diese visionären Beiträge. Gershom Scholem prangerte 1962 die in Deutschland über viele Generationen wirksame Dialogverweigerung der jüdischen Minderheit gegenüber an und bezeichnete den gesellschaftspolitischen Diskurs deutscher Juden als „bedeutendes Phänomen", dessen Analyse er anmahnte.

Daran anknüpfend hat ein interdisziplinäres Team des *Duisburger Instituts für Sprach- und Sozialforschung* und des *Salomon Ludwig Steinheim-Instituts für deutsch-jüdische Geschichte an der Universität Duisburg-Essen* eine solche Analyse im Rahmen eines diskurs-historischen Forschungsprojekts (2005–2006) unternommen, wobei zwischen 1848 und

1871 publizierte Schriften untersucht wurden. Die Ergebnisse wurden im folgenden Band veröffentlicht:

Michael Brocke, Margarete Jäger, Siegfried Jäger, Jobst Paul, Iris Tonks:
Visionen der gerechten Gesellschaft. Der Diskurs der deutsch-jüdischen Publizistik im 19. Jahrhunderts. Böhlau Verlag, Köln 2009

Die vorliegende Edition *Deutsch-Jüdische Autoren des 19. Jahrhunderts. Schriften zu Staat, Nation, Gesellschaft* basiert konzeptionell und hinsichtlich der Textauswahl auf dem erwähnten Forschungsprojekt. Die Herausgeber wollen wichtige deutsch-jüdische Autoren des 19. Jahrhunderts zu Wort kommen lassen, in der Hoffnung auf eine heutige kulturelle und gesellschaftliche Rezeption, die ihnen in Deutschland so lange verwehrt war.

Der gemeinsame Online-Dokumentenserver *Deutsch-Jüdische Publizistik* des Salomon L. Steinheim-Instituts in Duisburg und des Duisburger Instituts für Sprach- und Sozialforschung entsteht parallel unter der permanenten Internet-Adresse: http://www.deutsch-juedische-publizistik.de

böhlau

MICHAEL BROCKE, MARGARETE JÄGER,
SIEGFRIED JÄGER, JOBST PAUL, IRIS TONKS
**VISIONEN DER GERECHTEN
GESELLSCHAFT**
DER DISKURS DER DEUTSCH-
JÜDISCHEN PUBLIZISTIK
IM 19. JAHRHUNDERT

Die deutschen Juden haben bis zur Shoah immer wieder versucht, sich in die deutsche Gesellschaft einzubringen, u. a. durch konzeptionelle Beiträge zu einem breiten Spektrum gesellschaftspolitischer Themen. Die Mehrheitsgesellschaft aber hat diesem Teil der deutschsprachigen Literatur den Zugang zum kulturellen Gedächtnis verwehrt. Das Duisburger Institut für Sprach- und Sozialforschung und das Salomon Ludwig Steinheim-Institut für deutschjüdische Geschichte an der Universität Duisburg-Essen haben jetzt den deutsch-jüdischen Diskurs des 19. Jahrhunderts aufgearbeitet.

Ihre Analyse zeigt, wie intensiv sich deutsche Juden gegen die Fundamentalismen ihrer Zeit gewandt und diesen ihre eigenen Visionen einer gerechten Gesellschaft entgegengesetzt haben. Ihre Perspektiven auf Geschichte und Zeitgeschichte bieten neue, herausfordernde Einsichten für die Geschichtsund Kulturwissenschaften.

Eine Publikation des Duisburger Instituts für Sprach- und Sozialforschung sowie des Salomon Ludwig Steinheim-Instituts für deutsch-jüdische Geschichte.

2009. 200 S. GB. 170 X 240 MM.
ISBN 978-3-412-20315-3

BÖHLAU VERLAG, URSULAPLATZ I, 50668 KÖLN. T: +49(0)221 913 90-0
INFO@BOEHLAU.DE, WWW.BOEHLAU.DE │ KÖLN WEIMAR WIEN

REIHE
JÜDISCHE MODERNE
HERAUSGEGEBEN VON
ALFRED BODENHEIMER UND
JACQUES PICARD

Eine Auswahl.

Band 2: Erik Petry
LÄNDLICHE KOLONISATION
IN PALÄSTINA
DEUTSCHE JUDEN UND FRÜHER
ZIONISMUS AM ENDE DES
19. JAHRHUNDERTS
2004. XXI, 406 S. Gb.
ISBN 978-3-412-18703-3

Band 3: Peter Haber,
Erik Petry, Daniel Wildmann
JÜDISCHE IDENTITÄT
UND NATION
FALLBEISPIELE AUS MITTELEUROPA
2006. VIII, 171 S. 2 s/w-Abb. Gb.
ISBN 978-3-412-25605-0

Band 4: Birgit Schlachter
SCHREIBWEISEN DER
ABWESENHEIT
JÜDISCH-FRANZÖSISCHE
LITERATUR NACH DER SHOAH
2006. X, 336 S. Gb.
ISBN 978-3-412-29405-2

Band 5: Corinne Susanek
NEUE HEIMAT SCHWEDEN
CORDELIA EDVARDSONS UND
EBBA SÖRBOMS AUTOBIOGRAFIK
ZUR SHOAH
2008. X, 285 S. Gb.
ISBN 978-3-412-24106-3

Band 6: Hanna Zweig-Strauss
SALY MAYER (1882–1950)
EIN RETTER JÜDISCHEN LEBENS
WÄHREND DES HOLOCAUST
2007. 392 S. 39 s/w-Abb.
auf 32 Taf. Gb. ISBN 978-3-412-20053-4

Band 7: Stefanie Leuenberger
SCHRIFT-RAUM JERUSALEM
IDENTITÄTSDISKURSE IM WERK
DEUTSCH-JÜDISCHER AUTOREN
2007. VIII, 274 S. 15 s/w-Abb. auf 15 Taf. Gb.
ISBN 978-3-412-20058-9

Band 8: Alexandra Binnenkade,
Ekaterina Emeliantseva,
Svjatoslav Pacholkiv
VERTRAUT UND FREMD
ZUGLEICH
JÜDISCH-CHRISTLICHE
NACHBARSCHAFTEN IN WARSCHAU
– LENGNAU – LEMBERG
Mit einem Geleitwort von Heiko Haumann.
2009. X, 216 S. 3 s/w-Abb. Gb.
ISBN 978-3-412-20177-7

Band 9: Beatrix Borchard,
Heidy Zimmermann (Hg.)
MUSIKWELTEN –
LEBENSWELTEN
JÜDISCHE IDENTITÄTSSUCHE IN DER
DEUTSCHEN MUSIKKULTUR
2009. 406 S. 26 s/w-Abb und 10 s/w-Abb.
auf 8 Taf. Gb. ISBN 978-3-412-20254-5

Band 10: Wulff Bickenbach
GERECHTIGKEIT FÜR
PAUL GRÜNINGER
VERURTEILUNG UND REHABILITIE-
RUNG EINES SCHWEIZER
FLUCHTHELFERS (1938–1998)
Mit einem Geleitwort von
Jacques Picard.
2009. 363 S. Mit 22 s/w-Abb. Gb.
ISBN 978-3-412-20334-4

Band 11: Andrea Heuser
VOM ANDEREN ZUM
GEGENÜBER
»JÜDISCHKEIT« IN DER DEUTSCHEN
GEGENWARTSLITERATUR
2010. Ca. 352 S. Br.
ISBN 978-3-412-20569-0

böhlau

BÖHLAU VERLAG, URSULAPLATZ I, 50668 KÖLN. T: +49(0)221 913 90-0
INFO@BOEHLAU.DE, WWW.BOEHLAU.DE | KÖLN WEIMAR WIEN

SAUL ASCHER

AUSGEWÄHLTE WERKE

HERAUSGEGEBEN VON RENATE BEST
(DEUTSCH-JÜDISCHE AUTOREN
DES 19. JAHRHUNDERTS. SCHRIFTEN
ZU STAAT, NATION, GESELLSCHAFT.
WERKAUSGABEN, BAND 2)

Der Philosoph und Schriftsteller Saul Ascher (1767–1822), der in der Epoche von Moses Mendelssohn und Immanuel Kant zum Berliner Kreis der jüdischen Aufklärung, der Haskala, zählte, blieb lebenslang ein Außenseiter. Als jüdischer Intellektueller in Preußen kritisierte er innerjüdische Zustände, aber auch gefährliche Tendenzen der Gesellschaft allgemein. Er entwickelte Pläne der Integration, war einer der ersten Reform-Theoretiker des Judentums, erwarb 1810 die philosophische Doktorwürde und veröffentlichte seine politischen Vorstellungen über Judentum, Christentum und Deutschtum in diversen Zeitschriften. Auch wenn die Zensur ihn kurzfristig ins Gefängnis brachte, betrieb er intensiv die Politisierung der öffentlichen Meinung. Geistige Unabhängigkeit und politisches Engagement schufen Saul Ascher Feinde, nicht nur in der christlichen Umgebung, sondern auch in den eigenen Reihen. Die vorliegende Werkausgabe macht vier seiner scharfsinnigen Interventionen neu zugänglich.

2010. 326 S. GB. 170 X 240 MM.
ISBN 978-3-412-20451-8

BÖHLAU VERLAG, URSULAPLATZ 1, 50668 KÖLN. T: +49(0)221 913 90-0
INFO@BOEHLAU.DE, WWW.BOEHLAU.DE | KÖLN WEIMAR WIEN